W0322858

include MyDesk

Per accedere a MyDesk vai su

www.alphatest.it/tu25431

e segui le istruzioni.

Cos'è MyDesk e cosa ti offre?

MyDesk è l'esclusivo sistema di e-learning adottato anche in tutti i corsi di preparazione Alpha Test. Acquistando questo volume, hai diritto ad accedere a MyDesk usufruendo di contenuti supplementari utili per la tua preparazione.

A tua disposizione trovi:

- **Simulazioni** d'esame
- **Esercitazioni** mirate
- **Tutorial** su test e preparazione all'esame

L'abbinamento del libro con MyDesk ti consente di potenziare lo studio, l'esercizio e la verifica della preparazione offrendoti le maggiori possibilità di successo nella selezione.

TESTUNIVERSITARI

Alpha Test
Economia - Tolc-E
3600 Quiz

edizioni

Alpha Test

Copyright © 2013-2022 Alpha Test S.r.l.

via Mercalli 14 – 20122 Milano (Italy)
Tel. 02 5845981 – fa 02 58459896
servizi@alphatest.it
www.alphatest.it

La possibilità per l'utente di accedere a MyDesk abbinato al volume e di ricevere assistenza informatica da Alpha Test cessa due anni dopo la data di attivazione o, se viene prima, un anno dopo l'uscita dell'edizione dal catalogo editoriale di Alpha Test.

Tutti i diritti sono riservati a norma di legge e a norma delle convenzioni internazionali.

Le fotocopie per uso personale del lettore possono essere effettuate nei limiti del 15% del volume dietro pagamento alla SIAE del compenso previsto dall'art. 68, commi 4 e 5, della legge 22 aprile 1941 n. 633.

Eventuali fotocopie o scansioni digitali di tutto o parte del libro per qualsiasi utilizzo diverso da quello personale, per esempio divulgativo, professionale, didattico o di altra natura, a qualunque titolo effettuato, devono preventivamente essere autorizzate in forma scritta da Alpha Test S.r.l.

Gli autori e l'editore hanno posto la massima cura e attenzione nel verificare l'aggiornamento e la precisione delle informazioni e la correttezza degli esercizi e delle nozioni riportati in questo libro.

Gli autori e l'editore declinano comunque ogni responsabilità per inesattezze o errori di stampa che dovessero essere ancora presenti nel libro e non rispondono per eventuali danni derivanti dall'uso dei dati in esso contenuti.

ISBN: 9788848325431

Quinta edizione: novembre 2022
Prima edizione: marzo 2013

Stampato da L.E.G.O. S.p.A. Lavis (TN)
per conto di Alpha Test S.r.l.
nel novembre 2022

Indice

Prefazione

Per gli studenti italiani (ma anche stranieri che vogliono studiare in Italia) l'iscrizione all'università è ormai da parecchi anni subordinata al superamento di una prova di selezione (o talvolta di valutazione), che ha lo scopo di verificare se e in quale misura le aspiranti matricole abbiano le potenzialità di frequentare con profitto il corso di laurea prescelto.

Attualmente, in Italia – sia nelle più importanti università private sia in quelle statali – quasi tutti i corsi di laurea magistrale a ciclo unico (Medicina e Chirurgia, Odontoiatria e Protesi dentaria, Medicina Veterinaria, Scienze della Formazione primaria, Farmacia, Architettura, Giurisprudenza ecc.) e molti corsi di laurea triennale sono caratterizzati dalla presenza del **numero programmato** a livello nazionale o locale: il numero di iscritti al primo anno di questi corsi non può quindi superare il limite di posti stabilito dal Ministero o dai singoli atenei.

La selezione tra i candidati che desiderano accedere a un corso universitario a numero programmato viene effettuata quasi sempre mediante una prova a test, composta da domande a risposta multipla: si valutano in tal modo le conoscenze e le attitudini degli studenti. Il test viene predisposto, a seconda dei casi, o a cura del ministero dell'Università e della Ricerca (come, per esempio, per le prove nazionali di accesso ai corsi di Medicina/Odontoiatria e Veterinaria) o dalle singole università o da consorzi interuniversitari (quali il CISIA o il CINECA). Il risultato che uno studente ottiene nel test determina il **punteggio** con il quale entra nella **graduatoria dei candidati** in base alla quale vengono attribuiti i posti a disposizione. In pochi corsi a numero chiuso locale, a definire la posizione nella graduatoria finale contribuiscono anche i voti conseguiti negli ultimi anni di scuola superiore o il voto dell'Esame di Stato, ma con peso minore (se non minimo) rispetto al punteggio del test.

La normativa impone ormai anche ai corsi di laurea ad accesso libero di attivare **prove valutative** e/o di **orientamento**, di solito a test; lo scopo di tali prove è rilevare per ogni studente il livello della preparazione iniziale ritenuta necessaria per frequentare con successo un dato corso (talvolta indicata con la formula "saperi minimi"). Tale valutazione non ha lo scopo di precludere l'iscrizione ma, in caso di mancato raggiungimento della soglia stabilita, attribuisce alcuni **obblighi formativi aggiuntivi** (OFA) che lo studente dovrà assolvere entro il primo semestre o il primo anno di corso, dimostrando di aver colmato le lacune evidenziate. In taluni casi, gli OFA vanno saldati prima di potere affrontare gli esami del primo anno di corso. Talvolta lo studente – prendendo atto di un esito insufficiente della prova – può decidere spontaneamente di rivedere la propria scelta di studi.

Dunque, anche chi intende frequentare un corso universitario ad accesso libero deve affrontare una prova prima dell'immatricolazione; ciò impone agli studenti seriamente motivati di prepararsi in modo adeguato per iniziare senza penalità il proprio percorso di studio.

Alpha Test è la più importante organizzazione in Italia che, per prima e da oltre 30 anni, offre agli studenti strumenti e percorsi diversi per affrontare con successo i test di valutazione o di selezione. A questo scopo pubblica la **collana TestUniversitari**, composta da oltre ottanta tra manuali ed eserciziari, specifici per ogni area di studio (informazioni su alphatest.it/Libri).

In particolare questo libro è rivolto alla preparazione ai test di ammissione ai corsi universitari delle aree **Economia** (L-18, L-33), **Scienze politiche** (L-36, L-37) e **Giurisprudenza** (L-14 e L/MG01)delle università statali.

L'acquisto di un volume della collana TestUniversitari, consente di accedere a **MyDesk**, l'esclusiva piattaforma online sviluppata da Alpha Test, con materiali di studio aggiuntivi (videolezioni, tutorial dei docenti, informazioni aggiornate ecc.) e un avanzato **sistema di simulazione** per svolgere esercitazioni per materia o prove simulate secondo tempi e modalità dell'esame ufficiale.
Per **accedere a MyDesk** seguire le istruzioni che si trovano nella seconda pagina di questo volume.

Alpha Test – attiva su tutto il territorio nazionale, con sedi nelle principali città universitarie – si avvale inoltre della collaborazione di un corpo docente di grande esperienza, organizzando **corsi specifici di preparazione** di diversa durata, in presenza oppure online (informazioni su alphatest.it/Corsi).
Un altro utile strumento per i lettori è **Alpha Test Academy**: una piattaforma online di assistenza personalizzata allo studio, che guida lo studente in un programma graduale di esercitazioni, fino al raggiungimento di una completa preparazione al test.

Il parere dei lettori è importante

Per continuare a migliorare la qualità delle proprie pubblicazioni, Alpha Test considera estremamente prezioso il parere dei propri lettori ai quali chiede la cortesia di esprimere un giudizio su questo libro nell'apposita sezione "Valuta un libro" del sito alphatest.it.

Ringraziamenti

Alpha Test ringrazia i numerosi lettori, i partecipanti ai corsi e i collaboratori che, con i loro interventi, suggerimenti e in particolare con i giudizi ogni anno forniti al termine dei corsi, hanno contribuito a migliorare nel tempo la qualità dei volumi e dei servizi offerti.

Natura dei test e caratteristiche di questo libro

NATURA DEL TEST

L'accesso ai vari corsi di laurea attivati nelle università italiane può essere libero oppure a numero programmato, su base nazionale o locale. A seconda dei casi, è prevista una prova di ingresso valutativa delle conoscenze di base oppure una prova selettiva.

Le prove che dovranno affrontare i lettori di questo volume sono gestite in autonomia dalle singole sedi universitarie, sia per quanto riguarda le caratteristiche pratiche (luogo, data e ora di svolgimento della prova, durata ecc.) sia per i contenuti e le materie d'esame.

Le prove a test organizzate dal ministero dell'Università e della Ricerca (MUR) – quali per esempio le prove per l'ammissione ai corsi di Medicina o di Scienze della Formazione primaria – rispondono a indicazioni e programmi stabiliti direttamente dal ministero e si svolgono negli stessi giorni per tutte le sedi e per tutti i candidati. Invece, per l'ingresso ai corsi di laurea delle aree **Economia**, **Scienze politiche** e **Giurisprudenza** nelle università statali, ciascuna università o formula **un proprio questionario** oppure si serve dei **test predisposti dal CISIA**.

Ciò comporta che la struttura e la data di svolgimento delle prove, le materie oggetto d'esame, il tempo a disposizione per lo svolgimento, l'attribuzione di valore a ogni quesito e i criteri con cui viene elaborata l'eventuale graduatoria di merito o assegnati gli OFA possono variare non solo tra un indirizzo e l'altro ma tra una sede universitaria e l'altra. Per questa ragione è importante che ogni studente si procuri per tempo, sul sito dell'ateneo che intende frequentare, il **bando per l'ammissione** al corso di proprio interesse. Su questo documento si possono reperire tutte le informazioni necessarie.

Nonostante tali possibili differenze tra i vari indirizzi di studio e i singoli atenei, i test di ammissione per i corsi di laurea delle aree di **Economia** (L-18 e L-33), **Giurisprudenza** (L-14 e L/MG01) e **Scienze politiche** (L-36 e L-37) nelle università statali sono omogenei tra loro per molti aspetti: rosa delle discipline o degli ambiti oggetto di esame, tipologia di quesiti (a risposta multipla), argomenti prevalenti.

In particolare, sempre più corsi si avvalgono dei medesimi **TOLC**, le prove preparate e somministrare in modalità *computer based* dal consorzio interuniversitario CISIA. Si tratta di test che lo studente può svolgere anche più volte (una volta al mese), in una delle numerose date prefissate durante l'anno, a partire da febbraio/marzo sino a novembre.

A seconda del modo di erogazione accettato nelle varie università, tutti i tipi di TOLC si possono sostenere (se previsto) presso le aule dell'ateneo (cosiddetto TOLC all'università) oppure dalla propria abitazione nella modalità TOLC@CASA. Le **date** e le **sedi** per lo svolgimento della prova e tutte le informazioni su questi test sono pubblicate sul sito www.cisiaonline.it, alle pagine relative ai vari TOLC.

Ogni prova somministrata di uno stesso TOLC è **diversa** tra un candidato e l'altro ma composta da quesiti equipollenti, estratti dallo stesso database CISIA. Tutti i test di un medesimo tipo hanno perciò pari livello di difficoltà.

In particolare, per i corsi di **Economia** molte università utilizzano il **TOLC-E**. Il test prevede le sezioni:

• logica	13 quesiti	30 minuti
• comprensione verbale	10 quesiti	30 minuti
• matematica	13 quesiti	30 minuti
totale	**36 quesiti**	**90 minuti**
• inglese	30 quesiti	15 minuti
totale con inglese	**66 quesiti**	**105 minuti**

Per l'area di **Giurisprudenza** e **Scienze Politiche** sono più spesso richiesti invece il TOLC Scienze umane o il Test Scienze politiche e sociali.

In particolare, il **TOLC-SU** è così ripartito:

• comprensione del testo e conoscenza della lingua	30 quesiti	60 minuti
• conoscenze acquisite	10 quesiti	20 minuti
• ragionamento logico	10 quesiti	20 minuti
• **totale**	**50 quesiti**	**100 minuti**
• inglese	30 quesiti	15 minuti
• **totale con inglese**	**80 quesiti**	**115 minuti**

Invece il **Test SPS** presenta le sezioni:

• comprensione del testo	10 quesiti	30 minuti
• conoscenze acquisite	15 quesiti	30 minuti
• logica, ragionamento e linguaggio matematico	15 quesiti	30 minuti
totale	**40 quesiti**	**90 minuti**
• inglese	30 quesiti	15 minuti
totale con inglese	**70 quesiti**	**105 minuti**

Un buon numero di università somministra invece **prove autonome.** I test elaborati dai singoli atenei per i propri corsi di laurea delle aree Economia, Giurisprudenza e Scienze politiche riguardano sostanzialmente gli stessi ambiti disciplinari dei TOLC sopra descritti, ma con rilevanza più o meno marcata su un argomento o un altro e con maggiore spazio agli ambiti della cosiddetta cultura generale. Per esempio, per i corsi di Scienze politiche può essere richiesta la conoscenza della storia contemporanea o delle istituzioni internazionali, mentre per i corsi di Giurisprudenza possono essere più indagate nozioni basilari di diritto o sulla Costituzione. È perciò molto importante **verificare sul bando** per l'ammissione al corso di proprio interesse quali siano nel dettaglio le discipline e i programmi espressamente previsti.

Per tutte le prove CISIA, e in generale nella maggior parte delle prove di atenei, il **punteggio** viene determinato assegnando 1 punto per ogni risposta esatta, 0 punti per ogni risposta omessa o annullata e una penalità di –0,25 per ogni risposta errata. Anche in questo caso, è opportuno verificare sul bando della propria università.

Tra i corsi a cui si riferisce questo volume, molti dell'area **Economia** attivano il **numero programmato locale**. Solo pochi atenei, invece, adottano il numero chiuso per i corsi delle aree **Giurisprudenza** e **Scienze politiche**, che sono per lo più ad accesso libero.

In tutti i casi, le future matricole devono affrontare una **prova di ingresso** che ha funzione o selettiva o per valutare il possesso di competenze e conoscenze di base. Mentre nelle prove selettive un punteggio troppo basso non consente l'immatricolazione, nelle prove valutative essa è sempre possibile. Un punteggio inferiore a una soglia minima prestabilita (indicata sul bando per i singoli corsi) attribuisce però degli obblighi formativi aggiuntivi (OFA), da assolvere nei tempi e nei modi indicati dallo stesso bando.

CARATTERISTICHE DI QUESTO LIBRO

Questo volume contiene migliaia di esercizi con relative soluzioni così ripartiti:

- 1400 quesiti di logica (deduttiva, successioni di numeri e lettere, ragionamento quantitativo, comprensione di grafici e tabelle, logica verbale e figurale, problemi di insiemistica ecc.)
- 300 quesiti di comprensione verbale (comprensione di brani, proporzioni tra parole, sinonimi e contrari ecc.);
- 500 quesiti di matematica;
- 900 quesiti di cultura generale (storia, diritto, socio-economia, letteratura, geografia, ecc.);
- 500 quesiti di inglese.

È opportuno ricordare che ognuno degli atenei a cui si riferisce il volume può somministrare anche solo alcuni tipi di esercizi tra quelli analizzati nelle varie parti del libro. Dal momento, però, che ogni anno sono possibili variazioni nei test di ammissione, si consiglia di prendere visione e farsi un'idea di tutti generi di quesiti presenti in questo manuale, pur concentrandosi maggiormente su quelli esplicitamente previsti nel bando del proprio concorso, da considerare sempre come fonte primaria di informazione.

Per prepararsi al test di ammissione a uno specifico corso di una particolare sede universitaria, in modo conforme al programma e alle modalità ufficiali, si consiglia di frequentare il relativo **corso Alpha Test**: durante le lezioni vengono infatti descritte in modo dettagliato le **caratteristiche** peculiari della prova di ammissione e fornite **indicazioni** precise circa le tipologie di esercizi più frequenti e le modalità di svolgimento della prova stessa, tenendo conto delle eventuali e più recenti novità.

I suggerimenti e gli strumenti di Alpha Test per prepararsi al test di ingresso

Il **primo passo** in ogni percorso di preparazione consiste nel procurarsi tutte le informazioni disponibili sul test che si vuole affrontare, cominciando dai contenuti delle sue precedenti edizioni. Le fonti più autorevoli e complete sono il **sito del ministero dell'Università e della Ricerca** (MUR), i **siti degli atenei** di proprio interesse e **alphatest.it**. Sul sito del MUR gli studenti possono trovare tutta la normativa in materia, mentre sui siti delle singole università e di Alpha Test vengono pubblicati i bandi per i diversi concorsi di ammissione, che integrano le indicazioni del Ministero con le specifiche proprie di ciascuna sede. Su **alphatest.it** vengono costantemente aggiornati il calendario con le date di svolgimento delle prove a test e pubblicata la normativa sulle prove di ingresso; si possono inoltre scaricare i test ufficiali degli anni precedenti risolti e commentati, nonché dati e approfondimenti relativi ai diversi corsi di laurea.

Anche i canali social Alpha Test (Facebook, Instagram e Youtube) informano tempestivamente su tutte le novità riguardanti sia i test sia le iniziative del Ministero o degli atenei; nelle rispettive communities gli studenti hanno inoltre la possibilità di relazionarsi tra loro e con gli esperti di Alpha Test.

Un altro utile strumento a disposizione degli studenti è il **magazine on line** di Alpha Test (**http://magazine.alphatest.it**), dove si possono consultare articoli e approfondimenti sempre aggiornati in tema di ammissione all'università, metodi e strumenti di studio, orientamento universitario e bandi di concorso.

Il metodo Alpha Test: libri, Alpha Test Academy, corsi in aula e online

Il **passo successivo** per conseguire una preparazione completa è costituito dallo **studio individuale**. Tra i libri che Alpha Test ha realizzato appositamente per chi deve affrontare i test delle aree Economia (L-18, L-33), Scienze politiche (L-36, L-37) e Giurisprudenza (L-14 e L/MG01)delle università statali, i principali sono il Manuale di preparazione, la raccolta di quesiti suddivisi per materia Esercizi commentati, la raccolta di prove simulate Prove di verifica e il volume 3600 Quiz.

Ognuno di questi libri consente l'accesso a **MyDesk**, l'esclusivo ambiente di formazione online creato da Alpha Test, con contenuti e strumenti aggiuntivi a disposizione del lettore.

Ai fini dello studio, ciascuno dei quattro volumi è autosufficiente ma, allo stesso tempo, complementare agli altri. Ecco in sintesi le caratteristiche di ciascuno.

- **Manuale di preparazione**: è il principale strumento di studio. Raccoglie la sintesi di tutti gli argomenti previsti nei programmi ufficiali del test, materia per materia. È un valido aiuto a non disperdere gli sforzi di fronte alla vastità dei programmi da svolgere, perché consente lo **studio** e il **ripasso** mirato. L'esposizione degli argomenti è resa più efficace e completa mediante immagini, schemi, tabelle, glossari, mentre l'apprendimento è facilitato e consolidato grazie ai numerosi esercizi di esempio (sempre nella forma a risposta multipla), risolti e commentati.

  Lo spazio **MyDesk** del Manuale propone videolezioni su argomenti di matematica, tutorial sullo svolgimento dei test, sintesi, formulari e ulteriori materiali di studio. Nel libro, un'apposita icona – visibile sul margine della pagina – segnala la presenza di contenuti aggiuntivi su **MyDesk**.

- **Esercizi commentati**: questo libro rappresenta un ulteriore step da usare nella fase intermedia della preparazione. Si tratta di un volume di esercitazioni guidate, con centinaia di quesiti, suddivisi tra le materie oggetto d'esame. Lo studente può svolgere ogni quesito in autonomia per poi verificare la soluzione nel relativo commento, dove troverà richiamate le nozioni teoriche necessarie e i metodi risolutivi più efficaci. In tal modo, il lettore può sia **esercitarsi** sia **accrescere la preparazione**.

- **3600 Quiz – I quesiti delle prove di ammissione**: è una imponente banca dati di quesiti, che include la raccolta completa di quesiti tratti da prove ufficiali somministrate in passato. Gli esercizi sono suddivisi per materia e alla fine di ogni sezione sono riportate in tabella le soluzioni di tutti i quesiti.

  I volumi **Esercizi commentati** e **3600 Quiz** sono arricchiti, grazie a **MyDesk**, da un avanzato simulatore on line che permette di svolgere esercitazioni per materia e comporre prove simulate secondo le modalità e i tempi dell'esame ufficiale.

AlphaTestAcademy

È l'innovativo ambiente di studio online, **personalizzato** e **assistito**, che guida lo studente nella preparazione ai test. Per ciascuna delle materie e degli argomenti previsti nelle prove di ammissione, Il programma accompagna lo studente ad accrescere il livello delle sue conoscenze, proponendogli in modo **adattivo** batterie di domande a difficoltà graduale e differenziata; ogni domanda è corredata da spiegazioni o da commenti multimediali (link, videotutorial), con specifici richiami di teoria. Il materiale e l'assistenza offerti da AlphaTestAcademy consentono di chiarire lungo il percorso ogni quesito e dubbio individuale, migliorando e consolidando progressivamente conoscenze e capacità in vista del test ufficiale. Questo lavoro di preparazione mirato e specifico rappresenta quindi un utile affiancamento al manuale di preparazione o a un corso Alpha Test in aula. L'abbonamento alla piattaforma è in dotazione ai partecipanti ai corsi Alpha Test e viene abilitato al momento dell'iscrizione.

Corsi

Un ulteriore e importante strumento di preparazione alle prove di ammissione, che Alpha Test ha ideato per gli studenti più motivati, sono i numerosi **corsi**, svolti **in aula** oppure **on line**, con durata differenziata (da pochi giorni di lezione ad alcuni mesi). Frequentare un corso Alpha Test consente di completare, perfezionare e consolidare la propria preparazione grazie ai seguenti punti di forza.

1. **La didattica interattiva.** Ogni corso prevede cicli di lezioni e di esercitazioni dedicate al ripasso di tutti gli argomenti oggetto d'esame. Gli studenti possono beneficiare della professionalità di docenti con un'esperienza d'insegnamento unica in Italia, maturata in oltre 30 anni di attività di Alpha Test nel campo specifico della preparazione ai test universitari.
2. **Il materiale supplementare consegnato ai corsi.** Durante le lezioni, a ciascun partecipante viene fornito materiale di studio e di esercitazione aggiuntivo rispetto ai volumi, consegnato al momento dell'iscrizione. Si tratta di contenuti didattici aggiornati e specifici, redatti in base alla struttura e ai contenuti del test che si deve affrontare.
3. **I corsi online** prevedono un mix tra lezioni sincrone e asincrone e si svolgono nell'aula virtuale di MyDesk, uno spazio di e-learning completo, appositamente realizzato da Alpha Test e già sperimentato con soddisfazione da migliaia di corsisti. MyDesk consente infatti ai docenti Alpha Test di seguire gli studenti con la stessa cura che hanno in classe, assicurando quindi la più alta qualità non solo nelle fasi di spiegazione ed esercitazione sulle singole materie ma anche in termini di assistenza e supporto a chiarimento di dubbi individuali. Sono inoltre favoriti il rapporto e il confronto diretto con gli altri studenti nonché la puntuale verifica dei progressi nella preparazione.
4. **L'esperienza "sul campo".** In ciascun corso vengono svolte più simulazioni d'esame per mettersi alla prova e per confrontare la propria preparazione con quella di altri candidati.

Infine, chi desidera prepararsi al test di ammissione senza rinunciare a divertimento e nuove amicizie può partecipare a una delle **vacanze-studio Alpha Test** (per informazioni: **alphatest.it/Corsi**).

INDICAZIONI PER I PARTECIPANTI AI CORSI ALPHA TEST

Alpha Test:

- è **la prima** società in Italia specializzata nel preparare gli studenti ai test di ammissione all'università;
- è **l'unica** organizzazione che può vantare un'esperienza di 35 anni e migliaia di corsi già organizzati su tutto il **territorio nazionale**;
- dal 1987 a oggi ha **preparato con successo** ai test universitari **decine di migliaia di studenti** che si sono trovati in vantaggio rispetto alle altre aspiranti matricole;
- è **la più scelta** dagli studenti che superano le selezioni per l'università (secondo i rilievi di una primaria società di indagini di mercato, l'**84%** degli ammessi a Medicina si è preparato con Alpha Test);

- propone **corsi** con durata, programmi e costi differenziati a seconda della prova di selezione e delle esigenze dei singoli studenti, comprese **vacanze-studio, corsi online** e **corsi residenziali**;
- vanta un corpo docente composto da oltre 200 esperti rigorosamente selezionati e costantemente formati: docenti e ricercatori universitari, professionisti e insegnanti con un'**esperienza didattica unica** e **specifica** nel campo della preparazione ai test universitari;
- ha sviluppato, per prima in Italia, una **metodologia didattica innovativa** e specifica per affrontare le prove a test, oggi potenziata con **Mydesk**: un originale spazio di e-learning riservato ai corsisti;
- propone ai suoi corsisti **prove simulate**, corrette individualmente; ciò consente ai partecipanti di verificare in tempo reale il proprio livello di preparazione e di apprendimento;
- effettua l'analisi e la discussione in aula delle **prove ufficiali** somministrate negli anni passati;
- ha sviluppato una collana di volumi specifici per i diversi test di ammissione, già scelti da oltre cinque milioni di studenti, che vengono **forniti ai partecipanti ai corsi** all'atto dell'iscrizione;
- ha sviluppato **AlphaTestAcademy**, la piattaforma di training online personalizzato, attivata per tutti coloro che si iscrivono a un corso;
- mette a disposizione anche dei suoi lettori lo spazio digitale di apprendimento **MyDesk**, con materiali e contenuti aggiuntivi per la preparazione.

I risultati conseguiti nelle prove di ammissione dai corsisti Alpha Test nei tanti anni di esperienza confermano che prepararsi a un test frequentando lo specifico corso Alpha Test rappresenta la scelta migliore per chi è veramente motivato ad accedere al corso universitario desiderato. I dati dicono che in tal modo si aumenta fino a sette volte la probabilità di ammissione rispetto a quella degli altri candidati.

Alpha Test e il suo corpo docente mettono a disposizione l'esperienza maturata e forniscono tutto l'aiuto necessario affinché i propri studenti possano prepararsi nel modo più rapido, completo ed efficace alla prova di selezione. Per accrescere ulteriormente la probabilità di successo è comunque **essenziale l'impegno** di ogni aspirante matricola nelle attività di **studio individuale** e di **esercitazione** prima e durante lo svolgimento del corso.

Per facilitare la preparazione preliminare degli studenti, Alpha Test consegna già all'atto dell'iscrizione i volumi MANUALE DI PREPARAZIONE, ESERCIZI COMMENTATI, e la raccolta di QUIZ (quest'ultimo solo per i corsi di maggior durata) e il codice di attivazione per AlphaTestAcademy valido fino al momento del test ufficiale.

Consigliamo di leggere i libri (almeno il manuale) **prima dell'inizio del corso con l'obiettivo di acquisire almeno una conoscenza di base degli argomenti trattati**. Questa raccomandazione vale in particolar modo per chi sceglie di frequentare uno dei corsi Alpha Test di durata minore.

Sempre al momento dell'iscrizione al corso, Alpha Test fornisce una guida operativa con istruzioni e consigli utili per avviare la preparazione anche prima dell'inizio delle lezioni e con importanti informazioni sul test di ammissione di interesse dello studente.

Durante il corso l'attenzione viene focalizzata in modo specifico sulle tipologie di quesiti previsti nella prova di ammissione di interesse. Viene inoltre esaminato e discusso con i docenti un consistente numero di esercizi diversi da quelli presenti nei libri e contenuti in appositi materiali didattici aggiornati ogni anno e distribuiti durante il corso esclusivamente ai partecipanti.

Informazioni e modalità di iscrizione ai corsi Alpha Test

Le iscrizioni ai corsi Alpha Test per la preparazione ai test di ammissione universitari sono sempre aperte, sino all'esaurimento dei posti previsti. I corsi sono infatti riservati a un numero limitato di partecipanti.

Per ciascun corso, sono disponibili su **alphatest.it** le informazioni aggiornate relative al calendario e alla quota di partecipazione.

Per chi avesse già acquistato **direttamente da Alpha Test** l'ultima edizione dei libri in dotazione al corso, è prevista una riduzione della quota di iscrizione al corso pari al 100% del prezzo di copertina dei libri; se i libri sono stati acquistati **in libreria** tale riduzione è pari al 50% del prezzo di copertina.

L'iscrizione ai corsi e l'acquisto dei libri Alpha Test possono essere effettuati su **alphatest.it**

Per ricevere maggiori informazioni sui libri o una consulenza gratuita sui corsi è possibile scrivere a info@alphatest.it oppure scegliere una delle modalità indicate nella sezione "Richiedi informazioni" su **alphatest.it**

Suggerimenti per affrontare la prova a test

Per affrontare al meglio un test a risposta multipla è importante conoscerne le caratteristiche rilevanti: per esempio quali siano le modalità di svolgimento, la composizione, il numero dei quesiti e delle alternative di risposta, o – se possibile – quali tipologie di esercizi si dovranno risolvere. In tal modo si possono studiare anche opportune "strategie" per valorizzare al massimo le proprie conoscenze e potenzialità.

Nelle prove per l'ammissione ai corsi a numero programmato, i candidati sono selezionati sulla base di un criterio di tipo **comparativo**. Cioè, per superare la selezione **lo studente deve figurare tra i migliori** nella graduatoria: non è quindi tanto rilevante il punteggio assoluto ottenuto quanto svolgere il test di ammissione meglio di un certo numero di altri candidati.

È bene però ricordare, soprattutto nei casi dei test di ammissione a base nazionale, che a volte è prevista una soglia minima qualificante: in tal caso anche qualora residuassero posti disponibili, i candidati con punteggio inferiore a tale soglia non potrebbero immatricolarsi perché giudicati non idonei. Dunque, totalizzare i punti minimi rappresenta una condizione necessaria ma non sufficiente per l'immatricolazione.

Prima di addentrarsi nell'analisi dei contenuti dei test e degli esercizi che li compongono, è opportuno considerare alcuni suggerimenti solo in apparenza banali, e invece molto utili al fine di ottimizzare il risultato nella prova di ammissione.

Prima del test

Il primo suggerimento, di carattere generale, è leggere con grande attenzione e per intero il **bando di concorso**, compresi gli allegati con i programmi di esame. Inoltre bisogna tenere in considerazione anche le **disposizioni** pubblicate dalla sede universitaria dove lo studente svolgerà la prova. Gli atenei e il Ministero, infatti, sono le fonti di informazioni **ufficiali** relative alle norme, alle modalità di selezione, alla struttura e ai contenuti della prova che regola l'ammissione al corso di studi scelto.

In particolare è importante avere ben chiare le indicazioni relative a: modalità di iscrizione alla prova; titoli necessari per potere partecipare al concorso; giorno e ora di svolgimento della prova di interesse, nonché la sua durata ecc.

L'emergenza pandemica ha spinto molte università e corsi di laurea ad adottare prove selettive *computer based*, da svolgere in multisessione (cioè su più turni e/o più giorni) in una pluralità di sedi o addirittura al domicilio dei candidati. Sarà cura dello studente verificare in quale modalità sarà somministrato il test di suo interesse. Sicuramente, in caso di test in presenza, bisognerà ricordare di recarsi all'esame con un documento di identità valido, la ricevuta di iscrizione ed eventuali ricevute di pagamento richieste.

Il giorno del test

In sede d'esame, prima del suo inizio, di solito vengono comunicate ai candidati le **norme alle quali attenersi durante tutte le fasi di svolgimento del test**. Tali norme riguardano, per esempio: il tempo totale a disposizione, le modalità con cui indicare le risposte sull'apposita scheda cartacea o, in caso di prova *computer based*, le istruzioni per l'utilizzo della piattaforma; vengono inoltre fornite altre indicazioni su come comportarsi durante l'esame e al suo termine.

È necessario rispettare scrupolosamente tutte le regole, evitando così errori banali ma sostanziali (quale, per esempio, la compilazione errata della scheda per le risposte o l'omissione di una firma), che potrebbero compromettere la validità della prova e quindi l'ammissione.

In alcuni casi, all'interno del test stesso gli esercizi sono preceduti da **istruzioni circa le modalità di risoluzione** dei quesiti e a volte anche da un esempio risolto. È importante in questi casi non lasciarsi prendere dalla fretta di mettersi subito al lavoro, ma dedicare la massima attenzione alla lettura di queste istruzioni, indispensabili per capire la logica degli esercizi e per rispondere correttamente alle domande.

Domande a risposta multipla

I test che vengono utilizzati per l'ammissione all'università sono costituiti da domande a risposta **chiusa**, le cui risposte sono cioè predefinite: il candidato deve individuare la sola risposta esatta tra le alternative proposte. Per rispondere a una domanda *aperta* (cioè non corredata da risposte prefissate) come per esempio "Qual è la capitale della Colombia?", occorre conoscere l'esatta nozione che consente di dare la risposta. Nel caso di *domande a scelta multipla* è invece possibile procedere anche in maniera diversa.

Si ipotizzi, per esempio, di dover rispondere al medesimo quesito, però a risposta multipla.

---

1 Qual è la capitale della Colombia?

A Delhi
B Buenos Aires
C Bogotá
D Brasilia
E Santiago

In questo caso è possibile determinare la risposta corretta procedendo in due modi distinti:

1. ragionando come se si trattasse di una domanda aperta: sapendo che la capitale della Colombia è Bogotá, si individua direttamente la risposta corretta (C) senza valutare le altre risposte proposte;
2. se, al contrario, non si conosce la risposta alla domanda, ma si ricordano altri accoppiamenti Paese/capitale, è possibile individuare la risposta corretta eliminando le alternative errate: sapendo che Delhi è la capitale dell'India, Buenos Aires dell'Argentina, Santiago del Cile e Brasilia del Brasile, per esclusione si può concludere che la risposta esatta è la C.

In altre parole, per rispondere correttamente a una domanda a scelta multipla non è sempre strettamente necessario conoscere la risposta esatta: a volte la soluzione può essere individuata indirettamente, escludendo le alternative errate.

Nel caso in cui, procedendo per esclusione, il candidato non riesca a eliminare tutte le alternative errate, il metodo di risposta per eliminazione permette comunque di aumentare le probabilità di individuare la risposta corretta: l'esclusione di una o più risposte riduce infatti il numero delle alternative tra cui si rimane incerti e quindi incrementa la probabilità di individuare l'alternativa corretta.

Valore dei quesiti e gestione del tempo

Come i partecipanti ai corsi Alpha Test hanno modo di sperimentare durante lo svolgimento delle prove simulate, il **tempo** rappresenta uno dei fattori critici per affrontare con successo un test di ammissione. Infatti, le prove sono spesso progettate e formulate in modo tale da permettere solo ai più preparati e ai più veloci di rispondere, entro i termini concessi, alla totalità delle domande.

È dunque imperativo impiegare razionalmente ogni minuto, avendo ben presente – prima di iniziare la prova – il tempo medio a disposizione per ogni quesito (calcolato sui minuti complessivi divisi per il numero dei quesiti stessi), ed evitando di soffermarsi su una singola domanda per un tempo eccessivamente superiore. In generale, il consiglio è di non superare il tempo medio per più del 20%: questa dilazione per gli esercizi più complessi viene infatti compensata dalla presenza di altri di più veloce risoluzione.

Ormai in quasi tutti i test, ogni risposta corretta fa "guadagnare" lo stesso punteggio: dunque a parità di tempo impiegato conviene risolvere due esercizi semplici piuttosto che uno complesso.

Poniamo che il tempo a disposizione per l'intero test sia di 100 minuti e gli esercizi da risolvere 60, il tempo medio per quesito è di 1 minuto e 40 secondi (100 secondi): quindi, bisogna evitare di dedicare più di due minuti allo svolgimento del singolo quesito.

L'obiettivo da raggiungere è rispondere correttamente al maggior numero possibile di esercizi; si consiglia quindi, compatibilmente con i vincoli imposti dalle modalità di svolgimento della prova, di affrontare prima gli esercizi che – per argomento o tipologia – si presume di riuscire a risolvere più facilmente e velocemente, per tornare poi a quelli più ostici per i quali si prevede un dispendio di tempo maggiore.

Scelta casuale della risposta?

La correzione dei test attribuisce in genere un punteggio positivo per le risposte corrette e, nella più parte dei casi, l'attribuzione di un punteggio negativo per ogni risposta errata (di solito quantificato in una frazione di punto). Ai quesiti omessi, a cui cioè non si è risposto, viene di norma attribuito punteggio nullo.

Spesso l'attribuzione del punteggio avviene secondo la seguente modalità:

- Risposta esatta: +1
- Risposta errata: –0,25 (–1/4)
- Risposta omessa: 0

La penalità sulle risposte errate ha lo scopo di annullare il punteggio positivo che, statisticamente, il candidato potrebbe conseguire rispondendo a caso in assenza di tale penalità.

Ma **è conveniente o no rispondere a caso** ai quesiti a cui non si sa trovare soluzione?

Si supponga di non conoscere assolutamente le risposte di 20 quesiti (con 5 risposte alternative ciascuno) della prova. Scegliendo a caso, si risponderebbe statisticamente in modo corretto a 4 esercizi (20/5) e si sbaglierebbero i restanti 16 quesiti. Il punteggio totalizzato sarebbe dunque:

- risposte esatte: $4 \times (+1) = +4$
- risposte errate: $16 \times (-1/4) = -4$
- risposte nulle: $0 \times 0 = 0$
- punteggio totale: $4 - 4 = 0$

Si otterrebbe quindi un punteggio nullo, esattamente identico a quello che si totalizzerebbe scegliendo di non rispondere ai 20 quesiti. Dunque, è possibile distillare una regola utile su come comportarsi nel caso in cui non si riesca a identificare, tra le diverse risposte alternative, quella corretta:

> conviene rispondere casualmente ogni volta che il numero di alternative tra cui si è indecisi è pari o inferiore al reciproco del punteggio negativo attribuito alle risposte errate.

È evidente che il punteggio totalizzato rispondendo casualmente potrà essere tanto maggiore quanto minore sarà il numero di alternative tra cui si è indecisi e quanto minore è la penalità attribuita alle risposte errate. Il numero delle alternative tra cui si è indecisi non coincide necessariamente con quello delle alternative esistenti. Se, per esempio, le alternative proposte sono 5, ma il candidato riesce a eliminarne due perché le si riconosce come errate, la valutazione statistica va rivista su 3 alternative (cioè 5 – 2).

Nella pratica, scartare almeno due alternative di risposta è possibile anche quando l'argomento sia poco o per nulla noto al candidato. Si veda per esempio:

---

2 In base alla Costituzione, l'Italia è:

A una repubblica regionale

B uno Stato federale

C una repubblica democratica, fondata sul lavoro

D una repubblica presidenziale, fondata sul lavoro

E uno Stato federato

Anche senza ricordare la definizione precisa che la Costituzione dà dello Stato italiano, è facile riuscire a escludere le alternative B ed E che si segnalano per l'evidente implausibilità. L'Italia infatti è uno Stato unitario che non si articola al suo interno in altre entità statali né è a sua volta parte di uno Stato federale. Al candidato resterà dunque, eventualmente, il dubbio tra tre sole alternative (la risposta esatta è C).

parte prima

LOGICA

Questa sezione comprende quesiti di logica molto diffusi nei test di ammissione; questa tipologia di domande valuta soprattutto **abilità e attitudine al ragionamento**. Si incontrano quesiti di logica sia nel test **TOLC-E**, sia **Test Cisia SPS** sia anche in negli altri test di Economia, Giurisprudenza e Scienze politiche degli atenei statali.

Quesiti

1 Se è vero che tutte le biciclette che possiedo sono da corsa eccetto due, tutte le biciclette che possiedo sono mountain bike eccetto due, tutte le biciclette che possiedo sono city bike eccetto due. Quante biciclette possiedo?

- A Uno
- B Due
- C Tre
- D Quattro
- E Cinque

2 Se Anna guarda la televisione, allora fuori piove.
Se la precedente affermazione è vera, allora è anche vero che:

- A se Anna non guarda la televisione allora vuol dire che fuori non piove
- B se fuori c'è il sole, allora Anna ha la televisione spenta
- C se fuori piove allora Anna sta guardando la televisione
- D la televisione è accesa mentre fuori c'è il sole
- E se fuori non piove allora Anna guarda la televisione

3 Ad un ricevimento la contessa Viendalmare vuole sistemare i 40 invitati in tavoli da 4. Purtroppo la contessa si rende conto che comunque si dispongano gli invitati c'è sempre almeno un tavolo di sole donne. Quante sono almeno le donne invitate?

A 9 B 10 C 21 D 31 E 39

4 Se Lorenzo va a ballare, Maria rimane a casa.
Se la precedente affermazione è vera, allora è sicuramente vero che:

- A se Maria non è rimasta a casa, Lorenzo non è andato a ballare
- B se Maria è rimasta a casa, Lorenzo è andato a ballare
- C Maria rimane a casa solo se Lorenzo va a ballare
- D se Lorenzo non va a ballare, Maria non rimane a casa
- E Lorenzo e Maria sono fidanzati

5 Tutti i calciatori sono sportivi; Marco è sportivo; tutti gli sportivi sono educati e gioviali; tutte le persone che amano gli scacchi sono gioviali.
Se le precedenti affermazioni sono vere, quale delle seguenti non è possibile dedurre con certezza?

- A Marco è educato
- B I calciatori sono gioviali
- C Marco è gioviale
- D I calciatori sono educati
- E Marco ama gli scacchi

6 "Non è vero che Maria non è bassa" ha lo stesso significato di:

- A Maria è bassa
- B Maria è di altezza nella norma
- C è falso che Maria è bassa
- D Maria è alta
- E Maria non è bassa

QUESITI

7 **Alcune recenti ricerche hanno respinto l'impossibilità della non veridicità della tesi secondo la quale non esiste una correlazione negativa tra età media delle persone e quantità media di sigarette che tali persone hanno fumato.**

Se quanto sopra riportato è vero, quale delle seguenti affermazioni è vera?

- A Il fumo accorcia la vita media delle persone
- B Non vi è correlazione negativa tra quantità di sigarette fumate e vita media delle persone
- C Il fumo allunga la vita media delle persone
- D È impossibile che vi sia una correlazione negativa tra quantità di sigarette fumate e vita media delle persone
- E È possibile che vi sia una correlazione negativa tra quantità di sigarette fumate e vita media delle persone.

8 **L'affermazione "Se piove Giovanni prende l'ombrello" è contraddetta se:**

- A piove e Giovanni non prende l'ombrello
- B Giovanni prende l'ombrello
- C non piove
- D piove
- E non piove e Giovanni non prende l'ombrello

9 **Tutti i bimbi della classe amano i cartoni animati o le figurine o entrambi. Aldo è un bimbo della classe. Aldo ama le figurine.**

Se le precedenti affermazioni sono vere, quale delle seguenti affermazioni NON è certo che sia vera?

- A Aldo potrebbe essere l'unico bimbo della classe che ama le figurine
- B Chi ama le figurine potrebbe non appartenere alla classe
- C Un bimbo che non appartiene alla classe può amare i cartoni animati
- D Aldo ama i cartoni animati
- E Se un bimbo della classe ama i cartoni animati potrebbe amare anche le figurine

10 **Non si può dimostrare che senza il terremoto l'economia del Paese non sarebbe comunque in queste condizioni.**

Quale è il corretto significato della precedente affermazione?

- A È possibile che l'economia del Paese si troverebbe in queste condizioni anche se non ci fosse stato il terremoto
- B La causa delle attuali condizioni dell'economia del Paese è certamente imputabile al terremoto
- C Il terremoto ha contribuito in maniera determinante a compromettere le condizioni economiche del Paese
- D Le attuali condizioni economiche del Paese dipendono dal terremoto e ciò è dimostrabile
- E Per quanto il terremoto certamente inciso sulle attuali condizioni economiche del Paese non è possibile averne la dimostrazione

11 **Un chimico studiando una soluzione constatò che se si tingeva di verde allora in essa era presente sodio, oppure potassio, oppure ferro; constatò inoltre che, sempre se si tingeva di verde, se c'era sodio c'era anche bromo oppure cloro, e che, se c'era potassio, c'era anche iodio. Quale di queste situazioni si può verificare?**

- A La soluzione contiene solo sodio e diventa verde
- B La soluzione contiene solo iodio e diventa verde
- C La soluzione contiene solo potassio e diventa verde
- D La soluzione contiene sodio e bromo, e diventa verde
- E La soluzione contiene potassio, ferro e sodio e si tinge di verde

12 **Tutti gli amici di Vincenzo bevono sia birra sia vino.**

Se la precedente affermazione è falsa, allora si può dedurre con certezza che:

- A almeno un amico di Vincenzo non beve birra
- B almeno un amico di Vincenzo non beve birra o vino
- C almeno un amico di Vincenzo non beve vino
- D almeno un amico di Vincenzo non beve né birra né vino
- E gli amici di Vincenzo sono astemi

13 **Tutti i notai sono ricchi. Nessun ricco è una persona insicura. Quindi __________ è un notaio**
Si individui il CORRETTO completamento del sillogismo.
A qualche persona insicura
B qualche ricco
C ogni ricco
D soltanto un ricco
E nessuna persona insicura

14 **Inserire l'unica congiunzione pertinente nella seguente frase: "Lavorerò senza sosta tutto il mese ... possa poi andare in vacanza".**
A benché
B nonostante
C purché
D sebbene
E cosiccome

15 **Alberto è più alto di Davide, Eugenio è più basso di Davide, Carla è più bassa di Basilio ma è più alta di Alberto. Chi è la persona che occupa il posto intermedio in altezza?**
A Davide B Alberto C Carla
D Basilio E Eugenio

16 **Il presidente dell'Associazione imprenditori ha confermato che c'è urgenza di inserire personale straniero negli organici delle aziende italiane. Al momento i settori con più necessità sono quello agricolo e quello siderurgico. Questa sollecitazione, se attuata, darebbe un forte segnale a favore del raggiungimento di una società realmente multiculturale.**
Su quale supposizione implicita si basa il brano precedente?
A Vi è la necessità di maggiore integrazione tra cittadini italiani e stranieri nella nostra società
B I settori dell'agricoltura e della siderurgia sono i più importanti per le aziende italiane
C È necessario creare nuovi posti di lavoro
D Il presidente dell'Associazione imprenditori potrebbe avere cittadinanza straniera
E L'integrazione è un processo impossibile da attuare

17 **Mamma, papà e due bambini devono attraversare un fiume con una barchetta che può trasportare al massimo un adulto o in alternativa due bambini. Quanti viaggi di attraversamento dovranno fare per arrivare tutti dall'altra parte del fiume?**
A 8 B 9 C 10 D 11 E 12

18 **Se uno studente è contemporaneamente il 5° miglior studente ed il 5° peggior studente della sua classe, da quanti studenti è composta la classe?**
A 5
B 6
C 7
D 9
E 10

19 **Ci sono tre scatole piene di frutta, chiuse da coperchio. Su un coperchio c'è scritto "PERE", su un altro c'è scritto "LIMONI" e sul terzo c'è scritto "PERE E LIMONI". Nessuno dei coperchi corrisponde al vero contenuto delle scatole. Quanti frutti è sufficiente estrarre per mettere il coperchio al posto giusto su ogni scatola?**
A 0
B 1
C 2
D 3
E 4

20 **Nel cassetto dell'armadio del corridoio, Francesca ha 5 paia di calze nere, 4 paia di calze bianche e 6 paia di calze rosse. Trovandosi al buio e dovendo essere sicura di prenderne un paio dello stesso colore, quante calze dovrà estrarre dal cassetto?**
A 3
B 4
C 5
D 7
E 10

21 Giovanni è più vecchio di Carlo; Lorenzo è più vecchio di Mario; Mario è più giovane di Alessandro; Carlo ed Alessandro sono coetanei. Sulla base delle precedenti affermazioni quale delle seguenti frasi è vera?

A Giovanni è più vecchio di Mario

B Lorenzo è più vecchio di Alessandro

C Lorenzo è più vecchio di Giovanni

D Carlo è più giovane di Lorenzo

E Carlo è più giovane di Mario

22 Se è vero che «l'erba del vicino è sempre più verde», allora è necessariamente vera anche una delle affermazioni seguenti. Quale?

A Il vicino usa un fertilizzante migliore

B Non esiste un vicino che non abbia l'erba più verde

C Il vicino innaffia moltissimo il suo giardino

D Deve esistere almeno un vicino che ha l'erba meno verde della mia

E Nessun vicino ha l'erba alta in giardino

23 Se è vero che tutte le matite che ho sono rosse eccetto due, tutte le matite che ho sono blu eccetto due, tutte le matite che ho sono nere eccetto due. Quante matite ho?

A Uno

B Due

C Tre

D Quattro

E Cinque

24 In un ristorante 15 avventori stanno seduti, 10 mangiano una torta. Con questi dati si può concludere con certezza che il numero totale N degli avventori è:

A N = 25 B N > 15 C N < 15

D N ≥ 15 E N > 25

25 Dall'analisi delle risposte fornite ad un esame per il conseguimento della patente di guida, emerge che, per ognuna delle 40 domande, c'è stato almeno un candidato che ha fornito la risposta corretta. Determinare, sulla base di questa sola informazione, quale delle seguenti situazioni si è necessariamente verificata.

A Tutti i candidati hanno risposto correttamente ad almeno 30 domande

B Nessuna domanda è stata lasciata senza risposta da tutti i candidati

C Esiste un candidato che ha risposto correttamente a tutte le domande

D Esiste un candidato che ha risposto in maniera errata a tutte le domande

E Esiste almeno una domanda a cui tutti i candidati hanno risposto correttamente

Leggere il seguente problema e rispondere alle relative domande.

Cinque manager di una multinazionale partecipano a un meeting a Taormina. È inoltre noto che:

- Mr. Hashimoto parla olandese e russo;
- Mr. Annan si esprime in olandese e cinese;
- Mr. Kozirev conversa in cinese e russo;
- Mr. Smith parla arabo e olandese;
- Mr. Fernandez è russo e parla anche arabo.

26 Oltre a Mr. Fernandez, chi può conversare con Mr. Smith senza un interprete?

A Solo Mr. Hashimoto

B Solo Mr. Annan

C Mr. Hashimoto e Mr. Annan

D Solo Mr. Kozirev

E Mr. Annan, Mr. Hashimoto e Mr. Kozirev

27 Chi può fungere da interprete tra Mr. Kozirev e Mr. Smith?

A Chiunque degli altri tre

B Solo Mr. Hashimoto

C Solo Mr. Annan

D Solo Mr. Fernandez

E Mr. Hashimoto o Mr. Annan

28 Delle lingue parlate al meeting, quali sono le due parlate da un minor numero di persone?

A Arabo e olandese
B Cinese e russo
C Russo e olandese
D Cinese e olandese
E Cinese e arabo

29 Quale delle seguenti coppie non può dialogare senza un interprete?

A Mr. Hashimoto e Mr. Annan
B Mr. Annan e Mr. Fernandez
C Mr. Hashimoto e Mr. Kozirev
D Mr. Annan e Mr. Smith
E Mr. Hashimoto e Mr. Fernandez

30 Un nuovo partecipante alla riunione, per essere compreso dal maggior numero possibile di manager, che lingue dovrebbe parlare?

A Cinese e arabo
B Russo e cinese
C Arabo e russo
D Russo e olandese
E Cinese e olandese

31 Andrea e Raffaello possiedono ciascuno un certo numero di palline da tennis. Andrea ne ha meno di Raffaello. Andrea dice che se Raffaello gliene dà otto delle sue, il numero diventa uguale. Raffaello dice che se invece è Andrea a dargliene otto, il numero delle sue palline quintuplica rispetto a quelle di Andrea. Quante palline ha Raffaello?

A 24
B 32
C 36
D 38
E 40

32 Un istituto superiore ha 100 docenti suddivisi su 4 succursali che hanno almeno 15 docenti per ogni succursale. Allora una e una sola delle seguenti affermazioni è sempre vera (a prescindere dalla distribuzione tra le succursali):

A esistono 2 succursali con almeno 25 docenti ciascuna
B se esiste una succursale con 15 docenti, ne esiste un'altra con almeno 70 docenti
C se esiste una succursale con 15 docenti, ne esiste un'altra con almeno 50 docenti
D se esiste una succursale con 15 docenti, ne esiste un'altra con almeno 15 docenti
E Nessuna delle altre alternative proposte

33 Maddalena ha 40 caramelle al miele e 31 caramelle alla menta suddivise in 10 scatole. Quale delle seguenti affermazioni è sicuramente vera?

A Esiste almeno una scatola in cui ci sono almeno 5 caramelle al miele
B In tutte le scatole, il numero di caramelle al miele è maggiore o uguale a quello delle caramelle alla menta
C Esiste almeno una scatola in cui ci sono esattamente 4 caramelle alla menta
D In ogni scatola ci sono almeno 7 caramelle
E Esiste almeno una scatola in cui ci sono almeno 8 caramelle

34 Leggete attentamente i seguenti dati: Francesco è un poliziotto; Fausto, il fratello di Francesco, è un poliziotto; tutti i poliziotti indossano la divisa blu e rossa. In base ai dati presentati, quale delle seguenti affermazioni è certamente vera?

A Francesco indossa la divisa blu e rossa
B Il padre di Fausto è un poliziotto
C Andrea, che indossa una divisa blu e rossa, è un poliziotto
D Francesco e suo fratello indossano divise diverse
E nessuna delle altre alternative è corretta

35 **A una conferenza, 8 persone prendono appunti, 5 hanno un registratore. Con questi dati si può concludere con certezza che il numero totale N degli ascoltatori a quella conferenza è:**

A) N = 13

B) N > 8

C) N ≥ 8

D) N < 8

E) N > 13

36 **"Margherita è appassionata di fotografia; tutti gli appassionati di fotografia non amano la natura; tutti i fotografi sono professionisti". Se le precedenti affermazioni sono vere, quale delle seguenti è sicuramente vera?**

A) Margherita è un fotografo

B) Chi non ama la natura è sicuramente appassionato di fotografia

C) Margherita non ama la natura

D) Margherita è una professionista

E) Nessuna delle precedenti

37 **Leggere il seguente problema e rispondere alla relativa domanda.**

Quattro cavalli, Adamo, Bisset, Carolina e Demiurgo, partecipano a una gara equestre. I proprietari dei cavalli sono Fini, Gini, Lini e Mini, non necessariamente in questo ordine. È inoltre noto che: il cavallo del signor Gini ha vinto il primo premio e non si chiama Carolina; Demiurgo è arrivato terzo; il cavallo del signor Lini si chiama Bisset ed è arrivato prima di Carolina; il cavallo del signor Fini non è arrivato terzo.

Quale cavallo è arrivato ultimo?

A) Il cavallo del signor Fini

B) Il cavallo del signor Lini

C) Adamo

D) Bisset

E) Il cavallo del signor Mini

38 **Se l'affermazione "tutti i ristoranti di Milano sono cari" è vera, allora necessariamente:**

A) almeno un ristorante di Milano non è caro

B) a Milano non esiste un ristorante economico

C) Milano è la città con i ristoranti più cari

D) non può esistere un ristorante di Roma più caro di un ristorante di Milano

E) a Milano i ristoranti cinesi sono meno cari degli altri

39 **Se è vero che «chi gioca con il fuoco, si brucia», allora è necessariamente vera anche una delle affermazioni seguenti. Quale?**

A) Chi non gioca con il fuoco, non si brucia

B) Il fuoco è dannoso per la salute

C) Solo chi gioca con il fuoco può bruciarsi

D) Giocare con il fuoco comporta come conseguenza quella di bruciarsi

E) Se mi sono bruciato, sicuramente è perché ho giocato con il fuoco

40 **Un pensionato ha passato la sua vita per un quarto da ragazzo, per un ottavo da giovane, per metà al lavoro. Da 9 anni non lavora più. Quanti anni ha adesso?**

A) 64 B) 66 C) 68 D) 72 E) 74

41 **Stefania afferma che tutti i vini in vendita nei supermercati provengono da produttori italiani. Quale delle seguenti affermazioni è equivalente alla precedente?**

A) Tutti i vini provenienti da produttori italiani sono venduti nei supermercati

B) Tutti i vini che non provengono da produttori italiani non vengono venduti nei supermercati

C) Tutti i vini che sono venduti al di fuori dei supermercati non provengono da produttori italiani

D) Esistono vini provenienti da produttori italiani che sono venduti fuori dai supermercati

E) Esistono vini provenienti da produttori non italiani che vengono venduti in qualche supermercato

 © Alpha Test

LOGICA

42 **Nel parco alcuni bambini stanno correndo in bicicletta. Altri, più piccoli, vanno sul triciclo. Se insieme vi sono 18 fra biciclette e tricicli e le ruote sono in tutto 46, quanti sono i tricicli?**

A 8
B 9
C 10
D 11
E 12

43 **In una gara di quattro atleti si sa che C è arrivato immediatamente dopo B e che D è arrivato prima di A e dopo C. Qual è la sequenza che descrive l'ordine d'arrivo di tutti e quattro?**

A B-A-C-D
B B-C-D-A
C A-B-C-D
D D-B-C-A
E A-B-D-C

44 **Date le premesse:**
a - la scienza fa ricorso con vantaggio al linguaggio metaforico;
b - il linguaggio metaforico è proprio dell'espressione artistica.
SCEGLIETE la conclusione logicamente e rigorosamente conseguente:

A scienza e arte usano il medesimo linguaggio
B la contaminazione tra arte e scienza è inevitabile
C la scienza non può fare a meno di un proprio linguaggio metaforico
D l'espressione artistica offre un valido mezzo espressivo alla scienza
E l'espressione artistica e quella scientifica hanno il medesimo carattere

45 **Andrea è più alto di Donato, Fausto è più basso di Donato, Chiara è più bassa di Biagio ma è più alta di Andrea. Chi è la persona che occupa il posto intermedio in altezza?**

A Donato
B Andrea
C Chiara
D Biagio
E Fausto

Leggere il testo del seguente problema e rispondere alle relative domande.

La società Mirtidinotte ha una squadra di pallavolo in cui giocano sei ragazzi: Carlo, Diego, Federico, Gabriele, Marco e Paolo. Ognuno ha un ruolo ben preciso nella squadra. Ci sono due schiacciatori, un opposto, due centrali e un alzatore. La peculiarità della squadra è che ogni ragazzo proviene da una città diversa: Roma, Milano, La Spezia, Pisa, Arezzo e Nuoro. Inoltre si sa che:

- l'alzatore è di Arezzo;
- uno degli schiacciatori è Marco;
- uno dei centrali è di Pisa;
- Paolo è sardo;
- né Carlo né Federico giocano nel ruolo di centrale;
- Diego è milanese;
- nel ruolo di opposto gioca il romano;
- un centrale è Paolo;
- Carlo non gioca nel ruolo di alzatore.

46 **In quale ruolo gioca Federico?**

A Alzatore
B Opposto
C Non si può dedurre
D Schiacciatore
E Centrale

47 **Come si chiama il pisano?**

A Carlo
B Federico
C Gabriele
D Marco
E Non si può dedurre

48 **Non è impossibile che Stefano non sia il fratello di Alessandro.**
La precedente affermazione è logicamente equivalente a:

A Stefano e Alessandro potrebbero non essere fratelli
B è impossibile che Stefano sia il fratello di Alessandro
C Stefano e Alessandro sono sicuramente fratelli
D non è possibile che Stefano non sia il fratello di Alessandro
E Stefano è fratello del padre di Alessandro

49 In base ai risultati di uno studio condotto nel 2013, il 25% dei cittadini brasiliani con età superiore ai 17 anni è risultato analfabeta. Dunque, se è corretta la previsione in base alla quale nel 2025 i cittadini brasiliani con età superiore ai 17 anni saranno 150 milioni, si può stimare che 37,5 milioni di cittadini saranno analfabeti.

Quale delle seguenti affermazioni, se considerata vera, indebolisce quanto sostenuto dal brano?

A Dal 2008 al 2013 vi è stata una riduzione del 5% del tasso di analfabetismo dei cittadini brasiliani

B Tutti gli studi demografici concordano nel prevedere un progressivo invecchiamento della popolazione brasiliana

C Gli studi sovente conducono a risultati impropri

D Numerosi cittadini brasiliani inclusi nello studio del 2013 sarebbero inclusi anche in uno studio del 2025

E L'istituto di statistica brasiliano prevede per il prossimo trentennio una riduzione costante del tasso di analfabetismo

50 I cibi salati sono acidi; i cibi grassi sono acidi e pesanti; i cibi acidi sono pieni di fermenti.

Se le precedenti affermazioni sono vere, allora è sicuramente vero che:

A tutti i cibi acidi sono anche pesanti

B i cibi grassi sono pieni di fermenti

C i cibi salati sono pesanti

D i cibi acidi sono salati

E i cibi pesanti sono pieni di fermenti

51 Un bruco deve arrivare a una mela che è posta in cima a un albero alto 10 metri. Di giorno sale per 2 metri, ma di notte quando riposa scivola giù di 1 metro. Quanti giorni impiegherà il bruco per arrivare alla mela?

A 10 B 9 C 11 D 8 E 7

52 Un autore latino-americano ha affermato: "La mia è una generazione di transizione. Ciò che noi abbiamo fatto è stato diffondere una letteratura poco conosciuta e rendere universale la nostra creatività, senza mai negare le nostre radici nelle manifestazioni più profonde e brillanti".

Quale tra le seguenti affermazioni è deducibile dalla frase precedente?

A Lo scrittore tradisce il suo provincialismo

B Lo scrittore è consapevole del patrimonio culturale della sua terra

C Lo scrittore denuncia i pregiudizi della critica

D Lo scrittore evidenzia gli aspetti folcloristici della sua generazione

E Lo scrittore riconosce il suo debito alla letteratura europea

53 Un tale compra un oggetto a 300 Euro, lo vende a 310 Euro, lo ricompra a 320 Euro, ed infine lo rivende a 330 Euro. Quanto ha guadagnato?

A 0 Euro

B 10 Euro

C 20 Euro

D 30 Euro

E 300 Euro

54 Se è vero che:

- **tutte le persone generose sono serene;**
- **Lisa è generosa;**
- **Sara è serena;**

si può dedurre che:

A le persone non generose non sono serene

B Sara non è generosa

C Lisa è serena

D Le persone serene sono generose

E Sara è generosa

55 «Solamente dopo la firma si può chiudere il contratto». Se la precedente informazione è corretta, quale delle seguenti affermazioni NON rappresenta una conclusione corretta?

- A Se il contratto è stato firmato allora può essere chiuso
- B Se il contratto è stato chiuso allora è stato firmato
- C Se il contratto non è stato firmato allora non può essere chiuso
- D Anche se il contratto è stato firmato, potrebbe non essere chiuso
- E Se il contratto non è stato chiuso allora non è stato firmato

56 In un gruppo di 100 signori riuniti a convegno, non tutti portano la cravatta. Però, comunque se ne scelgano due, uno almeno di essi la porta. In quanti hanno la cravatta?

A 49 B 50 C 51 D 98 E 99

57 Data l'affermazione "l'ipotesi A è condizione sufficiente e non necessaria perché una data conseguenza B si verifichi", quale delle seguenti affermazioni è vera?

- A B si verifica solo quando risulta verificata l'ipotesi A
- B B può non verificarsi anche se risulta verificata l'ipotesi A
- C B può verificarsi anche se non risulta verificata l'ipotesi A
- D B non si verifica se risulta verificata l'ipotesi A
- E B non può verificarsi in alcun caso

58 Cinque amici fanno tra loro una gara di sci. Alfredo arriva prima di Benedetto ma dopo Carola; Daniele batte Carola ma finisce dopo Enrica. In qual posizione ha terminato la gara Daniele?

- A Primo
- B Secondo
- C Terzo
- D Quarto
- E Quinto

59 Matteo afferma che tutte le moto in vendita nel negozio di Alberto provengono da produttori giapponesi. Quale delle seguenti affermazioni è equivalente alla precedente?

- A Esistono moto provenienti da produttori giapponesi che sono vendute al di fuori del negozio di Alberto
- B Tutte le moto provenienti da produttori giapponesi sono vendute nel negozio di Alberto
- C Tutte le moto che sono vendute al di fuori del negozio di Alberto non provengono da produttori giapponesi
- D Tutte le moto che non provengono da produttori giapponesi non vengono vendute nel negozio di Alberto
- E Esistono moto provenienti da produttori non giapponesi che vengono vendute nel negozio di Alberto

60 «Il cantante Tizio è un cane; i cani hanno la coda; il cantante Tizio ha la coda». Il sillogismo non funziona perché:

- A esistono cani con una bella voce
- B Tizio non sempre canta male
- C non tutti i cani hanno la coda
- D il significato dei termini varia nel corso del ragionamento
- E non è la coda a determinare le qualità di un cantante

61 "Alessandra è una brava ballerina. Tutti i ballerini di danza classica sono bravi ballerini. Tutti i bravi ballerini sono esili". Quindi:

- A Alessandra è una ballerina di danza classica
- B Alessandra è esile
- C alcuni ballerini di danza classica sono esili
- D tutti i ballerini esili studiano danza classica
- E alcune ballerine esili si chiamano Alessandra

62 **Un assicuratore riesce a stipulare 12 nuove polizze vita alla settimana; quanto tempo impiega per stipularne 84?**

A 5 settimane

B 8 settimane

C 7 settimane

D 1 mese

E 32 giorni

63 **«È sbagliato non ammettere che le precauzioni prese non sono bastate per impedire il rovesciamento della barca.» Basandosi sulla precedente affermazione, individuare quale delle seguenti alternative è esatta.**

A La barca si è rovesciata nonostante le precauzioni prese

B Le precauzioni che si possono prendere per impedire il rovesciamento di una barca sono inefficaci

C Si può affermare che le precauzioni prese sono state sufficienti per impedire il rovesciamento della barca

D Grazie alle precauzioni prese la barca non si è rovesciata

E Bisogna ammettere che non è stata presa alcuna precauzione per impedire il rovesciamento della barca

64 **Se l'affermazione "Tutti gli atleti corrono velocemente" è falsa, allora necessariamente:**

A almeno un atleta corre velocemente

B nessun atleta corre velocemente

C tutti gli atleti corrono a passo lento

D esiste almeno un atleta che non corre velocemente

E tutti i calciatori sono più veloci dei corridori

65 **I) Tutti gli avvocati sono prolissi**

II) Giorgio ama la montagna

III) Tutte le persone che amano la montagna sono prolisse

Se le affermazioni sopra riportate sono vere, quale delle seguenti è necessariamente vera?

A Giorgio è un avvocato

B Tutte le persone prolisse sono avvocati

C Tutti gli avvocati amano la montagna

D Giorgio è prolisso

E Giorgio avrebbe voluto essere un avvocato

66 **«Nessun computer può sostituire il cervello umano.»**

Se la precedente affermazione è FALSA, allora si può essere certi che:

A il cervello umano è insostituibile

B non esistono computer che possono sostituire il cervello umano

C esiste almeno un computer che può sostituire il cervello umano

D esistono diversi computer che possono sostituire il cervello umano

E c'è solo un computer che può sostituire il cervello umano

67 **Quando c'è una partita dell'Italia, Mario si trova sempre all'estero. Determinare, sulla base di questa sola informazione, quale delle seguenti deduzioni è corretta:**

A oggi Mario è all'estero, quindi c'è una partita dell'Italia

B oggi Mario è all'estero, quindi non ci sono partite dell'Italia

C oggi Mario è in Italia, quindi non ci sono partite dell'Italia

D oggi non ci sono partite dell'Italia, quindi Mario è in Italia

E oggi non ci sono partite dell'Italia, quindi Mario è all'estero

 © Alpha Test

68 La frase "non c'è alcuna persona che parli bene l'inglese tra noi" è falsa. Questo significa che:

A almeno una persona tra noi parla bene l'inglese
B nessuno parla bene l'inglese
C tutti parlano bene l'inglese tra noi
D una sola persona parla bene l'inglese tra noi
E pur non essendo inglesi non parliamo bene la lingua

69 In uno stagno c'è una bellissima pianta acquatica: una ninfea. Questa ninfea si riproduce raddoppiando ogni giorno la propria estensione; in 30 giorni arriva a coprire tutto lo stagno. Quanto tempo impiega per coprirne la metà?

A 2 giorni
B 7 giorni
C 15 giorni
D 29 giorni
E Dipende dalla grandezza dello stagno

70 Giovanni è stato assunto da due anni in una casa editrice e lavora tutti i giorni al suo computer correggendo i testi degli autori in modo sempre più preciso e puntuale. Dalla precedente affermazione si deduce che:

A i testi che arrivano a Giovanni sono sempre pieni di errori
B Giovanni è un informatico
C a Giovanni piace il proprio lavoro
D Giovanni con il tempo ha affinato le sue competenze lavorative
E Giovanni è uno scrittore

71 «Veronica è una brava studentessa. Tutti gli studenti di Farmacia sono bravi studenti. Tutti i bravi studenti sono preparati». Date tali premesse, si può dedurre che:

A Veronica è una studentessa di Farmacia
B Veronica è preparata
C alcuni studenti di Farmacia sono preparati
D tutti gli studenti preparati sono bravi studenti
E alcuni bravi studenti sono preparati

72 Un'indagine, condotta dall'ufficio del personale di una grande azienda (in cui ci sono almeno tre dirigenti) sui propri dipendenti maschi, ha mostrato che:

- **almeno un dipendente non è calvo**
- **tutti i dirigenti sono calvi**
- **non è vero che almeno un dipendente non è laureato.**

A questo punto, solo una delle seguenti proposizioni è deducibile per l'azienda in questione. Quale?

A Tutti i calvi sono dirigenti
B Nessun laureato è calvo
C Tutti i dipendenti, tranne uno, sono calvi
D Almeno un calvo non è laureato
E Almeno un laureato non è calvo

73 Se è vero che «all'esame di Stato viene promosso solo chi studia», allora è necessariamente vera anche una delle affermazioni seguenti. Quale?

A Non vi è alcuna possibilità per chi non studia di venire promosso all'esame di Stato
B Se studi, verrai promosso sicuramente
C Mio cugino è stato l'unico promosso all'esame di Stato anche senza avere studiato
D La promozione dipende più dalla fortuna che dallo studio
E All'esame di laurea viene promosso solo chi studia

74 Date le seguenti affermazioni: «Se Mario è a Roma, allora Piero è a Milano. Piero è a Milano» quale delle seguenti conclusioni è vera?

A Mario è a Roma
B Mario e Piero sono a Milano
C Piero è a Milano
D Mario non è a Roma
E Non si può trarre alcuna conclusione logicamente valida

75 **«Io chiamo chiara quella conoscenza che è presente e manifesta a uno spirito attento, come noi diciamo di vedere chiaramente gli oggetti quando, presenti, agiscono abbastanza fortemente e i nostri occhi sono disposti a guardarli. E distinta quella che è talmente precisa e differente da tutte le altre da non comprendere in sé se non ciò che appare manifestamente a chi la considera come si deve.»**
Cartesio
A quale regola del ragionamento cartesiano si riferisce il brano suddetto?

- A Sintesi
- B Analisi
- C Enumerazioni
- D Calcolo
- E Evidenza

76 **Il corso di logica prevede 120 ore di lezione. All'inizio del corso il docente afferma: "Per superare l'esame è necessario, ma non sufficiente, avere seguito almeno 60 ore di lezione".**
Cosa deve accadere affinché l'affermazione del docente risulti falsa?

- A Almeno uno studente supera l'esame pur avendo seguito meno di 60 ore di lezione
- B Almeno uno studente che ha seguito meno di 60 ore di lezione non supera l'esame
- C Almeno uno studente che ha seguito più di 60 ore di lezione non supera l'esame
- D Tutti gli studenti che hanno seguito più di 60 ore di lezione superano l'esame
- E Nessuno studente che non ha superato l'esame ha seguito più di 60 ore di lezione

77 **In un armadio ci sono 5 paia di calzini bianchi, 3 paia di calzini verdi e 4 paia di calzini rossi. Tirando fuori a caso quanti calzini si devono prendere per essere sicuri di averne un paio dello stesso colore?**

A 2 B 3 C 4 D 5 E 6

78 **«L'esame del curriculum non ha consentito di dimostrare l'impossibilità che Francesco sia qualificato per il lavoro proposto».**
Qual è il corretto significato della precedente affermazione?

- A L'esame del curriculum non ha dimostrato che Francesco è qualificato per il lavoro proposto
- B Ci sono ottime probabilità che Francesco sia qualificato per il lavoro proposto
- C L'esame del curriculum non ha dimostrato che Francesco non è qualificato per il lavoro proposto
- D È impossibile che Francesco possa svolgere il lavoro proposto
- E L'esame del curriculum ha dimostrato che Francesco non è qualificato per il lavoro proposto

79 **Di tre amici – Aldo, Bruno e Cesare – almeno una è grasso. Sapendo che se Aldo è grasso anche Bruno lo è, che se Cesare è grasso lo è anche Aldo, e che tra Bruno e Cesare uno non è grasso, si può dedurre con certezza che:**

- A Cesare è grasso
- B Bruno è grasso
- C Aldo e Bruno sono entrambi grassi
- D Bruno non è grasso mentre Aldo lo è
- E Aldo, Bruno e Cesare sono grassi

80 **Un ragazzo chiede una mela ad un contadino. "Potrai avere tutte quelle che ho nel cappello se risolvi l'indovinello: se le moltiplico per 3 e aggiungo 3 al prodotto e divido la somma per 3 e sottraggo 3 al quoziente il risultato è 5. Bimbo bello, quante mele ho nel cappello?":**

A 5 B 7 C 9 D 6 E 8

81 **I componenti di una banda avanzano schierati formando un quadrato. Quando si fermano per suonare, il numero delle colonne aumenta di 3, formando quindi un rettangolo. Quanti sono i componenti della banda?**

A 23 B 33 C 36 D 39 E 42

© Alpha Test

82 **Un rappresentante ha percorso la strada dalla città A alla città B in x ore. Nel viaggio di ritorno, lungo la stessa strada, la sua velocità media è raddoppiata. Quale delle seguenti espressioni rappresenta il numero totale di ore impiegate dal rappresentante per effettuare l'intero viaggio?**

A $(2/3)x$

B $(3/2)x$

C $(5/3)x$

D $2x$

E $3x$

83 **Il signor Rossi, per ricordarsi il numero del suo bancomat, sperando che un eventuale ladro non sia bravo in matematica, ha scritto le seguenti informazioni:**

- **la somma delle prime due cifre è 15**
- **l'ultima cifra è 2 o 4 o 6**
- **la somma della prima e dell'ultima è 10**
- **la somma delle cinque cifre è 22**
- **tutte le cifre sono diverse e non c'è zero**
- **la quarta cifra è pari**

Qual è il numero del suo bancomat?

A 32589

B 45728

C 75329

D 81556

E 87142

84 **Il signor Rossi e sua moglie hanno 6 figlie. Ciascuna figlia ha un fratello. Quanti sono i componenti della famiglia Rossi?**

A 9

B 10

C 17

D 13

E 15

85 **Pierino (lo sbruffone) afferma: "Ogni volta che gioco a Tombola, vinco io!". Il suo amico Carletto ribatte che questo non è vero. Carletto ha ragione; dunque necessariamente:**

A una volta ha giocato a tombola con Pierino e ha vinto Pierino

B ogni volta che ha giocato a tombola, Pierino ha perso

C qualche volta Carletto ha giocato a tombola con Pierino e altri amici, e non ha vinto Carletto

D ogni volta che non ha giocato a tombola con Pierino, ha vinto Carletto

E qualche volta Pierino ha giocato a tombola e non ha vinto

86 **Si pescano tre carte da due mazzi e si voltano su un tavolo. C'è un re alla destra di un asso; c'è un re alla sinistra di un re; c'è una carta di quadri alla sinistra di una carta di fiori; c'è una carta di quadri alla destra di una carta di quadri. Quali sono nell'ordine le tre carte?**

A Re di fiori, re di quadri, asso di quadri

B Re di quadri, re di quadri, asso di fiori

C Asso di quadri, re di quadri, re di fiori

D Asso di quadri, re di fiori, re di quadri

E Con i dati a disposizione non si può determinare

87 **Alberto ha tre figlie, Katia, Elisabetta e Marina, due delle quali sono bionde e una mora. Se Katia è bionda, allora lo è anche Elisabetta; se Elisabetta è bionda allora lo è anche Marina.**

In base a queste informazioni, quale delle seguenti è sicuramente vera?

A Elisabetta è mora e Katia è bionda

B Katia è mora e Marina è bionda

C Marina ed Elisabetta sono more

D Katia è bionda e Marina è mora

E Katia ed Elisabetta sono bionde

88 È nozione comune, ripetutamente riportata dai mass media, che il numero di neoplasie diagnosticate negli ultimi anni è in costante aumento, almeno nei Paesi occidentali. Una delle seguenti affermazioni non costituisce una plausibile spiegazione di questo fenomeno. Quale?

A L'affinamento delle tecniche diagnostiche

B La progressiva riduzione della natalità

C Il progressivo aumento della durata della vita media

D L'esposizione ad agenti inquinanti, il consumo voluttuario di alcool e fumo

E La ridotta mortalità per malattie cardiovascolari

89 Una piccola ditta ha 15 dipendenti suddivisi in 4 filiali con almeno un dipendente per ogni filiale. Allora una e una sola delle seguenti affermazioni è sempre vera (indipendentemente dalla distribuzione tra le filiali):

A esistono due filiali con almeno cinque dipendenti ciascuna

B se esiste una filiale con due dipendenti, ne esiste un'altra con almeno cinque

C esistono almeno due filiali con al più tre dipendenti ciascuna

D se esiste una filiale con tre dipendenti, ne esiste un'altra con almeno sei

E se esiste una filiale con un solo dipendente, ne esiste una con almeno sei

90 I coniugi Bianchi hanno 3 figli maschi e ciascuno di loro ha 4 nipoti (figli di fratelli o sorelle). Sapendo che non vi sono altri parenti nella famiglia Bianchi, quanti sono in tutto i nipoti (figli dei figli) dei coniugi Bianchi?

A 3

B 4

C 8

D 6

E Non è possibile stabilirlo

91 Se in una popolazione indichiamo con A l'insieme delle persone con ipercolesterolemia e con B l'insieme delle persone che consumano bevande alcoliche, l'insieme intersezione di A e B rappresenta:

A gli ipercolesterolemici che consumano bevande alcoliche

B un insieme vuoto

C o gli ipercolesterolemici oppure coloro che consumano bevande alcoliche

D solo gli ipercolesterolemici che non consumano bevande alcoliche

E i soli consumatori di bevande contro l'ipercolesterolemia

92 Se è vero che «non tutti i mali vengono per nuocere», sarà necessariamente vera anche UNA delle affermazioni seguenti:

A qualche male non viene per nuocere

B i mali non nuocciono

C quelli che nuocciono non sono mali

D se non vengono per nuocere non sono mali

E se sono mali non vengono per nuocere

93 Tutti i cani sono fedeli e tutti gli animali fedeli sono mammiferi.

Alcuni mammiferi possono passeggiare sui tetti.

Dunque ...

Una sola delle deduzioni qui elencate completa correttamente il sillogismo:

A è impossibile che alcuni cani non possano passeggiare sui tetti

B è impossibile che alcuni mammiferi non siano fedeli

C è impossibile che alcuni cani possano passeggiare sui tetti

D non è impossibile che alcuni cani possano passeggiare sui tetti

E gli animali che possono passeggiare sui tetti sono mammiferi

94 Nessuna pianta è animale – ogni uomo è animale – dunque ______ è pianta. Si individui il CORRETTO completamento del sillogismo:

A nessun uomo
B qualche uomo
C ogni animale
D ogni pianta
E qualche animale

95 Due gemelli hanno una caratteristica molto particolare: uno dice solo bugie il lunedì, il mercoledì e il venerdì, e solo la verità tutti gli altri giorni. L'altro dice solo bugie il martedì, il giovedì e il sabato, e solo la verità tutti gli altri giorni. Se in un certo giorno ascoltiamo il seguente dialogo: gemello X: "oggi è domenica" gemello Y: "ieri era domenica" gemello X: "è estate";

Quale delle seguenti affermazioni è VERA?

A È una domenica d'estate
B È un lunedì d'estate
C È un lunedì ma non è estate
D È una domenica ma non è estate
E È estate, ma il dialogo non dà sufficienti informazioni sul giorno della settimana

96 Nel libero Stato di Burgundia tutti gli abitanti sono biondi oppure bruni. Inoltre NON È VERO che in ogni città di Burgundia c'è almeno una casa in cui tutti gli abitanti sono biondi. Allora necessariamente in Burgundia:

A in ogni città c'è almeno una casa in cui tutti gli abitanti sono bruni
B c'è almeno una città dove c'è almeno un bruno in ogni casa
C in ogni città c'è almeno un bruno in ogni casa
D c'è almeno una città dove ci sono dei biondi in ogni casa
E c'è almeno una città dove c'è almeno una casa in cui almeno un abitante è bruno

97 Nello stato di Burgundia, una norma di circolazione stabilisce che ogni automobile, se non è verniciata di rosso, deve avere gomme chiodate e vetri oscurati. Poiché questa norma viene rigorosamente rispettata, possiamo affermare con sicurezza che:

A ogni automobile è rossa oppure ha vetri oscurati
B non ci sono automobili rosse con gomme chiodate e vetri oscurati
C ogni automobile verniciata di rosso ha gomme chiodate e vetri oscurati
D c'è almeno un'automobile che ha vetri oscurati oppure non è verniciata di rosso
E ogni automobile che ha gomme chiodate e vetri oscurati è rossa

98 «Se e solo se mangio cibi dietetici, riduco i miei grassi superflui».
In base alla precedente informazione, quale delle seguenti affermazioni è certamente vera?

A Mangiare cibi dietetici è una moda della società occidentale
B Le modelle mangiano solo cibi dietetici
C Mangio cibi dietetici quando svolgo attività sportive
D I miei grassi superflui si riducono quando mangio solo cibi dietetici
E A volte, anche se mangio cibi dietetici, non riduco i miei grassi superflui

99 Tancredi sostiene che non è vero che le macchine diesel consumano meno di quelle a benzina. Quindi Tancredi afferma che:

A le macchine a benzina consumano meno di quelle diesel
B esiste una macchina diesel che non consuma meno di qualsiasi macchina a benzina
C esistono due macchine, una diesel e una a benzina, tali che quella diesel non consuma meno di quella a benzina
D esiste una macchina diesel che consuma più di qualsiasi macchina a benzina
E esiste una macchina a benzina che non consuma più di ogni macchina diesel

100 Un alano, un boxer, un collie e un dobermann vincono i primi 4 premi a una mostra canina. I loro padroni sono il signor Estro, il signor Forti, il signor Grassi e il signor Rossi, non necessariamente in quest'ordine. I nomi dei cani sono Jack, Kelly, Lad e Max, non necessariamente in quest'ordine. Disponiamo inoltre delle seguenti informazioni:

- il cane del signor Grassi non ha vinto né il primo, né il secondo premio;

- il collie ha vinto il primo premio;

- Max ha vinto il secondo premio;

- l'alano si chiama Jack;

- il cane del signor Forti, il dobermann, ha vinto il quarto premio;

- il cane del signor Rossi si chiama Kelly.

Quale cane ha vinto il primo premio?

A Il cane del signor Estro
B Il cane del signor Rossi
C Max
D Jack
E Lad

101 La frase "Non c'è grattacielo senza ascensore" implica che:

A Nessun grattacielo ha due ascensori
B Ogni grattacielo ha almeno un ascensore
C Ogni grattacielo ha due ascensori
D Qualche grattacielo non ha ascensore
E Qualche grattacielo ha almeno un ascensore

102 Completare la serie seguente con il numero mancante:

5, 10, 8, 12, 11, 14, 14, ...?

A 24
B 11
C 14
D 12
E 16

103 "Gli italiani sono sciatori. Gli sciatori possono essere tennisti". Indicare con quale delle seguenti conclusioni può essere logicamente completato il sillogismo proposto.

A Il sillogismo non può essere completato
B Gli italiani sono tennisti
C Gli italiani possono essere tennisti
D Alcuni tennisti sono italiani
E Alcuni italiani sono tennisti

104 È sbagliato negare che è falso che la statua non sia stata scolpita da Canova. Basandosi sulla precedente affermazione, quale delle seguenti asserzioni è esatta?

A La statua non è stata scolpita da Canova
B Non è certo che la statua sia stata scolpita da Canova
C Non si può conoscere chi abbia scolpito la statua
D La statua è stata scolpita da Canova
E Nessuna delle risposte precedenti è esatta

105 "Il male non ci ferma: possiamo cadere mille volte, ma il male non ci definisce, come invece definisce la mentalità mondana, per cui alla fine gli uomini giustificano quello che non riescono a non fare. Caratteristica della vera moralità è allora il desiderio di correzione. Il termine "correggere", che traduce il latino "regere cum", indica il camminare reggendosi assieme". Una sola delle seguenti affermazioni è coerente con il significato del brano precedente. Quale?

A Le persone non possono essere fermate dalle azioni malvagie perché alla fine qualcuno giustificherà quello che non riescono a fare
B Non importa fare il male o il bene: l'importante è fare, tanto poi qualcuno potrà intervenire a correggere gli errori
C Se si cammina assieme si può fare ciò che si vuole perché il giudizio morale deriva dal sorreggersi a vicenda
D Gli uomini con il desiderio di correzione giustificano quello che non riescono a non fare
E Una persona veramente morale non ha come caratteristica quella di non fare mai il male, bensì il desiderio di correzione

© Alpha Test

106 Se è vero che «non esistono rane con quattro zampe», allora è necessariamente vera anche una delle affermazioni seguenti. Quale?

A Tutte le rane hanno quattro zampe
B Esiste almeno una rana con tre zampe
C È impossibile che una rana abbia quattro zampe
D Senza zampe una rana non può saltare
E È impossibile che una rana abbia una zampa sola

107 Se è vero che «chi vede una stella cadente è fortunato», allora è necessariamente vera anche una delle affermazioni seguenti. Quale?

A Le stelle cadenti sono in realtà dei meteoriti che impattano sull'atmosfera terrestre
B Solo chi vede una stella cadente è fortunato
C Chi crede nelle stelle cadenti è superstizioso
D Se la fortuna è cieca, non può vedere le stelle cadenti
E Se vedi una stella cadente, sei fortunato

108 Chi ama i gioielli vive nel lusso. Quale delle seguenti affermazioni è certamente corretta se la precedente affermazione è vera?

A Se Francesca non ama i gioielli allora non vive nel lusso
B Se Roberto vive nel lusso allora ama i gioielli
C Se Lorenza non vive nel lusso allora non ama i gioielli
D Se Antonio ama i gioielli allora non vive nel lusso
E Se Tristana vive nel lusso allora non ama i gioielli

109 In un'aula vi sono 85 studenti. Prendendone due a caso, non si troveranno mai due studenti che non hanno entrambi almeno un telefonino. Quanti studenti nell'aula hanno certamente almeno un telefonino?

A 1 B 42 C 49 D 84 E 82

110 Scegliere fra le alternative proposte quella che completa correttamente la frase seguente.

"Il ... Fantozzi è famoso per la sua inconciliabilità con il mondo che lo circonda, quello burocratico dell'ufficio-fabbrica, caratterizzato da opprimenti gerarchie, incartamenti, procedure, pratiche amministrative o gestionali, calcoli, corrispondenza e, nel suo caso, da continui strapazzi da parte dei superiori e dei colleghi più furbi e ambiziosi".

A Peptico
B Bucaniere
C Travet
D Lapalissiano
E Nessuna delle alternative proposte è corretta

111 La statua di un putto in una fontana zampilla acqua riempiendo la vasca sottostante della portata di un cubo che ha un lato lungo un metro, in un giorno. Quanti mesi impiegherebbe per riempire una fontana della portata di un cubo di quattro metri di lato?

A Uno e mezzo
B Poco più di due
C Tre
D Quasi quattro
E Poco meno di due

112 Tutti gli abbinamenti esprimono lo stesso concetto tranne che in un caso. Indicare quale:

A non tutti sono belli / qualcuno non è bello
B nessuno è senza colpa / tutti hanno qualche colpa
C tutte le idee vanno rispettate / non c'è nessuna idea che non vada rispettata
D gli onesti non vanno derisi / nessun onesto deve essere deriso
E non sempre chi grida più forte ha ragione / chi parla piano ha sempre ragione

113 Quando si dice "maggioranza" si denota una procedura, la regola del gioco accettata in democrazia, la regola secondo la quale vengono adottate le decisioni.[...] Quando invece si parla di "minoranze", si parla di quei gruppi che esercitano una influenza determinante sul processo di formazione delle opinioni (da G. Sartori, Democrazia e definizioni, Il Mulino, Bologna 1959).

L'autore definisce "minoranze" (SOLO UNA, delle cinque considerazioni proposte, è condivisa dall'autore):

- A le procedure di votazione aventi esito negativo
- B le aggregazioni minoritarie che però influenzano giudizi e comportamenti collettivi
- C l'insieme dei gruppi minoritari che non accettano le regole democratiche
- D gli oppositori ai cambiamenti di opinione imposti dalla maggioranza
- E i gruppi che non accettano le regole del gioco della democrazia

114 Quale delle seguenti proposizioni equivale a dire che "condizione sufficiente affinché la proposizione Q sia vera è che sia vera la proposizione P" ?

- A Se Q è vera, allora P è vera
- B Se P è falsa, allora Q è falsa
- C Se P è vera, allora Q è vera
- D P è falsa se e solo se Q è falsa
- E P è vera se e solo se Q è vera

115 Quando dopodomani sarà ieri, oggi disterà tanti giorni da mercoledì quanto distava oggi quando l'altro ieri era domani. Che giorno è oggi?

- A Venerdì
- B Giovedì
- C Martedì
- D Lunedì
- E Mercoledì

116 È necessario studiare per passare il test. Se la precedente affermazione è vera quale delle seguenti affermazioni NON è necessariamente vera?

- A Anche se non ho passato il test potrei comunque avere studiato
- B Se non studio ho la certezza di non passare il test
- C Se studio ho la possibilità di passare il test
- D Se ho passato il test significa che ho studiato
- E Se non ho passato il test è perché non ho studiato

117 Tutti i piccioni mangiano le fave – alcuni uccelli non mangiano le fave – dunque __________ non sono piccioni.

S'individui il CORRETTO COMPLETAMENTO del sillogismo:

- A le fave
- B alcuni uccelli
- C alcuni piccioni
- D alcune fave
- E tutti gli uccelli

118 Ci sono sei appezzamenti di terreno confinanti: A confina con B e con C, C confina anche con D e con E mentre D confina anche con F. Qual è il numero di appezzamenti che è necessario attraversare per raggiungere F da B?

- A 2
- B 5
- C 4
- D 6
- E Non è possibile andare da F a B

119 "Nessun ingenuo è cattivo – qualche cattivo è adulto – dunque ... non è ingenuo."

S'individui il CORRETTO COMPLETAMENTO del sillogismo:

- A qualche cattivo
- B qualche adulto
- C ogni adulto
- D ogni cattivo
- E qualche ingenuo

120 Ad un raduno di possessori di moto Benelli si incontrano solo motociclisti che hanno acquistato la loro moto nel gennaio del 2008. Nessuno dei centauri l'ha comprata nello stesso giorno. Quale deduzione possiamo fare?

A Al raduno ci sono non meno di 31 motociclisti

B Al raduno ci sono almeno 45 moto

C Al raduno sono presenti esattamente 45 moto

D Al raduno ci sono non più di 31 motociclisti

E La Benelli è la marca preferita da chi compra le moto a gennaio

121 Gli incidenti più gravi in autostrada sono spesso quelli causati dalla curiosità degli automobilisti che procedono nella carreggiata opposta a quella in cui si è già verificato un primo incidente. Il fatto che alcuni vogliano capire cosa è successo crea rallentamenti e tamponamenti, con conseguenze a catena su tutte le automobili che seguono. Appare quindi logico consigliare a tutti gli automobilisti di non distrarsi alla guida e procedere qualsiasi cosa accada intorno a loro.
Quale delle seguenti affermazioni, se considerata vera, indebolisce quanto sostenuto dal brano precedente?

A Da un punto di vista statistico, il numero di incidenti è in costante calo negli ultimi dieci anni

B Il consiglio di non distrarsi, a maggior ragione, andrebbe dato a tutti i motociclisti

C Le prime automobili che rimangono coinvolte in un incidente stradale sono di solito quelle che riportano i danni maggiori

D Gli incidenti stradali sono nella maggior parte dei casi del tutto imprevedibili

E Capire cosa accade attorno alla propria automobile può essere utile per evitare pericoli o per prestare soccorso a chi ne ha bisogno

122 A sia l'insieme dei cuochi di un ristorante, B l'insieme degli addetti alle pulizie. Il fatto che nessun addetto alle pulizie possa fare il cuoco comporta che:

A A è incluso in B

B B è il complementare di A

C A intersezione B è vuoto

D A intersezione B non è vuoto

E A è subordinato a B

123 Se Giacomo litiga ancora con il capo viene licenziato oppure mandato a lavorare presso la sede centrale.
Quale delle seguenti affermazioni è certamente corretta se la precedente affermazione è vera?

A Se Giacomo viene licenziato allora ha litigato con il capo

B Se Giacomo lavora presso la sede centrale non è detto che abbia litigato con il capo

C Se Giacomo litiga con il capo allora viene licenziato

D Se Giacomo non litiga con il capo non viene licenziato

E Giacomo e il capo non vanno d'accordo

124 Delle tre società Alpha, Beta e Gamma almeno due sono lussemburghesi. Sapendo che se Alpha è lussemburghese anche Beta lo è, che se Gamma è lussemburghese lo è anche Alpha, e che tra Beta e Gamma almeno una è non lussemburghese, si può dedurre che:

A Alpha, Gamma e Beta sono lussemburghesi

B Alpha non è lussemburghese e Beta è lussemburghese

C Gamma non è lussemburghese e Beta è lussemburghese

D Alpha e Gamma sono lussemburghesi

E Gamma è lussemburghese e Beta non è lussemburghese

125 **"Se e solo se scrivo tutti i miei impegni su un'agenda, organizzo in modo razionale il mio tempo libero". In base alla precedente informazione, quale delle seguenti affermazioni è certamente vera?**

A A volte scrivo tutti i miei impegni su un'agenda perché ho paura di perdere il controllo della situazione

B Scrivo tutti i miei impegni su un'agenda quando devo organizzare il lavoro di un gruppo di persone

C A volte, anche se scrivo tutti i miei impegni su un'agenda, non organizzo in modo razionale il mio tempo libero

D Se organizzo in modo razionale il mio tempo libero significa che scrivo tutti i miei impegni su un'agenda

E Condizione sufficiente, ma non necessaria, per organizzare in modo razionale il mio tempo libero è quella di scrivere tutti i miei impegni su un'agenda

126 **Se non è vero che è necessario essere maschio per essere alto più di 1,70 m, allora sarà sicuramente vero che:**

A i maschi e le femmine sono più alti di 1,70 m

B è necessario non essere maschio per essere più alto di 1,70 m

C è sufficiente essere maschio per essere più alto di 1,70 m

D almeno una femmina è più alta di 1,70 m

E non è sufficiente essere maschio per essere più alto di 1,70 m

127 **Se Carlo ha la stessa età di Luigi, Luigi è più piccolo di Giacomo e Diego è più grande di Giacomo, allora:**

A Carlo > Giacomo

B Carlo < Diego

C Luigi > Diego

D Giacomo < Carlo

E Diego < Carlo

128 **Stai partecipando ad una gara ciclistica. Ad un certo punto superi il terzo, in quale posizione ti trovi?**

A Primo

B Secondo

C Terzo

D Quarto

E Nessuna delle risposte precedenti

129 **«Tutte le trasmissioni radiofoniche sono interessanti. *Tutto il calcio minuto per minuto* è una trasmissione radiofonica». In base alle precedenti informazioni, quale delle seguenti affermazioni è certamente vera?**

A Le trasmissioni televisive sul calcio sono più seguite di quelle radiofoniche

B *Tutto il calcio minuto per minuto* è interessante

C Il calcio è uno sport molto seguito

D *Tutto il calcio minuto per minuto* è una trasmissione radiofonica molto seguita

E Le trasmissioni radiofoniche stanno perdendo interesse

130 **Negare che "non si può proibire il fumo nei locali pubblici" equivale a dire che:**

A Nei locali pubblici non si può fumare

B È possibile fumare solo nei locali pubblici

C Anche il fumo passivo fa male alla salute

D Nei locali pubblici chi vuole può liberamente fumare

E Il fumo nei locali pubblici può essere proibito

131 **Se ad un tavolo circolare siedono 30 persone ed ognuna stringe la mano ai suoi immediati vicini di posto, quante strette di mano si contano?**

A 60 B 30 C 15 D 90 E 29

132 **Un uomo ha l'età doppia di suo figlio, ed il prodotto delle loro età è 20 volte la somma delle loro età. Che età ha il figlio?**

A 10 anni

B 15 anni

C 20 anni

D 30 anni

E 40 anni

133 Credevo che tutti i medici avessero un rimedio per ogni male, ma l'esperienza mi ha costretto a ricredermi. Quale delle seguenti affermazioni consegue necessariamente dalla premessa?

A Esiste un medico che non ha un rimedio per un certo male

B Per ogni male, c'è un medico che non sa porvi rimedio

C C'è un male per cui nessun medico ha un rimedio

D I medici non hanno rimedio per nessun male

E Ogni medico manca del rimedio per almeno un male

134 "Se i candidati si sono preparati supereranno l'esame". Se quanto affermato è vero, quale delle seguenti affermazioni è sicuramente vera?

A I candidati che hanno superato l'esame si erano preparati

B Se un candidato non si è preparato, non supererà l'esame

C Un candidato può superare l'esame anche se non si è preparato

D Se un candidato ha superato l'esame significa che si era preparato

E Supereranno l'esame solo i candidati che si sono preparati

135 In un grattacielo di 100 piani un ascensore fermo al 32° piano inizia la risalita e nello stesso istante un secondo ascensore comincia a scendere. Si sa che mentre il primo sale di tre piani, il secondo scende di quattro piani. Sapendo che si incontreranno al 50° piano, da quale piano è partito il secondo ascensore?

A Dal 74° piano

B Dal 72° piano

C Dal 68° piano

D Dal 70° piano

E Dal 71° piano

136 L'affermazione "quando mangio troppo mi viene mal di stomaco" implica che:

A non ho mal di stomaco pur avendo mangiato troppo

B a volte capita che non abbia mal di stomaco pur avendo mangiato troppo

C se non mi viene mal di stomaco allora non ho mangiato troppo

D se ho mal di stomaco vuol dire che ho mangiato troppo

E o mangio troppo o mi viene mal di stomaco

137 Negare che "ogni uomo ha un cane" equivale a dire che:

A esistono uomini senza cane

B nessun uomo ha un cane

C tutti gli uomini non hanno cani

D tutti i cani sono di ogni uomo

E ogni uomo non ha un cane

138 Lucilla ha promesso che "se diminuiranno le spese di tutti i Ministeri, le tasse non aumenteranno".
In quale dei seguenti casi la promessa risulterà NON mantenuta?

A Se tutti i Ministeri ridurranno le spese e le tasse diminuiranno

B Se tutti i Ministeri ridurranno le spese e le tasse aumenteranno

C Se almeno un Ministero aumenterà le spese e le tasse aumenteranno

D Se almeno un Ministero aumenterà le spese e le tasse diminuiranno

E Se tutti i Ministeri aumenteranno le spese e le tasse aumenteranno

139 Tutti i miei amici hanno la patente. Alcuni di essi non hanno la macchina. Questo significa che?

A I miei amici non hanno la macchina

B Alcuni miei amici non hanno la patente ma hanno la macchina

C Alcuni miei amici, pur essendo patentati, non hanno la macchina

D Alcuni miei amici non hanno la macchina e neppure la patente

E Tutti i miei amici hanno la patente e la macchina

140 Se il bar ha più clienti della pizzeria, la pizzeria ha più clienti dell'albergo, l'albergo ha più clienti del cinema e il locale di Fabrizio ha un numero di clienti uguali a quelli dell'albergo allora ...

A il locale di Fabrizio ha meno clienti del cinema
B la pizzeria ha più clienti del bar
C il bar ha meno clienti del cinema
D l'albergo ha meno clienti del bar
E nessuna delle precedenti

141 Stando il topo assediato in una sua piccola abitazione, dalla donnola, la quale con continua vigilanza aspettava che uscisse per divorarlo, si guardava, osservandola da un piccolo spiraglio. Intanto venne una gatta, prese a sorpresa la donnola e la divorò. Allora il topo, fatto sacrificio a Giove di alcune sue nocciole, ringraziò gli dei e, uscito dal suo buco per godere la libertà riconquistata, di questa, e insieme della vita fu privato dalle feroci unghie e dai denti della gatta.
Questo pensiero di Leonardo, qui riportato con alcune lievi modifiche linguistiche, può alludere a (indicare l'ipotesi INACCETTABILE):

A coloro che si aspettano la salvezza da nemici più forti dei loro stessi nemici
B coloro che ringraziano Dio della rovina altrui
C chi si fida dei vecchi amici astuti e traditori
D chi si sente troppo sicuro per uno scampato pericolo
E chi crede di poter riconquistare la libertà grazie ad altri

142 Tutti gli eccessi sono biasimevoli – alcune passioni non sono biasimevoli – dunque ________ non sono eccessi.
S'individui il CORRETTO COMPLETAMENTO del sillogismo:

A alcune passioni
B alcuni eccessi
C tutte le passioni
D tutti gli eccessi
E tutti i biasimevoli

143 Fausto è in moto ed è fermo a un incrocio. Se svolta a sinistra o a destra non raggiungerà il prossimo distributore e rimarrà senza benzina. Stessa cosa gli accadrebbe tornando indietro. Guardando dritto davanti a sé non vede alcun distributore. Data questa situazione, quale delle seguenti deduzioni è valida?

A Deve svoltare a destra per non rimanere senza benzina
B Deve svoltare a sinistra per non rimanere senza benzina
C Potrebbe rimanere senza benzina
D Rimarrà certamente senza benzina

144 Non si può negare che quando la luna è piena non c'è sufficiente oscurità per vedere al meglio le stelle. La precedente affermazione significa che:

A la luminosità delle stelle è maggiore quando la luna non è piena
B quando la luna è piena c'è sufficiente luminosità per osservare le stelle
C le stelle si possono osservare soltanto al buio
D è innegabile la luminosità delle stelle, anche quando la luna non è piena
E le stelle si osservano al meglio quando la luna non è piena

145 In un negozio di frutta e verdura ci sono diverse cassette con sacchetti di patate e cipolle. Nelle cassette dove ci sono almeno due sacchetti ce n'è almeno uno di cipolle. Allora è vero che:

A se in una cassetta c'è un solo sacchetto, questo è di cipolle
B una cassetta che contiene tre sacchetti ne ha sempre due di patate
C in una cassetta che contiene due sacchetti potrebbero non esserci sacchetti di patate
D il numero dei sacchetti di patate in una cassetta è sempre inferiore o pari al numero di sacchetti di cipolle
E le patate e le cipolle sono lontane dalle banane

146 «La ricerca scientifica non ha consentito di dimostrare l'impossibilità che altre forme di vita siano presenti su altri pianeti».
Qual è il corretto significato della precedente affermazione?

- A La ricerca scientifica ha dimostrato che altre forme di vita non possono essere presenti su altri pianeti
- B La ricerca scientifica ha dimostrato che altre forme di vita sono presenti su altri pianeti
- C La ricerca scientifica non ha dimostrato che altre forme di vita non sono presenti su altri pianeti
- D La ricerca scientifica ha dimostrato che è molto probabile che altre forme di vita siano presenti su altri pianeti
- E La ricerca scientifica ha dimostrato che è poco probabile, ma non impossibile, che altre forme di vita siano presenti su altri pianeti

147 Sapendo che "Ci sono almeno tre stanze libere all'Hotel Miralago", possiamo affermare che:

- A Tutte le stanze sono occupate, tranne tre
- B Possono anche esserci cinque stanze libere
- C Ci sono sicuramente cinque stanze libere
- D C'è una sola stanza occupata

148 L'ispettore Poirot afferma: "Se il ladro non ha usato i guanti, allora o l'ispettore trova le impronte sul tavolo o è un incapace; inoltre tutti, anche i ladri che usano i guanti, lasciano qualche impronta con le scarpe." L'ispettore trova solo impronte di scarpe per terra. Se l'affermazione di Poirot è vera, una sola delle seguenti conclusioni è assolutamente certa. Quale?

- A Non è detto che le impronte di scarpe siano del ladro
- B Il ladro usava i guanti
- C L'ispettore è un incapace
- D Non è vero che l'ispettore non sia un incapace
- E Nessuna delle precedenti

149 «Recenti scoperte hanno respinto l'infondatezza della tesi secondo la quale non è vera l'impossibilità che lo stress sia alla base di alcune gravi malattie mentali».
Qual è il corretto significato della precedente affermazione?

- A Le malattie mentali sono causate da stress
- B Lo stress può essere causa di alcune malattie mentali
- C Non è possibile che lo stress sia la causa di alcune gravi malattie mentali
- D Lo stress porta inevitabilmente alla malattia mentale
- E Lo stress fa diventare matti

150 Quattro amiche si conoscono dai tempi dell'università. I loro nomi sono Maria, Vera, Claudia e Ilaria. Se solo una delle quattro seguenti affermazioni è vera, chi è la più intelligente del gruppo?

- **Ilaria, che è la più giovane delle quattro, afferma: «È Maria la più intelligente del nostro gruppo».**
- **Maria, che ora lavora nella formazione del personale, afferma: «È Vera la più intelligente del gruppo».**
- **Vera, la più anziana delle quattro, afferma: «Non sono io la più intelligente del gruppo».**
- **Claudia, che dopo l'università ha proseguito nel campo dell'informatica, afferma: «Non sono io la più intelligente delle quattro».**

- A Non è possibile stabilirlo
- B Vera
- C Ilaria
- D Claudia
- E Maria

151 I gatti bianchi mangiano di più dei cani bianchi. I gatti neri mangiano di più dei gatti bianchi. I gatti neri mangiano meno dei cani neri. Quale di questi è l'animale domestico che vi costerebbe di meno per il vitto?

- A I cani bianchi
- B I gatti bianchi
- C I gatti neri
- D I cani neri
- E non è possibile rispondere

152 Si leggano le seguenti affermazioni. Tutti i ragazzi solitari amano leggere libri. Francesco è silenzioso. Tutte le persone silenziose amano leggere libri. Se le precedenti affermazioni sono vere, quale delle seguenti alternative è necessariamente vera?

A Tutte le persone silenziose sono solitarie
B Francesco ama leggere libri
C Tutte le persone solitarie sono silenziose
D Francesco è un ragazzo solitario
E Tutte le persone che amano leggere libri sono solitarie

153 "Chi non ha credibilità, viene ignorato". In base alla precedente affermazione, è necessariamente vero che:

A chi viene ignorato non ha credibilità
B chi ha credibilità non viene ignorato
C coloro che non vengono ignorati sono tutti e soli quelli che hanno credibilità
D chi non viene ignorato ha credibilità
E è sufficiente essere credibile per non essere ignorato

154 Alcuni agrumi sono arance, tutte le arance hanno i semi, dunque:

A tutti i frutti con i semi sono arance
B solo le arance hanno i semi
C alcuni agrumi hanno i semi
D tutti gli agrumi hanno i semi
E nessuna delle precedenti affermazioni è vera

155 Mediamente il 60% del peso dell'uomo è costituito da acqua. Nel corso della vita questa percentuale varia e tende a ridursi dalla nascita alla vecchiaia. Si supponga che una sostanza, per esempio un farmaco, sia capace di diffondersi liberamente in tutta l'acqua corporea. Per ottenerne un'identica concentrazione in un bambino, in un adulto e in un anziano, se ne dovrà somministrare una quantità, relativamente al peso corporeo:

A maggiore nel bambino che nell'adulto
B maggiore nell'anziano che nel bambino
C maggiore nell'adulto che nel bambino
D minore nell'adulto che nell'anziano
E identica nei tre soggetti

156 "Uno dei motivi che ha spinto il Ministero della Pubblica Istruzione a cambiare l'esame di maturità è quello di verificare la preparazione degli studenti non solo su alcune materie, due per i compiti scritti e due per il colloquio orale come avveniva nella vecchia maturità, ma su tutte le materie studiate nell'ultimo anno. Questo dovrebbe rendere l'esame più equo e veritiero". Quale delle seguenti affermazioni, se vera, rafforzerebbe l'argomentazione precedente?

A Secondo molti studenti e professori le nuove disposizioni impongono solo un incremento di lavoro per tutti, ma non consentono una reale verifica del livello culturale raggiunto dai ragazzi
B In altri Paesi europei, dopo avere sperimentato un esame su tutte le materie, si è tornati a una verifica su un numero più ristretto di argomenti, spesso scelti dagli studenti stessi
C La verifica delle conoscenze di più materie permette di valutare con maggiore precisione la reale preparazione degli studenti
D Per valutare la preparazione di uno studente è sufficiente un esame anche su una singola materia
E La verifica scritta è più significativa di quella orale

157 La maestra dice a Pierino: "Se risolvi correttamente due esercizi su cinque, ti darò la sufficienza". Pierino non prende la sufficienza. Dunque, necessariamente Pierino:

A ha risolto correttamente un esercizio
B ha risolto correttamente un esercizio e ne ha sbagliato un altro
C non ha risolto correttamente nessun esercizio
D ha risolto due esercizi, ma con errori
E ha risolto correttamente al più un esercizio

 © Alpha Test

158 Una gallina ha fatto i pulcini. Maria dice: "Sono nati tre pulcini e sono gialli". Gianni dice: "Sono nati due pulcini gialli e due neri". Anna dice: "Sono nati solo pulcini gialli". Quanti pulcini sono nati, sapendo che una e una sola delle precedenti affermazioni è falsa?

A 2
B 6
C 3
D 4
E Non è possibile stabilire il numero con certezza

159 Il ministro dell'economia di Matlandia afferma: "Se il bilancio non sarà tagliato, allora nel prossimo anno 1999 i prezzi rimarranno stabili se e soltanto se aumenteranno tutte le tasse". Ammessa l'assoluta verità di questa affermazione e fondandosi solo su di essa, che cosa può essere accaduto a Matlandia nel 1999?

A Il bilancio non fu tagliato; le tasse non furono aumentate e i prezzi rimasero stabili
B Il bilancio non fu tagliato; furono aumentate le tasse sugli stipendi degli impiegati dello Stato e i prezzi rimasero stabili
C Il bilancio non fu tagliato; tutte le tasse furono aumentate e i prezzi rimasero stabili
D Il bilancio non fu tagliato; le tasse furono aumentate e i prezzi crebbero
E Il bilancio non fu tagliato, i prezzi diminuirono avendo aumentato le tasse sulle rendite immobiliari

160 Quale giorno precede immediatamente il giorno che viene cinque giorni prima del giorno che viene sei giorni dopo sabato?

A Mercoledì
B Domenica
C Lunedì
D Sabato
E Giovedì

161 Due ragazzi posseggono due Stereo e tre CD, 2 di rock e 1 di jazz. Alberto, padrone del primo Stereo, ascolta solo jazz. Giovanni, padrone del secondo Stereo, ascolta entrambi i generi. Gli Stereo sono in due case diverse e non possono essere mossi, mentre i dischi possono essere scambiati. Quindi:

A se Alberto non ascolta musica rock, Giovanni può ascoltare entrambi i generi
B se Giovanni ascolta jazz, Alberto non può sentire musica
C se Giovanni ascolta rock, Alberto non può ascoltare uno dei suoi dischi preferiti
D se Alberto ascolta jazz, Giovanni non può sentire musica
E nessuna delle precedenti risposte è deducibile dal testo

162 Tutti i gatti sono pelosi; certi gatti non sono sprovvisti di senso dell'umorismo; gli esseri pelosi sono sarcastici. Quale delle seguenti affermazioni contraddice quelle sopraindicate?

A Certi esseri sarcastici sono privi di senso dell'umorismo
B Certi esseri sarcastici non sono sprovvisti di senso dell'umorismo
C Nessun animale peloso è sprovvisto di senso dell'umorismo
D Anche quando è sarcastico, nessun animale peloso ha il senso dell'umorismo
E Senza umorismo nessun animale sarcastico è peloso

163 Negare l'affermazione: "chi ama la propria città la tiene pulita".

A Chi pulisce la propria città la ama
B C'è almeno un cittadino che pulisce la propria città ma non la ama
C C'è almeno un cittadino che ama la propria città ma non la tiene pulita
D Ci sono cittadini che amano la loro città e la puliscono
E Non c'è alcun cittadino che ami e pulisca la sua città

164 L'ispettore Smith è stato chiamato per risolvere il caso di un cadavere trovato sulla battigia e interroga un testimone. "Stavo camminando sulla battigia, ascoltando il rumore delle onde e guardando il mio aquilone che prendeva quota laggiù sul mare aperto, quando sono letteralmente inciampato nel cadavere", disse Jack Morgan. "Tanto che mi sono fatto sfuggire di mano il filo. Poi ho telefonato subito alla polizia col mio cellulare". Smith fece cadere un po' di cenere dal sigaro sulla spiaggia immacolata, o quasi. Perché non lontano dal cadavere vide le classiche impronte di un gabbiano che si dirigevano verso il mare. "L'uccello deve averle lasciate non più tardi di 20 minuti fa altrimenti la marea le avrebbe già cancellate", pensò fra sé. "E a proposito", disse a Morgan, "Dov'è finito ora il suo aquilone?". "Chissà" rispose l'uomo. "Dopo aver perso il filo l'ho visto andare sempre più verso il mare aperto, spinto dal vento". "Ma ora il mare è calmo e non c'è neanche un alito di vento", notò Smith. "Sì, è vero, il vento si è calmato poco prima che arrivaste voi" ribatté Morgan. "Venga un po' qui" disse a questo punto Smith. "Lei ha il diritto di fare una telefonata al suo avvocato. E non deve dispiacersi se ha perso il suo aquilone. Nel cortile del carcere è difficile farli volare". Perché Smith è convinto che Morgan sia comunque implicato nell'omicidio?

A Perché ha notato qualcosa di strano nell'espressione di Morgan

B Perché una persona adulta non si diverte mai con gli aquiloni

C Perché il vento doveva soffiare nella direzione opposta a quella indicata da Morgan

D Perché è impossibile fare volare aquiloni sul mare

E Nessuna delle ragioni sopra indicate

165 Leggete attentamente i seguenti dati: Guido è più alto di Tiziano; Tiziano è più basso di Paolo; Paolo è il più alto dei tre. In base ai dati presentati, quale delle seguenti affermazioni è certamente vera?

A Tiziano non è il più basso dei tre

B Guido è il più basso dei tre

C Paolo è più alto di Guido

D Tiziano è il più alto dei tre

E nessuna delle altre alternative è corretta

166 Se $A = B$, $B < C$ e $D > C$ allora:

A $A > C$

B $A < D$

C $B > A$

D $C < A$

E $D < A$

167 "Sandro è una persona concreta; tutti gli informatici sono persone concrete; tutti gli informatici amano il computer". Se le precedenti affermazioni sono vere, allora per poter dedurre che Sandro ama il computer, a quale/i delle seguenti affermazioni aggiuntive si deve far ricorso?

1) Tutte le persone concrete sono informatici

2) Tutti coloro che amano il computer sono informatici

3) Tutti gli informatici si chiamano Sandro

A Sia alla 1) sia alla 3)

B Solo alla 2)

C Solo alla 1)

D Sia alla 1) sia alla 2)

E A nessuna delle tre, anche senza le affermazioni aggiuntive si ricava che Sandro ama il computer

 © Alpha Test

168 "Giuseppe è sardo; tutte le persone con i capelli neri sono italiane; tutti i sardi sono italiani."
Se le precedenti informazioni sono vere, quale delle seguenti è necessariamente vera?

A Tutte le persone con i capelli neri sono sardi
B Giuseppe è italiano
C Tutte le persone che si chiamano Giuseppe sono sarde
D Tutti i sardi hanno i capelli neri
E Giuseppe ha i capelli neri

169 "Se la pubblicità ha avuto effetto, allora molte persone hanno guardato lo spettacolo televisivo". Se l'affermazione precedente è vera, quale delle seguenti deve essere vera?

A Anche se poche persone hanno guardato lo spettacolo televisivo la pubblicità può avere avuto effetto
B Se la pubblicità non ha avuto effetto, allora poche persone hanno guardato lo spettacolo televisivo
C Se molte persone hanno guardato lo spettacolo televisivo, allora la pubblicità ha avuto effetto
D Chi ha guardato lo spettacolo televisivo ha subito l'effetto della pubblicità
E Se poche persone hanno guardato lo spettacolo televisivo, allora la pubblicità non ha avuto effetto

170 Egista conosce l'inglese. Tutti coloro che conoscono l'inglese sono simpatici. Tutti i cuochi sono simpatici.
Se le precedenti affermazioni sono vere, quale delle seguenti affermazioni NON può essere vera?

A Egista è antipatica
B Egista è una cuoca
C Un cuoco potrebbe conoscere l'inglese
D Alcuni cuochi conoscono il francese
E Nessun cuoco si chiama Egista

Leggere il testo del problema e rispondere alle domande seguenti

Per gli ultimi sei mesi del 2004 (quindi a partire da luglio) è programmata l'uscita di sei libri di sei autori diversi. Ogni libro dovrà uscire in un mese differente.

È noto che:

- a luglio uscirà il libro di Smiraglia;
- il libro di Paganuzzi deve uscire il mese dopo quelli di Lorenzi e Colotto, che devono uscire in due mesi consecutivi ma non necessariamente in quest'ordine;
- i libri di Macchia e Dettori non devono uscire in due mesi consecutivi.

171 Quale è l'ultimo mese possibile nel quale può uscire il libro di Colotto?

A Novembre
B Ottobre
C Dicembre
D Agosto
E Settembre

172 Quale delle seguenti può essere una possibile sequenza di uscita dei libri?

A Colotto, Smiraglia, Lorenzi
B Macchia, Smiraglia, Colotto
C Paganuzzi, Macchia, Colotto
D Lorenzi, Paganuzzi, Dettori
E Dettori, Lorenzi, Paganuzzi

173 «Se sai esattamente che cosa fare è troppo tardi per farlo. Va più lontano chi non sa esattamente dove sta andando».
Queste due massime sintetizzano bene lo spirito con cui alla Commissione europea di Bruxelles si sta lavorando all'elaborazione del VI Programma quadro per la ricerca e lo sviluppo tecnologico (2002/2006). Se ne può dedurre che (UNA SOLA DEDUZIONE È LECITA):

A giocare d'anticipo sulla ricerca non conviene, in quanto è spesso rischioso e negativo
B i maggiori risultati della ricerca nascono dal caso
C una precisa programmazione è incompatibile con una buona ricerca, ed è quindi meglio astenersene
D in un programma di ricerca non è opportuno definire le mete in modo eccessivamente puntuale e vincolante
E nella ricerca non sono valide le programmazioni a lungo termine

174 Ci sono ragionamenti induttivi e ragionamenti deduttivi.
Quanti, tra i seguenti, sono deduttivi?
1) Quelli che "pensano male" fanno peccato anche se spesso ci azzeccano; Mario non fa che pensar male degli altri; dunque Mario ha molti peccati sulla coscienza anche se non è frequente che si sbagli.
2) Chi ama davvero lo dimostra con i fatti piuttosto che con le parole; Marina si limita a dichiarare il suo amore a Giovanni; dunque Giovanni non deve fare affidamento sull'amore di Marina.
3) Tutte le volte che ho avuto a che fare con un giapponese sono rimasto colpito dalla sua gentilezza; mio padre per lavoro ha conosciuto alcuni giapponesi e anche lui li ha trovati molto gentili; anche quelli che abbiamo conosciuto in vacanza a Parigi hanno dimostrato di esserlo. Tutti i giapponesi sono dunque gentili.
4) Chi predica bene e razzola male non è un buon maestro; Mario fa sempre il contrario di quello che dice; Luca farebbe bene a non prenderlo a esempio.

- A Tre
- B Uno
- C Nessuno
- D Due
- E Tutti

175 Aldo, Barbara, Carlo, Daniele, Elio, Federica e Giuliana sono sette bambini le cui età sono sette numeri interi e consecutivi compresi tra 1 e 10. Sapendo che:
1. Daniele ha 3 anni meno di Aldo;
2. Barbara ha un'età tale per cui è la mezzana;
3. Aldo ha un'età di 2 anni superiore a quella di Barbara;
4. Federica è inferiore a Barbara dello stesso numero di anni di cui Carlo è maggiore di Daniele;
5. Giuliana è maggiore di Federica quanti anni ha Elio meno di Giuliana?

- A 2
- B 3
- C 4
- D 5
- E 6

176 Sostenere la mancata veridicità della frase: "*nessun ratto ha una sola coda*" equivale ad affermare:

- A Alcuni ratti sono senza coda
- B Esiste almeno un ratto che ha una sola coda
- C Esiste un ratto con tre code
- D Tutti i ratti hanno una sola coda
- E Almeno un ratto ha due code

177 Se è vero che «alcune biciclette hanno gli ammortizzatori», allora è necessariamente vera anche una delle affermazioni seguenti. Quale?

- A Se comperi una bicicletta, questa può non avere gli ammortizzatori
- B Le biciclette con gli ammortizzatori sono le migliori
- C Anche se oggi non è così, un giorno tutte le biciclette avranno gli ammortizzatori
- D Le biciclette con gli ammortizzatori costano di più
- E Non può esistere una bicicletta senza ammortizzatori

178 Se è vero che «si può resistere a tutto, tranne che alle tentazioni», allora è necessariamente vera anche una delle affermazioni seguenti. Quale?

- A Ognuno di noi ha dei bisogni fisiologici da dovere soddisfare
- B Solo con la forza di volontà e con l'esercizio si può resistere alle tentazioni
- C Le tentazioni portano prima al peccato e poi al vizio
- D Non è possibile che si verifichi anche un solo caso in cui si riesce a resistere a una tentazione
- E Chi segue precisi precetti morali, anche se a volte può cadere in tentazione, per lo più sa come perseguire la retta via

© Alpha Test

179 Si individui, tra le soluzioni proposte, la frase equivalente all'espressione "Se Einstein era un fisico, allora era uno scienziato".

A Se Einstein non era un fisico, allora non era uno scienziato

B Se Einstein non era uno scienziato, allora non era un fisico

C Solo se Einstein era un fisico, allora era uno scienziato

D Se Einstein non era un fisico, allora era uno scienziato

E Nessuna delle risposte precedenti è corretta

180 In uno scaffale sono allineati 5 volumi di una enciclopedia. Ciascun volume è dedicato a un'arte: Pittura, Scultura, Architettura, Letteratura e Musica. Si sa che: il volume di Pittura è a destra di quello di Letteratura ma non a fianco; il volume di Architettura è a un'estremità e a fianco di quello di Pittura; il volume di Scultura è a fianco di quello di Musica; tra il volume di Musica e quello di Architettura ci sono altri due volumi.

Si può concludere che il primo volume a partire da sinistra:

A è quello di Letteratura

B è quello di Musica

C è quello di Architettura

D è quello di Scultura

E non può essere individuato univocamente

181 Marco e Loredana sono sposati da 28 anni, hanno 3 figli Luisa di 26 anni, Giorgio di 24 anni e Francesca di 20 anni. Luisa è sposata con Massimo e hanno una bimba di 24 mesi che si chiama Federica, Giorgio è fidanzato con Caterina e Francesca è ancora single. Se tu sei Massimo, chi sei per Francesca?

A Il cognato

B Il genero

C Il nipote

D Lo zio

E Il nonno

182 Se è vero che «non tutte le case di Santorini hanno le persiane azzurre», allora è necessariamente vera anche una delle affermazioni seguenti. Quale?

A A Santorini si trova almeno una casa che non ha le persiane azzurre

B A Santorini non c'è nemmeno una casa con le persiane azzurre

C A Santorini due case hanno le persiane verdi

D A Santorini non esistono case senza persiane

E A Santorini ci sono troppe case con le persiane azzurre

Leggere il seguente problema e rispondere alle relative domande.

Nella cittadina di Clerville vi sono sei linee di autobus: 5, 6, 7, 90, 91, 92.

Quando nevica, le corse mattutine dell'autobus 6 sono sempre in ritardo.

Quando piove e quando nevica, gli autobus 5, 91, 92 sono in ritardo per tutto il giorno.

Nelle giornate invernali, vengono cancellate le corse pomeridiane di una linea di autobus: o la numero 5 o la numero 92.

Nei giorni compresi tra il 29 giugno e il 3 settembre, vengono cancellate le corse pomeridiane di una linea di autobus: o la numero 7 o la numero 92.

Quando le corse della linea 5 sono in ritardo o cancellate, il servizio sulla linea 7 subisce un ritardo.

Quando il servizio dell'autobus 92 è cancellato, le corse della linea 6 subiscono un ritardo.

183 Il 22 dicembre, nevica tutto il giorno. Su quante linee il servizio subisce variazioni, anche solo limitate a una parte della giornata?

A 5 B 3 C 4 D 6 E 2

184 Il 4 luglio comincia a piovere nel pomeriggio. Qual è il numero minimo di linee il cui servizio subisce variazioni?

A 6

B 4

C 5

D 2

E 3

185 In quale delle seguenti occasioni si verificherà il maggior numero di ritardi sul servizio degli autobus?

- A Un pomeriggio di novembre con la neve
- B Una mattina di pioggia in aprile
- C Una nevicata nella mattina del 22 marzo
- D Un pomeriggio di pioggia in agosto
- E Una nevicata nel pomeriggio di Capodanno

186 Quale/i autobus non subirebbe/subirebbero variazioni se nevicasse all'alba del 15 agosto?

- A 5, 6, 7, 91, 92
- B 5
- C 5 e 91
- D 90
- E 5, 6, 91

187 Solo se la stagista si ferma in ufficio il caporedattore può tornare a casa per cena.
Quale delle seguenti affermazioni deve essere vera se la precedente affermazione è vera?

- A Se la stagista si ferma in ufficio, allora il caporedattore torna a casa per cena
- B Se il caporedattore non è tornato a casa per cena è perché la stagista non si è fermata in ufficio
- C Se la stagista non si ferma mai in ufficio potrebbe essere licenziata dal caporedattore
- D Se il caporedattore è tornato a casa per cena, allora la stagista si è fermata in ufficio
- E Il caporedattore è tornato a casa per cena insieme alla stagista

188 Mauro è tornato da un lungo viaggio di lavoro. Oggi è giovedì. Mauro è arrivato quattro giorni prima del giorno dopo del giorno prima di domani. Quando è tornato Mauro?

- A Sabato
- B Domenica
- C Lunedì
- D Mercoledì
- E Martedì

189 Girare per i mercatini di antiquariato è una pratica sempre più diffusa. Ogni quartiere storico delle grandi città, ogni borgo più o meno caratteristico d'Italia ospita, in una determinata domenica del mese, un mercatino spesso intrigante e ricco di oggettistica, anche antica, e a volte di piccoli tesori. Se le probabilità di imbattersi in un quadro di un autore famoso o in una lettera di una celebrità dimenticata in un libro sono obiettivamente basse, la possibilità di incappare in un bel ritratto ad olio o in un mobile di valore è tutt'altro che ridotta. Anche gli antiquari sono soliti bazzicare i mercatini a caccia di mobili, lampade, accessori e materiale di uso quotidiano, da rivendere, in un secondo momento, a prezzo ben maggiore ai propri clienti. Si dovrebbe, quindi, prima di acquistare un mobile o un libro d'epoca presso un antiquario fare un giro in un mercatino per risparmiare e avere maggiore possibilità di scelta.

Se considerata vera, quale delle seguenti affermazioni rende più forte l'argomentazione precedente?

- A Gli antiquari, prima di vendere gli oggetti provenienti dai mercatini di antiquariato, provvedono a restaurarli
- B I migliori pezzi di antiquariato non sono in vendita nei mercatini, ma direttamente dagli antiquari
- C Gli antiquari, a differenza di chi vende nei mercatini, garantiscono l'autenticità di ciò che si acquista
- D Gli oggetti esposti nei mercatini spesso sono messi in vendita da chi svuota la cantina o il garage e non sa quindi coglierne il reale valore
- E Chi si reca in un negozio di un antiquario ha la possibilità di osservare con calma il pezzo che gli interessa. Nei mercatini, al contrario, c'è molta confusione

190 In nessuno dei giorni di marzo è piovuto o nevicato. Quante linee di autobus non possono aver mai subito variazioni?

A 5 B 6 C 4 D 3 E 2

191 Quale dei seguenti ragionamenti risulta logicamente valido?

1. Guido sta dormendo sul divano. Ogni volta che litiga con la moglie, Guido dorme sul divano. Dunque, Guido ha appena litigato con la moglie.
2. Elena oggi ha rinunciato alla sua corsa mattutina al parco. Ogni volta che deve stirare, Elena rinuncia alla corsa del mattino al parco. Dunque, oggi Elena deve stirare.
3. Tutte le volte che Giorgia va a sciare, le viene la bronchite. Domani, Giorgia va a sciare con gli amici. Dunque, tornerà dalla sciata con la bronchite.
4. Alessandro oggi compie gli anni. Ogni volta che Alessandro compie gli anni, la nonna gli prepara una torta cioccolato e pere. Dunque, oggi Alessandro potrà mangiare la torta pere e cioccolato della nonna.

A 3 e 4
B 1 e 2
C 1 e 4
D 1, 2 e 3
E 2, 3 e 4

192 Un individuo perde in un anno il 10% del suo peso e l'anno seguente aumenta del 5% rispetto al nuovo peso. Se si verificasse prima l'aumento del 5% e successivamente la diminuzione del 10%, il peso finale come risulterebbe rispetto al caso precedente?

A Nessuna delle altre risposte è corretta
B Minore
C Uguale
D Maggiore
E Mancano dati

193 Se l'affermazione "Nessun elefante è aggressivo" è falsa, quale delle seguenti affermazioni è necessariamente vera?

A Tutti gli elefanti sono aggressivi
B Almeno un elefante è mansueto
C Almeno un elefante è aggressivo
D Nessun elefante è mansueto
E Tutti gli elefanti sono mansueti

Leggere il testo del seguente problema e rispondere alle relative domande.

A bordo di un piccolo pullman che ha, oltre al sedile dell'autista, quattro file di posti, viaggiano quattro amici: Luca, Marco, Fabio e Giacomo. Uno di essi è seduto al posto di guida, gli altri stanno ognuno in una fila. Una delle file rimane dunque vuota. È inoltre noto che:

- 1) Luca è due file più avanti di Marco;
- 2) Fabio è tre file più indietro di Giacomo;
- 3) Luca ha solo quindici anni (e il pullman è considerato un autoveicolo pesante).

194 Chi ha dietro di sé una fila vuota?

A Giacomo
B Luca
C Fabio
D Marco
E I dati del problema sono insufficienti per rispondere

195 Chi è il più lontano dal guidatore?

A Giacomo
B Luca
C Fabio
D Marco
E I dati del problema sono insufficienti per rispondere

196 Chi sta immediatamente dietro a Luca?

A Marco
B Fabio
C Nessuno, poiché la fila è vuota
D Giacomo
E Luca

197 Se Marco avanzasse di tre file, chi si troverebbe più distante dal guidatore?

A Giacomo
B Luca
C Fabio
D Marco
E I dati del problema sono insufficienti per rispondere

LOGICA

198 «Sandro è una persona atletica; le persone alte sono tutte atletiche; le persone alte sono magre».
Se le precedenti affermazioni sono vere, quale delle seguenti è sicuramente vera?

- A Sandro è una persona magra
- B Sandro è una persona alta
- C Tutte le persone atletiche sono alte
- D Chi è alto è magro e atletico
- E Le persone magre sono atletiche

199 Se un esperto ellenista dichiara che non è vero che tutti gli abitanti di Atene possedevano scudo e spada, cosa si può dedurre dalla sua osservazione?

- A C'è qualche abitante di Atene che non ha lo scudo oppure non ha la spada
- B Gli abitanti di Atene non hanno né scudo né spada
- C Gli abitanti di Atene se hanno lo scudo non hanno la spada
- D Tutti gli abitanti di Atene hanno lo scudo ma non hanno la spada
- E Una persona che abbia sia lo scudo che la spada non è di Atene

200 Una "non-stop televisiva" inizia alle ore 21:00 del 25 ottobre, e prosegue ininterrottamente per 400 ore. Quando termina?

- A Alle ore 13:00 dell'11 novembre
- B Alle ore 13:00 del 12 novembre
- C Alle ore 13:00 del 10 novembre
- D Alle ore 23:00 dell'11 novembre
- E Alle ore 23:00 del 10 novembre

201 Si legga la seguente cronaca elettorale: A ha conseguito il 36,4% dei voti, mentre in lieve flessione rispetto alle elezioni del 2005 appare B (fermo al 28,5); C ha quasi raddoppiato i consensi (20,9) e D, al battesimo delle urne, si attesta al 14,2. Quale è l'unico risultato delle elezioni del 2005 che sia compatibile col quadro appena delineato?

- A A 18,3 - B 41,4 - C 40,3
- B A 63,3 - B 26,2 - C 10,5
- C A 58,3 - B 30,7 - C 11,0
- D A 43,3 - B 30,3 - C 10,9 - D 15,5
- E A 36,4 - B 32,4 - C 20,7 - D 10,5

202 Se l'affermazione "Nessun animale è più intelligente dell'uomo" è falsa, quale delle seguenti è necessariamente vera?

- A Molti animali sono più intelligenti dell'uomo
- B Tutti gli animali sono più intelligenti dell'uomo
- C Diversi animali sono più intelligenti di alcuni uomini
- D Almeno un animale è più intelligente dell'uomo
- E Esistono animali molto intelligenti

203 Negare che "ogni città ha un parco" equivale a dire che:

- A Alcune città hanno diversi parchi
- B Alcuni parchi sono in città
- C Esiste almeno una città senza parchi
- D Tutte le città sono senza parchi
- E Nessuna città ha molti parchi

204 All'aeroporto della città di Lonza nel 2011 sono atterrati 1.200 aerei che hanno sbarcato complessivamente 23.000 passeggeri. Nel 2010 gli aerei atterrati erano stati 1.000 e i passeggeri sbarcati 15.000. Nell'arco dell'anno sono aumentati percentualmente in quantità maggiore gli aerei atterrati o i passeggeri sbarcati?

- A I dati non permettono di rispondere in quanto non viene fornito il numero di passeggeri sbarcati da ciascun aereo
- B I dati non permettono di rispondere in quanto non è possibile confrontare numericamente "aerei" e "passeggeri"
- C Sono aumentati entrambi del 20%
- D Gli aerei atterrati
- E I passeggeri sbarcati

205 Solo se è stata messa benzina nel serbatoio (affermazione A) la motosega si avvia (affermazione B).
Rispetto alla affermazione B, l'affermazione A rappresenta una condizione:

- A sufficiente
- B necessaria
- C necessaria e sufficiente
- D sufficiente ma non necessaria
- E di probabilità

206 Alessio, Lidia e Marco organizzano un torneo di briscola. Ciascuno dei tre gioca sei partite con ciascuno degli altri due. Alessio vince quattro volte contro Lidia, ma perde cinque volte contro Marco, il quale vince tre volte contro Lidia. Sapendo che per ogni partita vinta vengono assegnati due punti e per ogni partita persa ne viene sottratto uno, chi ha vinto il torneo e con quanti punti?

A Alessio con 14 punti

B Lidia con 9 punti

C Alessio con 10 punti

D Barbara con 13 punti

E Marco con 12 punti

207 Piera ha quattro pretendenti, Aristide, Basilio, Carlo e Donato, e, dovendo sceglierne uno, decide di consigliarsi con le sue quattro amiche Letizia, Marina, Nives e Olga.

- **Letizia consiglia decisamente Aristide (e solo lui).**
- **Marina pensa che sia Basilio che Carlo siano degli ottimi ragazzi, mentre gli altri due sono poco affidabili.**
- **Nives non ha dubbi: Carlo è la persona giusta per Piera.**
- **Olga pensa che Aristide e Carlo siano entrambi molto raccomandabili, ma sospende il suo giudizio sugli altri due, che non conosce bene.**

Dopo aver meditato a lungo, alla fine Piera decide, consapevole del fatto che:

A se sceglie Basilio la maggioranza delle sue amiche la criticherà

B Carlo è l'unico approvato dalla maggioranza delle sue amiche

C qualunque persona lei scelga, non riuscirà mai a seguire i consigli di più di due amiche

D se non sceglie Carlo, la maggioranza delle sue amiche la criticherà

E la persona da lei scelta non piace a nessuna sua amica

208 Tutti i giovani amano lo sport – alcuni uomini non amano lo sport – dunque ... non sono giovani. Si individui il CORRETTO COMPLETAMENTO del sillogismo:

A Alcuni uomini

B Gli sportivi

C Alcuni giovani

D Alcuni sport

E Tutti gli uomini

209 Se è vero che «chi disprezza compra; chi loda vuol lasciare», sarà necessariamente vera anche UNA delle affermazioni seguenti:

A chi vuol comprare, loda

B chi disprezza, non vuol lasciare

C chi vuol lasciare, disprezza

D chi non vuol comprare, disprezza

E chi vuol lasciare, non loda

210 Se l'affermazione "Nessun animale è più intelligente dell'uomo" è falsa, quale delle seguenti è necessariamente vera?

A Molti animali sono più intelligenti dell'uomo

B Tutti gli animali sono più intelligenti dell'uomo

C Diversi animali sono più intelligenti di alcuni uomini

D Almeno un animale è più intelligente dell'uomo

E Esistono animali molto intelligenti

211 Dopo mesi di indagini, la guardia di finanza ha arrestato un professionista coinvolto in un giro di tangenti. Da quanto esposto, una sola delle deduzioni ricavate è indiscutibile:

A tutti i professionisti sono corrotti

B la sua è stata una debolezza passeggera

C qualcuno ha giocato sulla sua ingenuità

D era in combutta con uno o più complici

E c'è stato un errore di persona

212 Io sono un uomo. Se il figlio di Luigi è padre di mio figlio, chi sono io per Luigi?

A il figlio
B io non ho rapporti di parentela con Luigi
C il padre
D sono io Luigi
E il nonno

213 Ogni qualvolta si verifica una contrazione dell'offerta di petrolio dalla regione del Golfo, si registra un immediato aumento del prezzo del petrolio proveniente da quella regione. Se l'argomentazione sopra riportata è vera, quale delle seguenti affermazioni è vera?

A Se c'è un incremento del prezzo del petrolio proveniente dalla regione del Golfo, ciò significa che vi è stata una contrazione dell'offerta di petrolio da quella regione
B Se non vi è alcuna contrazione dell'offerta di petrolio dalla regione del Golfo, allora non vi è alcun incremento del prezzo del petrolio proveniente da quella regione
C Ogniqualvolta vi è una contrazione dell'offerta di petrolio, si verifica un immediato aumento del prezzo dello stesso
D Ogniqualvolta vi è instabilità politica nella regione del Golfo, si verifica un immediato incremento del prezzo del petrolio proveniente da quella regione
E Se non vi è alcun incremento nel prezzo del petrolio proveniente dalla regione del golfo, ciò significa che non vi è stata alcuna contrazione dell'offerta del petrolio da quella regione

214 Data per vera l'affermazione che «tutti i cani che abbaiano non mordono», sarà necessariamente vera anche UNA delle affermazioni seguenti:

A alcuni cani che abbaiano mordono
B tutti i cani non mordono
C tutti gli animali che mordono non sono cani
D se i cani non mordono, abbaiano
E i cani che mordono non abbaiano

215 Tutti i pesci respirano sotto acqua. Se un animale respira sotto acqua ha le squame. Quale delle seguenti affermazioni è certamente corretta se la precedente affermazione è vera?

A Tutti gli animali che respirano sotto acqua sono pesci
B Se un animale ha le squame è un pesce
C Tutti i pesci hanno le squame
D Se un animale non respira sotto acqua non ha le squame
E Se un animale non ha le squame respira sotto acqua

216 "Solo se lavoro la domenica, riesco a portare a termine il compito". In base alla precedente affermazione, è necessariamente vero che:

A nessuna delle altre alternative è corretta
B condizione sufficiente perché io riesca a portare a termine il compito è che io lavori la domenica
C se lavoro la domenica, sicuramente riesco a portare a termine il compito
D se non riesco a portare a termine il compito, significa che non ho lavorato la domenica
E se non lavoro la domenica, non riesco a portare a termine il compito

217 Negare che "ogni gatto miagola" equivale a dire che:

A se non miagola non è un gatto
B c'è un gatto che miagola
C c'è un gatto che non miagola
D ogni gatto non miagola
E nessun gatto miagola

218 Beatrice ha i capelli lunghi. Chi ha i capelli lunghi è bello. Chi ha gli occhi verdi è bello. Se le precedenti affermazioni sono vere, quale delle seguenti affermazioni è certamente vera?

A Solo chi ha gli occhi verdi è bello
B Beatrice è bella
C Beatrice ha gli occhi verdi
D Solo chi ha i cappelli lunghi è bello
E Se una persona ha i cappelli corti e gli occhi castani non può essere bello

219 Negare che "ogni persona ha una ricchezza" equivale a dire che:

- A nessuna persona ha una ricchezza
- B la ricchezza appartiene a pochi
- C molte persone sono povere
- D esistono persone senza ricchezza
- E ogni persona non ha una ricchezza

220 Se è vero che «chi fa da sé, fa per tre», allora è necessariamente vera anche una delle affermazioni seguenti. Quale?

- A Il "fai da te" è un hobby educativo e utile
- B Chi lavora in compagnia o è un ladro o è una spia
- C Chi fa sempre da sé, non concluderà mai nulla nella vita
- D Tutti coloro che lavorano da soli lavorano quanto tre persone messe assieme
- E La solitudine rende presuntuosi

221 Per un furto in un caveau sono stati arrestati tre sospettati: Francesco, Diego ed Enzo.
L'inquirente sa che due di essi dicono la verità e uno solo mente. Francesco dice che è stato Diego a commettere il furto, Enzo si dichiara innocente, così come Diego. In base alle precedenti informazioni si può essere sicuri che il colpevole:

- A è Enzo
- B è Diego
- C non è certamente Enzo
- D non è certamente Diego
- E non è certamente Francesco

222 "Se il tempo domenica sarà bello andremo al mare". Se quanto affermato è vero, quale delle seguenti affermazioni è sicuramente vera?

- A Domenica andremo al mare solo se il tempo sarà bello
- B Se domenica andiamo al mare non è detto che il tempo sia bello
- C Se il tempo domenica non sarà bello non andremo al mare
- D Se domenica andiamo in campagna è perché il tempo non è bello
- E Se domenica piove, staremo in città

223 Se è vero che «tutti gli intellettuali sono interlocutori noiosi», sarà necessariamente vera anche una delle affermazioni seguenti:

- A tutti gli interlocutori sono intellettuali noiosi
- B nessun interlocutore noioso è intellettuale
- C tutti i noiosi sono intellettuali
- D tutti gli interlocutori sono noiosi
- E alcuni interlocutori noiosi sono intellettuali

224 Quando il processo di stampa è stato avviato la stampante si mette in moto.
Quale delle seguenti affermazioni deve essere vera se la precedente affermazione è vera?

- A Se il processo di stampa non è stato avviato la stampante non si mette in moto
- B Se la stampante non si è messa in moto il processo di stampa non è stato avviato
- C Se la stampante si è messa in moto il processo di stampa è stato avviato
- D La stampante si mette in moto solo se è stato avviato il processo di stampa
- E Senza stampante non ha senso avviare il processo di stampa

225 Demetrio ha la passione delle moto. Chi abita in montagna ha la passione delle moto. Chi abita in montagna ha sempre freddo.
Se le precedenti affermazioni sono vere, quale delle seguenti affermazioni è certamente vera?

- A Demetrio abita in montagna
- B Chi ha sempre freddo abita in montagna
- C Non si può escludere che Demetrio abbia sempre freddo
- D Chi ha la passione delle moto ha sempre freddo
- E Chi abita in montagna ha la passione delle moto oppure ha sempre freddo, ma non entrambi

QUESTITI

226 **Il famoso talent show televisivo The Singer è arrivato alla puntata finale. Gli otto finalisti si fronteggeranno in duelli canori in cui ogni cantante sfiderà tutti gli altri una sola volta e senza possibilità di replica. Ogni duello avrà una durata di cinque minuti, suddivisi, senza interruzioni, equamente tra i due sfidanti. Al termine di ogni duello verrà dato il via al televoto da casa che durerà tre minuti e durante i quali i giudici commenteranno le prove canore.**

Quanti minuti dura, allora, l'intero programma?

A 240 minuti

B 224 minuti

C oltre 4 ore

D 214 minuti

E 2 ore

227 **In un grande uovo di cioccolato ci sono tre uova più piccole e in ognuna di queste uova ce ne sono altre sei ancora più piccole e in queste ultime infine ancora due più piccole in ciascuna. Quante sono le uova in totale?**

A 58

B 63

C 71

D 55

E 62

228 **Una gatta ha partorito alcuni gattini. Francesca afferma: "Sono nati tre gattini e sono maschi". Marianna afferma: "Sono nati due gattini maschi e due femmine". Simona afferma: "Sono nati solo gattini maschi". Quanti gattini sono nati, sapendo che una e una sola delle precedenti affermazioni è falsa?**

A 2 B 6 C 3 D 4 E 5

229 **Nel paese di Belpoggio tutti i ragazzi praticano qualche sport. Se:**

- **chi gioca a calcio fa anche nuoto;**
- **chi gioca a tennis non fa nuoto;**
- **chi gioca a pallavolo gioca anche a calcio;**

si può concludere che:

A chi fa nuoto gioca anche a calcio

B chi fa nuoto e gioca a pallavolo, gioca anche a tennis

C chi gioca a tennis gioca anche a calcio

D chi non gioca a calcio non fa nuoto

E chi gioca a pallavolo fa anche nuoto

230 **Giacomo è convinto che se partisse per la Francia, troverebbe un lavoro come ingegnere aerospaziale.**
In quale dei seguenti casi si sarebbe sicuri che Giacomo ha torto?

A Giacomo rimane in Italia e trova lavoro come ingegnere aerospaziale

B Giacomo rimane in Italia e non trova lavoro come ingegnere aerospaziale

C Giacomo parte per la Francia e dopo diversi mesi trova un lavoro come ingegnere aerospaziale

D Giacomo parte per la Francia ma non trova un lavoro come ingegnere aerospaziale

E Giacomo rimane in Italia e solo dopo un anno trova lavoro come ingegnere aerospaziale

231 **Nella città di Girotondo i 30 ragazzi che vanno a scuola studiano l'inglese, il francese o lo spagnolo. Di questi 30 ragazzi 18 studiano il francese, 12 lo spagnolo e 23 l'inglese. Sapendo che 5 ragazzi studiano sia l'inglese sia lo spagnolo e che nessuno studia sia il francese sia lo spagnolo, quale delle seguenti affermazioni è vera?**

A Alcuni ragazzi studiano tutte e tre le lingue

B Nessuno dei ragazzi che studia l'inglese studia anche il francese

C Tutti i ragazzi che studiano l'inglese studiano anche il francese

D Tutti i ragazzi che studiano il francese studiano anche l'inglese

© Alpha Test

232 Se sono corrette le seguenti affermazioni: "Tutti i pompieri sono coraggiosi. Tutti i piloti sono coraggiosi. Tutti i piloti amano il cielo", quale delle seguenti ulteriori affermazioni potrebbe far concludere che tutti i pompieri amano il cielo?

- A Tutti i pompieri sanno volare
- B Tutti i piloti sono anche pompieri
- C Chi ama il cielo è un pompiere
- D Tutte le persone coraggiose amano il cielo
- E Non ci sono pompieri che siano anche piloti

233 All'asilo due bimbi giocano agli indovinelli. Prima un bimbo fa un indovinello e poi tocca al compagno porre la domanda. Ogni volta che un bimbo non conosce la risposta all'indovinello deve dare una figurina al bimbo che ha posto la domanda. Inizialmente i due bimbi hanno 12 figurine ciascuno. Dopo un certo numeri di indovinelli un bimbo ha 20 figurine e l'altro solo 4. Quanti indovinelli sono stati fatti dai due bimbi complessivamente?

- A Non è possibile saperlo, ma gli indovinelli sono stati certamente almeno 16
- B 16
- C 8
- D Non è possibile saperlo, ma gli indovinelli sono stati al massimo 8
- E 32

234 «Mirco ama il cioccolato; il cioccolato è un dolce; chi ama i dolci è un bravo sciatore». Allora è certo che:

- A Mirco non ama sciare
- B Mirco ama tutti i dolci
- C Mirco sa sciare
- D tutti coloro che sciano mangiano cioccolato
- E tutti i bravi sciatori amano i dolci

235 In una comitiva composta da 14 ragazzi tutti appassionati di sport, 10 ragazzi praticano il nuoto, 6 il tennis e un certo numero pratica invece entrambe le discipline sportive. Quanti sono i ragazzi che si dedicano a entrambi gli sport?

A 6 B 14 C 4 D 2 E 10

236 Barbara e Giosuè sono due amici. Giosuè mangia spaghetti, gioca in borsa e nel tempo libero fa atletica. Barbara non ama l'atletica ma gioca in borsa e ascolta musica. Ammesso che:
- chi gioca in borsa è ricco;
- chi fa atletica mangia spaghetti;
- chi fa atletica o ascolta musica è giovane e simpatico

quale delle seguenti affermazioni è sicuramente vera?

- A Barbara è giovane e mangia spaghetti
- B Giosuè ascolta musica ed è simpatico
- C Barbara e Giosuè ascoltano musica
- D Barbara è ricca e simpatica

237 Umberto gioca ai cavalli. Tutti coloro che sono fortunati giocano ai cavalli. Tutti coloro che giocano ai cavalli sono in bolletta.

Se le precedenti affermazioni sono vere, quale delle seguenti affermazioni è certamente vera?

- A Chi è in bolletta gioca ai cavalli
- B Umberto è fortunato
- C Umberto è in bolletta
- D Umberto è sfortunato
- E Nessuna delle altre alternative è certamente vera

238 "Solo se Walter esce incontra Fabrizio".

Se quanto affermato è vero, quale delle seguenti affermazioni è vera?

- A Walter e Fabrizio sono amici
- B Se Walter non esce incontra Fabrizio
- C Se Walter esce incontra sicuramente Fabrizio
- D Se Walter ha incontrato Fabrizio significa che è uscito

QUESITI

239 **"Interrogato dal magistrato, Francesco negò fermamente di non aver rifiutato di affermare il falso".**

Basandosi sulla precedente affermazione, individuare quale delle seguenti alternative è esatta.

A Francesco ha affermato il falso
B Francesco si è rifiutato di dire il falso
C Francesco ha detto la verità
D Nessuna delle precedenti alternative è corretta

240 **Una colonia di batteri vive sulla superficie di uno stagno, dove una volta al giorno ogni batterio si riproduce per scissione, cioè ogni giorno ogni batterio si divide in due dando origine a due batteri uguali. Se un biologo inizia la sua osservazione all'alba del 1° aprile 2010 e conta un solo batterio, mentre all'alba del 30 aprile 2010 osserva che un ottavo della superficie dello stagno è ricoperta dai batteri, in quale data la superficie dello stesso stagno sarà per la prima volta completamente ricoperta dai batteri?**

A Dopo il 1° dicembre 2010
B All'alba del 3 maggio 2010
C Dipende dalla superficie dello stagno
D All'alba del 29 luglio 2010
E All'alba del 7 maggio 2010

241 **Date le seguenti affermazioni:**

"Tutti gli avvocati hanno intelligenza acuta.

Luca ama leggere libri gialli.

Tutte le persone che amano leggere libri gialli hanno intelligenza acuta".

Se tali affermazioni sono vere, quale tra le asserzioni sotto elencate è necessariamente vera?

A Luca è un avvocato
B Luca ha intelligenza acuta
C Luca non ha intelligenza acuta
D Tutte le persone con intelligenza acuta sono avvocati
E Luca avrebbe voluto essere avvocato

242 **Il signor Candido constata che:**

a) Giovanna ha fatto una rapidissima carriera come economista.

Il signor Candido ne deduce che:

b) Giovanna non è una persona onesta.

La ragione necessaria e sufficiente del passaggio logico che opera il signor Candido dalla constatazione del fatto a) al giudizio b) è la sottintesa convinzione che (UNA SOLA IPOTESI È CORRETTA):

A solo alcune persone eccezionali facciano onestamente carriera come economisti
B nessuna persona onesta faccia carriera in campo economico
C le persone disoneste facciano rapida carriera solo in campo economico
D nessuna economista onesta faccia rapida carriera nel suo campo
E tutte le donne-economiste siano disoneste

243 **Un negozio di giocattoli ordina al fornitore una partita di cubetti, chiedendo che tre facce siano colorate di nero e tre di bianco. Il padrone del negozio immaginava, erroneamente, che questa indicazione fosse sufficiente ad avere cubetti identici. Il fornitore, invece, si presenta con tutti i diversi tipi di cubetti che soddisfano i requisiti del negoziante. Quanti sono i tipi diversi?**

A 20 B 6 C 3 D 2 E 12

244 **Partecipi a una gara ciclistica. A un certo punto superi il secondo. In quale posizione ti trovi?**

A Primo
B Secondo
C Terzo
D Penultimo
E Dipende dal numero dei partecipanti

245 Se è vero che «se penso, esisto», allora è necessariamente vera anche una delle affermazioni seguenti. Quale?

A Se non penso, non esisto

B La consapevolezza di stare pensando è sufficiente a dimostrare la mia esistenza

C Se esisto, allora penso

D Se provo emozioni, non esisto

E È necessario pensare per esistere

246 Individuare il rapporto anomalo.

A Falegname - martello

B Pittore - pennelli

C Sarto - ago

D Giardiniere - cesoia

E Idraulico - sfigmomanometro

247 Paola non ha sorelle. Chi è la sorella del figlio del nonno materno della figlia di Paola?

A La mamma di Paola

B Una zia di Paola

C Non esiste tale persona

D Una cugina di Paola

E Paola stessa

248 A dice: "B è falso". B dice: "A e C sono entrambi veri". C dice: "A è falso". Quale assegnamenti delle tre variabili ABC rendono tutte e tre le frasi sopra riportate esatte?

A A vero – B falso – C falso

B A falso – B falso – C falso

C A vero – B vero – C vero

D A vero – B falso – C vero

E A falso – B vero – C vero

249 "Gli italiani sono uomini. Gli uomini possono essere filosofi". Indicare quale delle seguenti affermazioni completa il sillogismo proposto:

A Gli italiani sono filosofi

B Alcuni filosofi sono italiani

C Alcuni italiani possono essere filosofi

D Questo sillogismo non può essere completato

E Nessun italiano è un filosofo

250 Ci sono N persone (con N > 1) disposte in circolo, che sono o Menzogneri (dicono sempre il falso) o Veritieri (dicono sempre il vero). Ciascuno accusa la persona alla sua destra di essere un Menzognero. Ciò è possibile SOLO SE:

A N è un numero primo

B N = 3

C N è un numero dispari

D N = 2

E N è un numero pari

251 Quali dei seguenti ragionamenti risultano logicamente validi?

1. Beppe ha appena comprato un chilo di pomodori. Ogni volta che deve preparare la salsa, Beppe compra un chilo di pomodori. Dunque, Beppe sta per preparare la salsa.

2. Tutte le volte che Loredana supera il peso di 52 chili, si mette a dieta. Oggi Loredana si è pesata: 53 chili. Dunque, si metterà a dieta.

3. Marta ha appena ottenuto un aumento di stipendio. Ogni volta che Marta ottiene un aumento di stipendio, si regala un cappello nuovo. Dunque, ora Marta si comprerà un cappello nuovo.

4. Filippo oggi si è messo il vestito migliore. Ogni volta che deve incontrare suo nonno, Filippo indossa il migliore dei vestiti che possiede. Dunque, oggi incontrerà suo nonno.

A 1 e 2

B 3 e 4

C 2 e 3

D 1

E 1, 3 e 4

252 Se voi siete una donna e se la figlia di Maria è la madre di vostra figlia, chi siete voi per Maria?

A La madre

B La zia

C Voi siete Maria

D La figlia

E La nonna

253 Un medico prescrive al paziente 4 pillole da prendere una ogni ora. Quanto tempo impiegherà il paziente a consumare tutte le pillole?

A 1 ora

B 2 ore

C 3 ore

D 4 ore

E 2 ore e mezza

254 Il professor Bianchi constata che: a) Enrico è un campione in matematica e in filosofia. Il professor Bianchi ne deduce che sicuramente: b) Enrico non ama leggere romanzi, e non ne legge.

La ragione necessaria e sufficiente del passaggio logico che opera il professor Bianchi dalla constatazione del fatto a) al giudizio b) è la sottintesa convinzione che (una sola ipotesi è corretta):

A solo alcune persone eccezionali amano sia la matematica sia la letteratura

B chi si interessa di filosofia non può non rifuggire da ogni altro genere di lettura

C la matematica generalmente assorbe tutte le energie intellettuali di chi vi si dedica

D chi eccelle in matematica solo eccezionalmente coltiva interessi filosofici

E chi si dedica a letture amene ha poco tempo per lo studio della filosofia

255 «Se Stefano non prende il caffè, Daniele non fa la sua pausa mattutina».

Se la precedente affermazione è vera, allora è certamente vero che:

A il fatto che Stefano non prenda il caffè è condizione necessaria affinché Daniele non faccia la sua pausa mattutina

B Daniele non fa la sua pausa mattutina solo se Stefano non prende il caffè

C se Stefano prende il caffè Daniele fa la sua pausa mattutina

D Daniele fa la pausa mattutina alle 11.00 insieme a Stefano

E se Daniele fa la sua pausa mattutina significa che Stefano prende il caffè

256 Quale dei seguenti ragionamenti risulta logicamente valido?

1. Simona sta leggendo un libro. Ogni volta che viaggia in treno, Simona legge un libro. Dunque, Simona sta viaggiando in treno.
2. Tutte le volte che Roberto mangia le fragole, gli viene una reazione allergica. Stamattina, a colazione ha mangiato una pasta farcita di marmellata di fragole, credendo fosse di ciliegie. Dunque, oggi gli verrà una reazione allergica.
3. Raffaella oggi ha indossato le scarpe da ginnastica. Ogni volta che deve camminare molto per lavoro, Raffaella indossa scarpe da ginnastica. Dunque, Raffaella oggi ha camminato molto per lavoro.
4. Ruggero ha appena fatto il pieno di benzina alla moto. Ogni volta che Ruggero fa il pieno alla moto, porta Giulia al mare. Dunque, ora Ruggero Porterà Giulia al mare.

A 1 e 4

B 2 e 4

C 2 e 3

D 1, 2 e 3

E 2, 3 e 4

257 "Se Anna riceve un rimprovero a scuola, piange. Se nessuno rimprovera Anna a scuola, la sua vicina di banco le fa i dispetti. Ieri Anna non ha pianto". Se le precedenti affermazioni sono vere, è possibile dedurre che ieri:

A Anna ieri non è andata a scuola e la sua vicina di banco non le ha fatto i dispetti

B Anna non ha ricevuto un rimprovero a scuola e la sua vicina di banco non le ha fatto i dispetti

C Anna non ha ricevuto un rimprovero a scuola e la sua vicina di banco le ha fatto i dispetti

D Anna ha ricevuto un rimprovero a scuola e la sua vicina di banco le ha fatto i dispetti

E Anna ha ricevuto un rimprovero a scuola e la sua vicina di banco non le ha fatto i dispetti

258 Quale dei seguenti ragionamenti risulta logicamente valido?

1. Tutte le volte che Betty torna da un viaggio, compone un quadro con tutte le foto che ha scattato. Betty è appena tornata da un viaggio. Dunque, Betty realizzerà un quadro con tutte le foto che ha scattato nell'ultimo viaggio.

2. La squadra per cui tifa Peter ha appena vinto lo scudetto. Ogni volta che la sua squadra del cuore vince lo scudetto, Peter si taglia i capelli a zero. Dunque, Peter si taglierà i capelli a zero.

3. Anna sta fumando nervosamente. Ogni volta che pensa agli esami da dare in università, Anna fuma nervosamente. Dunque, Anna sta pensando a un esame universitario che deve affrontare.

4. Evelina oggi ha preso la bicicletta al posto dell'autobus per spostarsi in città. Se la giornata è serena, Evelina gira per la città in bicicletta. Dunque, oggi è una giornata serena.

A 1 e 4
B 1, 2 e 3
C 2 e 3
D 1 e 2
E 3 e 4

259 Francesca afferma che "tutti gli studenti di Ingegneria Biomedica hanno partecipato almeno una volta al test di Medicina". Sapendo che l'affermazione di Francesca è falsa, determinare quale delle seguenti situazioni è sicuramente verificata.

A Almeno uno studente di Ingegneria Biomedica ha superato il test di Medicina
B Almeno uno studente di Ingegneria Biomedica non ha mai partecipato al test di Medicina
C Almeno uno studente di Ingegneria Biomedica ha partecipato al test di Medicina
D Nessuno studente di Ingegneria Biomedica ha mai partecipato al test di Medicina
E Almeno uno studente che ha partecipato al test di Medicina non si è iscritto a Ingegneria Biomedica

260 Il cinema Giorgione di Venezia ha una piccola sala di proiezione con solo cinque file di sedili. Cinque signore (Margherita, Ornella, Fiorella, Gabriella e Anna) siedono ognuna in una fila diversa. Guardando la sala dallo schermo Fiorella si trova tre file indietro rispetto ad Anna, che non occupa un posto in prima fila. Gabriella, invece, siede tre file avanti rispetto a Margherita. In base alle precedenti affermazioni si può dedurre con certezza che, guardando dallo schermo:

A Gabriella è seduta nella fila immediatamente dietro a quella dove siede Anna
B Fiorella è seduta in quarta fila
C Ornella è seduta nella fila immediatamente davanti a quella dove siede Margherita
D Margherita è seduta nella fila immediatamente dietro Fiorella
E Ornella è seduta nella fila immediatamente davanti a quella dove siede Fiorella

Leggere il seguente problema e rispondere alle relative domande.

I gruppi dolciari veronesi Baule e Vincenzi stanno per fondersi dopo il recente matrimonio tra i proprietari: Chiara Baule e Livio Vincenzi. Per definire le condizioni e gli accordi che regoleranno il processo di fusione viene organizzata una cena di lavoro a cui partecipano, per ciascuna società, l'amministratore delegato, due responsabili del marketing e due responsabili della finanza.

I dirigenti della Baule sono: A, B, C, D e E, mentre i dirigenti della Vincenzi sono F, G, H, I e L.

Il tavolo della cena è rettangolare e da un lato siedono i dirigenti della Baule, dal lato opposto i dirigenti della Vincenzi con al centro dei rispettivi gruppi i due amministratori delegati che, quindi, siedono uno di fronte all'altro.

Rispondere alle domande seguenti sapendo che:

- A e B siedono alle estremità opposte del tavolo;
- G deve sedere all'estremità destra del tavolo perché è sordo dall'orecchio destro;
- D e F non sono gli amministratori delegati;
- i responsabili del marketing della Baule, uno dei quali è B, sono seduti accanto e di fronte non hanno nessun responsabile marketing della Vincenzi; G non è un responsabile marketing;
- C, responsabile della finanza, è seduto di fronte a H.

QUESITI

261 A può essere:

A un responsabile del marketing seduto di fronte a G
B l'amministratore delegato della Baule
C un responsabile della finanza seduto di fronte a F
D un responsabile della finanza seduto a fianco di D
E seduto a fianco di E

262 Su quale dei seguenti dirigenti si hanno più informazioni riguardo alla posizione che occupa nella propria società e a tavola?

A F
B E
C I
D L

263 Se I è responsabile del marketing, quale delle seguenti informazioni è necessariamente vera?

A L è l'amministratore delegato della Vincenzi
B I siede di fronte a E
C I siede di fronte a D
D I siede di fianco a G
E F è responsabile del marketing

264 Quale delle seguenti affermazioni è vera stando al testo del quesito?

A E è un responsabile della finanza
B L può sedere di fronte a C
C E e F lavorano nella stessa azienda
D G e A, all'interno delle rispettive aziende, sono responsabili di aree diverse
E I responsabili del marketing della Baule sono seduti di fronte ai responsabili della finanza della Vincenzi

265 Quale delle seguenti coppie di dirigenti è necessariamente seduta di fronte?

A G e B
B E e L
C D e F
D B e I
E A e G

266 "Tutti i laureati hanno molta fantasia. Per essere uno scrittore bisogna essere laureato. Marco ha molta fantasia". Se le precedenti affermazioni sono vere, è possibile dedurre che:

A Marco è laureato
B tutti i laureati sono scrittori
C tutti gli scrittori hanno molta fantasia
D Marco è uno scrittore
E anche chi non ha molta fantasia può laurearsi

267 Quando piove Raffaella rinuncia alla corsa nel parco. Oggi Raffaella non ha corso nel parco. Quale delle seguenti affermazioni NON può essere vera se le precedenti affermazioni sono vere?

A Oggi ha piovuto
B Oggi non ha piovuto
C Due settimane fa, Raffaella non ha corso nel parco perché pioveva
D La scorsa settimana non ha mai piovuto e Raffaella ha corso nel parco tutti i giorni
E Ieri Raffaella ha corso nel parco anche se pioveva

268 «Se si fanno i controlli mensili dei dati sui libri stampati, si scoprono gli errori di allineamento dei magazzini». Se la precedente affermazione è vera, allora è sicuramente vero che:

A se non si sono scoperti gli errori di allineamento dei magazzini è perché non si sono fatti i controlli mensili dei dati sui libri stampati
B gli errori di allineamento dei magazzini si scoprono solo se si sono fatti i controlli mensili dei dati sui libri stampati
C condizione necessaria e sufficiente affinché vengano scoperti gli errori di allineamento dei magazzini è che si facciano i controlli mensili dei dati sui libri stampati
D se si scoprono gli errori di allineamento dei magazzini è perché si sono fatti i controlli mensili dei dati sui libri stampati
E gli errori di allineamento dei magazzini derivano solo dai mancati controlli mensili dei dati sui libri stampati

© Alpha Test

269 Le antilopi sono mammiferi. Alcuni mammiferi passeggiano sui tetti. Gli animali che passeggiano sui tetti prediligono la notte.

Se le precedenti affermazioni sono vere, quale delle seguenti affermazioni NON può essere vera?

A È possibile che le antilopi passeggino sui tetti

B È possibile che le antilopi prediligano la notte

C È possibile che le antilopi non passeggino sui tetti

D È possibile che le antilopi non prediligano la notte

E Se un'antilope passeggia sui tetti allora odia la notte

270 "L'educazione sanitaria deve già iniziare nei programmi della scuola materna. Se non si modificano le abitudini sanitarie sin dalla più tenera età, non si può sperare di migliorare in futuro la salute degli adulti e degli anziani. Gli investimenti in programmi di educazione sanitaria nell'età prescolare possono essere utili per la società intera e comportare un risparmio di spesa per l'assistenza." A quale conclusione è corretto pervenire in base a quanto su riportato?

A L'educazione sanitaria dei bambini può essere utile sia a loro singolarmente sia alla società

B L'educazione sanitaria dei bambini produce posti di lavoro

C La società dovrebbe ridurre le spese dell'assistenza per indurre i cittadini a provvedere in proprio

D L'incapacità di attuare un programma di educazione sanitaria è stata causata dalla recessione

E Se non si modificano le abitudini sanitarie dei bambini, peggioreranno in futuro le condizioni di salute degli adulti e degli anziani

271 "Tutti i filosofi sono antipatici – qualche filosofo è italiano – dunque ... è antipatico".
S'individui il CORRETTO COMPLETAMENTO del sillogismo:

A qualche antipatico

B ogni italiano

C qualche italiano

D ogni filosofo

E qualche filosofo

272 In un momento di difficoltà economica l'utile X della ditta Rossi diminuisce del 20%. Trascorso il periodo di difficoltà, la ditta Rossi registra un aumento del proprio utile del 20%. Si può concludere che l'utile finale Y è:

A maggiore di X

B uguale a X

C minore di X

D in ogni caso pari a zero

E comunque cresciuto del 20%

273 Negare che "ogni uomo ha un nemico" equivale a dire che:

A esistono uomini senza nemici

B nessun uomo ha un nemico

C tutti gli uomini non hanno nemici

D tutti sono nemici di ogni uomo

E ogni uomo non ha un nemico

274 "Tutti i bambini sono affettuosi. Max è affettuoso. Tutte le persone affettuose hanno un buon carattere". In base alle precedenti affermazioni, quale delle seguenti NON è necessariamente vera?

A Chi non ha un buon carattere non è affettuoso

B Tutti i bambini hanno un buon carattere

C Max è un bambino

D È impossibile che Max non abbia un buon carattere

E Max può essere un bambino

275 Se sono vere entrambe le affermazioni:
- **qualche studente della classe quinta A ha gli occhiali;**
- **qualche studente della classe quinta A tifa Bologna;**

allora:

A tutti gli studenti della quinta A tifano Bologna
B c'è almeno uno studente della quinta A che ha gli occhiali e tifa Bologna
C c'è almeno uno studente della quinta A che porta gli occhiali e non tifa Bologna
D c'è almeno uno studente della quinta A che non ha gli occhiali e non tifa Bologna
E non si può escludere che esista uno studente della quinta A che non ha gli occhiali e non tifa Bologna

276 Antonella è onesta. Tutti gli impiegati sono onesti. Tutte le persone oneste sono ordinate.

Se le precedenti affermazioni sono vere, quale delle seguenti è necessariamente vera?

A Antonella è un'impiegata
B Antonella è ordinata
C Antonella è disonesta
D Solo alcuni impiegati sono ordinati
E Tutte le persone ordinate sono oneste

277 «Nel liceo di Fausto ogni ragazzo gioca a calcio e a pallavolo».

Se la precedente affermazione è falsa allora è sicuramente vero che:

A esiste almeno un ragazzo del liceo di Fausto che non gioca né a calcio né a pallavolo
B esiste almeno un ragazzo del liceo di Fausto che non gioca a calcio
C esiste almeno un ragazzo del liceo di Fausto che non gioca a pallavolo
D esiste almeno un ragazzo del liceo di Fausto che non gioca a calcio o a pallavolo
E nessun ragazzo del liceo di Fausto gioca a calcio o a pallavolo

278 Elio è nato prima di Franco, il quale è nato prima di Giorgio. Anche Italo è nato prima di Giorgio. Pertanto...

A È certo che Elio sia il più anziano
B Franco ha il doppio dell'età di Giorgio
C Italo e Franco hanno la stessa età
D Elio e Franco hanno sicuramente età diverse
E Italo è sicuramente il più anziano

279 Quale di questi ragionamenti è corretto da un punto di vista deduttivo?

A Carlo frequenta la prima elementare. La maggioranza dei bambini che frequentano la prima elementare ha sei anni, quindi Carlo ha sei anni
B Carlo ha 4 anni. I bambini sopra 4 anni sono biondi. Quindi Carlo non è biondo
C Carlo ha 4 anni. I bambini sopra 4 anni non sono biondi. Quindi Carlo è biondo
D Carlo ha 4 anni. I bambini di 4 anni sono tutti biondi. Quindi Carlo è biondo
E Se Carlo avesse sei anni e frequentasse la prima elementare, e se tutti gli altri bambini di quella classe fossero biondi, Carlo sarebbe biondo

280 "Il fumo può essere causa di tumori". "Antonio non fuma molto". "Suo fratello Carlo non fuma affatto". Se ne deduce che:

A Carlo ben difficilmente avrà un tumore entro 20 anni
B Carlo ha meno probabilità di Antonio di avere un tumore
C Carlo ha più o meno le stesse probabilità di Antonio di avere un tumore
D Antonio avrà un tumore entro 20 anni
E nessuna delle risposte precedenti è deducibile dal testo

281 La maestra d'asilo mette in fila indiana sei bimbe, i cui nomi sono: Anna, Bianca, Claudia, Diana, Eva, Federica. Sapendo che Eva viene subito dopo Federica, che Bianca è la seconda della fila e che fra lei ed Anna vi è una sola bambina, si dica chi è l'ultima della fila.

A Eva
B Federica
C Diana
D Claudia
E Anna

282 Negare che "ogni cane ha almeno un padrone" equivale a dire che:

A tutti i cani non hanno padroni

B tutti sono padroni di ogni cane

C ogni cane non ha un padrone

D nessun cane ha un padrone

E esistono cani senza padroni

283 Un'opinione molto diffusa tra i cittadini è che gli stipendi dei politici e, in generale, i costi della politica, considerati eccessivi, vadano ridimensionati. Le istituzioni si sono impegnate ad andare in questa direzione e lo stesso Presidente della Repubblica si è fatto garante dei tagli che verranno presto approvati dalle Camere. I cittadini si tengono pronti a scendere in piazza per mantenere alta la pressione sulle istituzioni nel momento in cui questi impegni dovessero essere rimandati o, peggio, non discussi.

Quale delle seguenti affermazioni, se considerata vera, rafforza quanto sostenuto dal brano?

A In alcuni paesi europei i tagli ai costi della politica hanno consentito di recuperare soldi da investire su sanità e istruzione

B Sono ben altri gli ambiti della spesa pubblica su cui concentrare i tagli

C Secondo un recentissimo studio i tagli ai costi della politica non consentirebbero di avere alcun effetto positivo sul PIL

D I tagli ai costi della politica sono necessari, ma andrebbero subordinati ad altre riforme più importanti

E I media troppo spesso distorcono la verità e non è detto che gli stipendi dei politici italiani siano più elevati rispetto a quelli degli altri paesi europei

284 "Se Claudia viene promossa, allora i genitori la mandano in vacanza studio in Gran Bretagna. Claudia viene promossa solo se recupera l'insufficienza sia in Matematica sia in Latino. Al termine dell'anno scolastico Claudia ha recuperato l'insufficienza in Matematica ma non in Latino". Quale tra le seguenti affermazioni NON può essere dedotta dalle proposizioni precedenti?

A Se i genitori di Claudia non mandano la figlia in vacanza studio in Gran Bretagna significa che Claudia non è stata promossa

B I genitori di Claudia non manderanno la figlia in vacanza studio in Gran Bretagna

C Claudia al termine dell'anno scolastico non è stata promossa

D Il recupero delle insufficienze sia in Matematica sia in Latino da parte di Claudia è condizione necessaria, ma non sufficiente, per la sua promozione

E La promozione di Claudia è condizione sufficiente ma non necessaria perché i genitori la mandino in vacanza studio in Gran Bretagna

Leggere il testo del seguente esercizio e rispondere alle relative domande.

Cinque città (A, B, C, D, E) sono tra loro collegate da alcune autostrade. Tali autostrade collegano direttamente:

- la città A con la città B;
- la città B con la città C;
- la città B con la città D;
- la città D con la città C;
- la città D con la città E.

285 Quante possibili vie vi sono per viaggiare dalla città A alla città E senza mai passare due volte dalla stessa città?

A Una

B Due

C Tre

D Quattro

E Nove

286 Quale dei seguenti tragitti comporta la minore distanza?

A Dalla città A alla città C

B Dalla città A alla città E

C Dalla città B alla città E

D Dalla città C alla città D

E Non è possibile rispondere sulla base delle informazioni fornite

287 Quale dei seguenti tragitti necessita di percorrere più di una autostrada?

A Dalla città D alla città C

B Dalla città E alla città C

C Dalla città C alla città B

D Dalla città E alla città D

E Dalla città E alla città A

288 Se venisse aperta una nuova autostrada dalla città B alla città E, quante possibili vie vi sarebbero per viaggiare dalla città A alla città D senza mai passare due volte dalla stessa città?

A Una

B Due

C Tre

D Quattro

E Non è possibile rispondere sulla base delle informazioni fornite

289 In un'aula scolastica, durante la ricreazione, 14 studenti stanno seduti, 8 mangiano la pizza. Con questi dati si può concludere con certezza che il numero totale N degli studenti è:

A $N > 14$

B $N < 14$

C N Š 14

D $N > 22$

E $N = 22$

290 Se è vero che «solo i cibi provenienti da agricoltura biologica fanno bene all'organismo», allora è necessariamente vera anche una delle affermazioni seguenti. Quale?

A Non è detto che non esistano cibi che fanno bene all'organismo, pur non provenendo da agricoltura biologica

B I prodotti di agricoltura biologica sono molto di moda oggi in Italia

C Un cibo prodotto non rispettando i metodi di produzione e gli standard qualitativi dell'agricoltura biologica farà certamente male all'organismo

D Tutto ciò che non fa bene all'organismo proviene da agricoltura non biologica

E I cibi provenienti da agricoltura biologica sono più costosi degli altri

291 Marco afferma: "In ogni corso di laurea in Giurisprudenza c'è almeno uno studente che non ha superato alcun esame del primo anno". Se tale affermazione è falsa, allora sicuramente ...

A c'è almeno un corso di laurea in Giurisprudenza in cui almeno uno studente ha superato almeno un esame del primo anno

B c'è almeno un corso di laurea in Giurisprudenza in cui almeno uno studente ha superato tutti gli esami del primo anno

C in tutti i corsi di laurea in Giurisprudenza tutti gli studenti hanno superato almeno un esame del primo anno

D c'è almeno un corso di laurea in Giurisprudenza in cui tutti gli studenti hanno superato tutti gli esami del primo anno
Ministero dell'Istruzione, dell'Università e della Ricerca

E c'è almeno un corso di laurea in Giurisprudenza in cui tutti gli studenti hanno superato almeno un esame del primo anno

292 A partire dal 1955 tutti i lavoratori impiegati nell'industria edile portano il casco. Sulla scorta di quali dei seguenti elementi può ritenersi CORRETTA tale asserzione?

A Nessun lavoratore ha portato il casco prima del 1955 ma tutti lo hanno portato successivamente

B I lavoratori dell'industria edile sono stati i primi ad essere obbligati a portare il casco

C I lavoratori dell'industria edile portavano il casco prima del 1955

D Alcuni lavoratori possono aver portato il casco prima del 1955, ma tutti quelli dell'industria edile sono stati obbligati ad usarlo a partire da tale data

E I lavoratori possono aver portato un qualsiasi tipo di casco prima del 1955, ma successivamente, tutti hanno dovuto portarne un tipo standardizzato

293 Se ieri era l'indomani del dopodomani del giorno in cui ho riscosso un assegno e domani è domenica, in quale giorno ho riscosso l'assegno:

A martedì

B giovedì

C mercoledì

D lunedì

E venerdì

294 Se Alberto è più alto di Franco che è più basso di Maurizio, allora:

A Maurizio è più alto di Alberto

B Alberto è più alto di Maurizio

C sia Alberto che Maurizio sono più alti di Franco

D Maurizio è alto quanto Alberto

E tutte le precedenti alternative sono corrette

295 Quale delle seguenti deduzioni logiche NON è corretta?

A Nessun maiale abbaia. Gruff è un maiale; quindi Gruff non abbaia

B I macachi sono scimmie. In Sud Africa ci sono scimmie; dunque in Sud Africa ci sono macachi

C Se Gruff è un maiale, allora non abbaia. Gruff abbaia; dunque Gruff non è un maiale

D Ogni cetaceo è un mammifero. Le balene sono cetacei; pertanto le balene sono mammiferi

E Nessun L è P. Ogni T è P. Allora nessun L è T

296 È impossibile dimostrare che il maggiordomo non ha commesso il delitto.

Quale è il corretto significato della precedente affermazione?

A Il maggiordomo ha commesso il delitto, ma non è possibile dimostrare la sua colpevolezza

B Non è possibile dimostrare l'innocenza del maggiordomo

C Il maggiordomo ha commesso il delitto e si può dimostrare la sua colpevolezza

D Il maggiordomo non ha commesso il delitto ma le prove lo condannano comunque

E Il maggiordomo ha commesso il delitto, ma le prove lo scagionano comunque

297 Quale delle seguenti frasi è logicamente equivalente a: "cane che abbaia, non morde"?

A Se un cane non abbaia, allora morde

B Se un cane non morde, allora abbaia

C Se un cane abbaia, allora non morde

D Attenti al cane!

E Un cane che morde fa meglio la guardia di uno che abbaia

298 **Non è vero che "Almeno due studenti in quest'aula sono milanisti". Ciò equivale a dire che:**

A Nessuno è milanista

B In quest'aula non ci sono due studenti milanisti

C In quest'aula, se uno studente è milanista anche un altro lo è

D Più di due studenti di quest'aula sono milanisti

E Al più due studenti di quest'aula sono milanisti

299 **Cinque scatole, denominate da A a E, sono impilate una sull'altra, in ordine alfabetico, con la scatola A in cima alla pila. Le tre scatole alla base vengono prese simultaneamente e messe in cima alla pila senza cambiarne l'ordine. Se questa procedura viene ripetuta altre due volte, quale delle scatole, alla fine, va ad occupare la posizione in mezzo alla pila?**

A La scatola A

B La scatola B

C La scatola C

D La scatola D

E La scatola E

300 **Un grande teorico dei numeri ha scoperto i numeri troppobelli, e, avendo osservato che tutti quelli che ha scoperto sono pari, congettura che esistano solo numeri troppobelli pari. Un suo allievo, studiando con cura questi numeri, afferma che la congettura del maestro è falsa. Dunque l'allievo sostiene che:**

A nessun numero pari è troppobello

B c'è almeno un numero pari che non è troppobello

C c'è almeno un numero troppobello dispari

D esiste solo un numero finito di troppobelli pari

E tutti i numeri troppobelli sono dispari

301 **Giulio è appassionato di modellismo. Tutti coloro che sono precisi amano il modellismo. Tutti coloro che sono precisi hanno un lavoro appassionante.**
Quale informazione aggiuntiva tra le seguenti permetterebbe di concludere che Giulio ha un lavoro appassionante?

A Tutti coloro che sono appassionati di modellismo conoscono Giulio

B Giulio non è preciso

C Tutti coloro che sono appassionati di modellismo sono precisi

D Tutti coloro che hanno un lavoro appassionante sono precisi

E Non occorre nessuna informazione aggiuntiva

302 **A Marco piace fare confusione. Mercoledì manda una e-mail a Giovanni in cui dice «Sarò di ritorno tre giorni prima di una settimana dopo il giorno che viene dopo di domani». In quale giorno della settimana ritorna?**

A Lunedì

B Martedì

C Mercoledì

D Sabato

E Venerdì

303 **Quale delle seguenti frasi è logicamente equivalente a: "il riso abbonda sulla bocca degli sciocchi"?**

A I furbi non ridono mai

B Gli sciocchi ridono sempre

C Gli sciocchi ridono spesso

D I furbi sono spesso tristi

E Nessuna delle altre alternative proposte

304 **Su ognuna delle quattro carte che ho in mano è disegnata una figura geometrica (poligoni o cerchi): 3 hanno lati e angoli, 2 hanno 4 angoli e sono disegnate in rosso. Se ne deduce che:**

A c'è un solo cerchio

B i 2 quadrati e l'altra figura non circolare possono essere neri o rossi

C ci sono sicuramente 2 quadrati rossi

D le figure non circolari sono 3, una nera e due rosse

E nessuna delle risposte precedenti è deducibile dal testo

LOGICA

305 **Si prenda un foglio di carta, lo si ripieghi a metà tre volte, e infine lo si fori al centro con la punta di una matita. Riaperto il foglio quanti fori ci saranno?**

A 8

B 1

C 4

D 9

E 3

306 **"Se gli studenti si applicano, conseguiranno la promozione".**

Se quanto affermato è vero, quale delle seguenti affermazioni è vera?

A Se uno studente si applica, conseguirà il massimo risultato

B Verranno promossi solo gli studenti che si sono applicati

C Se uno studente non si applica, verrà bocciato

D Se uno studente è stato promosso è possibile che si sia applicato

E Essere promossi è difficile

307 **Dovendo numerare le case di una via dal numero 1 al numero 100, quanti numeri nove occorrono?**

A 9 B 19 C 37 D 20 E 23

308 **"Tommaso sa usare il computer; tutte le persone curiose sanno usare il computer; tutte le persone curiose non sono discrete". Se le precedenti affermazioni sono vere, quale delle seguenti è necessariamente vera?**

A Nessuna persona curiosa sa usare il computer ed essere discreta

B Tommaso è curioso

C Tommaso non è una persona discreta

D Chi sa usare il computer non è una persona discreta

E Chi non è discreto sa usare il computer

309 **Marco: "Giorgio suona il sassofono meglio di tutti, è lui il campione del nostro gruppo".**

Giorgio: "Alessandro suona il sassofono meglio di tutti, è lui il campione del nostro gruppo".

Alessandro: "Io non suono il sassofono meglio di tutti, non sono io il campione del gruppo".

Matteo: "Io non suono il sassofono meglio di tutti, non sono io il campione del gruppo".

SE solo UNA di queste affermazioni è VERA, chi è il campione nel suonare il sassofono?

A Marco

B Giorgio

C Alessandro

D Matteo

E Non è possibile stabilirlo

310 **Due giocatori a turno depongono una tessera su una tabella di 8 caselle:**

1	2	3	4	5	6	7	8

Ogni tessera deve occupare esattamente due intere caselle. Perde la partita quel giocatore che non trova due caselle consecutive ove sistemare la propria tessera. Allora:

A qualsiasi mossa effettui il primo giocatore il secondo può garantirsi la vittoria

B qualsiasi mossa permette sempre al primo giocatore di garantirsi la vittoria

C il primo giocatore per garantirsi la vittoria può depositare la sua prima tessera nelle caselle centrali, cioè quelle di posto 4 e 5

D il primo giocatore per garantirsi la vittoria può depositare la sua prima tessera nelle estremità

E esiste una sola mossa che permette al primo giocatore di garantirsi sempre la vittoria

311 Due amici si rivedono dopo molti anni. Il primo dice al secondo: "Quanti figli hai adesso?". E l'altro risponde: "Ho una figlia femmina, che ha tanti fratelli quante sorelle. Ognuno dei suoi fratelli ha un numero di sorelle doppio rispetto al numero dei fratelli che ha". Quanti figli maschi e quante femmine ha quest'uomo

A 1 maschio e due femmine
B Due maschi e due femmine
C Non ha figli maschi
D Tre maschi e quattro femmine
E Una femmina e due maschi

312 Individuare l'alternativa che completa logicamente la seguente frase: "Tra l'XI ed il XIII secolo Milano divenne libero comune, ... poi da Federico Barbarossa che voleva ristabilire l'Impero. Nel XIV secolo la .... dei Visconti si aggiudicò il .... su Milano, che successivamente passò agli Sforza".

A soggiogato; dominazione; popolo
B assoggettato; signoria; dominio
C liberato; giurisdizione; possedimento
D assediato; supremazia; territorio
E affrancato; circoscrizione; distretto

313 A un ricevimento partecipano 100 persone.
Fra di esse almeno una è donna. Se prendo a caso due persone, tra di esse vi sarà sempre almeno un uomo.
Quanti sono gli uomini?

A 50
B 77
C 90
D 88
E 99

314 Negare che "la montagna è bella solo per sciare" equivale a dire che:

A molte persone in montagna amano fare passeggiate
B non è vero che si può sciare solo in montagna
C la montagna può essere bella anche per chi non scia
D la montagna è bella soprattutto d'estate
E il turismo in montagna è sviluppato soprattutto d'estate

315 "Tutti i professori sono colti; Maurizio è colto; tutti i professori sono affascinanti".

In base alle precedenti affermazioni, quale delle seguenti è necessariamente vera?

A Tutte le persone affascinanti sono colte
B Nessun professore è colto e privo di fascino
C Maurizio è affascinante
D Tutte le persone colte sono affascinanti
E Maurizio è un professore

316 "Recenti ricerche di laboratorio condotte in Italia hanno mostrato che le cellule tumorali sono rivestite da una proteina che impedisce al sistema immunitario di attaccarle. Occorre dunque studiare un farmaco che consenta di eliminare tale proteina". Quale delle seguenti affermazioni indebolisce la precedente argomentazione?

A Le cellule tumorali sono in grado di svilupparsi a un ritmo molto elevato
B Le persone colpite da tumore hanno un sistema immunitario più forte di quello delle persone sane
C Le proteine che rivestono le cellule tumorali sono essenziali per una corretta funzionalità epatica
D I tumori sono più diffusi nei giovani rispetto agli anziani
E È necessario incentivare la ricerca farmaceutica in Italia

317 Alcuni studenti della classe sono alti, tutti gli studenti alti sono biondi. Quindi:

A tutti gli studenti della classe sono biondi
B chi non è biondo non fa parte di questa classe
C solo se sei alto e biondo puoi far parte di questa classe
D alcuni studenti della classe sono biondi
E nessuno studente della classe è biondo

318 "I grandi magazzini generalmente sono costituiti da un numero di piani che va da 2 a 8. Se un magazzino ha più di tre piani ha l'ascensore per tutti i piani". Se le precedenti affermazioni sono vere, quali delle seguenti deve ugualmente essere vera?

A Solo i piani al di sopra del terzo sono serviti da ascensori

B Nei magazzini a due piani non ci sono ascensori

C Per andare al settimo piano si può sempre prendere un ascensore

D Per andare al terzo piano si può sempre usare l'ascensore

E Per andare al secondo piano non si può usare l'ascensore

319 "È assurdo non ritenere che è sbagliato non perdonare chi si è pentito di un errore". Il significato della frase precedente è che:

A è corretto che colui che perdona si penta

B non è giusto che chi si pente di un errore venga perdonato

C chi si pente di un errore commesso fa una cosa imperdonabile

D è giusto che sia perdonato chi si pente di un errore commesso

E è sbagliato perdonare chi ha commesso un errore

320 Non è impossibile che nell'universo non vi siano altre specie intelligenti oltre quella umana.

Quale è il corretto significato della precedente affermazione?

A Di certo l'unica specie intelligente nell'universo è quella umana

B La specie umana potrebbe essere l'unica intelligente nell'universo

C È impossibile che la specie umana sia l'unica intelligente nell'universo

D Nell'universo ci sono di sicuro altre specie intelligenti oltre quella umana

E È probabile che nell'universo vi siano specie più intelligenti di quella umana

321 Consideriamo i seguenti dati:

- Alessandra è una ragazza italiana che vive a New York;

- Mauro vive a Milano;

- il miglior amico di Alessandra attualmente vive a Milano;

- tutti quelli che vivono a New York conoscono bene la lingua inglese.

Consideriamo ora le seguenti affermazioni:

1. Mauro e Alessandra sono amici;

2. Alessandra non conosce bene la lingua inglese;

3. non si sa se Mauro conosca o meno la lingua inglese;

4. il miglior amico di Alessandra è italiano.

Sulla base dei dati esposti, quale delle precedenti affermazioni è sicuramente vera?

A Sia la n.1 che la n. 3

B Soltanto la n. 1

C Soltanto la n. 2

D Sia la n. 3 che la n. 4

E Soltanto la n. 3

322 "Se Luca arriva in ritardo, non mangia la torta" significa che:

A se Luca non mangia la torta, è arrivato puntuale

B se Luca mangia la torta, è arrivato in ritardo

C se Luca arriva in ritardo, mangia la minestra

D se Luca arriva in ritardo, mangia la torta

E se Luca mangia la torta, non è arrivato in ritardo

323 Se è falso che "tutti i figli di Fabio giocano sia a calcio che a tennis", allora si può dedurre con certezza che:

A almeno un figlio di Fabio non gioca a calcio o tennis

B solo un figlio di Fabio non gioca a tennis

C almeno un figlio di Fabio non gioca a calcio

D nessun figlio di Fabio gioca a calcio o tennis

E almeno un figlio di Fabio non gioca né a calcio né a tennis

324 **"In base alle statistiche dell'ospedale, i medici hanno appurato che non è falsa la tesi secondo cui quella malattia non è mortale".**
Basandosi sulla precedente affermazione, quale delle seguenti alternative è vera?

A I dati delle statistiche dell'ospedale sono poco significativi
B I medici non hanno potuto appurare il livello di mortalità di quella malattia
C Quella malattia non è mortale, in base alle statistiche dell'ospedale
D I medici non possono affermare la falsità della tesi secondo la quale quella malattia è mortale
E Quella malattia è mortale, in base alle statistiche dell'ospedale

325 **La frase "alcuni giornalisti sono bene informati" è logicamente equivalente a:**

A non tutti i giornalisti sono male informati
B alcuni giornalisti dovrebbero informarsi meglio
C non bisognerebbe mai fidarsi dei giornalisti
D chi è bene informato è giornalista
E i giornalisti bene informati sono pochi

326 **Giovanna è più vecchia di Carla, Carla è più vecchia di Silvia, Silvia è più giovane di Giovanna e di Roberta, Roberta è più vecchia di Carla e più giovane di Giovanna. Qual è l'ordine dalla più giovane alla più vecchia?**

A Carla, Silvia, Roberta, Giovanna
B Silvia, Roberta, Giovanna, Carla
C Roberta, Carla, Silvia, Giovanna
D Carla, Giovanna, Roberta, Silvia
E Silvia, Carla, Roberta, Giovanna

327 **Premesso che:**

- **Tutti i filosofi sono portati per la logica;**
- **La logica aiuta nel gioco del bridge;**
- **Paolo ama giocare a bridge;**
- **Chi ama giocare a bridge ha un debole per la letteratura;**

quale delle seguenti affermazioni è sicuramente vera?

A Paolo è un profondo pensatore e ha un debole per la letteratura
B Tutti i filosofi amano giocare a bridge
C Chi è portato per la logica non può non amare il bridge
D Paolo ha tutti i requisiti per essere un buon giocatore di bridge
E Non si può negare che Paolo abbia un debole per la letteratura

328 **Se è vero che «le bugie hanno le gambe corte», allora è necessariamente vera anche una delle affermazioni seguenti. Quale?**

A Tutte le verità hanno le gambe lunghe
B Alcune bugie hanno le gambe lunghe
C Esiste almeno una bugia che ha le gambe lunghe
D Non esistono bugie dalle gambe lunghe
E Anche le verità hanno le gambe corte

329 **Anna, convinta dell'imbattibilità della sua squadra del cuore, i Giulivi, a settembre conclude con Bruno il seguente accordo: alla fine del campionato ti darò 4 Euro per ogni partita che i Giulivi avranno perso e tu me ne darai 2 per ogni partita che avranno vinto. Poiché al termine del campionato i Giulivi hanno giocate 30 partite senza mai pareggiare e Bruno deve dei soldi ad Anna, se ne deduce che, necessariamente:**

A Anna deve ricevere al più 10 Euro da Bruno
B Bruno deve ad Anna almeno 6 Euro
C i Giulivi hanno perso al più 5 partite
D i Giulivi hanno vinto meno di 20 volte
E i Giulivi hanno perso tra 10 e 15 volte

330 Siete stati derubati del vostro telefonino. La polizia cattura cinque sospetti, ma solo uno di loro nasconde il telefonino. Vengono tutti interrogati al commissariato. Alcuni mentono altri dicono il vero. Il primo sospetto risponde: "Il telefonino l'ha preso il secondo sospetto". Il secondo sospetto dice: "Il telefonino non l'ha preso il terzo sospetto". Questi dice: "Il telefonino l'ha preso il quinto sospetto". Il quarto sospetto, perquisito dalla polizia, non ha il telefonino ma dice: "Il telefonino l'ha preso il terzo sospetto". Il quinto sospetto dice: "Perquisitemi pure, non ho il telefonino, ma hanno ragione sia il primo che il secondo sospetto". Secondo voi quale dei sospetto ha preso il telefonino?

A Il primo
B Il secondo
C Nessuno dei cinque
D Il quarto
E Il quinto

Leggere il seguente problema e rispondere alle relative domande.

La compagnia area *Serviceair* sta per acquisire la compagnia area *Mediair* che opera a livello locale. Si decide che gli accordi tra le due compagnie aeree siano stabiliti sulla base di una serie di documenti di intesa redatti da specifiche commissioni, ciascuna formata da due dirigenti della *Serviceair* e da uno della *Mediair*.

La *Serviceair* è rappresentata da:

- A, responsabile del personale;
- B, responsabile dell'amministrazione;
- C, responsabile del marketing.

La *Mediair* è rappresentata da:

- D, responsabile dell'amministrazione;
- E, responsabile della finanza;
- F e G, responsabili del personale.

Ogni commissione, infine, non può essere formata da più di un dirigente responsabile delle stesse funzioni aziendali sopra indicate.

331 Quale delle seguenti affermazioni è necessariamente vera?
I)Se A fa parte di una commissione deve farne parte anche G.
II)Se A non fa parte di una commissione non deve farne parte neanche D.
III)Se A non fa parte di una commissione deve farne parte C.

A Solo I)
B Solo II)
C Solo III)
D I) e II)
E II) e III)

332 Quale delle seguenti commissioni rispetta i vincoli sopra esposti?

A B, C e E
B B, C e D
C A, B e C
D A, F e E
E A, B e D

333 Quale delle seguenti rappresenta una coppia di dirigenti che può formare una commissione con G?

A B e D
B B e C
C B e F
D A e B
E D e E

334 Se C non fa parte di una commissione, chi deve necessariamente farne parte?

A D
B E
C F
D G
E nessuna delle altre alternative è corretta

335 Quale delle seguenti proposizioni è necessariamente vera?
I)E e F fanno sempre parte della stessa commissione.
II)D e F non possono fare parte della stessa commissione.
III)Quando D fa parte di una commissione, anche C ne deve far parte.

A Solo I)
B Solo II)
C Solo III)
D I) e II)
E II) e III)

336 **Se è vero che «il buon giorno si vede dal mattino», allora è necessariamente vera anche una delle affermazioni seguenti. Quale?**

A La sera è facile dare giudizi sulla giornata, in quanto già trascorsa
B La luce del mattino è più potente di quella della sera
C Già al mattino si capisce se sarà una buona giornata
D Le valutazioni, fatte al mattino, sulla giornata che sta nascendo possono essere completamente contraddette a fine giornata
E Anche la sera prima si può capire se il giorno seguente sarà un buon giorno

337 **Se l'affermazione "Nessun cittadino italiano paga tutte le tasse" è falsa, quale delle seguenti è necessariamente vera?**

A Diversi cittadini italiani pagano tutte le tasse
B Molti cittadini italiani pagano solo alcune tasse
C Alcune tasse vengono pagate da gran parte degli italiani
D Almeno un cittadino italiano paga tutte le tasse
E Molte tasse sono evase da quasi tutti gli italiani

Leggere il seguente problema e rispondere alle relative domande.

L'*Overlooking Hotel* è costituto da due ali: l'ala nord e l'ala sud; alcune camere, ma non tutte, dell'ala nord hanno la vista sul labirinto di siepe del giardino dell'hotel. Tutte le camere dell'ala sud hanno la vista sui monti. Nessuna camera dell'hotel ha sia la vista sui monti, sia la vista sul labirinto di siepe del giardino. La tariffa base è uguale per tutte le camere con le seguenti eccezioni:

- la tariffa è maggiorata per le camere con vista sui monti dal terzo piano compreso fino all'ultimo;
- la tariffa è maggiorata per le camere con vista sul labirinto di siepe del giardino tranne per quelle senza bagno;
- la tariffa è maggiorata per alcune camere con vista sui monti ai primi due piani e per alcune camere dell'ala nord senza vista sul labirinto di siepe del giardino ma fornite di televisione;
- tutte le camere con il bagno hanno vista: alcune sul labirinto di siepe del giardino e le altre sui monti.

338 **È possibile pagare la tariffa base chiedendo una stanza:**

A a nord con vista sul labirinto di siepe del giardino e con bagno
B a nord con la televisione
C a sud al primo o secondo piano senza televisione
D a sud al terzo piano

339 **Quale delle seguenti affermazioni è vera in base al testo dell'esercizio?**

A Tutte le camere al terzo piano hanno una tariffa maggiorata
B Nessuna camera senza televisione ha una tariffa maggiorata
C Alcune camere con vista sui monti non hanno una tariffa maggiorata
D Non è prevista una tariffa maggiorata per le camere a nord senza vista sul labirinto di siepe del giardino e con televisione
E Non è prevista una tariffa maggiorata per le camere a sud con televisione al primo piano

340 **Quale delle seguenti affermazioni è falsa in base al testo dell'esercizio?**

A Non tutte le camere con vista sul labirinto di siepe del giardino hanno una tariffa maggiorata
B Non tutte le camere con vista sui monti hanno una tariffa maggiorata
C Tutte le camere con televisione hanno una tariffa maggiorata
D Tutte le camere con bagno sono a sud

341 **Quale delle seguenti informazioni non può essere logicamente dedotta dal testo dell'esercizio?**
I)Tutte le camere con il bagno hanno la tariffa maggiorata.
II)Tutte le camere che non hanno vista sui monti né sul labirinto di siepe del giardino e non hanno la televisione non hanno una tariffa maggiorata.

A Solo la I)
B Solo la II)
C Sia la I) sia la II)
D Né la I) né la II)

342 Se rispetto alla tariffa base è prevista una maggiorazione per tutte le camere con il bagno, una per tutte le camere con la televisione e un'altra per tutte le camere dal terzo piano compreso fino all'ultimo, è possibile che vi sia una camera che paga tutte e tre queste maggiorazioni?

A Sì, e la camera si trova nell'ala sud

B Sì, ed è possibile che la camera si trovi sia nell'ala sud che nell'ala nord

C Sì, e la camera si trova nell'ala nord

D No

343 Rita dice a Silvia: "Se mi dai una penna, ne avrò il doppio delle tue". Silvia risponde: "Se me ne dai una tu, ne avremo lo stesso numero". Quante penne hanno rispettivamente Rita e Silvia?

A 3 e 2

B 9 e 7

C 7 e 5

D 6 e 4

E 6 e 6

344 "Chi non frequenta tutte le lezioni viene bocciato all'esame". In base alla precedente affermazione, è necessariamente vero che:

A condizione necessaria per essere bocciato all'esame è quella di non frequentare tutte le lezioni

B chi non viene bocciato all'esame ha frequentato tutte le lezioni

C non è possibile che anche chi frequenta tutte le lezioni possa essere bocciato

D chi viene bocciato all'esame non ha frequentato tutte le lezioni

E chi frequenta tutte le lezioni verrà promosso

345 In un romanzo il nipote "con la sua ritrosa ironia" dice allo zio: "Tu, zione, corteggi la morte". Se ne deduce correttamente che:

A lo zio desidera morire

B il nipote desidera la morte dello zio

C lo zio teme che il nipote voglia la sua eredità

D il nipote proietta sullo zio un suo desiderio inconscio

E il nipote parla della morte come di una donna sgradevole

346 Thomas Malthus scrisse nel *Saggio sui principi della popolazione* che la crescita di popolazioni di piante o animali, ivi compreso l'uomo, segue una progressione geometrica, mentre la capacità di aumentare le fonti di cibo segue una progressione aritmetica.

Quale delle seguenti risposte è logicamente collegata all'affermazione di Malthus?

A Le popolazioni si espandono occupando spazi appartenenti ad altre popolazioni confinanti più deboli

B Non esiste conflitto tra progressione aritmetica e progressione geometrica

C Le fonti di cibo limitano automaticamente l'espandersi di una popolazione

D Una popolazione in espansione si appropria delle fonti di cibo di altre popolazioni

E Una popolazione in espansione scatena l'aggressività delle popolazioni confinanti

347 «Più si guadagna, più si risparmia. Più si risparmia, più aumenta il conto in banca».

Se ne deduce che:

A chi non guadagna più di quanto spende non può risparmiare

B chi ha un alto conto in banca ha risparmiato molto

C più si spende meno si risparmia

D a un aumento del guadagno corrisponde un aumento del conto in banca

E non si può guadagnare senza risparmiare

348 «Chi dorme è riposato e tranquillo. Lavorare bene caratterizza tutte le persone che sono tranquille, mentre essere sereni è caratteristica di tutti coloro che sono riposati».
Se le precedenti affermazioni sono vere, quale delle seguenti non è deducibile con certezza?

A Chi dorme lavora bene
B Chi dorme è sereno
C Chi è sereno lavora bene
D Non tutte le persone serene sono necessariamente riposate
E Non tutte le persone che lavorano bene sono necessariamente tranquille

349 Se un esperto ellenista dichiara che non è vero che tutti gli abitanti di Atene possedevano scudo e spada, cosa si può dedurre dalla sua osservazione?

A C'è qualche abitante di Atene che non ha lo scudo oppure non ha la spada
B Gli abitanti di Atene non hanno né scudo né spada
C Gli abitanti di Atene se hanno lo scudo non hanno la spada
D Tutti gli abitanti di Atene hanno lo scudo ma non hanno la spada
E Una persona che abbia sia lo scudo che la spada non è di Atene

350 Una classe di bambini si dispone a cerchio. Il 5° bambino si trova esattamente di fronte al 16°. Quanti sono i bambini della classe?

A 20 B 21 C 22 D 23 E 24

351 "Se Luca è nato nel 1987, allora è maggiorenne". Da quale delle seguenti affermazioni può essere logicamente dedotta l'argomentazione precedente?

A Tutti coloro che non si chiamano Luca sono maggiorenni
B Tutti coloro che sono nati nel 1987 sono maggiorenni
C Tutti i maggiorenni sono nati nel 1987
D Tutti gli italiani sono maggiorenni
E È in corso l'anno 2004

352 Si è concluso, a giugno 1990, l'anno di presidenza italiana del programma europeo EUREKA, e i dati per giudicarlo sembrano esserci tutti. Sono stati approvati infatti 91 nuovi progetti, che vanno ad aggiungersi ai 297 già in corso al termine del primo quinquennio di questa esperienza europea nel campo della ricerca di tecnologie competitive. Il volume complessivo di affari per i 19 paesi aderenti supera i 7700 milioni di ECU, pari a oltre 11.500 miliardi di lire, con il coinvolgimento di circa 2000 partecipanti. Dei 91 progetti approvati, 37 sono orientati a problematiche ambientali, 23 sono a direzione italiana, altri 17 vedono l'Italia partecipe: l'impegno finanziario complessivo del nostro paese è di circa 300 milioni di ECU.
Qual è, in lire, l'impegno finanziario dell'Italia?

A 450 milioni
B 4500 milioni
C 45 miliardi
D 450 miliardi
E 4500 miliardi

353 In tre diverse occasioni, Clementina fa le seguenti affermazioni riguardanti i suoi tre amici Quirino, Rocco e Silvio:

- **Silvio è più intelligente di Rocco, che è più ricco di Quirino;**
- **Silvio è più ricco di Rocco, che è più intelligente di Quirino;**
- **Quirino è più stupido di Silvio.**

In base alle affermazioni di Clementina, ne deduciamo che:

A Quirino è il meno intelligente dei tre
B Rocco è il più intelligente dei tre
C Silvio è il più intelligente dei tre, ma non il più ricco
D Silvio è il più ricco dei tre, ma non il più intelligente
E Rocco è più intelligente ma meno ricco di Silvio

354 Non esiste alcun elemento probatorio che consenta di eliminare la possibilità che l'imputato sia estraneo al fatto.

Dalla precedente affermazione si deduce che:

A è possibile che l'imputato sia estraneo al fatto
B è impossibile che l'imputato sia estraneo al fatto
C l'imputato è estraneo al fatto
D l'imputato non è estraneo al fatto
E nessuna delle precedenti

355 La polizia italiana ha arrestato un cittadino rumeno perché coinvolto in un traffico di stupefacenti. Da quanto esposto, una sola delle seguenti deduzioni è indiscutibile, quale?

A Il cittadino rumeno era drogato
B Molti rumeni commettono reati in Italia
C La persona arrestata aveva dei complici
D Il traffico di droga serviva al cittadino rumeno per sopravvivere
E Dopo l'arresto, il cittadino rumeno si è pentito del reato commesso

356 Completare la seguente sequenza di numeri:

21, 12, ?, 36, 21, 12, 48, ?

A 12, 36
B 48, 36
C 36, 21
D 21, 48
E 48, 12

357 Se sono corrette le seguenti affermazioni: tutti gli scrittori sono lettori; tutti i poeti sono lettori; tutti i poeti amano la natura" quale delle seguenti ulteriori affermazioni potrebbe far concludere che tutti gli scrittori amano la natura?

A Tutti gli scrittori amano la poesia
B Molti italiani amano scrivere ma non amano leggere
C Alcuni lettori amano la natura
D Coloro che amano la natura sono scrittori
E Tutti gli scrittori sono anche poeti

358 Quale delle seguenti proposizioni equivale a dire che "condizione sufficiente affinché la proposizione A sia vera è che sia vera la proposizione B"?

A Se B è vera allora A è vera
B Se A è vera allora B è vera
C Se B è falsa allora A è vera
D Solo se B è vera allora A è vera
E A è vera se B è falsa

359 Degli addetti di un supermercato si sa che: "almeno una cassiera non è nubile", che "tutti le macellaie sono nubili" e che è falso che "almeno una cassiera non è maggiorenne".

Si può quindi dedurre che in quel supermercato:

A almeno una nubile non è maggiorenne
B almeno una maggiorenne è coniugata
C tutte le nubili sono macellaie
D nessuna maggiorenne non è coniugata
E almeno una maggiorenne non è coniugata

360 Giulia è più grassa di Simona, Simona è più grassa di Viviana, Viviana è più magra di Giulia e di Alessandra, Alessandra è più grassa di Simona e più magra di Giulia. Qual è l'ordine dalla più magra alla più grassa?

A Simona, Viviana, Alessandra, Giulia
B Giulia, Simona, Alessandra, Viviana
C Giulia, Alessandra, Simona, Viviana
D Alessandra, Giulia, Viviana, Simona
E Viviana, Simona, Alessandra, Giulia

361 Eleonora compie gli anni in estate. Tutti coloro che compiono gli anni in inverno amano lo sci. Chi ama lo sci non ama il tennis.

Se le precedenti affermazioni sono vere, quale delle seguenti affermazioni è certamente vera?

A Eleonora ama il tennis o lo sci, ma non entrambi
B Eleonora ama il tennis
C Eleonora non ama lo sci
D È impossibile che Eleonora ami il tennis
E È possibile che Eleonora ami lo sci

362 Se si da per scontato che i fantasmi non esistono, la proposizione "Qualche fantasma è terrificante":

A è vera
B è falsa
C talvolta è vera e talvolta no
D può essere falsa
E nessuna delle precedenti

363 "Quando prende il treno, Carlo arriva sempre in ritardo a destinazione". Quale delle seguenti affermazioni può essere dedotta dalla frase precedente?

A Carlo è arrivato in ritardo, quindi ha preso il treno
B Carlo è arrivato in orario, quindi ha preso il treno
C Carlo non ha preso il treno, quindi è arrivato in ritardo
D Carlo è arrivato in orario, quindi non ha preso il treno
E Carlo non ha preso il treno, quindi è arrivato in orario

364 "È sbagliato negare che è falso che il quadro non è stato dipinto da Cimabue". Basandosi sulla precedente affermazione, individuare quale delle seguenti alternative è esatta.

A Il quadro non è stato dipinto da Cimabue
B Il quadro è stato dipinto da un pittore sconosciuto
C Il quadro è stato dipinto da Cimabue
D Non si può riconoscere quale pittore ha dipinto il quadro
E Nessuna delle precedenti alternative è corretta

365 Una coppia vuole avere due figli dello stesso sesso: quanti figli deve avere per essere sicura che almeno due siano dello stesso sesso?

A 2
B 3
C 4
D Non si può stabilire
E Più di 4

366 Andrea possiede un mazzo di carte: su ogni carta sono segnati due numeri, uno su ogni faccia. Nel suo mazzo, dietro ogni numero pari c'è un multiplo di 3. Ne consegue che, nel mazzo di carte di Andrea:

A una carta può contenere 3 su un lato e 5 sull'altro
B nessuna carta può avere su un lato un numero doppio di quello che c'è sul lato opposto
C se su un lato c'è 15, sull'altro lato non ci può essere 7
D nessuna carta può avere lo stesso numero su entrambi i lati
E ci può essere una carta che contiene 11 su un lato e 18 sull'altro

367 Solo chi si impegna può raggiungere il livello di Maestro.

Se la precedente affermazione è vera quale delle seguenti affermazioni NON può essere vera?

A Orietta, malgrado si sia impegnata moltissimo, non ha raggiunto il livello di Maestra
B Alberto ha raggiunto il livello di Maestro e ciò significa che si è impegnato
C Gianni è stato raccomandato ed ha raggiunto il livello di Maestro senza impegnarsi
D Lampredo non si è mai impegnato e infatti non ha raggiunto il grado di Maestro
E Adalgisa e Tina si sono impegnate: ciononostante solo Tina ha raggiunto il livello di Maestra

368 "Tutti coloro che amano la natura sono felici; Matteo ama la natura; chi è felice non si arrabbia mai". Se le precedenti informazioni sono corrette, quale delle seguenti affermazioni NON rappresenta una conclusione corretta?

A Chi è felice ama la natura
B Matteo non si arrabbia mai
C Matteo è felice
D Chi ama la natura non si arrabbia mai
E Chi si arrabbia non è felice

 © Alpha Test

369 Carlo, Dario, Paolo e Ugo sono quattro atleti che partecipano a una gara di velocità su pista. Se:

- **Paolo arriva prima di Carlo;**
- **Carlo arriva prima di Dario;**
- **Ugo arriva prima di Carlo;**
- **la corsa non è stata vinta da Ugo;**

quale, tra le seguenti affermazioni, NON è corretta?

A Paolo è il vincitore della corsa
B Ugo non è arrivato per ultimo
C Ugo è arrivato dopo Dario
D Ugo è arrivato prima di Dario
E L'ordine di arrivo non è alfabetico

370 Si consideri come non vera la seguente affermazione: "nessuna auto ha tre sole ruote". Da ciò segue logicamente che:

A esiste un'auto senza ruote
B tutte le auto hanno tre ruote
C esiste un'auto con due ruote sgonfie su tre
D esiste almeno un'auto con tre sole ruote
E esistono diversi modelli di auto

371 "Tutti i medici lavorano in ospedale. Cesare lavora in ospedale". In base alle precedenti informazioni, quale delle seguenti affermazioni è necessariamente vera?

A Tutti i medici sono bravi
B Cesare è medico
C Non è possibile concludere che Cesare sia un medico
D Cesare non è un medico
E Tutti coloro che lavorano in ospedale sono medici

372 Se è vero che «una rondine non fa primavera», allora è necessariamente vera anche una delle affermazioni seguenti. Quale?

A Due rondini fanno primavera
B Non si può dire che sia arrivata la primavera se prima non si è vista una rondine
C Se vedo una rondine, è certamente primavera
D Se vedo uno stormo di rondini, è certamente primavera
E Non basta una rondine per poter dire che è arrivata la primavera

373 «L'autopsia eseguita non ha permesso di eliminare la possibilità che la morte del paziente non fosse dovuta all'infezione postoperatoria». La precedente affermazione è logicamente equivalente a:

A il paziente è sicuramente morto a causa dell'infezione postoperatoria
B il paziente non può in alcun caso essere morto a causa dell'infezione postoperatoria
C è escluso che il paziente sia morto a causa dell'infezione postoperatoria
D l'infezione postoperatoria è l'unica causa di morte dei pazienti operati
E è possibile che il paziente non sia morto a causa dell'infezione postoperatoria

374 Se:

- **Giovanna ama i quadri di Kandinskij;**
- **Kandinskij è un pittore astrattista;**
- **a chi ama Kandinskij non piacciono tutti i quadri di Picasso;**

quale delle seguenti affermazioni è sicuramente VERA?

A Giovanna ama tutti i pittori astrattisti
B Giovanna apprezza solo alcune opere di Picasso
C Giovanna va a vedere tutte le mostre di pittura che si tengono nella sua città
D Tutti coloro che amano Kandiskij amano anche Picasso
E Chi ama Picasso non va a vedere mostre di quadri di Kandiskij

375 La disoccupazione è cresciuta del 3,5% nel corso dell'anno passato. L'affermazione sopra riportata rappresenta:

A un'informazione previsiva
B un'informazione attuale
C un'argomentazione di tipo induttivo
D un'argomentazione di tipo deduttivo
E un'informazione consuntiva

376 Se qualche X è Y e nessun Y è Z allora:

A tutti gli Z sono X
B qualche Z è X
C qualche Z non è X
D nessun Z è X
E tutti gli X sono Z

377 Sono qui elencate alcune DEFINIZIONI contrassegnate con numeri progressivi:
1- entusiasmo acritico per la scienza come depositaria della verità 2- passione volta ad esaltare ciò in cui fermamente si crede 3- situazione in cui si prospettano spiegazioni e ipotesi da verificare 4- riflessione sistematica sulla natura della scienza 5- credito riconosciuto nel campo della conoscenza certa 6- capacità di derivare i giudizi da premesse accertate 7- modello di procedimento logico condotto su elementi di per sé non probanti 8- convinzione incrollabile che sui dati di fatto, e solo su di essi, si fonda la conoscenza
Sono qui elencate alcune ESPRESSIONI contrassegnate ciascuna con una lettera dell'alfabeto:
a) infatuazione scientista b) filosofia della scienza c) arte della deduzione d) rozzezza positivista e) fervore apologeta f) momento congetturale g) paradigma indiziario h) prestigio epistemologico
Scegliete la serie in cui A OGNI ESPRESSIONE (lettera minuscola) corrisponde LA DEFINIZIONE (numero) adeguata:

A a+1 b+6 c+ 2 d+8 e+7 f+3 g+4 h+5
B a+3 b+2 c+6 d+4 e+1 f+8 g+7 h+5
C a+5 b+3 c+6 d+8 e+2 f+4 g+7 h+1
D a+1 b+4 c+6 d+8 e+2 f+3 g+7 h+5
E a+8 b+3 c+6 d+1 e+2 f+ 5 g+7 h+4

378 Mediamente il 60% del peso dell'uomo è costituito da acqua. Nel corso della vita questa percentuale varia e tende a ridursi dalla nascita alla vecchiaia. Si supponga che una sostanza, ad esempio un farmaco, sia capace di diffondersi liberamente in tutta l'acqua corporea. Per ottenerne un'identica concentrazione in un bambino, in un adulto e in un anziano, se ne dovrà somministrare una quantità, relativamente al peso corporeo:

A maggiore nell'anziano che nel bambino
B maggiore nell'adulto che nel bambino
C minore nell'adulto che nell'anziano
D maggiore nel bambino che nell'adulto
E identica nei tre soggetti

379 Uno tra Guido, Enrica e Pietro è una spia. Interrogati dalla polizia rilasciano rispettivamente le seguenti dichiarazioni: «Non sono io»; «La spia è Pietro»; «La spia è Guido». Se due di essi mentono e uno solo dice il vero, cosa si può dedurre con certezza?

A Enrica è la spia
B Guido è la spia
C Pietro non è la spia
D Enrica non è la spia
E Guido non è la spia

380 Quando esce di casa, la signora Pazzerelli porta con sé l'ombrello se splende il sole e gli occhiali da sole se nevica. Si può dedurre allora che:

A se la signora Pazzerelli non porta con sé gli occhiali da sole, non nevica
B se la signora Pazzerelli non porta con sé l'ombrello uscendo di casa, nevica
C se la signora Pazzerelli porta con sé l'ombrello uscendo di casa, allora splende il sole
D se non splende il sole, la signora Pazzerelli non porta con sé l'ombrello uscendo di casa
E se non splende il sole e non nevica, la signora Pazzerelli porta con sé ombrello ed occhiali da sole

381 Qual è il significato esatto della frase «È stata respinta la prova della negazione della certezza che il signor Rossi non si astiene dal manifestare avversione per il signor Bianchi».

A Il signor Bianchi non ama il signor Rossi
B Il signor Rossi nasconde la sua inimicizia per il signor Bianchi
C Il signor Rossi dimostra palese amicizia per il signor Bianchi
D Il signor Rossi è nemico del signor Bianchi
E Non ha senso

 © Alpha Test

382 **L'avvento del digitale ha cambiato molti aspetti e dinamiche all'interno del mondo della fotografia. Nonostante alcuni critichino questa rivoluzione e ne mettano in evidenza i limiti, è innegabile che molte più persone si sono improvvisamente affacciate a un universo prima di allora piuttosto elitario. Si assiste così a un numero sempre maggiore di fotografi amatoriali che acquistano attrezzature costose, questo perché è ormai assodato che si possono fare belle foto solo utilizzando apparecchiature costose.**

Quale delle seguenti affermazioni, se considerata vera, rafforza quanto sostenuto dal brano precedente?

- A Se non si è capaci di utilizzarle, anche con apparecchiature costose le foto possono essere di bassa qualità
- B Con l'avvento del digitale si possono fare molte più foto di prima ma la qualità media si è abbassata
- C La vera differenza, nel campo della fotografia digitale, la fanno la postproduzione e il fotoritocco
- D I fotografi professionisti, per i quali fare belle foto è fondamentale, utilizzano apparecchiature costose
- E Il digitale non ha rivoluzionato solo la fotografia, ma anche la fruizione della musica

383 **"Ogni uomo è un mammifero – qualche animale è un uomo – dunque ... è un mammifero".**
Si individui, tra i seguenti, il CORRETTO completamento del sillogismo:

- A qualche uomo
- B ogni uomo
- C ogni animale
- D qualche animale
- E ogni mammifero

384 **Andrea ha quattro volte le biglie di Sandro più una; Piero ha il doppio delle biglie di Sandro più dieci; Sandro ha dieci biglie in meno di Andrea. Chi ha più biglie?**

- A Sandro
- B Andrea
- C Piero
- D Hanno tutti lo stesso numero di biglie
- E Non è possibile rispondere

385 **Se sono vere le seguenti affermazioni: "gli Italiani amano il calcio / il calcio è uno sport / chi ama il calcio adora il mare", l'unica deduzione plausibile è che:**

- A gli italiani amano tutti gli sport
- B chi va al mare ama il calcio
- C chi ama il basket detesta il mare
- D i calciatori vanno raramente al mare
- E gli italiani amano il mare

386 **Tre amici vanno a lezione di Logica dallo stesso insegnante. Non potendosi permettere lezioni individuali, essi prendono lezioni di gruppo da un'ora ciascuna, con due soli allievi per volta. Qual è il numero minimo di lezioni da predisporre, se ognuno dei tre amici vuole partecipare ad almeno due lezioni da un'ora ciascuna?**

- A Tre
- B Due
- C Quattro
- D Cinque
- E Sei

387 **A quale delle seguenti affermazioni equivale la frase: "Non tutti i miopi portano gli occhiali"?**

- A Nessun miope porta gli occhiali
- B Tutti i miopi portano gli occhiali
- C Non vi è un miope che non porti gli occhiali
- D Tutti i miopi evitano di portare gli occhiali
- E C'è almeno un miope che non porta gli occhiali

388 "Andrea ascolta musica classica; tutte le persone sensibili ascoltano musica classica; tutte le persone sensibili leggono molto". Se le precedenti affermazioni sono vere, quale delle seguenti è necessariamente vera?

- A Andrea è una persona sensibile
- B Andrea legge molto
- C Non è detto che chi legge molto ascolti la musica classica
- D Chi ascolta la musica classica legge molto
- E Chi legge molto e ascolta musica classica è una persona sensibile

389 Solo se mangi proteine diventi forte. Per essere forte è sufficiente mangiare proteine.
Se sono vere entrambe le precedenti affermazioni, quale delle seguenti è falsa?

- A Se non mangi proteine non diventi forte
- B Mangiare proteine è condizione sufficiente ma non necessaria per diventare forte
- C Se non sei diventato forte è perché non hai mangiato proteine
- D È necessario mangiare proteine per diventare forti
- E È sufficiente mangiare proteine per diventare forti

390 L'affermazione "non c'è compleanno senza festeggiato" implica che:

- A la festa si fa una volta all'anno
- B tutti fanno una festa per il compleanno
- C le feste si fanno solo per il compleanno
- D in ogni compleanno sono tutti festeggiati
- E in ogni compleanno c'è un festeggiato

391 Non è assolutamente impossibile astenersi dall'evitare di copiare dal vicino di banco.
Qual è il corretto significato della precedente affermazione?

- A È assolutamente vietato copiare dal vicino di banco
- B Si può copiare dal vicino di banco
- C Non si dovrebbe copiare dal vicino di banco
- D Nessuno può copiare dal vicino di banco
- E Si deve necessariamente copiare dal vicino di banco

392 "Non esiste quadro senza cornice". Se la precedente affermazione è falsa, quale delle seguenti è necessariamente vera?

- A Nessun quadro ha la cornice
- B Tutti i quadri hanno la cornice
- C Tutti i quadri sono senza cornice
- D Molti quadri sono venduti senza cornice
- E Esiste almeno un quadro senza cornice

393 Andrea afferma che tutte le città toscane sono affascinanti. Quale delle seguenti condizioni è <u>necessario</u> che si verifichi affinché l'affermazione di Andrea risulti falsa?

- A Deve esistere almeno una città toscana non affascinante
- B Deve esistere almeno una città ligure affascinante
- C Nessuna città toscana deve essere affascinante
- D Deve esistere almeno una città affascinante non toscana
- E Tutte le città non toscane devono essere affascinanti

394 La perizia balistica non ha escluso l'impossibilità che il colpo non sia stato sparato dalla casa di fronte.
La precedente affermazione è logicamente equivalente a:

- A la perizia non è riuscita a certificare, dopo molte ricerche, che il colpo sia stato sparato dalla finestra
- B il colpo non è stato sicuramente sparato dalla casa di fronte
- C il colpo potrebbe essere stato sparato dalla casa di fronte
- D dalla casa di fronte si sparano sempre colpi
- E il colpo deve essere stato sparato dalla casa di fronte

395 In una fattoria vi sono galline e mucche: in totale le teste sono 39 e le zampe 100. Quante sono le galline e quante le mucche?

- A 11 galline e 28 mucche
- B 14 galline e 25 mucche
- C 15 galline e 24 mucche
- D 19 galline e 20 mucche
- E 28 galline e 11 mucche

396 Contro uno dei più diffusi luoghi comuni che riguardano gli italiani, un famoso giornalista statunitense afferma che non è vero che tutti gli italiani cantano e mangiano spaghetti. Dunque egli sta affermando che:

A c'è qualche italiano che non canta oppure non mangia spaghetti
B gli italiani non cantano e non mangiano spaghetti
C gli italiani o mangiano spaghetti o cantano
D tutti gli italiani mangiano spaghetti ma non cantano
E chiunque non mangi spaghetti e non canti non può essere italiano

397 È stato dimostrato che l'elevato numero di studenti che abbandonano gli studi è in parte determinato dall'assenza di un sistema di programmazione del numero degli iscritti nelle università. L'assenza di tale programmazione è dunque una delle principali cause della disoccupazione giovanile.
La conclusione precedente si basa sulla premessa implicita che:

A gli studenti che abbandonano gli studi sono disoccupati
B gli studenti che abbandonano gli studi sono poco preparati
C la programmazione del numero degli iscritti risolverebbe il problema della disoccupazione giovanile
D i giovani che concludono gli studi trovano sempre lavoro
E la disoccupazione giovanile dipende esclusivamente dall'assenza di un sistema di programmazione del numero degli iscritti nelle università

398 A quale affermazione risulta equivalente l'affermazione "se piove, allora non vado al cinema"?

A Se vado al cinema può darsi che piova
B Piove o non vado al cinema
C Se vado al cinema allora non piove
D Se vado al cinema non è detto che piova
E Vado al cinema e non piove

399 "Solo se lavoro il sabato, riesco a completare la relazione".
In base alla precedente affermazione, è necessariamente vero che:

A nessuna delle altre alternative è corretta
B condizione sufficiente perché io riesca a completare la relazione è che io lavori il sabato
C se lavoro il sabato, sicuramente riesco a completare la relazione
D se non riesco a completare la relazione, significa che non ho lavorato il sabato
E se non lavoro il sabato, non riesco completare la relazione

400 Se Paolo è fratello di Gianni e Simone è figlio di Gianni e Teresa, quale delle seguenti affermazioni è sicuramente FALSA?

A Teresa è figlia unica
B Simone è figlio unico
C Teresa è cognata di Paolo
D Simone è cugino di Paolo
E Paolo è zio di Simone

401 Alle Olimpiadi degli animali si svolge la gara di corsa tra un gambero ed una lumaca, sulla distanza di 7 cm. Il gambero, ogni secondo, fa quattro passi avanti seguiti da 3 passi indietro; tutti i passi sono di 1 cm. La lumaca procede ad una velocità costante di 1 cm/s. Chi vince la gara?

A La lumaca
B Il gambero
C Arrivano insieme
D Non arrivano mai
E Il gambero mangia la lumaca

402 "A questo mondo c'è giustizia, finalmente" esclama Renzo. Alessandro Manzoni commenta amaramente: "Tant'è vero che un uomo sopraffatto dal dolore non sa più quel che si dica". Quale delle seguenti affermazioni è la più adeguata?

A Finalmente il debole può far valere i suoi diritti
B Chi è sopraffatto dal dolore è più lucido degli altri
C La Provvidenza aiuta gli oppressi
D La giustizia è praticamente una chimera
E La lotta di classe comincia a dare frutti

403 «Giulia ama i biscotti. I biscotti sono un dolce. Chi ama i biscotti adora la montagna». Sulla base di queste considerazioni, individuate quale tra le seguenti conclusioni è vera.

A Giulia ama tutti i dolci

B Giulia ama tutti i dolci che mangia in montagna

C Chi ama i biscotti ama tutti i dolci

D Giulia ama la montagna

E Giulia adora la montagna solo quando mangia biscotti

404 Marco ha quattro carte e le dispone sul tavolo una di fianco all'altra in questo modo:

- **il re è di fianco all'asso;**
- **la carta di cuori è di fianco a quella di quadri ma non a quella di picche;**
- **la dama di picche è la prima carta, la seconda è una carta rossa;**
- **la carta di fiori è di fianco all'asso, ma non al fante.**

Qual è la terza carta?

A Il fante di fiori

B Il re di quadri

C L'asso di quadri

D L'asso di cuori

E Il fante di cuori

405 Un'applicazione per smartphone che mostra il prezzo del carburante nei distributori più vicini al luogo in cui ci si trova sta riscuotendo grande successo presso gli automobilisti, che in questo modo riescono a individuare in breve tempo la pompa di benzina in cui fare il pieno risulta più conveniente. Un'associazione di consumatori ha calcolato che grazie a un'attenta selezione del luogo dove fare rifornimento è possibile ottenere un risparmio molto elevato, nell'ordine di qualche centinaio di euro annui. Su quale supposizione implicita si basa il brano precedente?

A L'applicazione per smartphone che individua i distributori deve essere necessariamente gratuita

B Non in tutte le zone della città la copertura della rete è buona, quindi è possibile che lo smartphone non riesca a recuperare le informazioni richieste

C Non tutti gli automobilisti possiedono uno smartphone

D Da una pompa di benzina all'altra il prezzo del carburante varia in modo sostanziale

E Prendere il taxi è più economico che mantenere un'automobile di proprietà

406 In una poesia novecentesca, la vita del prigioniero si riduce a vedere e sentire questo: "il zigzag degli storni sui battifredi / nei giorni di battaglia, mie sole ali, / un filo d'aria polare, / l'occhio del capoguardia dallo spioncino, / crac di noci schiacciate". Se ne ricava una sola informazione, tra quelle sotto riportate:

A la temperatura è mite

B non c'è movimento in cielo

C il prigioniero non può sottrarsi al controllo

D il silenzio è totale

E ci sono le condizioni per evadere

407 Alessandro afferma: Se Rossi parte in pole position arriva primo. Quale delle seguenti proposizioni è la NEGAZIONE di quella di Alessandro?

A Se Rossi non parte in pole position non vince

B Rossi non vince mai ogni volta che parte in pole position

C Rossi può non partire in pole position e non vincere

D Rossi può non vincere anche se parte in pole position

E Rossi può arrivare primo anche se non parte in pole position

408 **"Il momento migliore per potare un albero o travasare una pianta è sempre all'inizio della primavera, appena prima della fioritura". Quale delle seguenti affermazioni, se vera, indebolirebbe l'argomentazione precedente?**

A Non è mai consigliabile effettuare un travaso o una potatura quando si avvicina la stagione fredda e le piante perdono le foglie

B Dopo il "letargo" invernale le piante riacquistano energia grazie al progressivo allungamento delle giornate e sono quindi in grado di resistere ai lievi traumi causati da potature o travasi

C La fioritura normalmente avviene in aprile

D La potatura di un albero da frutta è in genere più complessa del travaso di una pianta

E Per molte piante tropicali la fioritura avviene alla fine dell'estate

409 **Nessun ribelle è obbediente – qualche cittadino è obbediente – dunque ... non è obbediente. Si individui il CORRETTO COMPLETAMENTO del sillogismo.**

A Nessun ribelle

B Ogni obbediente

C Qualche cittadino

D Ogni cittadino

E Ogni ribelle

410 **Se è vero che «tutti i nodi vengono al pettine», allora è necessariamente vera anche una delle affermazioni seguenti. Quale?**

A Se esiste un nodo, questo verrà necessariamente al pettine

B Le persone calve non hanno problemi con il pettine

C Alcuni nodi sfuggono al pettine

D Le spazzole, a differenza dei pettini, non garantiscono di individuare tutti i nodi

E I nodi possono essere individuati solo da un pettine

411 **"Nessuna pianta ha le ali – tutti gli alberi sono piante – dunque ... ha le ali". Si individui, tra i seguenti, il CORRETTO completamento del sillogismo:**

A nessuna pianta

B qualche pianta

C nessun albero

D ogni pianta

E qualche albero

412 **Scrive l'antropologa Michèle Petit: "Se l'esperienza della lettura continua ad avere un senso per tante donne e, in numero minore, tanti uomini (...) è a mio parere prima di tutto perché per loro leggere costituisce un ambito privilegiato in cui elaborare un universo interiore e quindi, di riflesso, per relazionarsi con l'universo esteriore".**
(La Repubblica, 3-5-2010)
Dal testo precedente si ricava una sola delle seguenti affermazioni:

A la lettura si esaurisce in una gratificazione egoistica

B la lettura non sollecita il contatto con il mondo esterno al soggetto

C la lettura fa riflettere su sé stessi e sul mondo

D la lettura quanto più è varia tanto più promuove la creatività

E la lettura gratifica particolarmente i sognatori e le persone sensibili

413 **Lorenzo è alto. Tutti coloro che sono nati a Pesaro sono alti. Tutti coloro che sono nati a Pesaro amano la natura**
Quale informazione aggiuntiva tra le seguenti permetterebbe di concludere che Lorenzo ama la natura?

A Non occorre nessuna informazione aggiuntiva

B Lorenzo non è nato a Pesaro

C Tutti coloro che amano la natura sono nati a Pesaro

D Tutti coloro che sono alti sono nati a Pesaro

E Tutti coloro che amano la natura sono alti

QUESITI

414 Nella città di Colleallegro è possibile sostenere l'esame per il conseguimento della patente di guida ogni mese, finché non lo si supera. Quest'anno, tutti i candidati provenienti dall'autoscuola Guidabene, che si sono presentati all'esame di marzo, lo hanno superato in quell'occasione. Determinare, sulla base di queste sole informazioni, quale delle seguenti affermazioni è sicuramente vera.

A Riccardo, che si è presentato all'esame di marzo e non lo ha superato, non proviene dall'autoscuola Guidabene

B Nessun iscritto all'autoscuola Guidabene ha superato l'esame a febbraio

C Nessun iscritto all'autoscuola Guidabene si è presentato all'esame ad aprile

D Carlo, che si è presentato all'esame di marzo e lo ha superato, proviene dall'autoscuola Guidabene

E Almeno uno studente dell'autoscuola Guidabene ha sostenuto l'esame a febbraio senza superarlo

415 Se la frase *"tutti gli allenatori di calcio sanno dribblare e tirare le punizioni"* fosse falsa, allora ne seguirebbe logicamente che:

A nessun allenatore di calcio sa dribblare e tirare le punizioni

B c'è almeno un allenatore di calcio che non sa tirare le punizioni o dribblare

C alcuni allenatori di calcio sono ex calciatori

D tutti gli allenatori di calcio sanno tirare le punizioni

E nessun allenatore di calcio sa tirare le punizioni

416 "Angela è più grassa di Maria ma più magra di Chiara, la quale a sua volta è più grassa di Sara ma più magra di Lina". Se le precedenti affermazioni sono vere, quale delle seguenti è certamente vera?

A Lina è più grassa di Angela

B Sara è più grassa di Angela

C Maria è più grassa di Sara

D Sara è più grassa di Maria

E Angela è più grassa di Sara

417 «Non si può vivere felici senza saggezza, onestà e giustizia. Non si può vivere saggiamente, onestamente e con giustizia senza essere felici». Date queste premesse ne consegue che (indicare l'unica conclusione errata):

A solo chi è saggio, onesto e giusto è felice

B essere saggi, onesti e giusti è condizione necessaria, ma non sufficiente, di felicità

C essere saggi, onesti e giusti è condizione necessaria e sufficiente di felicità

D chi è felice non può non essere saggio, onesto e giusto

E chi non è felice non può essere saggio, onesto e giusto

418 A un'asta pubblica sono in vendita 3 vasi. Il primo ha una base d'asta di 1000 euro, il secondo di 1200 euro e il terzo di 3000 euro.

Il primo vaso è molto conteso e viene aggiudicato al doppio del valore del secondo che, invece, viene ceduto al valore della propria base d'asta. Il terzo vaso rimane invenduto.

Alla fine dell'asta, quale dei seguenti eventi non si è certamente verificato?

A Rossi, che acquista il primo e secondo vaso, paga complessivamente meno della base d'asta del terzo vaso

B Verdi che acquista il secondo vaso paga meno di Rossi che acquista il primo vaso

C Il primo e il secondo vaso vengono aggiudicati a prezzi diversi

D Il primo vaso viene venduto a un prezzo superiore al doppio della propria base d'asta

E In ordine di prezzo, gli incassi realmente prodotti dalla vendita all'asta di ciascun vaso sono inversamente proporzionali alle proprie basi d'asta

© Alpha Test

419 **Durante un processo: 1) è stata respinta la prova che conferma che il sig. Rossi abbia truffato il sig. Bianchi 2) non è stata acquisita alcuna prova del contrario. Se ne può dedurre che:**

A il sig. Rossi non ha sicuramente truffato il sig. Bianchi

B il sig. Rossi potrebbe non aver truffato il sig. Bianchi

C il sig. Rossi ha truffato il sig. Bianchi al 99%

D il sig. Rossi ha sicuramente truffato il sig. Bianchi

E Nessuna delle altre alternative è corretta

420 **"Tutti coloro che hanno un diploma possono partecipare alla selezione. Filippo è un veterinario. Tutti i veterinari hanno un diploma". Se le precedenti informazioni sono corrette, quale delle seguenti affermazioni NON rappresenta una conclusione corretta?**

A Ogni diplomato può partecipare alla selezione

B Filippo ha un diploma

C Chi non può partecipare alla selezione non può essere un veterinario

D Vi sono diplomati, che non sono veterinari, che possono partecipare alla selezione

E Coloro che possono partecipare alla selezione sono veterinari

421 **(A) Una delle caratteristiche dello Stato di Natura era rappresentata dall'eguaglianza tra gli uomini. (B) Allontanandosi, con la civiltà, dallo Stato di Natura, gli uomini sono diventati più infelici. Una sola delle conclusioni sotto elencate è autorizzata esplicitamente dalle sole premesse A e B:**

A lo Stato di Natura è più felice di quello della civiltà

B l'ineguaglianza è per tutti motivo di infelicità

C l'ineguaglianza è caratteristica della civiltà

D non vi è felicità per gli uomini senza eguaglianza

E l'eguaglianza tra gli uomini è una caratteristica della civiltà

422 **"Solamente dopo il lavaggio si può stirare la camicia". Se la precedente informazione è corretta, quale delle seguenti affermazioni NON rappresenta una conclusione corretta?**

A Se la camicia è stata stirata allora è stata lavata

B Se la camicia non è stata lavata allora non può essere stirata

C Se la camicia è stata lavata allora può essere stirata

D Se la camicia non è stata stirata allora non è stata lavata

E Condizione necessaria per poter stirare la camicia è che la camicia sia stata lavata

423 **Alla finale di una gara di sci di fondo la classifica dal 1° al 7° posto è la seguente: Aldo, Fausto, Ilaria, Gaia, Beatrice, Claudio, Enrico. Cinque di questi sette ragazzi usano la tecnica "di pattinaggio" e si sa che ad usare la tecnica "di pattinaggio" sono tre tra i primi quattro classificati e tre tra gli ultimi quattro classificati. Si può essere certi che a usare la tecnica "di pattinaggio" è:**

A Ilaria

B Claudio

C Gaia

D Fausto

E Nessuna delle altre alternative proposte è corretta

424 **Se l'affermazione "tutti i libri di fantascienza sono avvincenti" è FALSA, quale delle seguenti proposizioni è necessariamente vera?**

A Qualche libro di fantascienza non è avvincente

B Almeno un libro di fantascienza è avvincente

C Almeno un libro di fantascienza non è avvincente

D Nessun libro di fantascienza è avvincente

E Tutti i libri avvincenti sono libri di fantascienza

425 "Tutti gli studenti amano i libri. Chi partecipa ad assemblee è sovente un rivoluzionario. Alcuni rivoluzionari sono studenti". Se le precedenti affermazioni sono vere, quale delle seguenti NON è necessariamente vera?

- A Alcuni rivoluzionari amano i libri
- B È possibile che alcuni studenti partecipino ad assemblee
- C Chi ama i libri è un rivoluzionario
- D Chi partecipa alle assemblee può amare i libri
- E Non è possibile che uno studente non ami i libri

426 Quale delle seguenti proposizioni equivale a dire che "condizione necessaria affinché la proposizione A sia vera è che sia vera la proposizione B"?

- A Solo se B è vera allora A è vera
- B Se A è vera allora B è vera
- C Se B è falsa allora A è vera
- D Se B è vera allora A è vera
- E A è vera se e solo se B è vera

427 Tutti coloro che hanno un computer possono utilizzare la posta elettronica; Alessandra è una giornalista; tutti i giornalisti hanno un computer.

Se le precedenti informazioni sono corrette, quale delle seguenti affermazioni non rappresenta una conclusione corretta?

- A Alessandra può utilizzare la posta elettronica
- B Coloro che possono usare la posta elettronica sono giornalisti
- C Non esiste nemmeno un giornalista senza computer
- D Alessandra ha un computer
- E Tutti i giornalisti possono usare la posta elettronica

428 La signora Rossi col marito hanno per ospiti a cena due coppie di amici. Secondo tradizione uomini e donne debbono essere alternati a tavola, e le signore non debbono sedere accanto ai rispettivi mariti. Il tavolo è rotondo, ma la signora Rossi comunque riserva per sé il posto alla porta della cucina. In quanti modi si possono disporre gli ospiti a tavola?

- A Non è possibile rispettare tutte le condizioni date
- B Un solo modo
- C Due modi diversi
- D Sei modi diversi
- E Tre modi diversi

429 Se affermo "nessun elefante ha tre zampe", allora deduco che:

- A almeno un elefante ha tre zampe
- B almeno un elefante ha un numero di zampe diverso da tre
- C tutti gli elefanti hanno tre zampe
- D tutti gli elefanti hanno quattro zampe
- E tutti gli elefanti hanno un numero di zampe diverso da tre

430 Cinquanta famosi matematici sono riuniti a congresso. Non tutti sono distratti. Però, presi a caso due matematici, almeno uno dei due è distratto. Dunque necessariamente i congressisti distratti sono:

- A almeno 2, ma possono essere meno di 25
- B più di 25, ma non si può dire quanti
- C 50
- D 49
- E 25

431 Luana ama giocare a bocce. Tutti coloro che amano giocare a bocce sono maniaci dell'ordine. Tutti i medici sono maniaci dell'ordine.
Se le precedenti affermazioni sono vere, quale delle seguenti affermazioni è certamente vera?

- A Luana è un medico
- B Tutti i medici amano giocare a bocce
- C Luana è maniaca dell'ordine
- D Luana non può essere un medico
- E Non è detto che Luana sia maniaca dell'ordine

© Alpha Test

432 **Se Giovanna sta leggendo, allora Matteo è fuori casa.**

Se la precedente affermazione è vera, allora è anche vero che:

- **A** se Matteo è fuori casa, allora Giovanna sta leggendo
- **B** se Matteo è in casa, allora Giovanna non sta leggendo
- **C** Matteo e Giovanna amano leggere insieme
- **D** Matteo è fuori casa solo quando Giovanna legge
- **E** Giovanna non sta leggendo e Matteo non è fuori casa

Leggere il testo del problema e rispondere alle domande seguenti

Marco ha quattro fratelli: Andrea, Cesare, Donato e Biagio. Ognuno è sposato con una delle quattro sorelle di Elena, la moglie di Marco, e che sono Nausica, Lucia, Alma e Maria. Si sa inoltre che:

- Marco è più grande di Biagio;
- Cesare è più piccolo solo di Andrea;
- Davide, il più piccolo dei cinque fratelli, ha sposato Nausica;
- Alma ha sposato il fratello immediatamente precedente al più giovane dei cinque.

433 **Quale delle seguenti affermazioni è certamente vera?**

- **A** Maria è la moglie di Andrea
- **B** Alma non è la moglie di Cesare
- **C** Andrea è il marito di Lucia
- **D** Cesare è il marito di Maria
- **E** Maria e Biagio sono sposati tra loro

434 **Quale delle seguenti affermazioni è falsa?**

- **A** Biagio non è il più piccolo dei cinque fratelli
- **B** Cesare è sposato con Maria o con Lucia
- **C** Andrea e Elena non sono marito e moglie
- **D** Andrea ha sposato o Alma o Nausica
- **E** Marco è il terzo fratello in ordine di età

435 **L'italiano che afferma che tutti gli italiani sono sempre bugiardi dice:**

- **A** un'affermazione perfettamente verificabile
- **B** una bugia
- **C** il vero
- **D** una cosa ovvia
- **E** niente di nuovo

436 **Priscilla è nata il 12 aprile, di domenica. Nicola è nato nello stesso anno, anche lui di domenica. Determinare quale dei seguenti giorni può essere il compleanno di Nicola.**

- **A** 28 marzo
- **B** 4 aprile
- **C** 10 maggio
- **D** 2 maggio
- **E** 27 aprile

437 **"Tutti i divi del cinema sono famosi; Massimo è carismatico; tutte le persone carismatiche sono famose". In base alle precedenti affermazioni, quale delle seguenti NON è necessariamente vera?**

- **A** È possibile che esistano divi del cinema carismatici
- **B** Non esistono divi del cinema non famosi
- **C** Non esistono persone carismatiche non famose
- **D** Massimo è un divo del cinema
- **E** Massimo è famoso

438 **Alla cassa del supermercato si ritrovano Gino e Tino. Gino ha comprato 20 barattoli di cibo per cani mentre Tino una dozzina di uova. Considerando che sono in due file diverse che si muovono a 1 metro al minuto (quella di Gino) e a 1,5 metri ogni 40 secondi (quella di Tino) e sapendo che non ci sono altre casse aperte se non quella veloce addirittura vuota, chi dei due arriverà a pagare alla cassa per primo?**

- **A** Gino
- **B** Lino
- **C** Tino
- **D** Pino
- **E** Dino

439 "I bugiardi sono ingiusti – i bugiardi sono uomini – dunque ... sono ingiusti."
Si individui, tra i seguenti, il CORRETTO completamento del sillogismo:

A tutti gli uomini

B alcuni uomini

C i bugiardi

D alcuni bugiardi

E alcuni giusti

440 "Nessun amante della musica ama la pittura; tutti gli scultori amano la pittura; tutti gli amanti della musica sono persone allegre". Se le precedenti affermazioni sono vere, allora è certamente vero che:

A nessuno scultore è una persona allegra

B nessun amante della pittura è una persona allegra

C chi ama la pittura ama anche la musica

D non è detto che alcuni amanti della musica non siano scultori

E non è detto che alcuni amanti della pittura non siano persone allegre

441 Se A viene prima di C, E viene prima di C, C viene prima di D ed A viene prima di E, una delle seguenti affermazioni è falsa (F) mentre tutte le altre sono vere (V):

1. A è la prima della serie

2. E viene dopo D

3. E non è l'ultima della serie

4. E viene prima di D

5. L'ordine non è alfabetico

Quale tra le seguenti è dunque la sequenza corretta?

A 1:V 2:V 3:F 4:V 5:V

B 1:V 2:V 3:V 4:V 5:F

C 1:V 2:V 3:V 4:F 5:V

D 1:F 2:V 3:V 4:V 5:V

E 1:V 2:F 3:V 4:V 5:V

442 Tantro e Rollo: uno dice sempre la verità e l'altro sempre bugie. Tantro dice: "almeno uno tra me e Rollo dice sempre bugie". Quale dei due ragazzi dice sempre la verità e quale invece sempre bugie?

A Entrambi dicono sempre bugie

B Non è possibile verificarlo

C Tantro dice sempre bugie e Rollo sempre la verità

D La verità è una bugia

E Tantro dice sempre la verità e Rollo sempre bugie

443 "Se non metti le cinture di sicurezza, i vigili non mancheranno di multarti". Se la precedente affermazione è vera, allora è certamente vero che:

A Se i vigili non ti hanno multato è perché hai messo le cinture di sicurezza

B Se i vigili non mancano di multarti è perché non hai messo le cintura di sicurezza

C Le cinture di sicurezza sono la miglior protezione alla guida

D è necessario mettere le cinture di sicurezza per far sì che i vigili non ti multino

E Se metti le cinture di sicurezza i vigili troveranno difficoltà a multarti

444 "Potranno vincere un premio solo coloro che hanno comprato almeno due biglietti della lotteria". Se quanto affermato è vero, quale delle seguenti affermazioni è sicuramente vera?

A Chi ha comprato 3 biglietti della lotteria vincerà sicuramente un premio

B Alla lotteria saranno vinti almeno 20 premi

C I più fortunati potranno vincere un premio avendo acquistato un solo biglietto della lotteria

D Tutti i vincitori di un premio hanno comprato due biglietti della lotteria

E I premi sono stati vinti da chi ha comprato più di un biglietto della lotteria

 © Alpha Test

445 Di un gruppo di persone si sa che "tutti i maschi sono minorenni". Se ne può dedurre che certamente, nel gruppo, tutte le:

- A femmine sono maggiorenni
- B persone minorenni sono maschi
- C persone maggiorenni possono solo essere femmine
- D persone minorenni sono femmine
- E femmine sono minorenni

446 "Bere acqua può favorire la circolazione. Lucia beve molta acqua. Sua cugina Tiziana ne beve pochissima". Se ne deduce che:

- A Tiziana ha una pessima circolazione
- B la circolazione di Tiziana è migliore di quella di Lucia
- C Lucia ha sicuramente un'ottima circolazione
- D Lucia ha più probabilità di Tiziana di avere una buona circolazione
- E nessuna delle precedenti alternative è corretta

447 Se e solo se mangi insalata ti prendi cura della tua salute. Se la precedente affermazione è vera, allora è FALSO che:

- A condizione sufficiente ma non necessaria per prendersi cura della propria salute è mangiare insalata
- B se non ti prendi cura della tua salute non mangi insalata
- C se mangi l'insalata allora ti prendi cura della tua salute
- D se non mangi insalata non ti prendi cura della tua salute
- E se ti prendi cura della tua salute allora mangi insalata

448 Marco è un atleta bravo quanto Mario. Mario è più bravo della media degli atleti. Questo significa che?

- A Mario è più bravo di Marco
- B Mario è sotto la media
- C Marco è più bravo di Mario
- D Marco è il migliore fra gli atleti
- E Marco non è inferiore alla media degli atleti

449 "Luigi sarà rilassato se e solo se si concederà una vacanza". In base alla precedente affermazione, quale delle seguenti NON è necessariamente vera?

- A È necessario che Luigi si conceda una vacanza per essere rilassato
- B Se Luigi non sarà rilassato, vuol dire che non si sarà concesso una vacanza
- C Se Luigi non si concederà una vacanza, non potrà essere rilassato
- D Anche se Luigi si concederà una vacanza, potrà non essere rilassato
- E È sufficiente che Luigi si conceda una vacanza per essere rilassato

450 Si vuole sapere quanti studenti di un corso universitario hanno ricevuto un voto minore della media in una sessione d'esame. Si hanno le seguenti due informazioni: (A) il punteggio medio è stato 25,6 (B) 135 studenti hanno sostenuto l'esame nella sessione. Quale delle seguenti affermazioni è corretta?

- A L'informazione (A) è sufficiente
- B L'informazione (B) è sufficiente
- C È necessario conoscere il numero di docenti presenti all'esame
- D La coppia di informazioni è sufficiente
- E La coppia di informazioni non è sufficiente

451 La frase "Non garantisco che sia insostenibile negare il contrario della veridicità delle mie affermazioni" significa:

- A io non so mentire
- B io non conosco la verità
- C io posso dire il vero
- D io dico sempre il vero
- E io mento

452 Non si può negare che il fumo non faccia male a nessuno.
La precedente affermazione è logicamente equivalente a:

- A il fumo fa sicuramente male a tutti
- B è impossibile che il fumo faccia male a qualcuno
- C si può dire che a qualcuno il fumo fa male
- D si deve negare che il fumo faccia male a qualcuno
- E anche il fumo passivo fa male

QUESITI

Leggere il seguente problema e rispondere alle relative domande.

Rossi, Bianchi e Neri sono il pilota, lo steward e il dottore (non necessariamente in quest'ordine) di un aereo diretto a Palermo. L'aereo fa scalo a Milano, Bologna e Roma e ogni volta imbarca un residente di quella città. Per una singolare coincidenza i tre passeggeri (che, nel seguito dell'esercizio, verranno identificati da un "sig.") hanno lo stesso cognome dei tre membri dell'equipaggio. È inoltre noto che:

- il sig. Neri vive a Roma;
- il sig. Bianchi è un architetto;
- il passeggero omonimo del pilota vive a Bologna;
- il pilota e uno dei passeggeri, uno stimato ingegnere, vivono a Milano;
- Rossi non è lo steward.

453 Chi è il dottore?

A L'omonimo del passeggero di Milano
B Il sig. Bianchi
C Il sig. Neri
D L'omonimo dell'architetto
E Il sig. Bianchi

454 Chi abita a sud del Po?

A L'ingegnere e l'architetto
B Il sig. Neri e il sig. Bianchi
C Il pilota
D Il sig. Bianchi e il sig. Neri
E Solo il sig. Neri

455 Chi è lo steward?

A Il sig. Rossi
B L'omonimo dell'ingegnere
C Il sig. Neri
D Il sig. Bianchi
E Nessuno dei precedenti

456 Se l'ultima ipotesi (Rossi non è lo steward) venisse modificata in questo modo: "Rossi non è il dottore", chi risulterebbe abitare a Milano?

A Solo Bianchi
B Il sig. Neri e il sig. Bianchi
C Il sig. Neri
D Il sig. Rossi e Bianchi
E Il sig. Bianchi

457 Se la prima ipotesi (il sig. Neri vive a Roma) venisse modificata in questo modo: "Il sig. Neri vive a Bologna", chi risulterebbe essere lo steward?

A Nessuno dei seguenti
B Il sig. Rossi
C Lo stesso di prima dello scambio
D Il sig. Neri
E Bianchi

458 L'indicazione stradale "vietato superare la velocità di 50 km/h in caso di nebbia" implica che:

A se non c'è nebbia si può andare a 100 km/h
B se si può viaggiare a 60 km/h significa che non c'è nebbia
C se un'auto viaggia a 40 km/h significa che c'è nebbia
D se si può viaggiare a 80 km/h significa che la visibilità è di oltre 500 metri
E se un motociclista viaggia a oltre 200 km/h merita il ritiro della patente

459 Se l'affermazione "In campagna nessuna casa è senza giardino" è falsa, quale delle seguenti è necessariamente vera?

A In campagna tutte le case hanno un giardino
B In campagna spesso le famiglie stanno in giardino
C Molte case di campagna hanno il giardino
D In città nessuna casa ha il giardino
E In campagna almeno una casa ha il giardino

460 Un aereo parte da Parigi per New York nello stesso istante in cui un altro aereo parte da New York per Parigi. I due velivoli percorrono la stessa rotta in direzioni opposte e il primo mantiene una velocità media doppia rispetto al secondo. Quando i due aerei si incontreranno, quale dei due sarà più distante da Parigi?

A Per i due aerei la distanza da Parigi sarà la stessa
B L'aereo partito da Parigi
C L'aereo partito da New York
D Dipende dall'orario di partenza
E I dati sono insufficienti per rispondere

461 All'Agenzia per lo spazio sono giunti tre messaggi provenienti da un corpo celeste non identificato. Dopo una attenta analisi, gli scienziati hanno stabilito che "Cask Puter Simpe" significa "Lancio Componente Chimico" e che "Trebi Suyer Puter" significa "Lancio Materiale Radioattivo", che "Simpe Dery Shato" significa "Componente Strutturale Assente". Qual è il significato della parola "Cask"?

A Chimico
B Componente
C Lancio
D Radioattivo

462 "Ogni volta che strillo sento male alla gola, ma strillare è per me necessario per sfogare la rabbia".
Se la precedente affermazione è vera, allora è certamente vero che:

A sfogare la mia rabbia è condizione necessaria per strillare
B se ho sfogato la mia rabbia potrei non avere mal di gola
C avere male alla gola è condizione sufficiente per sfogare la mia rabbia
D anche se non ho sfogato la mia rabbia, potrei avere il mal di gola
E se ho male alla gola, ho sicuramente sfogato la mia rabbia

463 Al *Festival di San Romolo* la canzone di *Malva* riceve più voti di quella dei *Dromedari*, che a sua volta riceve più voti di quella di *Tito Acciaio*. La canzone di *Fred Fedeli* riceve più voti sia di quella dei *Dromedari* che di quella dei *Cognati Simili*. Quale delle seguenti affermazioni è sicuramente corretta?

A La canzone di *Malva* riceve più voti di quella di *Fred Fedeli*
B La canzone dei *Dromedari* riceve più voti di quella dei *Cognati Simili*
C La canzone di *Malva* riceve più voti di quella dei *Cognati Simili*
D La canzone di *Fred Fedeli* riceve più voti di quella di *Tito Acciaio*
E La canzone dei *Cognati Simili* riceve più voti di quella dei *Dromedari*

464 "Se non metti le grate di sicurezza, i ladri non fanno fatica a entrare". Se la precedente affermazione è vera, allora è certamente vero che:

A è necessario mettere le grate di sicurezza per far sì che i ladri facciano fatica a entrare
B se i ladri non fanno fatica a entrare è perché non hai messo le grate di sicurezza
C se i ladri hanno fatto fatica a entrare è perché hai messo le grate di sicurezza
D le grate di sicurezza sono la migliore protezione per la casa
E se metti le grate di sicurezza i ladri fanno certamente fatica a entrare

465 Prima di decidere di andare a Milano, Nicoletta deve trovare un alloggio.
Se l'affermazione precedente è vera, quale delle seguenti deve essere vera?

A Se Nicoletta trova un alloggio, allora andrà a Milano
B Se Nicoletta va a Milano, allora ha trovato un alloggio
C Se Nicoletta non va a Milano, allora non ha trovato un alloggio
D Se Nicoletta va a Milano, allora non ha trovato un alloggio
E Se Nicoletta va a Milano, è bene che si informi presso un'agenzia turistica

466 "Se la pubblicità ha avuto effetto, allora molte persone guarderanno lo spettacolo televisivo". Se l'affermazione precedente è vera, quale delle seguenti è necessariamente vera?

A Se la pubblicità non ha avuto effetto, allora poche persone guarderanno lo spettacolo televisivo
B Se poche persone hanno guardato lo spettacolo televisivo, allora la pubblicità non ha avuto effetto
C Se molte persone hanno guardato lo spettacolo televisivo, allora la pubblicità ha avuto effetto
D Chi ha guardato lo spettacolo televisivo ha subito l'effetto della pubblicità
E Anche se la pubblicità ha avuto effetto, potrebbero esservi poche persone che guarderanno lo spettacolo televisivo

467 Nel diario del giovane Telesforo è scritto:
"Nonno Ubaldo dice che quando era giovane ha traversato l'oceano Atlantico a nuoto e che riusciva a battere in velocità le balene. Secondo me questa è una bugia."
Si dica cosa si può correttamente dedurre dalla convinzione di Telesforo.

A Se Nonno Ubaldo riusciva a battere in velocità le balene allora non ha traversato l'oceano Atlantico a nuoto
B A Nonno Ubaldo non piacciono le balene
C Nonno Ubaldo ha traversato l'oceano Atlantico a nuoto ma non riusciva a battere in velocità le balene
D Nonno Ubaldo non ha traversato l'oceano Atlantico a nuoto ma riusciva comunque a battere in velocità le balene
E Nonno Ubaldo non ha traversato l'oceano Atlantico a nuoto e non riusciva a battere in velocità le balene

468 "Tutte le segretarie sono solerti; Sandra è discreta; tutte le segretarie sono discrete". In base alle precedenti affermazioni, quale delle seguenti è necessariamente vera?

A Nessuna segretaria è solerte e indiscreta
B Se Sandra è discreta e solerte, allora è una segretaria
C Sandra è una segretaria
D Tutte le persone discrete sono solerti
E Sandra è solerte

469 In una riunione i sei partecipanti A, B, C, D, E e F si dispongono attorno a un tavolo rotondo non necessariamente in questo ordine. Si sa che: tra A e B vi sono due persone; al fianco destro di F vi è A; E ha al suo fianco A e C. Si può concludere che D è seduto tra:

A F e A
B E e A
C B e C
D F e B
E due persone che non possono essere determinate univocamente

470 Vanni, Gennaro e Mauro hanno acquistato 24 libri da regalare agli amici. Vanni e Gennaro sono in grado di impacchettare 24 libri in 40 minuti. Vanni ne impacchetta il triplo di Gennaro che, a sua volta, ne impacchetta la metà di Mauro. Quanti regali riuscirebbero a impacchettare i tre lavorando insieme per 1 ora?

A 15
B 36
C 54
D 45
E 24

471 A una riunione del fan club di un noto cantante partecipano 130 persone. Si sa che: almeno uno dei partecipanti è donna; presi due partecipanti qualsiasi, almeno uno è un uomo. Quanti sono i partecipanti donne in totale?

A Con i dati a disposizione non si può determinare
B 1
C 2
D 129
E 66

472 Nel Paese Beta i 22 ragazzi che vanno a scuola possiedono almeno un mezzo di locomozione (bicicletta, motorino o pattini). Di questi 22 ragazzi, 8 possiedono la bicicletta, 12 il motorino e 9 i pattini. Sapendo che 3 ragazzi hanno sia la bicicletta sia il motorino e che in nessun caso c'è chi ha sia i pattini sia il motorino, in quanti hanno solo la bicicletta?

A 1
B 6
C 8
D 0
E 3

473 Se è vero che "tutti i manuali sono tomi ponderosi", sarà certamente vero che:

A tutti i tomi sono manuali ponderosi
B nessun tomo ponderoso è un manuale
C tutti i tomi sono ponderosi
D tutti i tomi ponderosi sono manuali
E alcuni tomi ponderosi sono manuali

474 "Tutti i baristi bevono vino. Chi beve vino è allegro. Chi è allegro non è noioso". Se le precedenti informazioni sono vere, quale delle seguenti affermazioni è necessariamente falsa?

A Chi beve vino potrebbe essere un barista
B Tutti i baristi sono allegri
C Chi non è allegro potrebbe non essere noioso
D Alcuni baristi sono noiosi
E Chi è allegro può essere astemio

475 È stato commesso un assassinio. Il commissario De Acutis, incaricato delle indagini, sa con certezza che:

- **L'assassino deve essere alto meno di 160 cm oppure deve pesare meno di 60 Kg**
- **Se l'assassino è donna, deve essere bionda.**

Tra gli indiziati, c'è il signor Tapino, che è alto 170 cm.

Quale delle seguenti affermazioni è necessariamente vera?

A Se pesa meno di 60 Kg, può essere l'assassino
B Se Tapino pesa 70 Kg, non può essere l'assassino
C Se è biondo, non può essere l'assassino
D Tapino non può essere l'assassino perché è alto 170 cm
E Se Tapino è alto 180 cm non può essere l'assassino

476 Se tutti gli uomini hanno la barba e tutti i militari sono uomini, quale affermazione fra le seguenti è vera?

A Tutti gli uomini non hanno la barba
B Tutti gli uomini fanno il servizio militare
C Tutti i militari hanno la barba
D Solo i militari portano la barba
E Tutti i militari non hanno la barba

477 Si consideri una griglia quadrata composta da quattro righe e quattro colonne. All'interno di tale griglia, qual è il numero massimo di caselle che possono essere annerite senza che esse vengano a formare una linea orizzontale, verticale o diagonale di quattro?

A 11 B 4 C 12 D 8 E 9

478 Secondo una recente indagine americana su circa 11000 visite mediche effettuate tra il 1980 e il 1996, l'utilizzo dell'aspirina da parte di persone con malattia coronarica é aumentato dal 5% nel 1980 al 26.2% nel 1996. L'autore dell'articolo sostiene che tra questi pazienti l'utilizzo dell'aspirina sia ancora sub-ottimale e che si dovrebbe fare di più per "tradurre nella pratica le raccomandazioni cliniche".

UNA sola delle seguenti considerazioni NON PUÒ ESSERE DERIVATA dalle affermazioni contenute nel testo. Quale?

A L'impiego dell'aspirina può essere raccomandato in caso di cardiopatia coronarica
B Una parte dei medici non crede agli effetti positivi di questo farmaco e si dichiara del tutto contrario al suo impiego
C In sedici anni l'uso dell'aspirina in questi pazienti si è quintuplicato
D Esiste un ampio margine per un'ulteriore diffusione del suo impiego
E Le raccomandazioni degli esperti sono in favore di un utilizzazione dell'aspirina in soggetti con cardiopatia coronarica

479 "Non vi è motivo di escludere la possibilità di vita su Urano. Dunque dobbiamo esplorare questo pianeta".

L'argomentazione sopra riportata presuppone che:

A la vita su Urano esiste
B Urano è l'unico pianeta del sistema solare sul quale è possibile incontrare forme di vita
C la ricerca della vita è una ragione sufficiente per l'esplorazione dei pianeti
D nessuno ha mai tentato l'esplorazione di Urano

QUESITI

480 Francesca è alta. Le bionde sono tutte carine. Le persone alte sono agili.

Se le precedenti informazioni sono corrette, quale delle seguenti informazioni addizionali non consentirebbe di concludere che Francesca è carina?

A Francesca è agile

B Francesca è bionda

C Le persone alte sono bionde

D Le persone agili sono bionde

E Nessuna delle altre alternative proposte

481 Si consideri la proposizione: "Nessun cane ha tre zampe"; affermare che tale proposizione è falsa significa affermare che:

A almeno un cane ha tre zampe

B almeno un cane ha un numero di zampe diverso da tre

C tutti i cani hanno tre zampe

D tutti i cani hanno quattro zampe

E tutti i cani hanno un numero di zampe diverso da tre

482 Non si può essere allegri quando non si è sereni, equilibrati e spensierati.

Non si può essere sereni, equilibrati e spensierati senza essere allegri.

Se le precedenti affermazioni sono vere, quale delle seguenti conclusioni è errata?

A Se si è sereni, spensierati ed equilibrati, allora si è allegri

B Essere sereni, equilibrati e spensierati è condizione necessaria per essere allegri

C Chi non è allegro non può essere sereno, equilibrato e spensierato

D Chi è allegro non può non essere sereno, equilibrato e spensierato

E Essere sereni, equilibrati e spensierati è condizione necessaria, ma non sufficiente per essere allegri

483 Daniele, Vincenzo, Pietro, Enrica, Silvia e Marco sono compagni di classe. Si sa che:

- **Silvia è più piccola di Daniele ma è più grande di Enrica;**
- **Pietro è il più piccolo di tutti;**
- **Marco è più grande di Daniele che a sua volta è più grande di Vincenzo.**

In base alle informazioni precedenti si può affermare con certezza che:

A Vincenzo è più piccolo solo di Daniele

B Daniele è più piccolo di Enrica

C Enrica è più piccola di Vincenzo

D Silvia è più grande di Vincenzo

E Marco è il più grande dei sei compagni

484 Un aumento della quantità di nitrati contenuti nella frutta aumenta il rischio di contrarre malattie tumorali. Pertanto l'utilizzo dei fertilizzanti chimici sulla frutta aumenta il rischio di contrarre malattie tumorali. La frase precedente si basa sulla premessa implicita che:

A l'utilizzo di fertilizzanti chimici determina un aumento della quantità di nitrati nella frutta

B una persona che mangia molta frutta ha sempre un alto rischio di contrarre una malattia tumorale

C le malattie tumorali dipendono in gran parte dai nitrati contenuti nella frutta

D i fertilizzanti naturali non sono adatti all'agricoltura intensiva

E per ridurre il rischio di malattie tumorali è necessario mangiare molta frutta

485 Tommaso, Rosario e Flavio hanno sposato Viviana, Alice e Marcella, due delle quali sono tra loro sorelle. Rosario ha sposato la sorella di Alice. Flavio ha sposato Alice. Tommaso non è cognato di Rosario e Marcella non ha sorelle. La moglie di Rosario è:

A Viviana

B Marcella

C Alice

D la sorella di Viviana

E la sorella di Marcella

© Alpha Test

486 "Tutti i fioristi sono gentili. Mario è gentile. Tutti i fioristi sono pazienti". In base alle precedenti affermazioni, quale delle seguenti è necessariamente vera?

A Mario è un fiorista
B Alcuni fioristi sono impazienti
C Nessun fiorista è paziente e scortese
D Mario è paziente
E Tutte le persone pazienti sono gentili

487 Lo scopo del quesito è quello scoprire il codice nascosto, formato da una sequenza di 3 colori tra i 6 seguenti: Verde, Rosso, Giallo, Bianco, Azzurro, Nero.

Per ogni sequenza errata viene indicati con BP ogni colore del codice che è stato indovinato nell'esatta posizione (colore giusto al posto giusto) oppure con MP per ogni colore del codice che è stato indovinato, ma in posizione diversa da quella giocata (colore giusto al posto sbagliato).

- **Giallo – Verde – Bianco (2 MP)**
- **Rosso – Giallo – Azzurro (2 MP)**
- **Nero – Rosso – Verde (1 BP)**
- **Bianco – Azzurro – Rosso (1 BP e 1 MP)**

A Bianco - Rosso - Giallo
B Bianco - Verde - Azzurro
C Giallo - Rosso - Nero
D Nero - Giallo - Bianco
E Giallo - Bianco - Verde

488 "Marcello è italiano. Tutti gli artisti hanno molta fantasia. Tutti gli italiani hanno molta fantasia". Se le precedenti informazioni sono vere, quale ulteriore affermazione permetterebbe di concludere che Marcello è un artista?

A Nessuna: sono sufficienti le affermazioni fornite
B Marcello ha molta fantasia
C Chi ha molta fantasia è italiano
D Alcuni italiani sono artisti
E Chi ha molta fantasia è un artista

489 "Oltre la metà degli amici di Marinella sta preparando l'esame di biologia e la maggioranza sta preparando quello di chimica. Deve perciò esistere qualche amico di Marinella che sta preparando contemporaneamente sia l'esame di biologia sia quello di chimica".

Quale delle seguenti alternative riproduce la struttura logica del precedente ragionamento?

A Le moto più vendute sono quelle bianche. Le moto da strada sono le più diffuse, quindi le moto da strada nere sono la combinazione più comune
B Le carte da gioco di un mazzo di 52 carte sono per la metà rosse. Pertanto, se viene servita una mano di 13 carte, è possibile ottenere una combinazione di carte rosse e di carte nere
C La maggior parte del prosciutto venduto in una salumeria è cotto. Più della metà delle vendite consiste in prosciutto già affettato. Una parte del prosciutto venduto deve essere cotto e già affettato.
D A colazione Sandra mangia biscotti o una brioche, quindi, se oggi ha fatto colazione, non può aver mangiato una fetta di torta
E Circa la metà della popolazione è di genere maschile. Dato che una parte considerevole della popolazione fuma, allora alcuni uomini devono essere fumatori

490 Se Andrea non legge non è contento.

Se quanto affermato è vero, quale delle seguenti affermazioni è vera?

A Solo se Andrea legge allora è contento
B Se Andrea non è contento significa che non ha letto
C Se Andrea è contento significa che ha letto
D Leggere è l'attività preferita da Andrea
E Se Andrea non è contento significa che ha letto

491 Delle tre figlie di Giacomo – Alma, Beatrice e Chiara – almeno una è bionda. Sapendo che se Alma è bionda anche Beatrice lo è, che se Chiara è bionda lo è anche Alma, e che tra Beatrice e Chiara una non è bionda, si può dedurre con certezza che:

- A Alma, Beatrice e Chiara sono bionde
- B Beatrice non è bionda mentre Alma lo è
- C Beatrice è bionda
- D Chiara è bionda
- E Almeno uno delle tre figlie di Giacomo è mora

492 Se è vero che «tutti i lottatori di sumo sono grassi», sarà necessariamente vera anche una delle affermazioni seguenti:

- A tutti i grassi sono lottatori di sumo
- B intensificare la pratica del sumo fa dimagrire
- C tutti i lottatori di sumo originariamente non erano grassi
- D sospendere la pratica del sumo fa ingrassare
- E il sumo non è praticato dai magri

493 Se l'affermazione "tutte le partite di basket sono faticose" è vera, allora necessariamente:

- A alcune partite di basket non sono faticose
- B è impossibile negare che nel basket esista almeno una partita non faticosa
- C è impossibile negare che nel basket esista almeno una partita faticosa
- D le partite di basket sono più faticose di quelle di pallavolo
- E è impossibile asserire che vi sia almeno una partita di basket faticosa

494 L'affermazione "non tutti gli oggetti di vetro sono prodotti a Venezia" equivale a:

- A tutti gli oggetti di vetro sono prodotti a Venezia
- B non tutti gli oggetti prodotti a Venezia sono oggetti di vetro
- C tutti gli oggetti di vetro vengono prodotti fuori Venezia
- D alcuni oggetti prodotti a Venezia non sono oggetti di vetro
- E alcuni oggetti di vetro non sono prodotti a Venezia

Leggere il testo del seguente problema e rispondere alle relative domande.

Al torneo di Calcetto del Centro Sportivo Boito si sono iscritte quattro squadre: Allenati, Brocchi, Capaci e Dascartare. La formula del torneo prevede che ogni squadra incontri tutte le altre per due volte. In caso di vittoria, alla vincente vengono assegnati tre punti e zero alla perdente. In caso di pareggio ogni squadra ottiene un punto. Dopo un mese dall'inizio del torneo ogni squadra ha incontrato una volta tutte le proprie avversarie. Inoltre si sa che:

- la squadra dei Brocchi non ha mai perso;
- la squadra dei Capaci ha pareggiato due volte;
- la squadra in testa al torneo ha 7 punti e 2 punti di vantaggio sulla seconda;
- la squadra degli Allenati è penultima da sola;
- la squadra degli Allenati ha pareggiato con quella dei Dascartare.

495 Quale squadra è ultima in classifica?

- A Allenati
- B Brocchi
- C Dascartare
- D Capaci
- E Non si può dedurre

496 Quanti punti dividono la squadra dei Brocchi da quella degli Allenati?

- A 7
- B 5
- C 2
- D 6
- E 4

497 Quale squadra è seconda in classifica?

- A Brocchi
- B Allenati
- C Dascartare
- D Capaci

498 Quanti punti dividono in classifica la prima squadra dall'ultima?

- A 4
- B 5
- C 2
- D 3
- E 6

499 **Se fino alla fine del torneo la squadra dei Capaci perde tutte le partite e quella dei Brocchi fa ancora 5 punti, alla fine del torneo quanti punti divideranno le due squadre?**

A 12
B 7
C 6
D 8
E 2

500 **Nicolò possiede tre canarini Titty, Tweet, Cip, di cui almeno due gialli. Sapendo che se Cip è giallo allora anche Tweet è giallo; se Titty è giallo allora lo è anche Cip, quale delle seguenti affermazioni e sicuramente vera?**

A Titty non è giallo
B Tweet è giallo
C Titty è giallo
D Tweet non è giallo
E Cip non è giallo

SOLUZIONI

Quesito	Risposta	Quesito	Risposta	Quesito	Risposta	Quesito	Risposta	Quesito	Risposta	Quesito	Risposta	Quesito	Risposta	Quesito	Risposta	Quesito	Risposta	Quesito	Risposta
1	C	2	B	3	D	4	A	5	E	6	A	7	E	8	A	9	D	10	A
11	D	12	B	13	E	14	C	15	B	16	A	17	B	18	D	19	B	20	B
21	A	22	B	23	C	24	D	25	B	26	C	27	A	28	E	29	B	30	D
31	B	32	D	33	E	34	A	35	C	36	C	37	A	38	B	39	D	40	D
41	B	42	C	43	B	44	D	45	B	46	A	47	C	48	A	49	E	50	B
51	B	52	B	53	C	54	C	55	E	56	E	57	C	58	B	59	D	60	D
61	B	62	C	63	A	64	D	65	D	66	C	67	C	68	A	69	D	70	D
71	B	72	E	73	A	74	E	75	E	76	A	77	C	78	C	79	B	80	B
81	C	82	B	83	E	84	A	85	E	86	C	87	B	88	B	89	B	90	D
91	A	92	A	93	D	94	A	95	C	96	B	97	A	98	D	99	C	100	B
101	B	102	E	103	C	104	D	105	E	106	C	107	E	108	C	109	D	110	C
111	B	112	E	113	B	114	C	115	E	116	E	117	B	118	A	119	B	120	D
121	E	122	C	123	B	124	C	125	D	126	D	127	B	128	C	129	B	130	E
131	B	132	D	133	A	134	C	135	A	136	C	137	A	138	B	139	C	140	D
141	C	142	A	143	C	144	E	145	C	146	C	147	B	148	A	149	B	150	D
151	A	152	B	153	D	154	C	155	A	156	C	157	E	158	C	159	C	160	D
161	B	162	D	163	C	164	C	165	C	166	B	167	C	168	B	169	E	170	A
171	B	172	D	173	D	174	A	175	E	176	B	177	A	178	D	179	B	180	A
181	A	182	A	183	A	184	B	185	C	186	D	187	D	188	C	189	D	190	E
191	A	192	C	193	C	194	A	195	D	196	B	197	C	198	D	199	A	200	A
201	C	202	D	203	C	204	E	205	B	206	E	207	B	208	A	209	B	210	D
211	D	212	A	213	E	214	E	215	C	216	E	217	C	218	B	219	D	220	D
221	C	222	B	223	E	224	B	225	C	226	B	227	A	228	C	229	E	230	D
231	D	232	D	233	A	234	C	235	D	236	D	237	C	238	D	239	B	240	B
241	B	242	D	243	D	244	B	245	B	246	E	247	E	248	A	249	C	250	E
251	C	252	D	253	C	254	B	255	E	256	B	257	C	258	D	259	B	260	C
261	C	262	B	263	A	264	E	265	A	266	C	267	E	268	A	269	E	270	A
271	C	272	C	273	A	274	C	275	E	276	B	277	D	278	D	279	D	280	B
281	A	282	E	283	A	284	B	285	B	286	E	287	B	288	C	289	C	290	C
291	E	292	D	293	A	294	C	295	B	296	B	297	C	298	B	299	D	300	C
301	C	302	B	303	C	304	A	305	A	306	D	307	D	308	A	309	D	310	C
311	D	312	B	313	E	314	C	315	B	316	C	317	D	318	C	319	D	320	B

© Alpha Test

Quesito	Risposta	Quesito	Risposta	Quesito	Risposta	Quesito	Risposta	Quesito	Risposta	Quesito	Risposta	Quesito	Risposta	Quesito	Risposta	Quesito	Risposta	Quesito	Risposta
321	E	322	E	323	A	324	C	325	A	326	E	327	E	328	D	329	B	330	B
331	E	332	A	333	B	334	B	335	E	336	C	337	D	338	C	339	C	340	D
341	A	342	B	343	C	344	B	345	A	346	C	347	D	348	C	349	A	350	C
351	B	352	A	353	A	354	A	355	C	356	B	357	E	358	A	359	B	360	E
361	E	362	B	363	D	364	C	365	B	366	A	367	C	368	A	369	C	370	D
371	C	372	E	373	E	374	B	375	E	376	D	377	D	378	D	379	C	380	A
381	D	382	D	383	D	384	C	385	E	386	A	387	E	388	C	389	B	390	E
391	B	392	E	393	A	394	E	395	E	396	A	397	A	398	C	399	E	400	D
401	B	402	D	403	D	404	D	405	D	406	C	407	D	408	E	409	C	410	A
411	C	412	C	413	D	414	A	415	B	416	A	417	C	418	A	419	B	420	E
421	A	422	D	423	C	424	C	425	C	426	A	427	B	428	C	429	E	430	D
431	C	432	B	433	B	434	D	435	B	436	C	437	D	438	C	439	B	440	E
441	E	442	E	443	A	444	E	445	C	446	D	447	A	448	E	449	D	450	E
451	C	452	C	453	A	454	B	455	E	456	D	457	E	458	B	459	E	460	A
461	A	462	D	463	D	464	C	465	B	466	B	467	A	468	A	469	D	470	C
471	B	472	A	473	E	474	D	475	A	476	C	477	C	478	B	479	C	480	A
481	A	482	E	483	E	484	A	485	A	486	C	487	A	488	E	489	C	490	C
491	C	492	E	493	C	494	E	495	C	496	B	497	D	498	E	499	B	500	B

Quesito	Risposta	Quesito	Risposta	Quesito	Risposta	Quesito	Risposta	Quesito	Risposta	Quesito	Risposta	Quesito	Risposta	Quesito	Risposta	Quesito	Risposta	Quesito	Risposta
1	C	2	B	3	D	4	A	5	E	6	A	7	E	8	A	9	D	10	A
11	D	12	B	13	E	14	C	15	B	16	A	17	B	18	D	19	B	20	B
21	A	22	B	23	C	24	D	25	B	26	C	27	A	28	E	29	B	30	D
31	B	32	D	33	E	34	A	35	C	36	C	37	A	38	B	39	D	40	D
41	B	42	C	43	B	44	D	45	B	46	A	47	C	48	A	49	E	50	B
51	B	52	B	53	C	54	C	55	E	56	E	57	C	58	B	59	D	60	D
61	B	62	C	63	A	64	D	65	D	66	C	67	C	68	A	69	D	70	D
71	B	72	E	73	A	74	E	75	E	76	A	77	C	78	C	79	B	80	B
81	C	82	B	83	E	84	A	85	E	86	C	87	B	88	B	89	B	90	D
91	A	92	A	93	D	94	A	95	C	96	B	97	A	98	D	99	C	100	B
101	B	102	E	103	C	104	D	105	E	106	C	107	E	108	C	109	D	110	C
111	B	112	E	113	B	114	C	115	E	116	E	117	B	118	A	119	B	120	D
121	E	122	C	123	B	124	C	125	D	126	D	127	B	128	C	129	B	130	E
131	B	132	D	133	A	134	C	135	A	136	C	137	A	138	B	139	C	140	D
141	C	142	A	143	C	144	E	145	C	146	C	147	B	148	A	149	B	150	D
151	A	152	B	153	D	154	C	155	A	156	C	157	E	158	C	159	C	160	D
161	B	162	D	163	C	164	C	165	C	166	B	167	C	168	B	169	E	170	A
171	B	172	D	173	D	174	A	175	E	176	B	177	A	178	D	179	B	180	A
181	A	182	A	183	A	184	B	185	C	186	D	187	D	188	C	189	D	190	E
191	A	192	C	193	C	194	A	195	D	196	B	197	C	198	D	199	A	200	A
201	C	202	D	203	C	204	E	205	B	206	E	207	B	208	A	209	B	210	D
211	D	212	A	213	E	214	E	215	C	216	E	217	C	218	B	219	D	220	D

Quesito	Risposta	Quesito	Risposta	Quesito	Risposta	Quesito	Risposta	Quesito	Risposta	Quesito	Risposta	Quesito	Risposta	Quesito	Risposta	Quesito	Risposta	Quesito	Risposta
221	C	222	B	223	E	224	B	225	C	226	B	227	A	228	C	229	E	230	D
231	D	232	D	233	A	234	C	235	D	236	D	237	C	238	D	239	B	240	B
241	B	242	D	243	D	244	B	245	B	246	E	247	E	248	A	249	C	250	E
251	C	252	D	253	C	254	B	255	E	256	B	257	C	258	D	259	B	260	C
261	C	262	B	263	A	264	E	265	A	266	C	267	E	268	A	269	E	270	A
271	C	272	C	273	A	274	C	275	E	276	B	277	D	278	D	279	D	280	B
281	A	282	E	283	A	284	B	285	B	286	E	287	B	288	C	289	C	290	C
291	E	292	D	293	A	294	C	295	B	296	B	297	C	298	B	299	D	300	C
301	C	302	B	303	C	304	A	305	A	306	D	307	D	308	A	309	D	310	C
311	D	312	B	313	E	314	C	315	B	316	C	317	D	318	C	319	D	320	B
321	E	322	E	323	A	324	C	325	A	326	E	327	E	328	D	329	B	330	B
331	E	332	A	333	B	334	B	335	E	336	C	337	D	338	C	339	C	340	D
341	A	342	B	343	C	344	B	345	A	346	C	347	D	348	C	349	A	350	C
351	B	352	A	353	A	354	A	355	C	356	B	357	E	358	A	359	B	360	E
361	E	362	B	363	D	364	C	365	B	366	A	367	C	368	A	369	C	370	D
371	C	372	E	373	E	374	B	375	E	376	D	377	D	378	D	379	C	380	A
381	D	382	D	383	D	384	C	385	E	386	A	387	E	388	C	389	B	390	E
391	B	392	E	393	A	394	E	395	E	396	A	397	A	398	C	399	E	400	D
401	B	402	D	403	D	404	D	405	D	406	C	407	D	408	E	409	C	410	A
411	C	412	C	413	D	414	A	415	B	416	A	417	C	418	A	419	B	420	E
421	A	422	D	423	C	424	C	425	C	426	A	427	B	428	C	429	E	430	D
431	C	432	B	433	B	434	D	435	B	436	C	437	D	438	C	439	B	440	E
441	E	442	E	443	A	444	E	445	C	446	D	447	A	448	E	449	D	450	E
451	C	452	C	453	A	454	B	455	E	456	D	457	E	458	B	459	E	460	A
461	A	462	D	463	D	464	C	465	B	466	B	467	A	468	A	469	D	470	C
471	B	472	A	473	E	474	D	475	A	476	C	477	C	478	B	479	C	480	A
481	A	482	E	483	E	484	A	485	A	486	C	487	A	488	E	489	C	490	C
491	C	492	E	493	C	494	E	495	C	496	B	497	D	498	E	499	B	500	B

parte seconda

COMPRENSIONE VERBALE

Gli esercizi relativi alla comprensione verbale (o comprensione di testi) sono di norma presenti nei test **Test Cisia SPS** e **TOLC-E**, sono anche piuttosto frequenti negli altri test di ammissione ai corsi di laurea di Economia, Giurisprudenza e Scienze politiche delle università statali. Un approfondimento riguardo le tipologie di quesiti proposti nei corsi di laurea che adottano il test **TOLC-SU** (solitamente orientativo e non selettivo) si può trovare sulla piattaforma MyDesk collegata al presente volume.

Quesiti

Leggere il brano seguente e rispondere alle relative domande.

La riforma (della scuola) appare animata da un fervore totalizzante che vorrebbe abbracciare ogni cosa, dal cinema al giardinaggio, ma la scuola non può insegnare tutto; non è solo inevitabile, ma è anche bene che molte cose debbano essere apprese dagli studenti, specie da quelli di una certa età, per proprio conto, senza o anche contro la scuola. Chiedere alla scuola di dire e di dare tutto rivela una mentalità assistenzialista che educa alla passività e nuoce alla formazione; gli studenti chiedono giustamente che la scuola faccia loro leggere e discutere un romanzo uscito il giorno prima, ma talora lo chiedono in un tono che rivela come non venga loro in mente di poterselo leggere anche da soli. La scuola non può essere una mucca con infinite mammelle da cui sgorgano tutti i tipi di latte possibile...

[...] la scuola è al servizio di scolari e studenti quando li libera dai condizionamenti economici e sociali e offre a ciascuno di loro le stesse possibilità di sviluppare la propria persona, quando li rispetta senza vezzeggiarli nè adularli e insegna loro non a dire vanitosamente la propria opinione, bensì ad osservare e a conoscere la realtà con quell'attenzione all'oggetto che costituisce l'autentica indipendenza intellettuale, la capacità di vedere e di conoscere, ben diversa dal pretenzioso sdottorare.

I miei compagni e io siamo grati a un professore che, quando qualcuno di noi, con l'inevitabile presunzione dell'adolescenza, iniziava a rispondere a una sua domanda dicendo "lo penso che..." ci interrompeva ingiungendoci di non pensare mai e di imparare fatti, nomi e date. Già allora – per merito suo, non nostro – capivamo che era un modo giusto di insegnarci a pensare.

Dal saggio di Claudio Magris, *Utopia e disincanto*, Garzanti 2001

501 Sui compiti che competono alla scuola Claudio Magris esprime giudizi ben precisi, al di fuori delle mode, reagendo ai luoghi comuni più diffusi. Individuate quale dei "precetti" qui ricavati dal suo testo NON È CORRETTAMENTE DEDOTTO:

- **A** una scuola seria deve fare delle scelte tra le cose che si propone di insegnare e avere il coraggio di escluderne alcune, o molte, dai suoi programmi
- **B** è essenziale che nella scuola si impari che esprimere giudizi è lecito solo quando si hanno ben chiari gli elementi su cui il giudizio si fonda
- **C** abituare all'attenzione e all'osservazione della realtà dovrebbe essere l'obiettivo di un insegnamento che educhi a pensare in modo autonomo
- **D** sarebbe poco o niente educativa una scuola che pretendesse di rispondere a tutte le curiosità dei giovani, arrogandosi il diritto di guidarli in modo totalizzante nella vita
- **E** la scuola dovrebbe evitare di assumersi compiti che non le competono, come quello di correggere le disuguaglianze sociali

502 Dall'articolo di Claudio Magris si possono trarre alcune massime ad uso degli studenti. Quale tra queste NON È COERENTE con il suo discorso?

A È importante imparare ad essere autonomi e a coltivare liberamente i propri interessi, anche contro i gusti e i principi della scuola che si frequenta

B È altrettanto importante imparare ad essere cauti nei giudizi e ad accettare anche di essere contraddetti o confutati

C L'indipendenza intellettuale si conquista solo con una scrupolosa, onesta e paziente attenzione alla realtà

D Una certa presunzione negli adolescenti è naturale ed è giusto e salutare che essi non comprendano né apprezzino chi, frenandola, spegne i loro entusiasmi

E Pretendere tutto dagli insegnanti è un segno non tanto di fiducia nella scuola, quanto piuttosto di inerzia intellettuale

Leggere il brano seguente e rispondere alle relative domande.

Sul «Corriere della Sera» di qualche giorno fa c'era la notizia che su Internet grandi motori di ricerca metteranno a nostra disposizione milioni di libri e ci si domandava se questo avrebbe comportato la scomparsa delle biblioteche a cui siamo abituati da secoli. [...] Ma il vero grande pericolo di questa trasformazione mi sembra un altro: [...] Chi farà la scelta? Quali criteri seguirà nel prendere e nello scartare? Alcune previsioni è facile farle. La storia è sempre stata scritta da chi ha il dominio politico, culturale e tecnologico. Egli ha imposto la sua lingua e la sua visione del mondo. [...] Oggi chi deciderà cosa è importante leggere e che cosa non lo è? Coloro che dominano la cultura mondiale con la loro potenza e con la loro lingua: gli anglosassoni. [...] Questo e non altro è il pericolo. La perdita di tutto ciò che è diverso, deviante, non capito, non visto, rifiutato. Perciò io dico ai governi, agli studiosi di tutti i Paesi del mondo: per favore, salvate il nostro passato. [...] Lottate per inserire nella grande biblioteca tutto ciò che potete del vostro patrimonio nazionale, nella lingua originale. Tutto, non solo quello che vi pare buono e quello che vi pare cattivo ora. Perché saranno gli storici, gli studiosi, gli uomini del futuro a decidere cosa era o non era importante. La Chiesa cattolica medioevale non avrebbe messo il Corano tra i libri da salvare e oggi gli integralisti islamici non vi metterebbero la Divina Commedia. [...]

Francesco Alberoni, *Pubblico e privato*, «Corriere della Sera», 26/4/2004

503 Individuate, tra i titoli proposti, il solo che si adatta pienamente all'articolo citato.

A Salvate l'italiano (e altre lingue) nella superbiblioteca

B Rifiutiamo di piegarci all'uso diffuso della lingua inglese

C Un nuovo motore di ricerca: la cultura universale senza esclusioni di sorta

D Presto su Internet uno specchio fedele ed esauriente di tutta la storia dell'uomo

E Con Internet, non più censura culturale

504 Individuate, tra le considerazioni sotto elencate, LA SOLA RIGOROSAMENTE DEDOTTA dal testo citato di Alberoni.

A La scomparsa delle biblioteche tradizionali può e deve essere contrastata in tutti i modi

B È naturale che su Internet non tutte le testimonianze del passato vengano conservate, e a ciò bisogna rassegnarsi e adeguarsi

C Gli Italiani, come altri, dovrebbero battersi per salvare il proprio patrimonio culturale e la propria lingua

D Nella biblioteca di Internet, l'unico problema del lettore è quello di scegliere quale leggere tra milioni di testi

E Il *Corano* e la *Divina Commedia* sono opere a forte rischio di scomparsa

505 Le enunciazioni di principio qui riportate sono tutte alla base del discorso di Alberoni, ECCETTO UNA. Individuatela.

- **A** Sono sempre stati i vincitori, i detentori del potere a scrivere la storia
- **B** Sbaglia chi si ostina a conservare il maggior numero possibile di opere: in ogni cultura ci sono cose che meritano di essere dimenticate per sempre
- **C** L'uso di nuovi mezzi di comunicazione comporta, come ogni novità, dei rischi di cui è bene tener conto
- **D** La difesa della propria lingua non è un atto di superbia nazionalistica, ma un dovere nei confronti dei posteri
- **E** In ogni cultura ci possono essere elementi preziosi, e non sempre i migliori giudici in merito sono i contemporanei

Leggere il brano e rispondere alle domande seguenti.

Enti di ricerca, Università e organizzazioni scientifiche in Italia sono ormai quasi universalmente dotati di strutture dedicate al dialogo con il grande pubblico.

Nel caso delle Università e degli enti di ricerca pubblici la divulgazione della cultura scientifica rientra più o meno esplicitamente nella missione istituzionale dell'ente o dell'Università stessi: l'idea è che questi soggetti adottino iniziative di *outreach* che favoriscano il coinvolgimento del pubblico nella scienza e nella tecnologia.

Il valore di questi interventi sul grande pubblico può essere altissimo, soprattutto in virtù del fatto che questo tipo di comunicazione istituzionale è svincolata dalle regole di mercato a cui devono rispondere l'editoria e gli altri mezzi di comunicazione.

Destinando una parte del proprio budget alla divulgazione, Università ed organizzazioni di ricerca possono permettersi un più ampio margine di sperimentazione, senza che le logiche commerciali impongano di rientrare dell'investimento impiegato, mentre i media tradizionali e i musei della scienza cercano in genere di prediligere i temi più facili e spettacolari, che garantiscono un forte impatto sul pubblico. Così ad esempio i musei della scienza di tutto il mondo pullulano di allestimenti interattivi su ottica o meccanica, di presa più immediata, mentre raramente ci si addentra nella scienza di frontiera o in temi più astratti.

In generale dunque la comunicazione istituzionale può rivestire un importantissimo ruolo culturale, portando al grande pubblico temi che altrimenti rimarrebbero esclusi dalla divulgazione. Paradossalmente, proprio il fatto di essere svincolata da logiche commerciali è all'origine del più grande rischio cui è esposta la comunicazione istituzionale, cioè quello di non raggiungere i risultati ottimali per mancanza di corrette scelte.

Tale situazione è ben rappresentata nel seguente esempio.

506 Dal brano è possibile dedurre che le comunicazioni scientifiche delle Università e delle aziende:

- **A** hanno entrambe lo scopo di coinvolgere il pubblico ma differiscono nelle logiche economiche
- **B** si distinguono sia nelle finalità sia nelle logiche economiche
- **C** hanno la medesima logica commerciale, ma pubblico diverso
- **D** perseguono il medesimo scopo adottando anche le stesse logiche commerciali
- **E** banalizzano il messaggio scientifico trasmesso dai musei della scienza

507 Cosa si intende con l'espressione "iniziative di *outreach*" nel contesto del brano?

- **A** Le difficoltà economiche che l'editoria può incontrare nella comunicazione verso l'esterno
- **B** Il valore istituzionale associato alla comunicazione verso l'esterno da parte delle Università
- **C** La difficoltà di fare scelte corrette nella comunicazione istituzionale di enti e Università
- **D** Le iniziative di comunicazione scientifica verso l'esterno
- **E** La predilezione verso allestimenti comunicativi semplici e al contempo spettacolari da parte dei musei della scienza

508 Quale tra i seguenti potrebbe essere l'argomento trattato nel paragrafo successivo alla fine del brano?

- **A** Un esempio di comunicazione efficace compiuta da una Università grazie a scelte slegate da logiche economiche
- **B** Un esempio di comunicazione efficace compiuta da una Università grazie a scelte azzeccate
- **C** Un esempio di comunicazione efficace compiuta da un museo della scienza grazie a scelte azzeccate
- **D** Un esempio di comunicazione non efficace compiuta da un'Università a causa di scelte sbagliate
- **E** Un esempio di comunicazione non efficace compiuta da un museo della scienza a causa di scelte sbagliate

---

Leggere il brano e rispondere alla relativa domanda.

«Se prendiamo la traduzione letterale dal greco della parola democrazia essa significa comando del popolo, che è un concetto in realtà piuttosto deviante rispetto al punto essenziale, perché il problema vero della democrazia è un altro. È quello di impedire la dittatura o, in altre parole, di impedire un tipo di comando che non sia lo Stato di diritto».

Karl Popper, *La lezione di questo secolo*

---

509 Delle frasi sotto elencate quattro sono state stralciate dal testo di Popper da cui è tratta la citazione sopra riportata; INDIVIDUATE LA FRASE CHE, indebitamente inserita tra queste, CONTRASTA logicamente con la concezione di fondo a cui è ispirato il testo stesso:

- **A** la dittatura è la negazione della democrazia
- **B** la parola democrazia non va assunta nel suo significato strettamente etimologico
- **C** i Greci sapevano perfettamente che il compito della democrazia è prima di tutto quello di impedire l'instaurarsi della tirannide
- **D** che il popolo comandi è la prima condizione di una forma di governo che possa dirsi democratica
- **E** i Greci introdussero l'ostracismo perché avevano paura che nascesse un tiranno popolare

---

Leggere il brano seguente e rispondere alla relativa domanda.

MAL DI TEST

«Il suo colore preferito?, chiede una delle tante domande del test. [...]

I questionari, d'ogni genere, si moltiplicano e arrivano da ogni parte; [...] Non è il caso di deplorare il fenomeno con la patetica predica sulla parcellizzazione della vita e dell'individuo nella società contemporanea; rispondere a test era un gioco non disdegnato da scrittori come Proust e Thomas Mann, che è difficile accusare di superficialità. [...] Anche se le domande sono numerose, si pensa di sbrigarle rapidamente, sia perché le risposte devono essere telegrafiche sia perché si è persuasi di avere idee, opinioni, gusti, convinzioni, amori, odi, pensieri. [...]

Ma invece, sin dai primi passi, si annaspa. Come si fa a indicare il poeta preferito? Leopardi o Baudelaire? Già in quest'alternativa c'è una violenza invadente, o forse questa è una nobile scusa per la propria irresolutezza. Anche considerando – ma è un modo per trarsi un po' d'impaccio – fuori categoria Dante o Shakespeare, come autori per i quali la d3efinizione di poeta è troppo restrittiva, altri si affollano subito, legittimi e imperiosi; lasciar fuori Petrarca è un disagio troppo grande, [...]

E gli scrittori? Due – indiscutibili – sono due non scrittori, due entità sovrapersonali e plurime, lo Spirito Santo e Omero, se è vero che hanno scritto la Bibbia e l'Iliade e l'Odissea. Ma gli altri?

E subito una gran confusione, come in certi pasticci sentimentali in cui si finisce per non sapere chi si ama di più e non si sa che pesci pigliare. [...]

Sino a questo punto si tratta, tutt'al più, di una patologica indecisione critica o di una incoercibile ma felice vocazione poligamica; forse è bene non saper scegliere fra chi si ama, è certo giusto non scegliere tra i propri figli, anche se ne hanno cento come Priamo. Le cose saranno certo più chiare per quel che riguarda non la finzione letteraria, bensì la vita, la realtà; uno saprà certo dire cosa ama, odia, tiene o desidera di più, i luoghi che preferisce e quelli che aborre. [...]

Man mano che si prosegue nel questionario, si è risucchiati in un vortice di incertezza; non sono tanto le idee, i gusti, le predilezioni a traballare, quanto lo stesso io chiamato a declinarli, che si sente improvvisamente astratto, irreale [...] Come si può dunque osare indicare, nella risposta alla domanda numero 16, il tratto principale del proprio carattere, se quelle

© Alpha Test

botte e risposte fanno anzitutto dubitare di avere un carattere? L'io si frantuma e le sue qualità svaporano. Non si può farne una colpa alla computerizzazione che governa il mondo. Quella logica non snatura la vita, come protestano i nostalgici del buon tempo antico, ma ne dice forse la verità, mette a nudo il meccano di cui siamo fatti [...]
Il gesto di narrare crea, finge e costruisce un'identità, mentre chi risponde ai test sente di perderla, come un accusato dinanzi al poliziotto o al giudice che lo interroga.»
Claudio Magris, *Utopia e disincanto*, Garzanti, 2001, p. 301 e segg.

510 Individuate la considerazione che NON TROVA CONFERMA nello scritto di Magris:

A il tono di questa pagina è leggero e arioso, ma l'indagine sulla condizione non solo dello scrittore, ma dell'uomo in generale, è, nella sostanza, seria
B lo scrittore rifugge dal luogo comune che attribuisce alla società contemporanea la responsabilità di ogni misfatto ai danni dell'individuo
C Magris osserva, come per inciso, che di fronte a chi ha il compito di giudicare noi o le nostre azioni rimaniamo disorientati e non riconosciamo più noi stessi
D non è detto che la vocazione alla poligamia sia sempre un male; ci sono affetti tra i quali è bene non stabilire graduatorie
E se i test hanno l'effetto di creare una confusione mentale e affettiva in chi era ben sicuro di sé, la loro attendibilità sarà molto limitata

Leggere il brano seguente e rispondere alla relativa domanda.

«Io vorrei dire a questa generazione:
imparate a memoria qualche verso di verità o bellezza.
Potrebbe servirvi nella vita.
Mio marito non ebbe niente a che fare col fallimento della banca: [...] fu mandato in prigione e io rimasi con i bimbi, a doverli nutrire, e vestire e mandare a scuola.
E io lo feci, e li avviai nel mondo ben puliti e robusti, e tutto per la saggezza del poeta Pope: "Recita bene la tua parte, in questo consiste l'onore".»
da Edgar Lee Masters, *Spoon River Anthology*, trad. Fernanda Pivano, Einaudi, Torino

511 La signora George Reece, di cui questo è l'epitaffio, esprime qui la concezione che ha Edgar Lee Masters della vita e dell'arte, concezione che noi possiamo così interpretare. INDICARE l'affermazione INCONGRUENTE col testo citato.

A Chi è colpito dalla sventura e offeso dall'ingiustizia è costretto a subire gli eventi, e proprio per questo viene spinto alla disperazione
B Noi uomini siamo come attori cui è stata assegnata una parte. Che sia da protagonista o da comparsa non importa, importa interpretarla bene
C La poesia, se è rivelazione di una verità nella forma della bellezza, può costituire una inestimabile ricchezza per chi ne comprende e ne fa proprio il messaggio
D Non è vero, come talora sembra, che siamo del tutto impotenti di fronte al destino: il poeta-saggio ci insegna che sta a noi decidere se viverlo con viltà o con dignità
E Nel mondo nessuno è padrone del proprio destino, ma tutti possono scegliere come viverlo ed è questo che conta

Leggere il brano seguente e rispondere alla relativa domanda.

«I totalitarismi moderni, basati sul consenso di masse politicizzate, sono stati accesi nel loro furore ideologico dai tossicomani dell'Idea, dai profeti delle idee che uccidono. [...] Robert Conquest, storico degli orrori staliniani, racconta e interpreta ne *Il secolo delle idee assassine* il delirio ideologico del Novecento, le aberrazioni mentali che hanno animato e condizionato uomini, partiti e Stati. [...] siamo usciti indenni dal Novecento "assassino" solo per un soffio; le ideologie, con la loro attitudine all'utopia, sono state sconfitte sul piano intellettuale e politico. Gli anticorpi sono stati la ______ della storia, la libertà, la democrazia e il pluralismo politico. Il crollo del Muro è stato un tornante e una grande emozione. Ma i valori positivi devono restare ______ e non diventare ______. Perché la ______ di essere nel ______ è sempre traditrice e la ______ a misura dell'uomo è quella del ______: quel rimettere in ______ tutto e tutti che è l'antitesi dell'utopia e il motore dell'immaginazione politica.»

QUESITI

da Marco Innocenti, *Un secolo con la vocazione al male*, «Il Sole-24 ore»; recensione comparsa il 6/5/2001

512 Dal testo citato sono state espunte otto parole qui elencate in ordine diverso e non declinate: scegliete la sequenza che meglio risponde alle esigenze logiche del testo.

A idea - dubbio - conoscenza - presunzione - vero - cultura - sentimento - discussione
B discussione - cultura - sentimento - presunzione - dubbio - idea - vero - conoscenza
C cultura - idea - conoscenza - presunzione - vero - discussione - sentimento - dubbio
D conoscenza - sentimento - idea - presunzione - vero - cultura - dubbio - discussione
E cultura - conoscenza - sentimento - presunzione - dubbio - idea - vero - discussione

In base alle informazioni contenute nel brano seguente, rispondere alle successive domande.

Il tema del disavanzo pubblico è ormai quasi quotidianamente al centro dell'attenzione. Le cifre sull'andamento corrente e le previsioni sul fabbisogno complessivo dell'anno si accavallano in continuazione e vengono utilizzate come indicatore prevalente (unico?) dello stato dell'economia italiana. In realtà, la denuncia dello stato di crisi in cui versa la finanza pubblica in Italia risale a un noto articolo di Reviglio del 1975, che ha messo in rilievo l'esistenza di un disavanzo sommerso e ha contribuito alla definizione di un quadro contabile preciso per il settore pubblico allargato. L'analisi delle cause permette anche di individuare la terapia: «Si deve affrontare con chiarezza – conclude Reviglio – la crisi delle entrate tributarie, che si sono mostrate incapaci di adeguarsi al livello della spesa pubblica, soprattutto a causa dell'evasione e in parte minore degli effetti contingenti della riforma tributaria. Si deve porre termine allo sviluppo esplosivo della spesa corrente, che si è potuto realizzare per la resa dello Stato ai privilegi corporativi che hanno saputo imporsi all'interesse collettivo, anche grazie al mancato controllo sull'efficienza delle maggiori spese decise dal Parlamento, imputabile alla facilità con cui si è potuto finanziare i disavanzi apparentemente senza costi per alcuno, almeno sino al 1973».

In un lavoro successivo viene stabilita una connessione fra l'esplosione della spesa pubblica e la stagnazione dell'economia, aderendo così alla corrente di pensiero che attribuisce validità esplicativa alla teoria degli effetti di spiazzamento. Ma anche questa tesi viene poi qualificata, in quanto Reviglio rileva che «la stagnazione sarebbe stata assai più grave se fosse mancato il sostegno operato dalla politica di bilancio, perché senza l'aumento del livello della spesa pubblica e il crescente disavanzo nel periodo 1970-1975 si sarebbe realizzato un livello di reddito più basso e, quindi, un tasso di sviluppo probabilmente nullo o negativo». Ma, gradualmente, man mano che il dibattito esce dalla cerchia degli studiosi, queste cautele scompaiono e al disavanzo pubblico viene assegnato il ruolo di variabile esplicativa di tutti i mali che affliggono l'economia italiana, per lungo tempo attribuito al costo del lavoro. Allo squilibrio fra entrate e spesa pubblica viene così imputata la responsabilità globale e diffusa della stagnazione e dell'inflazione, sia pure attraverso canali non bene identificati o comunque diversi a seconda dei diversi punti di vista, del disavanzo della bilancia dei pagamenti e di una inefficiente allocazione delle risorse. All'analisi si tende a sostituire sempre più frequentemente l'anatema, e la prescrizione di politica economica si riassume nell'obiettivo di conseguire, costi quel che costi, una riduzione del disavanzo cui dovrebbe miracolosamente seguire la catarsi del sistema produttivo.

513 Dalla lettura del brano si intuisce che l'enfasi generale sul disavanzo pubblico come causa di stagnazione e inflazione è considerata dall'autore:

A insufficiente se si considera la continua crescita del debito pubblico determinata dal disavanzo
B adeguata se si considera che una parte rilevante della popolazione non è sufficientemente informata
C eccessiva e poco documentata
D impossibile da valutare per mancanza di elementi

© Alpha Test

514 **Secondo Reviglio la crescita del disavanzo pubblico:**

- **A** è stata determinata da una crescita della spesa non accompagnata da un'analoga crescita delle entrate tributarie
- **B** è stata determinata da una caduta delle entrate tributarie non accompagnata da una parallela caduta della spesa pubblica
- **C** ha contribuito ad aggravare la fase recessiva degli anni Settanta
- **D** ha favorito lo sviluppo degli interessi corporativi

515 **Chi è verosimilmente l'autore del brano?**

- **A** Un giornalista
- **B** Uno storico dell'economia
- **C** Un docente universitario di economia
- **D** Un dirigente del Ministero delle Finanze

516 **Dal brano è possibile dedurre che nei primi anni Settanta:**

- **A** l'economia italiana ha subito un tasso di crescita negativo
- **B** il Parlamento si è opposto tenacemente all'aumento della spesa pubblica deciso dal Governo
- **C** Reviglio era Ministro delle Finanze
- **D** il disavanzo pubblico dello Stato italiano è cresciuto

517 **Secondo l'autore del brano, la presunta connessione tra il disavanzo pubblico e la stagnazione dell'economia:**

- **A** dipende dagli effetti di spiazzamento
- **B** non viene dimostrata univocamente
- **C** dipende da un'inefficiente allocazione delle risorse economiche
- **D** dovrebbe indurre a conseguire, costi quel che costi, una riduzione del disavanzo stesso

Leggere il brano seguente e rispondere alla relativa domanda.

Negli ultimi 15-20 anni gli studiosi di mammiferi ...1... hanno rivolto la massima attenzione ai metodi di comunicazione tra le balene. Questi cetacei comunicano per mezzo di suoni, benché gli organi di cui dispongono per emetterli non siano ...2...: questi animali non possiedono infatti corde vocali. Si pensa che i suoni emessi siano importanti per la comunicazione ...3... e sessuale; mantengono anche in contatto reciproco gli individui in branchi aperti, e forse segnalano i pericoli. Una situazione ...4... è stata descritta in una specie di lupo nordamericano: gli individui stanno per lunghi periodi a una distanza di chilometri l'uno dall'altro, ma si mantengono in contatto mediante ...5... richiami.

518 **Nel brano precedente sono sottintese e numerate 5 parole. Qui di seguito sono indicati i loro contrari. Associare al numero di riferimento all'interno del brano la lettera corrispondente al contrario della parola sottintesa.**

Riferimento N. 5:

- **A** ignoti
- **B** terrestri
- **C** asociale
- **D** differente
- **E** uniformi

In base alle informazioni contenute nel brano seguente, rispondere alle successive domande.

Nella storia del gioco degli scacchi vi sono molti capi coronati di spine. Anche coloro che rimasero luminosi ebbero una fine oscura. Non si trattò sempre di pazzia, l'ultimo ponte verso l'aldilà per Morphy, Steinitz e Pillsbury, né di inedia, come per Schlechter e Breyer, e neppure di suicidio, come per Swiderski e Bardeleben e tuttavia, persino un Lasker, così progredito in campi tanto lontani dagli scacchi, morì poveramente, ed è ben noto come Alekhine terminò tristemente la propria esistenza. Paragonata alla loro sorte, la vita di Aaron Nimzowitsch si svolse in modo regolare. Non accumulò ricchezze, trascorse i suoi giorni semplicemente, si ammalò e morì in età media. Questa è, come direbbe un inglese, "the common cold", la solita fredda indifferenza della natura che pesa sulla pluralità degli esseri viventi, un destino che solo apparentemente non ha nulla di particolarmente originale. Solo fino a questo punto, dunque, il destino di Nimzowitsch assomiglia a quello dell'uomo medio.

Nel caso di Aaron Nimzowitsch, un essere senza particolari caratteristiche ha ottenuto qualcosa di sostanziale e di straordinario grazie ad una "esistenza" degna di rilievo. Le ristrettezze della vita sono state colmate con il "tesoro dei poveri", con un'esistenza spiritualmente e intellettualmente agitata, con dolore e pena, con "donchisciotteria" e grandezza interiore. Qui Giacobbe ha lottato con l'angelo, si è spezzato le reni, ma non si è arreso. Qui qualcuno ha combattuto, spesso contro mulini a vento o contro greggi di pecore, ma ha combattuto, ha affermato se stesso e ha opposto fino all'ultimo respiro il "Mein System" alla crudeltà della vita, all'ostilità e all'ingratitudine degli uomini.

Egli ha portato in sé il grande segreto e ha lottato per essere capito. Come ogni innovatore, ha dovuto accorgersi che tutto ciò che c'è di nuovo comincia con il non essere compreso, che si devono subire scherno e derisione, che all'inizio si rimane soli e che occorrono molte rinunce e sacrifici se si vogliono sostenere le proprie tesi. La più grande rinuncia è però il segregarsi dalla comunità, l'isolamento, la solitudine. Essa costringe all'ostinazione, all'egotismo, all'ostentazione del proprio valore, e ciò separa più che mai il solitario dalla comunità, lo rende uno stravagante.

Questo fu il caso di Nimzowitsch. La sua vita è apparentemente una catena di amarezze; essa fu illuminata solo dall'intimo, ma brilla come un castello fiabesco. Per colui che si è riferito solo a se stesso e che si è messo in disparte come Nimzowitsch, non v'è altro destino che subire, oltre alle ferite per così dire "organiche" della vita, il crudele capriccio del caso.

519 Chi era Nimzowitsch?

- A Uno scacchista
- B Un filosofo
- C Un letterato
- D Un poeta
- E Un musicista

520 Quale delle seguenti affermazioni può essere logicamente dedotta dal brano?

- A Alekhine morì di fame
- B Nimzowitsch fu molto sensibile
- C Nimzowitsch divenne egoista
- D La vita di Nimzowitsch fu priva di grandi avvenimenti esteriori
- E Nimzowitsch morì giovane

521 Il "common cold" consiste:

- A nell'isolamento dagli altri
- B nel tesoro dei poveri
- C in un tesoro spirituale
- D in una vita apparentemente mediocre
- E in un'esistenza degna di rilievo

522 L'autore del brano menziona Giacobbe e Don Chisciotte per dimostrare:

- A che Nimzowitsch era molto sicuro di sé
- B che la vita di Nimzowitsch è stata piena di amarezze
- C la grandezza interiore di Nimzowitsch
- D che Nimzowitsch aveva una profonda conoscenza della letteratura e delle Sacre Scritture
- E l'avidità di Nimzowitsch

523 Secondo l'autore del brano:

- A è corretto paragonare Nimzowitsch a Don Chisciotte
- B sarebbe scorretto paragonare Nimzowitsch a Giacobbe
- C potrebbe essere corretto paragonare Nimzowitsch a Sansone
- D è giusto paragonare Nimzowitsch a Giacobbe e all'angelo
- E Nimzowitsch combatteva abitualmente contro i mulini a vento

Leggere il brano e rispondere alla relativa domanda.

«In questo mese ho comprato una Repubblica. Capriccio costoso e che non avrà continuazioni. Era una voglia che avevo da molto tempo e ho voluto liberarmene. Esser padroni d'un Paese immaginavo che desse più gusto. L'occasione era buona e l'affare è stato concluso in pochi giorni. Il Presidente aveva l'acqua alla gola: il suo ministero, composto di suoi clienti, era in pericolo. Le casse della Repubblica eran vuote: imporre nuove tasse sarebbe stato il segnale del rovesciamento di tutto il clan al potere – forse d'una rivoluzione. C'era già un generale che armava bande d'irregolari e prometteva cariche ....»

G. Papini, *Gog*, 1931.

524 Si indichi quale delle espressioni sotto riportate è stata eliminata dal testo:

- A ai talebani irlandesi
- B e impieghi al primo venuto
- C ai vescovi mormoni
- D d'oro e di denaro
- E di imposte

© Alpha Test

Leggere il brano e rispondere alla domanda seguente.

«Con i suoi canoni, Bach ci offre un primo esempio della nozione che qui definiremo degli Strani Anelli. Il fenomeno dello Strano Anello consiste nel fatto di ritrovarsi inaspettatamente, salendo o scendendo lungo i gradini di qualche sistema gerarchico, al punto di partenza (nel nostro esempio il sistema è quello delle tonalità musicali).

[...] A mio avviso, le più belle e imponenti realizzazioni visive del concetto di Strano Anello si trovano nell'opera del grafico olandese M.C.Escher, vissuto tra il 1898 e il 1971. Escher ha creato alcuni disegni che sono tra i più intellettualmente stimolanti di tutti i tempi. Molti hanno la loro ispirazione in paradossi, illusioni o doppi sensi. I matematici furono tra i primi ammiratori dei disegni di Escher, e si capisce perché: spesso essi sono basati su princìpi matematici di simmetria o di regolarità... Ma in un disegno tipicamente escheriano c'è molto di più di semplici simmetrie e regolarità; c'è spesso un'idea di fondo che viene realizzata in forma artistica. In particolare lo Strano Anello è uno dei temi più frequenti dell'opera di Escher; [...] pensiamo all'interessante *Mani che disegnano*, dove si vedono due mani ognuna delle quali disegna l'altra: è uno Strano Anello a due componenti. [...]
Il concetto di Strani Anelli contiene quello di infinito: un anello infatti non è proprio un modo per rappresentare un processo senza fine in modo finito?

[...] E come gli anelli di Bach e di Escher fanno appello a intuizioni molto semplici e antiche come la scala musicale o la scala di un edificio, così la scoperta a opera di K. Gödel di uno Strano Anello in un sistema matematico trae le sue origini da intuizioni semplici e antiche. La scoperta di Gödel, nella sua forma essenziale, comporta la traduzione in termini matematici di un antico paradosso della filosofia. Si tratta del cosiddetto paradosso di Epimenide, o paradosso del mentitore. Epimenide era un cretese che pronunciò questo paradosso immortale: "Tutti i Cretesi sono mentitori". Una versione più incisiva di questo enunciato è semplicemente: "Io sto mentendo"; o ancora: "Questo enunciato è falso"».

Douglas R. Hofstadter, *Gödel, Hescher, Bach: un'eterna Ghirlanda Brillante*

525 Le cinque parole sotto elencate compaiono, sottolineate, nello scritto di D.R. Hofstadter. Delle definizioni che spiegano il significato che esse assumono nel testo, UNA è imprecisa. Quale?

- A Tonalità: definizione della nota tonica che definisce una scala o un pezzo di musica
- B Grafico: rappresentazione di dati attraverso una costruzione grafica
- C Simmetria: disposizione regolare, equilibrata degli elementi di un insieme
- D Paradosso: deduzione che contiene una contraddizione intrinseca
- E Enunciato: formulazione di un teorema, di una questione

Leggere il brano seguente e rispondere alla relativa domanda.

«"Ahimè – disse il topo – il mondo diventa ogni giorni più angusto. Prima era così vasto che ne avevo paura, correvo sempre avanti e fui felice di veder finalmente dei muri lontano a destra e a sinistra, ma questi lunghi muri precipitano così in fretta l'un verso l'altro che io mi trovo già nell'ultima camera, e là nell'angolo sta la trappola in cui andrò a cadere". "Non hai che da mutar direzione" disse il gatto, e se lo mangiò.»

Franz Kafka, da *Il messaggio dell'imperatore*, trad. A. Rho

526 Di questa favoletta possono essere date molte interpretazioni. Individuate LA SOLA che NON È AUTORIZZATA dal testo:

- A l'uomo, come qui il topo, è sconfitto e colto dalla morte prima che possa averne coscienza
- B la libertà è difficile da amministrare, ma l'alternativa è la perdita, con la libertà, della vita stessa
- C ciò che a prima vista sembra proteggerci dalla vertigine della libertà, si rivela ben presto una trappola mortale
- D spesso ci si accorge che su di noi incombe la rovina quando è troppo tardi, e non resta possibilità di scampo
- E l'uomo s'affanna a cercare la felicità e corre là dove non trova che la propria rovina

Leggere il brano seguente e rispondere alla relativa domanda.

«Termine che in origine indicava il codice di pergamena su cui, raschiata la prima scrittura, si vergava un nuovo testo (dal greco [...] "raschiato di nuovo"). [...] Nel linguaggio televisivo è utilizzato per definire il prospetto o quadro d'insieme delle trasmissioni programmate da una rete per un dato periodo [...], con titoli dei programmi, caratteristiche tecniche, durata, orari di messa in onda. Lo schema della programmazione può essere continuamente rielaborato in rapporto agli obiettivi della rete (proprio come le antiche pergamene venivano continuamente corrette, raschiate e riutilizzate).»

A. Grasso, *Storia della televisione. Vol. II: dizionario dei personaggi; glossario dei termini tecnici e gergali*, Garzanti, 1998, pp. 414-415.

527 La definizione si riferisce a UNA delle voci sotto elencate:

A copione
B vademecum
C diorama
D palinsesto
E organigramma

Leggere il brano seguente e rispondere alla relativa domanda.

«Bene, fino a nove anni: nata bene, cresciuta bene. [...] Clementina, tutt'a un tratto, aveva fatto il groppo. Lì, a poco più di un metro da terra. I medici, eh!, subito, con la loro scienza, avevano compreso che non sarebbe cresciuta più. Linfatico, cachessia, rachitide... Bravi! Farlo intendere alle gambe, al busto di Clementina, che non si doveva più crescere! [...] Non potendo per lungo, sotto l'orribile violenza di quella manaccia che schiacciava, s'erano ostinati a crescere di traverso: sbieche, le gambe; il busto, aggobbito, davanti e dietro... Che non crescono forse così, del resto, anche certi alberelli [...] ma l'alberello intanto non ha occhi per vedersi, cuore per sentire, mente per pensare; e una povera sbiobbina, sì; che l'alberello storpio non è, che si sappia, deriso da quelli dritti, malvisto per paura del malocchio, sfuggito dagli uccellini; e una povera sbiobbina, sì, dagli uomini, e sfuggita anche dai fanciulli; e che l'alberello infine non deve fare all'amore, perché fiorisce a maggio da sé, naturalmente, così tutto storpio com'è, e darà in autunno i suoi frutti; mentre una povera sbiobbina... [...] Quasi verrebbe voglia di non crederci, in Dio, vedendo certe cose. Ma Clementina ci credeva. E ci credeva appunto perché si vedeva così.»

da Pirandello, *Novelle per un anno, La sbiobbina*

528 Delle immagini in sequenza che illustrano il breve stralcio di novella riportato, UNA TRADISCE il testo. INDIVIDUATELA.

A Un alberello storto, senza uccelli sui rami ma, in autunno, carico di frutti
B Una giovinetta derisa perché deforme e gobba
C Una bambina dritta e ben formata, di quasi nove anni
D Un alberello dai rami storti ma, in primavera, tutto fiorito
E Alcuni medici impotenti, pur con tutta la loro scienza

Leggere il brano seguente e rispondere alla relativa domanda.

«E cosa dire [...] dello stimolo che la chimica ricevette al tempo dei suoi albori dalle allucinazioni ispirate alla fantomatica pietra filosofale? [...] E se la storia del Big Bang fosse tanto fantasiosa quanto quella della teoria gnostica secondo la quale l'universo fu generato da un lapsus di un demiurgo maldestro? In un certo momento storico, alcune persone considerarono l'ipotesi che il sole non girasse intorno alla terra folle e deplorevole quanto quella che l'universo non esista. Faremmo dunque bene a tenere la nostra mente aperta e pronta per il momento in cui la comunità degli scienziati annuncerà che l'idea di universo è stata solo un'illusione, proprio come l'idea di terra piatta dei Rosacroce. Dopotutto, il primo dovere di una persona colta è di essere sempre pronta a riscrivere l'enciclopedia.»

da Umberto Eco, *Attenti alla bufala universale*, «Il Sole-24 ore», 13/5/2001

529 Individuate la nota esplicativa ERRATA.

A Gnostica: esoterica, conseguita grazie all'illuminazione divina, custodita e trasmessa da adepti
B Pietra filosofale: pietra cara ai filosofi per la sua forma regolare, immagine dell'ordine del cosmo
C Lapsus: errore involontario dovuto a distrazione momentanea e casuale
D Demiurgo: divino artefice che plasma il mondo reale sul modello ideale, divino
E Enciclopedia: opera che raccoglie il sapere in ogni campo; enciclopedia per antonomasia, quella pubblicata in Francia tra il 1751 e il 1772

 © Alpha Test

530 Come completare nella misura idonea il seguente periodo.

«In molti annunci pubblicitari sono inseriti messaggi subliminali per incrementare le vendite. Annunci luminosi e colorati possono attirare molte persone; stimoli uditivi (suoni, canzoni) possono richiamarne altre. Alla base di questi stimoli sensoriali vi è lo scopo di ...».

- **A** fare un annuncio elegante
- **B** richiamarsi alla sensibilità uditiva
- **C** stimolare anche il subconscio
- **D** aumentare l'audience
- **E** aumentare la lunghezza del messaggio commerciale

Leggere il brano seguente e rispondere alla relativa domanda.

Il più pittoresco paese della valle della Torretta è Sant'Ignazio, un comune i cui abitanti, senza contare i turisti che lo affollano nella stagione estiva, sono seicentodieci, 64 dei quali in età scolare, tra i 6 e i 14 anni. Nel paese sono stranamente numerose le persone con i capelli rossi, e la maggior parte di questi ragazzi ha appunto capigliatura fiammeggiante, naso piccolo, carnagione chiara ed efelidi sparse, così che chi li osserva in gruppo, nel campo sportivo o nella chiesa dalle vetrate policrome, ha talora l'impressione di trovarsi davanti a un quadro fiammingo. Il parroco del paese, don Sebastiano, è appassionato di musica, suona il modesto armonium della chiesa con competenza e ha istituito un coro in cui canta più della metà dei ragazzi che frequentano la scuola. Sotto la sua guida i giovani hanno imparato a eseguire correttamente, accanto agli inni liturgici più semplici e noti, composizioni polifoniche abbastanza complesse che attirano alla messa domenicale in Sant'Ignazio i melomani della colonia bavarese, tradizionalmente ospite estiva della vallata.

531 Tra i ragazzi che cantano nei coro, quanti, come minimo, si può esser certi che hanno i capelli rossi?

- **A** Uno
- **B** Trentatré
- **C** Tre
- **D** Due
- **E** Ventidue

Leggere il brano seguente e rispondere alla relativa domanda.

«L'influenza dell'arte, non illudiamoci, anche quando è a tratti intensa, è pur sempre effimera e superficiale nell'arco di una vita. Ma [...] penso si possa affermare che aspirazione precipua dell'arte è creare un meccanismo di identificazione, trasferire cioè l'esperienza emotiva e spirituale dei protagonisti di un romanzo, di un racconto, di una pièce teatrale, di un film, o persino di un dipinto o di una scultura, al lettore o all'osservatore, come se costui vivesse quell'esperienza senza doverne pagare lo scotto. Leggendo il racconto di Edipo, con il quale si identifica, il lettore sposa la madre, uccide il padre e si acceca. Seguendo le peripezie di Raskolnikov uccide la vecchia usuraia e sua sorella, oppure si suicida con Anna Karenina ma senza dover subire le conseguenze di tale gesto. Si trasforma in un insetto terribile e disgustoso come Gregor Samsa ma non viene gettato nella spazzatura dalla serva, bensì rimane seduto nella sua comoda poltrona e commenta: "Che racconto incredibile". Questo è, in breve, il distacco estetico che ci procura gioia e soddisfazione catartiche pur toccando temi difficili e gangli mentali in suppurazione [...]»

da Abraham B. Yehoshua, *Siamo tutti Raskolnikov senza soffrire*, «La Stampa», 13-2-2005, p. 29

532 Il brano riportato NON giustifica UNA delle seguenti considerazioni. Quale?

- **A** Non possiamo attribuire all'arte la capacità d'influenzare durevolmente e profondamente l'esistenza delle persone
- **B** L'arte mira principalmente a favorire l'immedesimazione del fruitore con i personaggi e le situazioni che rappresenta
- **C** Leggere il racconto di Edipo consente di sperimentare in maniera attenuata e reversibile le terribili vicende
- **D** La gioia e la soddisfazione che il distacco estetico procura hanno una valenza purificatoria
- **E** L'arte ha l'effetto negativo di indurre il fruitore all'inazione, a vivere solo per interposta persona

Leggere il brano seguente e rispondere alla relativa domanda.

«Indicazioni: asma bronchiale, crisi asmatica, bronchite con marcata componente broncospastica. Effetti indesiderati: cefalea, vertigine, tremore, insonnia, agitazione, disorientamento, allucinazioni, convulsioni. Nausea, vomito, epigastralgie.»

Prescrivere - Il nuovo prontuario terapeutico, ed. Minerva Medica

533 Le caratteristiche del prodotto in questione consigliano di EVITARE la somministrazione IN TUTTE le seguenti condizioni ECCETTO UNA. Quale?

- A Scarsa capacità di orientarsi
- B Difficoltà di digestione
- C Difficoltà a prender sonno
- D Ematuria
- E Tendenza a dolori di testa

Leggere il brano seguente e rispondere alla relativa domanda.

«[...] questo museo (il Museum of Natural History) è riuscito, forse più di qualunque altra antica istituzione, a miscelare in modo soddisfacente la tradizione e le nuove idee sulla divulgazione, ponendosi all'avanguardia nel campo della museografia scientifica. E proponendosi, anzi, come un esempio. [...] L'intenzione era quella di realizzare un museo organizzato non più secondo le branche delle scienze naturali – _________(1)_________ – ma per temi. È in questo senso che sono state predisposte le sezioni relative alla biologia umana, ai dinosauri, all'origine della specie, all'evoluzione dell'uomo, e all'ecologia. Non più, quindi, sale dedicate a un solo campo della ricerca, ma ad argomenti in cui le varie discipline naturalistico-scientifiche sono combinate tra loro. È come passare da _________(2)_________, insomma. Si tratta di una frattura netta con il passato, e non soltanto teorica: muri e transenne, vecchi di oltre un secolo, sono stati abbattuti per creare nuovi spazi.

[...] In realtà, considerare il visitatore come il fulcro di tutti i nuovi allestimenti significa intervenire su vari aspetti.»

Alberto Angela, *Cattedrale sì, ma di natura*, in Airone, n. 92

534 Individuate QUALE tra le espressioni sotto riportate COMPLETA correttamente il testo per quanto concerne il n. (2):

- A un'enciclopedia a un vocabolario
- B un vocabolario a una rubrica alfabetica
- C un libro di grammatica a un elenco bibliografico
- D un vocabolario a un libro di grammatica
- E un indice analitico a un elenco alfabetico

Leggere il brano seguente e rispondere alla relativa domanda.

«Mio padre lasciava per la casa dei sigari virginia fumati a mezzo, ………………....... Io credevo fosse il suo modo di gettarli via e credevo anche di sapere che la nostra vecchia fantesca, Catina, li buttasse via. Andavo a fumarli di nascosto. Già all'atto d'impadronirmene venivo pervaso da un brivido di ribrezzo sapendo quale malessere m'avrebbero procurato. Poi li fumavo finché la mia fronte non si fosse coperta di sudori freddi e il mio stomaco si contorcesse»

Italo Svevo, *La coscienza di Zeno*, 1923.

535 Si indichi quale delle espressioni è stata eliminata dal testo.

- A ai bordi del viale
- B in bilico su tavoli e armadi
- C sul televisore
- D davanti al portone d'ingresso del palazzo
- E nel giardino pubblico che circondava la casa

Leggere il brano seguente e rispondere alla relativa domanda.

«Oggi la salvezza dei popoli non è data dalla semplice salute economica, ma dall'apparato scientifico-tecnologico che la rende possibile e che deve essere continuamente potenziato per rispondere alla crescente complessità e pericolosità del mondo attuale. È inevitabile che il potenziamento crescente della tecnica si scontri con i limiti che la tradizione dell'Occidente ha sempre posto a ogni forma di übris (superbia). Il problema decisivo per la sopravvivenza dell'uomo è se übris sia la volontà di potenza della tecnica o la volontà di porre limiti alla dominazione tecnologica del mondo.

© Alpha Test

Oggi i popoli non sanno quale uso fare dei loro templi, ma non possono dimenticare la filosofia, nella quale soltanto è possibile non dimenticare quel problema.»

Emanuele Severino, *Le sfide del sapere*, Iter, Treccani, n. 8, 2000

536 Sulla base dell'analisi di Emanuele Severino è stata costruita una serie di argomentazioni. Individuate LA SOLA CHE ESULA dal discorso del filosofo:

- **A** il progresso scientifico-tecnologico appare a volte preoccupante proprio per la sua congenita tendenza a valicare i limiti tradizionalmente connessi alla condizione umana
- **B** il continuo potenziamento dell'apparato scientifico-tecnologico è d'altronde necessario in quanto è l'unico strumento che può assicurare la pacifica convivenza tra i popoli
- **C** è essenziale porsi il problema se l'ipotesi che sia opportuno porre limiti alla dominazione tecnologica del mondo non possa apparire un atto di superbia
- **D** nel mondo odierno i popoli non sembrano saper che fare dei loro antichi luoghi di culto, cioè delle tradizionali credenze religiose
- **E** tuttavia la filosofia, che si fa carico del problema del progresso scientifico-tecnologico, è più che mai indispensabile

In base alle informazioni contenute nel brano seguente, rispondere alle successive domande.

Gli anni Settanta hanno visto fiorire innumerevoli programmi speciali per la diagnosi e la cura delle difficoltà di apprendimento. Gli educatori hanno acquisito una sempre maggiore consapevolezza dell'elevata incidenza di questo tipo di handicap tra i bambini in età scolare. Nella normativa emessa dal *Bureau of Education for the Handicapped*, questi bambini vengono definiti come portatori di un'alterazione riguardante uno o più processi psicologici fondamentali ai fini della comprensione e dell'uso della lingua, scritta o parlata, e tale da tradursi in un'imperfetta capacità di ascolto, pensiero, parola, lettura, scrittura, sillabazione o calcolo matematico. Rientrano in questo tipo di alterazione: gli handicap di natura percettiva, le lesioni cerebrali, le alterazioni mentali di minima entità, la dislessia e l'afasia. In questa definizione non vanno inclusi i bambini che abbiano problemi di apprendimento principalmente dovuti a difetti visivi, uditivi o motori, oppure a ritardo mentale, a turbe emotive, o a particolari condizioni sfavorevoli dell'ambiente in cui vivono. Da questa definizione consegue che il termine incapacità di apprendere non dovrebbe essere impiegato se non dopo aver escluso parecchie altre condizioni quali possibili cause delle difficoltà scolastiche o psicologiche del bambino. La varietà dei termini usati per indicare casi simili riflette sia il progressivo cambiamento nel tempo dell'approccio adottato, sia una convergenza dell'orientamento medico, didattico e psicologico. Fino a poco tempo fa, quelle che oggi sono definite difficoltà di apprendimento erano considerate indice di lesioni cerebrali o, perlomeno, di alterazioni funzionali cerebrali di lieve entità. Attualmente, invece, si ritiene che alla base dell'incapacità di apprendere ci possa essere una situazione neurologica patologica, di cui però non si può presumere la presenza in tutti i casi. Inoltre, gli esperti di questo tipo di difficoltà insistono in maniera caratteristica nell'affermare che essi non sono affatto interessati all'eziologia, ma hanno bisogno di puntualizzare il quadro specifico delle incapacità comportamentali di ciascun caso per poter predisporre un opportuno programma di rieducazione.

537 Con riferimento alle difficoltà di apprendimento, l'autore è interessato a:

- **A** identificarne le cause e le corrette terapie
- **B** identificarne i metodi di diagnosi
- **C** definirne con precisione i confini
- **D** evidenziarne la diffusione fra i bambini in età scolare

538 Secondo quanto affermato nel brano, quale dei seguenti non rappresenta un sintomo di difficoltà di apprendimento?

- **A** L'incapacità di ascolto
- **B** La scarsa creatività nell'affrontare problemi numerici
- **C** La difficoltà a svolgere calcoli matematici
- **D** L'incapacità di leggere

539 Cosa affermano gli esperti circa le cause delle difficoltà di apprendimento?

A) Che alla base di tali difficoltà vi sono sempre delle situazioni neurologiche patologiche

B) Che alla base di tali difficoltà vi sono sempre delle lesioni cerebrali

C) Gli esperti non sono interessati alle cause quanto ai programmi di rieducazione

D) Che alla base di tali difficoltà vi sono spesso problemi di tipo familiare

540 Secondo l'autore del brano, un bambino che soffre di un difetto visivo:

A) non deve considerarsi un soggetto con difficoltà di apprendimento

B) deve essere considerato un soggetto portatore di handicap, seppure di lieve entità

C) è un soggetto con potenziali difficoltà di apprendimento che occorre seguire con particolare cura

D) non rappresenta un problema per la medicina

541 Dal brano è possibile dedurre che, prima degli anni Settanta:

A) si sottostimava la reale diffusione delle difficoltà di apprendimento fra i bambini in età scolare

B) non era ancora stata chiarita la distinzione fra difficoltà di apprendimento e lesione cerebrale

C) si riteneva che le difficoltà di apprendimento fossero legate prevalentemente a problemi di natura ambientale

D) non si prestava sufficiente attenzione alla ricerca in tema di prevenzione delle difficoltà di apprendimento

Leggere il brano seguente e rispondere alla relativa domanda.

Edonistico in quei momenti nei quali io ero ascetico, materialista mentre le mie tendenze erano spirituali, egocentrico laddove io tendevo a essere altruista, Andrea rappresentava la ... di tutto ciò nel quale io credevo e, ciononostante, invece di ..., ciò che si era sviluppata tra noi era una profonda comprensione e amicizia.

542 Dal periodo precedente sono state espunte due parole. Scegliere, tra le coppie qui sotto riportate, quelle che, inserite al posto dei trattini, meglio rispondono alla logica del testo.

A) Apoteosi - diffidenza

B) Antitesi - simpatia

C) Opposizione - inimicizia

D) Dissimulazione - dissenso

E) Negazione - rivalità

Leggere il brano e rispondere alla relativa domanda.

«Zigong rispose: "Odio chi prende l'astuzia per sapienza. Odio chi prende l'insolenza per coraggio. Odio chi prende la delazione per ..."»

Confucio, *Massime*, a c. di P. Santangelo, Roma, Newton Compton, 2005, p. 30.

543 Tenendo presente lo schema logico sotteso alle prime due affermazioni si stabilisca come Zigong completava l'ultima nell'originale:

A) ignavia

B) schiettezza

C) meschinità

D) acrimonia

E) ignominia

Leggere il brano seguente e rispondere alle relative domande.

[La pediatra Helen Taussig] essendo stata la prima persona a descrivere il quadro clinico delle varie forme di malattia congenita del cuore, più di chiunque altro al mondo conosceva i particolari complessi della cura di questi pazienti. [...] Io credo che la chirurgia pediatrica, nella sua struttura complessiva, si intrecci nella trama della vita dei suoi pazienti più di tutte le altre sottospecializzazioni che stanno fiorendo e in cui ora è suddivisa l'Arte: essa è un esempio per tutti coloro che vogliono essere dei veri medici, che abbiano fatto tirocinio per diventare nefrologi, chirurghi microvascolari o radiologi da sala operatoria, o che appartengano alle altre branche non ufficiali della medicina moderna. Le sue fila sono ricche di uomini e donne, i cui rapporti con i pazienti e le loro famiglie sono la prova che è possibile essere di fatto un medico di un essere umano malato, e non essere un dottore per un singolo organo o una singola malattia. Ma non incorriamo in errore. [...] Qui si tratta di specia-

© Alpha Test

listi altamente qualificati che capiscono, grazie all'esperienza quotidiana, che non esiste alcun conflitto tra i metodi tecnocratici della medicina moderna e il fatto di prendersi cura dei nostri fratelli e delle nostre sorelle malate.

Sherwin B. Nuland, *Storia della medicina*, Oscar Mondadori, 2004

---

544 Tra i giudizi qui espressi, UNO NON È IN ACCORDO con il pensiero di Nuland. Quale?

- **A** I metodi tecnocratici della medicina moderna rendono inevitabilmente rari e difficili i rapporti umani
- **B** Un pediatra, più che ogni altro tipo di medico, entra in un rapporto umano completo con i suoi pazienti
- **C** Un vero medico non si può esimere dall'interesse per i propri pazienti in quanto persone malate, prima che in quanto casi clinici
- **D** La medicina è essenzialmente un'Arte che richiede disponibilità umana e competenza specialistica
- **E** La tecnologia può e deve essere al servizio di un atteggiamento partecipe e fraterno nei confronti di chi soffre

---

545 Su quale di queste considerazioni NON SAREBBE D'ACCORDO Sherwin Nuland?

- **A** È un errore non attribuire importanza alle competenze altamente specialistiche
- **B** È un errore ritenere che sia raro trovare oggi, nelle varie branche della medicina, uomini capaci di essere veri medici
- **C** Non si può negare che la chirurgia pediatrica richieda una partecipazione particolare alla vita dei piccoli pazienti
- **D** Nella chirurgia pediatrica le cure sono per lo più meno importanti che la capacità di condividere i problemi dei malati
- **E** Nell'esperienza quotidiana un medico può sentirsi contemporaneamente fratello di chi soffre e scienziato attento a ciò di cui si soffre

---

Leggere il brano seguente e rispondere alle relative domande.

«Doveva essere l'aprile o il maggio del '56, a Trieste. Eravamo in II liceo e, durante l'ora di greco, un mio compagno, Cecovini, aveva lanciato una pallina di carta che era finita, inopinatamente, sulla testa calva del professore, chino sulla cattedra a leggere il registro. Il professore alzò gli occhi, vide davanti a sé lo studente che sedeva in primo banco, De Cola, e lo identificò senz'altro e immediatamente con l'autore del lancio. «Tu, caro De Cola, che ti diverti a tirare palline di carta...». L'accusato protestò vivacemente la sua innocenza, ma invano, perché l'insegnante continuava a dirgli, bonario e imperterrito: «Eh, caro De Cola, tu hai l'abitudine di tirare palline di carta, lo so... ti piace fare il Pandaro, l'arciere troiano, eh...»

Dopo qualche minuto il vero colpevole, da uomo d'onore, si alzò e disse: «Professore, sono stato io». Al che l'insegnante, dandogli un'occhiata distratta, replicò: «Ah sì, sei stato tu, va bene però anche tu, De Cola, con la tua mania di tirare palline di carta...». Da quel giorno, ogni volta che entrava in classe, il nostro professore di greco, grande conoscitore e docente della sua materia, apostrofava subito De Cola: «Tu, che tiri sempre palline di carta... lo so, lo so, quella volta è stato Cecovini, ma anche tu, con questa tua pessima abitudine...». Non ho più dimenticato quella lezione, che svelava il meccanismo del pregiudizio e dimostrava quanto esso si radichi profondamente in noi, senza venire scalfito dalle smentite della realtà. Il fatto che De Cola non avesse, quella volta, tirato delle palline era, per l'insegnante, qualcosa di casuale, di accidentale, così come era accidentale il fatto che, a tirarle, quella volta fosse stato Cecovini. Necessario e fondamentale, ai suoi occhi, era invece il fatto che, a suo avviso, nella natura di De Cola ci fosse una colpevole inclinazione a tirare palline, anche se non le tirava.»

Claudio Magris, *Utopia e disincanto*, Garzanti, 2001, pp. 288 e segg.

---

546 Il ricordo di un evento scolastico di per sé abbastanza banale induce lo scrittore a riflettere su un atteggiamento mentale da cui nessuno può ritenersi del tutto indenne. Tra quelle proposte, scegliete l'espressione che meglio lo definisce:

- **A** autoritarismo
- **B** scarsa fiducia nelle proprie capacità intuitive
- **C** volontà di confrontarsi con la realtà dei fatti
- **D** soggezione ai propri pregiudizi
- **E** superbia, senso di superiorità

QUESITI

547 L'episodio di vita scolastica rievocato da Magris induce il lettore ad alcune considerazioni. Individuate quale, tra quelle qui riportate, NON È AUTORIZZATA dal testo riportato:

- **A** la posizione di potere che un professore occupa rispetto ai suoi allievi induce spesso ad atteggiamenti ottusamente repressivi e oppressivi
- **B** anche uomini di cultura e di studio indulgono al vizio di ripetere battute e espressioni in cui compendiano le loro convinzioni
- **C** il senso dell'umorismo può rendere tollerabili anche giudizi ingiusti, che diventano, se pronunciati con ironia non malevola, materia di scherzo piuttosto che di polemica
- **D** capita spesso che siamo talmente affezionati alle idee che ci facciamo delle persone che rifiutiamo di rivederle, anche solo occasionalmente
- **E** anche episodi quotidiani e di per sé irrilevanti possono offrire motivi e spunti di riflessione sul comportamento proprio e altrui

Leggere il brano e rispondere alla relativa domanda.

«[...] leggendo recentemente la notizia che in un liceo scientifico gli scolari hanno giurato di non copiare [...] mi sono chiesto se le forme in cui questo lodevole spirito si è espresso (affermando valori quali l'impegno e la lealtà) siano proprio quelle giuste. Anzitutto copiare (in primo luogo far copiare) è un dovere, un'espressione di quella lealtà e di quella fraterna solidarietà con chi condivide il nostro destino (poco importa se per un'ora o per una vita) che costituiscono un fondamento dell'etica. Passare il bigliettino al compagno in difficoltà insegna a essere amici di chi ci sta a fianco e ad aiutarlo pure a costo di rischi, forse anche quando, più tardi, tali rischi, in situazioni pericolose o addirittura drammatiche, potranno essere più gravi di una nota sul registro. Chi, sapendo un po' più di informatica o di latino di quanto non ne sappia il suo compagno di banco, non cerca di passargli il compito, resterà probabilmente per sempre una piccola carogna (il termine più appropriato sarebbe veramente un altro, più colorito e disdicevole) e magari si convincerà che quel voto in più sulla sua pagella, casuale e precaria come ogni pagella, sia chissà che cosa: ossia, diventerà un imbecille. Se agli scolari tocca copiare, agli insegnanti ovviamente tocca impedirlo, e il gioco va bene se ognuno fa ciò che gli spetta, senza bollare la copiatura come un crimine e senza rivendicarla come un diritto contro la repressione scolastica. Le cose si guastano invece quando tutti vogliono fare tutto e la scuola, o l'esistenza intera, diventa un Comitato universale permanente, in cui i docenti esortano gli alunni a manifestare la loro creatività rifiutandosi di studiare e gli alunni si mettono al posto dei docenti per rinnovare pedagogicamente la scuola, anziché marinarla ogni tanto, o lamentano che in classe non si leggano autori contemporanei, come se la scuola fosse una mucca da cui succhiare ogni latte e non fosse possibile leggere qualcosa per conto proprio. In questo non ci si diverte più, come non ci si divertirebbe a scopone se ogni giocatore, anziché cercare di far scopa, primiera e settebello, cercasse di far vincere gli altri per evitar loro frustrazioni. E se non ci si diverte si impara poco, perché le cose da apprendere [...] diventano pesanti doveri da assolvere o contestare, e comunque di cui sbarazzarsi appena possibile».

Claudio Magris, *L'elogio del copiare*, «Corriere della sera», 28/1/99

548 Dalla lettura dell'articolo di Magris alcuni studenti di liceo hanno tratto conforto per le loro rivendicazioni. In realtà però UNA SOLA delle esigenze da loro espresse e qui elencate trova conferma nel testo citato:

- **A** la solidarietà con coloro che condividono la nostra sorte può richiedere coraggio, ed è bene che ci si educhi a praticarla a scuola
- **B** è diseducativa quindi una scuola in cui gli insegnanti scoraggino la pratica del "comunicare" e cerchino in tutti i modi di osteggiarla
- **C** hanno ragione gli studenti che considerano intollerabilmente repressive e contestano come antipedagogiche le tecniche volte a impedire la copiatura
- **D** a scuola ci si può anche divertire, se ciascuno fa la propria parte senza rigidezza moralistica e senza supponenza: si imparerà meno, ma si starà meglio insieme
- **E** comunque, tollerante o rigida, la scuola non potrà lasciare una traccia per la vita se non si deciderà a dare uno spazio prevalente alla conoscenza della cultura contemporanea

Leggere il brano e rispondere alla seguente domanda.

«La parola italiana "simplesso" designa un ente matematico che appartiene a una famiglia i cui elementi tipici sono:

- il segmento nel caso della retta (spazio a una dimensione);
- il triangolo nel caso del piano (spazio a due dimensioni);
- il tetraedro (piramide a base triangolare) nel caso dello spazio a tre dimensioni;

nonché figure che corrispondono alla generalizzazione di tali enti geometrici nel caso degli spazi con un numero di dimensioni più elevato. I termini oggi in uso in molte lingue per indicare il simplesso (in particolare simplex in inglese, Simplex in tedesco e simplexe in francese) sono stati formati sulla parola latina simplex perché il simplesso, nello spazio cui appartiene, è la figura più semplice, cioè quella che presenta il minor numero di vertici: in effetti il triangolo è il più semplice dei poligoni, il tetraedro è il più semplice dei poliedri e così, in ciascuno spazio con più di tre dimensioni, il simplesso è il più semplice fra i poliedri generalizzati di quello spazio. La nozione di simplesso è nata nell'ambito della topologia. Il matematico inglese William Kingdon Clifford (1845-1879) ha proposto di designare tale ente con l'espressione *prime confine* che potrebbe essere tradotta in italiano con l'espressione "confine elementare".»

A. Lepschy - C. Minnaja, *Simplesso. Indagine sull'etimologia e sulla datazione di un termine matematico*, in «Lingua e stile», anno XL, giugno 2005, pp. 91-92.

549 Delle affermazioni che seguono una NON si desume dal testo. Si indichi quale.

A) La nozione di simplesso è nata nell'ambito della matematica
B) Il triangolo è un simplesso
C) La parola italiana "simplesso" è documentata a partire dal secolo XVIII
D) Il tetraedro è il poliedro più semplice
E) Non tutte le parole proposte in Europa per indicare il simplesso sono state formate sulla parola latina simplex

Leggere il brano seguente e rispondere alla relativa domanda.

«Per la prima volta nella storia dell'umanità si potrebbe forse dire che le avanguardie di un grande rinnovamento culturale, sociale e politico, quello che fondò l'età moderna, non sono rappresentate da uomini con armi ma da uomini con libri. La nuova civiltà europea, quella dell'Umanesimo e del Rinascimento, iniziata da Petrarca e Boccaccio, nel suo concerto e nella circolazione e nei suoi assetti non è avviata – come quelle di secoli precedenti – dalle legioni romane o dagli eserciti carolingi o svevi, seguiti dalle ondate di amministratori e di legisti. È promossa invece dalle appassionate missioni degli apostoli della nuova cultura, gli umanisti, che dalla rivoluzione cristiana – e dalla stessa miglior cultura medievale dell'eloquenza – avevano appreso la potente e radicale forza rinnovatrice della parola detta o scritta o rappresentata in immagini. Si proiettano fra metà del Trecento e metà del Quattrocento dall'Italia per tutta Europa questi fondatori della civiltà moderna, armati solo di libri; assertori e propagatori gli uni gli altri di una nuova visione della vita civile.

I loro codici sono ancor oggi disseminati in tutta Europa e di lì negli altri continenti [...]. Sono testimonianza precisa e ancor vivente di quel travolgente fenomeno rinnovatore che furono l'Umanesimo e il Rinascimento. Segnano ancora – dalla Russia alla Romania, dalla Scozia al Portogallo, dalla Grecia alla Danimarca e persino all'Islanda e oltre gli Oceani – le tappe e gli effetti vivificanti di quelle acque fecondanti da cui poté sbocciare la fioritura del Rinascimento.»

Vittore Branca, *La civiltà letteraria europea*, Iter, IV, 13, 2001, Treccani

550 UNO SOLO dei titoli qui proposti è veramente coerente con il contenuto dell'articolo di V. Branca: quale?

A) Dall'ascetismo medievale all'esaltazione delle virtù umane
B) La forza della parola sconfigge per sempre quella delle armi
C) Una nuova concezione del valore dell'arte
D) L'umanesimo: un fenomeno tutto italiano
E) Un'avanguardia culturale: Petrarca e Boccaccio

Leggere il brano seguente e rispondere alla relativa domanda.

«"Dimenticare" di inserire un membro della famiglia [nel disegno infantile della stessa] esprime un atteggiamento negativo verso quella persona, rifiuto o eliminazione simbolica. [...] L'omissione di sé si riscontra nei disegni di bambini con sentimenti di inadeguatezza e non appartenenza. [...] In un esempio meno esplicito dello stesso problema, il bambino può relegarsi alla fine dello spazio ove sono allineati tutti i componenti della famiglia, non come espressione di modestia bensì di posizione di netta inferiorità. [...] L'interazione positiva fra due membri della famiglia indica un buon rapporto o il desiderio di un rapporto più stretto, come nel caso del bambino che disegna se stesso mentre gioca a palla con il padre. [...] La mancanza di interazione fra i componenti della famiglia viene spesso indicata raffigurando ognuno in un compartimento separato, mentre fa qualcosa da solo, in isolamento sociale e senza scambi con gli altri.»

Joseph H. Di Leo, *I disegni dei bambini come aiuto diagnostico*, trad. it. Giunti, Firenze, 1992, pp. 126-138.

551 Le affermazioni riportate autorizzano solo UNA delle seguenti conclusioni. La si individui:

- **A** il fatto che il bambino si disegni in coda agli altri componenti della sua famiglia è sintomo di buona educazione
- **B** il bambino che invariabilmente si rappresenta impegnato in qualche attività insieme al papà tradisce un inconfessato desiderio d'indipendenza
- **C** per semplice dimenticanza può accadere che il bambino non riporti nel disegno della sua famiglia tutti coloro che ne sono membri
- **D** non depone a favore della buona integrazione del bambino nel nucleo familiare il fatto che egli si escluda dalla sua rappresentazione grafica
- **E** rappresentando isolati e intenti ad attività individuali i membri della propria famiglia, il bambino ne sottolinea la particolare operosità

In base alle informazioni contenute nel brano seguente, rispondere alle successive domande.

Il diciannovesimo secolo segna un energico risveglio dell'interesse per il trattamento umanitario dei deficienti mentali e dei matti. Prima di allora, l'abbandono, il ridicolo, e persino la tortura erano la sorte normale destinata a questi disgraziati. Parallelamente alla crescente preoccupazione di fornire cure adeguate agli anormali, ci si rese conto della necessità di stabilire criteri uniformi per la loro individuazione e classificazione. Sia in Europa sia in America, la fondazione di varie istituzioni specializzate per la cura dei ritardati mentali fece sentire con particolare urgenza la necessità di definire norme di ammissione e, di conseguenza, di un sistema obiettivo di classificazione. In primo luogo, era necessario differenziare i pazzi dai ritardati mentali: i primi manifestavano disturbi emotivi che potevano essere accompagnati o meno da deterioramento mentale, pur partendo da uno stadio iniziale del tutto normale; gli altri si distinguevano per un'insufficienza mentale, già presente fin dalla nascita o dalla prima infanzia. Probabilmente la prima esposizione chiara e precisa di questa distinzione si può trovare in un'opera in due volumi del 1838 del medico francese Esquirol, nella quale un centinaio di pagine sono dedicate al ritardo mentale. Esquirol, inoltre, pose in rilievo l'esistenza di molti gradi di ritardo mentale, che vanno, lungo un *continuum*, dalla normalità fino al cretinismo estremo. Nel tentativo di elaborare un sistema per la classificazione dei diversi gradi e delle svariate forme di ritardo mentale, Esquirol sperimentò parecchi procedimenti, per giungere alla conclusione che il criterio più sicuro per determinare il livello mentale di una persona è dato dalla sua attività verbale.

552 Per quale motivo l'autore menziona il medico francese Esquirol?

- **A** Perché giudica la sua opera un punto di svolta nella psicologia moderna
- **B** Perché per primo ha chiarito la distinzione fra pazzi e ritardati mentali
- **C** Perché ne condivide il criterio di basarsi sull'attività verbale per determinare il livello mentale di un individuo
- **D** Perché l'autore è un allievo di Esquirol

553 Secondo il brano un:

- **A** ritardato mentale è tale dalla nascita o dalla prima infanzia
- **B** pazzo è un individuo che ha subito un deterioramento mentale
- **C** individuo può divenire ritardato mentale a seguito di un forte trauma adolescenziale
- **D** pazzo può non mostrare alcun disturbo emotivo

554 Il brano è di carattere:

- **A** apologetico
- **B** scientifico
- **C** descrittivo
- **D** polemico

 © Alpha Test

555 Quale fra le seguenti alternative meglio sintetizza l'atteggiamento degli europei nei confronti dei ritardati mentali alla fine del Settecento?

A Desiderio di giungere a criteri uniformi per la loro identificazione

B Scarsa considerazione

C Rifiuto e ostilità

D Desiderio di identificare le corrette terapie per la loro cura

556 Quale sarà il probabile argomento trattato nel prosieguo del brano?

A L'evoluzione dei criteri per l'identificazione del livello mentale di un individuo

B Le opere di Esquirol successive a quella già descritta

C Il trattamento dei pazzi in America nel ventesimo secolo

D L'opinione dell'autore circa il modo con cui identificare i ritardati mentali

Leggere il brano seguente e rispondere alla relativa domanda.

«L'ingegneria genetica è divenuta oggi oggetto dell'accusa più grave che sia mai stata mossa contro la scienza: dare ai biologi il potere di avvilire e di asservire sia il corpo che lo spirito dell'uomo. In effetti il potere di modificare l'essere umano non è una prerogativa nuova. [...] Gli esseri umani presentano notevole diversità di caratteristiche, quindi un immenso potenziale evolutivo che dà adito a svariate possibilità di selezione.

[...] Nessun esperimento, di nessun tipo, deve essere intrapreso su un essere umano senza il suo consenso. In ogni circostanza devono essere salvaguardati il rispetto e la dignità della persona umana. Anche quando lo si prende come oggetto, l'essere umano deve restare soggetto.»

François Jacob, *Il topo la mosca e l'uomo*, Torino, Bollati Boringhieri, 1998.

557 L'analisi dei punti essenziali del pensiero di Jacob è imprecisa. UNA sola delle riflessioni che essa ha suggerito a un affrettato lettore È VERAMENTE FONDATA sul testo citato. Quale?

A Spaventa tutti il fatto che i biologi abbiano il potere di asservire, corpo e spirito, gli uomini, come il fuoco un tempo spaventò Prometeo

B La paura induce a ripetere nei confronti della scienza le identiche accuse in base a cui essa era già stata condannata in passato

C Per fortuna la molteplicità dei caratteri degli esseri umani sembra rendere particolarmente difficile, se non addirittura impossibile, manipolazioni selettive

D Non esistono circostanze che giustifichino interventi volti a modificare un essere umano senza il suo consenso

E Dobbiamo accettare che possano presentarsi casi particolarissimi in cui la manipolazione genetica sia comunque lecita, con il consenso o meno dell'interessato

In base alle informazioni contenute nel brano seguente, rispondere alle successive domande.

Karl Marx non divenne un dissidente e un rivoluzionario per reazioni a stenti e a privazioni patiti in gioventù. I moderni discepoli che si recano in pellegrinaggio a Treviri, sua città natale, che sorge nella valle della Mosella ed è contigua alla più bella campagna d'Europa, trovano una dimora attraente, straordinariamente spaziosa. Salvo casi estremamente rari, essa supera in eleganza quelle da cui provengono gli stessi visitatori. Il padre di Marx, il più eminente avvocato di Treviri, nonché magistrato presso la corte d'appello, apparteneva a un'antica famiglia ebraica. All'epoca della nascita di Karl, si era da poco convertito al protestantesimo, ma non pare che in ciò entrassero genuine persuasioni spirituali. Il fatto è che nella posizione ufficiale da lui occupata in Prussia non era facile essere ebreo. Il giovane Marx frequentava l'élite sociale locale; e il suo matrimonio con Jenny von Westphalen, figlia del barone Ludwig von Westphalen, il primo cittadino della città, era in armonia con la sua posizione. I primi anni di Marx non offrono nessun segno premonitore del violento dissenso rivoluzionario che l'avvenire aveva in serbo.

Questo dissenso fu alimentato per la prima volta durante gli anni degli studi universitari, quando, dopo un periodo romanticamente spensierato trascorso a Bonn, Marx si trasferì a Berlino, dove cadde sotto l'influsso di Georg Wilhelm Friedrich Hegel (1770-1831). Da Hegel, o, più precisamente, dalla formidabile e spesso sconcertante aggregazione del pensiero hegeliano, scaturì un'idea in cui ci siamo già imbattuti, sia pure in forma molto elementare, nell'opera di Friedrich List. Si tratta della ferma convinzione che la vita economica, sociale e politica sia impegnata in un processo di costante trasformazione. Quando una struttura o istituzione sociale conquista autorità o preminenza, un'altra sorge a sfidarla. E dalla sfida e dal conflitto che ne derivano nascono una nuova sintesi e un nuovo potere, che saranno successivamente a loro volta sfidati da nuove strutture o istituzioni. L'ovvia esemplificazione in carne e ossa di questa superba astrazione era costituita dai capitalisti – i nuovi industriali – e dalla loro sfida alle vecchie classi dominanti terriere. E non era necessario un grande sforzo di immaginazione per rendersi conto che, dopo aver opportunamente demolito il potere della vecchia aristocrazia e aver raggiunto una nuova sintesi, la nuova borghesia sarebbe stata a sua volta sfidata dagli operai che aveva chiamato a raccolta al proprio servizio.
La tradizione classica – l'abbiamo visto – aveva postulato un equilibrio; e questa dottrina sarebbe stata chiamata l'economia dell'equilibrio. La relazione fondamentale tra datore di lavoro e operaio, tra terra, capitale e lavoro, non mutava mai. Potevano verificarsi variazioni nell'offerta di lavoro e di capitale, ma queste variazioni non avevano altro effetto che quello di portare a un nuovo e analogo equilibrio. L'identificazione e lo studio di tale equilibrio finale costituivano la sostanza della scienza economica. Muovendo da Hegel, Marx fu dunque indotto a rifiutare il più fondamentale dei presupposti dell'economia classica. Per lui l'equilibrio non era il punto d'arrivo, ma un evento incidentale in un'assai più ampia trasformazione, che modificava l'intera relazione tra capitale e lavoro.
Possiamo individuare qui la base della più importante divergenza singola nelle visioni dell'economia moderna. Per gli economisti di orientamento classico o neoclassico esiste tuttora un modello fisso, immutabile. A questa norma la vita economica – quali che siano le temporanee perturbazioni o interferenze – tende irresistibilmente a tornare. La scienza economica fa progredire e perfeziona la conoscenza di istituzioni e relazioni basilari che sono costanti. A questa concezione si contrappone la fede in una trasformazione ininterrotta cui gli economisti e le idee economiche devono adattarsi. È il lascito di Hegel e di Marx. Le istituzioni economiche – sindacati, società anonime, le manifestazioni economiche e le politiche dello stato, il conflitto di classe – sono tutte in movimento o sono fonte di movimento. Credere nell'equilibrio – ossia concepire lo studio dell'economia come una ricerca che mira a far progredire la conoscenza di un oggetto fisso e definito una volta per tutte, insomma come una scienza non diversa dalla chimica o dalla fisica – significa condannarsi a un'ineluttabile obsolescenza.
Negli Stati Uniti, come vedremo in seguito, lo schieramento degli economisti si divide oggi tra classicisti (la stragrande maggioranza) e istituzionalisti, tra quanti postulano un equilibrio inevitabile e costante e quanti (che rivendicano pretese assai minori di precisione scientifica) accettano un mondo in evoluzione e in continuo mutamento. Una delle fonti delle idee degli istituzionalisti è la Germania nel mondo di Hegel (e di Marx).

558 Il carattere del brano è:

- A descrittivo
- B giornalistico
- C polemico
- D critico
- E poetico

559 Una delle tesi centrali avanzate dall'autore del brano è che:

- A l'economia si presenta come una rigorosa disciplina scientifica
- B Hegel influenzò il pensiero di Marx che si pone in opposizione al più fondamentale dei presupposti dell'economia classica
- C la grande maggioranza degli economisti statunitensi accettano un mondo in continuo mutamento
- D nelle origini aristocratiche di Marx vanno ricercate le origini del suo pensiero rivoluzionario
- E il pensiero di Marx aveva trovato precedente espressione nell'opera di Friedrich List

560 Dal brano si deduce che l'autore è presumibilmente un:

- A giornalista
- B chimico
- C conoscitore del pensiero di Marx
- D autore di una biografia di Marx
- E scienziato

 © Alpha Test

561 Quale delle seguenti affermazioni è corretta, secondo quanto riportato dal brano?

- A Il padre di Karl era di religione sinceramente protestante
- B La teoria economica istituzionalista trae origine anche dal pensiero di Hegel
- C Marx non fu un rivoluzionario
- D Secondo la teoria classica la vita economica è in costante trasformazione
- E Nessuna delle alternative è corretta

562 Quale delle seguenti affermazioni non è contenuta nel brano?

- A I sindacati sono istituzioni economiche
- B La dimora di Treviri supera spesso in eleganza le residenze da cui provengono i visitatori che vi si recano in pellegrinaggio
- C Marx trascorse a Berlino un periodo romanticamente spensierato
- D Hegel morì all'età di almeno 60 anni
- E Nessuna delle alternative è corretta

Leggere il brano e rispondere alla relativa domanda.

«Difesa automatica e inconscia mediante la quale l'io rifiuta una motivazione, una emozione, o una idea, penose o pericolose, da cui tende a dissociarsi.»

Henri Piéron, *Dizionario di psicologia*, La Nuova Italia, Firenze, 1973, p. 481.

563 La definizione si riferisce a una delle voci sottostanti: quale?

- A Rievocazione
- B Transfert
- C Rimozione
- D Ipnosi
- E Sublimazione

Leggere il brano seguente e rispondere alla relativa domanda.

Si ammetta che un ormone in forma biologicamente attiva possa essere dosato nel siero sfruttando la presenza di un gruppo terminale NH_2. Questo gruppo è presente oltre che nell'ormone intatto, biologicamente attivo, anche in suoi frammenti biologicamente inattivi, risultanti dai processi normali di degradazione. Si ammetta inoltre che, in una certa condizione morbosa, possa essere accresciuta la produzione dell'ormone e/o che l'eliminazione dei frammenti di degradazione possa risultare molto rallentata. Si immagini ora che, in una condizione morbosa di questo tipo, il metodo di dosaggio dell'ormone in questione nel siero, che sfrutta la presenza di NH_2 terminali, fornisca un valore tre volte maggiore del massimo normale.

564 In base alle informazioni sopra esposte una sola delle seguenti deduzioni è CORRETTA: quale?

- A La produzione dell'ormone in oggetto è triplicata
- B La produzione dell'ormone è aumentata di una volta e mezza
- C Non ci sono elementi per distinguere tra aumento della produzione dell'ormone e ritenzione dei suoi frammenti di degradazione
- D L'attività dell'ormone in forma biologicamente attiva è sicuramente aumentata
- E Sono aumentati i livelli dei frammenti ormonali inattivi e quindi l'attività biologica non è aumentata

Leggere il brano seguente e rispondere alla relativa domanda.

«Le matite dei pittori antichi contenevano, come materiale base, piombo legato a stagno. [...] Erano di una lega tenerissima e [...] composte da una parte di stagno pestato e da due parti di piombo. Invece le nostre matite sono del tutto prive di piombo; sono fatte di grafite pestata. Poiché le prime miniere di grafite furono scoperte [...] attorno alla metà del Quattrocento, e poiché questo minerale non entrò subito nel commercio europeo, i disegni eseguiti con la grafite non possono essere anteriori al 1560-70 circa. Il falsario che voglia imitare disegni anteriori a quest'epoca può, quindi, cercar di evitare di essere scoperto fabbricandosi una matita di piombo e stagno fusi insieme secondo le antiche ricette; ma ben difficilmente la composizione dei due metalli sarà uguale a quella del piombo e dello stagno del Medioevo, che erano estratti con metodi primitivi e che rimanevano alquanto impuri. [...] A partire dalla metà dell'Ottocento, i metalli fondamentali che si trovano in commercio sono di una purezza sempre maggiore; e il tipo del piombo e dello stagno usati per la lega può così permettere una datazione. Anche la finezza dei tratti del disegno può costituire un indizio prezioso, poiché soltanto i materiali più re-

QUESITI

centi permettono di fare delle matite a punte finissime [...]»

da Frank Arnau, *Arte della falsificazione dell'arte*, traduzione italiana Feltrinelli, Milano, 1961, pp. 86-87

565 Stando alle indicazioni di Arnau, QUATTRO delle caratteristiche seguenti, tipiche di un disegno del XV secolo, deporrebbero per la sua falsità; si INDIVIDUI QUELLA CHE, di per sé, NON ESCLUDEREBBE l'autenticità.

A Presenza di grafite pressata nella matita con cui è stato eseguito

B Particolare finezza dei tratti con cui è stato eseguito il disegno

C Presenza minoritaria di stagno nella matita con cui è stato eseguito

D Presenza di piombo di notevole purezza nella matita con cui è stato eseguito

E Presenza di stagno particolarmente puro nella matita con cui è stato eseguito

Leggere il brano e rispondere alla relativa domanda.

«Nella malattia X i risultati dell'esame A risultano normali (e il test è definito come positivo) complessivamente nel 60% dei pazienti; nel sottogruppo dei casi più gravi di questa malattia la percentuale di positività è però più elevata e raggiunge l'80%. Nell'85% dei pazienti nei quali il test A risulta positivo si trova la malattia X in forma avanzata. Un secondo test, qui indicato come B, risulta positivo nel 30% dei casi gravi di malattia X, ma una positività è riscontrabile anche in un 78% dei casi affetti dalla malattia Y, ben distinta da quella X e nei confronti della quale è molto importante la diagnosi differenziale, in quanto il trattamento è diverso. L'esame A è negativo in caso di malattia Y. Nel 92% dei casi con una contemporanea positività del test A e di quello B si ritrova la malattia X in fase avanzata. In caso di positività del test B e di negatività di quello A, può essere presente sia la malattia X sia quella Y».

566 In base al brano proposto, UNA sola delle seguenti affermazioni è ERRATA. Quale?

A Se vien fatto riferimento solo ai test A e B può risultare impossibile diagnosticare una forma lieve di malattia X

B La contemporanea positività del test A e di quello B è fortemente indicativa per la presenza della malattia X, ma non consente una certezza assoluta

C Una netta positività del test B, con sicura negatività del test A orienta verso la malattia Y, pur non permettendo di escludere la malattia X

D Una negatività del test B consente di escludere sia la malattia X sia quella Y

E Una negatività del test A non permette di escludere la malattia Y

Leggere il brano e rispondere alle relative domande.

Le leggi sono le condizioni, colle quali uomini indipendenti ed isolati si unirono in società, stanchi di vivere in un continuo stato di guerra e di godere una libertà resa inutile dall'incertezza di conservarla. Essi ne sacrificarono una parte per goderne il restante con sicurezza e tranquillità. La somma di tutte queste porzioni di libertà sacrificate al bene di ciascheduno forma la sovranità di una nazione, ed il sovrano è il legittimo depositario ed amministratore di quelle; ma non bastava il formare questo deposito, bisognava difenderlo dalle private usurpazioni di ciascun uomo in particolare, il quale cerca sempre di togliere dal deposito non solo la propria porzione, ma usurparsi ancora quella degli altri. Vi volevano de' motivi sensibili che bastassero a distogliere il dispotico animo di ciascun uomo dal risommergere nell'antico caos le leggi della società. Questi motivi sensibili sono le pene stabilite contro agl'infrattori delle leggi. Dico sensibili motivi, perché la sperienza ha fatto vedere che la moltitudine non adotta stabili principii di condotta, né si allontana da quel principio universale di dissoluzione, che nell'universo fisico e morale si osserva, se non con motivi che immediatamente percuotono i sensi e che di continuo si affacciano alla mente per contrabilanciare le forti impressioni delle passioni parziali che si oppongono al bene universale: né l'eloquenza, né le declamazioni, nemmeno le più sublimi verità sono bastate a frenare per lungo tempo le passioni eccitate dalle vive percosse degli oggetti presenti. Ogni pena che non derivi

 © Alpha Test

dall'assoluta necessità, dice il grande Montesquieu, è tirannica; proposizione che si può rendere più generale così: ogni atto di autorità di uomo a uomo che non derivi dall'assoluta necessità è tirannico. Ecco dunque sopra di che è fondato il diritto del sovrano di punire i delitti: sulla necessità di difendere il deposito della salute pubblica dalle usurpazioni particolari; e tanto più giuste sono le pene, quanto più sacra ed inviolabile è la sicurezza, e maggiore la libertà che il sovrano conserva ai sudditi. Consultiamo il cuore umano e in esso troveremo i principii fondamentali del vero diritto del sovrano di punire i delitti, poiché non è da sperarsi alcun vantaggio durevole dalla politica morale se ella non sia fondata su i sentimenti indelebili dell'uomo. Qualunque legge devii da questi incontrerà sempre una resistenza contraria che vince alla fine, in quella maniera che una forza benché minima, se sia continuamente applicata, vince qualunque violento moto comunicato ad un corpo. Nessun uomo ha fatto il dono gratuito di parte della propria libertà in vista del ben pubblico; questa chimera non esiste che ne' romanzi; se fosse possibile, ciascuno di noi vorrebbe che i patti che legano gli altri, non ci legassero; ogni uomo si fa centro di tutte le combinazioni del globo. La moltiplicazione del genere umano, piccola per se stessa, ma di troppo superiore ai mezzi che la sterile ed abbandonata natura offriva per soddisfare ai bisogni che sempre più s'incrocicchiavano tra di loro, riuní i primi selvaggi. Le prime unioni formarono necessariamente le altre per resistere alle prime, e così lo stato di guerra trasportossi dall'individuo alle nazioni. Fu dunque la necessità che costrinse gli uomini a cedere parte della propria libertà: egli è adunque certo che ciascuno non ne vuol mettere nel pubblico deposito che la minima porzion possibile, quella sola che basti a indurre gli altri a difenderlo. L'aggregato di queste minime porzioni possibili forma il diritto di punire; tutto il di più è abuso e non giustizia, è fatto, ma non già diritto. Osservate che la parola diritto non è contradittoria alla parola forza, ma la prima è piuttosto una modificazione della seconda, cioè la modificazione più utile al maggior numero. E per giustizia io non intendo altro che il vincolo necessario per tenere uniti gl'interessi particolari, che senz'esso si scioglierebbono nell'antico stato d'insociabilità; tutte le pene che oltrepassano la necessità di conservare questo vincolo sono ingiuste di lor natura. Bisogna guardarsi di non attaccare a questa parola giustizia l'idea di qualche cosa di reale, come di una forza fisica, o di un essere esistente; ella è una semplice maniera di concepire degli uomini, maniera che influisce infinitamente sulla felicità di ciascuno; nemmeno intendo quell'altra sorta di giustizia che è emanata da Dio e che ha i suoi immediati rapporti colle pene e ricompense della vita avvenire. Cesare Beccaria, *Dei delitti e delle pene*, Mursia, Milano 1982 (prima ed. 1764)

567 Il "deposito" di cui parla l'autore è:

A l'insieme delle parti di libertà sacrificate dagli uomini che si uniscono in società
B l'insieme delle leggi che garantiscono la tranquillità sociale
C l'insieme delle pene stabilite contro coloro che infrangono le leggi
D la polizia

568 Per controbilanciare le passioni che si oppongono al bene universale:

A occorre l'eloquenza
B occorrono le pene quali "motivi sensibili"
C occorrono verità ideali
D occorrono pene morali

569 Una pena va considerata tirannica quando:

A presuppone la rinuncia alla libertà individuale
B non è assolutamente necessaria
C mette a rischio la sicurezza pubblica
D viene stabilita dal solo sovrano

570 Secondo l'autore, il diritto di punire si fonda:

A sulla rinuncia ad una parte della libertà individuale a favore della sicurezza pubblica
B sulle verità morali insite nel cuore dell'uomo
C sulla giustizia emanata da Dio in relazione alla vita avvenire
D sulla forza del sovrano o di qualsiasi soggetto preposto alla giustizia

571 L'autore del testo:

A descrive
B evoca
C narra
D argomenta

In base alle informazioni contenute nel brano seguente, rispondere alle successive domande.

Nella storia agraria, come nella storia generale d'Italia e d'Europa, primo problema per il "medievalista" è disfarsi del "Medioevo".

Concetto negativo, polemico e impreciso, che, come testimoniano diverse recenti discussioni, si concilia male con le pretese scientifiche della "scienza storica", il "Medioevo" forma parte radicale di uno schema cronologico o di "periodizzazione" che, già dal suo inizio ambiguo e incerto, con il progresso e l'allargamento degli studi storiografici si è dimostrato sempre più discorde, non solo con la storia culturale, sulla quale era basato, ma più distintamente con la storia sociale, economica e politica, dei popoli europei. Conforme ai tempi, la storiografia europea si è democratizzata. Alla storia aristocratica di un tempo, dominata da principi e papi, scolastici, umanisti e artisti, è subentrata pian piano la "storia dell'uomo", compreso "l'uomo economico", e il vecchio sistema non si regge più. Bisogna perciò sostituirlo, o meglio riconoscere che, fuori dal cerchio ristretto della storia dell'arte e del pensiero accademico ("storia delle idee"), è già stato sostituito, salvo la terminologia, in quasi tutti i campi della ricerca storica, dalla storia del diritto alla storia dell'economia. Nella storia dell'economia, anzitutto, una revisione s'impone, poiché in essa si sono già profilate le forme di una nuova cronologia, cronologia basata, in Italia come in Europa, su un vasto ciclo economico ultra secolare, le cui fasi successive di decadenza, rinascita, sviluppo e ristagno comprendono tutto il millennio fra il "mondo romano" e il "mondo moderno", ma hanno poco a che vedere colle divisioni tradizionali di "Antichità", "Medioevo" e "Rinascimento". Le grandi linee di questo ciclo evolutivo sono già ben conosciute e non è quindi necessario rielaborarle. La prima fase, dal secolo III al X circa, fu caratterizzata, in Italia come altrove, da uno stato di devastazione e spopolamento, dal quale per lungo tempo non fu possibile risollevarsi a causa di ripetute invasioni, disordini ed epidemie. La produzione scese a un livello bassissimo e il reddito era concentrato nelle mani di pochi; il traffico divenne fiacco, deficienti la domanda e l'offerta della moneta, mentre gli scambi venivano effettuati in larga misura per via di baratto. Nelle campagne, vasti tratti decaddero a bosco e macchia o, con l'abbandono dei lavori antichi di regolazione idraulica, divennero paludosi. Con il dilagare degli agri deserti la pastorizia probabilmente guadagnò terreno, almeno nell'Italia longobarda; e sebbene negli scriptoria monastici si continuassero a copiare i manuali latini di agricoltura, i loro insegnamenti non erano forse stati mai più lontani dalla realtà pratica. Non vi era ormai bisogno dei metodi intensivi della agricoltura romana. Il mercato dei prodotti italiani d'oltremare era già in declino fin dai primi secoli dell'impero romano; ora anche i mercati interregionali e quelli locali andavano restringendosi. La maggior parte della sempre più scarsa popolazione lavorava la terra, che era divenuta quasi l'unica fonte di sussistenza, guadagno e ricchezza. Le città, sebbene con poche eccezioni, sfuggite alla totale distruzione, erano in maggioranza ancora più in decadimento della campagna. Sopravvivevano più che altro come centri di governo provinciale o diocesano, e la loro popolazione si componeva principalmente di proprietari, chierici e funzionari, con beni *tam in civitate quam extra civitate* quali mezzi di sussistenza. Non che tutti i *possessores* si riunissero nella città; molti preferivano stabilirsi nei villaggi, *curtes* o *castella* i quali, durante questo periodo, cominciarono a distinguersi sempre più quali centri rivali di amministrazione pubblica o signorile, distruggendo l'antica unità fra città e *territorium*. Andava diminuendo la divisione funzionale tra città e contado. Nelle città gli abitanti producevano viveri, nei campi e pascoli comuni; nelle campagne i contadini fabbricavano oggetti e arnesi, e i proprietari mantenevano gruppi di artigiani servili o esigevano prodotti di industria domestica da famiglie coloniche. In condizioni simili c'era ben poco incentivo al miglioramento o alla specializzazione dell'agricoltura; i proprietari cercavano piuttosto di diversificare i loro possedimenti e i prodotti delle loro terre. Da quando Roma aveva unificato l'Italia non era mai stata sentita così urgente l'esigenza o la pratica dell'autosufficienza.

572 Secondo l'autore il concetto tradizionale del "Medioevo" è:

- A ambiguo
- B impreciso
- C radicale
- D cronologico
- E storico

573 La democratizzazione avvenuta nel tempo ha comportato:

- A una analoga democratizzazione nel modo di studiare la storia
- B una evoluzione del pensiero accademico
- C uno sviluppo della storiografia
- D uno sviluppo degli studi economici
- E una involuzione storica

574 La prima fase storica delineata dall'autore:

- A durò dieci secoli
- B fu caratterizzata dal fenomeno degli agri deserti
- C fu caratterizzata dal dilagare della pastorizia
- D iniziò nel X secolo
- E fu caratterizzata da fenomeni di devastazione e spopolamento

575 Dalla lettura del brano si può dedurre che l'autore verosimilmente è:

- A un filosofo
- B uno storiografo
- C un contadino
- D un professore universitario
- E uno scienziato

576 Nella fase storica di cui tratta l'autore, le città:

- A vennero totalmente distrutte
- B sopravvivevano meglio delle campagne
- C erano in decadimento
- D erano fiorenti poiché vi si producevano anche viveri
- E erano in conflitto continuo con la campagna

Leggere il brano e rispondere alla relativa domanda.

«La _____ dell'onorevole Giolitti è stata sempre quella di una _____ conservatrice fatta per mezzo dei condottieri dei partiti democratici: sia lusingandoli e addomesticandoli per mezzo di qualche _____ individuale (siamo arrivati già alle nomine senatoriali) sia, quando si tratti di uomini personalmente disinteressati, come Turati e Bissolati, conquistandoli con qualche _____ che non intacchi seriamente gli interessi economici e politici dei gruppi dominanti nel governo. [...] Giolitti migliorò o peggiorò la _____ elettorale in Italia? La _____ non è dubbia per chi voglia giudicare senza le traveggole dell'amicizia. La trovò e la lasciò nell'Italia settentrionale quale si andava via via migliorando. La trovò cattiva e la lasciò peggiore nell'Italia meridionale».

G. Salvemini, *Il ministro della malavita e altri scritti sull'Italia giolittiana*

577 Dallo scritto di Salvemini sono state espunte sei espressioni qui elencate in diverse successioni. Indicate la serie che meglio corrisponde alle esigenze logiche del testo.

- A politica / tattica / risposta / attenzione / riforma / situazione
- B tattica / risposta / attenzione / riforma / politica / situazione
- C riforma / tattica / risposta / attenzione / politica / situazione
- D risposta / politica / tattica / attenzione / situazione / riforma
- E tattica / politica / attenzione / riforma / situazione / risposta

Leggere il brano e rispondere alla relativa domanda.

In una certa regione esistono alcuni centri specializzati nel trattamento di una malattia che esige terapie complesse di alta specializzazione. I pazienti sono ammessi, su richiesta loro o più spesso dei medici di famiglia, a uno di questi centri che operano tutti secondo schemi condivisi, regolarmente aggiornati e controllati.

Negli ultimi cinque anni i progressi ottenuti nella terapia hanno consentito di allargarne le indicazioni anche a soggetti anziani e a casi complicati, in precedenza non considerati idonei ai trattamenti, che non avevano ancora raggiunto gli attuali livelli di sicurezza e di efficacia.

Questo allargamento delle accettazioni al trattamento si è accompagnato a un notevole incremento del numero dei soggetti anziani e/o più compromessi nel centro maggiore, situato in una grande area urbana. Questo fenomeno si è invece verificato in misura molto ridotta in due altri centri collocati in aree prevalentemente rurali.

578 Tra le seguenti ipotesi esplicative del fenomeno, una sola deve essere scartata a priori in quanto in contraddizione con ciò che è affermato nel testo:

- **A** il centro cittadino è preferito dai medici e dai pazienti più anziani
- **B** il centro cittadino applica terapie più efficaci e moderne
- **C** nell'area rurale i medici di famiglia hanno un miglior rapporto con i loro assistiti e li curano meglio
- **D** nell'area urbana ci si ammala di più
- **E** nell'area urbana i criteri di accettazione nel programma terapeutico sono più ampi

Leggere il brano e rispondere alle relative domande.

Il dolore è ancora un mistero. Tuttavia, due nuovi studi appena pubblicati sulla rivista «Science» aprono alcuni spiragli sulla sua comprensione.

Il primo studio si occupa di empatia, ovvero di quello strano fenomeno per cui soffriamo a causa di un dolore che sta provando una persona a cui siamo affettivamente legati. Tania Singer, dell'istituto di neurologia dell'University College di Londra, e i suoi colleghi volevano capire cosa succede realmente nel cervello di chi prova questa sensazione e perciò hanno preso in esame 16 coppie di fidanzati. La donna è stata messa in una macchina per la risonanza magnetica, in modo da poter osservare cosa accadeva al suo cervello quando una breve scossa elettrica colpiva il dorso della sua mano o di quella del suo fidanzato che si trovava nella stessa stanza. La donna non poteva vedere il viso dell'uomo, tuttavia poteva sapere in anticipo, grazie a un indicatore, a chi dei due stava per arrivare la scossa e se si sarebbe trattato di una scossa lieve o di una di maggiore intensità. Quando a essere colpita era la sua mano, nel cervello della donna si attivavano alcune regioni cerebrali conosciute per essere legate alla sensazione del dolore. E fin qui nulla di nuovo. Ma le immagini della risonanza magnetica hanno mostrato che quando la scarica si dirigeva sulla mano dell'uomo amato, il cervello attivava più o meno le stesse zone. Il dolore provato e quello immaginato sulla pelle del compagno, in sostanza, non erano molto differenti tra di loro. La componente emotiva e quella sensoriale interagiscono tra loro molto intensamente, commenta l'autore dell'editoriale che accompagna la ricerca. Forse più intensamente di quanto ci si aspettasse.

Ma non è tutto. I ricercatori hanno anche visto che lo stesso tipo di attivazione neuronale si riscontra non solo nel caso dell'empatia, ma anche in quello dell'anticipazione del dolore: sapere in anticipo che si proverà dolore già lo fa sentire.

Questo aspetto sembra essere confermato dalla seconda ricerca pubblicata su «Science». I ricercatori dell'Università del Michigan hanno analizzato in questo caso l'effetto placebo, ovvero quell'altro strano fenomeno per cui su alcune persone (e in alcuni casi) una sostanza senza alcun effetto farmacologico (la cosiddetta "acqua fresca") produce un effetto benefico come se fosse un farmaco. Il placebo è stato descritto per la prima volta in un dizionario medico inglese del 1811, ma solo nel XX secolo è stato studiato in modo scientifico. Un caso famoso è quello comparso nel 1976 sul «New England Journal of Medicine». Si trattava di un americano che, affetto da una malattia reumatologica invalidante, decise di non curarsi con gli antinfiammatori che gli avevano prescritto, ma con la vitamina C, convinto che lo avrebbe "disintossicato". L'uomo ottenne di alleviare i suoi dolori tra lo sconcerto dei medici. «L'effetto placebo è ben conosciuto – spiega Alessandro Nobili, farmacologo dell'istituto Mario Negri di Milano – tanto che viene normalmente usato come elemento di confronto nelle sperimentazioni dei farmaci. Dando ad alcuni pazienti il farmaco e ad altri il placebo si vede se l'effetto della sostanza chimica è superiore all'idea di curarsi e di farsi del bene».

Si sapeva anche che il placebo funziona in modo particolare contro il dolore. Rimaneva da capire se questo effetto è solo un'illusione della psiche o ha un corrispettivo fisiologico. La nuova ricerca entra nel cuore del problema. Ad alcune persone è stata applicata una crema che non aveva nessun effetto dimostrato, ma che veniva presentata come un potente antidolorifico, dopodiché venivano colpite da una scossa elettrica o da una sensazione di bruciatura mentre la risonanza magnetica mostrava cosa stava avvenendo nel loro cervello. Tutti coloro che mostravano una grande attività della corteccia prefrontale prima dello stimolo doloroso presentavano poi un'attività ridotta nelle regioni cerebrali coinvolte nella sensazione di dolore al momento della scossa e quindi sentivano effettivamente meno dolore. I ricercatori affermano che questo dimostrerebbe che l'anticipazione del sollievo dal dolore è legata alla riduzione del dolore stesso: in altre parole, sapere che si sentirà meno dolore fa sì che effettivamente si senta meno dolore.

«Conoscevamo già le endorfine, mediatori chimici che vengono rilasciati stimolando alcune zone del cervello e che hanno la capacità di combattere il dolore – spiega il professor Vito Cagli, medico internista – ora abbiamo una prova in più del fatto che c'è un aspetto fisiologico nel placebo». Si sa che per alcune patologie il placebo funziona più che per altre: dolore, depressione, ansia, asma, allergie cutanee, ovvero quelle malattie che hanno una componente di natura psicogena. In alcuni casi risponde addirittura il 40% dei pazienti. Tuttavia, l'uso del placebo come terapia è molto limitato perché, dice Cagli, il suo effetto non è prevedibile né quantificabile. Per ora ci accontentiamo di sapere qualcosa in più sul suo funzionamento.

579 Sulla base di quanto affermato nel testo, si può ricavare che l'empatia:

- A è strettamente legata all'effetto placebo
- B funziona solo fra fidanzati
- C non può essere misurata con la risonanza magnetica
- D non è stata sperimentalmente dimostrata
- E deriva dall'interazione fra componenti sensoriali ed emotive

580 Il brano consente di dedurre che l'autore è:

- A un medico
- B una ricercatrice
- C una docente universitaria
- D una psicologa
- E nessuna delle precedenti alternative è corretta

581 Una sola delle deduzioni tratte dall'articolo non è sufficientemente suffragata dal testo. Quale?

- A Il placebo non è considerato una terapia con ampie possibilità di utilizzo in quanto i suoi effetti non sono né prevedibili né quantificabili
- B Non basta sapere che si sentirà meno dolore per sentirne realmente di meno
- C Sono quasi due secoli che in medicina si parla di "effetto placebo"
- D La capacità di ridurre la sensazione del dolore è posseduta anche da una sostanza prodotta dal cervello
- E L'esperimento svolto dai ricercatori dell'Università del Michigan ha mostrato che l'effetto placebo ha un corrispettivo fisiologico

In base alle informazioni contenute nel brano seguente, rispondere alle successive domande.

La prima reazione di Napoleone fu di mandare avanti Bessières con la cavalleria della Guardia imperiale. I primi due squadroni furono respinti dalla Guardia russa ma la seconda ondata del contrattacco, formata da tre squadroni di granatieri a cavallo sostenuti da batterie di artiglieria ippotrainata, ebbe miglior successo. A questo punto giunse il generale Drouet, che Benadotte aveva inviato di sua iniziativa quando aveva visto quanto fosse critica la situazione al centro. L'arrivo di questi rinforzi riequilibrò la situazione e, subito dopo, Napoleone mandò il suo aiutante di campo più anziano, il generale Rapp, a dare il colpo di grazia con due squadroni di cacciatori della Guardia e uno di mamelucchi. I russi, ormai stanchi, non riuscirono a sostenere il peso di questo nuovo attacco e, dopo dieci minuti, ben 500 granatieri erano stati uccisi e 200 membri della nobile Guardia dei cavalieri, la scorta personale dello zar, con il loro comandante, il principe Repnin, erano stati catturati. Questi prigionieri furono condotti come trionfo dall'imperatore il quale commentò: "Molte nobili signore di Pietroburgo si lamenteranno di questo giorno". Nel frattempo i superstiti della Guardia imperiale russa si ritiravano barcollanti verso Krzenowitz, inseguiti tenacemente dalle forze di Benadotte. Il centro alleato, dopo questo scacco, cessò di esistere. Poco dopo le due del pomeriggio era venuto il momento di sfruttare tutti i vantaggi ottenuti, anche se gli eventi non avevano seguito esattamente il corso previsto da Napoleone.

L'imperatore emise rapidamente nuovi ordini. L'occupazione dell'altopiano di Pratzen fu affidata a Benadotte; la Guardia, i granatieri di Oudinot e le stanche divisioni di Soult dovevano ruotare verso sud, accerchiando Buxhowden da nord e da est, mentre Davout attaccava da ovest. Verso le due e mezzo Buxhowden si trovò in una situazione molto critica. I suoi reparti, che costituivano l'ala sinistra russa, erano ormai completamente isolati dalle altre forze e nessun ordine era pervenuto né da Kutuzov né dallo zar. Dopo brevissimo tempo, Vandamme aveva occupato Augezd, e le divisioni di Davout passarono dalla difensiva all'offensiva spingendosi ancora una volta contro i villaggi di Sokolnitz e Telnitz. Troppo tardi, il maresciallo russo ordinò a metà delle sue forze di ripiegare verso est, prima che i francesi bloccassero la strada, mentre i rimanenti reparti avrebbero dovuto aprirsi un passaggio verso nord lungo la riva occidentale del Goldbach. Vandamme raggiunse le colonne che si dirigevano verso est, immobilizzandole: le forze in marcia verso nord furono presto arrestate dall'azione concertata di St. Hilaire e del maresciallo Davout. Dopo una lunga giornata di combattimenti e di gravi perdite, la sola unità del caporale Blaise aveva perduto 4 capitani, 2 tenenti e 70 uomini mentre un'altra dozzina di ufficiali era stata ferita, e il colonnello aveva avuto 3 cavalli uccisi sotto di lui – lo stato d'animo delle truppe francesi era comprensibilmente eccitato. Il generale Thiebault della divisione di St. Hilaire ricorda: "Fino all'ultima ora della battaglia, non facemmo alcun prigioniero, non potevamo correre alcun rischio o avere scrupoli e pertanto non rimase nemmeno un nemico vivo alle nostre spalle". L'ordine rivolto da Davout ai suoi uomini fu semplicemente: "Non lasciatene scappare neppure uno".

Verso le tre i russi erano ormai in rotta verso sud, in direzione dei laghi e delle paludi ghiacciate. La divisione di Przbysewski depose le armi e pure metà della divisone di Langeron si lasciò catturare. La colonna di Buxhowden, che stava ripiegando verso est, fu tagliata a metà da Vandamme, che veniva da Augezd e i soli che riuscirono a scappare verso Austerlitz furono il maresciallo e gli uomini in testa alla colonna. Il generale Doctorov, ormai completamente isolato e con le spalle ai laghi ordinò un si salvi chi può e i suoi 5.000 uomini si sparpagliarono ognuno nel tentativo di salvarsi. Molti cercarono di attraversare gli stagni ghiacciati, ma Napoleone fece venire 25 cannoni a bombardare il ghiaccio; l'effetto delle palle di cannone aggiunto al peso delle pariglie dei cavalli dell'artiglieria che galoppavano all'impazzata, fecero incrinare e spezzare la superficie ghiacciata, in modo che diverse migliaia di sfortunati soldati caddero nell'acqua gelata. Più tardi, i bollettini francesi dissero che ben 20.000 uomini erano morti in questa maniera, ma tale cifra è senza dubbio molto esagerata, perché solo 5.000 uomini dell'armata alleata si trovavano in quel momento vicino agli stagni, ed è probabile che 2.000 di questi siano affogati (alcuni esperti dicono si trattasse di appena 200 uomini). In ogni modo è certo che 38 cannoni e 130 carcasse di cavalli furono estratti dalle acque dello stagno di Satschan dopo la battaglia.

Mentre al centro e sulla sinistra la disfatta diventava sempre più disastrosa, Bagration decise che era venuto il momento di disimpegnare le sue forze che erano rimaste relativamente intatte. La battaglia a nord era stata aspra durante la prima parte del pomeriggio e, a un certo momento, i russi avevano quasi sopraffatto le reclute di Suchet sull'estrema sinistra francese, prima che Lannes potesse rimediare alla situazione attaccando il centro e la sinistra delle forze di Bagration, con quello che gli era rimasto del suo corpo d'armata; ma, verso le tre, Bagration era già in ritirata, e alle quattro e mezzo non si sparava più nel settore settentrionale. I francesi erano troppo stanchi per inseguire Bagration, con l'impegno necessario e, nelle quaranta ore successive, il maresciallo russo riuscì a porre ben 60 chilometri di strada tra sé e il campo di battaglia.

Verso le cinque del pomeriggio sul campo di battaglia fu suonato il cessate il fuoco. Era giunto il momento di fare il tragico bilancio delle perdite subite. Sembra probabile che giacessero sul campo 11.000 russi e 4.000 austriaci, e che altri 12.000 soldati alleati fossero stati catturati, insieme a 180 cannoni e 50 bandiere e stendardi. In questo modo, l'armata austro-russa aveva perso circa 27.000 uomini, corrispondenti a un terzo della sua effettiva forza originale. I francesi, per contro, ne uscirono relativamente bene, pare con 1.305 morti, 6.940 feriti e 573 prigionieri.

Napoleone aveva finalmente ottenuto la vittoria decisiva, portando trionfalmente a termine la sua campagna. La terza coalizione era sull'orlo della disfatta. Il giorno dopo la battaglia, l'imperatore austriaco avrebbe chiesto un armistizio, mentre lo zar ed i suoi russi ripiegavano verso l'Ungheria e la Polonia. La notizia della grande vittoria in Moravia avrebbe affrettato la morte del desolato William Pitt, il nemico più inveterato della Francia. Ma tutto questo doveva ancora accadere quando, giubilante ed esausto, Napoleone scrisse un breve messaggio a sua moglie, l'imperatrice Giuseppina: "Ho battuto l'armata austro-russa, comandata da due imperatori. Sono un po' stanco. Mi sono accampato all'aperto per otto giorni e altrettante fredde notti. Domani potrò riposarmi nel castello del principe Kaunitz, e dovrei poter dormire due o tre ore. L'esercito russo non è soltanto battuto, ma è anche distrutto. Ti abbraccio, Napoleone".

582 Quanti erano gli imperatori presenti alla battaglia descritta nel brano?

- A 1
- B 2
- C 3
- D 4
- E Nessuno

583 Le forze di Bagration costituivano:

- A il centro dello schieramento austro-russo
- B la destra dello schieramento austro-russo
- C la sinistra dello schieramento austro-russo
- D la riserva dello schieramento austro-russo
- E la Guardia dei cavalieri dello zar

584 Goldbach era un:

- A generale russo
- B maresciallo russo
- C altopiano
- D fiume
- E generale francese

585 Tutte le seguenti affermazioni riflettono un giudizio dell'autore, meno una. Quale?

- A Napoleone si trovò a fronteggiare una situazione che non aveva del tutto previsto
- B Molte nobili signore di Pietroburgo rimpiansero il giorno della battaglia
- C La stanchezza impedì ai russi di fermare la carica di cavalleria al centro
- D Più di 1.500 uomini annegarono negli stagni
- E William Pitt avrebbe preferito che fossero stati gli austriaci a vincere

586 Quale delle seguenti non fu una conseguenza, anche indiretta, dell'arrivo delle forze del generale Drouet al centro?

- A L'avanzata di Bessières contro i russi
- B L'annientamento del centro russo
- C La cattura del principe Repnin
- D Il ripiegamento dei russi su Krzenowitz
- E La carica di Rapp

587 Quale delle seguenti affermazioni non può essere logicamente dedotta dal brano?

- A Lannes salvò le forze di Suchet dalla distruzione
- B Nello stagno di Satschan morirono più di 200 uomini
- C Napoleone era convinto di aver annientato l'esercito russo
- D Alle tre si combatteva nel settore settentrionale
- E Kaunitz era alleato di Napoleone

Leggere il brano seguente e rispondere alla relativa domanda.

Nella prima pagina del suo celebre libro, *The cell in development and inheritance*, E.B. Wilson riporta una frase di Plinio, il naturalista famoso morto mentre attraversava il golfo di Napoli per studiare ____1____ del Vesuvio del 79 d.C., soffocato dagli stessi gas che uccisero i cittadini di Pompei. Plinio scriveva che «Natura nusquam magis est tota quam in minimis»: la natura non è mai tanto grande quanto nelle sue più piccole creature. Wilson, naturalmente, utilizzava l'affermazione di Plinio per esaltare i microscopici mattoni con cui si costruisce la vita, ____2____ minuscola che il famoso romano doveva per forza ignorare. Plinio, infatti, aveva in mente gli organismi. Nell'affermazione di Plinio c'è ____3____ di quanto rende la storia naturale affascinante ai miei occhi. [...] Ogni organismo, nella sua forma e nel suo comportamento, può offrirci messaggi generali, se solo impariamo a interpretarli. ____4____ che ci permette una tale interpretazione è ____5____ dell'evoluzione. Essa ci offre esaltazioni e spiegazioni.

Stephen Jay Gould, *Il pollice del panda*, prologo

588 Dal passo citato sono stati espunti cinque sostantivi, qui riportati tutti al singolare, ciascuno con il relativo articolo. Individuate la serie in cui la successione si adatta meglio a integrare il testo:

- A 1-l'eruzione; 2-la struttura; 3-l'essenza; 4-il linguaggio; 5-la teoria
- B 1-la struttura; 2-l'essenza; 3-il linguaggio; 4-l'eruzione; 5-la teoria
- C 1-l'essenza; 2-la struttura; 3-il linguaggio; 4-la teoria; 5-l'eruzione
- D 1-la struttura; 2-l'essenza; 3-l'eruzione; 4-la teoria; 5-il linguaggio
- E 1-l'eruzione; 2-l'essenza; 3-il linguaggio; 4-la struttura; 5-la teoria

In base alle informazioni contenute nel brano seguente, rispondere alle successive domande.

Si può quanto meno tentare di descrivere vari atteggiamenti possibili. Il primo e il più diffuso sarebbe quello di attenersi alla descrizione che ho appena dato, e dire che la teoria quantistica consiste in questo, e che non c'è nient'altro da cercare. Essa fa descrizioni probabilistiche, le quali d'altronde corrispondono meravigliosamente alle misure sperimentali: è una teoria che raggiunge, oserei dire anche nel caso, una precisione considerevole; e il caso è in essa un elemento costitutivo, essendoci previsioni che possono essere formulate solo in termini di probabilità. La teoria quantistica sarebbe quindi probabilistica per il fatto che il Mondo alla scala microscopica sarebbe aleatorio per natura. Questa è la visione più diffusa: essa è perfettamente coerente se la teoria non si imbatte in ostacoli o in contraddizioni, e non ne ha incontrati da più di tre quarti di secolo, ossia da quando esiste. Altri fisici – un gruppo minoritario – non sono soddisfatti di questa situazione, a cominciare del resto da uno dei fondatori della teoria quantistica stessa, Louis de Broglie. Essi hanno sempre obiettato che è contrario alle ambizioni stesse di una teoria scientifica degna di questo nome accontentarsi di una situazione del genere, e che non esiste scienza in assenza di un determinismo assoluto. Per queste persone l'obiettivo era quello di trovare un modo per eliminare il caso e per tornare a una sottostante teoria deterministica. È la cosiddetta "teoria delle variabili nascoste": questa espressione significa che l'elettrone – per riprendere questo esempio – avrebbe, nella sua costituzione interna, un certo numero di proprietà che ignoriamo, ma che sarebbero governate da leggi assolutamente deterministiche. Sarebbe semplicemente la nostra ignoranza di queste proprietà e del loro comportamento a condurci a descrivere in modo statistico e aleatorio il comportamento dell'elettrone. In altri termini, quando alcuni elettroni vanno a colpire punti diversi dello schermo, è perché fra loro c'erano differenze iniziali. Al loro interno ci sarebbero alcune rotelline, piccoli meccanismi o chissà che altro che, se ne fossimo stati a conoscenza, ci avrebbe permesso di constatare che essi non erano nello stesso stato. Non sarebbe quindi sorprendente che essi abbiano un'evoluzione diversa e che vadano a colpire punti diversi dello schermo. Se conoscessimo meglio la struttura sottostante della materia, potremmo eliminare il caso, e ci ritroveremmo immediatamente in una situazione molto prossima a quella della fisica statistica classica, la quale utilizza le probabilità per descrivere il comportamento delle molecole solo perché non può interessarsi ai loro comportamenti individuali, alle loro singole traiettorie (cosa che, del resto, per lo più neanche vuole). Una tale visione è possibile per il fatto che, come ho detto all'inizio, il nucleo duro di una teoria, il suo formalismo, le sue equazioni non impongono un modo unico di concettualizzazione, di comprensione. È possibile costruire teorie con variabili nascoste. Ma perché esse abbiano un senso e un interesse occorre che permettano di recuperare integralmente tutte le predizioni verificate della teoria quantistica. Ci si rende conto allora – questo è stato in fondo il grande progresso degli ultimi vent'anni – che, se si vuol recuperare il determinismo, si è costretti a rinunciare a qualcos'altro, che è almeno altrettanto importante fisicamente, come il carattere locale di una teoria, ossia l'idea che le interazioni fra i sistemi non possano trasmettersi in modo istantaneo a qualsiasi distanza. Ciò significa che effettivamente è possibile costruire alla base della teoria quantistica delle teorie deterministiche, e persino in modi multipli, proprio perché nell'esperienza non c'è nulla che ci imponga una scelta precisa (in un certo senso, ci sono troppe possibilità). Queste teorie presenteranno però aspetti forse ancora più bizzarri di quelli della teoria quantistica convenzionale, non al livello della questione del determinismo e del caso, ma al livello di altri aspetti fondamentali. Si dovranno accettare allora comportamenti molto più strani di quelli che si sono voluti eliminare. Ecco perché, attualmente, queste teorie deterministiche che dovrebbero spiegare e sottendere la teoria quantistica hanno perso gran parte del favore di cui godevano, ivi compreso anche quello della minoranza che le difendeva.

589 Il brano è di natura:

- **A** storica
- **B** scientifica
- **C** filosofica
- **D** giornalistica

590 Il titolo del brano potrebbe essere:

- **A** Statistica e probabilità nella teoria quantistica
- **B** Caso e determinismo nella teoria quantistica
- **C** I punti oscuri della teoria quantistica
- **D** La teoria delle variabili nascoste nell'interpretazione della teoria quantistica

591 **La teoria quantistica probabilistica:**

- A è accettata da un gruppo minoritario di fisici
- B corrisponde alla teoria delle variabili nascoste
- C esiste da più di 50 anni
- D è estranea al concetto di caso

592 **Secondo l'autore, negli ultimi 20 anni:**

- A la teoria quantistica probabilistica ha visto calare il numero dei suoi sostenitori
- B facendo rinunce si riuscirebbe a recuperare la teoria probabilista
- C si è capita la struttura intima della materia
- D nessuna delle alternative è corretta

593 **Louis de Broglie:**

- A ritiene soddisfacente una teoria probabilistica
- B è un matematico belga
- C ritiene che se si conoscessero meglio le proprietà dell'elettrone non sarebbe necessario ricorrere alle teorie deterministiche
- D nessuna delle alternative è corretta

Leggere il brano e rispondere alla seguente domanda.

Telefoni mobili: sono o non sono sicuri?

Il problema continua a essere oggetto di dibattito. Nel maggio 2000 in UK un gruppo indipendente di esperti ha concluso che è improbabile che i telefoni mobili causino il cancro o altre malattie. Tuttavia – riporta la rivista «Lancet» nella sua rubrica NEWS – il rapporto raccomanda cautela e suggerisce di scoraggiare nei bambini l'uso di telefoni mobili per chiamate "non essenziali". Secondo John Mulder, un consulente della WHO sulla sicurezza della telefonia mobile, «il rapporto include il principio largamente utilizzato dalla UE della precauzione. Mentre in generale l'assenza di evidenza di pericolo può essere assunta a significare che qualche cosa è relativamente sicuro, l'Unione Europea tende ad impiegare la mancanza di evidenza come supporto a restrizioni». Mulder ritiene in effetti che concludere che è opportuno scoraggiare nei bambini l'impiego di telefonini è piuttosto illogico, in base ai dati presentati.

594 **Una sola tra le seguenti considerazioni è in contraddizione con le tesi sostenute nel testo riportato: quale?**

- A Su argomenti non definitivamente chiariti l'Unione europea tende a privilegiare la prudenza
- B Le raccomandazioni pubblicate in UK non hanno alcuna ragione di essere seguite
- C Le raccomandazioni pubblicate in UK potrebbero costituire un freno all'immissione sul mercato di telefonini specificamente destinati ai giovani
- D Data l'importanza del problema sarebbe opportuno disporre di un maggior numero di informazioni scientifiche sull'argomento
- E Si auspicano più ampie indagini epidemiologiche sugli eventuali rischi della telefonia mobile (anche se sarà difficile reperire un'adeguata popolazione di controllo di giovani che non usino i telefonini)

Leggere il brano e rispondere alle due domande seguenti.

«Il discorso scientifico è a volte più complesso, ambiguo, allusivo, di quanto gli stessi scienziati pensino. Nel discorso scientifico le metafore possono avere un ruolo creativo per far intuire e immaginare cose non dette o, addirittura, non completamente comprese. Ma possono anche portar fuori strada il destinatario – e qui ci riferiamo al discorso scientifico-didattico – che le interpreta in modo non previsto dal proponente. Le due forme più semplici, ma importanti per un discorso scientifico-didattico, sono la catacresi, il cui uso permette di ovviare a una lacuna del vocabolario, e le metafore esegetiche e pedagogiche. Alla prima categoria appartengono espressioni come "il letto del fiume" o come "l'atlante", cioè la prima vertebra che regge il capo e che prende il nome da Atlante, il gigante che regge il mondo; alla seconda espressioni come la "catena" dei trasportatori di elettroni nella catena mitocondriale interna, che evoca l'immagine di una catena umana che si passa secchi d'acqua per spegnere un incendio. Nella costruzione delle idee scientifiche ha maggior importanza una terza forma di metafora, quella "costitutiva di teorie". Queste metafore, oltre ad avere un ruolo genetico fondamentale nella formulazione di un nuovo programma di ricerca, invitano a ricercare nuovi caratteri degli argomenti primari e secondari, nuovi rapporti, tecnicamente rilevanti, di somiglianza e di analogia. Howard Gruber chiama questo tipo di metafore "im-

QUESITI

magini di vasta portata" e mette in rilievo il ruolo della metafora dell'albero nello sviluppo delle idee di Charles Darwin; noi possiamo però anche ricordare la metafora dello stato bene ordinato a cui ricorre Linneo per descrivere l'ordinamento della natura, o quella del bricoleur che Francois Jacob utilizza per dare un'idea della casualità, della mancanza di progetto nel processo dell'evoluzione. Per tornare alle metafore esegetiche e pedagogiche, il loro scopo è quello di trasmettere informazioni dal dominio di origine (noto) al dominio target (ignoto). Le metafore possono quindi fungere da modello per ragionare sul dominio target, anche se di esso abbiamo una conoscenza largamente incompleta. Tuttavia, ogni volta che nell'insegnamento si ricorre a un modello metaforico è bene ricordare che una metafora, un modello non sono la realtà, ma uno strumento cognitivo che ci permette di descrivere, di comprendere, di fare previsioni su alcuni aspetti della realtà considerata.»

Bruno Bertolini, *Tra metafore e termini scientifici*, «Iter» n. 5, 1999

595 Quattro delle frasi sotto elencate appartengono all'articolo di Bruno Bertolini da cui è stata stralciata la citazione sopra riportata; individuate la frase che, indebitamente inserita tra queste, contrasta logicamente con la concezione di fondo a cui è ispirato il testo stesso:

A le metafore sono importanti, se non essenziali, al linguaggio scientifico

B nei testi scientifici si possono trovare analogie, simboli, metafore che non sono ornamento del pensiero, ma una sua vera e propria condizione

C nei momenti iniziali della nascita delle teorie scientifiche vengono spesso proposte metafore "costitutive di teorie" particolarmente composite

D lo scienziato e il filosofo potranno giovarsi particolarmente della collaborazione dell'artista, abituato a visualizzare efficacemente la complessità

E il ricorso al modello metaforico in pedagogia è pericoloso in quanto distoglie dall'attenzione alla realtà e va fatto solo in casi assolutamente eccezionali

Leggere il brano seguente e rispondere alle relative domande.

«Per la modernità è fondamentale che i rischi si possano valutare in linea di principio nei termini di una conoscenza generalizzabile dei pericoli che comportano: una visione in cui l'idea di fortuna sopravvive per lo più entro forme marginali di superstizione. Quando si sa che il rischio è un rischio, lo si vive in maniera diversa rispetto alle circostanze in cui prevalgono le nozioni di fortuna. Il fatto di riconoscere l'esistenza di un rischio o di una serie di rischi significa accettare non solo la possibilità che le cose possano andare storte, ma che questa possibilità non si può eliminare. La fenomenologia di una tale situazione fa parte dell'esperienza culturale della modernità in genere. Eppure le concezioni fatalistiche non scompaiono del tutto. La fortuna tende a ricomparire proprio là dove i rischi sono maggiori, sia sotto forma di cosciente probabilità che si verifichi un evento indesiderato sia in termini di conseguenze nefande che derivano nel caso in cui un dato evento non vada per il verso giusto.»

Anthony Giddens, *Le conseguenze della modernità*, Il Mulino, 1994

596 Tra le seguenti deduzioni una non è autorizzata dal passo citato:

A quando il rischio che un evento nefasto si verifichi è molto alto si tende ad attribuire il suo avverarsi alla fortuna

B la valutazione dei rischi insiti nelle situazioni implica la svalutazione del peso che nelle situazioni ha la fortuna

C nell'ambito della modernità l'idea del potere della fortuna è in secondo piano rispetto a quella della conoscibilità del rischio

D la possibilità che una situazione volga al male è un rischio ineliminabile la cui consapevolezza induce a comportamenti fatalistici

E il rischio è connesso agli eventi nel mondo umano, va accettato e può essere calcolato

© Alpha Test

597 Una sola della seguenti affermazioni non è in contraddizione con quanto sostiene A. Giddens nel passo prima riportato:

A tener presente l'ineliminabilità dei rischi e pericoli connessi con i progetti umani produce un atteggiamento sfiduciato, o persino fatalistico

B la coscienza della probabilità di un evento indesiderabile libera chiunque dall'idea della soggezione alla fortuna

C il concetto di fortuna è confinato nel mondo moderno esclusivamente nell'ambito della superstizione

D il calcolo dei rischi non paralizza, ma induce a fare i conti con la possibilità di fallimento che è insita negli eventi

E gli uomini moderni accettano meglio anche i fallimenti in quanto si sono liberati dall'idea paralizzante del potere della fortuna

Leggere il brano seguente e rispondere alle relative domande.

«Chiunque scriva di storia è necessariamente obbligato a scegliere solo una piccola quantità delle testimonianze disponibili, e se questo viene fatto con onestà, si tratta di una prassi tanto ineccepibile quanto inevitabile. La necessità di semplificare ci ricorda tuttavia che la falsificazione si ottiene più facilmente attraverso le omissioni anziché per esplicite affermazioni. L'interpretazione del passato implicherà sempre una semplificazione, talvolta anche un eccesso di semplificazione (e di conseguenza la distorsione), ma esiste comunque una garanzia nel fatto che in seguito altri storici potrebbero criticare qualunque interpretazione non tenga conto di testimonianze pertinenti in grado di offrire una differente versione dei fatti.»

Denis Mack Smith, *La storia manipolata*, Laterza, 2000

598 Una sola delle seguenti considerazioni è in sintonia con quanto osserva Smith nel testo riportato: quale?

A Pronunciare giudizi semplificatori può essere meno disonesto che passar sotto silenzio e omettere testimonianze

B Operare delle semplificazioni nella ricostruzione degli eventi è per uno storico un arbitrio inammissibile e un atteggiamento disonesto

C Lo storico ha il dovere di essere obiettivo nei giudizi e di non tralasciare nessun documento sull'argomento di cui si occupa

D La distorsione degli eventi viene comunque sempre corretta da storici successivi, in possesso di altre testimonianze

E La prassi di attenersi a una parte soltanto della documentazione disponibile è sempre disonesta e va contrastata in ogni modo

599 Una sola delle norme operative qui elencate può essere dedotta dalla concezione espressa nel passo citato di Mack Smith. Quale?

A Uno storico onesto deve essere rigorosamente obiettivo nel pronunciare giudizi

B Uno storico onesto non deve tralasciare nessuna testimonianza

C Uno storico onesto non deve mai far ricorso a semplificazioni

D Uno storico onesto deve operare delle scelte tra le testimonianze che ha a disposizione

E Uno storico onesto non ha il diritto di operare scelte tra le testimonianze che ha a disposizione

Leggere il brano seguente e rispondere alla relativa domanda.

Un livello di colesterolo nel sangue anche moderatamente elevato aumenta significativamente il rischio di malattie cardiovascolari. Gli europei si nutrono con diete ricche in colesterolo; se la quantità di questa sostanza nelle diete degli europei fosse notevolmente ridotta, si avrebbe una diminuzione dell'incidenza di malattie cardiovascolari nelle popolazioni in questione.

600 Quale delle seguenti affermazioni non può essere dedotta dalla lettura del brano precedente?

A Il rischio di malattie cardiovascolari è unicamente una caratteristica dei popoli europei

B Esiste correlazione tra i contenuti di colesterolo nella dieta e nel sangue

C Il rischio di malattie cardiovascolari è correlato al contenuto di colesterolo nella dieta

D Sarebbe auspicabile una riduzione del contenuto di colesterolo nella dieta degli europei

E Gli europei sono particolarmente suscettibili alle malattie cardiovascolari a causa della loro dieta

Leggere il brano seguente e rispondere alla relativa domanda

«Ipse dixit»: spesso ancor oggi si tenta di mettere a tacere l'avversario non con ragioni e argomenti, ma con il nudo nome di un Maestro, o, più subdolamente, con parole che l'ottusa pigrizia dei discepoli gli hanno per consuetudine attribuite. Possiamo sorridere di Simplicio ma spesso dobbiamo ancora riconoscerci nei suoi errori.

601 Simplicio è un personaggio, protagonista di un celebre dialogo, inventato da:

A Albert Einstein

B Galileo Galilei

C Italo Calvino

D Daniel Defoe

E Voltaire

Leggere il brano e rispondere alla relativa domanda.

La conoscenza aumenta sicuramente nel corso degli studi medici, mentre successivamente alla laurea sono possibili sia un ulteriore incremento che un impoverimento legato alla perdita delle nozioni non strettamente legate alla routine professionale. In ogni caso, le caratteristiche della conoscenza si modificano sostanzialmente quando il medico entra in contatto con la realtà professionale.

602 Quale delle seguenti affermazioni non può essere dedotta dalla lettura del brano precedente?

A È possibile che alcuni medici aumentino le loro conoscenze dopo la laurea

B A contatto con la realtà professionale si verificano modifiche qualitative della conoscenza

C Una parte delle nozioni acquisite durante gli studi può andare perduta dopo la laurea

D Gli studenti di medicina aumentano le loro conoscenze durante gli studi

E Gran parte delle nozioni acquisite durante gli studi va comunque perduta dopo la laurea

Leggere il brano seguente e rispondere alle relative domande.

Quando si pensa alla posta elettronica si pensa spesso a un servizio di assoluta marginalità rispetto alle applicazioni strategiche d'azienda, un servizio generalmente gratuito, offerto in "omaggio" purché si acquistino altre cose. Siamo lontani dalla eroica figura del "Pony Express", eppure la posta elettronica rappresenta oggi per le aziende un sistema di comunicazione assolutamente indispensabile alla vita stessa dell'impresa. I sistemi di e-mail hanno sconvolto i processi formali e velocizzato i contatti tra soggetti e imprese e tra gli individui e i loro agglomerati sociali. La scrittura che aveva dominato la comunicazione per oltre duemila anni e che era stata soppiantata dalla comunicazione verbale resa possibile dalla telefonia e più recentemente dalla telefonia mobile, torna in auge con la posta elettronica, con gli SMS e le chat. Ma il ritorno della scrittura non ha portato con sé un recupero della consapevolezza del valore proprio della scrittura, anzi pare averlo del tutto banalizzato: basta però un blocco della rete, un guasto a un mail server per renderci conto di quanto preziosa sia questa risorsa. L'uso, spesso smodato, delle e-mail ci ha fatto perdere di vista un altro importantissimo aspetto: quello della autorevolezza del "mezzo" e la conservazione dei documenti nel tempo. La scrittura di una lettera, rispetto alla comunicazione verbale, serviva non solo a rendere formale e attenta la comunicazione ma a consentire, nel tempo, la ricostruzione di un dialogo e delle sue ragioni, economiche o sentimentali che fossero. La "carta intestata" era un sinonimo di autenticità e la sua scomparsa nel

 © Alpha Test

mondo delle e-mail pone temi analoghi a quelli legati all'autenticazione degli individui. Anche i messaggi non sono solo "nostri": un messaggio che riceviamo è innanzi tutto di chi ce lo ha mandato e non è corretto inoltrarlo ad altri senza il consenso dell'autore. Lo fareste con una lettera scritta a mano, magari in cui qualcuno che si fida di voi vi apre il suo cuore? La posta è preziosa perché tratta materiale prezioso: le nostre parole sono un pezzo di noi, noi nella nostra relazione con gli altri.

603 Il termine "risorsa" fa riferimento a:

- A la comunicazione verbale
- B la scrittura
- C la telefonia fissa e mobile
- D la posta elettronica

604 Uno dei problemi che comporta l'utilizzo delle e-mail riguarda:

- A la velocità della comunicazione
- B la formalizzazione di procedure
- C l'impiego eccessivo del mezzo
- D l'identità degli interlocutori

605 Nel brano vengono posti a confronto (indicare la risposta errata):

- A individuo e azienda
- B e-mail e SMS
- C Posta elettronica e cartacea
- D comunicazioni aziendali e comunicazioni private

606 Il brano sostiene che (indicare la risposta errata):

- A spesso si trascura il valore implicito del messaggio scritto
- B c'è la necessità di una comunicazione chiara e inequivocabile
- C c'è il rischio di strumentalizzazione delle e-mail
- D ci sono vantaggi legati al superamento dell'utilizzo della carta intestata

Leggere il brano e rispondere alla relativa domanda.

«È noto a tutti gli insegnanti che c'è una profonda differenza tra lo studio meccanico e mnemonico e quello ragionato in grado di condurre ad una "vera" comprensione. Quando si impara qualcosa a memoria la si può ripetere più o meno letteralmente, ma sarà poi difficile usarla come strumento cognitivo. Gli esperimenti condotti in laboratorio hanno avallato la tesi che in generale si apprende qualcosa più rapidamente se si cerca di capirla piuttosto che con uno studio mnemonico; inoltre la si ricorda per un periodo di tempo più lungo e la si può trasferire a problematiche nuove e diverse.»

Herbert A. Simon, *Le scienze dell'artificiale*

607 All'analisi riportata sulle modalità di memorizzazione H.A. Simon fa seguire alcune considerazioni qui elencate in forma sintetica. Individuate quella inserita tra di esse indebitamente, che è in contraddizione con le tesi sostenute dallo studioso.

- A Il materiale memorizzato come dotato di significato viene memorizzato in modo tale che è facile accedervi ogni volta che se ne presenti l'opportunità
- B Il materiale memorizzato come dotato di significato viene memorizzato in modo che, se una frazione di esso viene dimenticata, la si può ricostruire da ciò che ne rimane
- C Il materiale memorizzato come dotato di significato viene memorizzato in modo meno facile e immediato di quello appreso meccanicamente, ma si fissa nella mente stabilmente e si presta meglio a essere rielaborato
- D Il materiale memorizzato come dotato di significato viene memorizzato in forma di procedure anziché sotto forma di dati "passivi"
- E Il materiale memorizzato come dotato di significato viene memorizzato in forma di dati accessibili a processi di risoluzione di problemi e ad altre procedure

QUESITI

Leggere il brano seguente e rispondere alle relative domande.

«Leggere un libro (oppure un articolo di giornale) significa soffermarsi sulle frasi, magari rileggerle se non sono state capite, in ogni caso appropriarsi dei contenuti rielaborandoli: si tratta di un'operazione intellettuale che "dura" nel tempo [...]. Le informazioni a cui sono abituati i giovani oggi passano invece attraverso le immagini visive: la televisione, in primo luogo; la pubblicità [...]. Si tratta di informazioni da assorbire, non da rielaborare. Le pagine di un libro possono essere sfogliate lentamente, si può tornare indietro, si può accelerare: è il lettore che determina i tempi. Nella televisione o nel cinema è invece la comunicazione a stabilire la tempistica: lo spettatore può soltanto seguire, finendo col diventare fruitore passivo [...]. Resta da domandarsi se le nuove tecnologie garantiscono una formazione migliore o peggiore. Chi viene educato sin dai primi anni di vita a questo tipo di comunicazione difficilmente si appropria di uno strumento totalmente diverso come la lettura.»
Gianni Oliva, *Leggere non è più di moda*, «Mondo scuola-La stampa», 20/4/2004

608 Tra le considerazioni qui riportate, una non è suffragata dal testo citato: quale?

- A La lettura soltanto garantisce una formazione equilibrata e un'informazione corretta
- B Anche la pubblicità è una fonte di informazioni
- C Le nuove tecnologie hanno certamente influenza sui processi di formazione dei giovani
- D Leggere è un'occupazione per più motivi diversa dal guardare un film o uno spettacolo
- E È molto probabile che un'abitudine contratta precocemente condizioni l'individuo a lungo, se non per tutta la vita

Leggere il brano seguente e rispondere alla relativa domanda.

Il clima della Valle d'Aosta presenta una notevole varietà, legata alla complessità morfologica del territorio; in genere il clima stesso può essere definito come semicontinentale di montagna, di tipo temperato freddo, con precipitazioni assai scarse, specie in autunno e in inverno: la piovosità è assai ridotta soprattutto nella parte centrale della valle (Aosta 580 mm di pioggia media annua, Saint Marcel 475 mm, circa la metà di Napoli). Ciò obbliga a ricorrere all'irrigazione artificiale delle colture.

609 Quale delle seguenti affermazioni PUÒ essere dedotta dalla lettura del brano?

- A L'irrigazione artificiale delle colture in Valle d'Aosta deve essere effettuata in autunno e in inverno
- B La piovosità media annua a Napoli è inferiore a 475 mm
- C La piovosità media annua a Napoli è di poco inferiore a 1 m
- D A Napoli non è necessario ricorrere all'irrigazione artificiale delle colture
- E A Napoli piove sempre più che ad Aosta

Leggere il brano e rispondere alle relative domande.

L'idea che esistano le razze è uno stereotipo tipico della civiltà occidentale. Esso nacque tanto tempo fa, in una stalla. Circa nove secoli fa, infatti, i normanni avevano impiantato in Italia meridionale dei famosi allevamenti di cavalli, che chiamavano arazie. Proprio da questa parola è derivato il termine "razza", che vuol dire, perciò, allevamento. Un animale è di razza quando ci dà la garanzia che tutti i suoi discendenti avranno sempre le stesse caratteristiche, quali il colore del pelo, l'altezza, la velocità, ecc. Queste caratteristiche si chiamano fenotipi (caratteri visibili); essi si possono effettivamente consolidare per gli animali e le piante.

Perciò, gli allevatori, con incroci ben azzeccati, riescono a produrre sempre nuove razze di cani e di canarini, o di rose e fagioli. Per gli esseri umani, invece, è inutile tentare di stabilizzare un numero di fenotipi sufficienti a costituire una razza, poiché il patrimonio genetico della specie umana è infinitamente più ricco di quello degli animali. I capelli o il colore della pelle, per esempio, sono solo due caratteri secondari rispetto a miliardi di altri caratteri decisivi, come il gruppo sanguigno, la resistenza a certe malattie, la capacità di digerire certi cibi ecc.

Selezionare una razza umana, dunque, è un'impresa così assurda che non passò mai per la testa degli allevatori medievali (e perché mai avrebbero dovuto considerare gli uomini alla stregua di bestie, e creare un popolo fatto di individui tutti uguali?). Il razzismo è un'idea moderna, che nacque proprio dalla paura e dalla diffidenza che i popoli dell'Europa occidentale provarono quando scoprirono, nei nuovi continenti, la grande varietà della specie umana.

Fino al Cinquecento, infatti, gli europei erano abituati a pensare che i popoli della Terra fossero unicamente cristiani, ebrei, arabi e neri africani, come leggevano nella Bibbia. Ma quando entrarono in contatto con i mille e mille popoli americani, africani, asiatici e oceanici, ciascuno straordinariamente differente dall'altro, furono costretti ad ammettere che il loro vecchio schema, così semplice e comodo, non funzionava più.

Perciò elaborarono una nuova teoria, il razzismo, appunto: l'umanità venne "divisa" in razze – bianchi, neri, rossi, olivastri, gialli – disposte in ordine gerarchico, con i bianchi europei in cima, in posizione dominante.

Il mondo risultò in questo modo più ordinato e questo ordine rassicurò gli europei, a scapito degli altri popoli. Nel Novecento, la biologia ha dimostrato che non esistono razze umane. E – come pure la storia – ha mostrato che gli esseri umani evolvono in continuazione, cioè cambiano a seconda dei tempi e dei luoghi, e non possono stabilizzarsi come gli animali. Se lo fanno, la loro cultura *si fossilizza* e, dopo un po', decade e sparisce. Ma, come accadde per lo stereotipo dei nomadi presso i sumeri, le prove contrarie non hanno distrutto lo stereotipo della razza. Anzi, proprio nel nostro secolo esso è stato rivitalizzato con una violenza inaudita, producendo il più grande genocidio della storia. Ancora oggi esso continua a rassicurare quelli che ci credono.

Antonio Brusa, *Le storie del mondo, le società preindustriali*, vol.1, Bruno Mondadori, Milano 1999

610 Secondo l'autore del testo il razzismo è un'idea nata:

A intorno all'anno Mille, quando i Normanni impiantarono nell'Italia meridionale alcuni allevamenti di cavalli
B nel Novecento, quando gli europei compresero che la razza bianca occupava una posizione dominante rispetto a tutte le altre razze umane
C nel Medioevo, quando gli allevatori riuscirono a produrre nuove razze di animali e piante mediante incroci ben azzeccati
D dopo il Cinquecento, quando gli europei entrarono in contatto con popoli molto diversi tra loro e da quelli fino ad allora conosciuti

611 L'autore riferisce che nel XX secolo lo stereotipo della razza:

A è meno vitale da quando la biologia ha dimostrato l'infondatezza del concetto di razza umana
B è presente e permea comportamenti ed azioni
C è stato avvalorato dalla biologia che ha dimostrato che le razze umane esistono
D è stato distrutto come accadde per lo stereotipo dei nomadi presso i sumeri

612 Il sostantivo "stereotipo" significa:

A dogma filosofico
B tesi storiografica
C opinione rigidamente preconcetta e generalizzata
D convinzione personale

613 Gli europei si sentirono più al sicuro con la suddivisione in razze perché:

A occupavano una posizione di prestigio rispetto agli altri popoli
B si stabiliva che non era possibile creare nuove razze
C la suddivisione in razze era confermata anche dalla biologia
D la grande varietà della specie umana trovava così una spiegazione

614 L'espressione "si fossilizza" presente nel testo (in corsivo) significa:

A smette di evolversi e si irrigidisce
B smette di esplorare nuove terre e nuovi ambienti
C produce i fossili all'interno degli strati terrestri
D lascia un'impronta nella civiltà del tempo

Leggere il brano seguente e rispondere alle relative domande.

Molto frequenti, soprattutto nelle donne, che in un 20 - 30% ne soffrono almeno una volta nella vita, le infezioni urinarie costituiscono un gruppo complesso di situazioni patologiche.

Talora isolate, ma non di rado recidivanti o persistenti, sono spesso asintomatiche. Anche se sono sintomatiche e molto fastidiose, sono in genere prive di reale importanza clinica: nella maggioranza dei casi l'infezione resta confinata alla vescica, senza conseguenze importanti per l'organismo.

Ma questa non è purtroppo la regola: per quanto in una percentuale di casi ridotta, possono infatti essere gravi, sino a richiedere un ricovero ospedaliero. In casi sfortunati può essere interessato il rene, con infezioni acute o croniche che possono causare danni irreversibili.

Nel soggetto sano, le urine prelevate direttamente dalla vescica non contengono batteri. Durante la minzione spontanea avviene in genere una contaminazione delle urine, principalmente per contatto con le mucose del tratto più distale dell'uretra, canale che collega la vescica con l'esterno, e che è fisiologicamente colonizzata da batteri.

La presenza di batteri nelle urine non è quindi sufficiente a far porre diagnosi di infezione urinaria. Nella pratica medica, per superare questo ostacolo, importante soprattutto nei casi asintomatici, si ricorre d'abitudine al cosiddetto conteggio batterico, in grado di discriminare contaminazione e batteriurie di reale significato clinico. In base a un'ampia e consolidata esperienza si ritiene che, di massima, possa essere significativa la presenza di almeno 100.000 batteri per millimetro cubo di urina.

---

615 Delle seguenti affermazioni una sola non consegue con quanto riferito nel testo:

- **A** non si può porre diagnosi di infezione urinaria in assenza di sintomi clinici
- **B** il conteggio batterico è un test fondamentale per diagnosticare le infezioni urinarie
- **C** le urine dei soggetti sani inviate in laboratorio contengono d'abitudine un certo numero di batteri
- **D** la presenza di un conteggio batterico di 10.000 batteri per ml non è di per sé significativo per una diagnosi di infezione urinaria
- **E** tra i giovani le donne sono più esposte alle infezioni urinarie degli uomini

---

616 Delle seguenti affermazioni una sola è in accordo con quanto espressamente riferito nel testo:

- **A** l'elevata frequenza delle recidive delle infezioni urinarie è un segno che gli antibiotici ora disponibili non sono efficaci contro di esse
- **B** per accertare la presenza di batteri nelle urine bisogna procedere al loro diretto prelievo dalla vescica
- **C** nonostante i progressi della medicina le infezioni urinarie continuano a costituire un problema di difficile soluzione
- **D** la diagnosi di infezione urinaria è sempre affidata ai risultati di esami di laboratorio
- **E** le infezioni urinarie interessano solo marginalmente gli uomini

---

In base alle informazioni contenute nel brano seguente, rispondere alle successive domande.

Nessuno negherebbe che in questa "epoca della scienza" in cui la società vive dipendendo dalla propria tecnologia (e perciò in definitiva dalla scienza stessa) tanto, o forse di più, di quanto un "junkie" dipende dalla sua droga preferita, lo scienziato non debba sostenere una pesante responsabilità. Prima anche di cercare di chiarire la natura e l'entità di questa responsabilità e delle obbligazioni che ne scaturiscono, forse è bene considerare brevemente alcuni aspetti preliminari relativi allo "stato" della scienza, cioè della *conoscenza oggettiva* in relazione all'etica. Responsabilità, doveri, obbligazioni possono essere razionalmente definiti e discussi solo in rapporto a un dato sistema di valori. È abbastanza vero che ci sono molti problemi, o alternative, che permettono una scelta o la formulazione di un giudizio senza chiamare in causa i fondamenti del nostro sistema di valori. Siamo tutti d'accordo che l'inquinamento è un male e pertanto le tecniche, gli sforzi, le petizioni, le proteste, i moniti contro di esso sono una buona cosa. Così pure siamo tutti d'accordo che i difetti genetici sono un male. Ma come sappiamo fin troppo bene vi sono larghe divergenze di opinione su quali siano i metodi tecnicamente validi che possono essere moralmente accettabili in vista di uno sforzo per prevenire il graduale deterioramento genetico della specie umana. Molti ancora sono contrari all'aborto terapeutico. Altri che sono favorevoli all'aborto terapeutico, si oppongono tenacemente a ogni specie di legislazione eugenetica. Il novanta per cento della comunità scientifica internazionale è d'accordo che la guerra è indiscutibilmente un male. Perciò una larga percentuale di questo novanta per cento rifiuterà sistematicamente di adoperarsi, in quanto scienziati, allo sviluppo di nuove armi e ordigni nel proprio Paese. Ma ci si può domandare: che cosa farebbero essi se si trovassero oggi di fronte allo stesso dilemma che fu affrontato e risolto da Szilard, Fermi e Einstein, nel 1940, con l'assumersi l'impegno di persuadere Roosevelt a dare avvio a quello che più tardi fu noto come il *Progetto Manhattan*? Io credo, tuttavia, che la maggior parte di questi scienziati bene intenzionati (compreso lo stesso Linus Pauling), in circostanze analoghe, agirebbero esattamente come Einstein. Ovviamente scegliere l'uno o l'altro atteggiamento di fronte a tali alternative implica non un atto conoscitivo, ma un giudizio di valore. La conoscenza oggettiva definisce le alternative; di per sé non aiuta in alcun modo a risolvere gli angosciosi problemi che la scienza soltanto propone. È appena necessario sottolineare che la decisione di astenersi e di non intervenire in tali problemi, è già operare una scelta. Certamente non la più onorevole. La scienza si basa su un approccio strettamente *obiettivo* all'analisi e all'interpretazione dell'Universo, compreso l'uomo e le società umane. La scienza ignora e deve ignorare i giudizi di valore, la conoscenza continua ad aprire e inevitabilmente a suggerire nuove possibilità di azione. Ma decidere di un atteggiamento è sconfinare dal terreno dell'oggettività per addentrarsi in quello dei valori, che per loro natura sono non-oggettivi e perciò non possono derivare da una conoscenza oggettiva. Non c'è nessun modo rigoroso di provare oggettivamente che è male fare la guerra, o uccidere un uomo, o derubarlo, o giacere con la propria madre. Può sembrare pertanto che uno scienziato, il quale per definizione è professionalmente dedicato all'esclusivo perseguimento della conoscenza oggettiva, non debba assumere alcuna responsabilità speciale verso la società o il benessere degli uomini. In verità non è evidente come egli in virtù della sua preparazione dovrebbe essere più idoneo di un teologo, di un giurista, di un poliziotto o di un politico, a raccomandare o suggerire la scelta di una particolare presa di posizione. Si potrebbe suggerire che il solo obbligo inerente alla sua posizione sia almeno quello di informare la società dello stato effettivo delle ricerche in cui è impegnato e delle probabili conseguenze delle varie decisioni che si possono prendere. Anche tale obbligo tuttavia è dubbio. Supponete, come scienziati, di aver scoperto un semplice, efficace, ed economico modo di uccidere una qualsiasi frazione dell'umanità in grado di nuocere alle altre. È vostro dovere rivelare al Mondo intero le vostre scoperte? O soltanto al vostro governo? O al segretario generale del vostro partito? O come probabilmente vorrebbe la maggior parte degli scienziati soltanto alla comunità scientifica, in termini così tecnici che solo gli scienziati possano comprendere le implicazioni delle vostre scoperte? Quest'ultimo atteggiamento garantirebbe la vostra fama nella comunità scientifica, ma anche la certezza che la vostra scoperta diventerà un domani inevitabilmente, prima o poi, di dominio pubblico e con ciò una minaccia per l'umanità.

---

617 Nella prima parte del brano si afferma che:

- **A** un *junkie* dipende dalla sua droga almeno quanto la società dipende dalla propria tecnologia
- **B** lo scienziato non ha alcuna responsabilità nei confronti della società
- **C** il peso della droga è almeno pari a quello della scienza
- **D** nessuna delle altre risposte è corretta

---

618 Il brano tratta un argomento:

- **A** storico-filosofico
- **B** psicologico
- **C** filosofico
- **D** etico-scientifico
- **E** tecnico

619 Scopo dell'autore è:

- A discutere il ruolo e le responsabilità dello scienziato nella società
- B chiarire la responsabilità degli scienziati in relazione al progetto Manhattan
- C analizzare il pensiero di alcuni scienziati durante la seconda guerra mondiale
- D spiegare la differenza tra conoscenza oggettiva e conoscenza soggettiva

620 Secondo l'autore:

- A uccidere un uomo è oggettivamente un male
- B le scoperte andrebbero comunicate esclusivamente alla comunità scientifica
- C la comunità scientifica è unanime nell'affermare che la guerra è un male
- D nessuna delle altre risposte è corretta

621 Come si pone l'autore rispetto a Fermi e Einstein?

- A Li condanna con fermezza
- B Ritiene che la loro scelta non sia stata la più onorevole
- C Ritiene che la loro scelta sia sconfinata dal terreno della scienza
- D Critica la loro scelta astensionista
- E Ritiene che la loro scelta avesse una base oggettiva

Leggere il brano e rispondere alla relativa domanda.

In una certa regione il numero di persone con oltre cinquant'anni di età è progressivamente aumentato di circa il 40%, mentre la popolazione di età inferiore è rimasta numericamente costante.

In questa stessa area, una malattia che indicheremo con la sigla M, mortale se non adeguatamente curata con trattamenti complessi e costosi, colpisce attualmente ogni anno circa 120 nuove persone ogni milione di abitanti. Un 25% di questi ammalati ha cinquant'anni o meno.

Negli ultimi due decenni ci si è impegnati molto nella prevenzione ma, contro le aspettative, in una quindicina d'anni, il numero complessivo di casi che ogni anno si ammala della malattia M è raddoppiato. In questo stesso periodo, la percentuale dei soggetti con cinquant'anni o meno che ogni anno si ammalano si è dimezzata.

622 Una sola delle seguenti affermazioni ha un preciso fondamento in quanto esplicitamente dichiarato nel testo:

- A la malattia M è incurabile
- B la malattia M non può essere in alcun modo prevenuta
- C nella regione si sta ottenendo una riduzione dei casi di malattia M
- D la malattia M colpisce soprattutto gli anziani
- E l'attuale aumento della malattia tra gli anziani è dovuto al fatto che solo di recente è stata avviata un'efficace prevenzione tra i giovani

Leggere il brano e rispondere alle relative domande.

Sembra che mai, come nel nostro tempo, tanti furono scontenti delle comuni condizioni materiali di vita. Eppure storici, economisti e studiosi di varie discipline ripetono che mai, nella storia passata, le condizioni delle moltitudini furono migliori; anzi, forse mai più nel futuro saranno consentite alle grandi masse forme d'esistenza paragonabili, a causa di problemi forse insuperabili come lo scatenamento del potere moltiplicatore della specie, o come il depauperamento delle risorse materiali, le incompatibilità ecologiche, l'ingovernabilità dei sistemi organizzativi complessi.

Ricordava J. K. Galbraith che solo esigue minoranze di ricchi e potenti conobbero nella storia passata un benessere simile a quello raggiunto su scala di massa nel mondo industriale contemporaneo, dopo quella «tradizione della disperazione» che fu «il retaggio inveterato dell'umanità». J. Fourastiér ha dedicato numerose ricerche a documentare l'enorme accrescimento del potere d'acquisto reale della classe operaia, per ogni ora di lavoro, dall'inizio di questo secolo ai giorni nostri. René Sèdillot condisce i raffronti fino a eccentriche ma inconfutabili osservazioni: «...Carlo V o Francesco I non conoscevano il cioccolato. Le loro sontuose illuminazioni a candela potevano fornire meno luce che la più piccola delle nostre lampade nel più povero dei nostri focolari. Si ritenevano soddisfatti se i loro cavalli o cocchi durante i viaggi percorrevano dieci leghe al giorno». Ma si può aggiungere che nemmeno i ricchi e i potenti del passato potevano sopravvivere, come oggi, grazie alla chirurgia e all'anestesia della moderna civiltà tecnologica, o agli antibiotici, o ai vaccini contro il vaiolo, il tifo, la febbre gialla, il colera, la peste, le febbri

 © Alpha Test

malariche, la polio. E per quanto ingiusta possa essere nel mondo industrializzato l'organizzazione della società, come già osservava George Orwell, «un milionario non può illuminare le strade solo per sé, oscurandole per gli altri», sono per tutti certi grandi servizi, come la distribuzione d'elettricità o di acqua potabile; ricchi e poveri vestono più o meno gli stessi panni, leggono gli stessi libri, vedono gli stessi spettacoli; la casa popolare moderna «è più piccola della dimora di un agente di cambio, ma essenzialmente rimane lo stesso tipo di casa, e invece la capanna contadina non lo era».

Chi rimpiange l'idillica «civiltà contadina» o la composta «società classica» è vittima di fabulazioni edificanti, forse intese a nobilitare o almeno a umanizzare la maggioranza grandissima dei nostri miserevoli e pressoché subumani antenati. A proposito della contemporanea «fame nel mondo», cioè nel «terzo mondo», sarebbe anche necessario procurarsi adeguati ragguagli sulla endemica fame italiana o europea del passato. È disponibile sull'argomento una vasta e rigorosa letteratura, ma per lo meno andrebbe letta, o riletta, quella pregevole raccolta di cronache o testimonianze che è «Il pane selvaggio» di Piero Camporesi (Il Mulino 1980). Per esempio, il cannibalismo nella campagna di Rimini durante la carestia della guerra gotobizantina e ancora un millennio più tardi nella Piccardia; oppure le moltitudini dei morti per fame trovati ogni mattina sulle strade di Padova nell'anno 1529; o gli uomini «bruchi» divoratori di rifiuti nella crisi pauperistica di Treviso durante il 1629, gli allucinati mangiatori di corteccia degli alberi, di nuda terra, delle carogne di bestie in avanzata decomposizione dopo la peste o persino gli autofagi di braccia e gambe durante la guerra dei Trenta Anni, 1618-1648, o nel XVIII secolo, la condizione «canina» degli straccioni di Napoli e il nutrimento affidato al grano ancora in erba nelle campagne, mentre la fame di massa non cessava d'appartenere alla categoria delle «res naturales». Per non ricordare l'umanità dei lazzaretti, delle pestilenze che decimavano o dimezzavano le città.

Condizioni analoghe, anche se non su scala paragonabile, oggi si ritrovano solo in quelle regioni del mondo che subiscono il divario fra crescita esponenziale della popolazione e sviluppo insufficiente della produzione sotto le peggiori sventure naturali. Ora per esempio sbalordiscono le notizie dall'Africa sulla micidiale siccità in atto lungo la fascia subsahariana, anche se in ogni epoca flagelli simili furono ricorrenti e tuttavia ignoti o pressoché ignorati perché non se ne avevano regolari notizie. Ma non accade più che un'inondazione, un'epidemia o una carestia possa «costare la vita a 30 milioni di individui», come ancora Hegel reputava normale in Asia nel secolo passato, al tempo delle sue lezioni sulla filosofia della storia. Infatti anche il mondo pre-industriale, almeno in larga misura, s'avvale ora di vantaggi del mondo industriale come dighe in cemento armato e stazioni di pompaggio elettrico, vaccini, fertilizzanti sintetici e sementi ibridate dall'agrogenetica, trasporti ferroviari o aerei per la sopravvivenza collettiva. Forse l'Età dell'Oro, che non è mai esistita nel passato e fu solo immaginata dal «pensiero mitico», che a sua volta il «pensiero utopico» ha voluto immaginare nel futuro, è precisamente questa, della quale tanti sono scontenti. Così dunque voi, annoiati o angosciati, nevrotizzati o demotivati, ma sempre ingrati, calunniate pure il vostro tempo, finché siete in tempo.

A. Ronchey, *Viviamo nell'età dell'oro*, in «l'Espresso», n. 19, 13 maggio 1984

---

623 Nel testo "lo scatenamento del potere moltiplicatore della specie" è considerato:

- **A** uno dei problemi più gravi che, nel presente, impedisce il miglioramento delle condizioni di vita delle grandi masse
- **B** una minaccia perenne alla sostenibilità dei sistemi organizzativi complessi, insieme con le incompatibilità ecologiche
- **C** una valida spiegazione delle profonde difficoltà delle civiltà del passato di garantire alle grandi masse condizioni di vita favorevoli
- **D** un ostacolo, forse insuperabile, al mantenimento delle attuali condizioni materiali di vita

---

624 Le "fabulazioni edificanti" sono:

- **A** parabole, miti religiosi
- **B** convinzioni veritiere
- **C** discorsi che incitano al bene
- **D** racconti costruiti su dati di realtà

QUESITI

625 Secondo Ronchey, chi sostiene che l'odierna qualità della vita sia migliorata soltanto per i ceti privilegiati:

A ha pienamente ragione, poiché in tutte le epoche il benessere ha interessato esigue minoranze di ricchi e potenti

B fa una valutazione errata, infatti, nonostante le attuali ingiustizie sociali, i servizi, le merci e il progresso tecnologico e scientifico oggi hanno un'ampia platea interclassista

C non sbaglia, visto che sono i ceti più abbienti a godere degli effetti della moderna civiltà tecnologica e dello sviluppo scientifico anche in campo medico

D condivide la convinzione di George Orwell secondo cui «un milionario non può illuminare le strade solo per sé, oscurandole per gli altri»

626 La tesi di Ronchey è che:

A l'età migliore è quella presente, ma molti non sanno riconoscerla

B l'Età dell'Oro dovrebbe sempre offrire alle moltitudini condizioni materiali di vita agiate e una diffusa felicità

C il «pensiero mitico» e il «pensiero utopico» hanno immaginato un mondo felice e qualitativamente migliore - nel passato o nel futuro -, ma storici, economisti e studiosi di varie discipline hanno dimostrato la sua irrealizzabilità

D un'età davvero felice per l'umanità non è mai esistita, come dimostra Piero Camporesi, e non c'è alcuna certezza sulla sua possibilità futura

Leggere il brano e rispondere alla relativa domanda.

«Tolkien, da filologo conoscitore di antiche lingue e antiche epopee, ha trasfuso nella sua opera il senso profondo di esse, l'afflato, il respiro, colpendo quindi le corde più intime dell'animo del lettore... L'Altra Realtà proposta da Tolkien si oppone totalmente a quella in cui viviamo, ma in senso positivo e propositivo. La Terra di Mezzo in cui si svolgono le avventure degli hobbit, la lotta della Compagnia dell'Anello contro l'Oscuro Signore Sauron, è un mondo in cui vigono "valori" che questa nostra società ha dimenticato o ripudiato, ma che evidentemente (considerato il successo delle sue opere) i lettori nel loro intimo desiderano ancora. Si entra nella lettura di questa immensa saga... quasi come in una vacanza dello spirito, per respirare aria pura, per prendere una boccata di ossigeno, e ritornare poi ritemprati alla vita di ogni giorno.»

G. De Turris, *Tolkien, il Signore della Terra di Mezzo*

627 Uno dei giudizi qui espressi è in contraddizione con l'interpretazione di Tolkien sopra riportata. Quale?

A I modelli delle antiche epopee non hanno perso del tutto la loro capacità di toccare il lettore di oggi

B *Il signore degli anelli* non è opera di pura e semplice evasione, ma lascia il lettore arricchito e ritemprato

C I valori che la saga di Tolkien celebra sono assolutamente estranei allo spirito dei lettori odierni

D La competenza storico-letteraria di Tolkien è fondamento e base della sua invenzione narrativa

E Il successo di Tolkien testimonia la vitalità dei valori che vi si esprimono, anche se lontani dal mondo moderno

Leggere il brano seguente e rispondere alla relativa domanda.

«Io sono piuttosto prevenuto nei riguardi delle persone, anche bambini piccoli, che hanno paura dei cani [...]. La mia predilezione per i bambini che non hanno paura dei cani e sanno come comportarsi con loro, ha certo una sua ragion d'essere, in quanto la familiarità con gli animali presuppone un'intima confidenza con la natura.»

Konrad Lorenz, *E l'uomo incontrò il cane*

628 Delle seguenti considerazioni, a prescindere dalla loro veridicità, una sola può essere rigorosamente dedotta dal testo di Lorenz, etologo, Nobel per la medicina nel 1973.

A La familiarità con gli animali è segno di carattere coraggioso

B Temere i cani è indice di un'indole poco aperta e sospettosa

C Lorenz considera con particolare simpatia i bambini che hanno confidenza con la natura

D Non ha senso aver paura di un animale amico dell'uomo come il cane

E Chi sa come comportarsi con i cani non avrà mai alcun motivo di temerli

 © Alpha Test

Leggere il brano seguente e rispondere alla relativa domanda.

«Lina Presotto, la mia formosa e alacre domestica che pochi giorni or sono lasciò il mio servizio per esordire nel varietà, parlando con me e con mia moglie o con i miei figli usava il verbo aspettare, ma al telefono usava il verbo attendere [...] (pensa che attendere sia più elegante che aspettare) [...]. Nella terza edizione del *Furioso*, Ariosto cambia tutti gli attendere in altrettanti aspettare. Resta a vedere se è meglio prendere esempio dal nostro Ludovico o da Lina Presotto, la mia domestica alacre e formosa, passata or non è molto ai fasti del varietà.»

da Alberto Savinio, *Nuova Enciclopedia*

629 Individuare la spiegazione in contraddizione con il contenuto dell'aneddoto di Savinio.

A Lina Presotto ha un fisico procace che le apre le porte del mondo dello spettacolo
B L'alternativa che propone Savinio è retorica, in quanto è chiaro qual è la soluzione per cui egli propende
C La domestica di Savinio è piuttosto trascurata nel lavoro e infatti si dà al teatro di varietà
D Ariosto nel rivedere il suo poema mira a liberarlo da espressioni che possono parere ricercate
E Lina Presotto al telefono usa un linguaggio meno naturale che nella conversazione

Leggere il brano e rispondere alla relativa domanda.

Un raro ..... scoperto recentemente potrebbe in futuro essere utilizzato in agricoltura per proteggere i raccolti da alcune delle più frequenti malattie e per incrementare la produzione. Il ..... è stato isolato nel 1987 e i suoi effetti sono stati studiati sia in laboratorio sia sul campo in oltre 40 specie di vegetali, dai cereali agli eucalipti. Il ....., che è in grado di formare spore o corpi fruttiferi, colonizza le radici della pianta e ne accelera la crescita. In ciascuna delle specie saggiate, il ..... ha mostrato di saper prevenire gravi malattie delle radici causate da altri ..... . Apparentemente il ..... secerne una molecola con proprietà antibiotiche nei confronti di altri ..... competitori. Un'altra proprietà peculiare del nuovo ..... è quella di riuscire a infettare ogni specie di pianta su cui è stato provato.

630 Dal testo è stata eliminata una sola parola che ricorre 8 volte. Di quale delle seguenti parole si tratta?

A Batterio
B Fungo
C Virus
D Plasmide
E Imenottero

Leggere il brano e rispondere alle relative domande.

Allo stesso modo in cui contrattazione, baratto e acquisto sono i mezzi attraverso cui ci procuriamo gli uni dagli altri la maggior parte dei <u>buoni uffici</u> di cui abbiamo bisogno, è questa stessa disposizione a trafficare che dà origine alla divisione del lavoro. In una tribù di cacciatori o di pescatori, un individuo fa per esempio archi e frecce con più rapidità e destrezza degli altri e li dà spesso ai suoi compagni in cambio di selvaggina o bestiame. Alla fine si accorgerà che in questo modo può avere più bestiame e selvaggina di quanto ne avrebbe se fosse andato a caccia di persona, sicché in base al semplice interesse egoistico la fabbricazione di armi e frecce si trasformerà nella sua occupazione principale ed egli diventerà una specie di armaiolo. Un altro è il migliore nel fabbricare le strutture e le coperture delle loro piccole capanne o abitazioni mobili; si abitua a rendersi utile in questo modo ai suoi vicini, che dal canto loro lo ricambiano con bestiame e selvaggina; sicché alla fine trova il suo interesse nel dedicarsi completamente a questa occupazione, ed eccolo diventato una specie di carpentiere edile. Un terzo diventa allo stesso modo fabbro o calderaio, un quarto conciatore di cuoi o pelli, elemento principale dell'abbigliamento dei selvaggi. Così la certezza di avere la possibilità di scambiare tutto il sovrappiù del prodotto del proprio lavoro, che supera il consumo, col sovrappiù del prodotto del lavoro degli altri uomini di cui si ha bisogno, incoraggia ogni uomo a dedicarsi a una occupazione particolare, coltivando e portando alla perfezione il talento o l'inclinazione che si trova ad avere per un tipo particolare di attività. La differenza tra i talenti naturali degli uomini è in effetti molto minore di quel che si pensa; e, in molti casi, le diversissime inclinazioni che sembrano distinguere in età matura uomini di diverse professioni sono piuttosto effetto che causa della divisione del lavoro. Ma senza la disposizione a trafficare, barattare e scambiare, ogni uomo avrebbe dovuto procurarsi da solo tutte le cose necessarie e comode della vita di cui ha bisogno.

631 Quale delle seguenti alternative potrebbe sostituire l'espressione "buoni uffici", sottolineata nel brano?

- A Benevolenza
- B Beni e servizi
- C Favori
- D Alimenti
- E Umana simpatia

632 Lo scopo del brano è:

- A illustrare la genesi della divisione del lavoro.
- B illustrare i vantaggi della divisione del lavoro
- C affermare l'uguaglianza tra gli uomini, negando la diversità dei talenti naturali
- D affermare la superiorità degli europei sui selvaggi
- E illustrare un aspetto della storia umana

In base alle informazioni contenute nel brano seguente, rispondere alle successive domande.

Il nostro lettore ha certamente imparato a conoscere, sui banchi di scuola, il superbo edificio della geometria di Euclide, e ricorderà – più con riverenza che con amore, forse – quella grandiosa costruzione, di cui ha passo passo salito la maestosa scalinata, pungolato per innumerevoli ore da coscienziosi insegnanti. Sulla base di tale esperienza passata, egli condannerebbe certamente con disdegno chiunque dichiarasse non vera anche la più marginale proposizione di tale scienza. Forse però questa sensazione di orgogliosa sicurezza lo abbandonerebbe, se qualcuno gli chiedesse: "Che cosa s'intende dunque asserendo che queste proposizioni sono vere?". Soffermiamoci a considerare brevemente questa domanda.

La geometria prende l'avvio da alcuni concetti fondamentali, come "piano", "punto", "retta", ai quali siamo in grado di associare delle rappresentazioni più o meno precise, e da alcune proposizioni semplici (assiomi) che, in virtù di queste rappresentazioni, siamo inclini ad accettare come "vere". In base a un procedimento logico di cui ci sentiamo costretti ad ammettere la legittimità, tutte le rimanenti proposizioni vengono poi ricondotte a questi assiomi, cioè esse vengono dimostrate. Una proposizione risulterà dunque corretta ("vera") quando è stata derivata dagli assiomi nella maniera ammessa come legittima. Il problema della "verità" delle singole proposizioni geometriche viene così ricondotto al problema della "verità" degli assiomi. Orbene, è da tempo noto che a quest'ultimo problema non soltanto non si può dare una risposta con i metodi della geometria, ma che esso è in sé assolutamente privo di significato. Non possiamo chiedere se sia vero che per due punti passa soltanto un'unica retta. Possiamo solamente dire che la geometria euclidea tratta di oggetti da essa chiamati "rette", attribuendo a ciascuna di queste rette la proprietà di essere univocamente determinata da due suoi punti. Il concetto di "vero" non si addice alle asserzioni della geometria pura, perché con la parola "vero" noi abbiamo in definitiva l'abitudine di designare sempre la corrispondenza con un oggetto "reale"; la geometria, invece, non si occupa della relazione tra i concetti da essa presi in esame e gli oggetti dell'esperienza, ma soltanto della connessione logica di tali concetti l'uno con l'altro.

Non è difficile comprendere perché, ciò malgrado, ci sentiamo costretti a chiamare "vere" le proposizioni della geometria. Ai concetti geometrici corrispondono, più o meno esattamente, degli oggetti in natura, e questi ultimi costituiscono senza dubbio la causa esclusiva della genesi di quei concetti. La geometria può prescindere da ciò, al fine di dare al proprio edificio la maggiore unità logica possibile; ma la consuetudine, per esempio, di vedere in un "intervallo" due posizioni segnate sopra un corpo praticamente rigido, è qualcosa di profondamente radicato nel nostro modo di pensare. Siamo inoltre abituati a considerare tre punti come situati su una retta, se, osservandoli con un solo occhio, possiamo far coincidere le loro posizioni apparenti, previa un'adeguata scelta del nostro posto di osservazione.

Se, proseguendo nel modo abituale di pensare, noi aggiungiamo ora alle proposizioni della geometria euclidea l'unica proposizione che a due punti su un corpo praticamente rigido corrisponde sempre la stessa distanza (intervallo), indipendentemente dai mutamenti di posizione che possiamo imprimere al corpo, allora dalle proposizioni della geometria euclidea traggono origine proposizioni sulla posizione relativa possibile di corpi praticamente rigidi. La geometria a cui sia stata fatta quest'aggiunta deve quindi venir trattata come un ramo della fisica. Possiamo ora legittimamente porre la domanda circa la "verità" delle proposizioni geometriche così interpretate, poiché siamo giustificati a credere che queste proposizioni siano soddisfatte per quegli oggetti reali che abbiamo associato ai concetti geometrici. In termini meno esatti possiamo anche dire che per "verità" di una proposizione geometrica intendiamo la sua validità per una costruzione con riga e compasso. Naturalmente, la convinzione circa la "verità" delle proposizioni geometriche in questo senso, si fonda esclusivamente su esperienze alquanto incomplete. Per il momento ammetteremo tale "verità" delle proposizioni geometriche; più avanti vedremo che questa "verità" è limitata, ed esamineremo fino a che punto giunge tale limitazione.

In base all'interpretazione fisica testé indicata di distanza, siamo altresì in grado di stabilire, per mezzo di misurazioni, la distanza fra due punti situati su un corpo rigido. Ci occorre a questo scopo un "intervallo" (regolo S) di cui ci si dovrà sempre servire, che viene adoperato come campione unitario. Se ora A e B sono due punti su un corpo rigido, possiamo costruire secondo le regole della geometria il segmento di retta che li congiunge; poi, partendo da A, possiamo riportare su tale segmento l'intervallo S una volta dopo l'altra fino a raggiungere B. Il numero di tali operazioni sarà la misura numerica della distanza AB. Questo costituisce la base di tutte le misure di lunghezza.

Ogni descrizione spaziale del luogo di un evento o di quello di un oggetto viene compiuta specificando su un corpo rigido (corpo di riferimento) il punto con il quale coincide quel dato evento od oggetto. Ciò si applica non solo alla descrizione scientifica, ma anche alla vita quotidiana. Se analizzo la specificazione di luogo: "Piazza Potsdamer, Berlino", giungo al seguente risultato. La Terra è il corpo rigido al quale si riferisce tale specificazione; "Piazza Potsdamer, Berlino" è un punto ben definito cui è stato assegnato un nome, e con il quale l'evento coincide spazialmente.

Questo metodo primitivo di specificare un luogo considera soltanto luoghi posti sulla superficie di corpi rigidi, e dipende dall'esistenza su questa superficie di punti che siano distinguibili l'uno dall'altro. Possiamo però liberarci da entrambe queste limitazioni senza alterare la natura della nostra specificazione di luogo. Se, per esempio, una nuvola ozia su Piazza Potsdamer, potremo determinarne la posizione relativa alla superficie della Terra innalzando una pertica, perpendicolarmente alla piazza, fino a raggiungere la nuvola. La lunghezza della pertica misurata col regolo-campione, quando sia inoltre specificata la posizione della base della pertica, ci fornisce una completa specificazione di luogo. In base a quest'esempio, possiamo vedere in che maniera si sia sviluppato un perfezionamento del concetto di luogo.

Immaginiamo che al corpo rigido, a cui si riferisce la specificazione di luogo, si aggiunga qualcosa in modo che l'oggetto di cui ci interessa la posizione venga raggiunto dal corpo rigido così completato.

Nel caratterizzare la posizione dell'oggetto, facciamo uso di un numero anziché dei punti di riferimento designati (nel caso illustrato tale numero sarà la lunghezza della pertica misurata col regolo-campione).

Parliamo dell'altezza della nuvola anche quando non è stata innalzata la pertica che la raggiunge. Nel nostro caso, determiniamo la lunghezza della pertica che sarebbe stata necessaria a raggiungere la nuvola, per mezzo di osservazioni ottiche della nuvola stessa, compiute da diverse posizioni sul terreno, e tenendo in considerazione le proprietà di propagazione della luce.

Da queste considerazioni vediamo che sarebbe vantaggioso se, nella descrizione della posizione, fosse possibile renderci indipendenti, per mezzo di misure numeriche, dall'esistenza, sul corpo rigido di riferimento, di punti segnati (provvisti di nome). Nella fisica delle misurazioni questo viene raggiunto applicando il sistema delle coordinate cartesiane. Questo sistema consta di tre superfici piane rigide, perpendicolari l'una all'altra e collegate a un corpo rigido. Riferito a tale sistema di coordinate, il luogo di un evento qualsiasi sarà determinato (essenzialmente) dalla specificazione delle lunghezze delle tre perpendicolari o coordinate (x, y, z) che possono venir abbassate dal luogo dell'evento su queste tre superfici piane. Le lunghezze di queste tre coordinate possono venir determinate mediante regoli-campione con una serie di manipolazioni compiute secondo le leggi e i metodi prescritti dalla geometria euclidea.

Nelle applicazioni non si dispone generalmente delle anzidette superfici rigide che costituiscono il sistema delle coordinate; neanche le coordinate vengono effettivamente ottenute mediante costruzioni con regoli rigidi, bensì servendosi di mezzi indiretti. Se i risultati della fisica e dell'astronomia debbono conservare la loro chiarezza, il significato fisico delle specificazioni di luogo deve però venir sempre cercato in accordo con le precedenti considerazioni.

Otteniamo così il seguente risultato: ogni descrizione spaziale di eventi comporta l'uso di un corpo rigido al quale debbono venir riferiti tali eventi. Tale relazione presuppone che le leggi della geometria euclidea valgano per gli "intervalli", dove l'"intervallo" viene rappresentato per mezzo di due segni su un corpo rigido.

633 Dal brano si deduce che l'autore giudica la geometria euclidea:

A una costruzione intellettuale artificiale priva di corrispondenza con il mondo reale
B una teoria basata su alcuni assiomi di partenza, non necessariamente veri, da cui vengono logicamente dedotte in modo rigoroso altre proposizioni
C un superbo edificio teorico alla cui base sono però posti alcuni assiomi la cui non veridicità rende false tutte le proposizioni da essi derivate
D un insieme di proposizioni astratte, tra loro logicamente connesse, volte a spiegare la relazione fra i concetti della geometria e gli oggetti dell'esperienza

634 Nell'utilizzare l'esempio di "Piazza Potsdamer, Berlino", l'autore intende:

A mostrare al lettore come la geometria euclidea non possa essere applicata a casi concreti
B mostrare al lettore come la geometria euclidea misuri la posizione relativa di corpi rigidi
C suggerire al lettore interessato l'indirizzo di un ristorante in Germania
D mostrare al lettore in che modo, così come nella vita quotidiana, in fisica si effettua la descrizione spaziale del luogo di un evento o di un oggetto

635 Dal brano è possibile dedurre che l'autore è probabilmente:

A uno scienziato americano
B un geometra
C un fisico tedesco
D un architetto

636 Secondo quanto riportato nel brano, il sistema delle coordinate cartesiane:

A consente di descrivere il luogo di un evento o la posizione di un punto non necessariamente segnato sul corpo rigido di riferimento
B è composto da tre superfici piane rigide, perpendicolari l'una all'altra, ognuna situata su un corpo rigido
C è uno strumento utilizzato dalla geometria euclidea per la descrizione della posizione di un punto su un corpo rigido
D consente all'osservatore di rendersi indipendente dall'utilizzo di misure numeriche per la descrizione della posizione di un punto nello spazio

637 Il carattere del brano è:

A tecnico-scientifico
B celebrativo
C divulgativo
D polemico
E ironico

Leggere il brano seguente e rispondere alle relative domande.

Molto frequenti, soprattutto nelle donne che in un 20 - 30% ne soffrono almeno una volta nella vita, le infezioni urinarie costituiscono un gruppo complesso di situazioni patologiche.

Talora isolate, ma non di rado recidivanti o persistenti, sono spesso asintomatiche. Anche se sono sintomatiche e molto fastidiose, sono in genere prive di reale importanza clinica: nella maggioranza dei casi l'infezione resta confinata alla vescica, senza conseguenze importanti per l'organismo.

Ma questa non è purtroppo la regola: per quanto in una percentuale di casi ridotta, possono infatti essere gravi, sino a richiedere un ricovero ospedaliero. In casi sfortunati può essere interessato il rene, con infezioni acute o croniche che possono causare danni irreversibili.

Inoltre, il 20% delle donne che hanno avuto un'infezione urinaria, anche in caso di un trattamento corretto, ne avranno una seconda, e il 30% di queste ne avrà una o più altre. In quest'ultimo gruppo di pazienti, circa l'80% avrà numerose ricadute.

Negli Usa si ritiene che un'infezione urinaria sia alla base di circa un milione di ricoveri all'anno, con una necessità di 7 - 10 milioni di visite all'anno. Con le infezioni broncopolmonari e cutanee, costituiscono la triade infettiva più comune della terza età, e in effetti ne è interessato, sia pure il più spesso in forma non grave, un numero elevato di ultrasettantenni: secondo alcuni studi sino al 50% degli ospiti di istituzioni per anziani hanno batteri nelle urine, con una perdita della predominanza femminile, caratteristica delle età precedenti.

638 Delle seguenti affermazioni una sola non è in accordo con quanto riferito nel testo:

- **A** gli attuali trattamenti delle infezioni urinarie non riescono sempre a impedire le ricadute
- **B** le infezioni urinarie costituiscono un importante problema socioeconomico
- **C** le infezioni urinarie sono potenzialmente pericolose
- **D** le infezioni urinarie, per quanto fastidiose, hanno nella maggior parte dei casi un andamento favorevole
- **E** l'adozione di moderni schemi terapeutici consentirà certamente di debellare le recidive delle infezioni urinarie

639 Delle seguenti affermazioni una sola è in accordo con quanto riferito nel testo:

- **A** l'elevata frequenza delle recidive delle infezioni urinarie è un buon esempio di malasanità
- **B** nei confronti delle infezioni urinarie, per i maschi invecchiare costituisce mediamente un elemento di maggior svantaggio che per le femmine
- **C** l'alta frequenza delle recidive è un segno che spesso esse non sono adeguatamente trattate
- **D** le donne giovani presentano infezioni urinarie altrettanto spesso degli uomini anziani
- **E** le infezioni urinarie sono così comuni che è impossibile trattarle tutte adeguatamente

Leggere il brano seguente e rispondere alla relativa domanda.

«Ma soprattutto la voce "deformazione" è infelice perché tradisce l'esistenza latente del preconcetto della verosimiglianza, in quanto ne è quasi un riconoscimento implicito. Deformazione vorrebbe, infatti, significare come un allontanamento da una forma modello prestabilita; e quale sarebbe questa forma modello se non la natura? Ma sappiamo oramai che l'arte non è imitazione della natura, e bisognerà quindi concludere, anche a rischio di scandalizzare tanta gente ammodo, che l'arte è sempre deformazione o – se più vi piace – astrazione formale, lirismo, stile.»
M. Marangoni, *Saper Vedere*, Milano, A. Vallardi, 1986, p. 86.

640 Nel brano si afferma che:

- **A** la deformazione è implicita in qualsiasi opera d'arte
- **B** l'arte è necessariamente a imitazione della natura
- **C** esistono delle forme modello cui deve ispirarsi l'artista
- **D** esiste un canone di bellezza oggettivo per l'opera d'arte
- **E** la parola deformazione non implica l'allontanarsi da una forma canonica comunque verosimile

In base alle informazioni contenute nel brano seguente, rispondere alle successive domande.

Un passo avanti molto importante della teoria della personalità negli ultimi venticinque anni è stato, secondo me, la progressiva consapevolezza che nessuno può essere compreso adeguatamente se isolato dal suo contesto sociale. L'esperienza e il comportamento di ognuno, sia egli considerato sano o pazzo, sono comprensibili, almeno in parte, come risposte al comportamento passato o presente di altri verso di lui e intorno a lui. Ciononostante, il linguaggio e le etichette usati dagli psichiatri sono ancora orientati verso la definizione di individui malati o devianti. La nosologia psichiatrica classifica i pazienti degli psichiatri come disturbati, ma non possiede categorie per etichettare le situazioni interpersonali che possono disturbarli. Abbiamo bisogno di linguaggi appropriati, di schemi e di modelli con cui pensare agli effetti causati sulle persone dal contesto sociale – famiglie, scuole, chiese, fabbriche e circoli – e alle relazioni fra piccoli gruppi microsociali e relativo contesto macrosociale: la Società nel suo insieme. La psicoanalisi presuppone, almeno in teoria, che il senso di persecuzione di una persona sia in parte o totalmente causato da fantasie determinate dall'istinto o filogeneticamente. Certo molti psicanalisti sanno che le storie di persecuzione infantile raccontate dai loro pazienti sono vere. Ma questo, sebbene valido, non è soddisfacente, se essi non hanno una teoria con cui spiegare come la persecuzione avvenuta nel passato possa in seguito dare origine a certe strane esperienze. Si consideri un individuo che ritenga certi eventi verificatisi nella sua mente (pensieri, sentimenti, percezioni, ricordi ecc.) come cattivi, pazzi, osceni, impuri, sporchi o pericolosi. Se egli desidera considerarsi buono, sano, decente, puro, pulito e sicuro ha bisogno di adottare certe tattiche mediante le quali affrontare quegli eventi, quando gli appaiono alla coscienza o prima del loro apparire. Si possono sfuggire i pericoli o gli elementi "cattivi" del mondo che ci circonda; basta allontanarsene. Ma in questo caso la fuga non è attuabile, non si può ritirare la nostra mente da sé stessa. C'è una scappatoia possibile e spesso usata: fingere che certi eventi non si verifichino nella nostra mente, cioè escluderli dal campo della coscienza. Ma fuori dalla coscienza non significa fuori dalla mente; è solo un'apparenza. Come gli oggetti del mondo esterno non scompaiono quando voltiamo loro la schiena, così gli eventi della nostra mente non cessano di verificarsi per il fatto che ci distogliamo da loro. E, anche fuori dalla consapevolezza, essi sono spesso sottoposti a mutamenti. Freud usava parecchi termini per indicare le operazioni con cui allontaniamo o manteniamo lontani dalla consapevolezza determinati eventi, per esempio rimuovere (*verdrängen*), rinnegare (*verleugnen*) e rifiutare (*verwerfen*); e alcuni per indicare una inconsapevolezza parziale, per esempio condannare (*verurteilen*) e negare (*verneinen*). René Laforgue, psicanalista francese, usò un termine tradotto in italiano con scotomizzare, cioè rendere qualcuno cieco a qualcosa; molti psicanalisti parlano di ripudio o negazione di eventi. Tutti questi termini rappresentano dei mezzi mediante i quali ci si priva di alcune possibilità della nostra mente. Uso questi termini in modo intercambiabile, dal momento che trovo difficile distinguere in pratica le singole operazioni a cui si riferiscono. Qui, per comodità, mi riferisco a uno di questi, alla rimozione. Attraverso lo strumento della rimozione la mente cerca di espropriare da sé stessa degli elementi che ritiene inappropriati; cambia cioè il me-cattivo nel non-me.

641 Qual è secondo l'autore il limite principale della psicoanalisi?

- **A** L'incapacità di riconoscere il legame tra personalità di un individuo e ambiente in cui quest'ultimo è cresciuto
- **B** L'incapacità di associare ai diversi eventi interpersonali che caratterizzano la vita di un individuo gli effetti da essi prodotti sulla personalità dello stesso individuo
- **C** Il rifiuto che certi eventi di tipo interpersonale si siano verificati
- **D** La mancanza di una teoria che spieghi in modo sistematico come determinati eventi interpersonali del passato possano dare origine a esperienze successive nel campo della personalità
- **E** Non è in grado di spiegare il senso di persecuzione

642 L'intento dell'autore di questo brano è:

- **A** mostrare le connessioni fra eventi che si verificano all'interno di una persona e fatti che avvengono nelle relazioni fra persone
- **B** chiarire il significato di alcuni termini utilizzati dalla nosografia psichiatrica
- **C** analizzare l'influenza del contesto sociale sulla personalità di un individuo
- **D** affermare che non tutti gli individui definiti "malati" o "devianti" dalla psicoanalisi sono effettivamente tali
- **E** mostrare che non è possibile allontanare dalla mente di un individuo determinati eventi prescindendo dalle influenze sociali che li hanno determinati

643 Il termine *verurteilen*:

- **A** indica una inconsapevolezza parziale di determinati eventi
- **B** è sinonimo di *verdrängen*
- **C** è un termine della psichiatria degli ultimi venticinque anni
- **D** significa negare
- **E** era usato da Jung

 © Alpha Test

644 Il carattere del brano è:

- A critico
- B pessimistico
- C descrittivo
- D narrativo
- E giornalistico

Leggere il brano seguente e rispondere alla relativa domanda.

«Due libri di recente usciti negli Stati Uniti portano avanti (come si usa dire) il discorso su un tema che pare non esaurirsi mai, l'opera e la figura di Walt Disney. Il primo, dovuto ai due animatori veterani dello studio, Ollie Johnston e Frank Thomas, si intitolerà *The Disney Villain* ed è edito dalla Hyperion di New York. La sua novità consiste nel porre finalmente in risalto [...] il fascino dei "cattivi" che regolarmente appaiono come deuteragonisti nei corti e nei lungometraggi d'animazione. «Per catturare l'attenzione del nostro pubblico, esteso a tutto il mondo e a tutte le età – scriveva in un memorandum lo stesso Walt – la nostra narrazione deve essere elementare. Bene e Male, gli antagonisti di ogni dramma, devono essere personalizzati in modo credibile». Dove le parole chiave sono le ultime, che in parte contraddicono l'assunto iniziale. I "cattivi", i *villains*, vengono sempre dotati di una personalità assai ricca, complessa e mutevole, nella quale (in maniera appunto tutt'altro che "elementare") i fattori di malvagità, violenza, ostilità si mescolano regolarmente, sia in termini iconografici, sia in termini comportamentali, con la comicità, la vulnerabilità, la tenerezza. In poche parole mentre il "cattivo" impersonato da un attore può permettersi di essere unidimensionale perché il pubblico dà per sottinteso che dietro la maschera c'è un uomo, nel caso dell'animazione invece il personaggio deve essere raffinatamente delineato, altrimenti il regresso alla vignetta sarebbe breve. In quest'ottica Johnston e Thomas compiono una lunga e brillante cavalcata cronologica dai primi cortometraggi fino ai giorni nostri, analizzando con grande sottigliezza furfanti disegnati come il lupo dei *Tre porcellini*, la strega di *Biancaneve*, il demonio della *Notte sul Monte Calvo*, il gatto Lucifero di *Cenerentola*, su su fino alla Bestia e a Gaston della *Bella e la bestia* e a Jafar di *Aladdin*.»

da *Mondo a strisce*, di G. Bendazzi, «il Sole-24 Ore», 21/8/94

645 Tra le seguenti considerazioni, una è in contraddizione con quanto osservato nell'articolo: quale?

- A Che la narrazione, nei film d'animazione disneiani, sia elementare non implica che i personaggi debbano essere semplici e sempre uguali a se stessi
- B Per essere riuscito, il personaggio dei cartoni animati deve essere disegnato con sottigliezza psicologica e raffinato mestiere
- C Lo scontro tra Bene e Male è il tema di ogni storia disneiana, e i personaggi antagonisti incarnano le due categorie in modo radicale e integrale
- D Il lupo, la strega di Biancaneve e il gatto Lucifero, pur impersonando il Male, esercitano un particolare fascino sul pubblico
- E Diversamente da quanto può capitare in un film, i furfanti disegnati nei cartoni animati non possono mancare di sfumature e di spessore

Leggere il brano seguente e rispondere alla relativa domanda.

«[…] Ché se noi troveremo in fatto, i mobili differenti di gravità meno e meno differir di velocità secondo che in mezzi più e più cedenti si troveranno, e che finalmente, ancor che estremamente diseguali di peso, nel mezzo più d'ogni altro tenue, se ben non voto, piccolissima si scorga e quasi inosservabile la diversità della velocità, parmi che con molto probabil coniettura credere che nel vacuo sarebbero le velocità loro del tutto eguali.»

da Galileo Galilei, *Discorsi e dimostrazioni matematiche intorno a due nuove scienze attinenti alla mecanica et i movimenti locali*, Einaudi, Torino, 1990, p. 82

646 Saliti sul tetto di un edificio lasciamo cadere contemporaneamente da un'altezza di 100 metri una sfera di piombo di dieci chili e un'altra più piccola, di un chilo. Quale di questi eventi si verificherà secondo Galileo?

- A Le sfere toccano terra nello stesso istante
- B La sfera più leggera tocca terra molto prima dell'altra
- C La sfera di dieci chili tocca terra con molto anticipo rispetto all'altra
- D La sfera più pesante tocca terra con lieve anticipo rispetto all'altra
- E La sfera più leggera tocca terra un po' prima dell'altra

QUESITI

Leggere il brano seguente e rispondere alla relativa domanda.

«Durante la guerra qualcuno tentò di convincere un grande scienziato olandese che il potere veniva prima del diritto nella storia dell'uomo. «Non so confutare l'esattezza della vostra affermazione – egli rispose – ma so che non mi importerebbe di vivere in un tale mondo». Dobbiamo pensare, sentire e agire come quest'uomo, rifiutandoci di accettare dei compromessi fatali!»

Albert Einstein

647 Quale delle seguenti deduzioni è autorizzata dal testo proposto?

- **A** Einstein è in grado di dimostrare che la giustizia è il risultato di imposizioni a cui l'umanità si è adattata
- **B** Einstein è in grado di dimostrare che la giustizia non è il risultato di imposizioni a cui l'umanità si è adattata
- **C** Einstein ritiene che lo scienziato non si possa sottrarre al compromesso con il potere sotto cui si opera, qualunque esso sia
- **D** Einstein è in grado di dimostrare che esiste un diritto naturale, da cui procede la giustizia
- **E** Einstein ritiene che talvolta si debba rifiutare ogni compromesso con il potere, anche quando qualunque forma di resistenza sembri destinata allo scacco

648 Quale delle seguenti coppie di termini presenta elementi di disomogeneità rispetto alle altre?

- **A** Efferato - pietoso
- **B** Dissimile - identico
- **C** Laconico - succinto
- **D** Glabro - villoso
- **E** Complicato - facile

Leggere il brano seguente e rispondere alla relativa domanda.

«All'inizio il bottone fu trattato come fosse un ornamento, fabbricato e venduto dai gioiellieri. Le donne erano disposte a spendere e a fare spendere talmente tanti denari ai familiari per tale acquisto, da incorrere nel rigore delle leggi contro il lusso […]. Progressivamente la funzione pratica dei bottoni passò in primo piano e i bottoni furono fatti di ottone o di rame, o di vetro […]. I bottoni permisero per la prima volta alle donne del XIII secolo di portare vesti aderenti che danno slancio alla figura, e di modellare la forma del braccio con maniche strette. Al desiderio di sfoggiare comunque grande quantità di tessuto, indice di ricchezza, che l'uso dei bottoni evidentemente contrasta, si supplì con lo strascico e con la sovrapposizione di diversi capi di vestiario […]. I bottoni però, oltre a permettere di aprire e chiudere lo scollo degli abiti e le maniche, resero queste ultime addirittura completamente staccabili. […] Il detto: "È un altro paio di maniche" ci giunge proprio dal Medioevo, quando per necessità pratica, o […] per esigenza decorativa, le maniche potevano essere riposte in una cassapanca lontano dall'abito di cui facevano parte. Di solito in casa si portavano maniche di tipo modesto, più ricercato ed elegante quando si usciva.»

Chiara Frugoni, *Medioevo sul naso. Occhiali, bottoni e altre invenzioni medievali*,
Laterza, Roma-Bari, 2001, pp. 102-103

649 Solo una delle affermazioni seguenti è correttamente dedotta dalle premesse contenute nel brano. La si individui.

- **A** Nell'Alto Medioevo, prima dell'invenzione dei bottoni, a nessuno era venuto in mente di sovrapporre diversi capi di vestiario
- **B** L'introduzione dei bottoni consentì di dotare gli abiti femminili di maniche adeguate
- **C** Con il passar del tempo i bottoni divennero sempre più elaborati nelle forme e nei materiali e conseguentemente sempre più costosi
- **D** I bottoni consentirono alle donne medievali l'agognata economia di tessuto nella confezione dei loro abiti
- **E** L'introduzione dei bottoni non rispose originariamente a un'impellente necessità pratica

Leggere il brano seguente e rispondere alla relativa domanda.

Indicazioni: trattamento del dolore acuto e cronico di elevata intensità di diverso tipo e causa.

Effetti indesiderati: sedazione, sonnolenza. Lieve effetto euforizzante, che tuttavia può essere notevole in pazienti tossicodipendenti (ai quali la prescrizione deve essere evitata).

Prescrivere - Il nuovo prontuario terapeutico, ed. Minerva Medica

650 Le caratteristiche del prodotto in questione consigliano di evitare la somministrazione in una sola delle seguenti situazioni:

A stato agitatorio

B stato di lieve depressione

C calo dell'attenzione sul lavoro

D cefalea

E insonnia

Leggere il brano seguente e rispondere alle relative domande.

L'invenzione dell'anestesia chirurgica.

«Pur esercitando la professione di dentista a Boston, Morton non aveva mai completato gli studi intrapresi nel 1840 presso il Baltimore College of Dental Surgery [...]. Nel 1844 Morton era molto impegnato a cercare il modo di alleviare il dolore durante le estrazioni dentarie. Aveva messo a punto un nuovo tipo di placca palatale per tenere a posto i denti finti, una placca che aderiva saldamente alle gengive [...]. Perché riuscisse abbastanza aderente, si dovevano estrarre dalla mascella le vecchie radici e gli spezzoni dei denti naturali. La procedura era talmente dolorosa che Morton perdeva i pazienti [...]. «Il dottor Morton aveva una chiara motivazione pecuniaria, con effetti quasi immediati, per alleviare o annullare il dolore durante i suoi interventi».

Il chimico Jackson aveva detto a Morton due cose importanti sull'etere: aveva descritto l'effetto prodotto sugli studenti in festa e aveva formulato l'ipotesi che l'applicazione del liquido direttamente sulle gengive del paziente avrebbe anestetizzato la zona intorno al dente da estrarre [...] seguono tentativi di inalazione. La sera del 30 settembre 1846 l'estrazione dentaria fu eseguita su un paziente di Morton, Eben Frost, addormentato e insensibile al dolore [...]. Ma per quanto ansioso di annunciare al mondo di aver scoperto un sistema per annullare il dolore nelle operazioni chirurgiche, il pragmatico Morton prese prima la precauzione di consultare il direttore dell'ufficio brevetti.»

Sherwin B. Nuland, *Storia della medicina*, Mondadori, 2004

651 Individuare la caratterizzazione meno probabile, stando alle parole di Nuland, dell'indole di Morton.

A Era capace di far tesoro di osservazioni altrui

B Era emotivamente coinvolto dalle sofferenze dei suoi pazienti

C Era poco impulsivo, al punto di saper tacere anche sulle proprie scoperte

D Era molto ingegnoso

E Era molto interessato al denaro

652 Individuate la sola delle seguenti considerazioni che non è conforme a quanto Nuland racconta nel passo riportato.

A Morton ritenne che i denti finti non stessero a posto se fossero rimasti in sede i resti di quelli caduti

B Morton teneva molto ad alleviare la sofferenza dei suoi pazienti, perché se ci fosse riuscito ne avrebbe tratto lauti guadagni

C Morton comprese che il dolore dell'estrazione delle radici residue era per molti intollerabile

D Morton era un abile e ingegnoso dentista, senza titolo accademico

E In Morton, l'ansia di divulgare senza indugio la propria scoperta ebbe la meglio su ogni prudenza e preoccupazione

Leggere il brano seguente e rispondere alle relative domande.

«Dico che un buon cittadino e amante della patria non solo debba accettare di collaborare col tiranno per sua sicurtà, perché è in pericolo se diventa sospetto, ma anche per il bene della patria, perché comportandosi così gli viene l'occasione, con i consigli e con le opere, di promuovere molto bene e di evitare molto male. E questi che biasimano chi così si comporta sono pazzi: perché starebbe fresca la città e loro, se il tiranno non avesse intorno altro che malvagi.»

da Francesco Guicciardini, *Ricordi, prima stesura*, n. 220

QUESITI

653 Da questo Ricordo, qui tradotto nell'italiano del nostro tempo, sono state tratte alcune deduzioni. Individuate quella che tradisce il significato del testo:

- **A** che un cittadino non voglia mettere a repentaglio la propria sicurezza è naturale, e basta a giustificare il fatto che egli collabori anche con un tiranno
- **B** astenersi da ogni attività pubblica per non scendere a patti con la tirannide non sempre è un comportamento degno di approvazione
- **C** il cittadino onesto che rifiuta di aver a che fare con il tiranno diventa corresponsabile dell'influenza nefasta che, senza ostacoli, esercitano sul signore i malvagi
- **D** anche un tiranno può essere in qualche modo influenzato da consiglieri che abbiano a cuore il bene dei cittadini
- **E** una tirannide in cui le persone oneste cerchino qualche spazio d'azione può essere meno intollerabile e malvagia

In base alle informazioni contenute nel brano seguente, rispondere alle successive domande.

Il buddismo zen è una pratica e una visione della vita che non appartengono a nessuna categoria formale del moderno pensiero occidentale. Non è religione o filosofia; non è una psicologia o un tipo di scienza. È un esempio di ciò che è noto in India o in Cina come una "via di liberazione", ed è analogo sotto questo aspetto al taoismo, al vedanta e allo yoga. Come sarà presto evidente, una via di liberazione non può avere nessuna definizione positiva. Dev'essere suggerita dicendo ciò che essa non è, un po' come uno scultore rivela una figura rimuovendo le schegge da un blocco.

Storicamente, lo zen può considerarsi come il compimento di lunghe tradizioni di cultura indiane e cinesi, sebbene sia in realtà molto più cinese che indiano e, dal XII secolo, si sia profondamente radicato (e molto costruttivamente) nella cultura del Giappone. Come fruizione di queste grandi culture, e come esempio unico e particolarmente istruttivo di via di liberazione, lo zen è uno dei più preziosi doni dell'Asia al mondo.

Le origini dello zen sono sia taoiste sia buddiste, e poiché il suo profumo è così tipicamente cinese, è forse meglio iniziare indagando sui suoi antecedenti cinesi, e illustrando al tempo stesso mediante l'esempio del taoismo ciò che si intende per via di liberazione.

Gran parte della difficoltà e delle mistificazioni che lo zen presenta allo studioso occidentale è il risultato della sua scarsa familiarità con i modi di pensiero cinesi; modi che differiscono sostanzialmente dai nostri e che sono, proprio per questa ragione, di particolare valore per noi nella ricerca di una prospettiva critica delle nostre idee. Il problema non è qui semplicemente di padroneggiare idee diverse, che differiscono dalle nostre come, diciamo, le idee di Kant differiscono da quelle di Descartes, o quelle dei calvinisti da quelle dei cattolici. Il problema è di tenere in dovuto conto le differenze nelle premesse fondamentali del pensiero e nei veri e propri metodi del pensare; differenze così facilmente trascurate, che le nostre interpretazioni della filosofia cinese tendono a essere una proiezione, nella terminologia cinese, di idee tipicamente occidentali. Questo è l'inevitabile svantaggio di chi studia la filosofia asiatica coi metodi puramente letterari della cultura occidentale, poiché le parole possono essere comunicative solo tra coloro che dividono esperienze analoghe.

Ciò non significa che una lingua così ricca e articolata come l'inglese sia semplicemente inetta a esprimere idee cinesi. Al contrario, essa è in condizione di esprimere assai più di quanto abbiano creduto possibile taluni studiosi cinesi e giapponesi dello zen e del taoismo, la cui dimestichezza con l'inglese lascia alquanto a desiderare. La difficoltà risiede non tanto nel linguaggio quanto nei modelli di pensiero che sono finora sembrati inseparabili dal modo accademico e scientifico di affrontare un argomento. L'inadeguatezza di questi modelli per argomenti come il taoismo e lo zen è largamente responsabile dell'impressione che lo "spirito orientale" sia misterioso, irrazionale e imperscrutabile. Inoltre, non bisogna credere che questi soggetti siano così tipicamente cinesi e giapponesi da mancare di qualsiasi punto di contatto con la nostra cultura. Mentre è vero che nessuna delle suddivisioni formali della scienza e del pensiero occidentali corrisponde a una via di liberazione, il mirabile studio di R. H. Blyth sullo zen ha mostrato molto chiaramente che le intuizioni essenziali dello zen sono universali. Le ragioni per cui a prima vista il taoismo e lo zen rappresentano un tale enigma per la mente occidentale sta nel fatto che noi abbiamo una visione ristretta del sapere umano. Per noi quasi tutto il sapere consiste in ciò che un taoista chiamerebbe conoscenza convenzionale, poiché noi non sentiamo di sapere veramente qualcosa se non possiamo rappresentarcelo con parole, o con qualche sistema di segni convenzionali come le notazioni della matematica e della musica. Tale conoscenza è detta convenzionale poiché è un fatto di convenzione sociale né più ne meno che i codici del linguaggio. Proprio come la medesima gente che parla il medesimo linguaggio ha taciti accordi riguardo le parole da usare per indicare determinate cose, così i membri di ogni società e di ogni cultura sono tenuti uniti da vincoli di comunicazione che poggiano su ogni specie di accordo riguardo la classificazione e la valutazione di azioni e di cose.

654 Secondo quanto riportato nel brano, il buddismo zen è:

A una filosofia
B una religione
C una psicologia
D analogo al taoismo
E un'arte cinese

655 Secondo quanto riportato nel brano, lo zen:

A nacque in Cina
B nacque in India
C nacque in Giappone
D si diffuse in Giappone
E si diffuse in tutta l'Asia

656 Lo studioso occidentale ha difficoltà ad avvicinarsi allo zen perché:

A il pensiero occidentale è pervaso di razionalismo kantiano
B non riesce a padroneggiare idee diverse dalle sue
C non riesce a tenere conto delle differenze nelle premesse fondamentali del pensiero
D non riesce a capire la terminologia cinese
E le parole riescono a essere comunicative solo tra chi studia le stesse materie

657 Lo "spirito orientale" rimane misterioso perché:

A i modelli di pensiero occidentali non sono adeguati
B è irrazionale e imperscrutabile
C la lingua cinese è troppo diversa dalla lingua inglese
D non ci sono punti di contatto tra la cultura occidentale e quella orientale
E nessuna delle suddivisioni formali della scienza occidentale corrisponde a una via di liberazione

658 La "conoscenza convenzionale" per un taoista è:

A tutto quello che viene rappresentato con notazioni matematiche
B tutto quello che gli occidentali chiamano sapere
C lo studio dei simboli convenzionali
D l'insieme delle convenzioni sociali
E la classificazione e la valutazione di azioni o cose

Leggere il brano seguente e rispondere alle relative domande.

«La realtà storica è unica, le diverse discipline e scienze operano su di essa, la interpretano e la rappresentano attraverso specifici linguaggi, artistici, tecnici, comuni, matematici, scientifici, musicali, filosofici. Dietro ogni linguaggio c'è un'epistemologia, una particolare struttura logica che coglie una prospettiva, un punto di vista, ma l'acquisizione dei diversi sistemi concettuali deve essere coerente. È solo l'unità delle prospettive che forma il patrimonio culturale, che consente di cogliere sistemi, connessioni e relazioni nel tutto.
Interdisciplinarità non significa allora fine delle discipline né annullamento delle differenze. Annullare una disciplina potrebbe comportare la riduzione di una parte della realtà. L'interdisciplinarità non è un complesso di conoscenze, è una metodologia, anche didattica, una *forma mentis*, un modo diverso non solo di costruire conoscenze e d'insegnare, ma anche di comprendere e di vivere la realtà, l'ambiente socio-culturale e storico-geografico che ci circonda.
Uno dei più rilevanti problemi del nostro tempo è proprio la sintesi delle conoscenze, possibile solo in una visione interdisciplinare complessiva che riconduca anche le scienze e la tecnologia alla ricerca sull'uomo. La sintesi interdisciplinare non è mai una

somma, né il risultato di esemplificazioni: è l'interazione di linguaggi diversi, tradotti, confrontati, interconnessi e armonizzati attraverso la scoperta di analogie e differenze.

La cultura della complessità si sviluppa in una difficile e sofferta dicotomia tra umanisti e scienziati, che non sembra ancora riuscire a conciliare la differenziazione e l'autonomizzazione con l'interconnessione sistemica. Scienza e tecnologia debbono tornare a essere strumenti finalizzati all'uomo, alla sua felicità e libertà, per prevenire quella eliminazione della libertà personale, quella dittatura non più fisica, ma mentale, ipotizzata da George Orwell in *1984*, attraverso il tentativo di rendere immortale il Grande Fratello.

La scuola deve confrontarsi sulla dicotomia tra la cultura umanistica e quella scientifico-tecnologica, e i docenti non possono delegare ai singoli studenti il problema, rimasto insoluto all'interno del loro team, di far interagire linguaggi, significati, messaggi ed epistemologie.»

da L. Salvucci, *I limiti delle discipline*, «Iter», IV, 13, 2001, Treccani

659 Tra le seguenti affermazioni una non è stata dedotta dal testo di L. Salvucci:

- A i linguaggi specifici delle diverse discipline sono espressione di rappresentazioni della realtà da prospettive diverse
- B l'interdisciplinarità consiste nel correlare i diversi sistemi espressivi senza ignorarne o sminuirne le differenze
- C la struttura logica è identica per tutti i linguaggi e in tutti gli approcci conoscitivi e proprio questa identità permette di operare un'armonizzazione senza appiattimenti
- D tra i linguaggi disciplinari esistono differenze e analogie che è essenziale riconoscere se si vuole giungere non a una somma ma a una sintesi
- E il patrimonio culturale di un individuo consiste nella consapevolezza delle relazioni tra le differenti prospettive concettuali

660 Una sola delle seguenti affermazioni può essere dedotta dal testo di Salvucci:

- A non è lecito finalizzare la scienza, che è autonoma, e la tecnologia alla felicità dell'uomo
- B differenziazione e autonomizzazione possono essere conciliate ed è interesse di tutti che si lavori in questa direzione
- C quando non vi riescano i docenti, saranno gli studenti a mettere in relazione le diverse discipline e metodologie
- D l'interdisciplinarità permette straordinarie acquisizioni conoscitive in ogni campo del sapere
- E la tecnologia minaccia sempre inevitabilmente la libertà degli uomini, come dichiara Orwell nel suo *1984*

661 Tra le spiegazioni del significato delle parole qui riportate e sottolineate nel testo una è inesatta:

- A epistemologia: analisi delle strutture della realtà
- B *forma mentis*: abituale modo di pensare
- C sintesi: composizione di elementi molteplici in una visione unitaria
- D dicotomia: divisione in due parti, separazione tra atteggiamenti mentali diversi
- E interconnessione: connessione tra due o più elementi

Leggere il brano e rispondere alla relativa domanda.

«La massa comandata non ha se non una nozione affatto vaga e terribilmente ingenua dei mezzi che potrebbero migliorare la sua sorte. I demagoghi le fanno credere facilmente che il miglior mezzo consista nell'adoperare la forza dello Stato per "far dispetto ai ricchi". Si passa, così, dalla gelosia alla vendetta e, si sa, la vendetta è un sentimento di potenza straordinaria, specie nei deboli. La storia delle città greche e delle repubbliche italiane del Medioevo è piena di leggi fiscali molto oppressive per i ricchi, le quali non poco contribuirono alla rovina di quei governi... Se si guardasse da vicino la politica sociale contemporanea, si troverebbe che anch'essa è impregnata delle idee di invidia e di vendetta: molte norme hanno per scopo piuttosto di fornire i mezzi per far dispetto agli imprenditori, che di migliorare la situazione degli operai».
George Sorel, *Considerazioni sulla violenza*

 © Alpha Test

662 Delle seguenti considerazioni, UNA NON è conseguente all'analisi di George Sorel:

- **A** le leggi fiscali non sempre sono fonte di benessere e progresso per i ceti meno abbienti
- **B** le leggi che tassano la ricchezza devono essere considerate con sospetto, in quanto hanno sicuramente effetti generali negativi
- **C** la mancanza di idee concrete sul modo di migliorare efficacemente la vita e le condizioni economiche dei soggetti meno abbienti è comune ad alcune società antiche e moderne
- **D** quando le leggi sono dettate da desiderio di vendetta o da invidia possono avere risultati molto negativi
- **E** i demagoghi sfruttano spesso invidie e rancori come facile mezzo per proporre leggi senza vera utilità sociale

Leggere il brano e rispondere alla relativa domanda.

Una stima fatta nel 1960 aveva dato la cifra di 110 miliardi di persone vissute fino al 1950. Ma l'ipotesi era basata su una presenza di 125 mila persone nel mondo di un milione di anni fa, includendo specie "anteriori" come l'*Homo erectus* e l'*Homo abilis*. Si sono stabilite otto date-chiave basandosi sulla progressione geometrica, piuttosto che su quella aritmetica e stabilendo una vita media di vent'anni nei tempi primitivi e di cinquanta per quelli successivi. Si è preso poi l'anno 298.000 avanti Cristo come punto di partenza per l'*Homo sapiens*. Così da due esemplari di *Homo sapiens* nel 298.000 avanti Cristo sono discesi 2 miliardi e 700 milioni di persone nel corso dei 258 mila anni dell'età paleolitica. Si sono stabiliti anche i vari momenti in cui la popolazione sembra avere raggiunto la più alta crescita. Nel passaggio dall'età paleolitica a quella mesolitica, 40.000 a.C. per esempio, la popolazione era di circa tre milioni. Nell'8.000 a.C. all'alba della diffusione dell'agricoltura, era di circa cinque milioni. Alla nascita di Cristo, era di 200 milioni. Un altro dei punti chiave per il calcolo è l'anno 1650, quando si pensa che la popolazione del mondo fosse sui 500 milioni. Nel 1850, transizione all'era industriale, c'erano un miliardo di uomini.

663 Qual è la differenza fra il numero degli abitanti della terra all'inizio del neolitico e il numero degli abitanti all'inizio dell'era cristiana?

- **A** 125.000
- **B** 298.000
- **C** 2.700.000.000
- **D** 195.000.000
- **E** 1.300.000.000

Leggere il brano seguente e rispondere alla relativa domanda.

«L'esame di un reo è fatto per conoscere la verità, ma se questa verità difficilmente scuopresi all'aria, al gesto, alla fisionomia d'un uomo tranquillo, molto meno scuoprirassi in un uomo in cui le convulsioni del dolore alterano tutti i segni, per i quali dal volto della maggior parte degli uomini traspira qualche volta, loro malgrado, la verità. Ogni azione violenta confonde e fa sparire le minime differenze degli oggetti per cui si distingue talora il vero dal falso.»

Cesare Beccaria, *Dei delitti e delle pene*

664 Quale delle affermazioni che seguono NON È COERENTE con il testo?

- **A** La tortura alterando i segni del volto nasconde la verità
- **B** Le convulsioni del dolore rendono indistinguibile il vero dal falso
- **C** La verità traspare talora nella fisionomia di un uomo tranquillo
- **D** La violenza confonde i segni che permettono di distinguere il vero dal falso
- **E** Le azioni violente sono utili per determinare la colpevolezza

In base alle informazioni contenute nel brano seguente, rispondere alle successive domande.

Di solito, solo un fatto che esce dall'ordinario stimola la richiesta di una spiegazione. Ad esempio, un impiegato che giunge in ufficio in perfetto orario per mesi o per anni non desterà mai alcuna curiosità riguardo al suo comportamento. Qualora un giorno gli accadesse di ritardare un'ora, il direttore gli richiederebbe certamente una spiegazione. Ma cos'è che rende una spiegazione valida e accettabile? L'impiegato potrebbe rispondere che aveva preso l'autobus delle sette e mezzo, come sempre, ma che l'autobus era stato coinvolto in un incidente stradale e aveva quindi subito un notevole ritardo. Non avendo a disposizione nessun altro mezzo di trasporto, aveva dovuto attendere che l'autobus fosse riparato, cosa che aveva richiesto un'ora intera. Questa giustificazione sarebbe probabilmente ritenuta soddisfacente. E può esserlo perché il fatto da spiegare segue logicamente dalle proposizioni che costituiscono la spiegazione, tanto da non suscitare più alcuna perplessità. Una spiegazione è un gruppo di proposizioni o un racconto dal quale può essere logicamente inferito il fatto da spiegare e la cui accettazione elimina o diminuisce il carattere problematico o enigmatico del fatto stesso.

Naturalmente, l'inferenza del fatto come conclusione dalla spiegazione assunta come premessa può essere formalmente corretta ove le "sottintese" premesse addizionali siano delle leggi causali generalmente accettate, ovvero che la conclusione ne derivi con probabilità piuttosto che deduttivamente. È quindi evidente che la spiegazione e l'inferenza sono in stretta relazione reciproca. Esse sono, in effetti, lo stesso procedimento logico considerato da due opposti punti di vista. Date certe premesse, qualsiasi conclusione che possa essere logicamente inferita si può considerare spiegata da queste premesse. E, dato un fatto da spiegare, diciamo che ne abbiamo trovato la spiegazione quando abbiamo trovato delle premesse dalle quali il fatto stesso possa essere logicamente inferito.

Alcune spiegazioni proposte sono, naturalmente, migliori di altre. Il principale criterio per valutare le spiegazioni è la *rilevanza*. Se l'impiegato adducesse a giustificazione del suo ritardo il fatto che c'era un guerra in Cina o una carestia in India, la sua spiegazione sarebbe certamente considerata ben povera, o meglio non sarebbe considerata affatto una spiegazione. Un racconto di questo tipo non avrebbe "nulla a che fare con il fatto", sarebbe cioè *irrilevante*, perché il fatto da spiegare *non* può essere inferito da esso. La rilevanza di una spiegazione proposta è dunque esattamente proporzionale alla forza dell'argomento mediante il quale il fatto da spiegare è inferito dalla spiegazione proposta.

665 Per quale motivo l'autore riporta l'esempio dell'impiegato?

- **A** Per chiarire l'intento di chi fornisce una spiegazione a un proprio comportamento
- **B** Per chiarire cosa si intenda con il concetto di spiegazione
- **C** Per evidenziare un comportamento poco corretto
- **D** Per chiarire le motivazioni che spingono un individuo a chiedere una spiegazione

666 Quale delle seguenti spiegazioni non verrebbe ritenuta rilevante dall'autore del brano in relazione al fatto che Francesco non è andato a scuola?

- **A** Francesco è andato al cinema durante l'orario scolastico
- **B** Francesco ha subito un incidente mentre stava andando a scuola ed è stato trasportato all'ospedale
- **C** Francesco non ama la scuola
- **D** Francesco ha perso il treno che lo porta a scuola e il treno è l'unico mezzo di trasporto disponibile per recarsi a scuola da dove abita Francesco

667 Secondo l'autore, una premessa spiega una conclusione se:

- **A** la premessa può essere logicamente dedotta dalla conclusione
- **B** la conclusione è condizione sufficiente affinché sia vera la premessa
- **C** la premessa può essere inferita sulla base della conclusione
- **D** la conclusione può essere logicamente inferita dalla premessa

668 Secondo l'autore, la rilevanza di una spiegazione è:

- **A** ininfluente per poter valutare se una spiegazione sia o meno accettabile
- **B** direttamente proporzionale alla forza con cui è possibile dedurre logicamente la spiegazione dal fatto da spiegare
- **C** sufficiente a rendere la stessa spiegazione accettabile
- **D** direttamente proporzionale alla forza con cui è possibile inferire il fatto da spiegare dalla spiegazione

 © Alpha Test

669 Qual è il carattere del brano?

- A Scientifico
- B Tautologico
- C Divulgativo
- D Logico

Leggere il brano e rispondere alle due domande seguenti.

«Arrivare a una comprensione del *Furioso*, non dico piena ma ricca, non è facile, come non lo è per ogni libro che abbia molte facce diverse. Occorrerebbe [...] poter afferrare la ricchezza poliedrica del mondo ariostesco nella sua molteplicità sfaccettata [...]. E bisognerebbe poter apprezzare la maestria con cui il narratore struttura la sua opera intrecciando tanti fili e portandoli tutti avanti con perspicua chiarezza [...]. Bisognerebbe insomma possedere una cultura letteraria acquisita con il lavoro di una vita e insieme una umanità intelligente e una sensibilità acuta per l'arte... Un patrimonio quasi impossibile da mettere insieme, e chi può sperare di possederlo? Solo gli sciocchi possono sperare di raggiungere tanta profondità di comprensione perché in possesso di questa o di quella competenza settoriale, o perché asserviti all'ultimo metodo venuto di moda.

Ma è sufficiente, per un'opera come l'*Orlando furioso*, anche accontentarsi di meno, assai meno. Procurarsi le informazioni indispensabili, liberarsi di ideologismi e preconcetti scolastici, e leggere... con il gusto di leggere, sapendo che un'opera letteraria è frutto, e quindi può esser fonte, di mille interessi e piaceri diversi: godere con umiltà di quelle invenzioni, di quel narrare sapientemente orchestrato, di quella musicale armonia.

Io, purtroppo, so poco o niente di musica, ignoro le nozioni elementari necessarie ad analizzare la struttura di un brano, e sono, lo so, incapace di spiegarmi tecnicamente le emozioni che mi procura l'ascolto. Ma non per questo rinuncio a sentir musica, anzi! Ascolto e riascolto, conscio che tanto di quell'arte e del godimento che essa potrebbe procurarmi mi è precluso per sempre; ma tuttavia ascolto, e godo quello che natura e cultura consentono. Non dovrebbe esser lo stesso per chi è poco esperto di letteratura, ma non per questo è disposto a rinunciare alla ricchezza di conoscenze e di gioia che un'opera letteraria come il *Furioso* racchiude?»

Giuseppe Petronio, *Il piacere di leggere*

670 Tra le definizioni sotto elencate di cinque parole che compaiono nello scritto di Giuseppe Petronio, una è imprecisa: quale?

- A Poliedrica: dai molteplici aspetti
- B Sfaccettata: che presenta numerose facce, aspetti diversi
- C Perspicua: pronta, perspicace
- D Ideologismi: schemi ideologici attraverso i quali si filtra acriticamente ogni giudizio
- E Preconcetti: concetti assunti come veri per abitudine, senza sottoporli ad analisi critica

671 Una sola delle seguenti affermazioni è rigorosamente deducibile dal testo di Giuseppe Petronio. Quale?

- A È sufficiente per apprezzare il *Furioso* un orecchio naturalmente educato a cogliere la sapiente orchestrazione della narrazione
- B È inutile, per chi ama la musica e la vuole godere, procurarsi le nozioni necessarie a comprenderne la struttura
- C È possibile godere della lettura del *Furioso* anche senza alcuna preparazione preventiva
- D Natura e cultura permettono di godere un'opera d'arte tanto a chi non ha competenze tecniche quanto a chi ne ha
- E È un atto di presunzione pretendere di esaurire la conoscenza del *Furioso* grazie alla padronanza di tecniche interpretative anche molto aggiornate

Leggere il brano e rispondere alla due relative domande.

In una determinata area nella quale sono registrati tutti i nuovi casi che ogni anno presentano lo stato patologico W, che può essere causato da differenti malattie (A, B, C, D), il loro numero per milioni di abitanti dell'area in questione, definito come incidenza annua per milione di abitanti, inizialmente 100, in 20 anni è aumentato dell'80%. Il fenomeno è legato a numerose cause, le più importanti delle quali sono un importante invecchiamento della popolazione generale e la riduzione delle cause di morte competitiva.

QUESITI

Le due "torte" riportano la distribuzione percentuale delle quattro malattie causali tra tutti i nuovi pazienti con lo stato patologico W, osservati nell'anno d'inizio (A1, B1...) dello studio e dopo 20 anni, nell'ultimo anno del periodo considerato (A2, B2...).

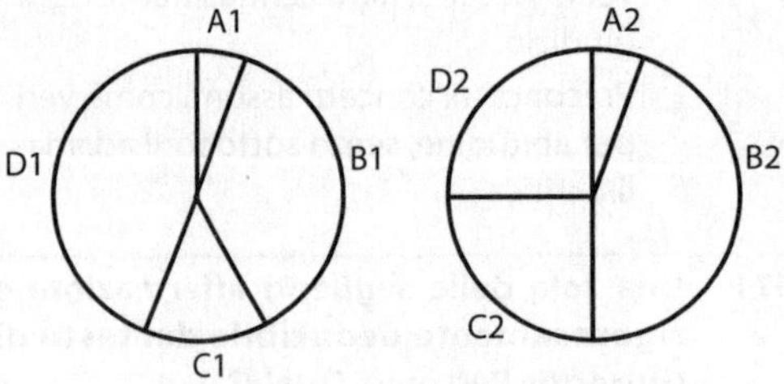

A1 = 5 %	A2 = 5 %
B1 = 35 %	B2 = 45 %
C1 = 15 %	C2 = 25 %
D1 = 45 %	D2 = 25 %

672 Dal brano si può dedurre che tra i nuovi pazienti che annualmente presentano lo stato patologico W (una sola risposta è corretta):

A le quattro malattie considerate sono incurabili

B nell'area in esame, nei prossimi dieci anni si deve prevedere un ulteriore incremento dell'incidenza dello stato patologico W

C non disponiamo di terapie efficaci per trattare lo stato patologico W

D la malattia A e quella D hanno un decorso più favorevole

E nell'ultimo anno di osservazione per nessuna delle quattro malattie il numero di nuovi casi con stato patologico W si è ridotto, rispetto al primo

673 Dal brano si può dedurre che tra i nuovi pazienti che annualmente presentano lo stato patologico W (una sola risposta è corretta):

A l'aumento di incidenza dello stato patologico W è inarrestabile

B la riduzione del numero di nuovi casi nell'ultimo anno di osservazione rispetto al primo con stato patologico W e malattia D è degno di nota

C nell'ultimo anno di osservazione rispetto al primo tra i nuovi pazienti con stato patologico W, l'incremento più consistente si è verificato per la malattia C

D il numero di nuovi casi che ogni anno presentano lo stato patologico W nell'ultimo anno del periodo in esame era aumentato in maniera analoga per tutte e quattro le malattie causali

E nel periodo considerato tutte le malattie che causano lo stato patologico W hanno presentato modificazioni di incidenza annuale

Leggere il brano seguente e rispondere alle relative domande.

«Dislessico. Che non vuol dire più indietro degli altri. È intelligente come gli altri, anzi spesso è più intuitivo e creativo della media. Ha soltanto bisogno di tempo, e di una diversa organizzazione dell'apprendimento per arrivare dove arrivano gli altri, e a volte anche più in là. Tra i dislessici presunti, in fondo, figurano personaggi del calibro di Einstein o Thomas Edison. [...] «La distribuzione dell'intelligenza è uguale al resto della popolazione anche se ci si stupisce ancora di trovare delle supermenti tra chi soffre di questo problema», spiega Giacomo Stella, docente di psicopatologia dell'apprendimento all'Università di Urbino [...]. La dislessia non è un problema psichico come si è creduto per molto tempo [...], è un disturbo dell'apprendimento di natura neurobiologica e come tale va trattato. [...] Si stima che dal 3 al 5% della popolazione in Italia ne sia affetto, e che almeno la metà non lo sappia [...].»

S. Gandolfi, *Tra genio e normalità: ecco che cosa ci insegna la dislessia*

«Sette-Corriere della Sera», 22/4/04

674 Tra le osservazioni sotto riportate, espunte, con qualche modifica, dall'articolo citato di Sara Gandolfi, una è stata indebitamente inserita ed è in contraddizione con le tesi sostenute nel discorso. Individuatela.

A La dislessia non è, come si è creduto a lungo, un problema psichico

B È scientificamente errata la convinzione che il bambino dislessico non impari perché è inibito

C In una classe di 25 bambini è probabile che in media uno sia dislessico

D La dislessia significa molto spesso genio nascosto, come inequivocabilmente dimostra l'esempio di Einstein

E Non sempre e non tutti i dislessici sono consapevoli del disturbo da cui sono affetti

675 Alcune parole, sottolineate nell'articolo citato, sono spiegate di seguito. Individuate la definizione errata rispetto al significato che il termine ha assunto nel contesto.

A Affetto: sentimento, stato d'animo

B Presunti: ritenuti tali per congettura

C Psicopatologia: studio e classificazione delle malattie della psiche

D Neurobiologica: che attiene alla sfera della scienza neurobiologica

E Apprendimento: acquisizione di una o più cognizioni

Leggere il brano seguente e rispondere alla relativa domanda.

«16 ottobre 1907

I nemici delle vaccinazioni – anche questa è una professione – hanno detto… che a Vienna non è scoppiato il vaiolo, ma un'epidemia da vaccino. Ora, anche loro sanno valutare il valore della profilassi, ma la loro prudenza è un po' esagerata: si prendono il vaiolo per proteggersi dal vaccino.»

Karl Kraus, *Aforismi in forma di diario*, T.E.N., 1993

676 Una sola, tra le seguenti affermazioni, non è conforme, nel tono e nella sostanza, alle sarcastiche affermazioni di Kraus (1874-1936): quale?

A Nessuna conquista scientifica, e medica in particolare, avviene in modo del tutto indolore

B Quando un rimedio ha vinto una malattia terribile, essa appare meno terribile di quando era veramente diffusa

C Mettere in rilievo i rischi dei rimedi dei mali, e tenerne conto, e cercare di ridurli, non fa notizia quanto proclamare che ogni progresso in medicina è illusorio o catastrofico

D C'è sempre chi preferisce mettere in guardia contro i progressi della scienza che offende "la saggia natura", piuttosto che sottolineare la necessità di controllare meglio il progresso stesso

E La prudenza non è mai troppa quando si tratta di servirsi di ritrovati non ancora ben sperimentati, ed è saggio chi tiene presente l'antico adagio "a volte il rimedio è peggiore del male"

Leggere il brano seguente e rispondere alla relativa domanda.

«La nozione dell'esistenza di due particolari classi di fotorecettori suggerì a Schultze l'idea della duplicità funzionale della retina. Secondo questa ipotesi i bastoncelli sono responsabili della visione notturna o scotoptica, e i coni della visione diurna o fotoptica. Schultze basò le sue conclusioni sull'osservazione che la retina di animali notturni, quale la civetta, presenta una preponderanza di bastoncelli, mentre nella retina di animali tipicamente diurni, come il falco, prevalgono i coni. Vi sono oggi prove sperimentali che dimostrano la maggiore sensibilità dei bastoncelli rispetto ai coni.»

C. Nicolini e A. Rigo, *Biofisica e tecnologie biomediche*, Bologna, Zanichelli, 1992, p. 479.

677 Da questo brano si desume che:

A l'occhio della civetta e quello del falco hanno strutture simili

B coni e bastoncelli sono antagonisti

C sulla retina esistono sensori specializzati di tipo diverso

D la maggiore sensibilità dei coni consente una migliore visione notturna

E la minore sensibilità dell'occhio costringe il falco a essere un predatore diurno

Leggere il brano e rispondere alle due domande seguenti.

La tela di Penelope, o chi inganna chi.

«Si crede che, molti anni fa, vivesse in Grecia un uomo ingegnoso chiamato Ulisse il quale, nonostante fosse abbastanza saggio, era molto astuto. Egli era sposato con Penelope, donna bella e coscienziosa, il cui unico difetto era una smisurata passione per la tessitura, abitudine grazie alla quale poteva trascorrere da sola lunghi periodi. Dice la leggenda che ogni volta che Ulisse, con la sua astuzia, aveva il dubbio che, sebbene glielo proibisse ripetutamente, lei si accingesse a iniziare un'ennesima volta una delle sue interminabili tele, lo si poteva vedere di notte preparare alla chetichella gli stivali e una buona barca e poi, senza che lei ne sapesse nulla, se ne andava a girare il mondo e a cercare se stesso. In questo modo lei riusciva e tenerlo lontano mentre civettava con i suoi pretendenti, facendo credere loro che tesseva perché Ulisse viaggiava, e non che Ulisse viaggiava perché lei potesse tessere, come immaginava Omero che però, come si sa, a volte sembrava che davvero dormisse e non si accorgesse di nulla.»

Augusto Monterroso, *La pecora nera e altre favole*

678 Questa rilettura del mito è fatta in:

A chiave antifemminista

B una prospettiva storica

C chiave ironica

D una prospettiva epicurea

E tono polemico

679 Tra le seguenti considerazioni, una è in contraddizione con quanto dice o lascia intendere il breve racconto di Monterroso. Quale?

A Gli antichi dicevano che persino Omero talora "sonnecchiasse"

B È molto difficile che un uomo saggio sia anche astuto

C Penelope con lo stratagemma della tela inganna sia Ulisse, sia i Proci

D Ulisse riparte per mare spinto dalla curiosità di scoprire nuove terre

E Penelope ha una vera smisurata passione per la tessitura

Leggere il brano e rispondere alle due domande seguenti.

«"Che cos'è un mito? È un lungo discorso": questa la distratta – forse solo apparentemente distratta definizione di Alexandre Dumas, che di miti se ne intendeva, tanto da averne creato più di uno. Credo che allo stesso modo risponderebbero i tre coautori del dizionario *Miti e personaggi della modernità*. Apparente semplicità, segreta complessità: questa formula vale per i "miti" moderni come per i miti classici. Nella Grecia antica il "lungo discorso" – senza il quale non esisterebbe il mito – aveva introdotto una serie vertiginosa di varianti che a volte si limitavano a correggere una sfumatura e altre volte rovesciavano completamente il significato di un personaggio: Ulisse e il valoroso Achille adottano ogni sorta di sotterfugi per sottrarsi alla guerra di Troia, l'infedele Elena infedele non è, perché a fuggire con Paride è stato un suo simulacro, la fedele Penelope va a letto con tutti i Proci... Varianti analoghe, fondate sulla riabilitazione o sullo smascheramento, non sono estranee al nostro tempo: così, per esempio, lo studioso spagnolo Gregorio Maranon individuò, nella figura di Don Giovanni, i tratti dell'omosessualità e dell'impotenza; Federico Fellini rappresentò il vitale Casanova come una funebre marionetta; il regista Konicev nel 1964 vinse il premio Stalin con un film in cui l'indeciso Amleto appariva nelle vesti di un tortuoso e implacabile discepolo di Machiavelli... Anche se le integrazioni possibili sono tante, *Miti e personaggi* offre un ricco repertorio e bellissime tracce per ricerche, saggi, tesi di laurea. L'ultima voce è Zarathustra, l'antico maestro persiano diventato un "mito della modernità" nel 1883, per opera di Nietzsche.»

Giovanni Mariotti, *Miti, il catalogo della modernità*
«Corriere della Sera», 18/11/98

 © Alpha Test

680 Una sola delle seguenti affermazioni non è rigorosamente deducibile dal testo di Giovanni Mariotti sopra citato. Quale?

- A Nonostante la loro apparente semplicità, le figure del mito possono suscitare varie e diverse interpretazioni
- B Spesso è bastato correggere una sfumatura per modificare il carattere dei personaggi mitici
- C Maranon e Fellini hanno compiuto un'opera di smascheramento nei confronti del personaggio del seduttore
- D Nell'antichità, come oggi, il personaggio del mito ha caratteristiche costanti con cui si identifica
- E Il catalogo steso da Mariotti è ricco, anche se non esauriente al punto di non lasciare fuori nulla di ciò che concerne i miti

681 Tra le considerazioni qui elencate, una non ha fondamento nel testo di Mariotti:

- A Amleto è tradizionalmente considerato un eroe pieno di incertezze, ma può anche essere assunto a esempio di "virtù" machiavelliana
- B tra i miti diffusi dell'antichità ci sono quelli legati alla guerra di Troia e ai suoi antecedenti
- C Elena, celebrata nel mondo greco per la sua bellezza, non sempre fu l'emblema della infedeltà più funesta
- D nell'Ottocento anche la filosofia si è interessata ai miti, e non solo a quelli del mondo greco classico
- E il gusto di dissacrare e contraddire la tradizione e i suoi miti è caratteristico del mondo moderno

Leggere il brano seguente e rispondere alla relativa domanda.

«Miglioramento e "progresso" sono oggi intimamente legati alle nozioni di piccolo, leggero, trasferibile. Viaggiare a mani libere, anziché attaccarsi tenacemente a cose ritenute attraenti per la loro affidabilità e concretezza (vale a dire per il loro peso, solidità e resistenza): questo è oggi il tratto distintivo del potere. Ancorarsi a un posto non è così importante se questo posto può essere raggiunto e abbandonato quando si vuole, in poco tempo [...]. Per contro, ancorarvisi eccessivamente, sovraccaricare il legame con un coinvolgimento reciprocamente vincolante può rivelarsi estremamente dannoso qualora spuntino altrove nuove opportunità [...]. Ribaltando una tradizione millenaria, oggi sono i ricchi e i potenti a odiare tutto quanto è durevole e a cercare il transitorio, mentre i più poveri si aggrappano a quel po' che posseggono e tentano disperatamente e contro tutte le avversità di farlo durare il più a lungo possibile.»

da Zygmunt Bauman, *Modernità liquida*, Laterza, Bari, 2002, p. XXI

682 Si scelga, per il brano riportato, la frase che sintetizza la tesi di Bauman.

- A Stabile non è più bello
- B Ricchezza e povertà sono in eterno conflitto
- C I poveri si ancorano, i ricchi no
- D Viaggiare a mani libere senza attaccarsi a niente
- E I poveri non hanno bisogno del superfluo

Leggere il brano seguente e rispondere alle relative domande.

«C'era una volta un mastro sellaio. Era un buon artigiano, molto abile. Fabbricava selle che per la loro forma non avevano nulla in comune con le selle dei secoli precedenti. Neppure con le selle turche o giapponesi. Erano selle moderne. Lui però non lo sapeva. Sapeva soltanto che faceva selle. Meglio che poteva.

Un bel giorno si propagò in città un movimento singolare. Fu chiamato Secession. Esso prescriveva che si producessero soltanto oggetti d'uso moderni.

Quando il mastro sellaio ne venne a conoscenza, prese con sé la sua sella migliore e si recò dal capo della Secession.

E gli disse: «Signor professore [...] ho saputo delle regole che avete stabilito. Sono anch'io un uomo moderno. Anch'io vorrei lavorare in modo moderno. Mi dica: questa sella è moderna?» [...]

Il professore esaminò i tentativi dell'artigiano e disse: «Caro artigiano, lei non ha fantasia [...]. Torni domani. Siamo qui apposta per incoraggiare l'artigianato e fecondarlo con idee nuove. Voglio vedere che cosa si può fare per lei».

E durante la sua lezione disse ai suoi allievi di svolgere il tema seguente: progetto di una sella.

Il giorno successivo il mastro sellaio ritornò. Il professore poté presentargli quarantanove pro-

getti di selle. [...] Il mastro sellaio osservò a lungo i disegni e ai suoi occhi divenne tutto più chiaro.
Infine esclamò: «Signor professore! Se io m'intendessi così poco di equitazione, di cavalli, di cuoio e di lavorazione, avrei anch'io la sua fantasia».
E vive da allora felice e contento.
E fa selle. Moderne? Non lo sa. Selle.»
Adolf Loos, *Parole nel vuoto*, Adelphi, 1990, pp. 165-66

683 Tra gli evidenti bersagli polemici dell'apologo che Loos racconta individuate quello che è inserito indebitamente:

A la prosopopea del professore
B la smania di modernità a tutti i costi
C la manualità artigianale
D l'indifferenza per i problemi pratici dei teorici accademici
E l'idolatria della fantasia

684 Quale degli aggettivi qui elencati non definisce in modo appropriato il tono dell'apologo di Loos?

A Autocelebrativo
B Polemico
C Ironico
D Sarcastico
E Satirico

Leggere il brano e rispondere alle relative domande.

«L'obesità e il sovrappeso dovuti alla cattiva alimentazione e all'assenza di attività fisica potrebbero divenire la prima causa di morte negli Stati Uniti a partire dal prossimo anno. L'allarme proviene da uno studio del Cento di controllo e di prevenzione delle malattie (Cdc) pubblicato sul «Journal of the American Medical Association» (Jama). Nel 2000 il fumo ha causato 435 mila decessi negli Usa contro i 400 mila associati alla cattiva alimentazione e all'inattività fisica, molti di più degli 85 mila provocati dall'alcol, dice lo studio della Cdc. Secondo i ricercatori «gli interventi contro il fumo e per migliorare l'alimentazione e far aumentare l'attività fisica devono diventare le principali priorità della sanità pubblica».
Tra il 1990 e il 2000 la percentuale di morti per la cattiva alimentazione e l'obesità è passata negli Stati Uniti dal 14% al 16,6% sul totale dei decessi. Questa tendenza è destinata ad aumentare portando quindi nel 2005 le due cause in testa alla classifica, mentre i decessi attribuiti al fumo sono in diminuzione così come quelli per l'alcol. Gli autori dello studio notano che quasi la metà dei decessi negli Usa può essere attribuita a comportamenti evitabili, come appunto il fumo, il consumo di alcol, l'igiene e l'eccesso di peso.»
www.corriere.it, 9 marzo 2004

685 Quale dei titoli proposti coglie il cuore della tesi esposta dall'autore?

A Annuncio shock della Cdc: circa la metà dei decessi negli Usa può essere evitata
B Fumo, alcol, igiene e salute negli Usa
C L'importanza dell'attività fisica per la salute
D I decessi causati dall'alcol sono molto meno numerosi di quelli causati dal fumo
E Obesità e sovrappeso: prime cause di morte negli Usa nel 2005?

686 Delle alternative di seguito proposte, solo una è conseguente al brano. Quale?

A Il sovrappeso di molti cittadini statunitensi dipende essenzialmente dall'obesità e ha dunque origine genetica
B Mentre fino al 2000 i decessi per obesità e cattiva alimentazione negli Usa erano in diminuzione, negli ultimi anni vi è stata una brusca inversione di tendenza
C Non sarà possibile contrastare l'aumento di morti per obesità o cattiva alimentazione negli Usa delegando la soluzione del problema alla sola iniziativa privata
D L'American Medical Association svolge ricerche per il controllo e la prevenzione delle malattie
E L'obesità è causata dalla cattiva alimentazione, compreso l'abuso di alcol

In base alle informazioni contenute nel brano seguente, rispondere alle successive domande.

Quando si tratta di spiegare i meccanismi che regolano la socializzazione della persona, ci rivolgiamo naturalmente agli psicologi delle diverse scuole. Non si tratta tuttavia di ricostruire qui tutto il processo di sviluppo e di strutturazione della personalità; alla sociologia è sufficiente attingere ai lavori degli psicologi per ciò che riguarda più particolarmente la formazione di quella che si potrebbe chiamare "personalità

 © Alpha Test

sociale" o più esattamente lo sviluppo dell'attitudine all'azione sociale e l'acquisizione dei suoi requisiti: norme, valori, simboli ecc. È questa una distinzione che non piace a tutti gli psicologi. Costoro ci diranno, non senza ragione, che la personalità è globale e che non si presta a una tale chirurgia. Noi siamo costretti a mantenere ugualmente questa distinzione analitica, per comodità di esposizione.

Il problema che bisogna risolvere si pone in termini di motivazione e si può formulare nel modo seguente: in che modo una persona umana – in particolare il bambino, ma anche l'adulto – è portata a orientare la propria azione secondo i motivi, le aspirazioni, gli scopi che le sono proposti da una cultura dominante in una data collettività, facendo presumere che, vista dall'esterno, la sua condotta subisca la costrizione di una pressione e si adegui alla conformità e alla standardizzazione? Più brevemente, ci si può chiedere: in che modo una persona sviluppa la motivazione necessaria per un'azione normativamente orientata? Se una persona, agendo in conformità alle norme e ai valori di una collettività o di una cultura, segue in ciò la propria coscienza morale e risponde a un bisogno che considera "normale" o "naturale", è perché è positivamente motivata ad agire così. Ora, si sa che una tale motivazione non è inscritta nella natura biologica dell'uomo e che non fa neppure parte della "essenza della natura umana", soddisfabile da oggetti differenti e da svariati modi di fare. Un cucciolo che succhia il latte per la prima volta sembra obbedire a un impulso interno, a un istinto, perché potrà farlo prima ancora di avere aperto gli occhi e di avere visto la madre che glielo indica. È l'ordine *naturale* che lo governa. Ma l'occidentale che preferisce mangiare con il coltello e la forchetta, e nel maneggiarli sa distinguere le "buone" dalle "cattive" maniere, non ha ereditato né questa preferenza né questo giudizio insieme al bisogno biologico che ha di mangiare e di bere. È l'ordine della *cultura* che lo governa. In che modo l'ordine della cultura s'impone all'uomo?

In un modo più generale, è il problema che è stato posto da Hobbes nel *Leviatano*. Hobbes ha infatti efficacemente dimostrato che occorreva spiegare come mai la società esistesse e permanesse senza diventare una "guerra di tutti contro tutti". In altri termini, si è chiesto Hobbes, che cosa fa sì che gli uomini non ricorrano tutti alla frode e alla violenza nel conseguimento dei loro scopi personali? Come avviene che essi possano mantenere relativamente stabile una società invece di massacrarsi e di uccidersi a vicenda? Come spiegare che l'uomo sia in genere motivato interiormente a seguire le norme sociali, ad aderire ai valori del suo ambiente, a identificarsi con dei "Noi"?

La risposta, o almeno parte della risposta, risiede nei meccanismi psichici della socializzazione umana. Senza troppo addentrarsi nei dettagli, e semplificando le cose in maniera accettabile, si può dire che esistono due meccanismi principali della socializzazione, che sono: l'apprendimento e l'interiorizzazione dell'altro.

L'apprendimento consiste nell'acquisizione di riflessi, abitudini, atteggiamenti, che si inscrivono nell'organismo e nella psiche della persona guidando la sua condotta. L'imitazione, l'applicazione di ricompense o di punizioni, le prove e gli errori sono i quattro procedimenti principali attraverso i quali si realizza l'apprendimento.

Per quanto riguarda l'interiorizzazione, essa completa il precedente meccanismo: infatti, specchiandosi nello sguardo degli altri, una persona costruisce il proprio Sé attraverso l'immagine che crede di aver loro offerto e attraverso i giudizi che attribuisce loro nei propri confronti. La coscienza esistenziale, la coscienza di esistere e di essere se stessi è dunque il prodotto, al tempo stesso, dell'intuizione delle percezioni del Sé attraverso l'altro e della comunicazione con gli altri.

---

687 Qual è lo scopo principale del brano?

- **A** Evidenziare i meccanismi fondamentali della socializzazione umana
- **B** Spiegare la teoria sociologica di Hobbes
- **C** Svalutare il lavoro degli psicologi che si occupano di problemi sociali
- **D** Creare una gerarchia fra la provenienza naturale e la provenienza culturale dei valori umani
- **E** Spiegare la provenienza delle "buone maniere" nella società

---

688 Questo brano può verosimilmente essere parte di un:

- **A** volume di etologia comparata
- **B** inserto di un mensile specializzato in psicologia
- **C** volume di introduzione alla sociologia
- **D** testo introduttivo allo studio della cultura orientale
- **E** volume di analisi comportamentale comparata

689 Per quale motivo, presumibilmente, l'autore del brano cita Hobbes e il *Leviatano*?

A Perché, in seguito, intende esporre dettagliatamente le teorie politiche di Hobbes
B Perché serve per introdurre un discorso più generale rivolto ai meccanismi della socializzazione
C Perché Hobbes spiega la genesi della società civile
D Per confutarne le tesi
E Per avvalorarne le analisi sociologiche

690 Quale potrebbe essere il titolo del brano?

A Ereditarietà o ambiente sociale?
B La teoria dell'apprendimento
C La sociologia di Hobbes
D I rapporti tra psicologia e sociologia
E I meccanismi della socializzazione

691 Da quanto scritto nel brano, si può desumere che l'autore:

A è convinto che l'apprendimento sia da ricondurre all'influenza dell'ambiente esterno
B riconosce nell'attività combinata di ambiente esterno e ereditarietà il risultato dell'apprendimento
C ritiene che l'apprendimento sia da ricondurre all'ereditarietà
D riconosce l'importanza di ereditarietà e ambiente esterno e integra entrambe ricorrendo al *significato* che ciascuno dà a entrambi gli stimoli
E non prende alcuna posizione ma si limita a riportare due tra molte opzioni sopra esposte

In base alle informazioni contenute nel brano seguente, rispondere alle successive domande.

La storia del cavallo poliploide

Si dice che ancor oggi per gettare nell'imbarazzo i signori del premio Nobel basti menzionare i cavalli poliploidi. Vero o no, verso la fine degli Anni Ottanta il dottor P.U. Posif, il grande genetista erewhoniano, ricevette il premio per le sue manipolazioni del DNA del comune cavallo da tiro (Equus caballus). Si disse che egli aveva apportato un grande contributo all'ancor giovane scienza della trasportologia. In ogni caso vinse il premio per aver creato (nessun'altra parola potrebbe render giustizia a un'operazione di scienza applicata che quasi usurpava l'attività divina), creato, dico, un cavallo di dimensioni esattamente doppie di quelle del comune Clydesdale. Era lungo il doppio, alto e largo il doppio: era un poliploide, con un numero di cromosomi quadruplo del normale. Posif sostenne sempre che c'era stato un tempo in cui questo animale straordinario, quando era ancora un puledro, poteva reggersi sulle quattro zampe. Dovette certo essere uno spettacolo fantastico! Fatto sta che quando fu esposto al pubblico e ripreso e immortalato da tutti gli strumenti di comunicazione della civiltà moderna, il cavallo non si reggeva affatto in piedi. Per farla breve, era troppo pesante. Pesava, naturalmente, otto volte un normale Clydesdale. Per le sue comparse in pubblico o alla televisione, il dotto Posif faceva sempre chiudere gli idranti, che erano altrimenti costantemente necessari per mantenere l'animale alla normale temperatura di un mammifero; ma c'era sempre il timore che le parti più interne cominciassero a cuocere. Dopo tutto, la pelle e il pannicolo adiposo della povera bestia erano spessi il doppio del normale, mentre la sua superficie era solo quattro volte quella di un cavallo comune, sicché esso non si raffreddava adeguatamente. Ogni mattina il cavallo doveva essere sollevato sulle zampe con una piccola gru e infilato in una sorta di scatola a ruote dove poggiava su una serie di molle, calibrate per alleggerirlo di metà del suo peso. Il dotto Posif sosteneva che l'animale era straordinariamente intelligente. Aveva, naturalmente, otto volte più cervello (in peso) di qualsiasi altro cavallo, ma io non ebbi mai l'impressione che si occupasse di problemi più complessi di quelli che interessano gli altri cavalli. Aveva pochissimo tempo libero, tutto preso com'era sempre a sbuffare in parte per raffreddarsi, in parte per ossigenare il suo corpo ottuplo. Dopo tutto la sua trachea aveva una sezione soltanto quadrupla di quella normale. Poi c'era l'alimentazione. Ogni giorno doveva ingerire in qualche modo una quantità pari a otto volte quella sufficiente a un comune cavallo, e doveva far scendere tutto quel cibo lungo un esofago che aveva un calibro solo quadruplo del normale. Anche i vasi sanguigni avevano dimensioni relativamente ridotte, e ciò rendeva più difficile la

 © Alpha Test

circolazione e imponeva al cuore un lavoro supplementare. Una bestia infelice! Questo apologo mostra ciò che inevitabilmente accade quando interagiscono due o più variabili le cui curve siano discrepanti. Questo è ciò che produce l'interazione tra cambiamento e tolleranza. Ad esempio, la crescita graduale di una popolazione (di automobili o di persone) non ha effetti manifesti su un sistema di trasporto finché improvvisamente la soglia di tolleranza viene superata e il traffico s'ingorga. Il cambiamento di una delle variabili rivela un valore critico dell'altra. Nel caso del cavallo immaginario, lunghezza, superficie e volume (o massa) sono in discrepanza perché le loro curve di crescita hanno caratteristiche mutuamente non lineari. La superficie varia come quadrato della lunghezza e il volume come cubo della lunghezza, sicché la superficie varia come volume elevato alla potenza di 2/3. Per il cavallo (e per tutte le creature reali) la faccenda si fa più seria, poiché per rimanere in vita devono essere assicurate molte dinamiche interne. C'è una logistica interna del sangue, del cibo, dell'ossigeno e delle scorie, e una logistica dell'informazione, sotto forma di messaggi neurali e ormonali. Nelle cose viventi il fenomeno della crescita aggiunge un ulteriore ordine di complessità ai problemi della grandezza. La crescita altererà le proporzioni dell'organismo? I problemi relativi ai limiti della crescita sono risolti in modi assai diversi dalle diverse creature. Un caso semplice è quello delle palme, che non modificano la circonferenza per compensare l'altezza. Una quercia, che tra il legno e la corteccia ha un tessuto che cresce (il cambio), si sviluppa in altezza e in larghezza durante tutta la sua esistenza. Una palma del cocco, invece, dove il tessuto soggetto a crescita si trova solo all'apice del fusto (è la cosiddetta insalata dei miliardari, e ottenerla significa uccidere la palma), presenta solo uno sviluppo in altezza accompagnato da un lento ingrossamento alla base del tronco. Per quest'organismo la limitazione dell'altezza è semplicemente un normale aspetto dell'adattamento a una nicchia. È la pura e semplice instabilità meccanica provocata da un'altezza eccessiva non compensata da una circonferenza adeguata che normalmente la conduce alla morte.

692 L'Autore del testo si propone di mostrare che:

- **A** quando, in un qualsiasi fenomeno, vi sono parametri legati da leggi non lineari, uno di questi non può variare a piacere, senza rendere impossibile la sussistenza del fenomeno stesso
- **B** i parametri che legano tra loro i diversi aspetti di un fenomeno fisico sono sempre tra loro indipendenti
- **C** le difficoltà di ossigenazione e di smaltimento del calore corporeo del cavallo poliploide derivavano da diverse natura e conformazione degli organi interni
- **D** i processi di crescita di vegetali ed animali trovano un limite esclusivamente nel tempo di invecchiamento delle cellule
- **E** il cavallo poliploide non riusciva a reggersi sulle proprie zampe perché il suo corpo aveva dimensioni eccessive rispetto a quelle delle zampe

693 Il cavallo poliploide pesava otto volte un cavallo normale, e non riusciva a reggersi sulle zampe, perché:

- **A** la quantità di cibo necessaria a nutrire un corpo così grande era tale da appesantirlo eccessivamente
- **B** il cavallo si debilitava per l'insufficiente smaltimento del calore corporeo
- **C** il peso è proporzionale al volume, ed il volume è proporzionale al cubo della lunghezza
- **D** il cavallo era troppo alto, e le zampe si flettevano per carico di punta
- **E** le zampe del cavallo non avevano articolazioni adeguate

694 Il cavallo poliploide, quando era ancora un puledro, riusciva a reggersi in piedi sulle proprie zampe, poiché:

- **A** aveva dimensioni adeguate a sopportare il peso corporeo
- **B** aveva meno calorie da smaltire
- **C** faceva meno fatica a respirare
- **D** essendo giovane, aveva più energia
- **E** da giovane, aveva una muscolatura più resistente

695 Secondo quanto è affermato nel testo, a cosa si deve il limite della vita di una palma?

- A) Al fatto che la chioma non si sviluppa a sufficienza per mantenerla in vita
- B) Al fatto che l'apparato radicale non si sviluppa adeguatamente
- C) Al deperimento organico delle funzioni vegetative
- D) All'indebolimento progressivo del legno
- E) Al fatto che la palma cresce più in altezza che in diametro del tronco

696 Quale tra le seguenti cause concorre a determinare l'infelicità del cavallo?

- A) Aveva dimensioni e peso simili a quelle di un cavallo normale
- B) Aveva sempre freddo
- C) Faticava ad ingoiare il cibo
- D) Non poteva riprodursi
- E) Non era amato dal suo padrone

In base alle informazioni contenute nel brano seguente, rispondere alle successive domande.

L'architettura romana, nata durante la fase dei più intensi contatti con il mondo greco, porta il segno dell'attiva penetrazione e del rinnovamento impressole da quella grande tradizione artistica. Gli Etruschi, destinati a fondere la loro civiltà in quella della nuova patria italica, non potevano, infatti, offrire grandi invenzioni architettoniche, e i Romani presto si distaccarono dalle loro tecniche costruttive massicce ed elementari. Se si tolgono le mura dalle città, le porte di Perugia e di Volterra e forse i primi tratti della Cloaca Massima, poche sono le opere romane che mostrino un rapporto più che casuale con i precursori dell'Italia centrale. Al contrario, le prime costruzioni architettate si riallacciano alla suggestiva visione greca.

Nel campo delle strutture murarie, i Romani mutarono però quasi totalmente i mezzi dalla tradizione greca, e sarà quindi necessario elencare i vari aspetti della tecnica edilizia romana, dai primi secoli fino all'epoca matura.

Dagli Etruschi, i Romani ereditarono la struttura muraria a blocchi poligonali, che fu detta "ciclopica", per la sua immane pesantezza. Il materiale fu dapprima selce, da cui il nome di *opus siliceum* e poi il tufo o il travertino. In tale tecnica si fecero le mura della città, i primi archi, le prime porte urbiche, e ne rimangono pochi esempi (secoli VI-V a.C.).

In seguito, dalle forme più irregolari dei blocchi di pietra posti in opera senza malta, si giunse via via a una squadratura simmetrica, tutta di eguale misura. Abbiamo allora l'*opus quadratum* (V-IV secolo), che caratterizza, a Roma, la cinta delle mura repubblicane, impropriamente attribuite al re Servio Tullio.

La grande invenzione tecnica dei Romani è però l'*opus caementicium*, che si ottiene mescolando pietre di piccole dimensioni irregolari o frammenti laterizi, con una malta formata di calce e sabbia. Ne risulta qualcosa di simile al moderno calcestruzzo, che permette una completa indipendenza di soluzioni tecniche e formali. Quando, al posto della sabbia inerte, si usò sabbia finissima di origine eruttiva, scavata principalmente a Pozzuoli, (detta appunto "pozzolana"), la durezza e la compattezza del getto divennero eccezionali.

Si sentì in seguito la necessità di abbellire le facce esterne con paramenti, ottenuti collocando dei filari sovrapposti di blocchi di tufo, o travertino mentre il getto faceva presa, o addirittura in precedenza, creando le pareti di contenimento.

Nel secolo III tali paramenti hanno la forma a "*opus incertum*", cioè irregolare. Poi, tra il secolo II e il secolo I, assumono forme più regolari, con l'*opus reticulatum* (fatto di blocchetti a cuneo, disposti a rete), e con l'*opus testaceum*, dove il paramento è ottenuto con una cortina di mattoni triangolari equilateri, collocati di punta nelle malte.

697 Secondo l'autore del brano, l'influenza della cultura etrusca nell'architettura romana è:

- A) irrintracciabile
- B) significativa
- C) casuale
- D) rara

698 Secondo quanto affermato dal brano, la tecnica dell'*opus incertum* è:

- A) precedente a quella dell'*opus quadratum*
- B) relativa al 300 avanti Cristo
- C) caratterizzata da forme esagonali molto nette e precise
- D) successiva a quella dell'*opus caementicium*

699 In cosa, secondo il brano, l'arte romana si differenziò da quella greca?

A Nelle colonne
B Nei templi
C Nelle strutture murarie
D Nell'oggettistica

700 Il brano è di natura:

A artistica
B divulgativa
C scientifica
D architettonica

701 Con quale finalità l'autore menziona la Cloaca Massima?

A Come esempio di opera romana che risente chiaramente dell'influenza greca
B Come opera romana che risente, seppure in misura limitata, dell'influenza etrusca
C Come opera che l'autore giudica un pessimo esempio di architettura romana
D In quanto l'autore la giudica una delle opere romane dove è più evidente l'utilizzo dell'*opus siliceum*

In base alle informazioni contenute nel brano seguente, rispondere alle successive domande.

Il compito della scienza è, come è noto, quello di scoprire dei fatti; ma una casuale collezione di fatti non si può dire costituisca scienza. Senza dubbio, alcuni aspetti della scienza possono anche fermarsi su questo o quel fatto particolare. A un geografo, per esempio, può interessare descrivere l'esatta configurazione di una particolare costa, o a un geologo può interessare la precisa natura degli strati rocciosi in una particolare località. Ma nella scienza più avanzata, la semplice conoscenza descrittiva di questo o quel particolare ha ben poca importanza. Lo scienziato desidera scoprire verità sempre più generali, delle quali i fatti che avvengono sono soltanto casi particolari ed esempi di conferma. I casi particolari possono essere volta per volta conosciuti, in un certo senso, mediante osservazione diretta. Che un particolare oggetto cada se non trattenuto, che una palla si muova più lentamente su un piano inclinato piuttosto che quando cade direttamente a terra, che le maree crescano e calino: queste sono tutte questioni di fatto che si prestano a un esame diretto.

Ma lo scienziato cerca qualcosa di più che una semplice registrazione dei fenomeni: si sforza di *comprenderli*. A tal fine, cerca di formulare delle leggi generali che stabiliscano uno schema degli avvenimenti simili e un contesto sistematico delle relazioni sussistenti tra essi. Lo scienziato è impegnato in una ricerca delle leggi naturali secondo le quali accadono gli eventi particolari e dei principi fondamentali che sono alla base delle leggi stesse.

Questa esposizione preliminare degli scopi teoretici della scienza può forse essere chiarita da un esempio. Quel grande fisico e astronomo che fu Galileo Galilei (1564-1642) riuscì, mediante un'accurata osservazione e l'applicazione del ragionamento geometrico ai dati così raccolti, a formulare le leggi della caduta dei gravi, le quali forniscono una descrizione generale del comportamento dei corpi in prossimità della superficie terrestre. Quasi contemporaneamente, il grande astronomo tedesco Kepler (1571-1630), fondandosi principalmente sui dati astronomici raccolti da Tycho Brahe (1546-1601), formulò le leggi del movimento dei pianeti, le quali forniscono un'accurata descrizione delle orbite ellittiche percorse dai pianeti intorno al Sole. Questi due grandi scienziati riuscirono a unificare i vari fenomeni rientranti nel loro campo di ricerca stabilendo le interrelazioni sussistenti fra essi: Kepler nella meccanica celeste, Galileo nella meccanica terrestre.

702 Con quale finalità l'autore menziona l'astronomo tedesco Kepler?

A Per mostrare come il lavoro di Kepler e quello di Galilei fossero strettamente legati
B Per evidenziare la rilevanza della scoperta delle leggi che regolano il movimento dei pianeti
C Per evidenziare l'importanza del legame fra Brahe e Kepler
D Per evidenziare come uno scienziato sia interessato a comprendere i fenomeni più che a rilevarli

703 Il brano è di carattere:

A polemico
B giornalistico
C divulgativo
D storico

704 Quale delle seguenti alternative rappresenta meglio l'opinione dell'autore sullo scopo della scienza?

- A Contribuire allo sviluppo del benessere umano
- B Descrivere in modo adeguato e chiaro i fenomeni naturali
- C Comprendere i fenomeni naturali e formulare leggi e principi generali
- D Interpretare le leggi che regolano i fenomeni naturali e divulgare le leggi

705 Dal brano è possibile dedurre che, secondo l'autore, il fatto che un sasso cada più velocemente di un foglio di carta:

- A non è rilevante per la scienza
- B è un fatto particolare che aiuta a comprendere le leggi generali
- C non è in alcun modo dimostrabile
- D può essere indirettamente dedotto dall'osservazione empirica

706 Quale delle seguenti frasi meglio rappresenta la finalità dell'autore del brano?

- A Illustrare il fine ultimo della ricerca scientifica
- B Illustrare le fasi dell'attività di ricerca scientifica
- C Dimostrare la rilevanza del progresso scientifico
- D Polemizzare con coloro che vedono nella scienza una minaccia per l'etica

In base alle informazioni contenute nel brano seguente, rispondere alle successive domande.

I primi psicologi sperimentali del diciannovesimo secolo non si interessavano, generalmente, della misurazione delle differenze individuali. Il fine ultimo degli psicologi in questo periodo consisteva nella formulazione di descrizioni generali del comportamento umano. Erano le uniformità nel comportamento umano piuttosto che le differenze a richiamare la loro attenzione. Le differenze individuali venivano ignorate oppure accettate come un male necessario, che limitava però la possibilità di applicazione pratica delle leggi generali. Il fatto che una persona reagisse in modo diverso da un'altra in condizioni identiche veniva quindi considerato come una specie di errore. La presenza di questo errore – e cioè della variabilità individuale – faceva sì che le generalizzazioni fossero approssimate piuttosto che esatte. Era questo l'atteggiamento prevalente nei confronti delle differenze individuali nei laboratori come quello fondato da Wundt a Lipsia nel 1879, nel quale si formarono i primi psicologi sperimentali. Nella scelta degli argomenti, come in molte altre fasi del lavoro, i fondatori della psicologia sperimentale rivelavano l'influenza che su di essi esercitava la loro preparazione in fisiologia e nelle scienze fisiche. I problemi studiati nei loro laboratori erano soprattutto connessi con la sensibilità agli stimoli visivi, uditivi e altri stimoli sensoriali e con il tempo di reazione semplice. Un tale rilievo dato ai fenomeni sensoriali si riflesse a sua volta sulla natura dei primi test psicologici.

707 Secondo quanto affermato nel brano, gli psicologi sperimentali consideravano le differenze individuali come:

- A una fonte di errore per le leggi generali
- B un problema al quale dedicare particolare attenzione
- C una fonte di imprecisione nella diagnosi delle malattie mentali
- D misurabili con il ricorso a strumenti propri delle scienze fisiche

708 Secondo quanto affermato nel brano, la psicologia sperimentale è nata:

- A nei primi del Novecento
- B in Germania
- C in Austria
- D nel diciottesimo secolo

709 Con quale finalità l'autore menziona il gruppo guidato da Wundt?

- A Per evidenziare gli importanti risultati che il gruppo di ricercatori ha conseguito
- B Per dimostrare come la psicologia sia in realtà una scienza esatta
- C Per evidenziare come i primi psicologi sperimentali si concentrassero sull'analisi dei fenomeni sensoriali
- D Per fornire un esempio del metodo di lavoro dei primi psicologi sperimentali

 © Alpha Test

710 Dal brano si può dedurre che l'autore verosimilmente è:

A un esperto di storia della psicologia
B un giornalista
C uno psicologo tedesco
D uno storico

711 Per quale motivo, secondo l'autore, gli psicologi sperimentali attribuivano particolare rilevanza all'analisi dei fenomeni sensoriali?

A Perché si trattava degli unici fenomeni analizzabili all'epoca
B Perché il loro interesse era concentrato sulle uniformità dei comportamenti più che sulle differenze individuali
C Perché erano influenzati dalla loro preparazione in fisiologia
D Perché i fenomeni sensoriali sono più facili da analizzare rispetto ai fenomeni emotivi

In base alle informazioni contenute nel brano seguente, rispondere alle successive domande.

Tutti noi siamo convinti di saper distinguere immediatamente e senza ambiguità, tra vari oggetti, quelli naturali e quelli artificiali: una roccia, una montagna, un fiume o una nube sono oggetti naturali; un coltello, un fazzoletto, un'automobile sono oggetti artificiali.

Ma appena si analizzano tali giudizi ci si accorge che essi non sono né immediati né del tutto obiettivi. Sappiamo che il coltello è stato forgiato dall'uomo per un uso, per una prestazione progettata in precedenza. L'oggetto materializza quindi l'intenzione preesistente da cui ha tratto origine e la sua forma è giustificata dalla prestazione a cui era destinato ancor prima della sua effettiva realizzazione. Nulla di simile per il fiume o per la roccia che sappiamo o pensiamo modellati dal libero gioco di forze fisiche alle quali non sapremmo attribuire alcun "progetto". Tutto ciò naturalmente è valido se si ammette il postulato fondamentale del metodo scientifico secondo cui la Natura è *oggettiva* e non *proiettiva*.

712 Quale dei seguenti oggetti deve la sua forma alla prestazione a cui è destinato?

A Montagna
B Roccia
C Fazzoletto
D Fiume

713 Secondo l'autore, se si accetta il postulato secondo cui la Natura è *oggettiva* e non *proiettiva*:

A il fiume materializza un'intenzione preesistente
B la nube è un artefatto
C non si riesce ad attribuire alcun "progetto" alla montagna
D nessuna delle precedenti alternative è corretta

714 Il titolo che meglio esprime il contenuto del passaggio è:

A Artefatti e oggetti artificiali
B La scienza e gli oggetti artificiali
C La natura e i suoi "progetti"
D Il naturale e l'artificiale

715 In base al brano, secondo un giudizio obiettivo:

A il coltello è un oggetto naturale
B la roccia è un oggetto naturale
C è possibile distinguere il naturale dall'artificiale
D nessuna delle precedenti alternative è corretta

Leggere il brano e rispondere alla relativa domanda.

"Singolare pareva a prima vista che in Italia, nel paese del Papato e centro un tempo della controriforma e reazione cattolica, il partito liberale non si trovasse di fronte un partito cattolico e clericale, e che questa lotta non occupasse il primo piano e non dominasse e soverchiasse le altre tutte. Non già che il paese non fosse, nella grande maggioranza, cattolico, e cattolici molti di quelli che prendevano parte alla vita pubblica, e parecchi uomini di Stato autorevoli; ma l'abbattimento del potere temporale, e l'atteggiamento che il Papato aveva stimato di dover prendere, vietavano la formazione di una parte cattolica, che entrasse nel campo parlamentare: un'associazione liberale cattolica,

QUESITI

che cercò di costituirsi nel 1879, non ebbe fortuna, e d'altronde il Vaticano avversava ogni reviviscenza di neoguelfismo."
B. Croce, *Storia d'Italia dal 1871 al 1915*, Bari, Laterza, 1956 (XI ed.), p. 71.

716 Nel brano citato si afferma che:

A nel 1879 si costituì in Italia una fiorente associazione liberale cattolica
B l'Italia era stata un tempo il centro della Riforma e della Controriforma
C i cattolici non prendevano parte alla vita pubblica
D il Vaticano avrebbe voluto un partito clericale, purché non neoguelfo
E l'Italia restava comunque un Paese a forte maggioranza cattolica

Leggere il brano e rispondere alla relativa domanda.

«Alcuni non riescono a far quadrare le proprie idee ugualitarie con test che misurano il quoziente di intelligenza, e bandiscono come immorale e illegittima l'idea che si possano tentare di valutare le capacità e il carattere dell'uomo. Soprattutto tra i marxisti, la quantificazione delle capacità intellettuali tende ad essere giudicata condannabile da un punto di vista ideologico; sotto questo aspetto i marxisti non si discostano da Freud nel ritenere che tutte le importanti differenze tra gli uomini sono prodotte dall'ambiente, e sono quindi successive alla nascita».

717 Quale delle seguenti affermazioni può essere dedotta dalla lettura del brano precedente?

A I test di intelligenza sono immorali
B È solo l'ambiente a produrre le differenze tra gli uomini
C Non tutti accettano il metodo di misurare l'intelligenza attraverso test
D È solo dopo la nascita che si creano le differenze tra gli uomini
E L'ideologia dei marxisti è profondamente diversa da quella di Freud

Leggere il brano e rispondere alla relativa domanda.

Gli italiani sanno fare a meno dello Stato. Se no, non sarebbero sopravvissuti fino a oggi. Dunque questa qualità potrà essere considerata una virtù, anche se ha molti aspetti negativi, quali il non pensare in termini di bene generale ma solo di interessi immediati e individuali, e soprattutto la tendenza a sostituire allo Stato assente aggregazioni di tipo familiare, parrocchiale o mafioso. Ma il fatto d'essere una società che in una certa misura «tiene», sia economicamente che moralmente (nel senso di «tenersi su col morale»), mentre la vita pubblica si disgrega, resta il solo «........... italiano» (I. Calvino, *Ma abbiamo anche qualche virtù*, da «L'Espresso», 21 dicembre 1980).

718 Quale, tra le parole in elenco, è stata eliminata dal testo?

A Autore
B Miracolo
C Sole
D Peccato
E Problema

In base alle informazioni contenute nel brano seguente, rispondere alle successive domande.

La fedeltà con cui l'uomo culturale si attiene alle norme tramandate del comportamento è assicurata in larga misura dal fatto che egli traspone quei sentimenti che aveva avuto per il datore della tradizione su tutto ciò che da questi gli veniva trasmesso. La persona che, in condizioni normali, esercita maggiormente questo influsso sul giovane è molto probabilmente il padre. Nelle grandi famiglie primitive questo ruolo poteva però essere assunto nello stesso modo anche da un fratello maggiore, da uno zio o dal nonno, ma in ogni caso da un membro della stessa famiglia. In questa sede io ho parlato sempre al singolare di datore di tradizione perché volevo esprimere con ciò la mia opinione che nella maggior parte dei casi è una persona singola ad assumersi il ruolo paterno di datore di tradizione; col che non voglio dire naturalmente che anche l'azione di massa di molti portatori di cultura non sia in grado di trasmettere la tradizione. Non sarebbe possibile svincolarsi dalle più strette e peculiari norme comportamentali della tradizione familiare, se l'amore e il rispetto che l'adolescente sente per chi gli dà la tradizione non si trasformasse a un certo punto, attraverso un vero e proprio cambiamento di segno, in una moderata ostilità e aggressività o, per essere più precisi, se questi sentimenti non si mescolassero con i loro antagonisti in modo ambivalente. L'intensità di questo rovesciamento dipende da molti fattori collaterali.

 © Alpha Test

Se il datore di tradizione è una persona tirannica e severa, che ha imposto con la violenza all'adolescente le norme comportamentali della famiglia, la ribellione sarà più violenta e accompagnata da più forti sentimenti di odio che nei confronti di un educatore più mite e *"democratico"*. In ogni caso, però, probabilmente non è possibile che il distacco del giovane dalla famiglia avvenga senza che intervengano in qualche modo sentimenti di ostilità. Questo distacco, comunque, è altrettanto necessario per lo sviluppo della cultura umana quanto lo è l'impollinazione per certe piante e l'esogamia per molte specie animali. Appena l'adolescente ha cominciato a contrapporsi criticamente e quasi ostilmente alla figura paterna e alle norme del comportamento sociale che questa gli ha trasmesso, comincia anche a guardarsi intorno alla ricerca di altri datori di tradizione, che siano più lontani dallo stretto ambito familiare. A ciò seguono quindi i famosi anni di vagabondaggio, dopo gli anni dell'apprendistato. A volte essi si esprimono in un vero e proprio vagabondare, ma spesso prendono la forma di un viaggio di ricognizione spirituale. Ciò che spinge lontano l'individuo giovane è la nostalgia per qualcosa di ineffabile ed elevato, che si differenzi sostanzialmente dagli avvenimenti quotidiani della vita familiare. Non è difficile indicare quale sia il vero scopo, utile alla cultura e alla conservazione della specie, di questo comportamento appetitivo: esso sta nella ricerca di un gruppo culturale le cui norme sociali tradizionali si differenzino da quelle della società dei genitori, ma che nello stesso tempo abbiano sufficienti somiglianze con esse, in modo da permettere all'individuo di identificarsi con queste nuove norme. Così l'adolescente si trova spesso ad *"adottare"* un maestro, un amico più anziano, a volte addirittura un'intera famiglia amica, che agiscono per lui come nuovi datori di tradizione.

719 Secondo l'autore, il distacco del giovane dalla propria famiglia:

A riveste un ruolo marginale nello sviluppo della cultura umana
B avviene senza sentimenti di ostilità
C non può avvenire senza sentimenti di ostilità
D difficilmente avviene senza sentimenti di ostilità

720 Il comportamento appetitivo del giovane:

A si esprime spesso in un vero e proprio vagabondare
B ha come oggetto norme sociali tradizionali totalmente diverse da quelle della società dei genitori
C presuppone una posizione critica nei confronti del datore di tradizione
D nessuna delle precedenti

721 Il contenuto del brano è di natura:

A religiosa
B etica
C filosofica
D psicologica

722 Nel brano si afferma che il datore di tradizione:

A è sempre il padre
B è sempre un membro della famiglia del giovane
C è sempre una persona singola
D nessuna delle precedenti

723 Individuare, tra le seguenti, l'affermazione che non concorda con quanto espresso nel brano:

A gli anni dell'apprendistato precedono quelli del vagabondaggio
B sentimenti di odio e di amore non possono coesistere tra loro nella fase di distacco del giovane dalla famiglia
C un individuo, nel corso della vita, può avere più datori di tradizione
D "viaggio di ricognizione spirituale" non è necessariamente sinonimo di vagabondare

In base alle informazioni contenute nel brano seguente, rispondere alle successive domande.

Il destino dei libri a volte è strano come quello degli uomini. Herman Melville conobbe il suo primo insuccesso di critica e di pubblico nel 1851, quando diede alle stampe il suo capolavoro *Moby Dick*. Troppo ampio il divario fra i romanzi d'avventure esotiche e marinare che gli avevano regalato una certa notorietà e la tragedia senza tempo del capitano mutilato che insegue la balena (il caos?) che lo ossessiona, vicenda troppo cupa e apocalittica per poter essere subito accettata, compresa e apprez-

QUESITI

zata. Lo scrittore di New York sarebbe sopravvissuto quarant'anni al suo romanzo sulla balena bianca, non abbastanza per vedergli riconosciuti quei meriti stilistici, epici e contenutistici che ne hanno fatto uno dei capisaldi di quel formidabile battaglione letterario che è il romanzo ottocentesco.

Già nell'*Etimologia* che apre il romanzo, e che Melville attribuisce a "uno smunto assistente ginnasiale ormai morto", c'è un assaggio di quel che attende il lettore, del viaggio cui si sta apprestando. Prima di presentare le varie forme linguistiche con cui sono designati i cetacei, lo scrittore americano così descrive l'assistente ginnasiale che le ha raccolte: "Amava spolverare le sue vecchie grammatiche; quel gesto, in qualche modo, gli ricordava con dolcezza la sua condizione di mortale". E insieme alla mortalità, l'abisso, il male, il dolore dell'uomo e il caos che lo circonda sono i temi di Moby Dick. Argomenti con cui Melville aveva familiarità fin da quando, dodicenne, era rimasto orfano e aveva dovuto abbandonare gli studi per mettersi a lavorare, finendo per abbracciare la vita marinara, imbarcandosi su mercantili e baleniere. Temi tragici e universali con cui aveva familiarità anche Cesare Pavese, il classico e insuperato traduttore italiano di *Moby Dick*, maestro di Fernanda Pivano, la più importante americanista italiana del secondo Novecento, e poeta di un verso immortale: "Verrà la morte e avrà i tuoi occhi". Niente ci impedisce di immaginare che siano gli occhi acquosi della balena bianca che dal libro di Giobbe a quello di Melville ha navigato e turbato l'oceano dei sogni di generazioni di lettori.

724 Dal brano si deduce che Herman Melville morì nel:

A 1881
B 1891
C 1851
D 1871
E 1819

725 Nel brano si dice che *Moby Dick:*

A fu tradotto subito in italiano
B fu censurato per la sua crudezza
C fu subito considerato come un capolavoro
D inizialmente fu un insuccesso di critica e pubblico
E inizialmente registrò un grande successo di pubblico ma non di critica

726 L'assistente ginnasiale cui si accenna nel brano è:

A l'autore dell'intero romanzo di Melville
B l'autore dell'*Etimologia* che apre il romanzo
C la persona alla quale Melville attribuisce l'*Etimologia* che apre il romanzo
D l'autore degli *Estratti* che aprono il romanzo
E il narratore del romanzo

727 Nel brano c'è una citazione in cui qualcuno "ricordava con dolcezza la sua condizione di mortale". Di chi si tratta?

A Dell'assistente ginnasiale
B Del capitano Achab
C Di Cesare Pavese
D Di Giobbe
E Del sottoassistente di biblioteca

728 Secondo l'autore del brano, il romanzo ottocentesco è:

A uno dei capisaldi della cultura occidentale
B soprattutto d'avventure esotiche e marinare
C esemplificato da *Moby Dick*
D in grado di turbare l'oceano dei sogni di generazioni di lettori
E un formidabile battaglione letterario

In base alle informazioni contenute nel brano seguente, rispondere alle successive domande.

Voglio ora tentare di rispondere al secondo quesito che vi ho posto: quale fondamentale differenza biologica esiste fra gli esseri umani e gli altri animali? Una risposta possibile, che cercherò di giustificare è la seguente: l'uomo è unico fra gli animali per il valore altissimo che la tradizione ha finito con l'assumere nella sua vita, procurandogli di generazione in generazione la continuità di quelle proprietà a cui deve il proprio equilibrio di efficienza biologica. Tutti sanno che l'uomo è un animale che usa utensili o strumenti. Gli strumenti usati dall'uomo sono di due specie principali: chiamerò gli uni strumenti motori o d'azione – per esempio, martelli, strumenti da taglio, automobili, megafoni, cannoni e altri utensili che aumentano spesso in modo prodigioso il repertorio delle nostre attività motorie. Chiamerò accessori sensoriali il secondo gruppo di strumenti: occhiali, apparec-

© Alpha Test

chi acustici, apparecchi radio, termometri, apparecchi che portano al di là di limiti mai prima raggiunti le comuni capacità sensoriali. (Ma non tutti gli strumenti rientrano in queste due categorie: gli abiti per esempio, ne restano esclusi.) L'uomo non è proprio l'unico animale che faccia uso di strumenti: ma gli esempi di animali inferiori che usino strumenti sono così rari che fan spettacolo a sé e se ne parla e discute in lungo e in largo: il picchio Galapagos, una specie di fringuello, usa, per esempio, tenere nel becco una spina per grattar via gli insetti dalla corteccia degli alberi. Inoltre molti animali si fabbricano case e tane, ma questo tipo di strumento non rientra nella nostra storia. Propongo di usare i termini coniati da A. J. Lotka, celebre studioso di statistica attuariale, per distinguere gli organi con cui si nasce da quelli che vengono fabbricati: strumenti *endosomatici* sono gli occhi, le zampe, le ali, i denti, i reni ecc. e strumenti *esosomatici* sono i telescopi, gli stuzzicadenti, gli scalpelli, le bilance, i vestiti ecc. Per quanto la distinzione fra gli strumenti di questi due tipi sembri molto ovvia, lo è assai meno da un punto di vista biologico che secondo l'istintivo buon senso. I due tipi di strumenti, infatti, servono alle stesse funzioni biologiche e, fino a un certo punto, l'uno può dare la sua delega all'altro. L'uomo è un animale che vola anche in senso biologico molto stretto: può volare più velocemente, più in alto e più lontano degli uccelli anche se non ancora proprio con la stessa grazia. È anche importante ricordare che gli strumenti esosomatici *funzionalmente* fanno parte del corpo anche se sono separati e distinti anatomicamente. Tutti gli apparecchi sensori, come occhiali, contatori Geiger e spettrofotometri si riallacciano a un certo punto e attraverso un certo percorso ai comuni sensi endosomatici, e gli strumenti motori hanno una funzione e sono funzionalmente intellegibili solo al momento in cui vengono usati. Di per sé, gli occhiali non sono strumenti della vista: lo diventano solo quando sono portati e ci si vede attraverso; e il martello è un utensile solo quando la mano lo adopera. (Se ricordo bene, fu Wilfred Trotter a dire che un chirurgo, quando usa uno strumento semplice tipo sonda o altro per esplorare le parti interne del corpo, ossia un qualcosa che possa definirsi un prolungamento delle dita come i trampoli sono il prolungamento delle gambe, non fa che trasmettere il senso del tatto all'estremità dello strumento.) Il rapporto fra lo strumento e chi lo usa può essere molto remoto, come nel caso di missili telecomandati o di macchinari atti a funzionare senza sorveglianza; tuttavia essi si comportano secondo uno schema che l'uomo vi ha costruito dentro, e l'integrazione funzionale dello strumento con colui che l'adopera è in linea di principio, dello stesso genere. Proprio per questa ragione deploro l'abitudine di descrivere il cervello come una specie di macchina calcolatrice; in realtà è la macchina calcolatrice che è una specie di cervello esosomatico: esegue funzioni analoghe a quelle del cervello, proprio come le macchine fotografiche ne eseguono di simili all'occhio, e gli abiti di simili alla pelle, e le automobili svolgono funzioni che endosomaticamente vengono eseguite dalle gambe. È vero che possiamo imparare qualcosa sul funzionamento del cervello studiando le macchine calcolatrici, proprio come abbiamo imparato qualcosa sull'occhio studiando le lenti; tuttavia non è detto che questo si verifichi sempre: il motore a scoppio non ha nulla da insegnarci sul funzionamento dei muscoli.

729 Secondo l'autore, gli strumenti usati dall'uomo rientrano nelle due seguenti categorie:

- A percettivi e sensoriali
- B motori e visivi
- C motori e sensoriali
- D nessuna delle precedenti

730 Secondo Lotka:

- A le zampe sono strumenti esosomatici
- B i vestiti sono strumenti con cui si nasce
- C gli strumenti esosomatici fanno parte dell'anatomia del corpo umano
- D nessuna delle precedenti

731 Secondo l'autore:

- A si può imparare qualcosa sugli strumenti endosomatici studiando quelli esosomatici
- B vi è sempre un rapporto anatomico stretto tra uomo e strumento esosomatico
- C il cervello è una specie di macchina calcolatrice
- D l'uomo è l'unico animale che faccia uso di strumenti

732 Il contenuto del brano è:

- A scientifico-filosofico
- B storico
- C medico
- D psicologico

733 Dal brano si deduce che il picchio Galápagos:

- A è uno dei tanti animali inferiori che usano strumenti
- B è in grado di fabbricarsi da solo la casa
- C ha una caratteristica comune all'uomo
- D nessuna delle precedenti

In base alle informazioni contenute nel brano seguente, rispondere alle successive domande.

La maggior parte degli impulsi umani si può dividere in due classi, quelli che sono possessivi e quelli che sono costruttivi o creativi. Le istituzioni sociali sono i rivestimenti o le personificazioni degli impulsi e si possono classificare approssimativamente secondo gli impulsi che rappresentano. La proprietà è l'espressione diretta del possesso; scienza e arte sono tra le più dirette espressioni della creatività. Il desiderio di possesso può essere aggressivo o difensivo: cerca di trattenere quanto si possiede o di togliere ad altri. Nei due casi, l'atteggiamento di ostilità verso gli altri fa parte della sua essenza. Sarebbe un errore supporre che l'impulso di possesso difensivo sia sempre giustificabile, mentre quello offensivo sia sempre biasimevole; quando nello *status quo* esiste una grande ingiustizia, può essere l'esatto opposto e di solito nessuno dei due casi è giustificabile. L'interferenza dello Stato nelle azioni degli individui è resa necessaria dall'impulso del possesso. Alcuni beni possono essere acquistati o mantenuti con la forza, mentre altri no. Si può ottenere una moglie con la forza, come hanno fatto i Romani con le donne sabine; ma l'affetto di una moglie non può essere acquistato in questo modo. Non si sa però se i Romani desiderassero l'affetto delle donne sabine. Coloro nei quali gli impulsi di possesso sono forti, tendono a preoccuparsi soprattutto dei beni che la forza può ottenere. Tutti i beni materiali appartengono a questa categoria. La libertà nei confronti di questi beni, se fosse illimitata, tenderebbe a rendere ricchi i forti e poveri i deboli. Una società capitalista, a causa degli impedimenti parziali imposti dalla legge, rende ricchi gli uomini astuti e poveri gli uomini onesti, perché la forza dello Stato è messa a disposizione degli uomini, non secondo un principio giusto o razionale, ma secondo una serie di massime tradizionali la cui spiegazione è puramente storica. Per tutto quel che riguarda il possesso e l'uso della forza, la libertà illimitata porta anarchia e ingiustizia. La libertà di uccidere, la libertà di rubare, la libertà di defraudare, non appartengono più agli individui, però appartengono ancora ai grandi Stati e vengono da essi esercitate in nome del patriottismo. Tanto gli individui, quanto gli Stati, non dovrebbero essere liberi di esercitare la forza secondo la loro iniziativa, se non nei casi di improvvisa emergenza, come verrà in seguito stabilito a giustificazione davanti a un tribunale. La ragione è che l'esercizio della forza da parte di un individuo contro un altro è sempre male, da ambedue le parti, e può essere tollerato soltanto quando viene compensato da un preponderante bene che ne consegue. Allo scopo di rendere minima la quantità di forza esercitata attualmente nel mondo, è necessaria l'esistenza di un'autorità pubblica, depositaria di una forza praticamente irresistibile la cui funzione dovrebbe essere soprattutto quella di reprimere l'uso privato della forza. L'uso della forza è *privato* quando viene esercitato da una delle parti interessate, o dai suoi amici o complici, e non da un'autorità pubblica neutrale, secondo una determinata regola intesa nel pubblico interesse. Il regime della proprietà privata sotto il quale viviamo fa ben poco per impedire l'uso privato della forza. Quando un tale è proprietario di un pezzo di terra, ad esempio, può usare la forza contro coloro che vi transitano abusivamente, che però non devono usare la forza contro di lui. È chiaro che sono necessarie restrizioni alla libertà di transito, perché la terra possa essere coltivata. Ma se questo potere deve appartenere all'individuo, lo Stato dovrebbe assicurarsi che non occupi più terra di quanta gli spetti, nell'interesse pubblico, e che la parte dei prodotti che ne ricava non sia più di un giusto compenso per la sua fatica. I possessori di terre e di capitali oggi possono, con la pressione economica, usare la forza contro quelli che non posseggono niente. Questa forza è sanzionata dalla legge, mentre la forza esercitata dai poveri contro i ricchi è illegale. Questo stato di cose è ingiusto e non impedisce l'uso della forza privata come dovrebbe. L'intero campo degli impulsi possessivi, e dell'uso della forza che producono, ha bisogno di un controllo da parte di un'autorità neutrale pubblica, nell'interesse tanto della giustizia, quanto della libertà. Nell'interno di una nazione, quest'autorità pubblica sarà naturalmente lo Stato; nei rapporti tra le nazioni, se l'attuale anarchia deve cessare, dovrà essere un parlamento internazionale.

734 Secondo l'autore del brano:

- A la scienza è espressione del desiderio di possesso
- B non si sa se i Romani ottenessero le mogli con la forza
- C nel desiderio di possesso di tipo difensivo c'è un'essenza di ostilità
- D nessuna delle precedenti

735 Nel brano si afferma che:

- A l'esercizio della forza da parte di un individuo contro un altro non può essere mai tollerato
- B l'uso della forza è sempre illegale
- C esiste una forza ingiusta riconosciuta dalla legge
- D nessuna delle precedenti

736 Quale potrebbe essere il titolo del brano?

- A Natura degli impulsi umani
- B Libertà individuale e pubblico controllo
- C Libertà e impulsi individuali
- D Pubblico e privato dai Romani a oggi

737 Il contenuto del brano è di natura:

- A storica
- B etica
- C civica
- D scientifica

738 Secondo l'autore, una forza pubblica:

- A dovrebbe essere superiore a qualsiasi forza privata
- B è in grado di diminuire l'uso della forza nel mondo
- C è in grado di privilegiare gli interessi pubblici rispetto a quelli privati
- D tutte le precedenti risposte sono esatte

In base alle informazioni contenute nel brano seguente, rispondere alle successive domande.

Dal congresso di Stoccolma sono partite le linee guida della moderna lotta all'infarto (170000 casi all'anno in Italia, con il 50% di decessi ancora nel domicilio). Il consumo del pesce è sicuramente un aspetto fondamentale, a cui vanno aggiunti la riduzione o, meglio, l'eliminazione del fumo, il controllo del peso e un'attività fisica regolare. Tutte queste linee vanno seguite non a cominciare da una certa età, ma fin da bambini e proprio ai bambini vanno insegnate specifiche e utili regole di vita.

Il segreto del pesce (soprattutto azzurro, per i nostri mari) risiede nella particolare ricchezza in Omega-3, particolari acidi grassi capaci di ridurre l'incidenza di aritmie gravi tipiche dell'infarto cardiaco.

Secondo la rivista «New England Journal of Medicine» tali grassi possono ridurre l'incidenza di morte improvvisa (in Italia una ogni 10 minuti) sia nei soggetti sani sia nei pazienti infartuati. Lo studio, seguendo più di 22000 medici maschi per oltre 17 anni, ha concluso che coloro che hanno fatto il maggior uso di acidi grassi Omega-3 hanno ridotto il rischio di morte improvvisa dell'81%.

739 Quale delle seguenti affermazioni è riportata o è deducibile dal brano?

- A Gli Omega-3 riducono il rischio di morte improvvisa nei soli soggetti sani
- B L'aumento dell'utilizzo dei grassi acidi ha consentito la riduzione in Italia dei casi di infarto nell'ultimo anno
- C Secondo lo studio effettuato su medici nel corso di 17 anni, poco meno di 18.000 soggetti hanno ridotto il rischio di morte improvvisa per aver utilizzato acidi Omega-3
- D Secondo lo studio effettuato sui medici nel corso di 17 anni, la riduzione del rischio di morte improvvisa nei soggetti che hanno utilizzato acidi Omega-3 è stata pari all'81%

740 In base a quanto riportato dal testo, qual è in Italia il numero dei decessi all'anno per infarto ancora nel domicilio causati dal fumo eccessivo?

- A 170.0000
- B 85.000
- C 22.000
- D Non è determinabile

741 Quale delle seguenti informazioni NON è deducibile dal brano?

A In Italia sono circa 85.000 i casi di decessi per infarto che avvengono non in ospedale ma ancora nel domicilio
B Le persone con un peso eccessivo sono più esposte al rischio di infarto rispetto a quelle con un peso nella norma
C Il consumo di qualsiasi acido grasso consente la riduzione delle aritmie cardiache
D Insegnare ai bambini ad avere una regolare attività fisica consente loro di ridurre il rischio di infarto nella vita

Leggere il brano e rispondere alle relative domande.

Per sfuggire a una concezione troppo meccanicistica (che riprende il modello dell'informazione) o troppo restrittiva, è indispensabile situare questa nozione chiave [cioè la comunicazione come scambio] in un contesto più ampio. Le attività umane, nel loro insieme, si ritiene si svolgano su due assi principali: quello dell'azione sulle cose, attraverso il quale l'uomo trasforma la natura – l'asse della produzione –, e quello dell'azione sugli altri uomini, creatrice di relazioni intersoggettive, fondatrici della società – l'asse della comunicazione. Il concetto di scambio, che nella tradizione antropologica francese (soprattutto dopo M. Mauss), copre questa seconda sfera di attività, può essere interpretato in due modi diversi, sia come il trasferimento di oggetti di valore, sia come la comunicazione fra soggetti. I trasferimenti di oggetti che si presentano sotto la forma di acquisizione e di privazione non possono che riguardare dei soggetti e costituiscono, nella misura in cui si servono di forme canoniche, sistemi di relazioni interumane che regolamentano i voleri e i doveri degli uomini. C. Lévi-Strauss ha proposto di distinguere tre dimensioni fondamentali di questi trasferimenti-comunicazioni: agli scambi di donne, considerati come processi, corrispondono le strutture della parentela che hanno la forma di sistemi; agli scambi di beni e servizi corrispondono le strutture economiche; agli scambi di messaggi, le strutture linguistiche.

Algirdas Julien Greimas, Jacques Courtés, *Semiotica. Dizionario ragionato della teoria del linguaggio*, La Casa Usher, Firenze 1979

742 Il termine "informazione" qui indica:

A un significato che ha relazione con l'informatica
B la comunicazione
C il sistema di comunicazione di massa
D un significato che indica qualcosa di soggettivo

743 Con l'espressione "attraverso il quale l'uomo trasforma la natura" si intende che:

A l'azione degli uomini trasforma la natura
B l'asse dell'azione sulle cose trasforma la natura
C le cose sono trasformate dall'uomo
D l'asse trasforma la natura

744 Secondo quanto si legge nel testo, Lévi-Strauss afferma che gli scambi di donne sono:

A una dimensione di commercio interumano
B una dimensione della coesione interumana
C una dimensione di dono interumano
D una dimensione delle relazioni umane

745 L'espressione "fondatrici della società" si riferisce a:

A azione sugli altri uomini
B relazioni intersoggettive
C azione sulle cose e azione sugli altri uomini
D attività umane

746 L'espressione "non possono che riguardare dei soggetti" significa:

A riguardano solo i soggetti
B i soggetti sono estranei
C non devono riguardare i soggetti
D non può riguardare dei soggetti

Leggere il brano seguente e rispondere alle relative domande.

La lotta non è un'invenzione dell'uomo, benché egli, purtroppo, l'abbia portata a uno sviluppo di livello inquietante. In molte specie animali la lotta costituisce una componente essenziale del comportamento normale. Più del novanta per cento delle lotte tra animali che a noi accade di osservare, si svolge tra animali della stessa specie, e la maggior parte tra maschi. Esse raggiungono l'apice durante l'epoca della riproduzione. Non è difficile assistere a tali combattimenti. Già in marzo, per esempio, si possono vedere gli scriccioli in lotta. Poco dopo la bellicosità si risveglia anche in altri uccelli. È estremamente avvincente scoprire in quante maniere diverse si svolgono tali combattimenti.

Parecchie specie di [1] si beccano con i rostri, così per esempio la maggior parte degli uccelli canori. Che senso ha tutto questo? La [2] sorge spontanea quando si [3] quanto tempo un animale impiega in primavera in combattimenti e come [4] animali del tutto indifesi e continuamente esposti alla [5] dei nemici predatori, durante queste lotte, dimentichino del tutto ogni pericolo.

747 Nel primo capoverso *apice* significa:

- A parti interne del corpo
- B combattimento
- C punta di una lancia
- D valore più elevato
- E durata

748 Nel primo capoverso *bellicosità* significa:

- A comparsa di tratti fisici attraenti
- B rafforzamento delle parti del corpo idonee alla lotta
- C tendenza a instaurare frequenti combattimenti
- D forza fisica
- E aumento dei tratti ironici del carattere

749 Quale delle seguenti parole è stata tolta al punto 1?

- A Serpenti
- B Becchi
- C Canarini
- D Uccelli
- E Roditori

750 Quale delle seguenti parole è stata tolta al punto 2?

- A Domanda
- B Battaglia
- C Sorpresa
- D Risposta
- E Dubbio

751 Quale delle seguenti parole è stata tolta al punto 3?

- A Chiede
- B Osserva
- C Esplora
- D Fa trascorrere
- E Contrasta

752 Quale delle seguenti parole è stata tolta al punto 4?

- A Solo
- B Gli
- C Certamente
- D Perfino
- E Qualunque

753 Quale delle seguenti parole è stata tolta al punto 5?

- A Provocazione
- B Compagnia
- C Minaccia
- D Cattiveria
- E Benevolenza

In base alle informazioni contenute nel brano seguente, rispondere alle successive domande.

Questa antichissima fonte, le cui origini si possono far risalire all'epoca di Agrippa (19 a.C.) rischiò di essere soppressa quando papa Innocenzo fece deviare l'Acqua Vergine nella nuova fontana dei Fiumi di Piazza Navona.

Essa aveva costituito per secoli, comunque, la "mostra" terminale dell'Acqua che le aveva dato anche il nome, provenendo da Trebium, località a 13 chilometri da Roma. Nel Quattrocento era stata restaurata dall'Alberti e dal Rossellino, in forma di semplice fonte a tre sorgenti, con una liscia e breve facciata. Molti progetti si erano poi fatti per mutarne aspetto e posizione nella piazza, fino a che il Bernini, sotto Urbano VIII, cominciò a demolirla per riedificarla a fianco, ma fu interrotto per sopravvenute difficoltà economiche. Furono fatti allora vari progetti e uno di questi, certamente ispirato dal Bernini, mostra una monumentale facciata a cinque fornici, in bugnato, con fastigio decorato di statue. La fontana vera e propria è costituita da gruppi scultorei addossati alla facciata, con una vasca antistante: l'idea dell'attuale fontana era quindi già nata.

A questo primo progetto, ne seguì un altro sotto Innocenzo X, nel 1647 (documentato da un disegno recentemente ritrovato), in cui si vede come il Bernini avesse inserito l'idea della fontana entro la monumentale facciata del palazzo, che era stato proprio allora acquistato dalla potentissima donna Olimpia Pamphili. Le sculture si venivano raggruppando, dietro la grande vasca, su una specie di montagnola rocciosa, assai simile a quella che sosteneva i Fiumi in Piazza Navona. Il suo antecedente sembra vada cercato nel Parnaso di una fontana di Villa Aldobrandini a Frascati, del Della Porta. Neppure questo secondo progetto del Bernini trovò esecuzione e il problema della fontana di Trevi si trascinò in tentativi falliti e concorsi inutili fino a papa Clemente II, che nel primo Settecento riprese l'opera. Scartato un progetto del Vanvitelli, l'incarico di edificare la nuova fontana passò a un architetto romano, Nicola Salvi, nel 1732. Ed ecco che costui, evidentemente conoscendo il secondo progetto berniniano, lo rielaborò abbastanza fedelmente, sostituendo al Parnaso l'Oceano e mantenendo la quinta architettonica. Morendo nel 1751, il Salvi fu sostituito da Giuseppe Pannini che, nel 1762, terminò l'opera, riavvicinandosi ancor più al modello berniniano, nella sostituzione delle due statue nelle nicchie laterali (un Agrippa e una Vergine) con le due figure profane della Abbondanza e Salubrità, scolpite dal Della Valle. L'Oceano al centro è invece opera del Bracci.

754 Quale potrebbe essere il titolo del brano?

A Il progetto di Bernini della fontana di Trevi
B Storia della fontana di Trevi dal XVIII secolo a oggi
C Le statue della fontana di Trevi
D La fontana di Trevi

755 Il carattere del brano è:

A didascalico
B poetico
C polemico
D ironico

756 Sotto Innocenzo X:

A Bernini realizzò il primo progetto della fontana di Trevi
B Della Porta progettò una fontana di Villa Aldobrandini
C nasceva l'idea dell'attuale fontana di Trevi
D fu realizzato da Bernini un secondo progetto della fontana di Trevi

757 Nel raccontare la storia della fontana di Trevi, l'autore sottolinea in particolare:

A la spesa economica per la realizzazione della fontana
B l'alternarsi di numerosi progetti
C l'influenza della figura del papa sui progetti architettonici
D le sorgenti d'acqua della fontana

758 Quale tra i seguenti artisti non ha mai realizzato alcun intervento sulla fontana di Trevi?

A Pannini
B Alberti
C Rossellino
D Vanvitelli

In base alle informazioni contenute nel brano seguente, rispondere alle successive domande.

Venerdì a Marrakech, i rappresentanti di 118 governi firmeranno l'accordo raggiunto al termine del più complesso e ambizioso ciclo di negoziati commerciali multilaterali e nello stesso tempo formalizzeranno l'impegno alla creazione della World Trade Organization (WTO). In un mondo dominato da tante contraddizioni e conflitti, la positiva conclusione dell'Uruguay round è in primo luogo un atto di grande saggezza politica al quale hanno partecipato non solo i Paesi industrializzati, ma anche i Paesi in via di sviluppo. Si chiuderà in questo modo un'importante fase della storia del sistema commerciale mondiale, iniziata a Ginevra nell'ottobre del 1947 con la conclusione del primo round commerciale multilaterale e con la nascita del GATT. Limitando l'attenzione al solo disarmo tariffario, a seguito di otto cicli di negoziati, dal 1947 a Ginevra al 1994 a Marrakech, le tariffe dei Paesi industrializzati sono state ridotte da una media del 40% a una media del 3% circa. Nei due ultimi decenni, secondo le statistiche del GATT, il commercio mondiale è aumentato del 67% in volume nel corso degli anni Settanta e del 49% negli anni Ottanta, mentre la produzione mondiale è cresciuta del 48% e del 34% rispettivamente.

Il sistema di soluzione delle controversie è stato decisamente rafforzato e con la creazione della WTO verrà unificato rendendo così superata ogni forma di unilateralismo. L'area dei servizi, il polo più dinamico del sistema commerciale che rappresenta oggi il 20% del commercio mondia-

© Alpha Test

le, così come gli aspetti commerciali della proprietà intellettuale e degli investimenti esteri diretti rientrano oggi nella sfera del sistema multilaterale.

Ma, come è stato sottolineato da Peter Sutherland in un suo recente discorso pronunciato a Davos, uno dei maggiori successi conseguiti, in particolare dall'Uruguay round, è il cambiamento di atteggiamento di molti Paesi in via di sviluppo. Oggi molti di questi Paesi sono diventati grandi sostenitori del multilateralismo e, sia pure in misura diversa, hanno dato nell'ultimo negoziato un sostanziale contributo alla liberalizzazione degli scambi. Mi sembra attualmente significativo che dopo quasi cinquant'anni e in un mondo tanto diverso, noi oggi ci accingiamo, con la nascita della WTO, a completare il disegno istituzionale di Bretton Woods. Ciò significa che, se il mondo cambia, i principi che sono stati alla base della ricostruzione e dello sviluppo dopo la seconda guerra mondiale rimangono sempre validi.

Ecco perché, ritornando con la mente agli ideali e agli obiettivi che hanno caratterizzato il dibattito sulla creazione delle grandi istituzioni economiche internazionali del dopoguerra, noi dobbiamo celebrare la creazione della WTO come un evento politico e istituzionale maggiore. Dobbiamo altresì conferire alla nuova Istituzione il carattere di universalità previsto all'origine dai padri fondatori, attraverso la rapida inclusione fra i suoi membri della Cina, della Russia e di altri Paesi che appartenevano all'impero sovietico e che si stanno aprendo con mille difficoltà all'economia di mercato. Vi sono oggi venti nuove domande di *membership* del GATT. È ragionevole applicare ai nuovi candidati le stesse condizioni che abbiamo applicato agli attuali 118 membri del GATT.

La nuova Istituzione dovrà anche facilitare il necessario coordinamento, su una base di parità, fra tutte le grandi istituzioni economiche internazionali, in primo luogo quelle di Bretton Woods. È necessario pervenire a un più equilibrato rapporto fra le politiche economiche a livello mondiale riconoscendo alla politica di liberalizzazione commerciale il grande ruolo che le appartiene nella strategia di crescita economica e quindi di creazione di posti di lavoro. Oggi, è bene ricordarlo, gli scambi di beni contribuiscono al 30% del PIL mondiale contro il 16% nel 1960 e, se si includono anche i servizi, al 40% del PIL mondiale contro il 20% nel 1960.

In un mercato sempre più libero e globalizzato, lo stretto coordinamento fra le politiche economiche, monetarie e commerciali diventa un presupposto necessario per salvaguardare il buon funzionamento dello stesso mercato. L'esperienza della costruzione europea, al di là della logica economica, lo dimostra.

---

759 In base a quanto riportato nel testo, è possibile dedurre che:

- **A** nel corso degli anni Settanta e Ottanta, il commercio mondiale è cresciuto meno che proporzionalmente rispetto alla crescita della produzione mondiale
- **B** nel corso degli anni Settanta il tasso di crescita del commercio mondiale è stato superiore a quello registrato nel corso degli Sessanta
- **C** nel corso degli anni Settanta il tasso di crescita della produzione mondiale è stato inferiore a quello del commercio mondiale
- **D** nel corso degli anni Ottanta la produzione mondiale è cresciuta del 48%

---

760 Quale delle alternative seguenti meglio si presta a fungere da titolo del brano?

- **A** Il GATT verso l'estensione ai Paesi dell'ex-impero sovietico
- **B** La liberalizzazione del commercio internazionale verso una nuova istituzione: la World Trade Organization
- **C** Quale ruolo per il GATT negli anni 2000?
- **D** Il ruolo di Marrakech nel commercio internazionale
- **E** Multilateralismo soluzione di tutti i mali

---

761 Il brano è verosimilmente estratto da un:

- **A** libro di storia
- **B** articolo di un giornale economico
- **C** romanzo
- **D** comizio di un esponente politico

762 Secondo l'autore la WTO deve:

A considerarsi il naturale completamento di un percorso istituzionale già disegnato in occasione della conferenza di Bretton Woods

B essere sottoposta al controllo delle altre istituzioni internazionali originariamente costituite alla conferenza di Bretton Woods

C svolgere un ruolo di promozione del commercio con i Paesi dell'ex-impero sovietico, senza tuttavia che questi ultimi partecipino direttamente all'Istituzione

D aprirsi anche a Cuba e alla Corea del Nord

763 Peter Sutherland viene menzionato dall'autore in quanto:

A oppositore del processo di integrazione internazionale originato dalla conferenza di Bretton Woods

B fautore principale del successo dell'Uruguay round del GATT

C sostenitore del ruolo attivo svolto dai Paesi in via di sviluppo nell'Uruguay round

D oppositore del multilateralismo

Leggere il brano seguente e rispondere alle relative domande.

In questi dieci anni, in parallelo al giornalismo è cresciuto l'e-giornalismo, ovvero il giornalismo elettronico reso possibile da Internet, che allarga le possibilità per chi vuole leggere informazioni – su qualsiasi cosa, da qualsiasi parte e in qualsiasi momento – praticamente all'infinito, offre possibilità a chiunque di pubblicare e comunicare col mondo intero senza i filtri degli editori. Ma soprattutto rappresenta una grandissima sfida per l'intera categoria dei Giornalisti con la G maiuscola, quelli "ufficiali" che lavorano nelle redazioni dei giornali tradizionali dopo aver fatto la gavetta con il praticantato o le scuole di giornalismo e l'esame di stato per ottenere il tesserino dell'ordine, che si trovano improvvisamente di fronte una competizione agguerrita che viene dal basso. L'editor Rupert Murdoch, che con i giornali ha fatto fortuna, profetizza molto vicina la fine del giornalismo tradizionale, soprattutto quello su carta, a favore dei nuovi media. Da "professione reporter" a "professione blogger"? Negli Usa il fenomeno è già stato etichettato: si chiama citizenjournalism, il giornalismo dei cittadini, o meglio i cittadini-giornalisti. Molti giornali tradizionali incominciano ad aprirsi a questo fenomeno e invitano i lettori a partecipare alla raccolta delle notizie inviando informazioni o fotografie alle redazioni dei loro siti Internet. I più sofisticati offrono anche il video e l'audio, visto che il mezzo si presta alla multidimensionalità: la nuova moda è il podcasting, registrazioni musicali audio o video scaricabili direttamente da Internet per chiunque si abboni alla loro trasmissione. Così sul sito di Le Monde ci sono lesinvités di www.lemonde.fr: cittadini-blogger-lettori del maggior quotidiano francese invitati a partecipare su temi caldi del giorno attraverso gli aggiornamenti dei loro blog.

764 Dal brano emerge che Internet:

A sia la migliore fonte di informazione

B ha reso possibile la costruzione di nuove professionalità

C ha creato spazi di maggior libertà all'individuo

D costringerà i giornalisti a una formazione continua

765 La profezia di cui si parla nel brano fa riferimento:

A alla fine della professione dei giornalisti

B alla trasformazione del concetto di comunicazione

C al fatto che non sarà più necessario per i giornalisti fare il praticantato

D alla conclusione del giornalismo tradizionale

766 Secondo il brano, tramite il blog:

A si può partecipare alle decisioni politiche del proprio paese

B è possibile confrontarsi sulle ultime notizie

C tutti i giornali avranno un aumento dei lettori

D i quotidiani potranno coinvolgere i loro lettori

767 E-giornalismo è:

- **A** una nuova modalità per favorire l'oggettività dell'informazione
- **B** uno strumento per sapere in tempo reale tutte le informazioni sulla politica
- **C** un nuovo modo di comunicare
- **D** un modo per diminuire la competizione tra giornalisti

In base alle informazioni contenute nel brano seguente, rispondere alle successive domande.

In fondo ci sono due grandi categorie di scrittori. Ci sono quelli che hanno bisogno di una preparazione molto forte e che, prima di cominciare a scrivere seriamente, devono dedicarsi a un lungo periodo di riflessione e di ricerche preliminari per informarsi, per documentarsi, elaborando al termine di questo periodo uno schema di programmazione della loro redazione: schema che servirà loro da guida durante tutto il lavoro di scrittura. Ci sono poi quelli che lavorano in modo più istintivo e meno programmato – con un minimo di schizzi e di abbozzi preparatori – ma che hanno bisogno soprattutto di una sorta di scatto iniziale, non nella forma di una programmazione nella quale sentirebbero una restrizione alla loro libertà, ma piuttosto nella forma di un nucleo embrionale. Uno scrittore come Jean Giono dichiara di non poter cominciare a scrivere un libro se non dopo aver trovato il titolo, che è spesso una formula enigmatica: per esempio *Deux cavaliers de l'orage*; il titolo deriverebbe direttamente dall'"ispirazione", come, per il poeta, quel primo verso "donato dagli dèi" di cui parlava Paul Valéry. Una volta trovato il titolo, tutto il lavoro consiste nel tentativo di giustificarlo restando allo stesso livello di qualità. Giono ha una bella immagine per evocare questo fenomeno: "Se scrivo una storia prima di averne trovato il titolo, in generale essa mi abortisce. Mi occorre assolutamente un titolo, perché il titolo è quella sorta di bandiera verso cui ci si dirige; spiegare il titolo è la meta che si deve raggiungere". Tutta la redazione dell'opera consisterà nel rendere significante questo titolo, nel risolverne l'enigma, nel conferire una necessità a questo dono del caso. Nello stesso spirito, ci sono altri scrittori, come Aragon, che non riescono a scrivere un'opera finché non hanno trovato l'*incipit*, la prima pagina. Una volta trovata la prima pagina, però – cosa che può richiedere un numero considerevole di stesure preliminari – è come se avesse cominciato a costruirsi una sorta di prima necessità: l'embrione è ormai formato, e si svilupperà spontaneamente. In effetti, a ben riflettervi, questi modi di procedere non sono affatto interpretabili in termini di padronanza, e complicano singolarmente questa famosa dialettica fra il caso e la necessità. Nel ritrovamento dell'*incipit* o del titolo c'è, beninteso, una parte di aleatorietà; nello stesso tempo, però, questo primo scatto dipende verosimilmente da una necessità interna, inconscia, fantasmatica; e, infine, tutto il resto del lavoro – la redazione propriamente detta – consisterà nel trasformare questa falsa alea del dono iniziale (che d'altronde non sempre viene donato) in una vera logica che sarà quella dell'opera, ma che perverrà a svilupparsi solo a partire da un principio in origine oscuro. Gli scrittori più numerosi sono comunque quelli che lavorano con documenti di programmazione. In questo caso si ha un vero lavoro da geometra, consistente nel definire il progetto di un senso che si deve costruire dal nulla: una sorta di scommessa, e di lotta formidabile dello spirito per costruire, contro il non–senso ambiente, una forma significante avente la sua logica e la sua necessità. Ma, una volta inventato lo schema e posta una sorta di assiomatica di partenza, il lavoro dello scrittore consisterà non solo nello sviluppare il modello (passando dal progetto alla sceneggiatura, dalla sceneggiatura a una prima stesura ecc.) ma anche nel problematizzarlo, reiniettando nel testo quel minimo di non–senso e di aleatorio senza il quale la struttura, logica e necessaria, resterebbe inerte. Si vede allora, paradossalmente, che la scrittura si sforza di conseguire un nuovo tipo di rapporto col caso: quel coefficiente d'incertezza senza il quale il certo diventa artificioso.

768 Quale potrebbe essere Il titolo del brano?

- **A** Correnti letterarie al tempo di Giono e Valéry
- **B** La scrittura di un libro: importanza del titolo e della prima pagina
- **C** Diversi approcci e percorsi di scrittura
- **D** Aleatorietà letteraria

769 Il carattere del brano è:

- **A** polemico
- **B** divulgativo
- **C** apologetico
- **D** giornalistico

770 Dal brano si deduce che lo scrittore Jean Giono:

- **A** ha bisogno di una programmazione iniziale prima di cominciare a scrivere
- **B** appartiene a una categoria di scrittori diversa da quella di Aragon
- **C** amava Paul Valéry
- **D** nessuna delle precedenti

771 Secondo l'autore:

- **A** c'è una componente di aleatorietà nei lavori di entrambe le categorie di scrittori descritte
- **B** *Deux cavaliers de l'orage* è un verso di Valéry
- **C** scrittori come Aragon hanno bisogno di programmare interamente l'opera prima di iniziare a scrivere
- **D** nessuna delle precedenti

In base alle informazioni contenute nel brano seguente, rispondere alle successive domande.

La critica storica ha ormai confutato l'opinione un tempo comune secondo la quale non vi sarebbe stato alcun reale progresso scientifico e tecnologico nell'età medievale. Il periodo successivo al secolo XII fu infatti caratterizzato da uno sviluppo rapido e pressoché ininterrotto che non si esaurì neppure con il sopraggiungere della grande crisi economica e demografica dovuta alla peste nera.

Sul piano culturale, con il sorgere delle università si crearono dei centri per lo studio delle scienze naturali, studio che si basava in gran parte (ma non esclusivamente) sulle opere degli antichi greci. La tecnologia ricevette un forte impulso dallo sfruttamento di forze naturali quali l'acqua e il vento, dall'adozione di macchinari tessili e di una metallurgia più efficiente, nonché dal diffondersi di invenzioni più recenti come l'orologio meccanico, la bussola e la polvere da sparo, che aprirono una nuova era nella produzione, nel commercio e nella strategia militare.

Naturalmente, si può obiettare che era ancora necessario smantellare buona parte delle dottrine elaborate nell'Alto Medioevo perché le nuove idee e i nuovi metodi si potessero affermare nel campo della scienza e della medicina e, inoltre, che bisognava rivoluzionare le pratiche dell'artigianato medievale perché si potesse sviluppare una società moderna. Ciononostante, le conquiste raggiunte in ciascun campo verso la fine del secolo XV costituirono un salto di qualità rispetto agli standard prevalenti all'epoca di Carlo Magno, paragonabile soltanto a quello provocato dall'avvento della scienza e della tecnologia nel secolo XIX. Senza questo stadio intermedio, non avremmo avuto né la rivoluzione scientifica del secolo XVII, né la rivoluzione industriale del secolo XVIII.

Il riconoscimento di questi progressi è determinante per l'impostazione iniziale del nostro lavoro, in quanto sarebbe un errore attribuire tutti i mutamenti fondamentali della scienza e della tecnologia sia all'originalità senza precedenti del pensiero moderno, sia esclusivamente al gioco deterministico dei fattori economici. Nessuno di questi campi conobbe mai un momento di profonda e violenta transizione; al contrario, i cambiamenti si verificarono gradualmente man mano che nuovi metodi e nuove idee mostrarono la loro validità; alcuni orientamenti dell'età medievale ebbero applicazione concreta, mentre altri vennero abbandonati.

Contrariamente a quel che si può credere, neppure il fenomeno delle nuove invenzioni, che pure fu un attributo fondamentale della scienza e della tecnologia dell'Europa occidentale durante la prima fase dell'età moderna, produsse, se non raramente, dei mutamenti repentini nella vita economica o scientifica. Un aspetto basilare della progressiva differenziazione tra il mondo medievale e quello moderno forma il tema centrale di questo capitolo. Si tratta del rapporto tra il filosofo e l'artigiano, o, in termini moderni, tra lo scienziato e il tecnico.

Troppo spesso si è ritenuto, in maniera alquanto sbrigativa, che la frattura esistente nella società medievale tra le due rispettive funzioni fosse essa stessa, in gran parte, la causa sia della sterilità della scienza che del livello rudimentale della tecnica. Si è finito in tal modo con il concludere che un duplice progresso ha avuto origine in tempi moderni dalla consapevolezza dei forti legami e della comunanza di interessi tra queste due funzioni: la scienza ha smesso di essere speculativa e la tecnologia è divenuta oggetto di analisi più serie. Di qui, il luogo comune che lo sviluppo tecnologico richieda un parallelo incoraggiamento della scienza "pura" e costituisca il requisito essenziale di una produzione efficiente.

Il pericolo implicito in questa concezione è l'idea che la tecnologia si sviluppi sempre e soltanto se "guidata" dalla scienza, e, per converso, che la scienza avanzi soltanto se stimolata dai bisogni tecnici. Ma, nel passato, le cose andarono ben diversamente. Nel Medioevo e nel Rinascimento, tale relazione tra lo studio e il controllo della Natura a scopi umani venne riconosciuta solo in alcuni casi, tra cui quello dell'utilità di appurare le proprietà delle erbe nella cura delle ma-

 © Alpha Test

lattie. Tuttavia questa connessione non venne ignorata per mera ottusità mentale, ma perché le condizioni oggettive le toglievano ogni reale valore. In effetti, le forme di ricerca scientifica allora in voga e i confusi processi di un artigiano tradizionale avevano così poco in comune che certamente nessun vantaggio sarebbe risultato da una più stretta collaborazione. Solo in alcuni casi molto limitati, la ricerca scientifica si rivelava utile a scopi pratici, come ad esempio nell'applicazione dell'astronomia alla navigazione oceanica nel secolo XV, oppure determinati bisogni pratici suggerivano ai filosofi "naturali" concreti problemi da risolvere.

Benché la descrizione sistematica dei procedimenti commerciali sia cominciata soltanto nel corso del secolo XVII, buona parte delle nostre conoscenze in fatto di tecnologia dell'età medievale e della prima fase dell'età moderna risale ai resoconti dei mestieri dell'epoca redatti da uomini di cultura. Che tali scrittori, malgrado l'interesse che portavano per questo argomento, non siano stati in grado di fornire un'analisi esauriente delle tecniche degli artigiani, ci dà la misura della frattura esistente tra la teoria e la pratica. Era dunque necessaria una lunga serie di mutamenti indipendenti e interi stadi di sviluppo sia nella scienza che nella tecnologia perché queste due discipline potessero completarsi a vicenda. Lo scienziato doveva ancora imparare l'importanza di un esame rigoroso dei fatti, del metodo sperimentale e della prudenza nella formulazione di teorie generali.

Soltanto dopo aver acquisito una rigorosa base sperimentale, meccanica, fisica e chimica egli poté chiarire i relativi procedimenti tecnici. D'altra parte, perché la scienza trovasse pratica applicazione era pur sempre necessario un certo livello di organizzazione tecnica ed economica.

Lo sviluppo di una produzione su larga scala, la ricerca di nuove fonti energetiche, di macchinari più elaborati, e di procedimenti chimici più complessi, gli effetti della competizione e la ricerca di un'autosufficienza nazionale, tutte queste cose messe insieme contribuirono a suscitare l'esigenza dell'analisi scientifica e di tecniche più sistematiche.

Durante il periodo in questione la scienza si sviluppò in modo del tutto indipendente dalla tecnologia; solo negli ultimi anni la figura dello scienziato sperimentale fu finalmente in grado, in alcuni casi, di assumersi l'iniziativa di nuove invenzioni. Verso la fine del secolo XVIII questa grave frattura tra scienza e tecnologia cominciò a colmarsi, e tra le due discipline ebbe inizio una fase reale di collaborazione; ma fino a quel momento i loro rispettivi problemi e il loro autonomo sviluppo erano stati più importanti di qualsiasi occasionale interconnessione.

772 Qual è il titolo che meglio esprime le idee del brano?

A Il progresso scientifico nel Medioevo
B Il rapporto tra scienza e tecnologia nell'età moderna
C Scienza e tecnologia dall'epoca medievale all'epoca moderna
D Le scoperte scientifiche dal Medioevo all'età moderna

773 Nel brano sono presenti tutte le seguenti affermazioni tranne una. Quale?

A Sono rari i casi in cui, nel Medioevo e nel Rinascimento, la ricerca scientifica si è rivelata utile a scopi pratici
B La connessione tra scienza e tecnica nel periodo medievale e rinascimentale venne ignorata a causa della scarsa comunanza dei processi utilizzati nei due rami
C Le nostre conoscenze relative alla tecnologia medievale derivano da scritti di intellettuali dell'epoca
D L'utilizzo delle erbe nella cura delle malattie è un esempio efficace delle frequenti applicazioni concrete della ricerca scientifica medievale

774 Il carattere del brano è:

A colloquiale
B polemico
C scientifico
D economico
E descrittivo

775 Secondo quanto riportato dal brano, la frattura tra scienza e tecnologia:

A cominciò a colmarsi soltanto verso la fine del 1800
B necessitava di organizzazione tecnica ed economica per essere superata
C era caratteristica del secolo XIX
D era imputabile alle scarse relazioni tra scienziati e tecnici

776 L'autore ritiene che:

A le nuove invenzioni della prima fase dell'età moderna contribuirono a migliorare rapidamente la vita economica e scientifica dell'Europa occidentale

B il progresso scientifico e tecnologico avanza rapidamente in corrispondenza delle scoperte più rilevanti, per poi attenuare il proprio sviluppo e attraversare fasi statiche durante le quali i progressi vengono assimilati e pienamente utilizzati

C il periodo dal Medioevo all'epoca moderna rappresenta uno stadio intermedio, in termini di sviluppo scientifico e tecnologico, che ha favorito la rivoluzione scientifica del secolo XVII e quella industriale del secolo XVIII

D la frattura tra scienza e tecnica nel Medioevo rappresenta la causa dell'astrattezza della ricerca scientifica e della rudimentalità dei processi tecnologici del periodo

777 Quale tra le seguenti sillabe dà un senso a tutte le altre, preposta o posposta ad esse?

A le

B da

C pre

D sem

E te

In base alle informazioni contenute nel brano seguente, rispondere alle successive domande.

La crisi del debito che ha colpito numerosi Paesi in via di sviluppo ha tre cause principali: una cattiva politica macroeconomica da parte dei Paesi debitori; una politica poco prudente di finanziamento da parte delle banche; l'incremento dei tassi di interesse reali. L'aumento dei tassi di interesse reali fino a circa il 6% nel 1982 ha sestuplicato l'onere reale degli interessi per i Paesi indebitati, modificando completamente la natura del problema del debito. Un simile incremento per un periodo così protratto non si era mai visto in precedenza. Durante le crisi passate, quando i prestiti venivano concessi a un tasso di interesse fisso, i tassi di interesse reali diminuivano a causa della deflazione. Ma quando il livello dei prezzi si stabilizzava, l'onere reale degli interessi rimaneva più elevato solo in proporzione alla diminuzione dei prezzi. Ed era comunque possibile che l'inflazione riducesse tale onere. In questa crisi, invece, il tasso di interesse reale è aumentato in modo significativo ed è rimasto elevato per molti anni, mostrando scarsi segni di diminuzione. L'inflazione, ormai, non porta alcun sollievo ai Paesi debitori.

Il timore di un collasso finanziario negli Stati Uniti era una delle principali motivazioni alla base dell'approccio iniziale alla crisi del debito. I pagamenti di interessi dai Paesi debitori eccedettero i nuovi prestiti negli anni 1984, 1985 e 1986. Le banche statunitensi ridussero la propria esposizione nei confronti dell'America Latina nel 1985. Nel 1982, le nove principali banche commerciali statunitensi avevano un ammontare di prestiti nei confronti dei Paesi in via di sviluppo pari al 250% del proprio capitale; alla metà del 1986, le stesse banche avevano un grado di capitalizzazione sufficiente a sopportare anche la completa perdita dei prestiti nei confronti dell'America Latina. Anche se le banche hanno aumentato gli accantonamenti a riserva, esse continuano a riportare in bilancio i prestiti ai Paesi in via di sviluppo al valore nominale. Il mercato secondario attribuisce invece a tali prestiti un valore decisamente inferiore.

L'attuale strategia di approccio al problema del debito dei Paesi in via di sviluppo è basata sull'allungamento della scadenza effettiva del debito. Ogni metodo che consente di ridurre il flusso di fondi in uscita dai Paesi debitori aiuterà gli stessi Paesi a crescere economicamente nel breve periodo. Ma un ulteriore finanziamento non rappresenta la soluzione al problema del debito. Fino a quando i tassi di interesse reali resteranno intorno al 6%, i Paesi debitori avranno grandi difficoltà a uscire dal problema del debito. Vi sono due possibilità. O si continua con l'approccio corrente, o si ricorre a una qualche forma di cancellazione del debito. Per quattro anni i Paesi in via di sviluppo hanno pagato il prezzo del debito nella forma di un basso tasso di crescita del PIL e di diminuzioni sostanziali dei salari reali. Milioni di persone residenti in questi Paesi rimangono a livelli di reddito ridotti semplicemente per gli interessi degli azionisti delle banche creditrici. Mediante una cancellazione del debito, i singoli Paesi e le istituzioni multilaterali potrebbero cominciare a pensare alle necessarie politiche di sviluppo orientate alla crescita. Ciò sarebbe possibile senza aumentare l'onere fiscale per i residenti dei Paesi sviluppati.

778 Sulla base di quanto affermato nel testo, si può ricavare che per l'autore l'effetto più dannoso della crisi del debito è:

A il livello artificialmente basso dei salari reali percepiti dai residenti dei Paesi debitori

B i problemi connessi al rimborso del debito causati dall'elevato livello dei tassi di interesse

C la drastica diminuzione delle prospettive di crescita nel lungo periodo dei Paesi debitori

D la scarsa attenzione posta al problema dalle banche creditrici

779 Il brano fornisce informazioni che consentono di rispondere a una o più delle seguenti domande. A quali precisamente?

I) Vi sono stati errori di politica economica da parte dei Paesi debitori che hanno contribuito a determinare il problema del debito?

II) Vi sono attualmente dei provvedimenti volti a estendere la scadenza effettiva del debito?

III) Il mercato secondario del debito dei Paesi in via di sviluppo attribuisce al debito lo stesso valore di quello attribuito dalle banche che lo detengono?

A Solo la II)

B La I) e la III)

C La II) e la III)

D Solo la III)

E La I), la II) e la III)

780 Quale delle seguenti definizioni rappresenta meglio, secondo l'autore, *l'approccio iniziale* alla crisi del debito?

A Una pressione crescente verso i Paesi debitori perché pagassero gli interessi sul debito

B Un aumento dei tassi di interesse per favorire le banche creditrici

C Una diminuzione dell'assicurazione contro le perdite per le nove principali banche statunitensi

D Un decremento dei nuovi prestiti e un aumento della capitalizzazione delle banche creditrici

781 Se il brano dovesse continuare, quale sarebbe probabilmente l'argomento successivo affrontato dall'autore?

A Le varie forme possibili di cancellazione del debito

B Le alternative alla cancellazione del debito per la soluzione del problema

C La reazione delle banche creditrici all'idea della cancellazione del debito

D Le prospettive realistiche per i Paesi debitori se le attuali politiche continuassero

In base alle informazioni contenute nel brano seguente, rispondere alle successive domande.

Le vendite di cellulari in Finlandia sono aumentate nel novembre 2002 (rispetto al mese precedente) del 20,5%, portando così il bilancio dall'inizio dello stesso anno a 1,05 milioni di unità vendute (+9% rispetto alla stessa data del 2001).

A trainare le vendite sono stati i nuovi apparecchi in commercio, che hanno spinto i consumatori a sostituire il proprio telefonino.

I cellulari con schermi colorati e in grado di spedire foto dovrebbero trainare le vendite anche in dicembre, facendo così prevedere alla fine del 2002 circa 1,2 milioni di telefonini venduti, contro gli 1,1 milioni del 2001. Previsioni ottimistiche si fanno anche per il 2003, anno in cui si dovrebbero vendere 1,3 milioni di unità.
(fonte ANSA)

782 Quale delle seguenti affermazioni riferite alla Finlandia NON è deducibile dal brano?

A La vendita dei nuovi apparecchi con schermi colorati nel mese di novembre è aumentata del 20,5%

B I nuovi apparecchi in commercio stanno spingendo i consumatori a sostituire il proprio telefonino

C Per il 2003 è prevista una crescita di apparecchi venduti (rispetto al 2002) inferiore al 10%

D Nel 2002, se verranno confermate le previsioni per il mese di dicembre, si avrà una crescita di apparecchi venduti inferiore al 10%

783 Secondo quanto riportato dal brano, nel solo mese di dicembre 2002 sono previste in Finlandia vendite di cellulari pari a:

- A 100.000 unità
- B 1.200.000 unità
- C 50.000 unità
- D 150.000 unità

Leggere il brano seguente e rispondere alla relativa domanda.

I processi ... sono un fattore decisivo nell'evoluzione geochimica della superficie della Terra e della sua atmosfera: per esempio le piante verdi hanno un ruolo importante nel limitare la concentrazione di anidride carbonica nell'atmosfera e così molti altri composti ... sono controllati dall'attività biologica e sono originati direttamente dalla biosfera. Si potrebbe immaginare che nei confronti dell'ambiente ... terrestre, la biosfera avesse un ruolo analogo a quello che ha un termostato nel regolare la temperatura di una stanza, mantenendola intorno a un valore prestabilito. Naturalmente, negli organismi viventi agiscono meccanismi. ... molto più complessi di quello costituito dal termostato, meccanismi in grado di controllare contemporaneamente ma in modo simile un gran numero di variabili ...

784 Dal brano precedente sono stati cancellati cinque aggettivi che vengono riportati qui di seguito, non declinati, in diversa successione. Scegli la serie con la successione di aggettivi che corrisponde alle esigenze logiche del testo:

- A chimico-fisico, fisico, biologico, chimico, omeostatico
- B chimico-fisico, biologico, fisico, omeostatico, chimico
- C biologico, chimico, chimico-fisico, omeostatico, fisico
- D fisico, chimico, biologico, chimico-fisico, omeostatico
- E omeostatico, chimico, chimico-fisico, fisico, biologico

Leggere il brano seguente e rispondere alla relativa domanda.

«La globalizzazione può essere una forza positiva: quella delle idee sulla democrazia e quella della società civile hanno cambiato il modo di pensare della gente, mentre i movimenti politici globali hanno portato alla cancellazione del debito e al trattato sulle mine antiuomo. [...] I paesi che hanno tratto i vantaggi più significativi sono comunque quelli che si sono resi artefici del loro destino, riconoscendo il ruolo che il governo può svolgere nello sviluppo, anziché affidarsi al concetto fallace di un mercato che, autoregolandosi, riuscirebbe a risolvere da solo tutti i suoi problemi. Ma per milioni di persone la globalizzazione non ha funzionato. Molti hanno visto peggiorare le loro condizioni di vita, hanno perso il lavoro, e con esso, ogni sicurezza. [...] Se continuerà a essere condotta così come è avvenuto in passato, se seguiteremo a non imparare nulla dai nostri errori, la globalizzazione non soltanto non riuscirà a promuovere lo sviluppo, ma continuerà a creare povertà e instabilità. [...] Per fortuna c'è una sempre maggiore consapevolezza di questi problemi e una crescente volontà politica di fare qualcosa.»

Joseph E. Stiglitz, *La globalizzazione e i suoi oppositori*, Einaudi 2002

785 Stiglitz, vincitore nel 2001 del premio Nobel per l'economia, nel libro da cui è tratta questa citazione analizza il fenomeno della globalizzazione. Individuate IL SOLO dei giudizi qui elencati che NON È FONDATO su una attenta lettura del passo riportato:

- A ritiene che i vantaggi siano finora stati molto maggiori degli svantaggi, generalmente circoscritti
- B riconosce al fenomeno molti effetti positivi, non solo economici
- C tiene presenti gli effetti negativi prodotti in alcuni paesi in ambito sia economico sia sociale
- D ha un atteggiamento sostanzialmente fiducioso, anche perché constata una crescente consapevolezza dei problemi
- E vede crescere la volontà politica di agire per affrontare i rischi che si presentano e correggere gli errori compiuti

Leggere il brano seguente e rispondere alle relative domande.

«Alcuni libri [...] ci accompagnano per anni, per la vita, ed il perché ne è chiaro, accessibile, facile ad esprimersi in parole: fra questi, con reverenza ed amore, oso citare Gargantua e Pantagruel, opera colossale ma unica di Rabelais, "mon maitre". È noto lo strano destino del libro: nato dall'amor di vita e dagli ozi colti di Rabelais, monaco, medico, filologo, viaggiatore ed umanista, cresce e prolifera con assoluta mancanza di piano per quasi vent'anni e per più di mille pagine, accumulando le invenzioni più strabilianti in piena libertà fantastica, per metà robusta buffonata epico-popolare, per metà intriso della vigorosa e vigile consapevolezza morale di un grande spirito del Rinascimento. Ad ogni foglio si incontrano, audacemente accostate, scurrilità geniali, o ribalde, o melense, ed insieme citazioni (autentiche e non, quasi tutte fatte a memoria) da testi latini, greci, arabi, ebraici; dignitose e sonanti esercitazioni oratorie; sottilità aristoteliche da cui si diparte una risata da gigante, altre sottoscritte ed avallate con la buona fede dell'uomo di vita pura. [...]

...i due giganti non sono soltanto montagne di carne, assurdi bevitori e mangiatori: insieme, e paradossalmente, essi sono gli epigoni legittimi dei giganti che mossero guerra a Giove, [...] e sono ad un tempo principi illuminati e filosofi gioiosi. Nel gran respiro e nel gran riso di Pantagruele è racchiuso il sogno del secolo [...] Basta che lo vogliate, ed il mondo sarà vostro: bastano l'educazione, la giustizia, la scienza, l'arte, le leggi, l'esempio degli antichi. Dio esiste, ma nei cieli: l'uomo è libero, non predestinato, è «faber sui», e deve e può dominare la terra, dono divino. Perciò il mondo è bello, è pieno di gioia, non domani ma oggi: poiché ad ognuno sono dischiuse le gioie illustri della virtù e della conoscenza, ed anche le gioie corpulente, dono divino anch'esse, delle tavole vertiginosamente imbandite, delle bevute "teologali", della venere instancabile. Amare gli uomini vuol dire amarli quali sono, corpo ed anima, "*tripes et boyaux*" (trippa e budella)". [...]

Come si concilia questa dottrina intemperante, pagana, terrena, col messaggio evangelico, mai negato né dimenticato dal pastore d'anime Rabelais? Non si concilia affatto: anche questo è proprio della condizione umana, di essere sospesi fra il fango e il cielo, fra il nulla e l'infinito.

La vita stessa di Rabelais, per quanto se ne sa, è un intrico di contraddizioni, un turbine di attività apparentemente incompatibili fra loro e con l'immagine dell'autore che tradizionalmente si ricostruisce dai suoi scritti.

Monaco francescano, poi (a quarant'anni) studente in medicina e medico all'ospedale di Lione, editore di libri scientifici e di almanacchi popolari, studioso di giurisprudenza, di greco, d'arabo e d'ebraico, viaggiatore instancabile, astrologo, botanico, archeologo, amico di Erasmo, precursore di Vesalio nello studio dell'anatomia sul cadavere umano; scrittore fra i più liberi, è simultaneamente curato di Meudon, e gode per tutta la sua vita della fama di uomo pio ed intemerato; tuttavia lascia di se stesso (deliberatamente, si direbbe) il ritratto di un sileno, se non di un satiro. [...]

Perché Rabelais ci è vicino? [...] Ci è vicino, principalmente, perché in questo smisurato pittore di gioie terrene si percepisce la consapevolezza permanente, ferma, maturata attraverso molte esperienze, che la vita non è tutta qui.

In tutta la sua opera sarebbe difficile trovare una sola pagina melanconica, eppure Rabelais conosce la miseria umana; la tace perché, buon medico anche quando scrive, non l'accetta, la vuole guarire:

Mieux est de ris que de larmes escrire (è meglio scrivere del riso che delle lacrime)

Pour ce que rire est le propre de l'homme (perché il riso è proprio dell'uomo).»

Primo Levi, *L'altrui mestiere: François Rabelais*, Einaudi, 1985

---

786 UNO dei giudizi sull'opera di Rabelais qui elencati NON È CONFORME a quanto ci dice Primo Levi. Quale?

- **A** Nonostante i suoi interessi fossero rivolti a discipline rigorosamente razionali, come la filologia, la botanica e la medicina, Rabelais ha composto un'opera di eccezionale libertà fantastica
- **B** I due smisurati giganti, Gargantua e Pantagruel, oltre ad una illimitata capacità di ridere e di godere, mostrano una profonda fiducia nella libertà dell'uomo e nella sua possibilità di dominare la terra
- **C** Le gioie terrene sono celebrate nell'opera di Rabelais con entusiasmo, senza che le turbi la consapevolezza della miseria umana anche se egli, come medico, ben la conosce
- **D** I toni vari e gli argomenti più disparati nell'opera di Rabelais non generano confusione, ma si compongono in un ordine intelligente e armonico che è espressione dell'ordine del creato
- **E** Non c'è in Rabelais la pretesa di conciliare tra loro la tensione al divino e l'amore per i piaceri terreni della carne e dello spirito che coesistono negli uomini

787 UNA delle notizie qui riportate su Rabelais CONTIENE UN ERRORE, rispetto alle informazioni fornite dallo scritto di Primo Levi. Qual è?

- A Contrariamente a quanto si potrebbe credere, Rabelais fu un uomo giusto e pio, anche se la sua esistenza fu movimentata e la sua curiosità insaziabile
- B Come studioso di anatomia Rabelais fu allievo di Vesalio, come umanista fu amico di Erasmo
- C Con il riso, che è più del pianto proprio dell'uomo, Rabelais, da buon medico, vuole curare i mali degli uomini
- D Rabelais come dotto filologo conosceva, oltre al latino, il greco, l'arabo e l'ebraico, ed era in grado di affastellare citazioni autentiche e false in tutte queste lingue
- E Amare gli uomini significa, per Rabelais, amarli quali sono, capaci di immergersi nei piaceri della carne e di innalzarsi alle gioie della virtù e della conoscenza

788 Individuate la definizione ERRATA rispetto al significato che i termini assumono nel testo di Primo Levi:

- A scurrilità: espressioni triviali, volgarmente buffonesche
- B ribalde: furfantesche
- C melense: sdolcinate, melliflue
- D avallate: abbassate, volgarizzate per essere comprese
- E epigoni: ultimi, tardi seguaci o eredi

In base alle informazioni contenute nel brano seguente, rispondere alle successive domande.

La svalutazione della sterlina nel 1931 e del dollaro nel 1934, dopo il crac del '29, comportò una brusca diminuzione del contenuto aureo di queste valute e quindi un aumento significativo del prezzo del metallo. Quando la maggioranza dei settori economici soffriva per la crisi e contraeva la produzione, le compagnie aurifere tendevano invece a ingrandirsi e ad aumentare la produzione, sfruttando il fatto che i costi per l'estrazione calavano. Nel 1940 la produzione d'oro nel mondo capitalistico raggiunse l'apice con 1.138 tonnellate, il 40% delle quali ricavate dai giacimenti sudafricani, mentre al secondo e terzo posto vi erano rispettivamente Canada e Usa. Viceversa, negli anni successivi, con una industria mobilitata prevalentemente per scopi bellici, l'estrazione calò drasticamente (nel 1945 era di 654 tonnellate), tanto che nel 1942 gli USA decretarono di fermare temporaneamente il lavoro nelle miniere, che tra l'altro era diventato sempre più costoso, diversamente da quello sudafricano, svolto in sostanza da neri in condizione di semi-schiavitù. Nel 1945 quasi i 2/3 delle riserve auree dei paesi capitalisti (riserve che in tutto ammontavano a circa 30.000 tonnellate) erano nelle mani del governo Usa. La concentrazione dell'oro negli Usa, alla fine del 1949, raggiunse il punto di massima: il 70% delle riserve mondiali, cioè circa 22.000 tonnellate.

L'apice pre-bellico dell'estrazione aurifera mondiale venne tuttavia superato solo nel 1962 e per tutta la seconda metà degli anni '60 si stabilizzò sulle 1.250-1.300 tonnellate annue, di cui i 3/4 appartenenti al Sudafrica.

Nonostante l'inflazione, tipica dei periodi di guerra, il prezzo ufficiale dell'oro in dollari, fissato nel 1934, rimase invariato sino al 1971: questo prezzo era di 35 dollari per oncia (quindi circa 1,1 dollari per grammo), corrispondente al contenuto aureo della moneta USA. Sulla sua base gli organi finanziari esteri e le banche centrali potevano acquistare oro, ossia scambiare dollari contro oro, presso il Tesoro americano. Modesto era il divario fra il prezzo ufficiale e quello libero di mercato (per esempio l'oro acquistato dagli orefici, dalle ditte elettroniche ecc.).

789 Nel brano è riportata una sola delle seguenti osservazioni. Quale?

- A Dopo il crack del '29 il prezzo e la quantità estratta dell'oro aumentarono
- B Dopo il crack del '29 il prezzo e la quantità estratta dell'oro diminuirono
- C Dopo il crack del '29 il prezzo dell'oro aumentò, mentre la quantità estratta diminuì
- D Dopo il crack del '29 il prezzo dell'oro diminuì, mentre la quantità estratta aumentò
- E Il crack del '29 non ebbe riflessi significativi su prezzo e quantità estratta dell'oro, ma solo sul contenuto aureo di dollaro e sterlina

790 Nel 1940 la produzione di oro:

- **A** in Sud Africa è stata superiore a 500 tonnellate
- **B** negli Stati Uniti è stata superiore rispetto a quella canadese
- **C** nel mondo era inferiore a quella del 1945
- **D** in Sud Africa era inferiore a quella che lo stesso Paese ottenne mediamente nella seconda metà degli anni '60
- **E** negli Stati Uniti era più costosa di quanto sarebbe stata due anni dopo

791 Quale delle seguenti informazioni è in contrasto con i contenuti del brano?

- **A** Negli anni '50 e '60 gli orefici hanno potuto acquistare l'oro approssimativamente allo stesso prezzo a cui l'acquistavano negli anni '40
- **B** Alla fine del 1949 le riserve auree mondiali erano superiori alle 30.000 tonnellate
- **C** Un'oncia pesa meno di 35 grammi
- **D** Nel 1945 le riserve auree degli Stati Uniti erano inferiori (seppure di poco) alle 20.000 tonnellate
- **E** Nello stesso anno in cui la sterlina ha subito una forte svalutazione è stato fissato il prezzo ufficiale dell'oro in dollari

Leggere il brano seguente e rispondere alla relativa domanda.

«PECHINO - Il governo di Pechino ha deciso di introdurre dei bonus destinati alle famiglie che hanno delle figlie femmine. Una misura estrema per arginare il fatto che in Cina nascono sempre meno bambine. Il fenomeno è un "effetto collaterale" della politica del figlio unico in vigore da più di trent'anni, che ha consentito di contenere l'aumento demografico (i cinesi sono 1,3 miliardi), ma ha anche spinto molte madri a ricorrere alla pratica dell'aborto selettivo per assicurarsi un figlio maschio. Le ultime statistiche parlano di una proporzione di 119 maschi ogni 100 femmine. In questo modo la Cina potrebbe andare incontro nei prossimi anni a un forte sbilanciamento numerico fra i sessi: sono 40 milioni i cinesi che rischiano di restare single» (dal "Corriere della sera" del 07/02/2005).

792 Quale delle seguenti affermazioni NON CONSEGUE dal brano riportato?

- **A** Il governo di Pechino nutre radicati pregiudizi negativi nei confronti delle donne
- **B** Il governo di Pechino nutre una certa preoccupazione in relazione al fatto che in Cina nascono sempre meno bambine
- **C** Il governo di Pechino non intende al momento sopprimere la norma che vieta alle famiglie cinesi di avere più di un figlio
- **D** Molte madri cinesi preferiscono avere un figlio maschio piuttosto che una femmina
- **E** Se l'attuale trend demografico non sarà corretto a molti giovani maschi cinesi risulterà impossibile trovar moglie

In base alle informazioni contenute nel brano seguente, rispondere alle successive domande.

L'eliminazione dei mobili

Cari amici, vi voglio svelare un segreto: non esistono mobili moderni! Oppure, per esser più precisi: sono moderni soltanto quei mobili che si possono spostare. Tutti i mobili che sono fissati al muro, che quindi non si possono muovere e che, come già appare chiaro dal loro nome, non sono quindi veri e propri mobili: cassapanche e armadi, cristalliere e credenze, oggi praticamente non esistono più. Ma nessuno lo sapeva. E da ciò sono derivati gli errori. Ci si diceva che in ogni epoca gli armadi e le credenze erano stati concepiti in modo moderno, ideati secondo lo spirito del loro tempo e che perciò si aveva il compito di creare anche oggi queste cose secondo lo spirito del nostro tempo. Questo era un ragionamento sbagliato. Perché, dato che oggi gli armadi non esistono più, è impossibile che ve ne siano di moderni. Questi mobili inamovibili sono destinati a custodire. Nelle credenze si conservavano le porcellane, negli armadi i vestiti. Questo genere di mobili adibiti alla custodia erano un simbolo del grado di agiatezza raggiunto. La ricchezza della famiglia veniva gettata in faccia al visitatore per mezzo delle cassapanche e dei cassettoni. Così la credenza custodiva tutti i servizi di cristalleria, le porcellane e l'argenteria del padrone di casa. Era magnifico! Un altar maggiore faceva bella mostra di sé nel posto migliore della stanza da pranzo, e nel *Sancta Sanctorum*, nel tabernacolo, si trovavano i bicchieri da liquore. Io ho sempre ripetuto ai miei allievi: quanto più una famiglia è ordinaria tanto più ricca e grande è la sua credenza. Gli imperatori non ne possiedono affatto! La massaia antimoderna si chiede con angoscia dove deve riporre tutte queste cose. Ma lungo il percorso che unisce la stanza da pranzo alla cucina si trovano una quantità di spazi liberi sulle pareti, di vani sotto le finestre e di nicchie che, se chiusi da ante di legno dolce, consentono una sistemazione di cristallerie e porcellane molto più pratica di quella offerta da una profonda credenza. Piatti e bicchieri non hanno nessun bisogno di essere riposti gli uni dietro agli altri. Ancor più antimoderno è l'uso di custodire i vestiti negli armadi, i quali vengono sistemati nella camera come oggetti di lusso e segno di ricchezza. Si rifletta: un armadio può essere considerato un po' come un astuccio che contiene un gioiello prezioso. Ora si tenga presente la dissonanza che c'è fra il luogo di custodia – l'armadio – e i nostri vestiti moderni. L'armadio è intagliato e intarsiato, gli abiti sono semplici. Tra l'armadio del cortigiano francese e i suoi capi di abbigliamento muniti di bottoni di brillanti esisteva certamente una parentela; era proprio dello spirito di quell'epoca far sfoggio di sé con armadi e cassettoni e far intuire dalla ricchezza dell'armadio il prezioso contenuto. Ma, amici miei, mettetevi una mano sul cuore, non vi sembra che un simile atteggiamento nell'uomo d'oggi sia l'espressione di una gran volgarità?!

Anche gli architetti, intendo dire gli architetti moderni, dovrebbero essere uomini di oggi, quindi uomini moderni. La produzione di mobili spostabili la si lasci al tappezziere e al mobiliere. Costoro fanno mobili stupendi. Mobili che sono moderni come le nostre scarpe e i nostri vestiti, come le nostre valigie di cuoio e le nostre automobili. Ah, non è certamente possibile gloriarsi dei propri pantaloni e dire: sono del Bauhaus di Weimar! Le persone antimoderne oggi sono una minoranza in via di estinzione. Si tratta per la maggior parte di architetti. Nelle scuole di arte applicata essi vengono allevati artificialmente. È un'impresa ben comica quella di pretendere, ai nostri giorni, di riportare delle persone al livello di epoche passate. Ma c'è poco da riderci sopra; questa impresa ha avuto delle conseguenze disastrose. Che cosa deve fare l'architetto veramente moderno? Deve costruire delle case nelle quali tutti quei mobili che non si possono muovere scompaiano nelle pareti. Sia che egli costruisca un edificio nuovo, sia che ne curi soltanto l'arredamento. Se tutti gli architetti fossero sempre stati delle persone moderne, tutte le case sarebbero già provviste di armadi a muro. L'armadio a muro inglese è vecchio di secoli. La Francia costruiva le sue case borghesi fino agli anni settanta del diciannovesimo secolo con armadi a muro. Ma la falsa resurrezione dell'architettura degli armadi ha guastato questa conquista moderna, e oggi persino a Parigi si costruiscono soltanto case prive di armadi a muro. I letti di ottone, i letti di ferro, i tavoli e le sedie, le poltrone e i sedili in genere, le scrivanie e i tavolini – tutte cose che vengono realizzate in modo moderno dai nostri artigiani (mai dagli architetti!) ognuno se le procuri da sé secondo il suo desiderio, il suo gusto e la sua inclinazione. Ogni cosa va d'accordo col resto perché è moderna (così come le mie scarpe vanno d'accordo con il mio vestito, con il mio cappello, con la mia cravatta e con il mio ombrello, sebbene gli artigiani che li hanno prodotti non si conoscano affatto fra di loro). All'architetto appartengono i muri della casa. Qui egli può fare ciò che vuole. E come i muri gli appartengono i mobili che non si possono spostare. Essi non possono fungere da mobili: fanno parte del muro e non hanno una vita propria come gli antimoderni armadi di lusso.

793 L'agiatezza di una casa si metteva in risalto:

- **A** solo con i mobili che ostentano il contenuto
- **B** anche con i mobili che ostentano il contenuto
- **C** solo attraverso il lavoro dell'architetto
- **D** con l'accordo tra mobilio e vestiario
- **E** con l'assenza di armadi

794 Mobili moderni sono soltanto:

- **A** gli armadi attrezzati
- **B** le credenze che custodiscono la cristalleria
- **C** quelli fortemente decorati
- **D** quelli diversamente collocabili nello spazio
- **E** quelli di grandi dimensioni

795 La dissimulazione dell'arredo nell'architettura:

- **A** è compito del mobiliere
- **B** è compito del tappezziere
- **C** è compito dell'architetto
- **D** è compito del muratore
- **E** è compito degli artigiani

796 L'uso diffuso dell'armadio a muro:

A permette di esibire la ricchezza del contenuto
B è una conquista moderna
C è una usanza tipicamente francese
D non riscontra il favore degli inglesi
E risale all'epoca rinascimentale

797 Gli architetti oggi:

A non devono progettare mobili nelle pareti
B devono coordinare i mobili con i vestiti
C devono progettare mobili spostabili
D costituiscono la maggior parte degli antimoderni
E devono progettare come al Bauhaus

Leggere il brano e rispondere a ogni quesito solo in base alle informazioni contenute (esplicitamente o implicitamente) nel brano e non in base a quanto il candidato eventualmente conosca sull'argomento.

Nel 1939, nell'introdurre il volume *Elementi di Genetica*, presentai questa disciplina come un ramo della zoologia e della botanica. Da queste scienze, infatti, la genetica discende, e di esse rappresenta il principale momento interpretativo che è succeduto a quello puramente descrittivo e classificatorio in cui sembra che esse dovessero esaurirsi.

I progressi rapidi e sostanziali che la genetica ha compiuto negli anni che sono trascorsi [...] hanno portato questa disciplina ad una posizione di punta e centrale nel quadro delle scienze biologiche. Di punta, perché alcuni tra i massimi problemi della biologia, quali la riproduzione, il differenziamento, la struttura della materia vivente a livello molecolare, e alcune funzioni biologiche fondamentali, quali la trasmissione dei caratteri, la variazione, la sintesi delle proteine, che fino a pochi anni fa sembravano sottrarsi irrimediabilmente all'indagine sperimentale, sono stati invece attaccati e risolti, o avviati verso la soluzione, proprio grazie all'indagine genetica, spesso in collaborazione con la biochimica. Quindi la genetica è oggi la disciplina che ha portato l'indagine biologica verso le frontiere più avanzate.

(G. Montalenti, *Introduzione alla Genetica*, 1979, Torino: UTET)

798 Secondo l'Autore del brano:

A la genetica ha dato origine alla zoologia e alla botanica
B la genetica ha permesso di spiegare fenomeni che la zoologia e la botanica avevano descritto
C la biochimica è la frontiera più avanzata della biologia
D le scienze biologiche dipendono dall'indagine genetica
E la genetica è un ramo disciplinare dalla biochimica

799 Nel brano, l'Autore sostiene che:

A l'indagine genetica è la base irrinunciabile della ricerca biologica
B la biochimica è la disciplina che ha visto i più importanti progressi nel quadro delle scienze biologiche
C la genetica rappresenta la base teorica di tutta la biologia
D la genetica ha assunto una posizione rilevante nella biologia
E la genetica e la biochimica consentono, in collaborazione, di spiegare tutti i fenomeni biologici

800 Secondo l'Autore del brano:

A la genetica ha risolto il problema della struttura della materia
B la genetica, alla fine degli anni '70, rappresentava la disciplina più avanzata tra le scienze biologiche
C i meccanismi della riproduzione sono stati scoperti, dalla genetica, grazie alle tecniche biochimiche
D la genetica è un ramo della botanica e della zoologia
E la biochimica è la base della genetica

SOLUZIONI

Quesito	Risposta	Quesito	Risposta	Quesito	Risposta	Quesito	Risposta	Quesito	Risposta	Quesito	Risposta	Quesito	Risposta	Quesito	Risposta	Quesito	Risposta	Quesito	Risposta
501	E	502	D	503	A	504	C	505	B	506	A	507	D	508	D	509	D	510	E
511	A	512	D	513	C	514	A	515	C	516	D	517	B	518	E	519	A	520	D
521	D	522	C	523	A	524	B	525	B	526	A	527	D	528	A	529	B	530	C
531	D	532	E	533	D	534	D	535	B	536	B	537	C	538	B	539	C	540	A
541	A	542	E	543	B	544	A	545	D	546	D	547	A	548	A	549	C	550	E
551	D	552	B	553	A	554	C	555	C	556	A	557	D	558	A	559	B	560	C
561	B	562	C	563	C	564	D	565	C	566	D	567	A	568	B	569	B	570	A
571	D	572	B	573	A	574	E	575	B	576	C	577	E	578	B	579	E	580	E
581	B	582	C	583	B	584	D	585	B	586	A	587	E	588	A	589	B	590	B
591	C	592	D	593	D	594	B	595	E	596	A	597	E	598	A	599	D	600	A
601	B	602	E	603	B	604	C	605	A	606	D	607	C	608	A	609	C	610	D
611	B	612	C	613	A	614	A	615	E	616	C	617	D	618	D	619	A	620	D
621	C	622	D	623	D	624	C	625	B	626	A	627	C	628	C	629	C	630	B
631	B	632	B	633	B	634	D	635	C	636	A	637	C	638	E	639	B	640	A
641	D	642	E	643	A	644	A	645	C	646	D	647	E	648	C	649	E	650	C
651	B	652	E	653	A	654	D	655	D	656	C	657	A	658	B	659	C	660	B
661	A	662	B	663	D	664	E	665	B	666	C	667	D	668	D	669	C	670	C
671	E	672	E	673	C	674	D	675	A	676	E	677	C	678	C	679	D	680	D
681	E	682	C	683	C	684	A	685	E	686	C	687	A	688	C	689	B	690	E
691	D	692	A	693	C	694	A	695	E	696	C	697	D	698	D	699	C	700	D
701	B	702	D	703	C	704	C	705	B	706	A	707	A	708	B	709	D	710	A
711	C	712	C	713	C	714	D	715	D	716	E	717	C	718	B	719	D	720	C
721	D	722	D	723	B	724	B	725	D	726	C	727	A	728	E	729	C	730	D
731	A	732	A	733	C	734	C	735	C	736	B	737	C	738	D	739	D	740	D
741	C	742	A	743	B	744	D	745	B	746	A	747	D	748	C	749	D	750	A
751	B	752	D	753	C	754	D	755	A	756	D	757	B	758	D	759	C	760	B
761	B	762	A	763	C	764	B	765	D	766	D	767	C	768	C	769	B	770	D
771	A	772	C	773	D	774	E	775	B	776	C	777	C	778	C	779	E	780	D
781	A	782	A	783	D	784	C	785	A	786	D	787	B	788	D	789	A	790	D
791	E	792	A	793	B	794	D	795	C	796	B	797	D	798	B	799	D	800	B

parte terza

MATEMATICA

Questa parte risulta di interesse per i candidati ai test dell'area **economica** dove, in alcuni casi, figurano domande relative ad argomenti di matematica vera e propria. Gli esercizi di matematica pura non sono di norma presenti nei test di ammissione ai corsi di laurea di Giurisprudenza e Scienze politiche delle università statali, anche se si sta diffondendo l'utilizzo dei **Test Cisia SPS** e **TOLC-E**, che prevedono quesiti di ragionamento matematico.

Quesiti

801 I possibili resti della divisione di un numero per 10 sono:

A 0, 1, 2, 3, 4, 5, 6, 7, 8, 9
B tutti i numeri naturali maggiori di 10
C tutti i numeri naturali
D tutti i numeri naturali minori di 9
E nessuna delle altre risposte è corretta

802 Calcolare M.C.D. e m.c.m. di 56, 39 e 12.

A 2184 e 1
B 3 e 924
C 1 e 924
D 3 e 2148
E 1 e 2184

803 Quale delle seguenti potenze è uguale a un numero reale?

A $(-4)^{1/6}$
B $(-4)^{1/2}$
C $(-4)^{1/4}$
D $(-4)^{1/3}$
E Nessuna delle altre risposte è corretta

804 Se *a* è un numero negativo, allora il numero $1 - a$:

A è sempre negativo
B è negativo per $-1 < a < 0$
C è negativo per $a < -1$
D è positivo
E nessuna delle risposte precedenti è corretta

805 Nell'insieme dei numeri reali, l'equazione $2^x + x^3 + 2 = 0$ ammette:

A una soluzione
B non è possibile stabilire il numero delle soluzioni
C tre soluzioni
D nessuna soluzione
E due soluzioni

806 La disequazione di secondo grado $x^2 - 1 \geq 0$ ha le seguenti soluzioni:

A $x \neq 1$
B $x \geq \pm 1$
C $1 < x < -1$
D $-1 \leq x \leq 1$
E $x \leq -1$ e $x \geq 1$

807 Determinare il valore di *t* che soddisfa l'equazione $e^t = -8$.

A $t = e^{-8}$
B L'equazione non ammette soluzioni
C $t = \log_e(-8)$
D L'equazione è un'identità
E $t = -8e$

808 Quale di questi valori non è un numero irrazionale?

A π
B $\sqrt[3]{2}$
C Log 2
D e
E $8 \cdot 10^{-5}$

809 Per *a* diverso da 0, $\left(\frac{1}{a} + \frac{1}{2a} + \frac{1}{4a}\right)^{-1}$ è uguale a:

A $\frac{4}{7}a$
B $8a$
C $\frac{1}{8}a$
D $\frac{7}{3}a$
E nessuna delle altre risposte è corretta

810 Per tutti i valori di p e q diversi da zero, l'espressione $p^{-1}q^{-1}(q+2p)$ è equivalente a:

A $\frac{1}{p}+\frac{2}{q}$

B $\frac{1}{p}+2$

C $\frac{q}{p}+\frac{2p}{q}$

D $\frac{q}{p}+\frac{2}{q}$

E 3

811 L'espressione $\sqrt{3}-\sqrt[3]{3}$ vale:

A $\sqrt[6]{3}$

B $\sqrt[5]{3^6}$

C $\sqrt[6]{3^2}$

D $\sqrt{9}-\sqrt[6]{9}$

E nessuna delle altre risposte è corretta

812 Dati i seguenti valori 1, 3, 4, 2, 5, 3, 3, 2, 6, 5, la frequenza della classe 5 vale:

A 0,2

B 0,3

C 0,4

D 0,5

E 2

813 Sostituendo i valori numerici $a = 4$ e $b = 5$ nell'espressione:

$$V = \frac{a^3 - b^3}{a - b}$$

si ottiene:

A $V = -9$

B $V = 9$

C $V = 61$

D $V = -61$

E $V = 21$

814 La radice cubica di 64 è uguale a:

A 8

B 4

C 16

D 12

E 2

815 La disequazione $|a| + a^2 > 0$ è verificata:

A per ogni valore di a diverso da zero

B per ogni valore di a

C per nessun valore di a

D per ogni valore di a positivo

E per ogni valore di a negativo

816 A è un numero reale; quanti valori reali di Y soddisfano la relazione $Y^2 = A$?

A Uno

B Due

C Dipende dal valore di A

D Infiniti

E Nessuna delle altre risposte è corretta

817 La somma $2{,}1 \cdot 10^4 + 3{,}5 \cdot 10^3$ fornisce come risultato:

A $24{,}5 \cdot 10^3$

B $5{,}6 \cdot 10^7$

C $5{,}6 \cdot 10^4$

D $2{,}45 \cdot 10^7$

E $5{,}6 \cdot 10^{12}$

818 Se un insieme A ha 10 elementi e un insieme B ha 6 elementi, sapendo che l'insieme $A \cap B$ ha 4 elementi, quanti elementi ha $A \cup B$?

A 12

B 14

C 16

D 20

E Non si può determinare

819 Sommando i quadrati di due numeri a e b si ottiene 58. Si sa poi che $ab = -21$. Allora $(a-b)^2$ è uguale a:

A 16

B 79

C 100

D 36

E 37

© Alpha Test

820 **L'area di un cerchio vale 314 m². Indicare quale delle misure sotto elencate approssima il raggio di tale cerchio:**

A 20 m

B 100 m

C 31,4 m

D 10 m

E 6,28 m

821 **Nella relazione $\frac{1}{p}+\frac{1}{q}=\frac{1}{r}$ si ponga $p = 3$ e $q = 5$; r risulta uguale a:**

A 8

B 15

C $\frac{15}{8}$

D $\frac{8}{15}$

E 4

822 **Una circonferenza ha centro nel punto (2; 6) e raggio 5. L'equazione che la descrive è:**

A $x^2 + y^2 = 5$

B $(x-1)^2 + (y-3)^2 = 5$

C $(x-2)^2 + (y-6)^2 = 5$

D $(x-2)^2 + (y-6)^2 = 25$

E $(x-6)^2 + (y-2)^2 = 25$

823 **Il prezzo p di una merce aumenta di $1/3$, il nuovo prezzo diminuisce poi di $1/4$. Se q è il prezzo finale cosa si può dire?**

A $p = q$

B $p > q$

C $p < q$

D Dipende dal valore di p

E Nessuna delle altre risposte è corretta

824 **Si consideri il sistema di equazioni:**

$$\begin{cases} x^2 + y^2 = 3 \\ x^2 - 2y^2 = 0 \end{cases}$$

Quante coppie (x, y) di numeri reali sono soluzioni del sistema?

A 1

B 0

C 8

D 4

E 2

825 **L'espressione $\log_3\left(\frac{1}{\sqrt[3]{3^2}}\right)$:**

A vale $2/3$

B vale $-2/3$

C vale $-3/2$

D è irrazionale

E non è definita

826 **Il massimo comune divisore e il minimo comune multiplo tra i numeri 6, 20, 30 e 60 valgono rispettivamente:**

A 6; 120

B 2; 60

C 2; 180

D 6; 30

E 6; 60

827 **Il valore iniziale di una grandezza che, a seguito dell'incremento del 20%, ha assunto il valore 2160, era:**

A 1800

B 1720

C 1500

D 1850

E 2000

828 **L'espressione**

$$\left(\frac{1}{2}a+b+ab\right)\left(\frac{1}{2}a-b-ab\right)$$

è uguale a:

A $a^2\left(\frac{1}{4}-b^2\right)-b^2(2a+1)$

B $a^2\left(\frac{1}{4}+b^2\right)-b^2(2a+1)$

C $a^2\left(\frac{1}{4}+b^2\right)+b^2(2a+1)$

D $\frac{1}{4}a^2+b^2-a^2b^2-2ab^2$

E $\frac{1}{4}a^2-b^2+a^2b^2-2ab^2$

829 **Le coordinate del punto medio del segmento di estremi (2; –1) e (8; 5) sono:**

A (5; 2)

B (3; 3)

C (5; 3)

D $\left(\frac{7}{2};\frac{7}{2}\right)$

E (–5; – 2)

830 **Si considerino i seguenti sistemi di due equazioni in due incognite:**

$$1)\begin{cases}2x+y=1\\2y+4x=-1\end{cases}\qquad 2)\begin{cases}x+y=0\\y-x=0\end{cases}$$

$$3)\begin{cases}x+3y=0\\2x+6y=0\end{cases}\qquad 4)\begin{cases}x+y=1\\y-x=1\end{cases}$$

Tra essi sono presenti sistemi che ammettono nel campo reale una e una sola soluzione, nessuna soluzione o infinite soluzioni. Indicare quale delle seguenti affermazioni è VERA.

A Solo il sistema 2) non ha soluzioni e nessuno di essi ne ha infinite

B Solo il sistema 1) non ha soluzioni e solo il 3) ne ha infinite

C I sistemi 2) e 3) ammettono entrambi infinite soluzioni

D I sistemi 1) e 4) non hanno soluzioni

E Nessuno dei sistemi assegnati ha infinite soluzioni

831 **Quale dei valori sotto riportati costituisce la migliore approssimazione della radice quadrata di 814.420?**

A 90

B 900

C 9000

D 81.442

E 407.270

832 **Stabilire quale delle seguenti curve è un'ellisse:**

A $y=(x-1)^2$

B $y=3x^2$

C $x^2+4y^2=1$

D $x^2-y^2=1$

E $(x-1)^2+(y+2)^2=1$

833 **I logaritmi in base 10 di quattro numeri *x, y, z, t* sono rispettivamente:**

$\log x=2{,}7$

$\log y=-1{,}25$

$\log z=1{,}5$

$\log t=-1{,}7$

In quale delle seguenti quaterne i quattro numeri sono elencati in ordine crescente?

A *x, t, z, y*

B *t, y, z, x*

C *y, t, z, x*

D *t, z, x, y*

E *z, x, t, y*

834 **A cosa è uguale la somma $5+\frac{1}{2}+\frac{1}{3}$?**

A $\frac{6}{7}$

B $\frac{7}{6}$

C $\frac{27}{6}$

D $\frac{35}{6}$

E $\frac{17}{6}$

835 **Siano $y = m_1x + k_1$ e $y = m_2x + k_2$ due rette del piano. Quale relazione deve sussistere affinché siano perpendicolari?**

A $m_1 = m_2$

B $k_1 = k_2$

C $m_1 = -\frac{1}{m_2}$

D $m_1 = \frac{1}{m_2}$

E $\frac{k_1}{m_1} = \frac{k_2}{m_2}$

836 **Sul lato AB del pentagono regolare ABCDE è costruito il quadrato ABFG. Qual è l'ampiezza dell'angolo $\alpha = F\hat{B}C$ espresso in gradi?**

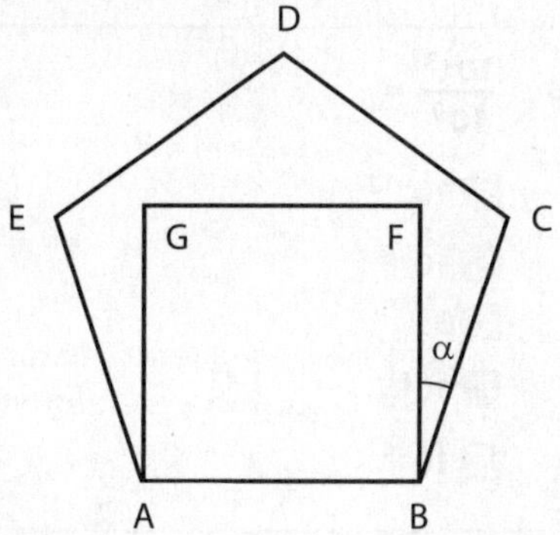

A 30°

B 16°30′

C 15°

D 18°

E 22°30′

837 **Stabilire quale fra i seguenti numeri è irrazionale (cioè reale, ma non razionale):**

A 0,25

B 1,0(2)

C $\sqrt{3}$

D $\sqrt{49}$

E $\sqrt{3} \cdot \frac{1}{\sqrt{3}}$

838 **L'equazione $x^2 - (2\sqrt{5} + 1)x + 2\sqrt{5} = 0$:**

A ha due radici reali negative

B ha due radici reali una positiva e una negativa

C ha due radici reali e positive

D non ha radici reali

E il quesito è senza soluzione univoca o corretta

839 **Se l'equazione $2x^2 + kx - 4 = 0$ ha una radice uguale a 2, quanto vale l'altra?**

A -2

B 1

C -4

D -1

E 0

840 **$\log_5 \sqrt[7]{25}$ equivale a:**

A $\frac{5}{3}$

B $-\frac{3}{5}$

C $\frac{2}{7}$

D $\frac{3}{10}$

E $\log_5 35$

841 **Nel piano riferito a coordinate cartesiane (ortogonali, monometriche) sono assegnate le seguenti rette:**

***r*) $2x + y + 1 = 0$**

***s*) $x + 2y + 7 = 0$**

***u*) $y = x + 2$**

***v*) $x - 2y + 3 = 0$**

Riconoscere quali tra esse formano coppie di rette perpendicolari.

A Solo *u*) e *v*)

B Solo *s*) e *v*)

C Solo *s*) e *u*)

D Solo *r*) e *v*)

E Nessuna coppia di rette perpendicolari

842 **$\text{Log}_{10}10^{-1/5}$ è uguale a:**

A $-\frac{1}{5}$

B 5

C −5

D $\frac{1}{5}$

E $-\frac{5}{10}$

843 **Rispetto al numero 0,00002, il valore – 0,0025 è:**

A maggiore

B minore

C in valore assoluto minore

D poiché sono di segno diverso non è possibile stabilire nessuna relazione tra i due numeri

E i due numeri non sono confrontabili

844 **La relazione:**

$$\log_{10}(-a) + \log_{10}(-b) = \log_{10}ab$$

è VERA:

A qualunque siano i numeri reali a e b

B solo se i numeri reali a e b sono entrambi positivi

C solo se i numeri reali a e b sono entrambi negativi

D solo se $a = b = 0$

E non è mai vera

845 **La soluzione dell'equazione:**

$$\log_{16}4^{1/3} = x$$

è:

A $\frac{1}{6}$

B $\frac{1}{8}$

C $\frac{3}{4}$

D $-\frac{3}{4}$

E $\frac{1}{4}$

846 **Uno studente universitario, dopo aver superato tre esami, ha la media del 28. Nell'esame successivo, prende 20. Qual è la sua media dopo il quarto esame?**

A 27

B 26

C 25

D 24

E 23

847 **$2{,}5 \cdot 10^{-4} + 5 \cdot 10^{-5} =$**

A $0{,}3 \cdot 10^{-3}$

B $30 \cdot 10^{-3}$

C $2{,}55 \cdot 10^{-4}$

D $7{,}5 \cdot 10^{-4}$

E $7{,}5 \cdot 10^{-3}$

848 **$\frac{10^{-3}}{10^{9}} =$**

A 10^{-12}

B 10^{-6}

C 6

D 10^{6}

E 10^{-9}

849 **Dati i numeri 1, 2, 3, 4 e 5, la somma dei loro quadrati e il quadrato della loro somma sono rispettivamente:**

A 55 e 225

B 55 e 75

C 75 e 225

D 25 e 125

E 75 e 125

850 **Il denominatore comune delle frazioni $\frac{1}{14}, \frac{1}{21}, \frac{1}{15}, \frac{1}{10}$ è pari a:**

A 105

B 35

C 135

D 210

E 42

© Alpha Test

851 Quanto vale l'espressione $\frac{3^8}{9^4}$?

A $\frac{1}{3}$

B $\frac{1}{9}$

C 1

D 3

E 2

852 Due rette di equazioni $y = mx$ e $y = nx$ sono tra loro sempre perpendicolari se:

A $mn = -1$

B $mn = 1$

C $m = n$

D $mn = 0{,}5$

E $\frac{m}{n} = 0{,}5$

853 Si consideri un numero positivo x; lo si incrementi del 18% e si riduca successivamente il risultato del 18%.

Chiamando y il numero così ottenuto:

A $x > y$

B $x = y$

C $x < y$

D $\frac{x}{y} = 1$

E $x \leq y$

854 L'espressione $a^n + b^n$ è divisibile per $(a - b)$:

A mai

B sempre

C solo se n è pari

D solo se n è dispari

E quesito senza soluzione univoca o corretta

855 Sono dati tre numeri naturali x, y e z e si sa che x è il triplo di z mentre z è quattro volte y. Quanto vale il quoziente tra il doppio di x e la metà di y?

A 48

B $\frac{3}{4}$

C 12

D 54

E $\frac{4}{3}$

856 Il minimo comune multiplo di 2, 4, 5, 8 è:

A 20

B 40

C 80

D 320

E 19

857 La parabola di equazione $y = 4 - x^2$:

A non taglia l'asse x

B è tangente all'asse x

C taglia l'asse x in due punti simmetrici rispetto all'origine

D taglia l'asse x in due punti entrambi di ascissa positiva

E non taglia l'asse y

858 Il risultato corretto di $\frac{1}{2} + \frac{1}{3}$ è:

A $\frac{1}{6}$

B $\frac{2}{3}$

C $\frac{5}{6}$

D $\frac{3}{2}$

E 6

859 In un cubo la lunghezza della diagonale di una faccia è *d*. Se si ingrandisce il cubo raddoppiando *d*, allora la superficie totale del cubo:

A raddoppia

B viene moltiplicata per 23

C viene moltiplicata per 22

D quadruplica

E viene moltiplicata per 6

860 A un concorso 8 candidati furono ammessi alle prove orali, l'80% fu eliminato allo scritto. Quanti erano i candidati?

A 20
B 130
C 40
D 50
E 10

861 Quanto vale la somma degli angoli interni di un pentagono non regolare?

A 1080 gradi
B 540 gradi
C 360 gradi
D Il valore dipende dalla lunghezza dei lati
E Il valore è sicuramente inferiore a 540 gradi

862 Il risultato corretto di $\frac{7}{3} \cdot \frac{21}{2}$ è:

A $\frac{14}{63}$
B $\frac{49}{2}$
C $\frac{14}{2}$
D $\frac{147}{5}$
E $\frac{2}{49}$

863 Il risultato corretto di $\frac{3}{7} \div \frac{2}{3}$ è:

A $\frac{14}{9}$
B $\frac{9}{14}$
C $\frac{6}{21}$
D $\frac{2}{7}$
E $\frac{1}{4}$

864 Il numero $81^{1/4}$ è uguale a:

A $\frac{81}{4}$
B $\frac{1}{9}$
C 3
D $\frac{1}{3}$
E 9

865 Indicare quale dei seguenti numeri è equivalente alla somma dei quadrati di 2, 3, 4 e 5:

A 50
B 54
C 45
D 29
E 100

866 La soluzione dell'equazione:

$$\sqrt{4 + \sqrt{4 + x}} = 4$$

è:

A −4
B 12
C −140
D 140
E 4

867 Per un viaggio un'agenzia turistica chiede 40 euro pro capite, se si raggiunge almeno il numero di 35 passeggeri. Inoltre, a ogni passeggero eccedente i 35, concede uno sconto del 25%. Quanto costa in totale il viaggio se i passeggeri sono 50?

A 1850,00 euro
B 1880,00 euro
C 1500,00 euro
D 1737,50 euro
E 2000,00 euro

© Alpha Test

868 Un triangolo, un quadrato, un pentagono e un cerchio hanno perimetro uguale: che cosa si può dire delle loro aree?

A Il quadrato ha quella massima
B Il triangolo ha quella massima
C Il cerchio ha quella massima
D Il pentagono ha quella massima
E Il cerchio ha quella minima

869 La somma:

$$\log_{10}100 + \log_{10}10 + \log_{10}1 + \log_{10}0,1$$

equivale a:

A $\log_{10}111,1$
B 4,1
C 2
D 2,2
E 5,11

870 Il minimo comune multiplo dei numeri 3, 4, 5 e 7 è:

A 2100
B 4200
C 210
D 420
E 70

871 Il 4% del 20% di un numero è 1; qual è il numero?

A 80
B 24
C 125
D 16
E 20

872 L'espressione $-\frac{2^6 - x^2}{x-8}$ è uguale a:

A $16 - x$
B $x - 8$
C $-x + 8$
D $-32 - x$
E $x + 8$

873 a^{-3} è equivalente a:

A $-\frac{3}{a}$
B $\frac{1}{a^3}$
C $-a^3$
D $\frac{-a}{3}$
E $\sqrt[3]{a}$

874 10^{-3} è uguale a:

A $\frac{1}{1000}$
B $-\frac{3}{10}$
C $\frac{3}{10}$
D $\frac{3}{100}$
E $\frac{7}{10}$

875 Quale dei seguenti numeri NON è un numero primo?

A 5
B 31
C 29
D 13
E 51

876 Il polinomio $x^2 + y^2 - 2xy - 1$ può essere riscritto nella forma:

A $(xy - x) \cdot (xy + x) - 1$
B $(x - y)^2 - 1$
C $(x - y) \cdot (x + y) - 1$
D $(x + y + 1) \cdot (-xy - 1)$
E $(x + y + 1) \cdot (x + y - 1)$

877 Dati i seguenti monomi:

$$5xy^2,\ 15x^2yz,\ 10x^2y^2z^2$$

allora il loro m.c.m. (minimo comune multiplo) è:

A $5xy$

B $30x^2y^2z^2$

C $30x^2z^2$

D $150x^2y^2z^2$

E $50x^3y^3z^3$

878 Il grado del polinomio

$$5x^3 + 2x^2y + xy^2 + 25y^3$$

è:

A 3

B 10

C 9

D 12

E 6

879 Il prodotto $(y + 2x)(y - 2x)$ è uguale a:

A $y^2 + 4xy + 4x^2$

B $y^2 - 4xy + 4x^2$

C $y^2 + 4x^2$

D $y^2 - 4x^2$

E $y^2 - 4xy - 4x^2$

880 Un negozio, durante i saldi, pratica uno sconto del 15% su tutti i prezzi di listino. Sul prodotto X pratica un ulteriore sconto del 20%. Qual è lo sconto complessivo praticato sul prodotto X?

A 5%

B 17,5%

C 30%

D 32%

E 35%

881 Il 25% di a è:

A $a{,}25$

B $\frac{a}{4}$

C $\frac{a}{5}$

D $\frac{0{,}25}{a}$

E a^{-25}

882 Il numero 2,0036 è pari a:

A $\frac{36}{10^4}$

B $2 + \frac{36}{10^4}$

C $2 + \frac{36}{10^3}$

D $\frac{236}{10^4}$

E $2 + \frac{3}{10} + \frac{6}{100}$

883 $(\sqrt[4]{5})^3$ è uguale a:

A 5^{-1}

B $5^{4/3}$

C $5^{3/4}$

D 5^{12}

E $5\sqrt[4]{5}$

884 L'equazione $6^x = -36$:

A ha due soluzioni irrazionali

B non ammette soluzioni nel campo reale

C ha come radici 2 e – 2

D ha come unica radice 2

E ha come unica radice – 2

885 Per i punti A(2; 2) e B(3; 6) passa la retta di equazione:

A $y = x + 1$

B $y = 2x$

C $y = 3x - 4$

D $y = 4x - 6$

E $y = 6x - 12$

886 $\sqrt{x(x+2)}$ **è uguale a:**

A $\sqrt{x^2}+\sqrt{2x}$

B $x+\sqrt{2x}$

C $\sqrt{x^2+2x}$

D $\sqrt[4]{x^2(x+2)^2}$

E nessuna delle altre risposte è corretta

887 **Quali sono le soluzioni dell'equazione** $x^2+x=0$ **?**

A 0, 0

B 0, −1

C −1, −1

D 1, −1

E Il sistema non ha soluzioni reali

888 **Trovare la soluzione dell'equazione** $\frac{1}{y}=10$ **.**

A 0,1

B 0

C 1^{-10}

D 10

E 9

889 **Quale espressione indica due grandezze inversamente proporzionali?**

A $y/x^2=$ costante

B $y/x=$ costante

C $y+x=$ costante

D $y-x=$ costante

E $yx=$ costante

890 **La disequazione** $\frac{x-1}{x+1}\geq 0$ **è soddisfatta:**

A per $x<-1$ e $x>1$

B per $x\leq -1$ e $x\geq 1$

C per $x\leq -1$ e $x>1$

D per $x<-1$ e $x\geq 1$

E per $-1<x\leq 1$

891 **La disequazione** $x^2<x$ **è soddisfatta per ogni** x **tale che:**

A $x>0$

B $x<1$

C $0<x<1$

D $-1<x<0$

E $x<-1$

892 **Il numero** $x=\log_3 24$ **è:**

A minore di 2

B uguale a 2

C maggiore di 2 e minore di 3

D uguale a 3

E maggiore di 3

893 $\log_3 81$ **è uguale a:**

A 2

B 4

C $\log_3 79+\log_3 2$

D $\frac{1}{4}$

E 27

894 **Raddoppiando il valore di** x **nell'equazione** $y=3x+2$ **,** y **varia di:**

A 2

B 3

C x

D $2x$

E $3x$

895 $\log_2 10$ **è uguale a:**

A $\log_3 10-\log_3 2$

B $\log_3(10)^2$

C $\log_3 10\cdot\log_3 2$

D $\log_3 20$

E $\frac{\log_3 10}{\log_3 2}$

896 $\log_4\left(\frac{1}{16}\right)$ **è uguale a:**

A) 1

B) $\left(\frac{1}{16}\right)^4$

C) –1

D) –2

E) nessuna delle altre risposte è corretta

897 **Se $a = 2^b$ allora:**

A) $b = \log_2 a$

B) $2 = \log_b a$

C) $a = \log_2 b$

D) $b = \log_a 2$

E) $2 = \log_a b$

898 **Il $\log_{10}(ab)$ con a e b numeri reali maggiori di 1 è:**

A) compreso fra –1 e 0

B) minore di 0

C) maggiore di 0

D) uguale a 0

E) non esiste

899 **La somma di due numeri x e y è 20. La loro differenza è 8; x e y valgono:**

A) –10 e 2

B) non è possibile stabilirlo

C) $\frac{1}{2}$ e $\frac{15}{2}$

D) $\frac{1}{2}$ e $\frac{39}{2}$

E) 14 e 6

900 **Se $\log_2\sqrt{a} = 6$, allora:**

A) $a = 2^{12}$

B) $a = 2^3$

C) $a = 2^6$

D) $a = 2^4$

E) $a = 2^9$

901 **La variazione di una grandezza con il tempo può essere descritta con una funzione esponenziale se:**

A) in intervalli di tempo uguali l'incremento della grandezza è percentualmente costante

B) la grandezza è inversamente proporzionale al tempo

C) in intervalli di tempo uguali, la grandezza cresce di quantità uguali

D) in intervalli di tempo uguali, la grandezza decresce di quantità uguali

E) la grandezza è direttamente proporzionale al quadrato del tempo

902 **Se $a > 0$ è un numero fissato, dire quale tra i seguenti è l'insieme delle soluzioni della disequazione $a^2 - ax^2 > 0$.**

A) L'insieme dei numeri reali x tali che $-\sqrt{a} < x < \sqrt{a}$

B) L'insieme dei numeri reali x tali che $x < -\sqrt{a}$ oppure $x > \sqrt{a}$

C) L'insieme vuoto

D) L'insieme dei numeri reali x tali che $0 < x < \sqrt{a}$

E) L'insieme dei numeri reali

903 **Quale delle seguenti affermazioni relative alla funzione $f(x) = \log_2(x^2 + 1)$ è corretta?**

A) È una funzione crescente per ogni x reale

B) Il grafico di *f* è simmetrico rispetto all'origine

C) Il grafico di *f* è simmetrico rispetto all'asse delle *y*

D) È una funzione positiva

E) È una funzione limitata

904 **Se a e b sono numeri reali diversi da 0, $\frac{a+b}{ab}$ è uguale a:**

A $\frac{1}{a}+\frac{1}{b}$

B $\frac{1}{a}\cdot\frac{1}{b}$

C $\frac{1/a}{1/b}$

D $\frac{a+b}{a-b}$

E $a-b$

905 **La radice cubica di un numero reale x, con $0 < x < 1$, risulta:**

A un numero reale negativo

B un numero maggiore di x

C un numero minore di x

D non essere un numero reale

E nessuna delle altre risposte è corretta

906 **Quale dei seguenti numeri differisce dagli altri?**

A $\log_2 8$

B $\log_5 125$

C $\log_e e^3$

D $\log_e 16$

E $\log_{10} 1000$

907 **Una soluzione di $2x^2-5x+3=0$ è 1. L'altra soluzione è:**

A $\frac{5}{2}$

B $\frac{2}{5}$

C $\frac{3}{2}$

D $-\frac{3}{2}$

E -1

908 **Calcolare il valore di x per cui risulta $5^{2x}=1$:**

A $x=0$

B $x=\frac{1}{2}$

C $x=5$

D $x=-1$

E $x=\log_2 5$

909 **Due grandezze F e R sono legate dalla relazione $F=\frac{2}{R^2}$. Se F triplica, allora R diventa:**

A $\frac{2}{3}$ del valore iniziale

B $\frac{1}{\sqrt{3}}$ volte il valore iniziale

C $\frac{1}{3}$ del valore iniziale

D $\frac{1}{9}$ del valore iniziale

E $\sqrt{3}$ volte il valore iniziale

910 **Se la retta $y=ax+b$ passa per i punti di coordinate $(1;0)$ e $(0;-1)$, quale delle seguenti condizione è vera?**

A $a>0, b>0$

B $a<0, b>0$

C $a<0, b<0$

D $a>0, b<0$

E $a>0, b=0$

911 **In una scuola vengono bocciati 18 alunni su un totale di 450. Qual è la percentuale dei promossi?**

A 96%

B 94%

C 75%

D 4%

E 90%

912 Le soluzioni dell'equazione $x^3 - 8 = 0$:

A non sono reali
B sono +2 e −2
C sono irrazionali
D non esistono
E nessuna delle altre risposte è corretta

913 Quante radici reali positive ha l'equazione $x^4 + x^2 - 2 = 0$?

A Nessuna
B 1
C 2
D 3
E Nessuna delle altre risposte è corretta

914 Il logaritmo di x in base 7 è un numero y tale che:

A $y^7 = x$
B $x^7 = y$
C $10^y = 7$
D $7^y = x$
E $y^x = 7$

915 L'equazione $y = a^b$ ha senso:

A per ogni valore di a e b
B se $a > 0$ e b qualunque
C per ogni a se $b > 0$
D $a > 0$ e $b > 0$
E nessuna delle altre risposte è corretta

916 $10^3 \cdot 10^{-2} =$

A 10
B $9 \cdot 10^2$
C $9 \cdot 10$
D $10^{-3/2}$
E 1

917 Razionalizzando $\frac{\sqrt{a}+\sqrt{b}}{\sqrt{a}-\sqrt{b}}$ si ottiene:

A $\frac{\sqrt{a}+\sqrt{b}}{a-b}$
B $\frac{(\sqrt{a}+\sqrt{b})^{1/2}}{a-b}$
C $\frac{(\sqrt{a}+\sqrt{b})^3}{a+b}$
D $\frac{a+b+2\sqrt{ab}}{a-b}$
E $\frac{(a+b)^2}{a-b}$

918 In un piano cartesiano l'equazione $y = x$ rappresenta:

A una retta parallela all'asse y
B una retta parallela all'asse x
C un punto del piano
D la bisettrice del I e III quadrante
E la bisettrice del II e IV quadrante

919 La distanza tra i punti P = (2; 2) e Q = (4; 4) vale:

A 4
B $2\sqrt{2}$
C 2
D 0
E $-2\sqrt{2}$

920 La parabola $y = x^2$ ha per vertice il punto:

A (0; 0)
B (2; 2)
C (1; 1)
D (0; 1)
E (1; 0)

921 La curva che nel piano xy ha equazione $x^2 + y^2 = r^2$ è:

A una retta
B una circonferenza
C una parabola
D un'ellisse
E un'iperbole

922 Il campo di esistenza della funzione $f(x) = \log_{10}\frac{x}{x^2-1}$ è:

A tutto $\mathbb{R}$
B $x > 1$
C $-1 < x < 0$, $x > 1$
D $-1 < x \leq 0$, $x > 1$
E $x < -1$, $0 < x < 1$

923 L'inverso di $\frac{1}{1+a^2}$ è:

A $1 + \frac{1}{a^2}$
B $-(1 + a^2)$
C $1 + a^2$
D $-\frac{1}{1+a^2}$
E 1

924 Le rette di equazioni $x = y$ e $x + y = 2$:

A si intersecano nei punti (1; 1) e (0; 0)
B non si intersecano
C si intersecano nel punto (1; 1)
D si intersecano nel punto (2; 0)
E si intersecano nel punto (0; 2)

925 Per $x > 0$, $\log x + \log x + \log x$ è uguale a:

A $(\log x)^3$
B $\log x^3$
C $\log\frac{x}{3}$
D $3x^3$
E $3x$

926 Se $\log_a 17 = 3$, allora:

A $\frac{3}{17} = a$
B $a^3 = 17$
C $a^{17} = 3$
D $17^3 = a$
E $17^a = 3$

927 La media aritmetica tra $\left(\frac{1}{2}\right)^{-2}$ e $\left(\frac{1}{2}\right)^{2}$ è:

A uguale a 0
B minore di 0
C uguale a $\frac{17}{8}$
D uguale a $\frac{17}{4}$
E uguale a $\frac{7}{4}$

928 Qual è la somma degli scarti dalla media aritmetica dei numeri 3; 4; 5; 6; 7?

A 3
B 0
C −3
D 5
E 25

929 L'equazione $2^{-3x} = 1/8$ è verificata per:

A $x = 1$
B $x = -1$
C $x = 0$
D $x = 1/2$
E $x = 1/3$

930 In un cerchio di diametro D è inscritto un quadrato di lato L. Stabilire quale relazione lega D e L.

A $D = 2L$
B $D = 2 \cdot 2^{1/2} \cdot L$
C $D = 2^{1/2} \cdot L$
D $D = 3{,}1416 \cdot L$
E $D = \frac{1}{2}L$

931 Per quali valori di x risulta $x^2 > 36$?

A $x > -6$
B $x < -6$, $x > 6$
C $-6 < x < 6$
D $x > 6$
E $x < -6$

932 L'espressione $10^{-2} \cdot 10^{-8}$ è uguale a:

A 10^{-4}
B 10^{-12}
C 10^{-10}
D nessuna delle altre risposte è corretta
E 10^{-16}

933 Stabilire quale delle seguenti proprietà è falsa:

A due rette che si intersecano formano sempre 4 angoli uguali
B per un punto P passa una ed una sola retta perpendicolare ad una retta data r
C un angolo ottuso è maggiore di un angolo retto
D un angolo retto è maggiore di un angolo acuto
E l'angolo adiacente ad un angolo retto è anch'esso retto

934 Tre segmenti che misurano 6, 8, 10 rispettivamente:

A possono essere i lati di un triangolo equilatero
B possono essere i lati di un triangolo isoscele
C possono essere i lati di un triangolo rettangolo
D non possono essere i lati di nessun triangolo
E nessuna delle altre risposte è corretta

935 Un triangolo equilatero ha il lato che misura 4. Allora:

A la sua altezza è $4\sqrt{3}$
B il suo perimetro è 8
C la sua area è $4\sqrt{3}$
D il suo perimetro è 16
E la sua area è 9

936 La radice dell'equazione $4x^5 + 128 = 0$ è:

A $x = -2$
B $x = 2$
C $x = -\frac{1}{2}$
D $x = 3$
E non esiste

937 $-3 \cdot 10^{-3} =$

A 3
B -3
C $-0{,}0003$
D $-0{,}003$
E $-0{,}3$

938 Quale sarà il valore di n se $\log_2 n = 6$?

A 16
B 32
C 64
D 148
E Quesito senza soluzione univoca o corretta

939 Gli angoli di un triangolo sono in progressione aritmetica, e il maggiore è il doppio del minore; i valori in gradi degli angoli sono:

A 20, 30, 40
B 40, 50, 80
C 60, 90, 120
D 40, 60, 80
E 45, 70, 95

940 Il prodotto $(2 \cdot 10^2) \cdot (7 \cdot 10^5)$ corrisponde al numero:

A 1.400.000
B 2.800.000.000
C $1{,}4 \cdot 10^8$
D $14 \cdot 10^6$
E nessuno dei numeri precedenti

© Alpha Test

941 Trovare l'area del triangolo compreso fra gli assi cartesiani e la retta di equazione $y = 5 - \frac{x}{2}$.

A $\frac{5}{4}$

B $\frac{2}{5}$

C 50

D 25

E Nessuna delle altre risposte è corretta

942 Per quali valori reali di x la funzione $y = (ax)^2 + 3$ ha valori positivi?

A Solo per $x = a$

B Solo per $x = 3$

C Nessuno

D Per $x > 0$

E Per qualsiasi valore di x

943 $\log_{10} 2.567.010.000.000$ è un numero compreso fra:

A 0 e 1

B 10 e 11

C 12 e 13

D 15 e 16

E 25 e 26

944 La media aritmetica dei numeri –5, –2, 0, 4, 5 è:

A 3,2

B 2

C 0,5

D 0,4

E 0,75

945 Se indichiamo con P il prodotto $0{,}018 \cdot 0{,}0375$ risulta:

A $10^{-5} < P < 10^{-4}$

B $10^{-4} < P < 10^{-3}$

C $10^{-3} < P < 10^{-2}$

D $10^{-2} < P < 10^{-1}$

E $P < 10^{-5}$

946 Due coni C_1 e C_2 circolari retti hanno uguale base di raggio R. L'altezza H_1 del cono C_1 è uguale alla metà dell'altezza H_2 del cono C_2.

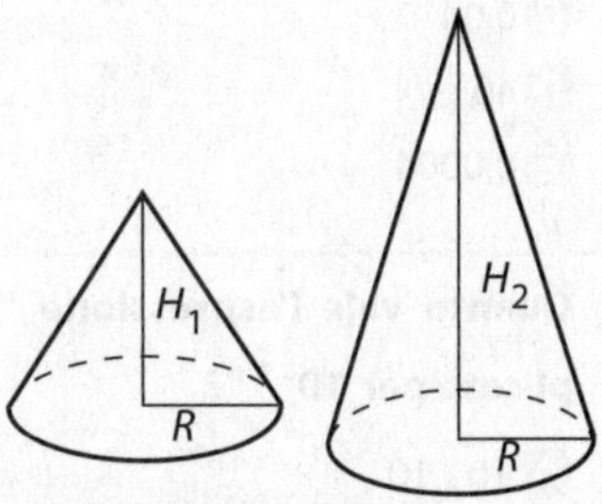

In che rapporto stanno i volumi V_1 e V_2 dei due coni?

A $\frac{V_1}{V_2} = \frac{1}{3}$

B $\frac{V_1}{V_2} = \frac{1}{2}$

C $\frac{V_1}{V_2} = \frac{1}{4}$

D $\frac{V_1}{V_2} = \frac{1}{9}$

E $\frac{V_1}{V_2} = \frac{1}{\pi}$

947 Uno studente ha sostenuto N esami. Se ne avesse sostenuti il triplo, ne avrebbe 6 in meno di un suo amico, che ne ha sostenuti 18. Quanto vale N?

A 2 B 4 C 6 D 8 E 12

948 Moltiplicare un numero per cinque è lo stesso che dividere il numero per:

A 2

B 0,20

C 0,50

D 0,002

E 0,02

QUESITI

949 **Nel campo dei numeri reali l'espressione $4 \cdot 10^{-2}$ vale:**

A 0,4
B 400
C 0,04
D 40
E 0,0004

950 **Quanto vale l'espressione "10^5 moltiplicato per 10^{-3}"?**

A $10 \cdot 10$
B 10^8
C 1000
D 10^{-15}
E Nessuna delle altre risposte è corretta

951 **Dette rispettivamente *A* e *B* le aree del cerchio inscritto e del cerchio circoscritto a un quadrato di lato 26 cm, il rapporto $\frac{B}{A}$ vale:**

A 2
B 0,5
C $\sqrt{2}$
D $13\sqrt{2}$
E $26\sqrt{2}$

952 **L'espressione $\frac{1}{6} - \frac{1}{4}$ è uguale a:**

A $\frac{1}{2}$
B $-\frac{1}{12}$
C $-\frac{1}{3}$
D $-\frac{1}{6}$
E $-\frac{1}{2}$

953 **Se il rapporto tra un arco di circonferenza e il raggio è uguale a $\pi/4$:**

A l'angolo corrispondente è di 45°
B l'angolo corrispondente è di 90°
C non è possibile sapere qual è l'angolo corrispondente
D l'angolo corrispondente è di 360°
E l'angolo corrispondente è di π radianti

954 **Sia data la funzione $y = \frac{x^2 - 4}{x - 3}$. Qual è il suo insieme di definizione (o di esistenza)?**

A Tutto l'insieme dei numeri reali
B L'insieme dei numeri reali escluso lo zero
C L'insieme dei numeri reali escluso +3
D L'insieme dei numeri reali esclusi +2 e −2
E L'insieme dei numeri reali esclusi +3 e −3

955 **Un numero *a*, positivo, viene diviso per il numero *b*, positivo e minore di 1; il risultato è un numero:**

A minore *a*
B maggiore di *a*
C negativo
D immaginario
E nessuna delle altre risposte è corretta

956 **L'espressione**

$$4 \cdot 10^0 + 5 \cdot 10^1 + 3 \cdot 10^2 + 7 \cdot 10^3$$

vale:

A 7354
B 7350
C 4735
D 4537
E 4357

957 **Se si fa ruotare un trapezio rettangolo intorno al lato ortogonale agli altri due, si genera:**

A un tronco di piramide
B un tronco di cono
C un solido costituito da due coni uniti per la base
D un cono
E una piramide

 © Alpha Test

958 **Nell'insieme dei numeri reali, $8^{2/3}$ equivale a:**

A $\frac{16}{3}$

B 4

C $\frac{1}{12}$

D $\frac{64}{3}$

E 12

959 **La retta di equazione $y = 3x + 2$ interseca l'asse delle x in un punto:**

A di ascissa negativa

B di ascissa positiva

C di ascissa nulla

D di ascissa uguale a $\frac{2}{3}$

E di ascissa uguale a $\frac{1}{2}$

960 **L'espressione**

$$5 \cdot 10^0 + 5 \cdot 10^1 + 2 \cdot 10^2 + 3 \cdot 10^3$$

vale:

A 3200

B 3250

C 5523

D 3255

E 5532

961 **$\log 3 + \log 3$ equivale a:**

A $\log 6$

B $\log 3$

C $\log 9$

D $\log \frac{1}{3}$

E $\log \frac{2}{3}$

962 **Si consideri un triangolo equilatero di lato 2 cm. Su ciascun lato si costruisca un semicerchio. Stabilire quanto vale l'area complessiva della figura ottenuta.**

A $2\pi + \sqrt{3}$ cm^2

B $3\pi + 2\sqrt{3}$ cm^2

C $\frac{3}{2}\pi + \sqrt{3}$ cm^2

D $3\pi + \frac{\sqrt{3}}{2}$ cm^2

E $\pi + \sqrt{3}$ cm^2

963 **Per $b > 0$, $\log b^n$ equivale a:**

A $n \cdot \log b$

B $n + \log b$

C $\log bn$

D $\frac{1}{n} \log b$

E $(\log n)^2$

964 **Il logaritmo decimale di 99,99 è:**

A minore di 0

B compreso tra 0 e 1

C compreso tra 1 e 2

D compreso tra 2 e 10

E compreso tra 10 e 100

965 **Il polinomio**

$$7ab^5 + 3a^3b - 2a^2b^3 + a^4 + 6b^3$$

ha grado:

A 3

B 4

C 6

D 12

E 22

966 **$\log_{10} 4 + \log_{10} 3 =$**

A $\log_{10}(4 \cdot 3)$

B $\log_{10}(4 + 3)$

C $\log_{10} \frac{4}{3}$

D $\log_{10} 4^3$

E $\log_{10} 3^4$

967 $10^{\log_{10} 10^2}$ **equivale a:**

A 100
B 200
C 2
D 4
E 10

968 **Se il 35% di *x* è uguale a 175, il 60% di *x* vale:**

A 300
B 315
C 280
D 350
E 180

969 **In quale delle seguenti quaterne di numeri sono elencati i valori in gradi sessagesimali degli angoli interni di un quadrilatero?**

A 45, 120, 90, 104
B 120, 72, 54, 115
C 102, 90, 85, 81
D 90, 100, 120, 60
E 177, 38, 91, 54

970 **Delle risposte date a un questionario, 8 sono sbagliate e l'80% sono esatte. Quante risposte sono state date?**

A 88
B 72
C 48
D 80
E 40

971 **La distanza tra i punti P = (1; 0) e Q = (0; 2) è pari a:**

A $\sqrt{0+3^2}$
B $\sqrt{2^2-1}$
C $\sqrt{1^2-2^2}$
D $\sqrt{1^2+2^2}$
E $\sqrt{1+0}$

972 **Stabilire quale fra le seguenti terne di numeri non può rappresentare la misura dei lati di un triangolo:**

A 6, 8, 10
B 3, 4, 5
C 8, 6, 4
D 1, 3, 5
E $\frac{3}{2}, 2, \frac{5}{2}$

973 **Stabilire quali fra le seguenti curve non è una parabola:**

A $y^2 - x^2 - 3x - 2 = 0$
B $y = 1 - x^2$
C $3x^2 - 5x + 6y - 1 = 0$
D $y = (x+2)^2$
E $y = -(x+4)^2$

974 **Il logaritmo di *x* in base 5 è un numero *y* tale che:**

A $y^5 = x$
B $x^5 = y$
C $10^y = 5x$
D $5^y = x$
E $10^x = 5y$

975 **Quali sono le coordinate dei punti di intersezione della curva $2y^2 = 3x + 8$ con l'asse delle *y*?**

A (0; 2) e (0; –2)
B (0; 2) e (–2; 0)
C (2; 0) e (–2; 0)
D (2; 0) e (0; –2)
E (0; 2) e (2; 0)

976 $\frac{4-x^2}{4+x^2} \geq 0$ **è soddisfatta per:**

A $-2 < x < 2$
B $x < -2$ e $x \geq 2$
C $x < -2$ e $x > 2$
D $x \leq -2$ e $x \geq 2$
E $-2 \leq x \leq 2$

977 **La parabola $y = x^2 + 1$:**

A non interseca mai l'asse x

B ha per asse di simmetria la retta $x = 1$

C ha il fuoco nel punto (0; 1)

D ha come direttrice la retta $y = 1$

E è contenuta nel primo e quarto quadrante

978 **Nella proporzione $5 : x = x : -125$ il valore del medio proporzionale:**

A non esiste nel campo dei numeri reali

B è un numero irrazionale

C è uguale a 25

D è uguale a – 25

E è uguale a $\frac{1}{25}$

979 **La disequazione $x(x+1) < 0$ è verificata per valori di x:**

A esterni all'intervallo (–1, 0)

B interni all'intervallo (–1, 0) estremi inclusi

C interni all'intervallo (–1, 0) estremi esclusi

D negativi

E nessuna delle altre risposte è corretta

980 **Quanto vale il logaritmo in base 100 del numero 0,0001?**

A 0,01

B 2

C –2

D 4

E Nessuna delle altre risposte è corretta

981 **L'espressione $\text{Log}(x+y)$ equivale a:**

A $(\text{Log}\,x)(\text{Log}\,y)$

B $\frac{\text{Log}\,x}{\text{Log}\,y}$

C $\text{Log}\,x + \text{Log}\,y$

D $\text{Log}\,x - \text{Log}\,y$

E nessuna delle precedenti risposte è corretta

982 **Le soluzioni di $x^2 - 3x > 4$ sono:**

A $x < -1$, $x > 4$

B $x < 0$, $x > 3$

C nessuna delle altre risposte è corretta

D $x < -3$

E la disequazione non ammette soluzioni

983 **Le rette di equazione**

$$2x + y = 0 \text{ e } x + 4y - 7 = 0$$

hanno in comune il punto di coordinate:

A (–1;2)

B (–7; –7)

C (2; –1)

D (2; 2)

E nessuna delle altre risposte è corretta

984 **La radice quadrata del cubo di 4 è:**

A 2

B 4

C 8

D 16

E 64

985 **Il numero π esprime:**

A il rapporto tra la lunghezza di una circonferenza e il suo raggio

B il rapporto tra la lunghezza di una circonferenza e l'apotema

C il rapporto tra la lunghezza di una semicirconferenza e il suo diametro

D l'area di un cerchio di raggio unitario

E nessuna delle altre risposte è corretta

986 **L'inverso di $\frac{1}{p} + \frac{1}{q}$ è:**

A $p + q$

B $\frac{p+q}{pq}$

C $-\left(\frac{1}{p} + \frac{1}{q}\right)$

D $\frac{pq}{p+q}$

E $\frac{1}{p+q}$

MATEMATICA

987 **Il numero $\sqrt{5}$:**

A è naturale e negativo

B è positivo e intero

C è razionale e positivo

D è irrazionale e positivo

E è dispari e irrazionale

988 **Individuare, tra le seguenti disuguaglianze, quella errata:**

A $\frac{4}{3} > 1$

B $\frac{3}{5} < \frac{8}{15}$

C $\frac{1}{4} > \frac{1}{8}$

D $2 > \frac{75}{40}$

E $\frac{1}{2} > 0$

989 **Si consideri la circonferenza di equazione $x^2 + y^2 - 2x = 15$. In quale punto essa interseca il semiasse positivo delle ascisse?**

A 5

B 16

C 4

D 17

E 6

990 **L'espressione $\sqrt{x}$, essendo x positivo e minore di 1, è:**

A maggiore di x^2

B maggiore di 1

C minore di x

D minore di x^2

E nessuna delle altre risposte è corretta

991 **L'allenatore di una squadra di calcio ha sintetizzato nella tabella che segue i risultati ottenuti dalla propria squadra nell'ultima stagione.**
In ogni riga, a destra è riportato in quante partite è stato segnato il numero di gol indicato a sinistra.

Numero gol	Numero partite
0	8
1	11
2	15
3	1
4	1

Sia M il numero medio di gol segnati in una partita. Allora vale:

A $1,1 < M < 1,2$

B $1,2 < M < 1,3$

C $1,3 < M < 1,4$

D $1,4 < M < 1,5$

E $1,5 < M < 1,6$

992 **Una città ha inizialmente una popolazione di 360.000 abitanti. Questa aumenta, dapprima, di 2/3; il nuovo numero aumenta, poi, del 50%; quanti sono gli abitanti, dopo questi aumenti?**

A 2.000.000

B 1.350.000

C 300.000

D 600.000

E 900.000

993 $\left(\frac{3}{5}\right)^4$ **è uguale a:**

A $3^4 \cdot 5^{-4}$

B $\left(\frac{3}{5}\right)^7 \cdot \left(\frac{3}{5}\right)^{-2}$

C $\left[\left(\frac{3}{5}\right)^6\right]^{-2}$

D $5^4 \cdot 3^{-4}$

E $\left[\left(\frac{3}{5}\right)^{-2}\right]^6$

994 In un piano cartesiano si consideri il triangolo di vertici O(0;0), A(0;2), B(2;0). Ricordiamo che il baricentro di un triangolo è il punto in cui si incontrano le mediane del triangolo. Qual è la distanza tra il baricentro del triangolo OAB e l'origine O?

A $\frac{2}{3}\sqrt{2}$

B $\frac{2}{3}\sqrt{3}$

C $\frac{\sqrt{6}}{3}$

D $\frac{\sqrt{6}}{2}$

E $\sqrt{3}$

995 La reazione $ab = c$ (c costante) significa che:

A *a* e *b* appartengono alla stessa retta

B *a* e *b* appartengono alla stessa circonferenza

C *a* e *b* sono direttamente proporzionali

D *a* e *b* sono inversamente proporzionali

E *a* e *b* sono costanti

996 Una popolazione di dimensione iniziale *W* aumenta in modo costante con un tasso del 10% al giorno. Dopo 7 giorni la dimensione della popolazione è:

A $W(1+0{,}07)$

B $W(1+0{,}1)^7$

C $(W+0{,}01W)^7$

D $W+\frac{W}{7}$

E $W\cdot 0{,}07$

997 Centomila moltiplicato per un millesimo è uguale a:

A cento

B cento milioni

C un centomillesimo

D un centesimo

E un centomilionesimo

998 Quale dei seguenti logaritmi differisce dagli altri?

A $\log_2 8$

B $\log_4 64$

C $\log_e e^3$

D $\log_3 12$

E $\log_{10} 1000$

999 La disequazione $\frac{1}{x} < -1$ è soddisfatta per ogni *x* tale che:

A $-1 < x$

B $x < -1$

C $x < 0$

D $-1 < x < 0$

E nessuna delle altre risposte è corretta

1000 Se $x + \frac{1}{x} = 2$ quanto vale $x^3 + \frac{1}{x^3}$?

A 2

B 5

C 4

D 3

E 8

1001 L'espressione $\frac{5^9}{125^3}$ è equivalente a:

A $\frac{1}{5}$

B 1

C 125

D $\frac{1}{25}$

E 5^{-3}

1002 La radice cubica reale di 3^3 è:

A 9

B 1

C 3

D −3

E 18

1003 Le soluzioni dell'equazione

$$x^3 - 3x^2 + 3x - 1 = 0$$

sono:

A 0, 1, 2

B 1 (tripla)

C −1, 1 (doppia)

D 1, −1, 2

E −1 (tripla)

1004 Data l'equazione $(x-1)^2 = a$, con a reale, stabilire quale delle seguenti affermazioni è vera:

A l'equazione non ha soluzioni per ogni $a \in \mathrm{R}$

B l'equazione ha soluzioni se e solo se $a \geq 0$

C l'equazione ha soluzioni se e solo se $a > 0$

D l'equazione ha due soluzioni per ogni $a \in \mathrm{R}$

E nessuna delle precedenti affermazioni è vera

1005 Stabilire quale delle seguenti affermazioni è vera:

A $x^2 - 7x + 12 = (x+3)(x+4)$

B $x^2 - 7x + 12 = (x-3)(x+4)$

C $x^2 - 7x + 12 = (x-3)(x-4)$

D $x^2 - 7x + 12 = (x+3)(x-4)$

E $x^2 - 7x + 12 = (3x+1)\left(\frac{1}{3}x + 12\right)$

1006 Se $x + y = 2$ e $x = 6$, quanto vale $2x + 4y$?

A 4

B −4

C 0

D 28

E −2

1007 La funzione $f(x) = \dfrac{x-2}{\sqrt{x^2-1}}$ ammette come insieme di definizione:

A $-1 < x < 1$

B $x \leq -1$, $x \geq 1$

C $x < -1$, $x > 1$

D $x > 2$

E tutto $\mathbb{R}$

1008 Quanto vale $\log_{10}\sqrt{10^{-8}}$?

A −0,8

B 0,4

C 8

D −4

E Non è definito

1009 $\dfrac{1-\sqrt{3}}{1+\sqrt{3}}$ vale:

A $-2 + 2\sqrt{3}$

B $3 + \sqrt{2}$

C $\sqrt{2} - 3$

D $2 + \sqrt{3}$

E $\sqrt{3} - 2$

1010 Se si raddoppia il raggio di una sfera, il suo volume:

A raddoppia

B si moltiplica per 6

C si moltiplica per 8

D triplica

E quadruplica

1011 Quale delle seguenti affermazioni è ERRATA? Se due numeri sono ...

A primi tra loro, il M.C.D. è il loro quoziente

B primi tra loro, il m.c.m. è il loro prodotto

C uno multiplo dell'altro, il più grande è il m.c.m.

D uno multiplo dell'altro, il più piccolo è il M.C.D.

E primi tra loro, il M.C.D. = 1

 © Alpha Test

1012 Se B è la base maggiore, b la minore e h l'altezza di un trapezio, la sua area è:

A $(B+b)\cdot h$

B $B\cdot b\cdot h$

C $\frac{B\cdot b}{h}$

D $\frac{(B+b)\cdot h}{2}$

E $2(B+b)\cdot h$

1013 Per quale delle seguenti funzioni l'equazione $f(x) = 2$ ammette soluzione?

A $f(x) = \log x$

B $f(x) = -|x|$

C $f(x) = 1-x^2$

D $f(x) = e^x+2$

E Nessuna delle altre risposte è corretta

1014 Indicare per quali valori di x è soddisfatta $\frac{x-a}{b-a} > 0$ (con $a > b > 0$):

A per $x < a$

B per $x < b$

C per $b < x < a$

D per nessun valore di x

E per $x = a$ e per $x = b$

1015 Cosa si ottiene dalla semplificazione di $\frac{16}{9}/\frac{4}{81}$?

A $4\cdot 9$

B $6\cdot 9$

C $8\cdot 4$

D $6\cdot 6$

E $2\cdot 2$

1016 Per qualsiasi numero intero n, quale dei risultati delle seguenti espressioni è un numero naturale dispari?

I) $2n+1$

II) $2n+4$

III) $2n-3$

A Solo la I e la III

B Solo la II

C Solo la III

D Solo la I e la II

E Solo la I

1017 L'espressione $4x^2-\frac{9}{x^2}$, definita per $x\neq 0$, è uguale a:

A $4x^2-9$

B $\left(4x-\frac{3}{x}\right)^2$

C $\left(2x-\frac{3}{x}\right)\left(2x+\frac{3}{x}\right)$

D $\frac{4}{x^2}-9x^2$

E $\frac{4x^4-9}{x^4}$

1018 Quali sono le coordinate dei punti di intersezione della curva di equazione $y^2 = x+24$ con la retta di equazione $x = 1$?

A $(1; 5)$, $(1; -5)$

B $\left(1; \frac{5}{2}\right)$, $\left(1; -\frac{5}{2}\right)$

C $\left(1; \frac{5}{4}\right)$, $\left(1; -\frac{5}{4}\right)$

D $\left(1; \frac{5}{8}\right)$, $\left(1; -\frac{5}{8}\right)$

E $(1; 25)$, $(1; -25)$

1019 Se $e^x = 2$ allora:

A $x = e^{1/2}$

B $x = \log_e 2$

C $x = \frac{2}{e}$

D x è indeterminato

E $x = \frac{10}{e}$

1020 Elevando al cubo un numero reale negativo, in valore assoluto minore di 1, si ottiene sempre un numero:

A uguale a 1

B positivo e in valore assoluto minore di 1

C negativo e in valore assoluto maggiore di 1

D positivo e in valore assoluto maggiore di 1

E negativo e in valore assoluto minore di 1

1021 $\log_{100} 10$ è uguale a:

A 10

B 20

C 100

D 1

E $\frac{1}{2}$

1022 Se il 2% di N è 25, quanto vale N?

A 500

B 2500

C 20.000

D 1250

E $0,2 \cdot 25$

1023 Il rapporto tra i volumi di due cubi è 4. Qual è il rapporto tra le loro superfici?

A 2

B 4

C $4^{2/3}$

D $4^{1/3}$

E $2^{3/2}$

1024 Il grafico di $f(x) = \log_{10}(x-2)$:

A giace sempre sopra l'asse x

B giace sempre sotto l'asse x

C giace tutto nel primo e quarto quadrante

D giace sempre sopra l'asse x

E giace sempre sotto l'asse x

1025 Si definisce pendenza media di una funzione $f(x)$ nell'intervallo $[a, b]$ il numero $\frac{f(b)-f(a)}{b-a}$. Quale tra le seguenti funzioni ha nell'intervallo $[0, 1]$ pendenza media maggiore?

A $f(x) = 3^x$

B $f(x) = 3\sqrt{x}$

C $f(x) = x^2$

D $f(x) = \log_{10}(9x+1)$

E $f(x) = x+2$

1026 Per $a > 0$, $\log a + \log a =$

A $\log 2a$

B $(\log a)^2$

C $\log a^2$

D $\frac{1}{2}\log a$

E nessuna delle risposte precedenti è corretta

1027 Stabilire quale dei seguenti punti giace nel secondo quadrante:

A (−1; −2)

B (2; 3)

C (2; −3)

D (−2; 3)

E (−2; −3)

1028 Il numero 0,00008 corrisponde a:

A $8 \cdot 10^5$

B $8 \cdot 10^{-5}$

C 8 millesimi

D 8 centesimi

E nessuno dei valori proposti

1029 Si consideri la relazione $y = \frac{a}{x}$. Mantenendo costante il valore di a, se si dimezza il valore di x:

A il valore di y è ridotto alla metà

B il valore di y raddoppia

C il valore di y risulta moltiplicato per a

D il valore di y resta costante

E quesito senza soluzione univoca o corretta

1030 $\log_{10} 10^{100}$ è uguale a:

A 0,1

B 1

C 10

D 100

E 1000

1031 La retta di equazione $x - y = 3$ interseca la retta $x + y = 1$ nel punto di coordinate:

A (0; 0)

B (1; 2)

C (2; –1)

D (–1; 2)

E (2; 1)

1032 $1 \cdot 10^0 + 2 \cdot 10^1 + 5 \cdot 10^3 =$

A 5021

B 521

C 5020

D 125

E 512

1033 Se $96 : 16 = x : 13$, quanto vale x?

A 78

B 99

C 93

D 81

E 104

1034 $(2ab - b^2 - a^2) \cdot (b - a)$ equivale a:

A $(a - b)^3$

B $(b - a)^3$

C $b^3 - a^3$

D $a^3 - b^3$

E $(b - a)^2(b + a)$

1035 I grafici delle funzioni $f(x) = e^{-x}$ e $f(x) = x$ si intersecano:

A una sola volta

B mai

C tre volte

D due volte

E nessuna delle altre risposte è corretta

1036 Se il rapporto tra a e b è uguale al rapporto tra b e x, il valore di x è:

A $x = ab$

B $x = \frac{a}{b}$

C $x = \frac{b^2}{a}$

D $x = \frac{a}{b^2}$

E $x = \frac{b}{a}$

1037 $1 + 27^{2/3}$ vale:

A 10

B 7

C 19

D 6

E 4

1038 In un piano cartesiano, quale delle seguenti equazioni descrive una circonferenza?

A $y + x = r$

B $y = \sqrt{r^2 + x^2}$

C $x^2 + y^2 = r^2$

D $(x + y)^2 = r^2$

E $(x - y)^2 = r^2$

1039 Il solido rappresentato in figura è un parallelepipedo retto di altezza $2a$ e base quadrata di lato a. N è il punto medio di EF e M è il punto medio di BF. Per andare dal vertice A al vertice G qual è il percorso più breve tra quelli indicati?

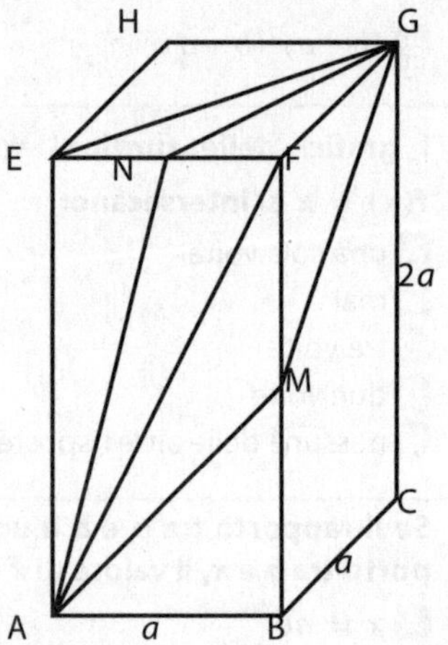

- A ANG
- B AFG
- C AEG
- D AMG
- E ABFG

1040 Aumentando il numero 98 del 2% si ha:

- A 98,5
- B 99
- C 99,96
- D 98,97
- E 100

1041 $1 \cdot 2^1 + 1 \cdot 2^3 + 1 \cdot 2^4 =$

- A 26
- B 7
- C 10
- D 18
- E 13

1042 La radice quadrata di 642.536 è circa:

- A 800
- B 80
- C 8000
- D 200
- E 400

1043 Qual è il risultato di $\frac{10^3}{10^{-3}}$ **?**

- A 10^6
- B 1
- C 3
- D 10
- E 100

1044 Il rapporto tra due potenze aventi la stessa base è una potenza che ha:

- A stessa base ed esponente pari al prodotto degli esponenti
- B stessa base ed esponente pari al rapporto degli esponenti
- C stessa base ed esponente pari alla somma degli esponenti
- D non è possibile eseguire alcuna operazione
- E stessa base ed esponente pari alla differenza degli esponenti

1045 La funzione $f(x) = 10^x$ **:**

- A è definita solo per $x > 0$
- B è una funzione dispari
- C non ammette funzione inversa
- D ammette come funzione reciproca $g(x) = 2^{1/x}$
- E ammette funzione inversa e la sua funzione inversa è $g(x) = \log_{10}x$

1046 Qual è il risultato di $\frac{0{,}00008}{0{,}4}$ **?**

- A 0,0002
- B 0,2
- C 0,000002
- D 2
- E 0,002

MATEMATICA

1047 Per i logaritmi naturali vale la proprietà:

A il logaritmo di una somma è uguale ai logaritmi degli addendi

B il logaritmo di un prodotto è uguale alla somma dei logaritmi dei fattori

C il logaritmo di una potenza è uguale alla somma dell'esponente più il logaritmo della base

D la potenza del logaritmo di un numero è uguale al prodotto dell'esponente per il numero

E i logaritmi naturali si calcolano dividendo i corrispondenti logaritmi decimali per $\frac{10}{e}$

1048 La differenza $x^5 - x^3$ vale:

A x^2

B $x^{5/3}$

C $x^2(x^3 - 1)$

D $x^3(x^2 - 1)$

E $x^{3/5}$

1049 In una serie ordinata di 7 numeri la mediana è:

A il primo numero

B il quarto numero

C il terzo numero

D la media aritmetica tra il terzo, il quarto e il quinto numero

E non possiamo determinarlo

1050 Dati i seguenti valori 1, 3, 4, 2, 5, 3, 3, 2, 6, 5, il grafico a torta che li rappresenta sarà formato da:

A 3 spicchi

B 4 spicchi

C 5 spicchi

D 6 spicchi

E non possiamo determinarlo

1051 Calcolare la somma dei primi 100 numeri naturali:

A 100

B 10000

C 5050

D 4950

E 5000

1052 Con quale altra espressione può essere scritta la quantità 57.614.000?

A $57 \cdot 10^4 + 513 \cdot 100$

B $57 \cdot 10^3 + 614 \cdot 1000$

C $57 \cdot 10^2 + 613 \cdot 1000$

D $57 \cdot 10^6 + 614 \cdot 1000 + 0$

E $5700 \cdot 32$

1053 4893 moltiplicato per 8754896 è uguale a:

A 42837706129

B 42837706128

C 42837706126

D 42837706124

E 42837706125

1054 Stabilire quale delle seguenti affermazioni è vera:

A $(x + 3)^2 \geq 0$ per ogni x reale

B $(x + 3)^2 > 0$ per ogni x reale

C $(x + 3)^2 > 0$ per $x > -3$

D $(x + 3)^2 > 0$ per $x < -3$

E $(x + 3)^2 < 0$ per $x = -3$

1055 Se a, x e y sono tre numeri reali positivi, a quanto è uguale l'espressione $\log_{10}2 + \log_{10}a - \log_{10}x - \log_{10}y$?

A $2\log_{10}\frac{a}{xy}$

B 0

C $\log_{10}\frac{2a}{xy}$

D $\log_{10}\frac{a}{xy}$

E Quesito senza soluzione univoca o corretta

QUESITI

1056 La funzione $y = 2^{-x}$:

- A è sempre positiva
- B ha valori positivi e negativi
- C è sempre negativa
- D è costante
- E non ha significato

1057 La funzione $f(x) = x - x^5$:

- A ha un solo zero in $x = 0$
- B è simmetrica rispetto all'origine
- C per $x > 0$ si ha $f(x) > 0$
- D si ha sempre $f(x) > 0$
- E non si ha mai $f(x) < 0$

1058 La funzione $f(x) = \sqrt{81 - x^4}$:

- A ha come campo di esistenza $-81 \leq x \leq 81$
- B ha come campo di esistenza $-9 \leq x \leq 9$
- C ha come campo di esistenza $-3 \leq x \leq 3$
- D esiste su tutto $\mathbb{R}$
- E $f(x) \neq 0$ sempre sul suo campo di esistenza

1059 La rappresentazione grafica della funzione $f(x) = (12 - 4x)^2$ è una:

- A retta con pendenza negativa
- B circonferenza di centro $(3; 0)$
- C ellisse con i fuochi sull'asse delle x
- D parabola con la concavità rivolta verso il basso
- E parabola con la concavità rivolta verso l'alto

1060 La frazione $\frac{2x}{x^2 - 4}$ esiste:

- A per ogni x reale
- B per $x > 1$
- C per $x \neq 0$
- D per $x \neq 2$ e $x \neq -2$
- E per $x \neq 2$

1061 Il campo di esistenza della funzione $f(x) = \frac{1}{\sqrt{x^2 - 1}}$ è:

- A $x \leq -1$, $x \geq 1$
- B tutto $\mathbb{R}$
- C $-1 < x < 1$
- D $x > 1$
- E $x < -1$, $x > 1$

1062 Due grandezze si dicono direttamente proporzionali quando:

- A diminuiscono contemporaneamente
- B aumentano contemporaneamente
- C la loro somma ha un valore costante
- D il loro prodotto ha un valore costante
- E il loro rapporto ha un valore costante

1063 Il campo di esistenza della funzione $f(x) = \log_{10}(4 - x^2)$ è:

- A $x < -2$, $x > 2$
- B $x \leq -1$, $x \geq 2$
- C $x > 2$
- D $-2 < x < 2$
- E $-2 \leq x \leq 2$

1064 La funzione $f(x) = \sqrt[4]{(x-1)(x^2-4)}$ ammette come campo di esistenza:

- A $-2 < x < 1$, $x > 2$
- B $-2 \leq x \leq 1$, $x \geq 2$
- C $x \leq -2$, $1 \leq x \leq 2$
- D $-2 \leq x \leq 2$
- E tutto $\mathbb{R}$

1065 La funzione $f(x) = 1 + x^2$ ammette come funzione reciproca:

- A $g(x) = 1 + \frac{1}{x^2}$
- B $g(x) = \frac{1}{1 + x^2}$
- C $g(x) = \sqrt{1 + x^2}$
- D $g(x) = \log(1 + x^2)$
- E 1

 © Alpha Test

1066 Se una funzione f ammette inversa g, allora:

A i grafici di f e di g sono simmetrici rispetto all'asse x

B i grafici di f e di g sono simmetrici rispetto all'origine

C i grafici di f e di g non hanno nessun legame

D i grafici di f e di g sono simmetrici rispetto alla bisettrice del I e III quadrante

E i grafici di f e di g sono simmetrici rispetto alla bisettrice del II e IV quadrante

1067 Il valore di un'azione è cresciuto da 8 euro a 13,60 euro. Qual è stata la variazione percentuale?

A 70%

B 136%

C 65%

D 75%

E 41%

1068 L'espressione $\log_{10} \frac{4(1-x)+x^2}{(x-2)^2}$, per x diverso da 2, vale:

A 1

B $2\log_{10}(6-2)$

C 0

D $10^4 x$

E $-\infty$

1069 La funzione logaritmica $y = \log_{10} x$ può anche scriversi come una funzione esponenziale. Quale?

A $y^{10} = x$

B $x^{10} = y$

C $10^x = y$

D $10^y = x$

E $x^y = 10$

1070 La retta $y = k + hx$ è la bisettrice del primo quadrante degli assi cartesiani:

A sempre

B solo per $k = 1$ e $h = 0$

C solo per $k = 0$ e $h = 1$

D solo per $k = 1$ e $h = 1$

E mai

1071 La soluzione della disequazione

$$(x+3)(x+5) > (x+1)(x+9)$$

è:

A $x \leq 3$

B $x \geq 3$

C $x < 3$

D $x > 3$

E $0 < x < 3$

1072 Quale tra le seguenti è la soluzione dell'equazione $\log_{10} x - \log_{10} 2 = 2$?

A 4

B 8

C 200

D 50

E 100

1073 Dato il numero 10^7 possiamo dire che:

A il logaritmo naturale del numero è 7

B il logaritmo in base 10 del numero è 7

C il logaritmo del numero è 49

D il logaritmo in base 2 del numero è 7

E il logaritmo del numero non si conosce

1074 Tra i primi 100 numeri naturali, sono contemporaneamente divisibili per 2, 3, 4, 5:

A 0 numeri

B 1 numero

C 2 numeri

D non è possibile stabilirlo

E 3 numeri

1075 Se $x = y - z$, allora:

A $x^2 = y^2 + z^2$

B $x^2 = y^2 + z^2 + 2yz$

C $x^2 = y^2 + z^2 - 2yz$

D $x^2 = y^2 - z^2$

E nessuna delle altre risposte è corretta

1076 La somma di tre numeri è 1000. Il primo è due terzi del secondo e il secondo è tre quinti del terzo. I tre numeri sono:

A 200; 300; 500
B 200; 200; 600
C 200; 400; 400
D 500; 200; 300
E 150; 300; 450

1077 La disequazione $\frac{4+x^2}{x^2-3x+2} \leq 0$ è soddisfatta per:

A ogni x reale
B $x < 1$ e $x > 2$
C $x \leq 1$ e $x \geq 2$
D $1 < x < 2$
E $1 \leq x \leq 2$

1078 Quale dei seguenti numeri è più vicino a $\log_2 15$?

A 15
B 5
C 2
D 4
E 6

1079 Determinare i valori di x per i quali risulta soddisfatta la disequazione:

$$\frac{x+3}{x+1} \leq 0$$

A $x \leq -1$ e $x > 3$
B $x \neq -1$
C $-3 \leq x < -1$
D $-3 \leq x \leq -1$
E $x \leq -3$ e $x > -1$

1080 La funzione $f(x) = 1 + \frac{1}{4+x^2}$:

A è sempre maggiore di 1
B assume almeno due volte il valore 1
C non è simmetrica rispetto all'asse y
D se $x < 0$, allora $f(x) < 0$
E $f(0) = 2$

1081 Quale dei seguenti punti non giace sulla retta di equazione $y = 2x + 1$?

A (1; 3)
B (0; 1)
C (−1; −1)
D (−1; 1)
E (2; 5)

1082 Aggiungendo al numero *S* la sua metà si ottiene il numero *T*. Quale percentuale di *S* è *T*?

A 50%
B 66,6%
C 100%
D 120%
E 150%

1083 $5^{20} \cdot 5^{-19}$ è uguale a:

A $5^{20/19}$
B 5
C 5^{39}
D 5^{-380}
E 5^{-39}

1084 $(3^4)^5$ è uguale a:

A 3^9
B 3^{20}
C 3^{45}
D 3^{54}
E $3^{4/5}$

1085 Se $a < b$ e $c > 0$, allora:

A $ac > bc$
B $ac < bc$
C $\frac{c}{a} < \frac{c}{b}$
D $ac < 0$
E $bc > 0$

1086 L'equazione di secondo grado che ha soluzioni 1 e – 3 è:

A $x^2 - 2x - 3 = 0$
B $x^2 + 2x - 3 = 0$
C $x^2 - 2x + 3 = 0$
D $x^2 + 2x + 3 = 0$
E quesito senza soluzione univoca o corretta

1087 Qual è la centesima parte di 10^{12}?

A 10^{10}
B 10^{-10}
C 10^{6}
D $\frac{10^{12}}{1000}$
E 10^{9}

1088 Due angoli si dicono supplementari quando:

A la loro somma è uguale a un angolo retto
B la loro somma è uguale a un angolo piatto
C la loro differenza è uguale a un angolo giro
D la loro somma è uguale a un angolo giro
E la loro differenza è uguale a un angolo piatto

1089 Un trapezio isoscele è equivalente a un triangolo che:

A ha per base la base maggiore del trapezio e altezza uguale a quella del trapezio
B ha per base il doppio della base minore del trapezio e altezza uguale a quella del trapezio
C ha per base la somma delle basi del trapezio e per altezza la metà dell'altezza del trapezio
D ha per base la somma dei lati obliqui del trapezio e altezza uguale a quella del trapezio
E ha per base la somma delle basi del trapezio e altezza uguale a quella del trapezio

1090 L'equazione $x = (k-1)y$ rappresenta:

A un'iperbole
B una retta non passante per l'origine
C una retta passante per l'origine
D una parabola
E un'ellisse

1091 In Italia, in un certo anno, 824 persone di sesso maschile si sono ammalate di AIDS. Sapendo che esse costituiscono l'80% del totale di coloro che si sono ammalati di AIDS, questi ultimi sono:

A 890
B 989
C 1030
D 1483
E 65920

1092 Nel piano *xy* le due equazioni $y = -6$ e $y = x^2$ rappresentano:

A una retta e una parabola che non si incontrano
B una retta e un'iperbole che non si incontrano
C una retta e una parabola che si incontrano in due punti
D una retta e un'iperbole che si incontrano in due punti
E quesito senza soluzione univoca o corretta

1093 L'equazione $x^3 + x^2 - x = 0$:

A non ha radici reali
B ha una radice tripla (tre radici coincidenti)
C ha una radice reale e due radici complesse
D ha tre radici reali distinte
E nessuna delle altre risposte è corretta

1094 Quanti numeri razionali sono compresi fra $\frac{1}{4}$ e $\frac{1}{3}$?

A Nessuno
B Uno
C Due
D Dodici
E Infiniti

1095 La retta di equazione $y = x\sqrt{3} + 45$ con l'asse y forma un angolo di:

A 30°

B 45°

C 60°

D $\frac{\pi}{8}$ radianti

E $\frac{\pi}{12}$ radianti

1096 La corretta riduzione ai minimi termini di $\frac{24}{144}$ è:

A $\frac{1}{6}$

B 6

C $\frac{1}{12}$

D 12

E $\frac{1}{4}$

1097 La somma di tre numeri, ciascuno elevato a zero:

A è negativa

B può essere positiva o negativa, a seconda dei valori dei tre numeri

C è positiva

D è zero

E è sempre uguale a 1

1098 Il radicale algebrico $\sqrt[3]{a^6b^2}$ corrisponde a:

A $ab^{1/2}\sqrt[3]{a^2b}$

B $a\sqrt[3]{a^2b^2}$

C $a^2\sqrt[3]{a^2b^2}$

D $a^2\sqrt[3]{b^2}$

E quesito senza soluzione univoca o corretta

1099 La composizione del parlamento di uno Stato, che conta complessivamente 420 parlamentari, è rappresentata dall'areogramma seguente (i numeri segnati in corrispondenza di ciascun settore si riferiscono all'ampiezza in gradi del rispettivo angolo al centro).

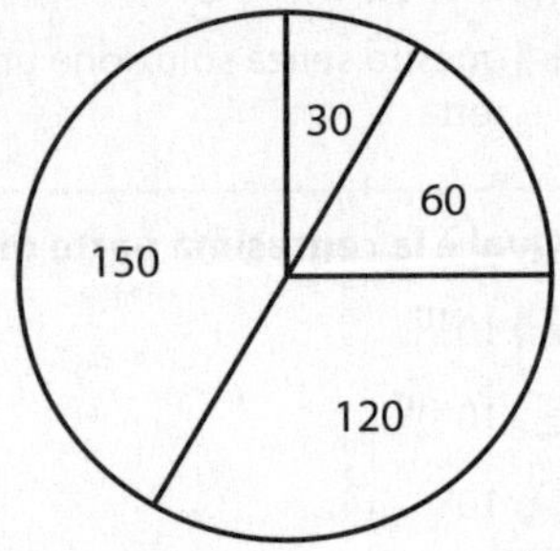

Quali delle seguenti quaterne di numeri indica la composizione esatta del parlamento in questione?

A 36; 72; 144; 168

B 36; 72; 144; 180

C 35; 70; 135; 180

D 35; 70; 140; 175

E 32; 64; 144; 180

1100 La disuguaglianza $x^2 > x$ è verificata:

A qualunque sia il numero reale

B per $x < 0$ oppure $x > 1$

C per $x > 0$

D per $x > 0{,}5$

E quesito senza soluzione univoca o corretta

1101 A quanto equivale la radice quadrata di 81/25?

A 9/25

B 40/12

C 27/10

D 9/5

E 25/9

1102 Un quadrato ha l'area di 10 cm^2. Se si aumenta un lato di 2 cm e si diminuisce l'altro di 2 cm si ottiene un rettangolo di area uguale a:

A 4 cm^2

B 8 cm^2

C 6 cm^2

D 12 cm^2

E 10 cm^2

1103 Dati i seguenti valori 1, 3, 4, 2, 5, 3, 3, 2, 6, 5, la moda vale:

A 4

B 3,4

C 3

D 3,5

E 6

1104 La disequazione $x + 3 < \sqrt{x^2 - 3}$ è verificata per:

A $-3 \leq x < -2$

B $x \leq -2$

C $x < -2$

D $x \leq -\sqrt{3} \cup x \geq \sqrt{3}$

E $x < -3$

1105 Stabilire quale delle seguenti affermazioni è falsa:

A ogni numero razionale ammette reciproco

B ogni numero razionale ammette opposto

C $-(-a) = a$

D se $a \cdot b = 0$ allora almeno uno dei due fattori è zero

E $-\left(\frac{1}{a}\right) = \frac{1}{(-a)}$ per ogni $a \neq 0$

1106 $\frac{1}{a} + \frac{1}{b}$ con $a \neq 0$, $b \neq 0$ è uguale a:

A $\frac{1}{a+b}$

B $\frac{1}{a \cdot b}$

C $\frac{b}{a} + \frac{a}{b}$

D $\frac{a+b}{ab}$

E $\frac{a+b}{a^2b^2}$

1107 Il parallelepipedo è una figura solida con:

A 8 vertici, 8 spigoli, 2 diagonali

B 4 vertici, 8 spigoli, 2 diagonali

C 8 vertici, 12 spigoli, 4 diagonali

D 8 vertici, 14 spigoli, 4 diagonali

E 12 vertici, 8 spigoli, 4 diagonali

1108 $\sqrt[3]{5} \cdot \sqrt[5]{5}$ è uguale a:

A $\sqrt[8]{5}$

B $\sqrt[15]{5^8}$

C $\sqrt[15]{5}$

D $\sqrt{5}$

E $\sqrt[15]{5^2}$

1109 Se $9 : x = 27 : 9$, allora:

A $x = \frac{1}{3}$

B $x = 9$

C $x = \frac{1}{9}$

D $x = 3$

E $x = 81$

1110 La disequazione $x(x+3)<0$ è soddisfatta per:

A $x<-3$

B $x>0$

C $-3\leq x\leq 0$

D $-3<x<0$

E $x<-3$ e $x>0$

1111 Dati i seguenti valori 1, 3, 4, 2, 5, 3, 3, 2, 6, 5, la mediana vale:

A 4

B 3,4

C 3

D 3,5

E non possiamo determinarlo

1112 Quale delle seguenti quaterne indica l'ordine crescente dei quattro numeri seguenti?

$$x = 10^{-2} \qquad y = -10^{2}$$

$$z = \frac{1}{10^{-3}} \qquad t = -10^{-4}$$

A z, x, y, t

B t, z, x, y

C y, t, x, z

D t, z, y, x

E x, y, z, t

1113 Quanti sono i divisori (con resto nullo) del numero 100, 1 e 100 compresi?

A 2

B 4

C 6

D 9

E 7

1114 Due rette che non si incontrano:

A sono sicuramente parallele

B giacciono sicuramente in piani diversi

C giacciono sicuramente nello stesso piano

D possono essere parallele

E non sono sicuramente parallele

1115 L'equazione della retta passante per i punti $(0; 0)$ e $(\sqrt{2}; 4\sqrt{2})$ è:

A $y = 4x+1$

B $y = \frac{1}{4}x-1$

C $y = 4x$

D $y = \frac{1}{4}x$

E $y = 2x$

1116 Se due triangoli rettangoli sono simili tra loro, con rapporto di similitudine pari a 3, allora le rispettive aree stanno tra loro in rapporto uguale a:

A 9

B 81

C 6

D 3

E 27

1117 Quanti sono i numeri primi tra 7 e 21 (7 e 21 compresi, se primi)?

A 7

B 4

C 5

D 3

E 6

1118 $\log_{10}35$ è uguale a:

A $\log_{10}7 + \log_{10}5$

B $\log_{10}30 + \log_{10}5$

C $\log_{10}7 - \log_{10}5$

D $3\log_{10}5$

E $5\log_{10}3$

1119 La funzione $f(x) = \frac{x-1}{x+1}$ è definita:

A per ogni x reale

B per ogni x diverso da -1

C per ogni x diverso da -1 e da 1

D per $x>0$

E per $x<0$

1120 La somma $10^{-3} + 10^{-5}$ è:

A uguale a 10^{-8}

B maggiore di 10^{-3}

C minore di 10^{-5}

D uguale a $2 \cdot 10^{-3}$

E minore di 10^{-3}

1121 Il luogo dei punti del piano equidistanti da un punto dato è:

A una retta non passante per il punto dato

B una parabola

C una circonferenza

D un cerchio

E un'ellisse

1122 Un paio di scarpe è stato pagato 128 euro grazie a uno sconto del 20%. Qual era il prezzo di listino delle scarpe?

A 169 euro

B 148 euro

C 160 euro

D 153 euro

E 108 euro

1123 Il quoziente tra i monomi $-4xy^5z$ e $-2xy^3z^{-3}$ risulta:

A $2y^2z^4$

B $2yz^{-2}$

C $2y^2z^{-2}$

D $-2y^2z^4$

E $-2yz$

1124 Stabilire quali fra le seguenti curve non è un'iperbole:

A $xy = 5$

B $x^2 - y^2 = 1$

C $y^2 = 5 + x^2$

D $y = \frac{3}{x}$

E $4x^2 + y^2 = 1$

1125 L'equazione $x(x - a) = 0$ ha per soluzione la coppia di valori:

A $x_1 = 1 ; x_2 = \frac{1}{a}$

B $x_1 = 1 ; x_2 = a$

C $x_1 = 0 ; x_2 = a$

D $x_1 = 0 ; x_2 = -a$

E $x_1 = 1 ; x_2 = -a$

1126 La funzione $f(x) = x^3$:

A è sempre positiva

B ammette funzione reciproca per ogni $x \in \mathrm{R}$

C non è dispari

D non ha zeri

E ammette funzione inversa e la sua funzione inversa è $g(x) = \sqrt[3]{x}$

1127 La seguente disequazione:

$$\log(2x - 2) + \log(x - 1) < \log(x + 2)$$

è verificata per:

A $x > 1$

B $x < 1$

C $x > 0$

D $1 < x < 5/2$

E $0 < x < 5/2$

1128 La disequazione $x^2 - 3x < -4$:

A è soddisfatta per ogni x

B è verificata per $-1 < x < 4$

C è verificata per $3 < x < 4$

D è verificata per $x < -1$ e $x > 4$

E non ha soluzioni reali

1129 L'equazione $(x - 1)^2 + (y - 3)^2 = k$ rappresenta una:

A circonferenza tangente all'asse x per $k = 1$

B parabola per $k < 0$

C circonferenza per $k > 0$

D circonferenza per ogni valore di k

E circonferenza tangente all'asse x per ogni valore di k

1130 Nell'insieme dei numeri reali, la disequazione $x^2 < -9$ è verificata per:

A qualunque valore di x

B valori di x esterni all'intervallo $(-3, 3)$ estremi esclusi

C valori di x interni all'intervallo $(-3, 3)$ estremi inclusi

D nessun valore di x

E valori di x interni all'intervallo $(-3, 3)$ estremi esclusi

1131 La frazione generatrice di 0,75 è:

A $\frac{1}{75}$

B $\frac{7}{5}$

C $\frac{7{,}5}{50}$

D $\frac{100}{75}$

E $\frac{75}{100}$

1132 Se il 20% di *N* è 200, quanto vale *N*?

A 10

B 20

C 200

D 400

E 1.000

1133 L'espressione $5^3/5^{-3}$ vale:

A 0

B 1

C 5

D 25

E 15.625

1134 Quanto vale la distanza tra due punti che in un piano cartesiano hanno coordinate (1; 4) e (5; 1)?

A $\sqrt{3}$

B $\sqrt{2}$

C 5

D 4

E 7

1135 La funzione $f(x) = \log_{10}\left(1 - \frac{1}{x^2}\right)$ è minore di zero per:

A $x < 0$

B $x < -1$

C $x < -1$, $x > 0$

D $-1 < x < 0$

E nessuna delle altre risposte è corretta

1136 Quali sono le soluzioni della disequazione $2^{x+3} \geq 0$?

A La disequazione è soddisfatta per ogni valore reale di x

B La disequazione non è soddisfatta per alcun valore reale di x

C $x > -3$

D $x < -3$

E $x \geq -2$

1137 Moltiplicando i due membri di una equazione per il numero −1, le soluzioni dell'equazione che si ottiene:

A sono le stesse di quella di partenza

B non hanno alcun legame con le soluzioni dell'equazione di partenza

C hanno legami con le soluzioni dell'equazione di partenza che dipendono dal grado dell'equazione stessa

D sono opposte rispetto a quelle dell'equazione di partenza

E nessuna delle altre risposte è corretta

1138 Dati i numeri $\frac{4}{14}$, $-\ln 1$, -2^{-2}, $\frac{14}{4}$, qual è il valore esatto della differenza fra il maggiore e il minore?

A $\frac{45}{14}$

B $\frac{47}{14}$

C 2,718

D 3,75

E 3,50

 © Alpha Test

1139 **Quale dei seguenti polinomi è un quadrato perfetto?**

A $4x^2 - 12x + 9$

B $4x^2 + 9$

C $4x^2 + 12x - 9$

D $x^4 - x^2 + 1$

E $x^3 + 3x^2 + 3x + 1$

1140 **Si stima che la massa dei ghiacciai diminuisca dello 0,7% ogni anno. Indicata con *P* la massa dei ghiacciai attuale e con *Q* quella stimata tra un anno, risulta:**

A $Q = 0,993P$

B $Q = 1,007P$

C $Q = 1,07P$

D $Q = 0,0993P$

E $Q = 99,3\,P$

1141 **La seguente equazione:**

$$3x + 4(1 - x) = 5x - 6(2 - 3x)$$

A è impossibile

B è indeterminata

C è verificata per $x = 2/3$

D è verificata per $x = 3/2$

E è verificata per $x = 16/25$

1142 **Se in una città ci fosse un medico ogni 500 abitanti, quale sarebbe la percentuale di medici?**

A 5%

B 2%

C 0,2%

D 0,5%

E 1%

1143 **Quanto vale l'inverso di $\sqrt{5} + 2$?**

A $\sqrt{5} - 2$

B $\sqrt{2} + 5$

C $2 - \sqrt{5}$

D $\sqrt{3}$

E $\sqrt{7}$

1144 **La grandezza *Q* è proporzionale alla grandezza *P* (cioè $Q = KP$). Supponiamo $P = 4,5$ e $Q = 18$. Quale è il valore della costante di proporzionalità K?**

A $K = 0,25$

B $K = 10,5$

C $K = 4$

D $K = 13,5$

E $K = 2$

1145 **Sia *a* un numero negativo, allora $\frac{a}{x}$:**

A è positivo solo se $x > 0$

B è sempre positivo

C è positivo solo se $x < 0$

D è positivo solo se $x < a$

E è nullo per $x = 0$

1146 **Quanto vale il 4% dell'80%?**

A 32%

B 16%

C 0,4%

D 3,2%

E 2%

1147 **Dato un triangolo scaleno ABC si può affermare che:**

A la bisettrice coincide con l'altezza

B altezza e mediana coincidono

C mediana e bisettrice coincidono

D bisettrice, altezza e mediana coincidono

E nessuna delle altre risposte è corretta

1148 **Se $2x - 3y = 2$ e $y = 2$, quanto vale $3x - 2y$?**

A 8

B 6

C 8

D 0

E −2

1149 Qual è la soluzione della seguente equazione?

$$\log_{10} 10^x = 5$$

A $x = 10^5$

B $x = 0$

C $x = 5$

D $x = \log_{10} 5$

E $x = 1$

1150 Quale tra le equazioni seguenti rappresenta una retta orizzontale?

A $3x - 2y + 2 = 0$

B $x - 2 = 0$

C $y - 2 = 0$

D $3x^2 + 4y - 2 = 0$

E $y = x + 3$

1151 Il minimo comune multiplo tra due numeri è 36 e il massimo comune divisore è 3. I due numeri sono:

A 6 e 12

B 6 e 18

C 12 e 18

D 24 e 36

E nessuna delle altre risposte è corretta

1152 Posto $t = \dfrac{7223}{347323}$, risulta:

A $10^{-2} < t < 10^{-1}$

B $10^{-3} < t < 10^{-2}$

C $10^{-4} < t < 10^{-3}$

D $10^{-5} < t < 10^{-4}$

E $10^{-6} < t < 10^{-5}$

1153 $(16ab)^{1/2}$ è uguale a:

A $4ab$

B $8(a+b)(a-b)^2$

C $4\sqrt{ab}$

D $4\sqrt{a-b}$

E quesito senza soluzione univoca o corretta

1154 Una funzione y quadratica in x, del tipo $y = Ax^2 + Bx + C$ (con A diverso da 0) è rappresentabile graficamente nel piano cartesiano (x, y) da quale delle curve seguenti?

A Da una retta

B Da una circonferenza

C Da un'ellisse

D Da una parabola

E Quesito senza soluzione univoca o corretta

1155 Il sistema $\begin{cases} a_1x + b_1y = c_1 \\ a_2x + b_2y = c_2 \end{cases}$ ha un'unica soluzione soltanto se:

A $a_1b_2 - a_2b_1 = 0$

B $a_1b_2 - a_2b_1 \neq 0$

C $a_1c_2 - a_2c_1 = 0$

D $a_1c_2 - a_2c_1 \neq 0$

E $a_1b_2 - a_2b_1 \neq c_1c_2$

1156 La retta di equazione $y = 2 - 3x$ incontra gli assi cartesiani in due punti A e B. Quanto misura il segmento AB?

A $\frac{2}{3}\sqrt{10}$

B $2\sqrt{\frac{2}{3}}$

C $\frac{1}{2}\sqrt{5}$

D $\frac{1}{3}\sqrt{17}$

E $\frac{1}{2}\sqrt{2}$

1157 Una sola delle seguenti equazioni ha soluzioni reali. Quale?

A $x^2 - 3x + 3 = 0$

B $x^2 - 5x + 5 = 0$

C $x^2 - 5x + 7 = 0$

D $x^2 - 4x + 5 = 0$

E $x^2 - 4x + 6 = 0$

1158 Un foglio di carta quadrato viene piegato a metà; si ottiene così un rettangolo che ha perimetro 18 cm. Qual è l'area del quadrato iniziale, espressa in cm^2?

A 48
B 64
C 36
D 32
E 16

1159 Qual è il valore di $(0{,}000064)^{-1/3}$?

A 12
B 24
C 25
D 28
E 16

1160 L'espressione $2^{-1/2} \cdot \sqrt{2}$ è uguale a

A $2\sqrt{2}$
B 1
C $\frac{1}{\sqrt{2}}$
D $\frac{1}{2}$
E 2

1161 I punti A(–3; 1), B(6; 7) e C(–3; 6) sono i vertici di un triangolo. Qual è la sua area?

A 22,5 B 23,5 C 24 D 23 E 22

1162 Dato un cilindro retto a base circolare di raggio R e altezza $h = 2R$, qual è il rapporto fra il suo volume e quello della sfera massima contenibile?

A $\frac{4}{3}$
B $\frac{3}{2}$
C $\frac{6}{\pi}$
D $\frac{\pi}{2}$
E 3π

1163 Le soluzioni dell'equazione di secondo grado $-9x^2 + 36 = 0$ sono:

A $x = 2$
B $x = -2$
C $x = 4$
D $x = \pm 2$
E $x = \pm 4$

1164 Il numero 0,(2):

A è reale, ma non razionale
B è uguale a $\frac{2}{9}$
C è uguale a $\frac{2}{99}$
D è uguale a $\frac{2}{90}$
E è uguale a $\frac{2}{900}$

1165 Disporre in ordine crescente le seguenti quantità: $a = -\frac{1}{6}$, $b = -\frac{1}{2}$, $c = 0$.

A $b; a; c$
B $c; a; b$
C $a; b; c$
D $c; b; a$
E $a; c; b$

1166 Il prezzo di listino di un televisore è 750 euro. Un commerciante lo vende a 600 euro. Lo sconto praticato sul prezzo di listino è:

A 15%
B 20%
C 25%
D 12,5%
E 80%

1167 L'equazione $\frac{2}{x+1} - \frac{1}{1-x} = \frac{1}{1+2x}$ ha soluzione:

A $x = -1$ e $x = 1$
B $x = 0$ e $x = -1/5$
C $x = -1/2$
D $x = 1/2$
E l'equazione non ha soluzione

1168 L'espressione $\left(2x+\frac{3}{x}\right)^2$, definita per $x \neq 0$, è uguale a:

A $4x^2+\frac{9}{x^2}$

B $4x^2+12+\frac{9}{x^2}$

C $4x^2-12+\frac{9}{x^2}$

D $4x^2+6+\frac{9}{x^2}$

E $4x^2-\frac{9}{x^2}$

1169 L'espressione $\sqrt{-8}$ vale:

A l'espressione non ha significato nel campo dei numeri reali

B -2

C 2

D $-2{,}828426$

E $-1{,}414213$

1170 L'espressione $(x+3y)^3$ è uguale a:

A x^3+27y^3

B $x^3+9x^2y+27xy^2+27y^3$

C $x^3-9x^2y+27xy^2-27y^3$

D $x^2+3x^2y+9xy^2+27y^3$

E $(x+3y)(x^2+3xy+9y^2)$

1171 L'espressione x^2-2x-1 è uguale a:

A $(x-1)^2$

B $(x-1)(x+1)$

C $(x+1)^2$

D $(1-x)^2$

E nessuna delle altre risposte è corretta

1172 L'espressione $\frac{4}{x^2}-\frac{9}{y^3}$, definita per $x \neq 0$ e $y \neq 0$, è uguale a:

A $\frac{36}{x^2-y^3}$

B $\left(\frac{2}{x}-\frac{3}{y}\right)\left(\frac{2}{x}+\frac{3}{y}\right)$

C $\frac{-5}{x^2-y^3}$

D $\frac{4y^3-9x^2}{x^2y^3}$

E $\frac{4x^2-9y^3}{x^2y^3}$

1173 La somma $\frac{a}{b}+\frac{c}{d}$ vale:

A $\frac{a+c}{b+d}$

B $\frac{ac}{bd}$

C $\frac{ad+bc}{bd}$

D $\frac{a+c}{bd}$

E $\frac{ac+bd}{bd}$

1174 Quali sono le soluzioni del seguente sistema?

$$\begin{cases} x+y = 28 \\ x-y = \frac{1}{4}x \end{cases}$$

A $x = 14$, $y = 14$

B $x = 28$, $y = 7$

C $x = 16$, $y = 12$

D $x = 12$, $y = 16$

E Il sistema non ammette soluzioni

© Alpha Test

1175 Quale delle seguenti coppie di valori rappresenta una delle soluzioni del sistema $\begin{cases} x^2 + y^2 = \frac{1}{4} \\ xy = \frac{1}{8} \end{cases}$?

A $x = \frac{1}{2}$; $y = \frac{1}{2}$

B $x = -\frac{1}{2\sqrt{2}}$; $y = \frac{1}{2\sqrt{2}}$

C $x = \frac{1}{2\sqrt{2}}$; $y = -\frac{1}{2\sqrt{2}}$

D $x = \frac{1}{2\sqrt{2}}$; $y = \frac{1}{2\sqrt{2}}$

E $x = -\frac{1}{\sqrt{2}}$; $y = -\frac{1}{\sqrt{2}}$

1176 Il valore di $(100 - 4)^2$ è:

A $(12 \cdot 8)^2$

B $10000 + 16 + 400$

C $1000 + 16 - 400$

D $(100 + 4) \cdot (100 - 4)$

E $(10 + 2) \cdot (10 - 2)$

1177 Dato un cubo di volume V_c e una sfera di volume V_s, con diametro della sfera = lato del cubo, calcolare il rapporto $\frac{V_c - V_s}{V_c}$:

A $1 - \frac{\pi}{2}$

B $\frac{\pi}{6}$

C $\frac{\pi}{3}$

D $\frac{\pi}{2}$

E $1 - \frac{\pi}{6}$

1178 L'espressione $10^9 + 10^8 + 10^8 + 10^9$ è uguale a:

A 10^{34}

B 40^{34}

C duemilioniduecentomila

D duemiliardiduecentomilioni

E $20^9 + 20^8$

1179 L'equazione $3x^5 + 96 = 0$ è soddisfatta da:

A $x = -2$

B $x = 2$

C $x = -0{,}5$

D $x = 0{,}5$

E nessun valore reale di x

1180 $(2^4 \cdot 5^4) \div 10^3 =$

A 1/10

B 1

C 10

D 100

E 1000

1181 Il grafico di una delle seguenti funzioni interseca l'asse x. Indicare di quale si tratta:

A $f(x) = e^x$

B $f(x) = x^2 + 1$

C $f(x) = \frac{1}{x}$

D $f(x) = -|x| - 2$

E $f(x) = \log x$

1182 Un cilindro ha il raggio di base di 2 cm e l'altezza di 1 cm. Allora:

A la superficie laterale è 4 cm^2

B la superficie totale è 6 cm^2

C il volume è 4π cm^3

D il rapporto tra volume e superficie totale è $\frac{2}{3}\pi$ cm

E la superficie di ciascuna base è 4 cm^2

1183 Quanto misura l'area di un rettangolo i cui lati misurano 10^{-3} cm e 10^{-2} dm ?

A 10^{-4} cm^2
B 10^4 dm
C 10^{-2} cm^2
D 10^{-2} dm
E 10^4 dm^2

1184 Se al numero 0,776 si aggiungono due centesimi si ottiene:

A 0,7762
B 0,778
C 0,7702
D 0,976
E 0,796

1185 Stabilire quali fra le seguenti curve è un'iperbole:

A $y^2 = 4 - x^2$
B $(y-1)^2 + (x+2)^2 = 1$
C $xy = 3$
D $x^2 + y^2 + 4 = 0$
E $3x^2 + 5y^2 = 1$

1186 La distanza tra i punti P = (–1; 0) e Q = (6; 0) vale:

A 5
B 7
C 6
D –7
E 0

1187 Il punto medio del segmento di estremi A = (–4; 6) e B = (8; –2) ha coordinate:

A (0; 0)
B (–2; –2)
C (6; 4)
D (2; 2)
E (1; 1)

1188 La disequazione $\sqrt{\frac{x^2-1}{|x|}} \leq 0$:

A è verificata solo da $x = \pm 1$
B è verificata per $x < -1$ oppure $x > 1$
C non è mai verificata
D è verificata per ogni x
E è verificata per ogni $x \neq 0$

1189 Stabilire quale fra le seguenti rette è parallela alla retta $y = -3x + 5$:

A $y = 5x - 3$
B $y = -\frac{1}{3}x + 5$
C $y = -3x - 7$
D $y = -9x + 15$
E $y = \frac{1}{3}x + 5$

1190 Stabilire quale delle seguenti affermazioni relative alle rette di equazioni $y = x + 4$ e $y = -x - 3$ è vera:

A sono parallele
B hanno la stessa ordinata nell'origine
C si intersecano nel punto $\left(\frac{7}{2}; 1\right)$
D sono perpendicolari
E nessuna delle altre risposte è vera

1191 Stabilire quale tra le seguenti curve non è una circonferenza:

A $(x-2)^2 + y^2 = 1$
B $x^2 + y^2 = 1$
C $3x^2 + 3y^2 + 2y = 1$
D $5y^2 = 5x^2 + 1$
E $3x^2 + 3y^2 = 1$

1192 La circonferenza di equazione:

$$x^2 + y^2 + 4y + 2x + 1 = 0$$

ha raggio pari a:

A 4
B 2
C 3
D 1
E 9

© Alpha Test

1193 Si consideri un poligono di sei lati. Allora:

A il numero delle diagonali è 12
B il numero delle diagonali che escono dallo stesso vertice è 5
C la somma degli angoli interni è pari a 720°
D può avere un angolo interno maggiore di un angolo giro
E ha sempre i lati e gli angoli uguali

1194 Qual è l'insieme delle soluzioni della disequazione $3e^x - 5e^{-x} - 2 > 0$?

A Ogni x reale
B $\left\{x \in \mathrm{R}: x > \ln\frac{5}{3}\right\}$
C Nessun valore reale di x
D $\left\{x \in \mathrm{R}: x < -1, x > \frac{5}{3}\right\}$
E $\left\{x \in \mathrm{R}: -1 < x \leq \ln\frac{5}{3}\right\}$

1195 Sia r la retta di equazione:

$$x + 2y - 1 = 0$$

Quale tra le seguenti è l'equazione di una retta perpendicolare a r?

A $y = -\frac{1}{2}x$
B $y = -x$
C $y = 2x$
D $y = \frac{1}{2}x$
E $y = -2x$

1196 Stabilire quale delle seguenti affermazioni è vera:

A ogni quadrilatero è un parallelogrammo
B ogni parallelogrammo è un rettangolo
C ogni rettangolo è un quadrato
D un rettangolo con i lati uguali è un quadrato
E un trapezio è un parallelogrammo

1197 Stabilire quale fra le seguenti curve è una circonferenza (non degenere):

A $x^2 - y^2 = 1$
B $\frac{x^2}{3} + 3y^2 = 1$
C $x^2 + y + xy = 1$
D $x^2 + y^2 + 4 = 0$
E $6x^2 + 6y^2 = 1$

1198 Un cono circolare retto ha una base di raggio R e un'altezza di uguale valore R. Una sfera ha come raggio ancora il valore R. Qual è il rapporto tra il volume del cono (V_{cono}) e quello della sfera (V_{sfera})?

A $\frac{V_{cono}}{V_{sfera}} = 100$
B $\frac{V_{cono}}{V_{sfera}} = \frac{1}{250}$
C $\frac{V_{cono}}{V_{sfera}} = 20$
D $\frac{V_{cono}}{V_{sfera}} = 0{,}25$
E $\frac{V_{cono}}{V_{sfera}} = 0{,}0005$

1199 $(16^{1/2})^{1/6}$ è uguale a:

A $2^{1/2}$
B $4^{1/2}$
C $2^{1/3}$
D $4^{1/3}$
E $4^{16/3}$

1200 Se $x + y = z$ e $z - t = x$, allora:

A $2y = x$
B $y = z$
C $3t = z$
D $z > t$
E $y = t$

1201 Il diametro di una sfera ha lunghezza 6 cm; approssimativamente, il volume della sfera è:

A 113 cm

B 111 cm^2

C 904 cm^2

D 113 cm^3

E 904 cm^3

1202 Se il sistema di secondo grado formato dalle equazioni di una circonferenza e di una retta non ammette soluzioni reali, significa che:

A la retta è tangente alla circonferenza nell'origine degli assi

B la retta interseca la circonferenza

C la retta contiene il diametro parallelo all'asse delle ascisse

D la retta non ha punti in comune con la circonferenza

E quesito senza soluzione univoca o corretta

1203 Una popolazione di batteri ha, in un certo intervallo di tempo, un tasso di moltiplicazione costante (ossia il rapporto tra il numero di batteri che si creano in ogni unità di tempo e il numero di batteri è costante). La legge di sviluppo, in tali condizioni, è:

A lineare

B parabolica

C esponenziale

D iperbolica

E goniometrica

1204 Due cerchi hanno raggi di lunghezza l'una tripla dell'altra. Quale è il rapporto tra la misura della superficie del cerchio di raggio maggiore e quella della superficie del cerchio di raggio minore?

A 3

B π

C 9

D 3π

E 2π

1205 La decima parte di 10^{20} è:

A 1^{20}

B 10^{21}

C 10^{10}

D 10^{19}

E 10^2

1206 Qual è il minimo comune multiplo di 20, 15, 4 e 10?

A 49

B 30

C 45

D 300

E 60

1207 Le radici dell'equazione

$$(x-a)(x+b)(x-c) = 0$$

sono:

A $-a, b, -c$

B $a, -b, c$

C $-a, -b, c$

D $\frac{1}{a}, \frac{1}{b}, \frac{1}{c}$

E a^2, b^2, c^2

1208 L'area di un triangolo è determinata dalla formula $A = \frac{bh}{2}$, dove b è la base e h è l'altezza del triangolo. Se la base è moltiplicata per 4 e l'altezza è divisa per 2, l'area del nuovo triangolo è:

A otto volte l'area precedente

B il doppio dell'area precedente

C la metà dell'area precedente

D quattro volte l'area precedente

E identica all'area precedente

1209 Quali sono le soluzioni della seguente disequazione?

$$\ln(e^x) + e^{\ln x} < 4$$

A $0 < x < 4$

B $0 < x < 2$

C $x < 2$

D $x > 2$

E La disequazione non ammette soluzioni reali

© Alpha Test

1210 Quanto vale x se il 5% del 10% di x è uguale a 200?

A 200.000
B 100.000
C 50.000
D 25.000
E 40.000

1211 L'espressione $\left(\frac{1}{4}+\frac{1}{4}\right)/\frac{1}{2}$ è uguale a:

A 1
B 2
C 4
D $\frac{1}{2}$
E 0

1212 Quale delle seguenti affermazioni è esatta?

A Tutti i numeri pari sono divisibili per 4
B I numeri pari non sono mai divisibili per 4
C Non tutti i numeri pari sono divisibili per 4
D I numeri divisibili per 4 non sono mai pari
E Nessuna delle altre risposte è corretta

1213 La funzione composta $h = f(g(x))$, con $g(x) = x^2 - 1$ e $f(x) = 3x + 2$, ha equazione:

A $h(x) = 3x^2 - 1$
B $h(x) = \frac{x^2 - 1}{3x + 2}$
C $h(x) = (x^2 - 1)(3x + 2)$
D $h(x) = 9x^2 + 12x + 3$
E $h(x) = x^2 + 3x + 1$

1214 Il grado di un polinomio corrisponde:

A alla somma dei gradi di tutti i monomi addendi
B al minimo comune multiplo dei gradi dei monomi addendi
C al grado del monomio di grado minimo
D al grado del monomio di grado massimo
E al numero dei fattori letterali diversi tra loro

1215 Quale dei seguenti poligoni regolari inscritti nello stesso cerchio ha l'area maggiore?

A Esagono
B Quadrato
C Triangolo
D Pentagono
E Non è possibile stabilirlo

1216 La disequazione $x^2 - 4x + 3 > 0$ è soddisfatta:

A per ogni x reale
B per $x > 3$
C per $x < 1$
D per $x < 1$ e $x > 3$
E per $1 < x < 3$

1217 Il 12% di 2.500.000 è:

A 300.000
B 30.000
C 30%
D $\frac{2.500.000}{12}$
E 125.000

1218 Sia c un numero positivo assegnato. Qual è l'insieme delle soluzioni del seguente sistema di disequazioni?

$$\begin{cases} x^2 - 4c^2 \le 0 \\ |x| - c \ge 0 \end{cases}$$

A $(-\infty, -2c] \cup [2c, +\infty)$
B $[-c, c]$
C L'insieme vuoto
D $[c, 2c]$
E $[-2c, -c] \cup [c, 2c]$

1219 Se $4x + 1 = 9$, quanto vale $8x + 1$?

A 19
B 18
C 17
D 16
E 15

MATEMATICA

1220 Il numero π (3,1416...) è il rapporto tra:

A la lunghezza della circonferenza e il raggio

B l'area del cerchio e il quadrato del diametro

C l'area del cerchio e il diametro

D la lunghezza della circonferenza e il diametro

E l'area del cerchio e il raggio

1221 Il logaritmo di un numero negativo:

A dà un risultato negativo

B non esiste

C esiste solo se la base è compresa tra 0 e 1

D è irrazionale

E nessuna delle altre risposte è corretta

1222 Un campo di forma circolare ha perimetro di 4000 metri. La misura della lunghezza di una palizzata esterna che lo circondi a distanza di un metro dal bordo è, in metri:

A più di 4000π

B $4000 + \pi$

C $4000 + 2\pi$

D $1 + \dfrac{4000}{\pi}$

E $1 + \dfrac{4000}{2\pi}$

1223 Se una grandezza *x* è proporzionale al quadrato di una grandezza *y* e *y* è inversamente proporzionale a una grandezza *z*, allora:

A x è direttamente proporzionale a z^2

B x è inversamente proporzionale a z^2

C x è direttamente proporzionale a z

D x è inversamente proporzionale a z

E x è direttamente proporzionale a $\sqrt{z}$

1224 Qualsiasi triangolo che sia inscritto in un cerchio e abbia un lato coincidente con un diametro dello stesso è:

A scaleno

B isoscele

C equilatero

D rettangolo

E un lato del triangolo non può coincidere con un diametro del cerchio circoscritto

1225 L'espressione algebrica

$$(2xy - x^2 - y^2)(y - x)$$

si può scrivere come:

A $x^3 - y^3$

B y^3x^3

C $-(x + y)^3$

D $(x - y)^2$

E nessuna delle altre risposte è corretta

1226 Ciascun angolo interno di un dodecagono regolare misura:

A 150°

B 158°

C 120°

D 100°

E 135°

1227 Se il logaritmo in base 10 di un numero è uguale a – 3, allora tale numero è:

A 1000

B 100

C 1

D 0,01

E 0,001

1228 A quale percentuale del numero 72 corrisponde 5,76?

A 8%

B 8,7%

C 7,8%

D 7%

E 0,8%

1229 **Il logaritmo di un prodotto di numeri positivi è uguale:**

A alla differenza dei logaritmi dei singoli fattori

B al quoziente dei logaritmi dei singoli fattori

C al prodotto dei logaritmi dei singoli fattori

D al 10% della loro radice quadrata

E alla somma dei logaritmi dei singoli fattori

1230 **Dall'osservazione che l'ombra di un paletto verticale alto 1 m è lunga 1,5 m e che alla stessa ora quella di un edificio è lunga 90 m, si deduce che l'edificio è alto:**

A 40 m

B 60 m

C 80 m

D 100 m

E nessuna delle altre risposte è corretta

1231 **La funzione $y = ax^b$ è equivalente a:**

A $\log y = \log(abx)$

B $\log y = ab \log x$

C $\log y = \log a + b \log x$

D $\log y = \log a + x \log b$

E $y/x = ab$

1232 **Le soluzioni di $x^2 - 1 = 2x^2 - 5$ sono:**

A $-2; 4$

B $-4; 2$

C ± 4

D ± 2

E $1; \sqrt{5/2}$

1233 **Indicare la soluzione del seguente sistema:**

$$\begin{cases} y = 2x \\ y = 4x + 1 \end{cases}$$

A $x = 1/2 ; y = 1/2$

B $x = -1/2 ; y = -1$

C $x = 1 ; y = 1/2$

D $x = -1 ; y = -1/2$

E $x = 1/2 ; y = 1$

1234 **Nell'espressione $-\log_4 x = \frac{1}{2}$, x vale:**

A 2

B 4

C $\frac{1}{4}$

D $\frac{1}{2}$

E $-\frac{1}{2}$

1235 **Un ricercatore osserva al microscopio che il batterio *A* è lungo 9 divisioni e che il batterio *B* sopravanza *A* del 10% di se stesso. Quanto è lungo *B*?**

A $\frac{81}{10}$

B 10

C $\frac{90}{10}$

D $\frac{100}{9}$

E Quesito senza soluzione univoca o corretta

1236 **Un triangolo rettangolo ha area pari a 24 cm^2 e un cateto misura 6 cm. Stabilire quali delle seguenti affermazioni è falsa:**

A l'altro cateto misura 8 cm

B l'ipotenusa misura 10 cm

C il perimetro misura 24 cm

D l'altezza relativa all'ipotenusa misura 2,4 cm

E l'altezza relativa all'ipotenusa misura 4,8 cm

1237 **Un cubo ha il lato di 2 cm. Stabilire quale delle seguenti affermazioni è vera:**

A la superficie laterale è 32 cm^2

B la superficie totale è 48 cm^2

C il volume è 16 cm^3

D il volume è 8 cm^3

E il rapporto tra il volume e la superficie totale è $\frac{1}{2}$ cm

1238 È data la funzione $f(x) = 3^{2x-1}$. Tra le funzioni indicate ce n'è una e una sola tale che $f(g(t)) = t$ per tutti i numeri reali t positivi. Quale?

A $g(t) = \sqrt{\log_3 t - 3}$

B $g(t) = \log_3 \sqrt{3t}$

C $g(t) = \log_3 \sqrt{t+1}$

D $g(t) = \frac{1}{2}\sqrt{\frac{\log_3 t}{3}}$

E $g(t) = \frac{1}{2}\sqrt{\log_3 t}$

1239 $\log_{10} \frac{[4 \cdot (1-x) + x^2]}{(x-2)^2}$ è un'espressione che per x diverso da 2 ha valore:

A 0

B infinito

C 2

D $2\log_{10}(6-2)$

E 1

1240 Il numero $(\sqrt{3})^{10}$ è uguale a:

A $\sqrt{3^5}$

B 3^5

C $\sqrt[20]{3}$

D $\sqrt[10]{3}$

E 3^8

1241 Sia data la funzione $f(x) = x^3 + 8$. Per quale x si ha che $f(x)$ è il doppio del valore della funzione in $x = 0$?

A 16

B 0

C 2

D −2

E 1

1242 La soluzione dell'equazione $8x + 4 = 6$ è:

A $x = \frac{1}{4}$

B $x = -4$

C $x = \frac{10}{8}$

D $x = 4$

E $x = \frac{5}{2}$

1243 Quali sono le radici dell'equazione $x^2 + 3x - 10 = 0$?

A 2, 5

B −2, −5

C 2, −5

D −2, 5

E Nessuna delle altre risposte è corretta

1244 La funzione $f(x) = \frac{4}{4 + x^2}$:

A è sempre maggiore di 1

B è sempre minore di 1

C non ha zeri

D è una funzione dispari

E non è una funzione pari

1245 La soluzione del sistema $\begin{cases} x + y = 2 \\ \frac{x}{2} - y = 1 \end{cases}$ è data da:

A $x = 2, y = 0$

B $x = 0, y = 1$

C $x = 0, y = 0$

D $x = 1, y = -1$

E $x = 1, y = 1$

1246 Dati i numeri 0,8 ; $-\frac{1}{3}$; $\frac{11}{7}$; −0,2 ; $\frac{7}{11}$, qual è il valore della differenza fra il maggiore e il minore?

A $\frac{69}{7}$

B 1,70

C 1,75

D $\frac{124}{70}$

E $\frac{40}{21}$

1247 Dati due numeri reali *a* e *b*, con $0 < a \leq b$, si ha:

A $\frac{1}{a} \geq \frac{1}{b} > 0$

B $\frac{1}{a} \geq 0 > \frac{1}{b}$

C $\frac{1}{b} \geq \frac{1}{a} > 0$

D $\frac{1}{b} \geq 0 > \frac{1}{a}$

E $0 \geq \frac{1}{a} > \frac{1}{b}$

1248 La somma di tre aree è 1.600. La prima è il 20% della seconda e la seconda è il 50% della terza. Le tre aree misurano:

A 100; 500; 1000

B 200; 500; 900

C 300; 500; 800

D 100; 510; 990

E 300; 400; 900

1249 L'insieme dei numeri reali è formato dai numeri:

A razionali

B razionali e irrazionali

C irrazionali

D complessi

E immaginari

1250 Se −1 e 2 sono gli zeri del polinomio $P(x) = x^2 + ax + b$, allora $P(7)$ vale:

A 35

B 42

C 54

D 40

E 30

1251 La funzione $\ln(x-1)$ è definita:

A per *x* positivo

B per $x \geq 0$

C per $x > -1$

D per $x \geq 1$

E per $x > 1$

1252 Se l'equazione $x^2 - 6x + k = 0$ ha una radice uguale a 4, quanto vale l'altra?

A Dipende da *k*

B 1

C − 2

D 2

E − 1

1253 Il sistema formato dalle due equazioni $y - 2 = 4 - 2x$ e $x + \frac{y}{2} = 3$:

A non ha soluzioni

B ha la sola soluzione $x = 2$, $y = 2$

C ha la sola soluzione $x = 1$, $y = \frac{3}{2} + 1$

D ha la sola soluzione $x = \frac{3}{2}$, $y = 2$

E nessuna delle altre risposte è corretta

1254 Se le quantità positive *H*, *K*, *L* sono legate dalle relazioni $H < K$ e $L \geq K$, quale relazione è sempre VERA?

A $H < L$

B $K = L$

C $H = L$

D $K < L$

E $H \geq L$

1255 $5x^5 + 4x^4 + x^3 - (2x^5 + x^4 - 2x^3)$ **equivale a:**

A $-x^3(1 - 5x - 3x^2)$

B $-x^3(1 + 3x - 3x^2)$

C $x^3(3 + 5x + 3x^2)$

D $3x^3(1 + x + x^2)$

E $3x^3(x + 1)^2$

1256 Sia S una sfera di raggio 3 cm. Stabilire quale delle seguenti affermazioni è vera:

A il volume di S è 36π cm^3

B la superficie di S è 9π cm^2

C la superficie di S è 18π cm^2

D il volume di S è 108 cm^3

E il rapporto tra il volume di S e la sua superficie è $\frac{1}{3}$ cm

1257 Il 5% del 10% di un numero è 1. Qual è il numero?

A 100

B 200

C 1000

D 2000

E 10000

1258 Lo 0,2 per mille di un numero è 0,4. Il numero è:

A 1000

B 2000

C 4000

D 8000

E 16000

1259 La metà di 10^6 è:

A 10^3

B $0{,}2 \cdot 10^6$

C $5 \cdot 10^5$

D 5^6

E 10^5

1260 $a^m \cdot a^n$ **è uguale a:**

A a^{m+n}

B a^{m-n}

C na^m

D a^{2mn}

E nessuna delle altre risposte è corretta

1261 In un piano cartesiano due circonferenze con raggio uguale di lunghezza 5 e centri di coordinate (2; 2) e (10; 8) hanno:

A infiniti punti in comune

B due punti in comune

C un punto in comune

D nessun punto in comune

E quattro punti in comune

1262 Una circonferenza è un caso particolare di:

A parabola

B iperbole

C ellisse

D retta

E conica degenere

1263 La sezione di un cilindro circolare retto con un piano perpendicolare all'asse del cilindro è:

A un trapezio

B una circonferenza

C un'iperbole

D un triangolo

E un rettangolo

1264 Il 5% dei membri di una scuola di 5000 persone è stato colpito da una malattia infettiva che richiede il ricovero nel 50% dei casi: quanti ricoveri sono stati fatti?

A 100

B 115

C 125

D 135

E 250

1265 Quali sono tutti i valori di x per i quali è valida la disequazione $x^2 > 64$?

A $x > -8$
B $x < -8$ e $x > 8$
C $x < 8$ e $x > -8$
D $x > 8$
E $x < -8$

1266 Le curve di equazione $y = ax^2 + bx + c$ intersecano l'asse delle ascisse:

A in un numero di punti che dipende dal valore di a, b, c
B in un numero di punti che dipende solo dal valore di a
C sempre in due punti
D in nessun punto
E in un solo punto

1267 Due sfere hanno raggi di lunghezza l'una tripla dell'altra. Qual è il rapporto tra la misura del volume della sfera di raggio maggiore e quella del volume della sfera di raggio minore?

A π
B 9
C 3π
D 27
E 2π

1268 Quanto vale la somma $6 + \frac{1}{2} + \frac{1}{3} + \frac{1}{4}$?

A 6,75
B 9
C $\frac{60}{9}$
D $\frac{85}{12}$
E 7,25

1269 $(3x - y)^2$ è uguale a:

A $3x^2 - 3xy + y^2$
B $9x^2 - 3xy + y^2$
C $9x^2 - 6xy + y^2$
D $9x^2 + 6xy + y^2$
E $9x^2 - 9xy + y^2$

1270 In un esame, 16 studenti sono stati respinti e il 90% è stato promosso. Quanti studenti si sono presentati all'esame?

A 160
B 116
C 84
D 120
E 190

1271 Un angolo è convesso se:

A è minore o uguale a un angolo retto
B è maggiore o uguale a un angolo retto
C non contiene il prolungamento del suoi lati
D è maggiore di un angolo piatto
E nessuna delle altre risposte è corretta

1272 In due triangoli simili, le misure dei lati del più piccolo sono uguali al 50% delle corrispondenti misure del più grande; il rapporto tra l'area del triangolo maggiore e quella del triangolo minore è:

A 0,25
B 2
C 0,5
D 4
E i dati forniti non sono sufficienti per rispondere

1273 1^{-23} è:

A negativo
B uguale a 1
C uguale a $\frac{1}{23}$
D uguale a $-\frac{1}{23}$
E nessuna delle altre risposte è corretta

1274 Quanto vale l'espressione $2^{-1} \cdot 2^5 \cdot 2^{-4}$?

A 20
B 1
C 2
D 64
E 32

1275 Il luogo dei punti equidistanti da due punti assegnati A e B è:

A una retta parallela al segmento $\overline{AB}$

B l'asse del segmento $\overline{AB}$

C la circonferenza di centro A e passante per B

D una retta perpendicolare al segmento $\overline{AB}$ e passante per A

E una retta perpendicolare al segmento $\overline{AB}$ e passante per B

1276 La disequazione $9(3x^2 + 2) > 16(x - 3)$ è soddisfatta:

A solo per $x < \frac{2}{3}$

B solo per $x < 0$

C solo per $x > \frac{2}{3}$

D mai

E per ogni valore reale di x

1277 La disequazione $\left(4x - \frac{1}{x}\right)^2 > 0$ è soddisfatta:

A per ogni $x \neq 0$

B per ogni $x \neq 0$, $x \neq \pm\frac{1}{2}$

C per ogni $x \neq 0$, $x \neq \pm 2$

D per nessun valore reale di x

E per ogni $x \neq 0$, $x \neq \frac{1}{2}$

1278 È possibile definire logaritmi dei numeri negativi?

A Sì, se la base è compresa tra 0 e 1

B Sì, se la base è negativa

C Sì, se la base è minore di 1

D Sì, se la base è positiva

E No, mai

1279 Ricordando che $\log_{10} 2 = 0{,}3$ allora:

A $\log_{10} 50 = 2{,}7$

B $\log_{10} 200 = 2{,}3$

C $\log_{10} 0{,}02 = -2{,}3$

D $\log_{10} 0{,}5 = -1{,}7$

E $\log_{10} 4 = 0{,}9$

1280 A ogni lavaggio con procedure standard di biancheria infetta si può ritenere che il numero di microrganismi presenti si riduca di un fattore 100. Supponendo che in un dato mucchio di panni siano presenti inizialmente $3 \cdot 10^8$ microrganismi, quanti ne rimarranno approssimativamente dopo 3 lavaggi?

A 10^8

B $3 \cdot 10^5$

C 10^5

D $3 \cdot 10^2$

E $3 \cdot 10^4$

1281 Indicare quale fra le seguenti uguaglianze è corretta:

A $100^{-2} = 10^{-(2^2)}$

B $2^{(2^5)} = 2^{10}$

C $5^{(2^3)} = 5^{(3^2)}$

D $4^{1/2} = 2^{-1}$

E $3^{(2^0)} = 3^0$

1282 Dati i monomi $5xy^2$, $15x^2yz$, $10x^2y^2z^2$, il loro M.C.D. (massimo comune divisore) è:

A $30x^2y^2z^2$

B $30xy$

C $15xyz$

D $5xy$

E xy

1283 Stabilire quale delle seguenti affermazioni è vera. I punti $(-3; 0)$, $(0; -3)$, $(0; 0)$:

A sono i vertici di un triangolo equilatero
B sono allineati
C non sono i vertici di un triangolo rettangolo
D sono i vertici di un triangolo isoscele
E non possono essere i vertici di un triangolo

1284 Un individuo perde in un anno il 10% del suo peso e l'anno seguente aumenta del 5% rispetto al nuovo peso. Se si verificasse prima l'aumento del 5% e successivamente la diminuzione del 10%, il peso finale come risulterebbe rispetto al caso precedente?

A Nessuna delle altre risposte è corretta
B Minore
C Uguale
D Maggiore
E Mancano dati per poter rispondere

1285 $(a+b)^2 =$

A $a^2 + b^2$
B $2^a + 2^b$
C $a^2 + b^2 + 2ab$
D $a^2 - b^2$
E $a^2 + b^2 - 2ab$

1286 Quale delle seguenti è la scomposizione del polinomio $x^2 - 7x + 6$?

A $(x-1)(x+6)$
B $(x-1)(x-6)$
C $(x+1)(x+6)$
D $(x+1)(x-6)$
E Il polinomio non può essere scomposto

1287 Quali sono le soluzioni del sistema $\begin{cases} x+y=1 \\ x-y=0 \end{cases}$?

A $x = 0, y = 0$
B $x = 0, y = 1$
C $x = \frac{1}{2}, y = \frac{1}{2}$
D $x = \frac{1}{2}, y = -\frac{1}{2}$
E Il sistema è impossibile

1288 L'equazione $4\left(y - \frac{1}{4}\right) = 1$ ha come soluzione:

A $y = 1$
B $y = 0{,}5$
C $y = \frac{1}{4}$
D $y = -\frac{1}{2}$
E $y = \frac{5}{16}$

1289 Quanto vale l'espressione $\frac{1}{2} - \frac{1}{3} - \frac{1}{4}$?

A $-\frac{1}{12}$
B $\frac{1}{12}$
C $\frac{1}{6}$
D $-\frac{1}{6}$
E $-\frac{1}{9}$

1290 La media dei valori 1, 3, 4, 2, 5, 3, 3, 2, 6, 5, vale:

A 3,4
B 4
C 5
D 3
E 2,1

1291 L'equazione $ax^2 + b = 0$ ha radici reali quando:

A $a < 0$ e qualunque sia il segno di b

B $b < 0$ e qualunque sia il segno di a

C a e b sono entrambi positivi

D a e b hanno segni opposti

E a e b sono entrambi negativi

1292 Quanto vale l'espressione $\frac{1}{2} - \frac{1}{3} - \frac{1}{4} - \frac{1}{5}$?

A 76

B $-\frac{17}{60}$

C $\frac{1}{14}$

D $\frac{1}{12}$

E $\frac{1}{17}$

1293 La disequazione $\log_{\frac{1}{2}}(x-1) < 2$ è soddisfatta per:

A $x < 3$

B $x > 5/4$

C $1 < x < 3$

D $1 < x < 5/4$

E $0 < x < 3$

1294 Impiegando un certo capitale a un certo tasso di interesse annuo, dopo il primo anno si ottiene un interesse di 40 euro e dopo il secondo, avendo capitalizzato la rendita, un interesse di 42 euro. Quale era il capitale iniziale?

A 1.000 euro

B 800 euro

C 400 euro

D 420 euro

E 1.612 euro

1295 Considerando i numeri del tipo $4n + 3$, con n intero, calcolare il numero di quelli compresi fra 240 e 1460:

A 307

B 308

C 306

D 304

E 305

1296 La disequazione $\sqrt{x+5} > \sqrt{2x-1}$ è verificata per:

A $1/2 \le x < 6$

B $x \ge -5$

C $x < 6$

D $x \ge 1/2$

E $-5 \le x \le 6$

1297 Per $x > 0$, il prodotto di x per $\log x$ è uguale a:

A $\log(x^x)$

B $\log(x^2)$

C $\log(x + x)$

D $e^{\log x}$

E $(\log x)^x$

1298 $\sqrt[4]{\sqrt[3]{2}}$ è uguale a:

A 2

B $\frac{1}{2}$

C $\sqrt[12]{2}$

D $\sqrt[7]{2}$

E $\sqrt[12]{2^7}$

1299 Quanto misura il perimetro del quadrilatero di vertici A$(-1; 0)$, B$(0; -\sqrt{3})$, C$(2; \sqrt{3})$, D$(1; 2\sqrt{3})$?

A $4\sqrt{3}$

B 21

C 16

D 12

E 25

1300 Se ognuna delle seguenti coppie di numeri rappresenta le coordinate cartesiane di un punto, qual è quello più lontano dall'origine?

A (2; 5)

B (0; 7)

C (4; 4)

D (6; 1)

E (6; 2)

© Alpha Test

SOLUZIONI

Quesito	Risposta	Quesito	Risposta	Quesito	Risposta	Quesito	Risposta	Quesito	Risposta	Quesito	Risposta	Quesito	Risposta	Quesito	Risposta	Quesito	Risposta	Quesito	Risposta
801	A	802	E	803	D	804	D	805	A	806	E	807	B	808	E	809	A	810	A
811	E	812	A	813	C	814	B	815	A	816	C	817	A	818	A	819	C	820	D
821	C	822	D	823	A	824	D	825	B	826	B	827	A	828	A	829	A	830	B
831	B	832	C	833	B	834	D	835	C	836	D	837	C	838	C	839	D	840	C
841	D	842	A	843	B	844	C	845	A	846	B	847	A	848	A	849	A	850	D
851	C	852	A	853	A	854	A	855	A	856	B	857	C	858	C	859	D	860	C
861	B	862	B	863	B	864	C	865	B	866	D	867	A	868	C	869	C	870	D
871	C	872	E	873	B	874	A	875	E	876	B	877	B	878	A	879	D	880	D
881	B	882	B	883	C	884	B	885	D	886	C	887	B	888	A	889	E	890	D
891	C	892	C	893	B	894	E	895	E	896	D	897	A	898	C	899	E	900	A
901	A	902	A	903	C	904	A	905	B	906	D	907	C	908	A	909	B	910	D
911	A	912	E	913	B	914	D	915	B	916	A	917	D	918	D	919	B	920	A
921	B	922	C	923	C	924	C	925	B	926	B	927	C	928	B	929	A	930	C
931	B	932	C	933	A	934	C	935	C	936	A	937	D	938	C	939	D	940	C
941	D	942	E	943	C	944	D	945	B	946	B	947	B	948	B	949	C	950	A
951	A	952	B	953	A	954	C	955	B	956	A	957	B	958	B	959	A	960	D
961	C	962	C	963	A	964	C	965	C	966	A	967	A	968	A	969	E	970	E
971	D	972	D	973	A	974	D	975	A	976	E	977	A	978	A	979	C	980	C
981	E	982	A	983	A	984	C	985	D	986	D	987	D	988	B	989	A	990	A
991	C	992	E	993	A	994	A	995	D	996	B	997	A	998	D	999	D	1000	A
1001	B	1002	C	1003	B	1004	B	1005	C	1006	B	1007	C	1008	D	1009	E	1010	C
1011	A	1012	D	1013	A	1014	A	1015	A	1016	E	1017	C	1018	A	1019	B	1020	E
1021	E	1022	D	1023	C	1024	C	1025	B	1026	C	1027	D	1028	B	1029	B	1030	D
1031	C	1032	A	1033	A	1034	A	1035	A	1036	C	1037	A	1038	C	1039	D	1040	C
1041	A	1042	A	1043	A	1044	E	1045	E	1046	A	1047	B	1048	D	1049	B	1050	D
1051	C	1052	D	1053	B	1054	A	1055	C	1056	A	1057	B	1058	C	1059	E	1060	D
1061	E	1062	E	1063	D	1064	B	1065	B	1066	D	1067	A	1068	C	1069	D	1070	C
1071	C	1072	C	1073	B	1074	B	1075	C	1076	A	1077	D	1078	D	1079	C	1080	A
1081	D	1082	E	1083	B	1084	B	1085	B	1086	B	1087	A	1088	B	1089	E	1090	C
1091	C	1092	A	1093	D	1094	E	1095	C	1096	A	1097	C	1098	D	1099	D	1100	B

© Alpha Test

Quesito	Risposta	Quesito	Risposta	Quesito	Risposta	Quesito	Risposta	Quesito	Risposta	Quesito	Risposta	Quesito	Risposta	Quesito	Risposta	Quesito	Risposta	Quesito	Risposta
1101	D	1102	C	1103	C	1104	C	1105	A	1106	D	1107	C	1108	B	1109	D	1110	D
1111	C	1112	C	1113	D	1114	D	1115	C	1116	A	1117	C	1118	A	1119	B	1120	B
1121	C	1122	C	1123	A	1124	E	1125	C	1126	E	1127	D	1128	E	1129	C	1130	D
1131	E	1132	E	1133	E	1134	C	1135	E	1136	A	1137	A	1138	D	1139	A	1140	A
1141	C	1142	C	1143	A	1144	C	1145	C	1146	D	1147	E	1148	A	1149	C	1150	C
1151	E	1152	A	1153	C	1154	D	1155	B	1156	A	1157	B	1158	C	1159	C	1160	B
1161	A	1162	B	1163	D	1164	B	1165	A	1166	B	1167	B	1168	B	1169	A	1170	B
1171	E	1172	D	1173	C	1174	C	1175	D	1176	A	1177	E	1178	D	1179	A	1180	C
1181	E	1182	C	1183	A	1184	E	1185	C	1186	B	1187	D	1188	A	1189	C	1190	D
1191	D	1192	B	1193	C	1194	B	1195	C	1196	D	1197	E	1198	D	1199	C	1200	E
1201	D	1202	D	1203	C	1204	C	1205	D	1206	E	1207	B	1208	B	1209	B	1210	E
1211	A	1212	C	1213	A	1214	D	1215	A	1216	D	1217	A	1218	E	1219	C	1220	D
1221	B	1222	C	1223	B	1224	D	1225	E	1226	A	1227	E	1228	A	1229	E	1230	B
1231	C	1232	D	1233	B	1234	D	1235	B	1236	D	1237	D	1238	B	1239	A	1240	B
1241	C	1242	A	1243	C	1244	C	1245	A	1246	E	1247	A	1248	A	1249	B	1250	D
1251	E	1252	D	1253	E	1254	A	1255	D	1256	A	1257	B	1258	B	1259	C	1260	A
1261	C	1262	C	1263	B	1264	C	1265	B	1266	A	1267	D	1268	D	1269	C	1270	A
1271	C	1272	D	1273	B	1274	B	1275	B	1276	E	1277	B	1278	E	1279	B	1280	D
1281	A	1282	D	1283	D	1284	C	1285	C	1286	B	1287	C	1288	B	1289	A	1290	A
1291	D	1292	B	1293	B	1294	B	1295	E	1296	A	1297	A	1298	C	1299	D	1300	B

parte quarta

CULTURA GENERALE

I quesiti di conoscenze acquisite o cultura generale sono sovente presenti nelle prove selettive di numerosi concorsi. Ciò avviene perché il livello della conoscenza dei principali avvenimenti, sia italiani sia internazionali, verificatisi a livello politico, economico, sociale, culturale ecc., costituisce sempre un buon indice del grado di motivazione, cultura e profondità posseduto dal candidato. Questo tipo di esercizi **può essere presente in tutti i test (tranne il TOLC-E) a cui il volume si rivolge**. Sulla piattaforma **MyDesk** collegata al presente volume si possono trovare alcuni esempi delle tipologie di quesiti proposti nei corsi di laurea che adottano il test **TOLC-SU** (solitamente orientativo e non selettivo)..

Quesiti

1301 Nel 1898, a Milano, agitazioni popolari contro il carovita vennero represse a cannonate per ordine del:

- A generale Fiorenzo Bava Beccaris
- B generale Raffaele Cadorna
- C presidente del Consiglio Francesco Crispi
- D presidente del Consiglio Giuseppe Saracco
- E re Vittorio Emanuele III

1302 A norma della Costituzione, entro quanti giorni dalla sua formazione il Governo si presenta alle Camere per ottenerne la fiducia?

- A Un giorno
- B Cinque giorni
- C Dieci giorni
- D Quindici giorni
- E Trenta giorni

1303 Per Unione monetaria europea si intende:

- A un accordo sottoscritto da tutte le nazioni aderenti all'Unione Europea per l'adozione di una moneta unica, l'euro
- B un accordo sottoscritto da tutte le nazioni aderenti all'Unione Europea per l'adozione del dollaro statunitense come moneta unica
- C un accordo sottoscritto da una parte delle nazioni aderenti all'Unione Europea per l'adozione di una moneta unica
- D un organismo sovranazionale con il compito di vigilare sul sistema dei pagamenti all'interno dell'Unione Europea
- E un ente economico istituito per la custodia delle riserve auree dei Paesi membri

1304 Il fallimento di quale banca d'affari statunitense, nel settembre 2008, ha provocato un forte ribasso nell'andamento borsistico mondiale?

- A Barclays Bank
- B Merryl&Lynch
- C Lehman Brothers
- D Morgan Stanley
- E Goldman Sachs

1305 Quale tra i seguenti indirizzi internet è formalmente errato?

- A http://finance.yahoo.com
- B www.sitointernet.it
- C htfp://www/prova/it
- D 192.168.1.15
- E http://www.prova.casa.com

1306 Il filosofo Karl Popper ha individuato in uno dei prodotti della tecnologia grandi potenzialità di antidemocraticità; a quale dei seguenti mezzi/strumenti si riferisce?

- A La radio
- B La televisione
- C La rete telematica
- D Il computer
- E Il cinema

1307 Quale dei seguenti fattori caratterizza un mercato comune rispetto a un'unione doganale?

- A Libera circolazione delle merci
- B Eliminazione di restrizioni sulle importazioni tra i Paesi partecipanti
- C Politiche fiscali comuni
- D Libero movimento dei lavoratori
- E Politiche economiche comuni

1308 In base al Patto di Stabilità e Crescita concordato dai Paesi dell'UME:

A gli Stati membri devono continuativamente rispettare i vincoli su deficit e debito pubblico per non incorrere in sanzioni
B gli Stati che intendono aderire all'UME non devono presentare un deficit nel bilancio pubblico
C il tasso di disoccupazione nell'Eurozona non può superare la soglia del 5%
D la Banca centrale europea deve mantenere il tasso di inflazione al di sotto della soglia del 3% annuo
E gli Stati membri devono devolvere l'1% del PIL annuo per finanziare la crescita nei Paesi in via di sviluppo

1309 Quale delle seguenti organizzazioni internazionali si occupa di favorire gli scambi e il commercio tra i Paesi membri?

A OCSE (*Organizzazione per la Cooperazione e lo Sviluppo Economico*)
B WTO (*World Trade Organization*)
C WBO (*World Buyer Organization*)
D WTU (*World Trade Union*)
E WCU (*World Customer Union*)

1310 Andy Warhol ha prodotto il disco d'esordio di uno dei gruppi più influenti della storia del rock. Di quale gruppo si trattava?

A Doors
B Velvet Underground
C Talking Heads
D Nirvana
E Who

1311 Quale dei seguenti abbinamenti film-regista-attore contiene un errore?

A *Alien* - Ridley Scott - Sigourney Weaver
B *Blade Runner* - Ridley Scott - Harrison Ford
C *Salvate il soldato Ryan* - Steven Spielberg - Tom Hanks
D *Il grande Lebowski* - Joel Coen - Jeff Bridges
E *The Blues brothers* - John Landis - Clint Eastwood

1312 Quale delle seguenti autorità vigila affinché in Italia le negoziazioni in borsa si svolgano in maniera corretta e trasparente?

A CONSOB
B COVIP
C ISVAP
D Autorità antitrust
E Banca d'Italia

1313 Qual è l'unità di misura utilizzata nei mercati internazionali per definire la quantità di petrolio negoziabile a certo prezzo?

A Oncia
B Barile
C Gallone
D Quintale
E Chilogrammo

1314 La fiamma olimpica simboleggia la continuità fra le Olimpiadi del mondo antico e quelle del mondo moderno. In quale Olimpiade dell'era moderna ne venne ripristinato l'uso?

A Atene 1896
B Berlino 1936
C Londra 1908
D Parigi 1924
E Roma 1960

1315 Il termine sponsor è una parola di origine:

A latina
B inglese
C greca
D tedesca
E francese

1316 Che cosa indica il termine "Shoah"?

A Il massacro compiuto dai nazisti a danno del popolo ebraico
B Una corrente filosofica
C Un movimento letterario
D La politica del nazismo

1317 In riferimento a un prestito obbligazionario quando si parla di default dell'emittente, si pensi ad esempio al caso dei Bond argentini, accade che l'emittente:

A adempie regolarmente ai suoi obblighi, in merito sia al pagamento dei frutti periodici sia al rimborso del capitale

B rimborsa anticipatamente il debito liquidando ai creditori quanto dovuto

C adempie periodicamente al pagamento degli interessi ma non procede al rimborso del capitale

D rimborsa le obbligazioni in scadenza emettendo un nuovo prestito obbligazionario

E non adempie ai suoi obblighi, in merito sia al pagamento dei frutti periodici sia al rimborso del capitale

1318 Uno dei seguenti romanzi è stato scritto da Italo Calvino. Quale?

A *Il deserto dei Tartari*

B *Il giorno della civetta*

C *Il barone rampante*

D *Uomini e no*

E *La ragazza di Bube*

1319 Il regista del pluripremiato film "Tutto su mia madre" è:

A De Oliveira

B Saura

C Almodovar

D Wenders

E Kusturica

1320 La cassa integrazione guadagni è un tipico esempio di:

A contratto collettivo nazionale del lavoro

B ammortizzatore sociale

C *social network*

D prestazione previdenziale obbligatoria

E prestazione previdenziale complementare

1321 Mettere in ordine cronologico le seguenti opere letterarie:

a. *Il partigiano Johnny*

b. *La Divina Commedia*

c. *I Promessi sposi*

d. *Sei personaggi in cerca d'autore*

e. *Dialogo sopra i due massimi sistemi del mondo*

A b – e – c – d – a

B e – b – c – a – d

C b – c – e – d – a

D e – c – b – d – a

E b – e – c – a – d

1322 I file con suffisso ".pdf" vengono aperti dal programma:

A Acrobat

B Exchange

C Excel

D Access

E Word

1323 Quale dei seguenti organismi statali italiani fu fondato dopo la caduta del fascismo?

A IMI

B IRI

C ENI

D OVRA

E AGIP

1324 Quale delle seguenti nazioni NON è un membro permanente del Consiglio di Sicurezza dell'ONU?

A Cina

B Russia

C Italia

D Stati Uniti d'America

E Francia

1325 In Italia con legge finanziaria si intende:

A qualsiasi atto normativo recante disposizioni di carattere economico
B la legge che regola il sistema impositivo per la tassazioni dei redditi
C uno strumento attraverso il quale il Governo comunica al Parlamento le spese e le entrate della vigente legislatura
D una legge ordinaria recante le disposizioni per la formazione del bilancio annuale e pluriennale dello Stato
E la legge principale che regola il funzionamento dei mercati e degli intermediari finanziari

1326 Negli anni tra le due grandi guerre Forte dei Marmi d'estate diventava un cenacolo d'intellettuali, le cui vacanze erano definite "ferie letterarie". In quel clima Leonida Repaci, con i Bompiani, i Piovene, i Bellonci etc. istituì nel 1929 il premio:

A Strega
B Campiello
C Bocca di Magra
D Firenze letteraria
E Viareggio

1327 Nel 1975 moriva Pier Paolo Pasolini, "autore contro", approdato alla regia cinematografica, con film famosi, come:

A *New York New York*
B *L'albero degli zoccoli*
C *Balla coi lupi*
D *Il Vangelo secondo Matteo*
E *Salvatore Giuliano*

1328 La società Borsa Italiana S.p.A., che gestisce i mercati regolamentati della Borsa di Milano è:

A una società privata
B un ente pubblico
C un ente privato in cui lo Stato ha una partecipazione di minoranza
D un dipartimento del ministero dell'Economia e delle Finanze
E una società a partecipazione statale di maggioranza

1329 Quanti erano gli Stati fondatori dell'Unione Europea?

A 6
B 8
C 4
D 12
E 3

1330 I cosiddetti mutui *subprime* sono mutui caratterizzati:

A da un elevato standing creditizio dei mutuatari
B da un'alta rischiosità legata alla probabile insolvenza dei mutuatari
C dal fatto che sono prodotti offerti quasi esclusivamente alle imprese
D da una durata massima pari a 5 anni
E da una garanzia fidejussoria fornita da una banca diversa da quella che ha concesso il mutuo

1331 L'accordo di Schengen riguarda:

A il controllo doganale sui prodotti alcolici
B il diritto di stabilimento
C la libera circolazione delle cose
D esclusivamente i cittadini tedeschi
E la libera circolazione delle persone

1332 Com'è chiamata la metodologia di cura basata sull'utilizzo di piante?

A Fisioterapia
B Cromoterapia
C Chemioterapia
D Fitoterapia
E Idroterapia

1333 Nel corso del 2009 il gruppo automobilistico FIAT ha concluso un importante accordo commerciale che le ha permesso di acquisire il controllo di una nota azienda automobilistica. Quale?

A Chrysler
B General Motors
C Skoda
D Opel
E Tata

1334 Nella produzione pittorica di Mario Sironi spiccano per quantità e riuscita:

A i luoghi sacri rurali
B le battaglie navali
C i ritratti dei diseredati
D le battaglie aeree
E i paesaggi urbani e industriali

1335 Il modello della "concertazione" è un sistema di contrattazione:

A diretto tra organizzazioni sindacali e datori di lavoro, i cui effetti hanno validità all'interno della singola impresa
B in forma triangolare, a cui partecipano organizzazioni sindacali, organizzazioni dei datori di lavoro e autorità pubbliche
C diretto tra datori di lavoro e autorità pubbliche
D valido per i dipendenti pubblici a cui partecipano le organizzazioni sindacali e il governo
E in cui viene delegata al governo l'autorità di stabilire le condizioni contrattuali tra lavoratori e datori di lavoro

1336 Costantinopoli, capitale dell'impero bizantino, cadde definitivamente in mano ai Turchi:

A nella seconda metà dell'XI secolo
B nel 1530
C nella prima metà del XV secolo
D nel 753
E nel 1453

1337 Quale dei seguenti Paesi NON adotta l'euro come moneta nazionale ufficiale?

A Slovacchia
B Grecia
C Polonia
D Finlandia
E Cipro

1338 La differenza tra il valore di vendita e il valore dei materiali utilizzati per produrre un certo bene è chiamata:

A valore aggiunto
B ammortamento
C ricavo
D costo del venduto
E margine operativo lordo

1339 L'espressione "scudo fiscale" è utilizzata per definire provvedimenti del governo italiano finalizzati a:

A favorire e regolarizzare il rientro di capitali illegalmente detenuti all'estero da cittadini italiani
B regolarizzare la posizione dei contribuenti verso il fisco per redditi prodotti in Italia
C garantire che ai contribuenti sia applicata l'aliquota di tassazione a loro più favorevole
D salvaguardare il diritto al risarcimento dei contribuenti, nei confronti dell'amministrazione tributaria, per il pagamento di tasse non dovute
E salvaguardare il patrimonio dei soggetti sottoposti ad accertamento tributario

1340 Una poesia di quattordici versi endecasillabi si chiama:

A sonetto
B capitolo
C sestina
D madrigale
E satira

1341 In quale delle seguenti celebri strade statunitensi ha sede la Borsa di New York, il più importante mercato finanziario del mondo?

A Fifth Avenue
B Sunset Boulevard
C Rodeo drive
D Wall Street
E Broadway

1342 In un processo penale, cos'è l'informazione di garanzia?

A L'esercizio dell'azione penale da parte del soggetto legittimato
B L'avviso dato a una persona che su di lei verranno compiute indagini
C L'esercizio dell'azione penale da parte del pubblico ministero
D L'avviso della conclusione delle indagini
E L'inizio delle indagini su una persona sospettata di aver commesso un reato

1343 Quale delle seguenti situazioni permette di affermare che una nazione attraversa una fase di recessione?

A Prolungata riduzione del prodotto interno lordo
B Costante aumento del tasso di inflazione
C Riduzione del tasso di disoccupazione per almeno quattro trimestri consecutivi
D Riduzione dei tassi di interesse
E Riduzione del debito pubblico

1344 Col nome di "ugonotti" erano indicati i:

A confederati svizzeri
B puritani inglesi
C seguaci di Ugo il Conquistatore
D seguaci di Cromwell
E protestanti francesi

1345 Quale tra i seguenti rappresenta un esempio di software applicativo?

A Un programma di fotoritocco
B Un hub
C Un server internet
D Windows Vista
E Uno scanner

1346 Che cos'è il quarzo?

A Un metallo molto duro
B Un tipo di vetro
C Un minerale contenente silicio
D Un elemento radioattivo
E Un metallo piuttosto tenero

1347 Alla Borsa Valori di Milano si negoziano:

A attività reali
B attività finanziarie
C attività commerciali
D attività immobiliari
E materie prime

1348 Quando in un sistema economico si concretizza una situazione di equilibrio generale allora si ha uguaglianza tra:

A entrate e uscite
B costi e ricavi
C domanda e offerta
D occupati e disoccupati
E tassi di interesse e tasso di inflazione

1349 Qual è l'età del pianeta Terra?

A 4,6 milioni di anni
B 1 miliardo di anni
C 6000 anni
D 4,6 miliardi di anni
E 1 milione di anni

1350 All'interno della spesa pubblica sono comprese le retribuzioni dei lavoratori dipendenti?

A No, mai
B Sì, purché si tratti di lavoratori dipendenti privati
C Sì, sempre
D Sì, purché si tratti di lavoratori dipendenti pubblici
E Sì, sia lavoratori dipendenti privati sia lavoratori dipendenti pubblici, purché rientranti in specifiche categorie di lavoratori

1351 Gian Lorenzo Bernini è stato uno dei maggiori artisti della sua epoca a Roma. Individuare, tra le seguenti alternative, l'unica coppia di artisti suoi contemporanei.

A Raffaello e Filippino Lippi
B Borromini e Baldassarre Peruzzi
C Pietro da Cortona e Borromini
D Michelangelo e Pietro da Cortona
E Perugino e Benedetto Antelami

1352 Quale delle seguenti alternative contiene una *litote*?

A Non aveva certo un cuor di leone
B I sentieri di quel bosco sono ormai abbandonati e malsicuri
C Tuo fratello è l'Archimede della compagnia
D Si è mai visto un re senza corona?
E Tutte le precedenti sono litoti

 © Alpha Test

1353 È possibile ipotizzare una situazione in cui in un determinato sistema economico, per un certo periodo, le persone disoccupate siano maggiori della forza lavoro?

- A No, mai
- B Sì ed è una condizione normale che si verifica nei sistemi economici in via di sviluppo
- C Sì, ma è una condizione limite del tutto eccezionale che deve essere corretta
- D Sì, e il tasso di disoccupazione sarebbe maggiore di 1
- E Sì, in caso di sistema economico aperto; no, in caso di sistema economico chiuso

1354 A quale dei seguenti filosofi si può considerare ispirato l'idealismo?

- A John Locke
- B Soren Kierkegaard
- C René Descartes detto Cartesio
- D G. W. Friedrich Hegel
- E Blaise Pascal

1355 Prendendo l'Italia come stato di riferimento, quale dei seguenti indicatori macroeconomici considera la ricchezza prodotta da una persona residente in Italia fuori dai confini del territorio nazionale?

- A PIL (Prodotto interno lordo) nominale
- B PNL (Prodotto nazionale lordo)
- C PIL (Prodotto interno lordo) reale
- D PIN (Prodotto interno netto)
- E PRL (Prodotto residenti lordo)

1356 Quale dei seguenti enti stabilisce il Tasso ufficiale di riferimento applicato alle banche italiane?

- A Banca d'Italia
- B Ministero dell'Economia e delle Finanze
- C Banca Centrale Europea
- D Associazione Bancaria Italiana
- E Fondo Monetario Internazionale

1357 Qual è il *soggetto* della frase seguente? "Mi sono rimaste in mente a lungo le parole dell'oratore".

- A Mi
- B Mente
- C Io
- D Parole
- E Oratore

1358 Una politica monetaria espansiva comporta:

- A un aumento dei tassi di interesse
- B una limitazione delle pressioni inflazionistiche
- C una contrazione degli investimenti
- D un aumento dell'offerta di moneta
- E un aumento delle riserve obbligatorie delle banche

1359 Che cosa è l'estetica?

- A La teoria del bello e dell'arte
- B L'aspetto esteriore
- C L'eleganza
- D L'opposto dell'etica
- E L'arte del trucco

1360 Sono riconosciuti gli effetti civili ai matrimoni contratti secondo le norme del diritto canonico a condizione che:

- A il matrimonio sia celebrato dinanzi all'autorità ecclesiastica
- B gli sposi non abbiano l'età richiesta per la celebrazione
- C l'atto relativo sia trascritto nei registri dello stato civile
- D il parroco o un suo delegato spieghi ai contraenti gli effetti civili del matrimonio
- E il sindaco presenzi alla celebrazione del matrimonio

1361 Una crescita del tasso d'inflazione esprime un aumento:

- A dei salari reali
- B della variabilità dei prezzi
- C del rendimento reale dei titoli di Stato
- D della produttività dello Stato
- E del tasso di crescita dei prezzi

1362 La Banca Centrale Europea ha sede a:

A Francoforte
B Bruxelles
C Parigi
D Milano
E Cracovia

1363 L'IRES, imposta sul reddito delle società, ha un'aliquota di applicazione:

A progressiva
B regressiva
C costante
D progressiva per scaglioni
E differenziata per settore produttivo

1364 In quale dei seguenti edifici ha sede il Segretariato delle Nazioni Unite?

A Palazzo Koch a Roma
B Casa Batlò a Barcellona
C Pentagono a Washington
D Palazzo di Vetro a New York
E Eliseo a Parigi

1365 I Buoni ordinari del Tesoro sono:

A titoli obbligazionari emessi da società private italiane
B attività finanziarie emesse dalla Banca Centrale Europea
C emessi dalla Banca d'Italia
D titoli a medio/lungo termine
E titoli di Stato italiani

1366 Il congresso di Vienna:

A soppresse le libertà civili e instaurò lo stato di polizia in tutti i paesi europei
B restaurò il potere dei sovrani spodestati da Napoleone e l'integrità territoriale dei loro domini
C sancì l'unificazione della penisola italiana sotto un'unica dinastia
D riconobbe le conquiste napoleoniche e sancì l'egemonia della Francia in Europa

1367 Croce e Gentile si possono definire:

A pragmatisti
B idealisti
C positivisti
D irrazionalisti
E edonisti

1368 Il libeccio è un vento che spira da:

A Nord verso Sud
B Nord-Ovest verso Sud-Est
C Sud-Ovest verso Nord-Est
D Sud verso Nord

1369 Tra i trafori ferroviari che collegano l'Italia all'Europa Centrale qual è il più lungo?

A Burgallo
B Frejus
C Tenda
D Sempione

1370 Quale delle seguenti risorse rappresenta la fonte di energia non rinnovabile maggiormente utilizzata in Italia?

A Petrolio
B Carbone
C Solidi
D Gas derivati
E Gas naturale

1371 Quale scultore eseguì il celebre Mosè?

A G.L. Bernini
B Michelangelo
C Donatello
D Sansovino

1372 Quale dei seguenti gruppi industriali è il maggior produttore di automobili al mondo?

A Toyota
B Ford
C Volkswagen
D Renault
E Hyundai

1373 La capitalizzazione di borsa di una società quotata rappresenta:

A il capitale sociale versato
B il valore complessivo di mercato delle azioni
C il valore nominale delle azioni
D il valore delle azione proprie detenuto dalla società
E il valore complessivo delle obbligazioni emesse

 © Alpha Test

1374 L'OPEC (Organizzazione dei Paesi Esportatori di Petrolio) può essere considerato un tipico esempio di:

- A unione monetaria
- B unione doganale
- C cartello
- D organizzazione umanitaria
- E monopolio

1375 Quale dei seguenti organi può emanare atti aventi valore di legge?

- A Presidente della Repubblica
- B Ministro dell'Interno
- C Corte costituzionale
- D Provincia
- E Governo

1376 In quale periodo visse la mistica e filosofa Simon Weil?

- A Tardo Novecento
- B Tardo Settecento
- C Primo Ottocento
- D Primo Novecento
- E Metà Ottocento

1377 Chi ha dipinto il celebre quadro "Lo stagno delle Ninfee"?

- A Edgar Degas
- B Claude Monet
- C Paul Cezanne
- D Pablo Picasso
- E Gustav Klimt

1378 Nell'Unione Europea, la presidenza del Consiglio dei ministri è assunta a rotazione per:

- A sei mesi
- B un anno
- C diciotto mesi
- D due anni
- E tre anni

1379 Un "megabyte" corrisponde a:

- A 100 kilobytes
- B 1000 bytes
- C 1024 bytes
- D 1024 kilobytes
- E 1 000 000 bits

1380 Quale Stato dell'Unione Europea ha la popolazione più numerosa?

- A Germania
- B Francia
- C Regno Unito
- D Svezia
- E Spagna

1381 In Italia il riconoscimento del suffragio universale maschile è avvenuto nel:

- A 1912
- B 1918
- C 1920
- D 1942
- E 1948

1382 In Italia, prima del 1975, la maggiore età si raggiungeva a:

- A 16 anni
- B 18 anni
- C 19 anni
- D 21 anni
- E 25 anni

1383 La Seconda Guerra Mondiale terminò, dopo l'esplosione delle bombe atomiche su Nagasaki e Hiroshima, con la resa del Giappone. Quale generale americano accettò tale resa?

- A Mc Arthur
- B Eisenhower
- C Patton
- D Clark
- E Marshall

1384 Che cosa si intende per Quirinale? La sede del:

- A Presidente della Repubblica
- B Parlamento
- C Governo
- D Senato
- E Pontefice

1385 La regione dei Grandi laghi si trova in:

- A Australia
- B Cina
- C Africa
- D America Settentrionale
- E Europa

1386 "Resurrezione" è un romanzo di:

A Rozanov
B Dostoevskij
C Esenin
D Tolstoj
E Bulgakov

1387 Secondo la definizione del tasso di cambio nella fattispecie "cambio certo per incerto", se in Italia si stabilisce un tasso di cambio euro/dollaro pari a 1,5, vuol dire che:

A servono 1,5 dollari per acquistare 1 euro
B servono 1,5 euro per acquistare 1 dollaro
C serve 1 dollaro per acquistare 0,5 euro
D serve 1 dollaro per acquistare 1 euro
E serve 1 dollaro per acquistare 0,75 euro

1388 L'ordinamento italiano prevede una serie di atti giuridici che richiedono l'età minima di anni 30?

A No
B Sì
C Sì, ma solo per la domanda di cambiamento del sesso
D Sì, ma solo per il cambio volontario di nazionalità
E Sì, ma solo per eleggere i deputati

1389 Quante sono le Regioni a Statuto Speciale?

A Due
B Tre
C Quattro
D Cinque
E Otto

1390 Che cos'è un indirizzo IP?

A Un protocollo di trasferimento dei file
B Una particolare scheda di espansione dei PC
C Un identificativo univoco assegnato ad un computer in rete
D Un sistema di instant messaging
E Un codice segreto bancario

1391 Non è membro delle Nazioni Unite:

A Taiwan
B Israele
C Cina
D Malta
E Serbia

1392 Quale pittore eseguì il dipinto che raffigura la Madonna del Belvedere?

A Caravaggio
B Correggio
C Perugino
D Leonardo da Vinci
E Raffaello

1393 Quale dei seguenti mari bagna la Grecia?

A Mar Tirreno
B Mare Adriatico
C Mar Egeo
D Mar Nero
E Mar Caspio

1394 Quando si acquista, di norma, la capacità di agire?

A Al compimento del 16° anno di età
B Al compimento del 18° anno di età
C Al compimento del 21° anno di età
D Al compimento del 25° anno di età
E Alla nascita

1395 La legge italiana impone che il matrimonio sia celebrato pubblicamente?

A No
B Sì, salvo esigenze particolari
C Sì
D Rimette la scelta ai nubendi
E Non dice nulla in merito

1396 La piena occupazione:

A è considerata un obiettivo di lungo periodo di politica economica
B è considerata un obiettivo di breve periodo di politica economica
C è considerata un obiettivo intermedio di politica monetaria
D non rientra tra gli obiettivi di politica economica
E non rientra tra gli obiettivi di politica monetaria

 © Alpha Test

1397 Che cos'è la dialettica?

A La capacità d'ingannare
B Lo studio dei dialetti
C La parlantina
D Una branca della medicina
E L'arte del discutere e del persuadere

1398 Sandro Pertini è stato:

A Presidente della Repubblica
B direttore del «Corriere della Sera»
C ministro degli Interni
D allenatore della Nazionale di Calcio
E premio Nobel per la Chimica

1399 L'Italia si trova nell'emisfero:

A australe
B equatoriale
C antartico
D boreale
E di Greenwich

1400 Il decreto-legge è:

A una legge emanata dal Parlamento
B una legge emanata dal Presidente della Repubblica
C una legge emanata dal Governo, da approvarsi successivamente dal Parlamento
D una legge emanata da una Regione
E un decreto del Ministro degli Interni

1401 Il testo *Dei delitti e delle pene* è di:

A Alessandro Manzoni
B Cesare Beccaria
C Silvio Pellico
D Niccolò Machiavelli
E Giuseppe Mazzini

1402 A norma della Costituzione, il voto è:

A pubblico
B segreto
C aperto al pubblico
D per procura
E multiplo

1403 Nel giugno 2008 è morto il regista Dino Risi (91 anni), uno dei grandi maestri della commedia all'italiana. Quale dei seguenti film da lui diretti segnò la consacrazione di Vittorio Gassman?

A *Poveri ma belli*
B *I mostri*
C *Il sorpasso*
D *Profumo di donna*
E *Il vedovo*

1404 "La Primavera" è un dipinto:

A del Masaccio
B di Antonello da Messina
C di Sandro Botticelli
D di Leonardo da Vinci

1405 Quale dei seguenti animali è estinto?

A Dodo
B Ornitorinco
C Panda gigante
D Gorilla di montagna
E Iguana

1406 Che cos'è il nylon?

A Un polimero sintetico da cui si ottengono fibre resistenti ed elastiche
B Una fibra naturale prodotta da alcuni insetti che vivono nelle regioni tropicali
C Una fibra naturale di origine vegetale
D Un prodotto ottenuto dalla distillazione del petrolio
E Una fibra naturale ricavata dalla canapa

1407 Quante donne Presidenti del Consiglio ci sono state in Italia?

A Nessuna
B Una
C Due
D Tre
E Cinque

1408 Cosa significa la parola democrazia?

A Governo della classe politica
B Governo del sovrano
C Governo del popolo
D Libertà
E Governo dei cittadini elettori

1409 In Italia è ammesso il voto per procura?

A No
B Sempre
C Sì, se i cittadini risiedono all'estero
D Solo per gli elettori che abitano all'estero
E Solo per gli elettori malati

1410 Secondo la Costituzione repubblicana, è ammesso il voto multiplo?

A Sempre
B Sì, se il cittadino ha superato i settant'anni di età
C Solo per gli ex Capi di Stato
D No, mai
E Solo per gli ex senatori

1411 Le miniere di carbone del Sulcis sono nella regione:

A Sicilia
B Sardegna
C Veneto
D Calabria
E Umbria

1412 Il filosofo Tommaso d'Aquino visse nello stesso periodo di:

A Dante
B Cervantes
C Montaigne
D Shakespeare
E Lutero

1413 I TAR sono:

A organi di giustizia di primo grado
B organi di giustizia di secondo grado
C organi di tutela giurisdizionale ordinaria
D organi speciali
E organi di tutela giurisdizionale penale

1414 Genova, Amalfi, Pisa, Venezia, Napoli; chi è l'intrusa?

A Genova
B Napoli
C Amalfi
D Pisa
E Venezia

1415 Quali tra i seguenti organi non è statale?

A Il Governo
B Il Parlamento
C Il Consiglio dei Ministri
D Il CNEL
E La Regione

1416 Come si chiama l'operazione di ricerca di un record all'interno di un database?

A Macro
B Query
C Report
D Sort
E Upload

1417 Qual è la capitale dell'Afghanistan?

A Bagdhad
B Mosul
C Kabul
D Nassirya
E Kandahar

1418 Per quanti anni viene eletta la Camera dei Deputati?

A 1 B 3 C 5 D 6 E 7

1419 La remunerazione del lavoro operaio viene tipicamente definita:

A stipendio
B salario
C retribuzione
D margine
E compenso

1420 Che cos'è una multa?

A La pena pecuniaria comminata per la commissione di un reato di particolare gravità
B Un reato di non particolare gravità
C Il pagamento che il contribuente effettua a favore di un ente pubblico a seguito di una controprestazione
D Una sanziona penale comminata per la commissione di un reato di non particolare gravità
E Una violazione della legge

1421 La Santa Sede è:

A un organismo di diritto pubblico
B un soggetto di diritto internazionale
C un soggetto dello Stato della Città del Vaticano
D un organismo di diritto privato
E un soggetto autonomo

1422 "Vedutisti" vengono definiti:

A gli artisti settecenteschi che rappresentano immagini di città
B gli architetti delle sedi principesche del Sei-Settecento
C gli artisti che sviluppano le tecniche della prospettiva
D i pittori di nature morte del tardo barocco

1423 I regolamenti e le direttive della Comunità europea sono atti:

A vincolanti solo se riguardano la politica economica e gli scambi internazionali
B produttivi di effetti giuridici negli ordinamenti nazionali
C non vincolanti
D vincolanti solo se espressamente previsti dalla Costituzione
E vincolanti

1424 Cosa prevede l'articolo 3 della Costituzione Italiana?

A È vietata la riorganizzazione, sotto qualsiasi forma, del disciolto partito fascista
B Tutti i cittadini hanno pari dignità sociale e sono eguali davanti alla legge, senza distinzione di sesso, di razza, di lingua, di religione, di opinioni politiche, di condizioni personali e sociali
C È senatore di diritto e a vita, salvo rinunzia, chi è stato Presidente della Repubblica. Il Presidente della Repubblica può nominare senatori a vita cinque cittadini che hanno illustrato la Patria per altissimi meriti nel campo sociale, scientifico, artistico e letterario
D L'Italia è una Repubblica democratica, fondata sul lavoro. La sovranità appartiene al popolo, che la esercita nelle forme e nei limiti della Costituzione
E La Repubblica riconosce a tutti i cittadini il diritto al lavoro e promuove le condizioni che rendano effettivo questo diritto

1425 In quale dei seguenti sport di squadra non è possibile chiedere un "time-out"?

A Nel rugby
B Nel calcio a cinque
C Nella pallavolo
D Nella pallanuoto
E Nella pallamano

1426 L' "ermetismo" è:

A una tendenza artistica diffusasi in Europa a partire dai primi anni del '900
B un movimento culturale nato nel secondo dopoguerra, che ebbe influssi importanti sul cinema dell'epoca
C una dottrina economica che ebbe origine negli anni Ottanta del secolo scorso e che sosteneva, tra le altre cose, la privatizzazione dei servizi pubblici
D una corrente progettuale dell'architettura sviluppatasi in Europa a partire dal primo ventennio del '900
E una corrente poetica sviluppatasi in Italia tra il 1930 e il 1940

1427 "Ei fu": Alessandro Manzoni lo scrive di:

A padre Cristoforo morto di peste
B il conte di Carmagnola giustiziato a Venezia
C Napoleone Bonaparte morto a Sant'Elena
D don Rodrigo morto nel lazzaretto
E Adelchi ferito a morte

1428 Dove si trova il Pentagono?

A In Lombardia
B Negli USA
C Nel Principato di Monaco
D Al Louvre, a Parigi
E In Russia

1429 Aron Hector Schmitz usò come pseudonimo:

A Giaime Pintor
B Carlo Emilio Gadda
C Italo Svevo
D Eugenio Scalfari
E Umberto Saba

1430 La Corte di Giustizia è stata istituita:
- A dal trattato CECA
- B dal trattato CEE
- C dall'Unione Europea
- D dalla NATO
- E dalla FAO

1431 L'aggettivo «scipito» significa:
- A sciupato
- B insulso
- C impacciato
- D inebetito
- E scivoloso

1432 La Giunta regionale è l'organo:
- A giudiziario della Regione
- B legislativo della Regione
- C esecutivo della Regione
- D amministrativo della Regione
- E contabile della Regione

1433 Rabat è la capitale del:
- A Gabon
- B Ciad
- C Camerun
- D Marocco
- E Sudan

1434 Individuare il termine "estraneo" al gruppo:
Baleari; Canarie; Cicladi; Egadi; Eolie.
- A Baleari
- B Canarie
- C Cicladi
- D Egadi
- E Eolie

1435 "Unix" è:
- A una società che produce hardware
- B una internet key
- C una famosa softwarehouse
- D un particolare tipo di plotter
- E un sistema operativo

1436 Il G7 (Group of Seven) divenne G8 per l'aggiunta:
- A della Cina
- B del Canada
- C dell'India
- D del Brasile
- E della Russia

1437 Il cosiddetto "acido muriatico" è:
- A acido cloridrico
- B acido solforico
- C acido citrico
- D ammoniaca
- E acido nitrico

1438 Cosa si intende per "rischio di credito"?
- A L'oscillazione del tasso di interesse
- B La diminuzione del potere di acquisto di una somma nel tempo intercorrente tra prestito e rimborso
- C La possibilità che il debitore non sia in grado di restituire parzialmente o totalmente il capitale ricevuto in prestito o gli interessi maturati
- D Il pericolo, di cui si sono avuti esempi recenti con il Brasile e il Messico, che uno Stato si indebiti troppo e non possa più saldare i suoi debiti, innescando una crisi mondiale
- E Il pericolo che alcuni operatori economici - di solito piccoli imprenditori o famiglie - finiscono vittime degli usurai

1439 Qual è la durata del mandato del sindaco?
- A Un anno
- B Due anni
- C Tre anni
- D Cinque anni
- E Dieci anni

1440 Le spese sostenute da un Paese per l'istruzione e la formazione possono essere considerate:
- A spese correnti
- B partite di giro
- C investimenti
- D consumi
- E sprechi

1441 La Repubblica turca fu fondata da Mustafa Kemal Atatürk sulle ceneri dell'Impero ottomano:
- A all'inizio del XIX secolo
- B nel primo dopoguerra
- C all'inizio del XVIII secolo
- D durante la guerra fredda
- E nel secondo dopoguerra

 © Alpha Test

1442 La data del 7 dicembre 1941 evoca:

A la dichiarazione di guerra di Hitler e Mussolini agli Stati Uniti
B la battaglia delle Midway
C la morte di Franklin D. Roosevelt
D l'attacco giapponese alla base navale americana di Pearl Harbor
E l'inizio dell'operazione Barbarossa contro l'Unione Sovietica

1443 Quale tra le seguenti età è la minima richiesta per essere eleggibile alla carica di sindaco?

A 18 anni
B 21 anni
C 25 anni
D 40 anni
E 50 anni

1444 Sono eleggibili a senatori tutti gli elettori che hanno compiuto:

A 18 anni
B 21 anni
C 30 anni
D 40 anni
E 50 anni

1445 La superficie dell'Italia insulare è circa pari a:

A 10.000 kmq
B 25.000 kmq
C 50.000 kmq
D 60.000 km
E 80.000 kmq

1446 Indicare la parola da scartare.

A Los Angeles
B Chicago
C Montreal
D Detroit
E Houston

1447 In base all'art. 59 Cost., quanti senatori a vita possono essere nominati dal Presidente della Repubblica?

A Nessuno
B Tre
C Cinque
D Dieci
E Quanti ne vuole

1448 Cos'era la *Giovine Italia*, fondata da Giuseppe Mazzini a Marsiglia nel 1831?

A Un foglio clandestino che circolava anonimamente in ambienti settari
B Una rivista culturale fondata da storici italiani
C Una rivista di propaganda democratica
D Un'associazione di stampo educativo che intendeva rompere con la tradizione delle sette clandestine
E Un'associazione segreta tra sostenitori (esuli o stranieri) della causa nazionale italiana

1449 Le carte di credito sono un tipico esempio di:

A moneta cartacea
B moneta legale
C moneta bancaria
D moneta merce
E moneta elettronica

1450 Per quanti anni vengono eletti i deputati?

A Uno
B Tre
C Cinque
D Sette
E Dieci

1451 Una delle seguenti non è una composizione di Ludwig Van Beethoven: quale?

A *Coriolano*
B *Per Elisa*
C *Il Flauto Magico*
D *La Patetica*
E *L'eroica*

1452 La forma di Governo esistente in Italia è:

A parlamentare
B presidenziale
C semipresidenziale
D incostituzionale
E direttoriale

1453 La produzione artistica di Antonio Canova appartiene:

A alla pittura barocca
B all'architettura neoclassica
C alla pittura romantica
D alla scultura neoclassica

1454 L'autore della poesia "Alle fronde dei salici" è:

A G. Pascoli
B G. Carducci
C E. Montale
D G. Leopardi
E S. Quasimodo

1455 Quale di questi scrittori NON ha ricevuto il premio Nobel per la letteratura?

A Eugenio Montale
B Giuseppe Ungaretti
C Luigi Pirandello
D Giosuè Carducci
E Grazia Deledda

1456 Dei seguenti abbinamenti di concetti di rilevanza storiografica con i relativi, pertinenti personaggi storici, s'identifichi l'UNICO ERRATO.

A Dispotismo illuminato/Giulio Cesare
B Grande Terrore/Robespierre
C Rivoluzione permanente/Trockij
D Socialismo in un solo Paese/Stalin
E Rivoluzione culturale/Mao

1457 In base all'art. 102 della Costituzione italiana, la funzione giurisdizionale è esercitata:

A dal governo
B dalla magistratura
C da entrambi i precedenti collegialmente
D dalla polizia giudiziaria
E dal parlamento

1458 Quale dei seguenti è un programma per l'elaborazione di immagini?

A PowerPoint
B Unix
C Android
D Photoshop
E Itunes

1459 Cos'è l'imposizione diretta?

A Il corrispettivo che un ente pubblico chiede per l'erogazione di servizi
B Il prelievo fiscale sulla ricchezza esistente o prodotta
C Il prelievo fiscale sui consumi
D L'imposta sull'importazione di merci dall'estero
E L'imposta sull'esportazione di merci all'estero

1460 Che cos'è un dazio?

A Una merce
B Un prezzo
C Una tassa
D Un'imposta
E Una dogana

1461 Le leggi sono promulgate dal:

A Presidente del Senato
B Presidente del Consiglio dei Ministri
C Presidente delle Camere
D Presidente della Repubblica
E Ministro dell'Interno

1462 In base all'art. 102 della Costituzione italiana, la funzione giurisdizionale è esercitata:

A dal governo
B dalla magistratura
C da entrambi i precedenti collegialmente
D dalla polizia giudiziaria
E dal parlamento

1463 "È un provvedimento di carattere generale con il quale lo Stato rinuncia a punire i soggetti che hanno commesso dei reati o rinuncia ad eseguire la pena già comminata. È causa di estinzione del reato."
A quale delle voci sottoelencate si riferisce la definizione?

A Indulto
B Perdono
C Amnistia
D Grazia
E Indulgenza

© Alpha Test

1464 Si osservi il periodo seguente e si individui l'alternativa che ne effettua una parziale ma corretta analisi logica.
«La formazione scolastica e professionale è una ricchezza per il nostro Paese».
1. La formazione
2. è
3. una ricchezza
4. per il Paese
5. nostro
a. copula
b. complemento di vantaggio
c. nome del predicato
d. soggetto
e. attributo

A 1-d; 2-a; 3-c; 4-b; 5-e
B 1-b; 2-a; 3-c; 4-e; 5-d
C 1-e; 2-a; 3-c; 4-b; 5-d
D 1-c; 2-a; 3-d; 4-b; 5-e
E Nessuna delle alternative effettua una corretta analisi logica

1465 La bandiera dell'Unione Europea rappresenta un cerchio di ... stelle dorate su sfondo blu (si completi con l'opzione CORRETTA).

A 10
B 25
C 15
D 12
E 20

1466 In base alla Carta Costituzionale, i rapporti tra Stato e Chiesa sono regolati:

A dal codice civile
B dalla consuetudine
C dal Presidente della Repubblica
D dal Papa
E dai Patti Lateranensi

1467 A norma della Costituzione, quale tra le seguenti affermazioni concernenti la condizione dello straniero non è valida? La condizione giuridica dello straniero:

A è regolata dalla legge
B è regolata dalla legge in conformità delle norme
C è regolata dalla legge in conformità dei trattati internazionali
D è regolata dagli usi e dalla consuetudine
E è regolata dai Patti Lateranensi

1468 A chi spetta il potere di scioglimento delle Camere? Al Presidente:

A della Camera
B del Senato
C del Consiglio
D della Repubblica
E della Corte Costituzionale

1469 In base alla Costituzione, entro quanti giorni dalle fine delle precedenti Camere hanno luogo le elezioni delle nuove Camere?

A Cinque
B Dieci
C Quindici
D Cinquanta
E Settanta

1470 I membri del Parlamento possono essere sottoposti a perquisizione personale?

A Sì, sempre
B No, mai
C Sì, ma con l'autorizzazione della Camera alla quale appartengono
D Sì, ma con l'autorizzazione del Presidente della Repubblica
E Sì, con l'autorizzazione del Presidente della Corte Costituzionale

1471 Non sono soggette a referendum abrogativo le:

A leggi in materia di istruzione
B leggi in materia di stato civile
C leggi di diritto pubblico
D nomine dei vertici degli enti pubblici
E leggi tributarie e di bilancio

1472 Quale dei seguenti Stati non è membro permanente del Consiglio di sicurezza dell'ONU?

A Giappone
B Stati Uniti d'America
C Cina
D Russia
E Francia

1473 Recenti studi dell'Università di Pavia sembrano convalidare l'affermazione di Erodoto per cui gli Etruschi sarebbero originari:

A dell'Asia Minore
B del Ponto
C della Cina
D dell'India
E del Libano

1474 Quale dei seguenti personaggi non rientra nei Diadochi o nelle loro dinastie?

A Antioco III
B Annibale
C Attalo di Pergamo
D Seleuco
E Tolomeo d'Egitto

1475 Ai tempi del re Giuda Giosia (638-609 a.C.), mentre Egitto e Assiria si contendevano il dominio sulla Giudea, un profeta, che dà nome a uno dei libri della Bibbia, gridava contro la superficialità popolare nel seguire la religione. Fu dunque processato e imprigionato, ma non cessò di profetizzare sulle sventure che avrebbe incontrato Israele, se non si fosse ricondotto nelle vie del Signore. Il profeta era... e la profezia riguardava la distruzione...

A Nabucodonosor; del tempio
B Giosuè; del monte degli ulivi
C Isaia; del getsemani
D Nabucodonosor; delle mura perimetrali di Gerusalemme
E Geremia; del tempio

1476 Quale dei seguenti gerarchi fascisti non morì durante la seconda guerra mondiale o in seguito al crollo del regime?

A Italo Balbo
B Dino Grandi
C Alessandro Pavolini
D Achille Starace
E Galeazzo Ciano

1477 Al tempo dell'ingresso dell'Italia nella CEE, il governo nazionale era a guida:

A liberale
B socialcomunista
C repubblicana
D liberale
E democristiana

1478 Quale Presidente del consiglio italiano fu accusato dallo storico Salvemini di essere "il ministro della malavita"?

A Crispi
B Depretis
C Giolitti
D Di Rudinì
E Nitti

1479 Da quali Paesi fu stipulato il Patto d'Acciaio (1939)?

A Austria e Germania
B Italia e Germania
C Olanda e Francia
D Inghilterra e Francia
E Spagna e Francia

1480 Si riconosca la serie che dispone la comparsa dei seguenti ordini religiosi nella corretta successione storica.

A Francescani; Benedettini; Gesuiti
B Gesuiti; Francescani; Benedettini
C Benedettini; Francescani; Gesuiti
D Benedettini; Gesuiti; Francescani
E Gesuiti; Benedettini; Francescani

1481 Con la riforma elettorale del 1912, che introduceva in Italia il suffragio universale, a quale percentuale dell'intera popolazione venne concesso il diritto di voto?

A 24%
B 34%
C 44%
D 54%
E 64%

1482 .... fu re di Francia e di Navarra fino alla sua morte, avvenuta nel 1715.

A Luigi XV
B Luigi XVIII
C Luigi XII
D Luigi XVI
E Luigi XIV

 © Alpha Test

1483 Le origini della bandiera tricolore italiana, nel contesto del Congresso Cispadano di Reggio Emilia, risalgono alla fine del secolo:

A XVII
B XI
C XVIII
D XV
E X

1484 Negli anni '20 del XX secolo la "Spagnola" fu in Europa la causa prima di un numero di morti addirittura superiori a quello avutosi nella grande guerra. Si trattò di un'epidemia di:

A colera
B influenza
C AIDS
D lue
E tifo

1485 In che anno e in quale occasione in Italia, per la prima volta, votarono le donne?

A Nel 1946 in occasione delle elezioni amministrative
B Nel 1946 in occasione del referendum istituzionale per decidere tra monarchia e repubblica
C Nel 1946 in occasione delle elezioni per la Costituente
D Nel 1919 in occasione delle elezioni politiche col sistema proporzionale
E Nel 1913 in occasione delle elezioni politiche

1486 I principali dipinti di Paul Gauguin si ispirano:

A al "primitivismo" della cultura polinesiana
B ai motivi elaborati dallo stile "liberty"
C ai temi del cubismo
D alla produzione standardizzata dell'industria

1487 Di quale dei seguenti movimenti indipendentisti era leader il curdo Abdullah Öcalan?

A EZLN
B PKK
C Tupac Amaru
D Sendero Luminoso
E Lupi grigi

1488 Pablo Picasso è stato il caposcuola del movimento denominato:

A cubismo
B astrattismo
C fauvismo
D futurismo
E espressionismo

1489 Di quale Paese dell'Africa mediterranea è stato sovrano dal 1961 al 1999 Hasan II?

A Libia
B Algeria
C Marocco
D Egitto
E Tunisia

1490 La teoria della selezione naturale di Darwin suggerisce che:

A gli organismi migliorano i propri caratteri nel tempo
B gli organismi si adattano alle variazioni ambientali durante il proprio ciclo vitale e trasmettono tali adattamenti alla prole
C le specie si modificano nel tempo secondo un meccanismo per cui gli organismi meglio adattati ad uno specifico ambiente sono avvantaggiati nella riproduzione
D l'Uomo si perfeziona nel tempo in misura maggiore rispetto agli altri organismi
E gli organismi attuali presentano caratteristiche non significativamente diverse da quelle dei primi organismi che hanno popolato la Terra

QUESITI

1491 "Kulturkampf" è un termine tedesco con il quale si designa la battaglia politica condotta contro la chiesa cattolica e il partito cattolico del "Centro" da:

A Adolf Hitler
B Konrad Adenauer
C Otto von Bismarck
D Paul von Hindenburg
E Karl Liebknecht

1492 Adolf Hitler nacque in:

A Prussia
B Renania
C Baviera
D Austria
E Sassonia

1493 In quale Paese c'è stato il sanguinario regime di Pol Pot (1975-79)?

A Laos
B Vietnam
C Cambogia
D Birmania
E Thailandia

1494 In quali città italiane, nel 1849, alcune rivolte antiaustriache furono represse nel sangue?

A Brescia e Venezia
B Milano e Verona
C Trento e Trieste
D Bergamo e Treviso
E Mantova e Magenta

1495 Il Trattato di Uccialli fu firmato dall'Italia con:

A l'Albania
B la Somalia
C l'Etiopia
D l'Eritrea
E la Libia

1496 ...... NON fu assassinato.

A John Fitzgerald Kennedy
B Enrico IV
C Napoleone III
D Giulio Cesare
E Martin Luther King

1497 Quale dei seguenti eventi avvenne nel 1453?

A La scoperta dell'America
B La scoperta della penicillina
C La nascita di Federico II
D L'inizio della guerra dei Trent'anni
E La fine dell'Impero Romano d'Oriente

1498 Quale noto personaggio della vita politica italiana venne rapito e ucciso dai fascisti nel giugno del 1924?

A Amendola
B Turati
C Gobetti
D Gramsci
E Matteotti

1499 Alla fondazione di quale dei seguenti enti pubblici è legato il nome di Enrico Mattei?

A INAIL
B IRI
C ENI
D ENEL
E INPS

1500 Durante la Resistenza italiana, da chi fu assunta la direzione politica della guerra partigiana?

A Dal Partito comunista
B Dal Partito d'Azione
C Dal Comitato di Liberazione Nazionale
D Dal Comando alleato
E Dal Corpo Volontari della Libertà

1501 Quali famiglie inglesi furono coinvolte nella guerra delle Due Rose?

A Windsor e York
B York e Lancaster
C Lancaster e Tudor
D Turner e Douglas
E Smith e Wesson

1502 Il primo imperatore del Sacro Romano Impero fu:

A Carlo V
B Ottone I
C Federico I
D Carlo Magno
E Massimiliano I

 © Alpha Test

1503 Quale dei seguenti eventi si verificò in occasione delle elezioni del 1948 in Italia?

- **A** La scissione tra comunisti e socialisti
- **B** La vittoria del Partito Liberale
- **C** Il disimpegno della Chiesa nelle questioni di politica interna
- **D** La presenza unita di comunisti e socialisti in un fronte popolare
- **E** Il rafforzarsi delle correnti monarchiche

1504 L'espressione «notte dei lunghi coltelli» rimanda, nel discorso storiografico:

- **A** al duello rituale al primo sangue che consacrava i rampolli della nobiltà tedesca
- **B** al massacro degli ugonotti parigini durante la notte di San Bartolomeo
- **C** alla "campagna dei banchetti" organizzata in Francia dagli oppositori di Luigi Filippo d'Orléans
- **D** all'eliminazione dei vertici delle SA ad opera delle SS di Hitler
- **E** alla distruzione perpetrata dai nazisti di decine d'opere d'arte figurativa giudicata "decadente"

**1505 Nel 1889 a Mayerling, presso Vienna, in circostanze mai del tutto chiarite, l'arciduca d'Austria Rodolfo d'Asburgo, ... di Francesco Giuseppe I, imperatore d'Austria e re d'Ungheria, perse la vita insieme alla sua giovane amante, la baronessa Maria Vetsera.
Si identifichi la CORRETTA integrazione della proposizione.**

- **A** figlio
- **B** fratello
- **C** nipote
- **D** cugino
- **E** padre

1506 Al tempo del rinnovo del Concordato con la Chiesa cattolica, il governo italiano era a guida:

- **A** democristiana
- **B** repubblicana
- **C** socialista
- **D** liberale
- **E** socialdemocratica

1507 L'unico governo della Repubblica italiana che è rimasto in carica più di 1400 giorni era guidato da:

- **A** Andreotti
- **B** De Gasperi
- **C** Craxi
- **D** Berlusconi
- **E** Moro

1508 Lo scontro, avvenuto il 7 ottobre 1571, era destinato a rivestire un alto valore simbolico: per la prima volta l'imperversare incontrastato delle flotte musulmane, che aveva trasformato il Mediterraneo in una sorta di "lago ottomano", subiva una pesante battuta d'arresto. Le navi cristiane, in primo luogo di Venezia e della Spagna, conseguivano una clamorosa affermazione che, per quanto poi non adeguatamente sfruttata sul piano politico e militare, segnava l'inizio di un'inversione di tendenza. Si tratta della battaglia:

- **A** di Malta
- **B** di Ceuta
- **C** dell'Invincibile Armata
- **D** di Lepanto
- **E** di Cipro

1509 Da dove trassero il loro nome i «giacobini», di cui si ricorda il ruolo di primo piano svolto nel corso della Rivoluzione francese, inizialmente nel solco di certo moderatismo monarchico-costituzionale e successivamente all'insegna della difesa più intransigente della repubblica democratica?

- **A** Dal loro costituirsi quali eredi delle storiche *jacqueries*
- **B** Dal nome dell'ex convento parigino dei domenicani, nel quale tenevano le loro riunioni
- **C** Dal comune riferimento alle idee del filosofo Friedrich Heinrich Jacobi
- **D** Dal nome francese dei francescani, nel cui ex convento di Parigi si riunivano
- **E** Dalle loro caratteristiche giacche o casacche

1510 Al tempo dell'ingresso dell'Italia nell'ONU, il governo nazionale era a guida:

A socialista
B democristiana
C socialdemocratica
D fascista
E liberale

1511 Nel 1829, la Grecia si liberò:

A dai Francesi
B dai Britannici
C dagli Italiani
D dai Turchi
E dagli Egiziani

1512 La prima guerra del Peloponneso fu combattuta nel secolo:

A I d.C.
B I a.C
C II a.C.
D III a.C.
E V a.C.

1513 Quale dei seguenti gruppi di dimostranti antiglobalizzazione si rese colpevole a Genova, durante il vertice G8 (luglio 2001), di numerosi saccheggi, devastazioni ed episodi di brutale violenza?

A Red bloc
B Genoa ultras
C Black bloc
D Noglobal army
E Brianza alcolica

1514 Quale, fra i seguenti autori, è un esponente del Modernismo?

A Oscar Wilde
B Gabriel Garcìa Marquez
C James Joyce
D Gustave Flaubert
E Salman Rushdie

1515 Qual era l'imperatore romano al tempo della battaglia di Teutoburgo?

A Traiano
B Adriano
C Nerone
D Augusto
E Caligola

1516 Quali delle seguenti coppie autore/opera NON è corretta?

A Luigi Pirandello - *Gente in Aspromonte*
B Baldassarre Castiglione - *Il Cortegiano*
C Carlo Goldoni - *Il campiello*
D Giosuè Carducci - *Rime nuove*
E Vasco Pratolini - *Cronache di poveri amanti*

1517 Un insieme di versi può chiamarsi:

A strofa
B emistichio
C metrica
D rima
E metro

1518 Tema centrale dei "Mastro don Gesualdo" di Verga è:

A l'avidità di ricchezze in Roma capitale
B il fallimento delle mire politiche
C l'iniquità de mondo aristocratico capitolino
D l'avidità di ricchezze nel mondo provinciale
E l'amore extraconiugale

Leggere i brani seguenti e rispondere alla relativa domanda

«SPIELBERG: "[…] Come regista sono per le pari opportunità. Mi sono dedicato un po' agli alieni buoni e adesso provo con la specie peggiore, anche se sono determinati a porre fine alla civiltà per come noi la conosciamo e a dare all'inizio alla loro. Se ha letto il libro [*La guerra dei mondi*] saprà che conquistano il pianeta. Ho gran rispetto per il libro ma non al punto da ambientare il film nel 1898. Non volevo fare un film di fantascienza vittoriana. Mi sento più a mio agio nel mondo di oggi e credo che dopo l'11 settembre in quell'atmosfera ci sia poca attinenza con il senso di incertezza che sentiamo rispetto al nostro futuro collettivo. Ecco cosa pensavo quando ho ripreso in considerazione *La guerra dei mondi* […]".»
(Da: Ariel Cohen, *Spielberg & Cruise – Noi, in guerra con gli alieni cattivi*, «la Repubblica», 17/2/2005, p. 48)

30 ottobre 1938: alle 8 di sera, uno show musicale trasmesso dalla radio americana CBS viene troppo realisticamente interrotto dallo sceneggiato di H. Koch ispirato dal medesimo libro citato nel brano, sollevando tra gli ascoltatori un'imprevista ondata di panico collettivo.

 © Alpha Test

1519 Dei seguenti scrittori, chi è l'autore del libro?

A M. Shelley
B G. Orwell
C J. Verne
D H. G. Wells
E A. Huxley

Leggere il brano seguente e rispondere alla relativa domanda

Sono finiti i nostri giochi... E come l'edificio senza base di quella visione, anche gli alti torrioni...e questo globo immenso dovrà disfarsi... e svanirà nell'aria senza lasciar fumo di sé. Noi siamo della stoffa di cui son fatti i sogni, e la nostra piccola vita è cinta di sonno.

......?......, *La tempesta*, atto V

1520 L'opera da cui è tratta la citazione riportata è intitolata *La tempesta*. Chi ne è l'autore?

A Italo Svevo
B Miguel de Cervantes
C William Shakespeare
D Wolfgang Goethe
E Calderon de la Barca

1521 Quale abbinamento tra autore e opera teatrale È ERRATO?

A *Il rinoceronte* – Ionesco
B *Vita di Galileo* – Brecht
C *Enrico IV* – Pirandello
D *Il postino* – Neruda
E *Il gabbiano* – Cechov

1522 Che cosa si intende per "golfo mistico"?

A Il luogo dove avvenne la conversione di San Paolo
B Un'insenatura presso Santa Monica (USA)
C La buca orchestrale modificata da Richard Wagner
D Un sinonimo di Golfo Persico
E Il luogo d'ispirazione per i poeti romantici

1523 Che cosa è il Pentagono?

A Palazzo del Ministero della Difesa USA
B Serie di fortezze austriache in Lombardia
C Palazzo del Consiglio Superiore dell'ONU
D Stadio olimpico di Monaco
E Palazzo del governo francese

1524 Il termine deriva dalla parola greca che significa «coccio», evocatrice di drammatiche prospettive per la persona il cui nome vi fosse scritto sopra. Si tratta:

A del solipsismo
B dell'eclettismo
C dell'ostracismo
D dell'oscurantismo
E del settarismo

1525 Cosa si intende con la denominazione di "laurea magistrale"?

A Una laurea in discipline umanistiche
B Una laurea triennale
C Un diploma ottenuto in una scuola secondaria
D Una laurea biennale di secondo livello
E Quesito senza soluzione univoca o corretta

1526 Franco Modigliani (1918-2003) è stato un famoso:

A drammaturgo
B musicista
C attore
D economista
E imprenditore

1527 Che cosa si indicava con "Road map"?

A Un piano per la ricostruzione dell'Iraq
B Un progetto di riassetto stradale per i Balcani
C Un piano di pace relativo al conflitto israelo-palestinese
D Un piano di pace per il Kosovo
E Un progetto di tutela del popolo curdo

1528 Un MP3 è tipicamente un:

A file grafico
B file video
C file di testo
D file audio
E database

1529 La fama di Sigmund Freud deriva dal suo essere stato:

A un premio Nobel
B l'iniziatore della 'New Age'
C il principale esponente della Riforma protestante
D un protagonista della Rivoluzione francese
E il padre della psicoanalisi

1530 Quale dei seguenti strumenti musicali non appartiene allo stesso gruppo degli altri?

A Tromba
B Violino
C Viola
D Violoncello
E Chitarra

1531 La fibra ottica permette la trasmissione di dati sotto forma di:

A calore
B acqua
C onde radio
D aria
E luce

1532 La Maga Circe è:

A una celebre cartomante televisiva
B un personaggio dell'*Orlando Furioso*
C un personaggio dell'*Eneide*
D un personaggio dell'*Iliade*
E un personaggio dell'*Odissea*

1533 Forse la più celebre coppia di sportivi "rivali" fu la coppia Fausto Coppi - Gino Bartali, ma non fu certo l'unica; un'altra coppia altrettanto famosa fu:

A Primo Carnera - Cassius Clay
B Nicki Lauda - Manuel Fangio
C Gianni Rivera - Sandro Mazzola
D Nicola Pietrangeli - Raul Gardini
E Carmine Abbagnale - Giuseppe Abbagnale

1534 La celebre Scuola di Francoforte fondata nel 1923 si chiamava:

A Real Istituto del Reich
B Istituto per la ricerca sociale
C Istituto per la ricerca medica
D Istituto scientifico superiore
E Real casa della filosofia

1535 Quale tra i seguenti film non è stato diretto da Martin Scorsese?

A *Taxi driver*
B *Toro scatenato*
C *Quel pomeriggio di un giorno da cani*
D *Casinò*
E *Quei bravi ragazzi*

1536 Lo spagnolo Velasquez fu un protagonista dell'arte europea del:

A tardo Cinquecento
B primo Seicento
C secondo Seicento
D primo Settecento
E secondo Settecento

1537 Quale fu, agli inizi del XX secolo, la città centro di riferimento dell'arte europea?

A Londra
B Parigi
C Roma
D Amsterdam
E Milano

1538 Quale dei seguenti pittori è stato un impressionista?

A Cezanne
B Klimt
C Fragonard
D Botero
E Paolo Uccello

1539 Quale Presidente statunitense disegnò personalmente la propria residenza di Monticello in stile neoclassico?

A Washington
B Jefferson
C Lincoln
D F. D. Roosevelt
E J. F. Kennedy

1540 Quale dei seguenti registi italiani ha tratto un film dal monologo "Novecento" di Baricco?

A Bertolucci
B Tornatore
C Muccino
D Virzì
E Moretti

CULTURA GENERALE

1541 Quale regista americano ha scritto e diretto il film "Manhattan"?

- A Altman
- B Allen
- C Coppola
- D Scorsese
- E Jarmush

1542 Quale delle seguenti città fu il principale centro di diffusione del Barocco?

- A Roma
- B Firenze
- C Parigi
- D Amsterdam
- E Londra

1543 Il binomio di concetti che sta alla base della pittura impressionista è:

- A disegno-colore
- B luce-colore
- C disegno-luce
- D disegno-prospettiva
- E forma-idea

1544 Quale, tra le seguenti frasi, contiene un errore ortografico?

- A L'Italia è una Repubblica democratica, fondata sul lavoro
- B La sovranità appartiene al popolo, che la esercita nelle forme e nei limiti della costituzione
- C La Repubblica riconosce a tutti i cittadini il diritto al lavoro e promuove le condizioni che rendano effettivo questo diritto
- D La Repubblica tutela con apposite norme le minoranze linguistiche
- E Tutte le condizioni religiose sono egualmente libere davanti alla legge

1545 Indicare il grado dell'aggettivo contenuto nella frase tra virgolette: "Paolo è alto quanto Alberto".

- A Positivo
- B Comparativo di maggioranza
- C Paragone
- D Comparativo di uguaglianza
- E Superlativo relativo

1546 Siracusa era una colonia di:

- A Atene
- B Corinto
- C Sparta
- D Argo
- E Tebe

1547 Indicare il personaggio da scartare.

- A Richelieu
- B Vittorio Emanuele II
- C Francesco Giuseppe
- D Carlo V
- E Luigi XIV

1548 Quale dei seguenti vocaboli può essere usato anche come un avverbio?

- A Grosso
- B Spesso
- C Tra
- D Minore
- E Nessuno tra quelli indicati dalle precedenti alternative

1549 In quale anno è entrata in vigore la Costituzione italiana e di quanti articoli consisteva?

- A La Costituzione è entrata in vigore nel 1948 e consisteva di 736 articoli e 25 disposizioni transitorie
- B La Costituzione è entrata in vigore nel 1953 e consisteva di 100 articoli
- C La Costituzione è entrata in vigore nel 1945 e consisteva di 736 articoli e 25 disposizioni transitorie
- D La Costituzione è entrata in vigore nel 1948 e consisteva di 139 articoli e 18 disposizioni transitorie
- E La Costituzione è entrata in vigore nel 1945 e consisteva di 193 articoli e 18 disposizioni transitorie

1550 Il Parlamento europeo è stato eletto per la prima volta nel:

- A 1966
- B 1958
- C 1979
- D 1969
- E 1985

1551 Viene definita come "Settima Arte":

A il Balletto
B la Poesia
C il Teatro
D il Cinema
E la Televisione

1552 Quale dei seguenti sostantivi può essere di genere sia maschile che femminile?

A Tela
B Capitale
C Cenere
D Commozione
E Volpe

1553 Quale tra i seguenti film non è stato diretto da Wim Wenders?

A *Velluto Blu*
B *Il cielo sopra Berlino*
C *Paris, Texas*
D *L'amico americano*
E *Buena Vista Social Club*

1554 Cos'è il "leasing"?

A Un contratto di vendita
B Un'operazione di borsa
C Un contratto di locazione
D Un'operazione di cambio di valuta
E Un accertamento fiscale

1555 Indicate quale dei seguenti termini significa "segreto, per pochi iniziati".

A Esoterico
B Essoterico
C Esotico
D Exoterico
E Enuretico

1556 Indicate quale dei seguenti termini ha significato opposto a "Esposto".

A Nascosto
B Esibito
C Inibito
D Disposto
E Riposto

1557 Qual è la capitale del Cile?

A Managua
B Lima
C Montevideo
D Santiago
E Conception

1558 Quale delle seguenti parole è un sostantivo?

A Fanno
B Vanno
C Sanno
D Danno
E Hanno

1559 Quale delle seguenti forme societarie rientra tra le società di persone?

A S.p.A. (società per azioni)
B S.c.a.r.l. (società cooperativa a responsabilità limitata)
C S.n.c. (società in nome collettivo)
D S.r.l. (società a responsabilità limitata)
E S.a.p.a. (società in accomandita per azioni)

1560 Mario compra 100 azioni a 1 euro l'una e le rivende a 1,15. Il suo guadagno è:

A una rendita
B una plusvalenza
C un salario
D una provvista
E 115

1561 Quale, tra le seguenti frasi, contiene un errore lessicale?

A Nel Neolitico si diffuse la cultura dei cereali mediorientali
B I primi agricoltori ereditarono una cultura naturalistica accumulata in migliaia di anni
C La scoperta dell'agricoltura non cancellò il sistema economico basato sulla caccia e sulla raccolta
D Nel Neolitico la coltivazione dei cereali mediorientali si rivelò molto redditizia
E La coltura più diffusa nella Mezzaluna fertile era quella di 32 specie erbacee

1562 Quale dei seguenti enti si occupa di gestire i contributi previdenziali versati dai lavoratori dipendenti privati?

A COVIP
B INAIL
C CIPE
D INPS
E INPDAP

© Alpha Test

1563 Uno dei seguenti Paesi non fa parte del G-8. Individuatelo.

A Giappone
B India
C Germania
D Italia
E Francia

1564 Quale tra le seguenti è l'isola più estesa?

A Islanda
B Tasmania
C Sardegna
D Sicilia
E Irlanda

1565 Le isole Faer Oer sono sotto sovranità:

A norvegese
B svedese
C finlandese
D islandese
E danese

1566 Di quanti Canti si compone, complessivamente, la Divina Commedia?

A 66
B 99
C 100
D 101
E 77

1567 Quale delle seguenti opere NON è stata scritta da Pirandello?

A *Così è se vi pare*
B *Uno, nessuno, centomila*
C *Sei personaggi in cerca d'autore*
D *Come vi piace*
E *Come prima, meglio di prima*

1568 Quale dei seguenti Stati è una Repubblica federale?

A Bolivia
B Argentina
C Uruguay
D Perù
E Cile

1569 Quale romanzo alterna al linguaggio ricercato e barocco dello scrittore il gergo popolare delle borgate romane?

A *La cognizione del dolore*, di Carlo Emilio Gadda
B *Le terre del Sacramento*, di Francesco Jovine
C *Ragazzi di vita*, di Pierpaolo Pasolini
D *Metello*, di Vasco Pratolini
E *Marcovaldo*, di Italo Calvino

1570 Il primo programma televisivo in Italia è andato in onda il:

A 3 gennaio del 1954
B 17 febbraio del 1950
C 29 dicembre del 1957
D 25 aprile del 1949
E 4 novembre 1956

1571 Il fiume Danubio sfocia nel:

A Mar Caspio
B Mar Rosso
C Mar Mediterraneo
D Mar Baltico
E Mar Nero

1572 Al momento della proclamazione del Regno d'Italia (1861), quale percentuale della popolazione era in grado di parlare in italiano?

A Più del 50%
B Meno del 3%
C 100%
D 49%
E Meno del 20%

1573 In quale periodo visse Maria Luigia di Parma?

A Età napoleonica
B Tardo Rinascimento
C Età elisabettiana
D Tardo Medioevo
E Primo Novecento

1574 Quale di questi autori NON ha mai aderito alla corrente futurista?

A Corrado Govoni
B Giovanni Verga
C Umberto Boccioni
D Aldo Palazzeschi
E Filippo Tommaso Marinetti

QUESITI

1575 Il nome di quale di queste città significa *città nuova*?

A Mantova
B Napoli
C Sulmona
D Crotone
E Populonia

1576 Quale delle seguenti parole è più simile per significato ad "angheria"?

A Sopruso
B Tradimento
C Imbroglio
D Violenza
E Inganno

1577 Il quale Regione italiana si trova il Lago di Bolsena?

A In Toscana
B In Umbria
C Nelle Marche
D Nel Lazio
E In Emilia-Romagna

1578 Individuare la frase che contiene un errore grammaticale.

A Le vie di montagna sono tortuose
B Quello studente ha un libro e una matita nuove
C Le fragole e le ciliegie sono dolci
D Sarei tornato indietro a salutarlo se solo avessi potuto ipotizzarne la presenza
E Sono andato a comprare tre cravatte, due giubbotti e una camicia nuovi

1579 Quale tra le seguenti fonti energetiche non è considerata rinnovabile?

A Geotermica
B Solare
C Combustione dei rifiuti
D Uranio per le centrali nucleari
E Energia delle maree

1580 Perché le gocce d'acqua hanno forma sferica?

A A causa della tensione superficiale
B A causa della forza di gravità
C Perché non sono cariche elettricamente
D Perché è la forma perfetta
E Perché sono cariche elettricamente

1581 Le *Langhe* sono:

A colline del Veneto
B una regione fisica del Piemonte
C paludi del Veneto
D spiagge della Toscana
E pianure del Veneto

1582 Con quale dei seguenti Stati non confina l'Iraq?

A Turchia
B Iran
C Kuwait
D Israele
E Giordania

1583 In quale Regione italiana si trova Ascoli Piceno?

A Abruzzo
B Emilia-Romagna
C Umbria
D Toscana
E Marche

1584 Cosa sono le riserve valutarie di uno Stato?

A La moneta emessa annualmente dallo Stato
B L'insieme dei beni che appartengono allo Stato, ivi inclusi quelli degli altri enti pubblici
C L'insieme dei beni che appartengono allo Stato, esclusi quelli degli altri enti pubblici
D L'insieme dei mezzi di pagamento detenuti dalla sua Banca centrale
E I proventi da tasse, imposte e accise riscosse dallo Stato

1585 Che cos'è l'*outsourcing*?

A La finanziarizzazione dell'attività di un'impresa
B La cartolarizzazione dei crediti
C Il ricorso alla manodopera occasionale
D Il trasferimento di attività, già svolte dalla propria organizzazione, a imprese esterne
E Il massiccio ricorso al credito nello svolgimento di un'attività produttiva

 © Alpha Test

1586 Quale tra i seguenti non rientra nei criteri di Maastricht?

A La stabilità dei prezzi
B Il debito
C Il deficit di bilancio
D La stabilità del cambio
E L'*acquis* comunitario

1587 Da cosa prende il nome lo Spazio Schengen?

A Dal ministro europeo proponente
B Dallo Stato in cui è stato firmato l'accordo
C Dalla città lussemburghese in cui è stato firmato l'accordo
D Dalla città tedesca in cui è stato firmato l'accordo
E È un nome di fantasia

1588 Di quale dei seguenti Stati è capitale Vilnius?

A Moldavia
B Lettonia
C Finlandia
D Lituania
E Ossezia

1589 Quale dei seguenti golfi europei è situato più a nord?

A Golfo di Genova
B Golfo di Biscaglia
C Golfo di St. Malo
D Golfo di Cadice
E Golfo di Guinea

1590 Quale disastro ambientale si è verificato a Chernobyl nell'aprile del 1986?

A L'esplosione di un reattore nucleare
B L'incendio di una raffineria
C La fuoriuscita di una nube di gas tossico da un'industria farmaceutica
D Il versamento in mare di grandi quantità di petrolio da parte di una petroliera
E L'esplosione accidentale di un ordigno atomico

1591 La teoria eliocentrica di Galileo Galilei fu condannata:

A dall'Ordine dei Medici
B dal Senato Romano
C dal Sant'Uffizio
D dall'ONU
E dalla Geographic Society of London

1592 Il carato è un'unità di misura della:

A quantità di oro contenuta in un campione
B purezza di un diamante
C quantità di argento contenuta in un campione
D durezza di una pietra preziosa
E trasparenza di una pietra preziosa

1593 Quale delle seguenti piante è tipica della taiga?

A Corbezzolo
B Pioppo
C Abete
D Baobab
E Ficus

1594 Contro quale delle seguenti malattie non è disponibile un vaccino efficace?

A Difterite
B Tetano
C Pertosse
D AIDS
E Rosolia

1595 Jonas Salk ha messo a punto la vaccinazione:

A trivalente
B antipolio con virus vivo
C antipolio con virus formulato
D antitetanica "spot"
E antitetanica "long life"

1596 L'opera pittorica di Rembrandt fu realizzata negli stessi anni di quella scultorea di:

A Michelangelo
B Rodin
C Bernini
D Manzù
E Canova

1597 A quale poeta del Novecento italiano appartengono i versi: "In una capra dal viso semita / sentiva querelarsi ogni altro male / ogni altra vita"?

A Eugenio Montale
B Sandro Penna
C Vincenzo Cardarelli
D Salvatore Quasimodo
E Umberto Saba

1598 La pleurite interessa:
- A il sistema nervoso
- B la tirpoide
- C l'apparato respiratorio
- D lo stomaco
- E il cuore

1599 Non confina con il Camerun:
- A la Repubblica Centroafricana
- B l'Angola
- C la Guinea equatoriale
- D la Nigeria
- E il Ciad

1600 L'utilizzo illecito di programmi è perseguibile in base alle leggi che proteggono:
- A l'antitrust
- B i marchi di fabbrica
- C i diritti d'autore
- D i brevetti
- E la privacy

1601 Carlo e Federico Borromeo furono arcivescovi di Milano durante la dominazione:
- A francese
- B austriaca
- C spagnola
- D longobarda
- E veneziana

1602 In Italia il numero dei rappresentanti eletti alla Camera dei Deputati è:
- A compreso tra 350 e 400
- B compreso tra 800 e 850
- C compreso tra 400 e 450
- D pari a quello dei Senatori
- E fissato prima di ogni legislatura

1603 Quale delle seguenti piante è tipica della foresta decidua?
- A Faggio
- B Abete
- C Banano
- D Carrubo
- E Leccio

1604 Quale delle seguenti piante è tipica della macchia mediterranea?
- A Corbezzolo
- B Betulla
- C Salice
- D Faggio
- E Baobab

1605 Quale dei seguenti operatori è in genere considerato essere in surplus finanziario (entrate maggiori delle uscite)?
- A Famiglie
- B Imprese
- C Stato
- D Sanità pubblica
- E Trasporti pubblici

1606 Quali muscoli sono interessati quando, trovandosi distesi a terra, supini, si solleva il tronco?
- A Dorsali
- B Femorali
- C Pettorali
- D Glutei
- E Addominali

1607 Secondo Popper, il discrimine tra una teoria scientifica e una teoria non scientifica è:
- A la sua sinteticità
- B il suo carattere matematico
- C la sua analiticità
- D la sua falsificabilità
- E la sua verificabilità

1608 La Basilica di San Pietro a Roma, fondata ai tempi di Costantino, fu ricostruita con un nuovo progetto a partire dalla prima metà del secolo:
- A IX
- B XIII
- C XVI
- D XVII
- E XVIII

1609 L'inventore dell'antenna si chiamava:
- A Benjamin Franklin
- B Aleksandr Popov
- C Luigi Galvani
- D Lumiere, i fratelli Louis e Auguste
- E Archimede

1610 Perché in un sistema economico è importante l'investimento?

- A Per perequare le risorse
- B Per favorire il risparmio
- C Per garantire determinati livelli retributivi ai pubblici dipendenti
- D Per mantenere e aumentare l'insieme dei beni destinati all'attività produttiva
- E Per finanziare i produttori di beni di investimento

1611 Il soprannome "Little Boy" venne utilizzato durante la seconda guerra mondiale dall'esercito statunitense per riferirsi a:

- A un aereo monoposto da caccia
- B la prima bomba atomica utilizzata in un conflitto
- C Adolf Hitler
- D un generico commilitone ferito
- E Winston Churchill, primo ministro inglese

1612 Nel Medioevo cristiano, per "diritto d'asilo" s'intendeva propriamente:

- A il diritto del viandante di pernottare presso abitazioni private situate lungo le vie di traffico
- B la facoltà d'ognuno di far accedere gratuitamente i figli alla scuola dell'infanzia
- C l'immunità per chi si rifugiava in chiese, templi o altri luoghi sacri
- D l'acquartieramento gratuito dei mercanti nei porti stranieri d'approdo
- E l'obbligo di sostentare economicamente i pellegrini in marcia alla volta dei maggiori santuari

1613 La frequenza del battito cardiaco è pari a 140 battiti al minuto:

- A nelle persone particolarmente allenate
- B durante il sonno
- C durante l'attività fisica
- D nei fumatori
- E negli anziani sedentari

1614 Che cos'è l'area di Broca?

- A Una parte della scatola cranica
- B La zona della corteccia cerebrale che controlla i movimenti che permettono il linguaggio
- C La zona della corteccia cerebrale che riceve ed elabora le informazioni visive
- D Una zona profonda del cervello che produce ormoni
- E Un'area del Cern di Ginevra

1615 Che cos'è la coordinazione riflessa?

- A La gestione volontaria di movimenti complessi
- B Il controllo coordinato di battito cardiaco e respirazione
- C L'applicazione di un movimento forzoso e innaturale
- D L'esplicazione di movimenti istintivi
- E La capacità di imitare e apprendere movimenti coordinati

1616 In quale anno nacque ufficialmente la Comunità Economica Europea?

- A 1922
- B 1952
- C 1958
- D 1988
- E 2000

1617 Quale dei seguenti Stati non appartiene all'Unione Europea?

- A Norvegia
- B Cipro
- C Slovenia
- D Repubblica Ceca
- E Malta

Leggere il brano e rispondere alla seguente domanda

Verrà la morte e avrà i tuoi occhi –
questa morte che ci accompagna
dal mattino alla sera, insonne,
sorda, come un vecchio rimorso
o un vizio assurdo.

1618 I versi rimandano a UNO dei seguenti autori:

- A Umberto Saba
- B Giuseppe Ungaretti
- C Salvatore Quasimodo
- D Cesare Pavese
- E Sandro Penna

1619 Nell'*Enrico IV* di Luigi Pirandello il protagonista diventa pazzo per:

- A il tradimento della moglie
- B cause genetiche
- C una caduta da cavallo
- D un trauma subito in guerra
- E lo studio matto e disperatissimo

1620 *Alla ricerca del tempo perduto* è il ciclo narrativo scritto da:

- A Thomas Mann
- B Marcel Proust
- C Gabriele D'Annunzio
- D Luigi Pirandello
- E Philip Roth

1621 L'IRPEF (imposta sul reddito delle persone fisiche) è un'imposta:

- A fissa
- B indiretta
- C regressiva
- D proporzionale
- E progressiva per scaglioni

1622 Se un pubblico ufficiale per eseguire un atto del suo ufficio riceve per sé o per un terzo, in denaro o altra utilità, una retribuzione che non gli è dovuta, o ne accetta la promessa compie un reato di:

- A corruzione
- B peculato
- C concussione
- D falsità ideologica
- E abuso d'ufficio

1623 In economia, un bene è:

- A ciò che è scambiabile
- B ogni materia prima e solo essa
- C qualsiasi oggetto che possa essere trasformato mediante lavorazione e posto in commercio
- D qualsiasi oggetto disponibile in quantità limitata, reperibile e idoneo a soddisfare un bisogno
- E un oggetto che possiede i requisiti della scarsità, negoziabilità e riproducibilità

1624 Che cos'è Giove?

- A Una stella
- B Una galassia
- C Un pianeta
- D Un satellite del Sole
- E Un pianetino

1625 Quale dei seguenti animali è un pesce?

- A Ghiottone
- B Halibut
- C Nandù
- D Ocelot
- E Bilby

1626 Quale dei seguenti elementi non rientra nella serie formata dagli altri?

- A Aleutine
- B Ande
- C Andamane
- D Caroline
- E Maldive

1627 In base all'art. 70 della Costituzione italiana la funzione legislativa è esercitata:

- A dal Presidente della Repubblica
- B dal Senato della Repubblica mentre la Camera dei Deputati ha preliminare funzione consultiva
- C dalla Camera dei Deputati mentre il Senato della Repubblica ha preliminare funzione consultiva
- D collettivamente dalle due Camere
- E dal Governo, dopo consultazione delle Camere

© Alpha Test

1628 Su cosa si basa principalmente il metodo Bruno Munari?

- **A** Sull'uso di materiali poveri per costruire oggetti
- **B** Sullo sviluppo del linguaggio attraverso esercitazioni specifiche
- **C** Sulla creazione di percorsi e laboratori che stimolino le capacità motorie
- **D** Sulla valorizzazione del gioco progettuale e creativo
- **E** Sull'insegnamento logico-matematico attraverso il disegno grafico

1629 Quale dei seguenti accoppiamenti film-regista non è corretto?

- **A** *Mediterraneo* - Giuseppe Tornatore
- **B** *Le chiavi di casa* - Gianni Amelio
- **C** *La stanza del figlio* - Nanni Moretti
- **D** *Io non ho paura* - Gabriele Salvatores
- **E** *Il mestiere delle armi* - Ermanno Olmi

1630 In quale dei seguenti continenti vive il caribù?

- **A** Oceania
- **B** Africa
- **C** Europa
- **D** America del Nord
- **E** America del Sud

1631 Quale dei seguenti animali si trova in Europa?

- **A** Coati
- **B** Camoscio
- **C** Canguro arboricolo
- **D** Calamaro gigante
- **E** Cervo delle pampas

1632 Quale dei seguenti animali è un uccello?

- **A** Fennec
- **B** Pipistrello
- **C** Pinguino
- **D** Camaleonte
- **E** Vombato

1633 Date le seguenti parole, determinare il corretto abbinamento fra ciascuna parola e la funzione che essa può svolgere in una frase:

1) quindi	**A) avverbio**
2) piano	**B) congiunzione**
3) lentamente	**C) aggettivo**
4) carino	**D) sostantivo**

- **A** 1/B, 2/A, 3/C, 4/D
- **B** 1/A, 2/C, 3/D, 4/B
- **C** 1/B, 2/D, 3/A, 4/C
- **D** 1/B, 2/A, 3/D, 4/C
- **E** Nessuna delle precedenti è corretta

1634 Quale dei seguenti animali è un marsupiale?

- **A** Diavolo della Tasmania
- **B** Dingo
- **C** Panda
- **D** Echidna
- **E** Emù

1635 La disciplina scientifica che studia lo sviluppo, la crescita e le malattie dei capelli è la:

- **A** semiologia
- **B** paradontologia
- **C** senologia
- **D** dietologia
- **E** tricologia

1636 Con l'espressione "terziario avanzato" si indica:

- **A** l'area geografica del Terzo Mondo asiatico con economia in crescita, contrapposta a quella africana con economia in stagnazione
- **B** la produzione industriale a maggior tasso di innovazione
- **C** il settore assicurativo
- **D** il settore terziario più moderno e in evoluzione
- **E** l'attività residuale del settore terziario

1637 Lo "Statuto dei lavoratori" è:
- A un contratto sindacale
- B un accordo privato tra azienda e lavoratori
- C un protocollo di intesa per la stesura dei contratti
- D un documento unitario dei sindacati confederali per difendere i diritti dei lavoratori
- E una legge dello Stato Italiano

1638 Tutti i seguenti, tranne uno, sono personaggi dell'opera "Il flauto magico" di Mozart. Indica l'intruso.
- A La regina della notte
- B Il conte di Almaviva
- C Pamina
- D Papageno
- E Tamino

1639 Un microscopio ottico consente ingrandimenti di oltre 1.000 volte. Al massimo ingrandimento è possibile osservare:
- A virus
- B batteri
- C macromolecole proteiche
- D anticorpi
- E fibre naturali

1640 Il corredo cromosomico nel corso della vita di una cellula somatica:
- A raddoppia
- B subisce modificazioni numeriche
- C rimane inalterato
- D va incontro a degradazione
- E triplica

1641 Quale tra i seguenti monumenti d'epoca romana NON si trova nella città di Roma?
- A Colonna Traiana
- B Villa Adriana
- C Teatro Marcello
- D Terme di Caracalla
- E Antiteatro Flavio

1642 Le Corbusier fu un illustre:
- A medico
- B astronomo
- C fisico
- D architetto
- E pittore

1643 Il bombardiere americano B29 che sganciò la prima bomba atomica su Hiroshima è conosciuto con il nome di:
- A Little Big Horn
- B Fat Boy
- C David Crockett
- D Enola Gay
- E Big Bertha

1644 Quale delle seguenti frasi contiene una proposizione temporale?
- A Il 2 giugno si festeggia il giorno nel quale l'Italia divenne una Repubblica
- B All'improvviso si recò verso di lei, affrettando il passo
- C Quando compirai venticinque anni acquisirai il diritto di votare per il Senato
- D È importante ricordare quando le donne hanno finalmente ottenuto il diritto di voto
- E Non voterò alcun disegno di legge che non sia stato prima discusso in Parlamento

1645 Quale tra le seguenti sostanze non è un elemento ma un composto?
- A Ammoniaca
- B Argento
- C Idrogeno
- D Mercurio
- E Ferro

1646 Lo zucchero usato comunemente in cucina è:
- A aspartame
- B saccarosio
- C lattosio
- D fruttosio
- E saccarina

1647 Quale dei seguenti è il libro più venduto nella storia?
- A *Sacra Bibbia*
- B *Il signore degli anelli*
- C *Harry Potter e la pietra filosofale*
- D *Don Chisciotte della Mancia*
- E *La divina commedia*

© Alpha Test

1648 Quale delle seguenti affermazioni descrive una delle principali caratteristiche di un mercato perfettamente concorrenziale?

A Nessuna delle imprese produttrici può influenzare, con il proprio comportamento, il prezzo vigente nel mercato

B I prodotti delle imprese presenti nel mercato non possono essere tra loro perfettamente sostituibili o fungibili

C Esistenza di pochi produttori in grado di influenzare la domanda

D Le imprese produttrici non producono utili

E I prodotti sono differenziati

1649 I tabacchi lavorati, come ad esempio le sigarette, rientrano tra i:

A prodotti non commercializzabili

B monopoli di Stato

C beni primari

D beni non tassabili

E prodotti liberamente commercializzabili

Non ho voglia
di tuffarmi
in un gomitolo di strade
(G. Ungaretti, *Natale*)

1650 La locuzione "gomitolo di strade" costituisce una:

A metafora

B metonimia

C similitudine

D sineddoche

E perifrasi

1651 Il maggior impianto eolico italiano si trova in:

A Piemonte

B Lombardia

C Sardegna

D Sicilia

E Campania

1652 Quale dei seguenti celebri economisti ha scritto "Il Capitale"?

A Myron Gordon

B Irving Fisher

C John Hicks

D Karl Marx

E Arthur Laffer

1653 Supponendo di levarci in volo dall'Indonesia e di seguire la linea dell'equatore in direzione Ovest, quali oceani sorvoleremo in successione?
Si scelta LA SEQUENZA CORRETTA.

A Indiano, Atlantico, Pacifico

B Atlantico, Pacifico, Indiano

C Atlantico, Indiano, Pacifico

D Indiano, Pacifico, Atlantico

E Pacifico, Indiano, Atlantico

1654 Chi, nel marzo 2013, è stato eletto presidente del Senato della Repubblica?

A Renato Brunetta

B Angelino Alfano

C Laura Boldrini

D Renato Schifani

E Piero Grasso

1655 Individuate la coppia in cui il rapporto tra i due personaggi è anomalo rispetto agli altri quattro.

A Achille/Patroclo

B Cloridano/Medoro

C Oreste/Pilade

D Otello/Iago

E Romeo/Mercuzio

1656 Cos'è una tassa?

A Il pagamento che il contribuente effettua a un ente pubblico, sia in presenza sia in assenza di controprestazione

B Una sanzione pecuniaria imposta a un privato

C Il pagamento che il contribuente effettua a favore di un ente pubblico, svincolato da ogni controprestazione

D Nell'ottica del contribuente, un'entrata

E Il pagamento che il contribuente effettua a favore di un ente pubblico a seguito di una controprestazione

1657 Quale tra i seguenti sovrani europei non morì nel XVIII secolo?

- A Luigi XIV
- B Federico il Grande
- C Elisabetta I d'Inghilterra
- D Pietro il Grande
- E Maria Teresa d'Austria

1658 In base alla classifica *Global 500* stilata dalla rivista americana «Fortune», che mostra le più importanti società internazionali ordinate in base al fatturato, quale è la maggiore azienda italiana?

- A ENI
- B ENEL
- C Assicurazioni generali
- D Banca Intesa
- E Finmeccanica

1659 In base alla Costituzione italiana, un cittadino può essere sottoposto a trattamento sanitario obbligatorio solo:

- A a seguito di provvedimento del giudice tutelare
- B per espressa disposizione della competente autorità sanitaria
- C nelle ipotesi previste dalla legge
- D in presenza di malattie infettive
- E in caso di epidemie

1660 Che cos'è un'ammenda?

- A Una sanzione amministrativa comminata in caso di dolo o colpa grave
- B La pena pecuniaria comminata per la commissione di un reato di non particolare gravità
- C Il prezzo pagato da un cittadino per poter usufruire di un servizio
- D Una pena pecuniaria che viene comminata in sostituzione di una pena detentiva
- E Una sanzione penale comminata in caso di dolo o colpa grave

1661 L'Austria NON confina con la:

- A Repubblica Ceca
- B Croazia
- C Svizzera
- D Repubblica Slovacca
- E Germania

1662 Cos'è un'imposta?

- A Il pagamento che il contribuente effettua a favore di un ente pubblico a seguito di una controprestazione
- B Il pagamento che il contribuente effettua a un ente pubblico, sia in presenza sia in assenza di controprestazione
- C Il pagamento che il contribuente effettua a favore di un ente pubblico, svincolato da ogni controprestazione
- D Nell'ottica dell'ente pubblico, un'uscita
- E Una sanzione pecuniaria

1663 Con il termine *flyer* vengono indicati i:

- A mezzofondisti keniani
- B tuffatori cinesi
- C campioni del motocross
- D purosangue che prediligono le distanze brevi
- E canoisti britannici

1664 Quale ragione spinge un Paese a introdurre tariffe doganali all'entrata?

- A La volontà di impedire o difficoltare la diffusione di certe merci al proprio interno
- B La volontà di accrescere le entrate pubbliche
- C La volontà di bloccare o rallentare l'uscita di valuta
- D La volontà di proteggere le proprie imprese dalla concorrenza straniera
- E La volontà di introitare valuta estera, generalmente più pregiata di quella nazionale

1665 In ambito sportivo, il "miler" è uno specialista:

- A della distanza del mezzo miglio
- B della distanza del miglio
- C dello skeet, nel tiro a volo
- D del dressage individuale
- E della canoa individuale

1666 Indicare nella seguente serie qual è il personaggio da scartare.

- A Mendelssohn
- B Stockhausen
- C Schopenhauer
- D Mahler
- E Liszt

1667 Chi è stato nominato, nel novembre 2011, governatore della Banca d'Italia?

- A Mario Draghi
- B Giulio Tremonti
- C Piero Grasso
- D Ignazio Visco
- E Fabrizio Saccomanni

1668 Cos'è un assegno circolare?

- A Un assegno emesso da una banca, che ha presso di sé la somma necessaria al pagamento
- B Un assegno che può essere incassato solo da chi l'ha emesso
- C Un assegno emesso da una banca che può essere incassato solo da un'altra banca
- D Un assegno garantito dalla Banca d'Italia
- E Un assegno che non può mai essere incassato e che circola in sostituzione della moneta

1669 Lo *Zibaldone* è:

- A un opuscolo filosofico del Duecento
- B un romanzo epistolare di Ugo Foscolo
- C un trattato di poetica del Cinquecento
- D un'opera in prosa di Giacomo Leopardi
- E l'epistolario di Giuseppe Mazzini

1670 La strage di Capaci (PA) avvenne il:

- A 2 giugno 1990
- B 19 ottobre 1995
- C 23 maggio 1992
- D 27 maggio 1993
- E 12 luglio 1994

1671 Qual è il significato di "bulimia"?

- A Mancanza di memoria
- B Disturbo del linguaggio
- C Perdita di appetito
- D Appetito insaziabile
- E Mancanza di ossigeno

1672 Il Mercosur è un'unione doganale di Paesi:

- A dell'America Meridionale
- B dell'Africa del Nord
- C dell'Asia del Centro-Sud
- D dell'Oceania e dell'Asia del Pacifico
- E dell'Europa del Sud

1673 Quale tra le seguenti è una celebre opera di Max Weber?

- A *Introduzione alla scienza del capitalismo*
- B *L'etica protestante e lo spirito del capitalismo*
- C *Corso di filosofia protestante*
- D *Il tramonto dell'occidente*
- E *La scienza occulta*

1674 Quale dei seguenti non rientra tra i documenti contabili obbligatori per una società per azioni?

- A Stato patrimoniale
- B Conto economico
- C Nota integrativa
- D Relazione sulla gestione
- E Capitale

1675 Quale delle seguenti città non è capitale di uno Stato?

- A Dresda
- B Giacarta
- C Mogadiscio
- D Il Cairo
- E Tallin

1676 In una società commerciale, che funzione svolgono i *sindaci*?

- A Controllo del personale
- B Controllo della gestione
- C Management
- D Pubbliche relazioni
- E Attività sindacale

1677 Con quale delle seguenti parole può essere espresso il concetto di "irresolutezza nel valutare o nell'agire"?

- A Sicumera
- B Titubanza
- C Inibizione
- D Assertività
- E Baldanza

1678 Che cosa indica la sigla BCE?

- A Bilancio a conti efficienti
- B Borsa Comunitaria Europea
- C Bilancia commerciale europea
- D Banca della Comunità Europea
- E Banca Centrale Europea

© Alpha Test

1679 Il dipinto, *Foresta incantata*, è del 1947. Si tratta di un'opera astratta realizzata con la tecnica del dripping, sgocciolando il colore direttamente sulla tela posata per terra, così da dar luogo ad un intrico di combinazioni cromatiche e compositive che fortemente esprimono l'intenzione dell'Autore, esponente del movimento dell'Action Painting, di opporsi all'estetismo come al frenetico e insensato attivismo della società consumistica. Dobbiamo l'opera ad uno dei seguenti artisti: quale?

- A René Magritte
- B Francis Bacon
- C Jean Dubuffet
- D Jackson Pollock
- E Marc Rothko

1680 Gli antibiotici sono utili in caso di:

- A infezione virale
- B infezione batterica
- C allergia alimentare
- D contusione
- E indigestione

1681 L'elettrocardiogramma è un grafico che rappresenta l'attività:

- A del cuore
- B del cervello
- C dei reni
- D dell'apparato circolatorio
- E dell'apparato digerente

1682 Quale dei seguenti Paesi è il maggior produttore di petrolio?

- A Iraq
- B Kuwait
- C Arabia Saudita
- D Stati Uniti
- E Sudan

1683 In quale delle seguenti categorie di beni la scienza economica classificherebbe lo stetoscopio?

- A Beni durevoli
- B Beni strumentali
- C Beni complementari
- D Beni succedanei
- E Beni non durevoli

1684 Il "permafrost" è il:

- A suolo caratteristico della prateria
- B suolo caratteristico della taiga
- C suolo caratteristico della foresta pluviale
- D suolo caratteristico della tundra
- E sedimento marino delle regioni polari

1685 In quale delle seguenti categorie di beni economici rientrano i guanti sterili usati dal chirurgo?

- A Beni non durevoli
- B Beni complementari
- C Beni strumentali
- D Beni durevoli
- E Beni succedanei

1686 Il "welfare state" indica:

- A il raggiungimento del benessere psico-fisico
- B la parità dei diritti uomo-donna
- C lo stato sociale che assicura il benessere dei cittadini
- D la tutela dei diritti del bambino
- E il superamento delle discriminazioni razziali

1687 Quale delle seguenti opere letterarie NON è stata scritta da un autore italiano?

- A *Il giorno della civetta*
- B *Ragazzi di vita*
- C *La locandiera*
- D *La ragazza di Bube*
- E *Romeo e Giulietta*

1688 Quale tra i seguenti NON è un premio cinematografico?

- A Palma d'oro
- B Orso d'oro
- C Leone d'oro
- D Pulitzer
- E David di Donatello

1689 Quale delle seguenti nazioni non usa come moneta l'euro?

- A Svezia
- B Olanda
- C Portogallo
- D Grecia
- E Irlanda

1690 Sparagli, Piero, sparagli ora
e dopo un colpo sparagli ancora,
fino a che tu non lo vedrai esangue
cadere a terra, coprire il suo sangue.
«E se gli sparo in fronte o nel cuore
soltanto il tempo avrà per morire,
ma il tempo a me resterà per vedere,
vedere gli occhi di un uomo che muore».
E mentre gli usi questa premura
quello si volta, ti vede, ha paura
ed imbracciata l'artiglieria
non ti ricambia la cortesia.
(Da *La guerra di Piero*)
Dobbiamo la toccante canzone del 1966 da cui è tratto il testo, vero e proprio atto di denuncia in versi della degradazione umana che la guerra comporta, ad uno dei seguenti cantautori:

- A Lucio Dalla
- B Franco Battiato
- C Fabrizio De André
- D Ivano Fossati
- E Francesco Guccini

1691 Che cosa indica la sigla FAI?

- A Fondo per l'Ambiente Italiano
- B Federazione Autodromi Internazionali
- C Fondo degli Ambientalisti Integralisti
- D Federazione Aeronavale Italiana
- E Fondo Automobilistico Italiano

1692 Nel settembre 1982 la mafia assassinò a Palermo il generale Carlo Alberto Dalla Chiesa e sua moglie. Con quale incarico di coordinamento per la lotta alla mafia il generale era stato inviato in Sicilia?

- A Commissario straordinario della Sicilia
- B Presidente ad interim della Provincia di Palermo
- C Presidente ad interim della Regione siciliana
- D Procuratore straordinario di Palermo
- E Prefetto di Palermo

1693 Quale tra le seguenti è una pena pecuniaria?

- A Reclusione
- B Arresto
- C Ammenda
- D Confino
- E Estradizione

1694 Tizio ha un figlio che ha a sua volta un figlio. Quest'ultimo e Tizio sono parenti in linea retta:

- A in primo grado
- B di nessun grado
- C in secondo grado
- D in terzo grado
- E in qualità di affini

1695 Alla dottrina economica di quale pensatore ha dichiarato di ispirarsi Barack Obama?

- A Marx
- B Keynes
- C Ford
- D Stuart Mill
- E Smith

1696 Perché in un sistema economico è importante l'investimento?

- A Per finanziare i produttori di beni di investimento
- B Per mantenere e aumentare l'insieme dei beni destinati all'attività produttiva
- C Per garantire determinare livelli retributivi ai pubblici dipendenti
- D Per favorire il risparmio
- E Per perequare le risorse

1697 Nel 1683 Vienna fu assediata dai:

- A russi
- B prussiani
- C polacchi
- D turchi
- E francesi

1698 Le spese sostenute da un Paese per l'istruzione e la formazione possono essere considerate:

- A sprechi
- B consumi
- C investimenti
- D partite di giro
- E spese correnti

1699 Quanti sono sulla Tessera elettorale gli spazi per la certificazione dell'avvenuta partecipazione alla votazione?

A 18 B 58 C 78 D 98 E 118

1700 Il "Ftse Italia Star" è:

A un'unità di misura
B un sistema interbancario
C un centro internazionale di ricerca
D un gruppo multinazionale di telecomunicazioni
E un indice di borsa

1701 Con il termine "doping" si intende l'assunzione di:

A farmaci ad azione sedativa
B sostanze che potenziano il sistema immunitario
C sostanze che aumentano le capacità psicofisiche dell'organismo
D sostanze che forniscono un'elevata quantità di energia
E farmaci che abbassano il livello glicemico

1702 La politica monetaria europea:

A è attuata dalla Banca centrale europea
B spetta alle decisioni dei singoli Paesi
C è definita dall'ECOFIN (Consiglio dei ministri dell'economia e delle finanze dei Paesi dell'Ue)
D è definita dal Parlamento europeo
E spetta alle decisioni delle Banche centrali nazionali

1703 Nell'ambito della sociologia con il concetto di sistema sociale si intende abitualmente:

A una società locale nella quale i rapporti fra gli individui sono molto intensi e basati su valori tradizionali
B un insieme di parti collegate tra loro in modo funzionale
C una forma della società rigidamente strutturata e quindi oppressiva nei confronti dei singoli individui che ne fanno parte
D l'insieme di rapporti funzionali che collegano le componenti, ruoli e istituzioni, di una società
E l'insieme degli istituti che una società si è data per la protezione dell'individuo

1704 Nel linguaggio giuridico-economico, quale dei seguenti termini italiani è equivalente dell'inglese *share*?

A Credito
B Azione
C Capitale
D Debito
E Prestito

1705 Cosa si intende per "pacchetto di maggioranza" di una società?

A Un gruppo costituito da più del 50% dei soci di una società
B Un'alleanza di voto, da parte di alcuni soci, che porti al controllo di più del 50% delle azioni della società
C Il possesso da parte di un unico soggetto di più del 50% delle azioni della società
D Il possesso da parte di un unico soggetto della totalità delle azioni della società
E L'attività economica principale svolta dalla società, detta anche *core business*

1706 Che cos'è il rachitismo?

A L'allergia alle arachidi
B Una malattia ereditaria
C Una malattia infettiva
D Una malattia che colpisce i muscoli
E Una malattia delle ossa

1707 Quanti sono i Paesi che fanno attualmente parte dell'Unione Europea?

A 14
B 28
C 17
D 21
E 35

1708 Quale dei seguenti film non è stato diretto da Michelangelo Antonioni?

A *Blow up*
B *Deserto Rosso*
C *L'avventura*
D *Il deserto dei tartari*
E *Professione reporter*

 © Alpha Test

1709 "Per ______ s'intende la consegna, da parte dello Stato richiesto allo Stato richiedente, di una persona ricercata, o perché oggetto di una sentenza di condanna definitiva ad una pena detentiva o ad una misura di sicurezza privativa della libertà personale, o perché oggetto di una ordinanza di custodia cautelare in carcere." (www.giustizia.it) Tra quelli che seguono, qual è il termine da inserire nello spazio vuoto?

A contumacia

B denuncia

C abdicazione

D estradizione

E surroga

1710 Che cosa significa l'affermazione: "Il tasso di inflazione nel 2017 è stato pari al 2%"?

A La produzione di beni e servizi è cresciuta mediamente del 2% nel corso del 2017

B L'inflazione è calata mediamente del 2% nel corso del 2017

C I prezzi sono calati mediamente del 2% nel corso del 2017

D I prezzi sono cresciuti mediamente del 2% nel corso del 2017

E I prezzi sono mediamente raddoppiati nel corso del 2017

1711 A quale categoria di sostanze dopanti appartengono la caffeina, l'eledrina, le anfetamine e la cocaina?

A Stimolanti

B Betabloccanti

C Analgesici

D Steroidi anabolizzanti

E Narcolettici

1712 Cosa si intende per "bilancio consolidato"?

A Il bilancio redatto dalle società per azioni

B Il bilancio che incorpora il conto economico e la situazione patrimoniale di tutte le società che appartengono allo stesso gruppo

C Il bilancio che incorpora il conto economico e la situazione patrimoniale di una società relativa agli ultimi tre esercizi sociali

D Il bilancio che incorpora il conto economico e la situazione patrimoniale delle sole società quotate che appartengono al medesimo gruppo

E Il bilancio approvato dalla Borsa di riferimento

1713 Quale dei seguenti personaggi non compare nei *Promessi Sposi*?

A Fra' Diavolo

B Fra' Galdino

C Il Nibbio

D Fra' Cristoforo

E Donna Prassede

1714 «L'amor che move il sole e l'altre stelle»: è il verso finale:

A delle *Grazie* di Ugo Foscolo

B del *Canzoniere* di Francesco Petrarca

C della *Commedia* di Dante Alighieri

D delle *Myricae* di Giovanni Pascoli

E delle *Occasioni* di Eugenio Montale

1715 Come si chiama l'indice dei titoli tecnologici della Borsa americana di Wall Street?

A Nasdaq

B Nikkei

C Dow Jones

D Midex

E Ftse 100

1716 Si identifichino gli abbinamenti CORRETTI dei tre eventi internazionali citati con le corrispondenti annessioni al Regno d'Italia.

A. Sconfitta dell'Austria ad opera della Prussia alleata con l'Italia (terza guerra d'indipendenza).

B. Vittoria prussiana sulla Francia e crisi della sua influenza.

C. Trattati di pace al termine del I conflitto mondiale.

1. Annessione del Trentino e dell'Alto Adige.

2. Annessione di Roma.

3. Annessione del Veneto.

A A 2; B 1; C 3

B A 3; B 1; C 2

C A 3; B 2; C 1

D A 2; B 3; C 1

E A 1; B 2; C 3

1717 Quale, tra le frasi seguenti, contiene un errore lessicale?

A Al passaggio tra Ottocento e Novecento risale il maggior spostamento di popoli della Storia

B Un fenomeno analogo, anche se di intensità molto inferiore, si era avuto con le grandi migrazioni di barbari verso l'Europa

C Trenta milioni di persone lasciarono l'Europa per stabilirsi in America e in Australia

D L'emigrazione di maggior intensità si ebbe verso l'America

E In America immigrarono soprattutto Irlandesi, Svedesi, Italiani

1718 Il Rio de la Plata propriamente è un:

A bacino artificiale

B lago

C mare

D estuario

E fiordo

1719 Un contratto collettivo nazionale di categoria obbliga:

A soltanto i datori di lavoro iscritti alle associazioni stipulanti

B soltanto i lavoratori iscritti alle associazioni stipulanti

C soltanto i datori di lavoro e i lavoratori iscritti alle associazioni stipulanti

D tutti i datori di lavoro e i lavoratori di categoria

E soltanto le associazioni stipulanti ma non i singoli datori di lavoro e i lavoratori

1720 Il primo porto europeo per volume di merci in transito è quello di:

A Marsiglia

B Amburgo

C Genova

D Rotterdam

E Atene

1721 Quali dei seguenti Paesi hanno ospitato i Campionati europei di calcio del 2012?

A Inghilterra e Irlanda

B Estonia e Lituania

C Polonia e Ucraina

D Spagna e Portogallo

E Norvegia e Svezia

1722 La lira ha perso corso legale a partire da:

A gennaio 2002

B febbraio 2002

C marzo 2002

D aprile 2002

E dicembre 2002

1723 Quale dei seguenti metalli è il più pesante?

A Ferro

B Argento

C Oro

D Alluminio

E Rame

1724 Con il termine "monopsonio" si intende una situazione di mercato caratterizzata dalla presenza di:

A un solo produttore
B pochi produttori
C pochi acquirenti
D molti produttori e molti acquirenti
E un solo acquirente

1725 Un farmaco placebo:

A è una sostanza priva di azione farmacologica
B contiene una piccola quantità di principio attivo
C contiene un principio attivo estratto dalle piante
D contiene una quantità elevata di principio attivo
E è un farmaco da banco

1726 Individuare la parola "estranea" al gruppo.

A Polpo
B Sardina
C Pescecane
D Delfino
E Triglia

1727 Cos'è la legge di bilancio?

A La legge che approva il bilancio dello Stato, predisposto dal Governo
B La legge con la quale il Parlamento fissa gli obiettivi del Governo
C La legge che fissa i principi ai quali il bilancio dello Stato deve attenersi
D La legge che fissa i principi ai quali il bilancio delle società commerciali devono attenersi
E Il principio contabile per il quale l'attivo e il passivo devono sempre equivalersi in un bilancio

1728 Il tasso di natalità esprime il rapporto tra:

A il numero dei nati moltiplicato per 1.000 e il totale della popolazione in un determinato tempo
B il numero dei nati moltiplicato per 1.000.000 e il totale della popolazione in un determinato tempo
C il numero dei nati moltiplicato per 100 e il totale della popolazione in un determinato tempo
D il numero dei nati moltiplicato per 10.000 e il totale della popolazione in un determinato tempo
E il numero dei nati moltiplicato per 100.000 e il totale della popolazione in un determinato tempo

1729 Se lo Stato eroga un finanziamento *a fondo perduto* a un agricoltore, ciò significa che:

A i soldi del finanziamento sono stati rubati
B l'agricoltore deve restituire il doppio della somma
C l'agricoltore non deve restituire la somma
D l'ammontare del finanziamento non è predeterminato
E l'agricoltore deve restituire la somma senza interessi

1730 Cosa si intende per "risparmio"?

A L'acquisto di titoli
B La parte del reddito non destinata ai consumi
C La parte del reddito destinata all'investimento
D L'insieme dei mezzi di pagamento detenuti dalla popolazione
E La differenza tra attività e passività detenute da un soggetto economico

1731 La sigla NAS indica:

A una compagnia assicurativa
B una società di navigazione
C una agenzia di stampa
D un nucleo antisofisticazione
E un nucleo antievasione fiscale

1732 Il comparto industriale italiano ha avuto il primo significativo sviluppo:

A nella seconda metà del XVIII secolo
B dopo l'Unità d'Italia
C dopo la prima guerra mondiale
D dopo la seconda guerra mondiale
E nella prima metà del XVIII secolo

1733 ENI significa:

A Economia Nazionale Italiana
B Ente Nazionale di Informatica
C European Net Information
D Ente Nazionale Idrocarburi
E Equini Nazionali Italiani

1734 Lo sfruttamento delle cave rientra:

A nel settore economico primario
B nel settore economico secondario
C nel settore economico terziario
D nel settore economico terziario avanzato
E in nessun settore economico

1735 Nel gergo finanziario, cosa si intende per "cassettista"?

A Il risparmiatore che deposita i suoi averi nelle cassette di sicurezza
B Chi riceve incautamente un assegno a vuoto
C Il risparmiatore che compra titoli a lunga scadenza, senza finalità speculative
D Lo speculatore su merci
E Il Governo che inasprisce le tasse, frugando nei "cassetti" degli Italiani

1736 Cos'è il debito pubblico?

A L'insieme delle passività finanziarie delle amministrazioni pubbliche
B L'insieme dei debiti dei soggetti aventi la nazionalità dello Stato
C La somma delle risorse necessarie allo Stato per il suo funzionamento corrente
D La somma delle risorse che lo Stato deve prelevare dai cittadini per il suo funzionamento corrente
E Il tasso di interesse che lo Stato paga sui titoli che emette

1737 Cosa sono i fattori produttivi?

A I capitali necessari per avviare un'impresa commerciale
B Tutti i beni e i servizi strumentali alla produzione
C Gli accantonamenti costituiti allo scopo di salvaguardare e rafforzare il capitale sociale
D Gli incentivi concessi al fine di incrementare la produzione
E La differenza tra ricavo e spesa

1738 Quale tra queste fonti non rientra tra le fonti di diritto internazionale?

A La Costituzione italiana
B La consuetudine
C Gli accordi
D Le direttive
E I regolamenti

1739 In Italia, la durata in carica dei parlamentari è di:

A tanti anni quanti dura il governo in carica
B quattro anni per entrambe le Camere
C sette anni per entrambe le Camere
D quattro anni per i senatori e cinque per i deputati
E cinque anni per entrambe le Camere

1740 S'identifichi la serie numerica che corrisponde alla reale successione storica dei seguenti avvenimenti del Novecento: 1) crisi provocata dall'installazione dei missili sovietici a Cuba; 2) fine del coinvolgimento americano in Vietnam; 3) fine della guerra di Corea; 4) assassinio di Martin Luther King.

A 3); 1); 2); 4)
B 2); 4); 1); 3)
C 4); 2); 3); 1)
D 1); 4); 2); 3)
E 3); 1); 4); 2)

1741 Nella storia d'Italia, il "biennio rosso" indica gli anni:

A 1914-15
B 1919-20
C 1943-44
D 1968-69
E 1976-77

 © Alpha Test

1742 «[...] Non nobile, non ricco, coraggioso ancor meno, s'era dunque accorto [...] d'essere, in quella società, come un vaso di terra cotta, costretto a viaggiare in compagnia di molti vasi di ferro.» Chi è il *vaso di terra cotta* cui si riferiscono queste espressioni di A. Manzoni?

A Adelchi
B Don Abbondio
C Il Conte di Carmagnola
D Conte Zio
E Fra Cristoforo

1743 L'acronimo OGM sta per:

A ortofrutta da agricoltura biologica
B organismi sottoposti a manipolazione genetica
C organismi generalmente commestibili
D organismi infettati da agenti chimici
E ortofrutta garantita matura

1744 Quale dei seguenti titoli può essere usato per descrivere l'opera pittorica di Jackson Pollock?

A L'arte iperrealista
B L'essenza della pop art
C Tra comics e fotografia
D L'arte senza le immagini
E Un nuovo espressionismo

1745 Il Re del Regno d'Italia con capitale Milano fu:

A Massenzio
B Costantino
C Carlo Alberto
D Napoleone
E Carlo Magno

1746 Che cosa si intende per mercato duopolistico?

A Il mercato nel quale competono solo due imprese
B Il mercato nel quale c'è concorrenza perfetta
C La concorrenza tra due mercati
D Il mercato nero
E Un mercato parallelo, ma lecito, rispetto ai mercati regolamentati

1747 In relazione al processo, la Costituzione utilizza l'aggettivo "ragionevole" in riferimento a:

A costo
B imparzialità del giudice
C durata
D numero di ricorsi
E pubblicità

1748 L'art. 4 comma 2 della Costituzione prevede che ogni cittadino svolga, secondo le proprie possibilità e le proprie scelte, un'attività o una funzione che concorra al progresso materiale o spirituale della società. Quanto espresso dalla Costituzione rappresenta per il cittadino:

A un diritto
B un'aspirazione
C una necessità
D un'opportunità
E un dovere

1749 Fra quelli proposti, l'indicatore più accurato del benessere economico di una popolazione è:

A il reddito medio pro capite
B il tasso di natalità
C il tasso di mortalità
D la durata media della vita
E il prodotto interno lordo

1750 Quale dei seguenti articoli (o commi) della Costituzione Italiana è trascritto in maniera errata?

A "Il pubblico ministero ha l'obbligo di esercitare l'azione penale" (art. 112)
B "Tutti i provvedimenti giurisdizionali devono essere motivati" (art. 111, c. 6)
C "La giustizia è amministrata in nome del popolo. I giudici sono soggetti soltanto al Parlamento" (art. 101)
D "L'autorità giudiziaria dispone direttamente della polizia giudiziaria" (art. 109)
E "I magistrati sono inamovibili" (art. 107, c. 1)

1751 Tra i seguenti organi istituzionali uno NON appartiene all'Unione Europea. Quale?

A Il Consiglio
B La Corte di giustizia
C La Corte dei conti
D La Corte costituzionale
E La Commissione

1752 Con l'espressione "settore terziario" si indica:

A l'economia privata in antitesi all'economia industriale
B l'insieme delle professioni intellettuali
C l'economia sommersa
D il settore dell'economia che produce servizi
E l'economia dei Paesi in via di sviluppo

1753 Quale tra le seguenti affermazioni riguardanti le OING (Organizzazioni internazionali non governative) non è esatta? Le OING:

A non perseguono scopi di lucro
B si impegnano in obiettivi umanitari
C collaborano con diversi organismi internazionali
D non sono soggetti di diritto
E sono prive di personalità giuridica

1754 Il termine *devolution* (o *devoluzione*) viene usato nel linguaggio politico e amministrativo per indicare:

A una cessione di poteri da parte di un Governo centrale a favore di un Governo regionale o locale
B un alleggerimento della pressione fiscale da parte del Governo nei casi più gravi di crisi economica
C una concezione ideologica favorevole a un intervento esteso dello Stato in ogni settore dell'economia e della società
D una linea politica interna o internazionale che tiene conto soprattutto di due grandi partiti o di due Stati
E una prassi di governo che consiste nella formazione di maggioranze parlamentari composite

1755 Qual è il numero di firme necessario per richiedere un referendum abrogativo?

A 100.000
B 250.000
C 500.000
D 1.000.000
E 600.000

1756 Che nome ha l'organo esecutivo collegiale posto a capo dell'ONU?

A Consiglio legislativo
B Consiglio della libertà
C Segretariato generale
D Consiglio di sicurezza
E Assemblea generale

1757 Qual è la durata massima della giornata lavorativa?

A Quella di volta in volta stabilita dall'imprenditore
B Non esiste alcun limite massimo
C 10 ore, limite massimo, che in ogni caso non può essere superato
D Quella fissata dalla legge
E 12 ore, limite massimo che in ogni caso non può essere superato

1758 Gli Statuti speciali sono:

A leggi ordinarie
B regolamenti
C leggi costituzionali
D atti di grande importanza morale, ma sprovvisti di valore giuridico
E consuetudini

1759 In quale anno sono stati sottoscritti i Patti Lateranensi?

A 1922
B 1926
C 1928
D 1930
E 1929

1760 In un processo, chi è il *resistente*?

A La persona che propone la domanda giudiziale
B Il pubblico ministero
C Il testimone
D La persona contro cui la domanda giudiziale è proposta
E Il terzo, chiamato in causa da una delle parti

 © Alpha Test

1761 Rosso Malpelo è un personaggio creato da:

- A Mario Tobino
- B Giovanni Verga
- C Ignazio Silone
- D Andrea Camilleri
- E Dacia Maraini

1762 Chi regola la condizione giuridica dello straniero in Italia?

- A La consuetudine
- B La legge italiana in conformità delle norme e dei trattati internazionali
- C Solo la legge italiana
- D La legge del Paese di provenienza
- E I trattati internazionali

1763 Lo Stato è laico quando:

- A stabilisce l'autonomia della sfera civile da quella religiosa
- B recepisce le istanze, anche economiche, delle religioni presenti nel suo territorio in modo paritetico
- C vieta ogni culto religioso
- D vieta il finanziamento pubblico di scuole religiose
- E nega qualunque autorità religiosa

1764 Filippo Tommaso Marinetti è stato il teorico del movimento d'avanguardia chiamato:

- A cubismo
- B transavanguardia
- C surrealismo
- D futurismo
- E neorealismo

1765 In base alla Costituzione italiana, il matrimonio è ordinato:

- A sull'indissolubilità
- B sull'eguaglianza morale e giuridica dei coniugi
- C sull'accordo tra coniugi e figli
- D sulla volontà comune dei coniugi
- E sui principi del diritto canonico

Leggere il brano seguente e rispondere alla relativa domanda

«Caròn, non ti crucciare:
vuolsi così colà dove si puote
ciò che si vuole, e più non dimandare.»
Inferno, III 94-96

1766 Quale celebre personaggio sta parlando?

- A Virgilio
- B Ulisse
- C San Francesco
- D Beatrice
- E Dante

1767 Quale tra i seguenti scrittori è l'autore del romanzo *Mastro don Gesualdo*?

- A Alessandro Manzoni
- B Luigi Pirandello
- C Leonardo Sciascia
- D Giovanni Verga
- E Ignazio Silone

1768 La cosiddetta guerra del Kippur che oppose arabi e israeliani fu combattuta nel:

- A 1973
- B 1967
- C 1956
- D 2006
- E 1989

1769 Nello stesso anno in cui morì Garibaldi (1882) fu giustiziato il patriota irredentista:

- A Silvio Pellico
- B Scipio Slataper
- C Guglielmo Oberdan
- D Cesare Battisti
- E Giani Stuparich

1770 La *Dichiarazione Universale dei Diritti dell'Uomo*, approvata dall'assemblea dell'ONU il 10 dicembre 1948, ha valore:

- A non vincolante
- B vincolante per tutti gli Stati del mondo
- C vincolante solo per gli Stati democratici
- D vincolante per gli Stati rappresentati all'ONU
- E paritetico con le Costituzioni nazionali

1771 In base alle Disposizioni transitorie e finali della Costituzione italiana, è ammessa la riorganizzazione del disciolto partito fascista?

A No
B Sì, senza limitazioni
C Sì, ma non prima di cinque anni dall'entrata in vigore della Costituzione
D Non è prevista alcuna prescrizione al riguardo
E Sì, al pari di quello monarchico

1772 Quale dei seguenti Stati non appartiene al medesimo continente cui appartengono gli altri quattro?

A Vietnam
B Thailanda
C Laos
D Tanzania
E Cambogia

1773 Il datore di lavoro può effettuare discriminazioni in ragione della religione del lavoratore?

A Sì
B No
C Sì, se il lavoratore è coniugato
D Sì, ma solo se si tratta di culti contrari al buon costume
E Sì, a sua discrezione

1774 Il figlio è soggetto alla potestà dei genitori fino:

A ai dieci anni
B ai sedici anni
C ai diciotto anni
D ai ventuno anni
E alla morte

1775 Il comando supremo delle truppe alleate per lo sbarco in Normandia fu affidato a:

A Rommel
B De Gaulle
C Eisenhower
D Patton
E Montgomery

1776 A partire dal 1947, gli USA intervennero in Europa con un programma di aiuti economici. Come fu chiamato?

A New Deal
B New Age
C Piano Roosevelt
D Piano Marshall
E Piano Truman

1777 La peste entra nel sistema narrativo di due testi italiani: quali?

A La *Commedia* di Dante Alighieri e l'*Orlando furioso* di Ludovico Ariosto
B Il *Decamerone* di Giovanni Boccaccio e *I promessi sposi* di Alessandro Manzoni
C *L'Adone* di Giovanni Battista Marino e *Le ultime lettere di Jacopo Ortis*
D *Le confessioni di un italiano* di Ippolito Nievo e *Il fu Mattia Pascal* di Luigi Pirandello
E *Ragazzi di vita* di Pier Paolo Pasolini e *Todo modo* di Leonardo Sciascia

1778 *Che fai tu, luna, in ciel? Dimmi, che fai, silenziosa luna?*
Sorgi la sera, e vai, contemplando i deserti; indi ti posi.

Sono i versi iniziali della lirica:

A *Alla sera*, di Ugo Foscolo
B *Canto notturno di un pastore errante dell'Asia*, di Giacomo Leopardi
C *Di notte*, di Giosuè Carducci
D *Il gelsomino notturno*, di Giovanni Pascoli
E *Spesso il male di vivere ho incontrato*, di Eugenio Montale

1779 Quale sovrano si fregiò, oltre che del titolo di re d'Italia anche di quello di re d'Albania e Imperatore d'Etiopia?

A Umberto I
B Vittorio Emanuele III
C Umberto II
D Vittorio Emanuele II
E Carlo Alberto

© Alpha Test

1780 Trimalcione è un personaggio che compare nell'opera:
- A *Eneide*
- B *Apokolokyntosis*
- C *De consolatione philosophiae*
- D *Satyricon*
- E *De bello civili*

1781 Con quale atto ciascuna Camera accorda o revoca la fiducia al Governo?
- A Mozione
- B Decreto legge
- C Decreto legislativo
- D Interrogazione parlamentare
- E Interpellanza

1782 Cos'è un fondo pensione?
- A Un ente pubblico che eroga somme ai lavoratori dipendenti in caso di malattia professionale o infortunio sul lavoro
- B Un'istituzione che raccoglie e gestisce il risparmio allo scopo di erogare ai lavoratori trattamenti pensionistici complementari rispetto a quelli erogati dal sistema pubblico
- C Un organismo specializzato nella raccolta di risparmio tra il pubblico e nella sua gestione a fini speculativi
- D Un ente pubblico che eroga somme a favore di coloro che hanno cessato l'attività lavorativa per anzianità, di malattia professionale o infortunio sul lavoro
- E Un'estensione di terreno concessa in proprietà a un lavoratore andato in pensione, perché la coltivi

1783 Quale delle seguenti opere NON è stata scritta da Giuseppe Parini?
- A *La bottega del caffè*
- B *La vita rustica*
- C *La caduta*
- D *La salubrità dell'aria*
- E *L'innesto del vaiuolo*

1784 Il filosofo Baruch Spinoza visse nello stesso periodo di:
- A Luigi XVI
- B Voltaire
- C Luigi XIV
- D Napoleone
- E Chateaubriand

1785 Nel 1945 a Yalta si riunirono i capi delle maggiori potenze tra quelle che avevano vinto la guerra. Quali erano?
- A Roosevelt, Stalin e De Gaulle
- B Truman, Stalin e Churchill
- C Roosevelt, Lenin e Churchill
- D Roosevelt, Stalin e Churchill
- E Truman, Stalin e De Gaulle

1786 La sua tattica prudente e attendista nei confronti di Annibale, ormai assai prossimo a Roma, gli valse l'appellativo di «Temporeggiatore». Si tratta di:
- A Publio Cornelio Scipione
- B Terenzio Varrone
- C Emilio Paolo
- D Quinto Fabio Massimo

1787 Il musicista Franz Joseph Haydn era di nazionalità:
- A austriaca
- B tedesca
- C rumena
- D svizzera
- E brasiliana

1788 Nella terminologia architettonica, con il termine "tiburio" si indica:
- A la struttura circolare su cui poggia una cupola o si imposta una cupola
- B la parete finestrata che illumina la navata della chiesa
- C la particolare copertura conica di alcuni campanili nell'area alpina
- D la cattedra del vescovo posta a fianco dell'ambone
- E un elemento architettonico coperto a tetto che può racchiudere al suo interno una cupola

1789 Qual è la corretta divisione sillabica?
- A As - so - lu -ta - men - te
- B Ass - o - lu - ta - men - te
- C As - so - lu -ta - me - nte
- D A - ss - o - lu - ta - men - te
- E Asso - luta - mente

1790 Quali delle seguenti tipologie non appartiene alla città greca di età classica?

- A Terme
- B Teatro
- C Agorà
- D Bouleuterion
- E Tempio

1791 Su una carta 1:50.000 un lago ha un'area di 25 cm^2. Quale sarà la sua superficie reale?

- A 6,25 km^2
- B 6,25 m^2
- C 25 m^2
- D 25 km^2
- E 250 km^2

1792 Quale parola ha accento sdrucciolo?

- A Piramide
- B Cavallo
- C Scivolano
- D Città
- E Mangiateglielo

1793 Da quale movimento culturale fu caratterizzato il XVIII secolo?

- A Umanesimo
- B Romanticismo
- C Impressionismo
- D Protestantesimo
- E Illuminismo

1794 Oscar Wilde scrisse:

- A *Il rosso e il nero*
- B *L'importanza di chiamarsi Ernesto*
- C *Ivanhoe*
- D *La signora Dalloway*
- E *Middlemarch*

1795 La funzione esecutiva è esercitata:

- A collettivamente dalle due Camere
- B dal Parlamento
- C dal Governo dalla Magistratura
- D dal Governo
- E dal Presidente del Consiglio

1796 Si identifichi la serie numerica che corrisponde alla reale successione storica degli avvenimenti sotto elencati:
(1) Suffragio universale maschile e femminile; (2) spedizione dei Mille; (3) marcia su Roma; (4) presa di Porta Pia; (5) entrata in vigore della Costituzione; (6) concordato tra Stato e Chiesa.

- A 3 – 5 – 1 – 6 – 2 – 4
- B 2 – 4 – 3 – 6 – 1 – 5
- C 4 – 3 – 1 – 6 – 2 – 5
- D 2 – 4 – 3 – 5 – 1 6
- E 2 – 3 – 4 – 5 – 1 – 6

1797 Fu a capo degli ugonotti; scampò al massacro della notte di San Bartolomeo; prese parte alla "guerra dei tre Enrichi"; designato dal re di Francia quale suo successore, abiurò il calvinismo (gli fu attribuita la frase "Parigi val bene una messa"). Si tratta di:

- A Francesco II
- B Carlo IX
- C Enrico III
- D Enrico di Guisa
- E Enrico IV di Borbone

1798 Fëdor Dostoevskij ha scritto:

- A *Infanzia*
- B *I demoni*
- C *Delitto e castigo*
- D *Umiliati e offesi*
- E *L'idiota*

1799 «I have a dream...» («Ho un sogno...»). Washington, 28 agosto 1963. Qual era il sogno in questione?

- A La fine della guerra in Corea
- B La concessione di una costituzione
- C La fine della discriminazione razziale
- D La "nuova frontiera" della politica americana
- E La fine della schiavitù

1800 Quale tra i seguenti non è uno dei simboli dell'Unione Europea?

- A Festa
- B Bilancio
- C Motto
- D Bandiera
- E L'inno

 © Alpha Test

1801 Se i lavoratori, invece di astenersi dal lavoro, applicano puntigliosamente alla lettera i regolamenti con l'intento di rallentarlo fino alla paralisi, si dice che stanno mettendo in atto uno sciopero:

A generale
B bianco
C a scacchiera
D a singhiozzo
E rosso

1802 Cosa significa la sigla SEBC?

A Società Europea Best Company
B Studio Europeo del Bilancio Comunitario
C Societario Europeo Banco Catastale
D Sistema Europeo delle Banche Centrali
E Società di Edizioni del Buon Consiglio

1803 Il diritto di voto:

A non può mai essere limitato
B può essere limitato per incapacità civile o per effetto di sentenza penale irrevocabile
C può essere limitato nei casi di indegnità morale indicati dalla legge
D può essere limitato solo se l'interessato vi consente, e comunque mai per un tempo superiore ai 5 anni
E la B e la C sono vere

1804 Qual è il più antico sindacato italiano?

A CGIL
B UIL
C CISL
D ORSA
E COBAS

1805 L'esercizio del diritto di voto è un:

A dovere civico
B dovere morale
C obbligo giuridico
D diritto potestativo
E diritto relativo

1806 Una di queste opere NON è di Pirandello: quale?

A *Il fu Mattia Pascal*
B *Quaderni di Serafino Gubbio operatore*
C *Enrico IV*
D *Il garofano rosso*
E *L'Esclusa*

1807 La rivolta dei boxer ebbe luogo in:

A Giappone
B Congo
C Corea
D Malesia
E Cina

1808 Un byte è composto da:

A 4 bit
B 8 bit
C 16 bit
D 32 bit
E 64 bit

1809 Roma divenne capitale d'Italia nel:

A 1945
B 1860
C 1871
D 1900
E 1870

1810 Nel corso della sua lunga storia, l'Egitto fu conquistato da:

A Galli
B Etruschi
C Cartaginesi
D Parti
E Assiri

Leggere il brano seguente e rispondere alla relativa domanda

«Andrea con parole,
siccome far suole,
seduce una dama
che poi l'abbandona.
Poi finge con l'altra
che assai poco scaltra
lo crede sincero,
e poi scopre il vero.
Infine va a un'asta
a Roma, e gli basta.»

1811 A quale noto romanzo allude la filastrocca che ne ritrae ironicamente il protagonista?

A *Morte a Venezia* (Thomas Mann)
B *Controcorrente* (Joris-Karl Huysmans)
C *Il ritratto di Dorian Gray* (Oscar Wilde)
D *Il piacere* (Gabriele D'Annunzio)
E *Ulisse* (James Joyce)

1812 Il romanzo "Insciallah" è stato scritto da:

A Susanna Tamaro
B Gianna Manzini
C Gianna Schelotto
D Margherita Oggero
E Oriana Fallaci

1813 Il sistema Auditel rileva:

A il gradimento dei programmi RAI
B il traffico telefonico nazionale
C l'audience televisiva
D la capacità di udito negli audiolesi
E l'andamento delle tariffe telefoniche

1814 La decorazione della Cappella degli Scrovegni è stata eseguita da:

A Tiziano Vecellio
B Giorgione
C Carlo Maratta
D Gianlorenzo Bernini
E Giotto

1815 La Sagrada Familia di Barcellona è opera di:

A Renzo Piano
B Paul Gauguin
C Antoni Gaudí
D Giò Ponti
E Joan Miró

1816 Quale delle seguenti proposizioni contiene un verbo ausiliare?

A Io sono colui che viene
B Puoi indicarmi la strada?
C Ieri sono andato a pescare
D Ha una nuova fidanzata
E Deve venire a cena

1817 Le dieci giornate di Brescia rientrano nella:

A seconda guerra mondiale
B prima guerra di indipendenza
C seconda guerra di indipendenza
D terza guerra di indipendenza
E prima guerra mondiale

1818 La guerra civile spagnola segnò, prima della seconda guerra mondiale, lo scontro tra il movimento franchista e:

A i repubblicani, appoggiati dai comunisti
B i democristiani
C il partito fascista
D il partito democratico
E il partito socialdemocratico e liberale

1819 Nella "corsa allo spazio" l'URSS acquistò un vantaggio iniziale rispetto agli USA perché:

A aveva osservatori astronomici più potenti
B aveva acquisito lo sfruttamento ventennale di alcuni territori sulla Luna
C era dotata di una struttura industriale più avanzata
D lanciò in orbita il primo satellite artificiale
E era un paese comunista

1820 Quale tra le seguenti era la divinità romana della medicina?

A Giove
B Mercurio
C Esculapio
D Apollo
E Minerva

1821 Nell'elenco seguente ogni illustre personaggio storico è associato al Paese rispetto al quale svolse, con successo maggiore o minore, il ruolo di «liberatore». Si riconosca l'abbinamento ERRATO:

A Simón Bolívar/Sierra Leone
B Tadeusz Kosciuszko/Polonia
C Lajos Kossuth/Ungheria
D Mustafà Kemal/Turchia
E José de San Martín/Cile

 © Alpha Test

1822 Stabilire la sequenza cronologica tra i seguenti momenti della storia dell'architettura:

1. Architettura Ravennate
2. Architettura Paleocristiana
3. Architettura Romanica
4. Architettura Carolingia
5. Architettura Gotica

A 2, 1, 3, 5, 4
B 1, 2, 4, 5, 3
C 4, 2,1, 5, 3
D 1, 3, 4, 2, 5
E 2, 1, 4, 3, 5

1823 Le date 1431-1506 si riferiscono alla nascita e alla morte di quale dei seguenti artisti?

A Michelangelo Merisi detto il Caravaggio
B Tiziano Vecellio
C Andrea Mantegna
D Giambattista Tiepolo
E Piero della Francesca

1824 Quale di queste nazioni non fa parte dell'Unione europea?

A Lussemburgo
B Finlandia
C Polonia
D Turchia
E Slovacchia

1825 Con l'attuale ordinamento, in Italia il Presidente della Repubblica Italiana dura in carica quanti anni?

A 3 anni
B 4 anni
C 5 anni
D 7 anni
E 6 anni

1826 In un foglio elettronico, con quali elementi si identifica una cella?

A Il tipo di formula
B Il testo in essa contenuto
C I numeri in essa contenuti
D La lettera che individua la colonna ed il numero che individua la riga
E Il tipo di formattazione

1827 Con l'espressione "partecipazione statale" si indica:

A il piano di intervento nello Stato a sostegno delle imprese
B l'insieme delle manovre di politica economica adottate da una certa nazione
C il programma di partecipazione dello Stato a missioni umanitarie internazionali
D il possesso da parte dello Stato di partecipazioni azionarie in società private
E l'adozione di norme urgenti da parte di un Governo per sostenere l'economia nazionale

1828 Sede della Corte dei Conti europea è:

A Roma
B Amsterdam
C Lussemburgo
D Strasburgo
E Berlino

1829 A norma della Costituzione italiana, i giudici sono soggetti soltanto:

A alla loro coscienza
B al potere legislativo
C al Parlamento
D alla legge
E al Capo dello Stato

1830 A chi si deve la famosa frase "Obbedisco"?

A Giuseppe Garibaldi
B Camillo Benso conte di Cavour
C Giuseppe Mazzini
D Nino Bixio
E Vittorio Emanuele II

1831 Papa Paolo VI morì nel:

A 1964
B 1980
C 1955
D 1991
E 1978

QUESITI

1832 Il Patto Molotov-Ribbentrop del 1939 fra l'Unione Sovietica e la Germania prevedeva:

A la dichiarazione di guerra agli Stati Uniti d'America
B la non aggressione reciproca e, segretamente, la spartizione della Polonia
C l'accordo di spartizione della Cecoslovacchia tra russi e tedeschi
D la non proliferazione degli armamenti
E il riarmo nucleare

1833 Nel 1823, in un celebre messaggio al Congresso degli Stati Uniti d'America, annunciò un decisivo cambiamento di rotta (riassumibile nello slogan «l'America agli americani») della politica statunitense nei confronti dell'intero continente, che da allora innanzi sarebbe stato posto al riparo da ogni interferenza europea. Si trattava del Presidente:

A James Madison
B John Adams
C Thomas Jefferson
D James Monroe
E Thomas Jefferson

1834 Una donna fascinosa che fu nemica di Cicerone fu:

A Clodia
B Tullia
C Faustina
D Livia
E Cecilia Metella

1835 Il suffisso ".zip" identifica:

A file Excel
B file Acrobat
C file grafici
D file compattati
E file audio

1836 In quale romanzo italiano è importante un albero di nespole?

A *Il fu Mattia Pascal* di Luigi Pirandello
B *I Malavoglia* di Giovanni Verga
C *Se questo è un uomo* di Primo Levi
D *La storia* di Elsa Morante
E *Il taglio del bosco* di Carlo Cassola

"Non domandarci la formula che mondi possa aprirti,
sì qualche storta sillaba e secca come un ramo.
Codesto solo oggi possiamo dirti,
ciò che non siamo, ciò che non vogliamo".

1837 Eugenio Montale con questi versi afferma che il poeta:

A non ha intenzione di condividere con altri il suo privilegio
B è un superuomo della conoscenza
C si sente offeso da una richiesta così pretenziosa
D accortamente minimizza le sue competenze
E non ha alcuna risposta ottimistica

1838 Enrico Pestalozzi ha fondato la scuola:

A unificata
B secondaria
C materna
D operaia
E primaria popolare

1839 Per Marx il plusvalore viene prodotto da:

A operazioni finanziarie
B socializzazione delle imprese private
C lavoro umano
D investimenti in nuove tecnologie
E buoni raccolti nell'agricoltura

1840 Una delle seguenti funzioni non viene svolta dal Presidente della Repubblica in Italia: quale?

A Promuove e coordina l'attività dei ministri
B Indice le elezioni delle nuove Camere
C Promulga le leggi
D Presiede il Consiglio superiore della magistratura
E Dichiara lo stato di guerra deliberato dalle Camere

1841 Chi ha progettato il museo Guggenheim di Bilbao?

A Renzo Piano
B Paolo Portoghesi
C Le Corbusier
D Frank Gehry
E Mario Botta

© Alpha Test

1842 Quale dei seguenti pittori non appartiene al movimento cubista?

- A Honorè Daumier
- B George Braque
- C Juan Gris
- D Fernand Léger
- E Pablo Picasso

1843 Gandhi è ancor oggi ricordato per la sua lotta per l'indipendenza dell'India, caratterizzata dalla "non violenza", paradossale, perché morì nel 1948 a causa:

- A di un incidente aereo mentre stava andando alle Nazioni Unite
- B dell'attentato di un fanatico indù
- C di un avvelenamento
- D dell'attentato di un fondamentalista islamico
- E d'infarto

1844 Dopo la fine della seconda guerra mondiale gli Stati Uniti consolidarono i propri legami con l'Europa occidentale con un piano di aiuti, il cosiddetto "Piano Marshall", che era un:

- A piano per estendere l'influenza degli Stati Uniti sino all'Unione Sovietica
- B piano di autostrade dal nord Europa sino alla Sicilia
- C piano per dividere l'Europa in "zone di influenza"
- D piano di aiuti alle economie europee
- E progetto di difesa in funzione antisovietica

1845 Le madri di Plaza de Mayo ancora oggi chiedono chiarezza sul fenomeno tristemente noto dei desaparecidos, che è legato:

- A ai ragazzi che scappano di casa per sfuggire all'autoritarismo
- B alla guerra delle Falkland, dove sono spariti in mare i piloti abbattuti
- C al crollo dei loggiati della Plaza Mayor a Madrid
- D alla sparizione di giovani coinvolti nel traffico internazionale di organi
- E alla dittatura militare argentina

1846 Una sola delle seguenti affermazioni è falsa: quale?

- A L'esercizio della funzione legislativa non può essere delegato al Governo se non con determinazione di principi e criteri direttivi e soltanto per il tempo limitato e per oggetti definiti
- B I decreti legge perdono efficacia se non sono convertiti in legge entro sessanta giorni dalla loro pubblicazione
- C Il Governo può, anche senza delegazione delle Camere, emanare decreti che abbiano valore di legge ordinaria
- D Il Presidente della Repubblica, prima di promulgare la legge, può con messaggio motivato alle Camere chiedere una nuova deliberazione
- E Hanno diritto di partecipare al referendum tutti i cittadini chiamati ad eleggere la Camera dei deputati

1847 I parlamentari ricevono un'indennità stabilita dalla legge?

- A No, mai
- B Solo se vi è stata deliberazione dello stato di guerra
- C Solo se sono sprovvisti di mezzi necessari per vivere
- D Solo se hanno un'età superiore ai cinquanta anni
- E Sì

1848 La Società delle Nazioni non è riuscita a scongiurare:

- A la prima guerra mondiale
- B la seconda guerra mondiale
- C la guerra in Iraq
- D la guerra arabo-israeliana
- E il conflitto tra India e Pakistan

1849 Quale dei seguenti personaggi politici italiani non ha mai rivestito la carica di Presidente della Repubblica?

- A Saragat
- B Leone
- C Pertini
- D Cossiga
- E Andreotti

1850 In quale regione si stabilirono definitivamente i Vandali?

A Gallia
B Spagna
C Epiro
D Nord Africa
E Italia

1851 Nel 2017, quale dei seguenti Stati NON è membro dell'Unione Europea?

A Grecia
B Bulgaria
C Svizzera
D Gran Bretagna
E Finlandia

1852 Qual è l'abbinamento scorretto?

A Dante - *La vita nova*
B Pulci - *Morgante*
C Marino - *La cena delle ceneri*
D Tassoni - *La secchia rapita*
E Ruzante - *Vaccaria*

1853 Il romanzo *Va dove ti porta il cuore* è stato scritto da:

A Stefano Benni
B Federico Moccia
C Oriana Fallaci
D Daniel Pennac
E Susanna Tamaro

1854 Quale dei seguenti registi italiani ha tratto un film dal romanzo *Io non ho paura* di Niccolò Ammaniti?

A Placido
B Sorrentino
C Salvatores
D Faenza
E Monicelli

1855 La ho veduta, o Lorenzo, *la divina fanciulla*; e te ne ringrazio. La trovai seduta miniando il proprio ritratto. Si rizzò salutandomi come s'ella mi conoscesse...

(Da U. Foscolo, *Ultime lettere di Jacopo Ortis*, lett. del 26-10-1797).

Le parole in corsivo esemplificano uno dei fattori caratterizzanti ogni comunicazione: quale?

A Destinatario
B Messaggio
C Referente
D Emittente
E Canale

1856 La guerra delle Due Rose fu condotta in Inghilterra nel XV secolo fra le fazioni dei:

A Tudor – Windsor
B Lancaster – York
C Windsor – Stuart
D Tudor – Lancaster
E York – Stuart

1857 Il Presidente della Repubblica italiana succeduto a Sandro Pertini è stato:

A Oscar Luigi Scalfaro
B Giovanni Leone
C Francesco Cossiga
D Carlo Azeglio Ciampi
E Giovanni Gronchi

1858 Quale delle seguenti capitali europee è stata bombardata dalle forze NATO nel 1999?

A Budapest
B Berlino
C Bratislava
D Belgrado
E Barcellona

1859 Nel 1966, la Francia guidata dal generale De Gaulle:

A fu sconfitta in Indocina
B uscì dal comando della NATO
C fu sconfitta in Algeria
D uscì dalla Comunità economica europea
E uscì dall'Onu

 © Alpha Test

1860 L'Erasmus è:

A il nome di un programma che l'UE sovvenziona nel settore dell'istruzione

B un'organizzazione per la cooperazione e lo sviluppo economico

C una comunità di Paesi indipendenti

D un accordo per il libero scambio

E l'organizzazione mondiale per la sanità

1861 Chi è l'autrice del romanzo contemporaneo *Non ti muovere*?

A Lidia Ravera

B Melania Mazzucco

C Maria Luisa Spaziani

D Margaret Mazzantini

E Amelia Rosselli

1862 Quale tra i seguenti popolarissimi scrittori americani è autore dei romanzi della serie della "Torre Nera"?

A Brown

B Crichton

C Grisham

D Clancy

E King

1863 Chi tra i seguenti organi può convocare in via straordinaria una Camera?

A 50.000 elettori

B Il Capo dello Stato

C Il Presidente della Corte Costituzionale

D Un terzo dei suoi componenti

E Il Presidente del Consiglio dei Ministri

1864 A norma della Costituzione italiana l'istruzione scolastica obbligatoria e gratuita è impartita per:

A almeno cinque anni

B otto anni

C dieci anni

D dodici anni

E quindici anni

1865 Quale dei seguenti organi istituzionali italiani si occupa di favorire il commercio con l'estero delle imprese domestiche?

A Ministero degli Affari Esteri

B Ministero dell'Economia e delle Finanze

C Ministero dell'Interno

D Ministero dello Sviluppo Economico

E Ministero delle Politiche Agricole, Alimentari e Forestali

1866 Quale dei seguenti avvenimenti storici non data al 1898?

A Guerra ispano-americana

B Guerra russo-giapponese

C Eccidio di manifestanti compiuto dal generale Bava Beccaris a Milano

D Crisi anglo-britannica di Fashoda

E Nessuno dei precedenti

1867 L'Apartheid, termine di derivazione olandese, indica:

A una politica segregazionista

B una scissione politica

C una scissione religiosa

D un'appartenenza politica

E un'appartenenza religiosa

1868 Quale tra le seguenti è una periferica di output?

A Tastiera

B Mouse

C Monitor

D Scanner

E Tavoletta grafica

Leggere il brano seguente e rispondere alla relativa domanda

Infin disparve la malnata folla,
Ed io tutto smarrito m'accostai
A un pruno che sorgea sopra la zolla.
Ma poi che un ramoscello gli strappai,
Udimmo voce che gridava: «Vile!
Tu uccidi un uomo morto e non lo sai! ...»
Allora lo guardai con viso umìle,
E cominciai: «O anima affannata,
Perdona la mia man, se a te fu ostile.
Ma dimmi: per qual colpa scellerata
Tu fosti tramutato in ramoscello,
E chi è punito in questa selva ingrata?».

Walt Disney, *L'inferno di Topolino*, in *Paperodissea*, Supermiti Mondadori, 1999

1869 In questa scanzonata parodia dell'Inferno dantesco è facile riconoscere il personaggio del poema a cui Walt Disney allude. Indicatelo:

A Brunetto Latini
B Pier delle Vigne
C Farinata degli Uberti
D il Conte Ugolino
E Celestino V

1870 A quale dei seguenti scrittori francesi del XX secolo si deve il romanzo "La nausea"?

A Bataille
B Sartre
C Camus
D Sagan
E Gide

1871 La segretezza della corrispondenza, in Italia, è:

A un dovere per i soli cittadini
B prevista solo dal regolamento del Ministero delle comunicazioni
C un dovere per le sole istituzioni
D un diritto dei cittadini, che può essere sospeso dall'autorità di polizia
E tutelata da una norma costituzionale

1872 In Italia, quale organo può sfiduciare il Presidente della Repubblica?

A Il Governo
B La Corte Costituzionale
C Nessuno
D Il popolo
E Il Parlamento

1873 Quale tra i seguenti protagonisti della vita politica italiana dei decenni Cinquanta e Sessanta non fu mai Ministro dell'interno?

A Scelba
B Tambroni
C De Lorenzo
D Rumor
E Taviani

1874 Chi è stato il Premier israeliano nel periodo 2009-2017?

A Ariel Sharon
B Shimon Peres
C Yasser Arafat
D Benjamin Netanyahu
E Abu Mazen

1875 Che cosa si intende con "dissesto idrogeologico"?

A Lo sconvolgimento dell'assetto dei terreni e dei corsi d'acqua
B Il cambiamento del clima globale
C Gli sconvolgimenti provocati dai terremoti
D L'inquinamento della falda acquifera
E I danni causati dalle dighe alpine

1876 Quale dei seguenti verbi ha il significato più simile ad "asserire"?

A Affermare
B Rispondere con sicurezza
C Dimostrare
D Riferire
E Assentire

1877 Nelle seguenti città è presente un museo della Fondazione Guggenheim tranne che a:

A Bilbao
B Lisbona
C New York
D Venezia
E Berlino

1878 Plutarco (46/50 - dopo il 120 d.C.) NON scrisse la biografia di:

A Marco Aurelio
B Alessandro Magno
C Silla
D Timoleonte
E Sertorio

1879 A quale delle seguenti scrittrici italiane del XX secolo si deve il romanzo "La storia"?

A Maraini
B Mazzucco
C Morante
D Mazzantini
E Ginzburg

1880 Quale delle seguenti è una preposizione?

A E
B Fra
C Ma
D Perché
E Mai

1881 Cosa significa costituirsi parte civile?

A Chiedere la restituzione della cosa sottratta o il risarcimento dei danni causati da un reato che si è subìto
B Rinunciare a un'azione penale a favore di un'azione civile
C Inserirsi in un processo instaurato tra altre persone
D Evitare un procedimento penale, in cui si sarebbe imputati, offrendo restituzioni o un congruo risarcimento di danni cagionati
E Rinunciare a un'azione civile per una penale

1882 A quale scrittore italiano del Novecento si deve il ciclo narrativo "Il romanzo di Ferrara"?

A Bassani
B Bevilacqua
C Bellonci
D Buzzati
E Baricco

1883 *Il nome della rosa* è un romanzo ambientato nel secolo:

A XI
B XII
C IX
D XIV
E XV

1884 Quale delle seguenti città italiane non apparteneva alle Repubbliche marinare?

A Amalfi
B Pisa
C Genova
D Venezia
E Napoli

1885 Quale tra i seguenti non fu un imperatore romano?

A Tiberio (14-37)
B Vespasiano (69-79)
C Adriano (117-138)
D Caracalla (211-217)
E Giustiniano I (527-565)

1886 In Italia, il campione fondamentale del metro è conservato presso l'Istituto Nazionale di Ricerca Metereologica di:

A Roma
B Firenze
C Torino
D Napoli
E Montecatini

1887 La Banca Europea per gli investimenti ha sede a:

A Bruxelles
B Lussemburgo
C Roma
D Parigi
E Amsterdam

1888 Quale tra le seguenti affermazioni non è esatta? Il Mediatore Europeo:

A difende i cittadini e le organizzazioni dell'UE dalla cattiva amministrazione
B è stato istituito con l'accordo di Schengen
C rappresenta la figura dell'intermediario
D ha sede a Strasburgo
E viene nominato dal Parlamento Europeo

1889 Quali tra i seguenti organi non appartiene alle istituzioni UE?

A La Banca centrale europea
B Il Mediatore Europeo
C Il Garante Europeo della protezione dei dati
D Il Consiglio d'Europa
E Il Fondo europeo per gli investimenti

1890 Cos'è un assegno non trasferibile?

A Un assegno che non può essere riscosso, ma solo girato
B Un assegno che è stato emesso per un valore eccedente i limiti predefiniti
C Un assegno scoperto
D Un assegno che non può più circolare
E Un assegno del quale non è consentita la girata

1891 L'economista Adam Smith avrebbe potuto discutere a quattr'occhi il proprio pensiero con uno solo dei seguenti personaggi: quale?

A Voltaire
B Mussolini
C Marx
D Mazzini
E Gandhi

1892 Il primo vocabolario della lingua italiana fu pubblicato nel:

A 1612
B 1789
C 1936
D 811
E 1336

1893 L' *Odissea* ci è pervenuta scritta in alfabeto:

A latino
B geroglifico
C cirillico
D aramaico
E greco

1894 Quale tra le seguenti lingue non è una lingua ufficiale dell'Unione Europea?

A Ceco
B Bulgaro
C Estone
D Finnico
E Basco

1895 Uno dei testi culto del Sessantotto italiano fu "Lettera a una professoressa". Da chi fu scritto?

A Don Gnocchi
B Don Milani
C Sergio Quinzio
D Danilo Dolci
E Padre Turoldo

1896 La pena di morte è ammessa in Italia?

A Sì
B No
C Solo per i reati politici
D Solo in caso di delitti di particolare gravità
E Solo per il delitto di genocidio

1897 Il Don, dopo il Volga, è il fiume celebrato in letteratura perché legato alla tradizione:

A della pampa
B della Russia
C della steppa lappone
D della pianura pannonica
E armena

1898 Una delle seguenti non è una parola onomatopeica: quale?

A Drin
B Goal
C Boom
D Crack
E Miao

1899 Quale poeta italiano del Novecento ha riunito l'intera sua produzione in versi nel volume "Vita d'un uomo"?

A Montale
B Ungaretti
C Saba
D Zanzotto
E Bertolucci

1900 L'insieme delle unità fisiche che compongono un sistema di elaborazione dati si dice:

A software
B CD
C hardware
D mouse
E scanner

1901 **Quale, tra le seguenti frasi, contiene un verbo ausiliare?**

- A Si serve del mio carrello per andare a fare la spesa
- B Tu sei colui che aspettavo
- C Sapresti per favore dirmi che ora è?
- D Ho fretta: devo fare la spesa prima che chiuda il negozio
- E Ieri è andato a fare la spesa per la cena di sabato

1902 **Qual è la strofa o formula metrica propria del poema dantesco?**

- A Il sonetto
- B La terzina incatenata
- C L'ottava
- D L'ode
- E La canzone

Leggere il brano seguente e rispondere alla relativa domanda

«Considerate la vostra semenza:
fatti non foste a viver come bruti,
ma per seguir virtute e canoscenza.»
Inferno, XXVI 118-120

1903 **Quale celebre personaggio sta parlando?**

- A Ulisse
- B Beatrice
- C Virgilio
- D Cavalcante
- E Dante

1904 **Chi è l'autore della lirica *La pioggia nel pineto*?**

- A Gabriele D'Annunzio
- B Umberto Saba
- C Salvatore Quasimodo
- D Giovanni Pascoli
- E Francesco De Sanctis

1905 **«Sottile striscia di terra stretta tra due mari, che unisce territori di notevole estensione». La locuzione esprime il significato di uno dei seguenti termini:**

- A delta
- B istmo
- C estuario
- D canale
- E ansa

1906 **Individuare tra le seguenti l'affermazione corretta.**

- A Excel permette di generare grafici
- B PowerPoint è un database
- C Word non consente la stampa a colori
- D Access è un browser per l'accesso a internet
- E Itunes è un applicazione dedicata all'acquisizione di testi

1907 **Qual è la frase che contiene il pronome adeguato al contesto?**

- A Li incontrai e gli dissi di seguirmi
- B Li incontrai e gli dissi a loro di seguirmi
- C Li incontrai e gli dissi loro di seguirmi
- D Li incontrai e li dissi di seguirmi
- E Li incontrai e dissi loro di seguirmi

1908 **Il Parlamento europeo eletto ne 2014 risultava composto da:**

- A 500 deputati di cui 50 eletti in Italia
- B 751 deputati di cui 72 eletti in Italia
- C 785 deputati di cui 82 eletti in Italia
- D 330 deputati di cui 60 eletti in Italia
- E 660 deputati di cui 60 eletti in Italia

1909 **"Sembrava che tutti avessimo mangiato"; *avessimo mangiato* è:**

- A congiuntivo passato attivo
- B congiuntivo presente passivo
- C congiuntivo imperfetto attivo
- D futuro anteriore attivo
- E congiuntivo trapassato attivo

1910 **A quali architetti contemporanei si devono i progetti dei seguenti musei?**

1. Musée d'Orsay, Parigi
2. Guggenheim Museum, Bilbao
3. Tate Modern, Londra
4. Jüdisches Museum, Berlino
5. MART, Rovereto
a. Frank O. Gehry
b. Daniel Libeskind
c. Gae Aulenti
d. Mario Botta
e. Herzog & de Meuron

- A 5-d, 2-a, 4-b, 3-e,1-c
- B 3-e, 1-c, 2-d, 4-b, 5-a
- C 4-e, 2-c, 3-a, 1-d, 5-b
- D 1-c, 2-a, 5-b, 3-e, 4-d
- E 2-c, 1-a, 4-e, 3-d, 5-b

1911 Il XVII è il secolo:
- A dell'Illuminismo
- B dello Stilnovismo
- C del Barocco
- D del Neorealismo
- E dell'Umanesimo

1912 Scrisse le *Notti attiche*:
- A Gellio
- B Virgilio
- C Plinio il Giovane
- D Petronio
- E Lucrezio

1913 Quale di questi fenomeni artistici non è considerato una "avanguardia"?
- A Futurismo
- B Gothic revival
- C Espressionismo
- D De Stijl
- E Costruttivismo

1914 Quale istituzione dell'Unione Europea viene eletta democraticamente a suffragio universale diretto?
- A Il Parlamento
- B Il Comitato economico e sociale
- C La Commissione Europea
- D La Corte di Giustizia
- E Nessuna delle precedenti alternative è corretta

1915 L'ultimo assedio dei Turchi ottomani a Vienna è avvenuto nel:
- A 1754
- B 1320
- C 1431
- D 1683
- E 1745

1916 Quale dei seguenti è estraneo alla serie?
- A Torquato Tasso
- B Giacomo da Lentini
- C Rinaldo d'Aquino
- D Pier delle Vigne
- E Stefano Protonotaro

1917 Chi scrisse il famoso verso *"m'illumino d'immenso"*?
- A Salvatore Quasimodo
- B Gabriele D'Annunzio
- C Giovanni Pascoli
- D Umberto Saba
- E Giuseppe Ungaretti

1918 Il personaggio di Achille appartiene:
- A all'*Iliade*
- B all'*Eneide*
- C al *Tieste*
- D all'*Adelchi*
- E all'*Odissea*

1919 "Cossero", "Tolto", "Cogliente" sono voci dei verbi:
- A Cucire, Togliere, Collegare
- B Cuocere, Torcere, Cogliere
- C Cucinare, Tirare, Collocare
- D Cuocere, Togliere, Cogliere
- E Costare, Torcere, Colare

1920 Solo una delle seguenti realtà politiche, dal punto di vista fisico è un'isola: quale?
- A Thailandia
- B Qatar
- C Sri Lanka
- D Indonesia
- E Laos

1921 Quale di queste poesie NON è di Giacomo Leopardi?
- A *Canto notturno di un pastore errante dell'Asia*
- B *La Ginestra o fiore del deserto*
- C *All'amica risanata*
- D *Amore e morte*
- E *Sopra il monumento di Dante*

1922 La *Commedia* di Dante Alighieri ha una struttura divisa in:
- A quattro libri con complessivi duecento sonetti
- B tre cantiche con complessivi cento canti
- C cinque parti con complessive trenta sezioni
- D due canti con complessivi trecento canzoni
- E nessuna divisione

© Alpha Test

1923 La campagna di Russia di Napoleone entra in un romanzo dell'Ottocento. Quale?

A *Delitto e castigo* di Fëdor Dostoevskij
B *Guerra e pace* di Lev Tolstoi
C *Madame Bovary* di Gustave Flaubert
D *David Copperfield* di Charles Dickens
E *Germinal* di Emile Zola

1924 Con il termine "Preraffaelliti" si indica:

A i pittori che anticipano l'arte di Raffaello
B i pittori formatisi nella bottega di Pinturicchio a Urbino
C una corrente artistica degli inizi del XVIII secolo
D i pittori di corte attivi alla fine del XV secolo a Milano e Urbino
E una corrente artistica del XIX secolo

1925 Il Principe di Salina è il protagonista:

A del *Gattopardo* di Giuseppe Tomasi di Lampedusa
B del *Piacere* di Gabriele d'Annunzio
C di *Senilità* di Italo Svevo
D di *Ragazzi di vita* di Pier Paolo Pasolini
E del *Barone rampante* di Italo Calvino

1926 Quale dei seguenti abbinamenti NON è corretto?

A Canada / Ottawa
B Stati Uniti / Washington
C Brasile / Rio de Janeiro
D Norvegia / Oslo
E India / New Delhi

1927 Chi fu imperatore di Germania e re di Prussia dal 1888 al 1918?

A Guglielmo II
B Guglielmo I
C Federico III
D Federico Guglielmo III
E Federico Guglielmo IV

1928 La "crisi cubana" del 1962 fu scatenata:

A dalla cattura di ostaggi americani da parte del governo castrista
B dal progetto americano di invadere l'isola di Cuba
C dal tentativo sovietico di installare missili nucleari nell'isola di Cuba
D dal crollo del prezzo dello zucchero cubano estratto dalla canna
E dalla crisi economica internazionale del 1961

1929 Quali sono le due tipologie in cui si distingue il software?

A Di base e applicativo
B Di input e di output
C Microsoft e altri applicativi (Mac)
D Per l'unità centrale e per le periferiche
E Pacchetto Office e Home

1930 In base alla Costituzione italiana, quale organo deve riunirsi almeno due volte l'anno?

A Il Consiglio di Stato
B Il Parlamento
C La Corte Costituzionale
D Il Governo
E Il TAR

1931 Il primo conflitto arabo-israeliano scoppiò:

A nel 1917, dopo che la Gran Bretagna riconobbe ai Sionisti il diritto di formare un "focolare nazionale" (a *National home*) in territorio palestinese
B nel 1956, a causa dell'occupazione militare da parte delle forze armate anglo-franco-israeliane del Sinai e del Canale di Suez
C nel 1948, a seguito dell'attacco dei Paesi della Lega araba allo Stato d'Israele, la cui nascita era stata appena riconosciuta dall'ONU
D nel 1967, dopo un attacco delle forze aeree israeliane a Egitto e Siria
E nel 1982, a seguito dell'invasione del Libano da parte di Israele

1932 Chi, in caso di indisponibilità, sostituisce il Capo dello Stato?
A Il Presidente del Consiglio
B Il Presidente della Camera
C Il Presidente del Senato
D Il Presidente della Corte Costituzionale
E Il Vice Presidente della Repubblica

1933 Qual è il significato di "kit"?
A Indumento tipico regionale
B Attrezzatura necessaria
C Trattamento cosmetico
D Programmazione informatica
E Materiale di consumo

1934 Nei *Malavoglia* di Giovanni Verga la "Provvidenza" è:
A un'assicurazione
B una chiesa
C una casa
D una governante
E una barca

1935 La legge del "contrapasso" nella *Divina Commedia* indica:
A una pena che si collega alla colpa commessa
B un aggravio di pena per le colpe più odiose
C il rinvio della punizione
D un'amnistia insperata
E la difesa del colpevole ad opera dell'angelo della misericordia

1936 Nel 1992 si è celebrato il quarto centenario della morte del saggista francese autore degli "Essais" (Saggi). Qual è il suo nome?
A Rousseau
B Voltaire
C Montaigne
D Robespierre
E Baudelaire

1937 Qual è il significato di "task force"?
A Missione militare
B Carro armato
C Unità di base dell'esercito
D Unità operativa di emergenza
E Gruppo affiatato

1938 Di quale nazione è capitale Bratislava?
A Bratislava non è una capitale
B Repubblica Ceca
C Slovenia
D Slovacchia
E Ungheria

1939 Quale tra i seguenti organi non appartiene all'ONU?
A L'Assemblea generale
B Il Consiglio di Sicurezza
C Il Segretariato
D Il Consiglio Economico e Sociale
E Il Parlamento Europeo

1940 L'invio di messaggi di posta elettronica non desiderati dal ricevente è detto:
A phishing
B spamming
C podcasting
D subscribing
E posting

1941 Nel corso del XX secolo la Germania è stata per alcuni decenni divisa in due Repubbliche?
A No
B Sì, durante la guerra fredda
C Sì, alla fine del Secondo Reich
D Sì, tra le due guerre mondiali
E Sì, negli anni del Terzo Reich

1942 In Italia, per poter partecipare alle votazioni per il Senato della Repubblica, gli elettori devono aver compiuto almeno:
A 25 anni
B 18 anni
C 30 anni
D 40 anni
E 21 anni

1943 La Conferenza di Maastricht del 1991 ha previsto, come prima tappa fondamentale per l'Unione Europea:
A lo scioglimento del Patto di Varsavia
B la fondazione del Parlamento europeo
C l'adozione di un'unica moneta
D il controllo del degrado ambientale
E il controllo della proliferazione nucleare

© Alpha Test

1944 La Guerra franco-prussiana del 1870-71 fu:

A vinta dalla Prussia
B vinta dalla Francia
C vinta dalla Germania sostenuta dall'Inghilterra
D vinta dalla Francia sostenuta dall'Inghilterra
E persa dall'Austria

1945 Che cos'è il Futurismo?

A Nessuna delle altre risposte è corretta
B Un termine utilizzato come sinonimo di "multimediale"
C Un movimento culturale che precede l'Illuminismo
D Un movimento culturale che si è sviluppato all'inizio del Novecento
E Un movimento pittorico che si è sviluppato verso la fine dell'Ottocento

1946 "Penso, dunque sono". Chi l'ha detto?

A Aristotele
B Platone
C Freud
D Cartesio
E Kant

1947 Il principale fattore limitante nel bioma desertico è:

A l'elevata temperatura
B l'eccessiva quantità di luce
C la disponibilità idrica
D l'azione erosiva del vento
E la scarsità di predatori

1948 Il 2 giugno 1946 per l'Italia è la data:

A della stipula del Trattato di pace di Parigi
B della scissione di Palazzo Barberini
C del referendum per la Repubblica
D dell'entrata in vigore della Costituzione repubblicana
E della nascita del partito comunista italiano

1949 Cosa significa "soviet"?

A Seguace di Lenin
B Comunista
C Consiglio
D Cittadino
E Verità

1950 Un abbinamento è sbagliato: quale?

A *L'Asino d'oro* – Apuleio
B *Il Gattopardo* – Tomasi di Lampedusa
C *La cavalla storna* – D'Annunzio
D *Il passero solitario* – Leopardi
E *La Lupa* – Verga

1951 Quale di queste opere NON è di Primo Levi?

A *Il sistema periodico*
B *Una questione privata*
C *Sommersi e salvati*
D *La tregua*
E *La chiave a stella*

1952 "Intifada" è divenuto un termine che caratterizza una forma di rivolta popolare organizzata:

A nel Sudan
B nel Ciad
C in Palestina
D in Armenia
E in Afghanistan

1953 Chi tra questi autori NON ha mai vinto il premio Nobel?

A Luigi Pirandello
B Salvatore Quasimodo
C Mario Luzi
D Grazia Deledda
E Dario Fo

1954 Qual è l'argomento del libro di Roberto Saviano *Gomorra*?

A Viaggio nell'impero economico napoletano
B Autobiografia dell'autore
C Nomi e fatti della camorra
D Malviventi e banditi italiani
E Fatti fantastici e immaginifici

1955 Si individui l'abbinamento ERRATO.

A Russia / Repubblica semi-presidenziale
B Cuba / Repubblica socialista
C Francia / Repubblica semi-presidenziale
D Stati Uniti / Repubblica federale
E Germania / Repubblica federale

1956 Nella produzione pittorica di Giovanni Boldini spiccano per quantità e riuscita:

A i paesaggi veneziani
B i ritratti femminili
C le scene circensi
D le corse di cavalli
E gli interni di negozi e fabbriche

1957 Viene indetto referendum popolare quando lo richiedano:

A 100.000 elettori
B gli elettori all'unanimità
C 200 senatori
D 500 deputati
E 500.000 elettori

1958 La Tessera elettorale ha una scadenza temporale?

A Sì, cinque anni
B No
C Sì, otto anni
D Sì, dieci anni
E Sì, dodici anni

1959 L'imputato che sceglie il patteggiamento:

A rinuncia a ricorrere in appello
B accetta la pena proposta dal pubblico ministero
C rinuncia al ricorso per Cassazione
D evita il pagamento delle spese processuali
E viene assolto

1960 Il romanzo *Quer pasticciaccio brutto de via Merulana* è stato scritto da:

A Carlo Emilio Gadda
B Elio Vittorini
C Andrea Camilleri
D Pier Paolo Pasolini
E Elsa Morante

1961 Una delle seguenti affermazioni è FALSA. Quale?

A Guido Gozzano è un poeta del Novecento, tra i massimi esponenti del Crepuscolarismo
B Italo Svevo è l'autore del romanzo Una vita
C Eugenio Montale nacque a Genova nel 1896
D Giuseppe Ungaretti vinse il premio Nobel per la letteratura
E Luigi Pirandello firmò nel 1925 il *Manifesto degli intellettuali fascisti*

1962 A seguito della vittoria sulla flotta dei Saraceni, la Repubblica di Pisa diede inizio alla ricostruzione della cattedrale della città, nelle forme grandiose che ancora oggi possono ammirarsi. In quale secolo?

A VII
B X
C XI
D XV
E XVI

1963 Il suffisso ".doc" identifica un:

A file Excel
B file Word
C file Powerpoint
D file Access
E file video

1964 Primo Levi in *Se questo è un uomo* riporta la scritta all'ingresso di Auschwitz che significa:

A viva Hitler
B il lavoro rende liberi
C Dio con noi
D lasciate ogne speranza, voi ch'intrate
E guai ai vinti

1965 Cosa si intende con l'espressione premio di maggioranza?

- A La coalizione che ha vinto le elezioni ottiene un numero di seggi parlamentari superiore a quello che le spetterebbe se si usassero semplici criteri proporzionali
- B Gli eletti della coalizione che ha vinto le elezioni ottengono un premio in denaro
- C La coalizione che ha vinto le elezioni ottiene un premio in denaro
- D La coalizione che ha vinto le elezioni governa
- E La coalizione che raggruppa il maggior numero di partiti ottiene almeno il 51% dei seggi parlamentari disponibili

1966 Una di queste frasi famose non compare nei *Promessi Sposi*: quale?

- A Carneade! Chi era costui?
- B I poveri, ci vuol poco a farli comparir birboni
- C A saper maneggiare le gride, nessuno è reo, e nessuno è innocente
- D Fragilità, il tuo nome è donna
- E Non era nato con un cuor di leone

1967 Quale tra le seguenti affermazioni non è corretta? L'IME (Istituto monetario europeo) è:

- A stato costituito il 1° gennaio 1994
- B stato posto in liquidazione il 1° giugno 1998
- C tuttora esistente
- D stato sostituito dalla Banca centrale europea
- E caratterizzato da una moneta e una politica unica

1968 Quale tra le seguenti affermazioni concernenti la bandiera europea non è esatta?

- A È stata adottata dal Consiglio d'Europa a partire dal 1955
- B La bandiera europea ha dodici stelle perché dodici sono gli Stati membri dell'Unione Europea
- C La bandiera europea rappresenta l'unità e l'dentità dell'Europa
- D La bandiera europea è l'unico emblema della Commissione europea
- E La bandiera raffigura stelle dorate in campo blu

1969 Il superuomo dannunziano si ispira:

- A a Nietzsche
- B a Napoleone
- C a Dostoevskij
- D al principe machiavelliano
- E all'Imperatore regnante d'Asburgo

1970 Quale tra i seguenti eventi non avvenne nel XX secolo?

- A La scoperta della penicillina
- B Le deportazioni nei gulag
- C La creazione di un mercato mondiale della droga
- D La catena della refrigerazione alimentare
- E La scoperta della macchina a vapore

1971 Quale delle seguenti alternative definisce correttamente l'Esarcato?

- A Dipartimento del Ministero delle Finanze italiano
- B Regione della Francia centrale
- C Territorio sotto la giurisdizione dei Bizantini
- D Forma di governo delle popolazioni primitive arabe
- E Provincia mediorientale a statuto speciale

1972 Quale tra i seguenti abbinamenti musicista jazz-strumento non è corretto?

- A Miles Davis: tromba
- B Charlie "Bird" Parker: sassofono
- C Keith Jarrett: clarinetto
- D Pat Metheny: chitarra
- E Thelonius Monk: piano

1973 Quale tra i seguenti abbinamenti compositore-opera non è corretto?

- A George Gershwin, *Rapsodia in blu*
- B Ottorino Respighi, *Fontane di Roma*
- C Giacomo Puccini, *Tosca*
- D Maurice Ravel, *Un americano a Parigi*
- E Stravinskij, *L'uccello di fuoco*

QUESITI

1974 UNA SOLA SERIE degli abbinamenti sotto elencati ricompone correttamente le coppie di personaggi complementari:

1 - Abelardo	**a - Eco**
2 - Amore	**b - Eloisa**
3 - Narciso	**c - Giuditta**
4 - Oloferne	**d - Isotta**
5 - Tristano	**e - Psiche**

A 1b; 2e; 3a; 4c; 5d
B 1b; 2a; 3e; 4d; 5c
C 1c; 2e; 3b; 4a; 5d
D 1d; 2b; 3e; 4a; 5c
E 1b; 2a; 3e; 4c; 5d

1975 Giuseppe Gioachino Belli è stato:

A un compagno di Garibaldi nella spedizione dei Mille
B l'autore delle *Memorie di un ottuagenario*
C un direttore d'Orchestra del Maggio Musicale
D un romanziere dei primi anni del Novecento
E un poeta dialettale dell' Ottocento

1976 Quale tra i seguenti è un popolarissimo asso del golf?

A James Woods
B Tiger Woods
C Leon Woods
D Tara Woods
E Elisabeth Woods

1977 Le strisce della bandiera americana rappresentano:

A il numero originario degli stati della confederazione
B gli anni della presidenza di George Washington
C il numero attuale degli stati della confederazione
D gli anni della guerra di indipendenza
E il numero dei "padri fondatori" che redassero la Costituzione

1978 Quale tra i seguenti protagonisti della vita politica italiana degli anni Novanta non fu mai Presidente del Consiglio?

A Amato
B Berlusconi
C Prodi
D Ciampi
E Napolitano

1979 Quale dei seguenti personaggi non poté incontrare gli altri?

A Dante Alighieri
B Boccaccio
C Niccolò Machiavelli
D Giotto di Bondone
E Francesco Petrarca

1980 Il primo successo discografico dei Beatles fu:

A *Love me do*
B *Yesterday*
C *Help*
D *Please, please me*
E *Hey Jude*

1981 Quale dei seguenti personaggi vinse, nel 1418, il concorso per la costruzione della cupola di S.Maria del Fiore, il duomo di Firenze?

A Andrea Mantegna
B Leon Battista Alberti
C Filippo Brunelleschi
D Donato Bramante
E Andrea Palladio

1982 A norma della Costituzione italiana, la limitazione della libertà e della segretezza della corrispondenza può avvenire:

A solo per atto motivato dell'autorità giudiziaria
B sempre
C in caso di reati politici
D solo per motivi di sanità
E mai, in alcun caso

1983 Palazzo Chigi è la sede del:

A Senato
B Parlamento
C Governo
D Ministero degli Esteri
E Consiglio di Stato

 © Alpha Test

1984 In base al nuovo diritto di famiglia (1975), se i coniugi non manifestano alcuna volontà, il regime patrimoniale tra loro è:

A la comunione legale di beni

B la separazione legale dei beni

C la costituzione di un fondo patrimoniale

D indefinito

E misto

1985 Si individui la serie che abbina correttamente tutte le seguenti opere capitali della cinematografia neorealista ai rispettivi registri.

A *Ladri di Biciclette* (1948)/Roberto Rossellini; *La Terra Trema* (1948)/Luchino Visconti; *Roma Città Aperta* (1945)/Vittorio De Sica;

B *Roma Città Aperta* (1945)/Vittorio De Sica; *Ladri di Biciclette* (1948)/Roberto Rossellini; *La Terra Trema* (1948)/Luchino Visconti;

C *Roma Città Aperta* (1945)/Luchino Visconti; *Ladri di Biciclette* (1948)/ Vittorio De Sica; *La Terra Trema* (1948)/Roberto Rossellini;

D *Roma Città Aperta* (1945)/Roberto Rossellini; *Ladri di Biciclette* (1948)/Vittorio De Sica; *La Terra Trema* (1948)/Luchino Visconti;

E *Ladri di Biciclette* (1948)/Luchino Visconti; *La Terra Trema* (1948)/Vittorio De Sica; *Roma Città Aperta* (1945)/Roberto Rossellini

1986 La cantante islandese Björk è la protagonista del film "Dancer in the dark", vincitore nel 2000 della Palma d'Oro al Festival di Cannes. Come si chiama il regista del film?

A Lars von Trier

B Wong Kar Wai

C Quentin Tarantino

D Emir Kusturica

E Aki Kaurismaki

1987 Di quale delle seguenti correnti artistiche è rappresentativa l'opera di Umberto Boccioni?

A Dadaismo

B Fauves

C Futurismo

D Espressionismo

E Surrealismo

1988 Individuate il personaggio fuori-serie.

A Alvar Aalto

B Renzo Piano

C Paul Klee

D Le Corbusier

E Frank Lloyd Wright

1989 L'antica biblioteca di Alessandria d'Egitto raggiunse un rilevante sviluppo:

A durante l'invasione musulmana

B con l'arrivo dei Fenici

C in epoca ellenistica ad opera dei Tolomei

D durante la civiltà greco-classica

E durante l'impero di Caracalla

1990 *Dinamismo di un cane al guinzaglio* è il titolo di un quadro, un olio su tela, del 1912. Un'inquadratura ristretta, si direbbe di taglio fotografico, ci mostra un cagnolino trotterellante e poco più in là non più che i piedi e la parte inferiore della lunga veste di quella che si può presumere una figura femminile che lo conduce camminandogli accanto. La peculiarità del dipinto e la sua straordinaria capacità di resa dinamica sta nella fissazione sulla tela, in una contemporaneità irrealistica quanto suggestiva, delle diverse fasi successive del movimento degli oggetti in campo. Dobbiamo l'opera ad uno dei seguenti artisti: quale?

A Giorgio Morandi

B Umberto Boccioni

C Amedeo Modigliani

D Giacomo Balla

E Felice Casorati

1991 L'ultimo zar di tutte le Russie, che abdicò nel 1917, è stato:

A Ivan VI
B Alessandro III
C Nicola II
D Alessio I
E Stefano

1992 Il regista italiano del pluripremiato film "L'Ultimo imperatore" è:

A Bertolucci
B Benigni
C Tornatore
D Antonioni
E Fellini

1993 Qual è l'ente che si occupa di statistica?

A CNEL
B IRI
C BNI
D SISMI
E ISTAT

1994 Il filosofo Wilhelm Gottfried Leibniz visse nello stesso periodo di:

A Ivan il Terribile
B Caterina II
C Nicola II
D Rasputin
E Pietro il Grande

1995 Il termine "resistenza" indica tra l'altro l'opposizione ad un qualche evento, fisico, politico, sociale, tanto da esser divenuto nella terminologia corrente caratteristico:

A della lotta di liberazione di un territorio nazionale
B del fattore di correzione di una corrente elettrica
C dei bombardamenti sul fronte dei militari italiani in Russia
D del vallo predisposto per impedire lo sbarco degli americani in Normandia
E della difesa strenua di chi sia accusato ingiustamente

1996 Nella produzione pittorica di Giorgio Morandi spiccano per quantità e riuscita:

A le nature morte
B i ritratti femminili
C i paesaggi marini
D le scene di strada
E le scene di guerra

1997 L'opera pittorica di Tiziano Vecellio si colloca nel secolo:

A XIV
B XV
C XVI
D XVII
E XVIII

1998 Che cos'è un assegno sbarrato?

A Un assegno che è stato emesso per un valore eccedente i limiti predefiniti
B Un assegno che non può più circolare
C Un assegno che può essere pagato solo a un cliente della banca o a un'altra banca
D Un assegno non più valido
E Un assegno in bianco

1999 In quale dei seguenti Paesi la maggior parte del fabbisogno energetico interno è soddisfatto mediante centrali nucleari?

A Giappone
B Russia
C Francia
D Gran Bretagna
E Islanda

2000 Con l'espressione "sostanza inquinante" si intende una sostanza:

A che altera l'equilibrio naturale
B nociva solo per l'uomo
C nociva solo per i vegetali
D nociva per animali e uomo
E che si diffonde solo nell'aria

2001 Quale dei seguenti Stati della Ue non è una monarchia?

A Svezia
B Belgio
C Olanda
D Lituania
E Spagna

 © Alpha Test

2002 Quale delle seguenti opere non è di Giuseppe Verdi?

- A *Ernani*
- B *Macbeth*
- C *Stiffelio*
- D *La bohème*
- E *Il trovatore*

2003 Di che cosa è metafora la "selva oscura" in cui si smarrisce Dante nel celebre proemio alla Divina Commedia?

- A Delle incertezze dell'uomo
- B Del potere imperiale ostile alla Chiesa
- C Della lotta tra guelfi e ghibellini
- D Della lotta tra Bianchi e Neri
- E Del vivere peccaminoso

2004 *Rime petrose* è un insieme di poesie che non costituisce un'opera unitaria, il cui autore è:

- A Dante Alighieri
- B Umberto Saba
- C Salvatore Quasimodo
- D Eugenio Montale
- E Guido Gozzano

2005 Qual è la valenza della fase scritta nel processo comunitario?

- A Non ha alcuna importanza
- B Ha la stessa importanza della fase orale
- C Non vi è la fase scritta
- D Ha poco peso data la prevalenza della fase orale
- E Ha prevalenza sulla fase orale

2006 "Solo la terra, se ben coltivata, ha la capacità di fornire "prodotto netto", solo l'attività agricola è in grado di creare ricchezza e non semplicemente di trasformarla."
La tesi rimanda caratteristicamente ad UNO dei personaggi sotto elencati. Quale?

- A J. Bentham
- B F. Quesnay
- C A. Smith
- D D. Ricardo
- E R. Malthus

2007 L'opera pittorica di Antoine Watteau si colloca nel secolo:

- A XVII
- B XVIII
- C XIX
- D XX
- E XXI

2008 A quale evento è ispirato il quadro *Guernica* di Pablo Picasso?

- A Prima guerra mondiale
- B Guerra del Vietnam
- C Seconda guerra mondiale
- D Prima guerra del Golfo
- E Guerra civile spagnola

2009 L'espressione "public company" si riferisce a una società:

- A pubblica totalmente posseduta dallo Stato
- B ad azionariato diffuso
- C privata di interesse pubblico ma non partecipata dallo Stato
- D privata in cui lo Stato ha una partecipazione di minoranza
- E con un unico azionista

2010 *Scalare una società quotata* vuol dire:

- A ricoprire tutti i ruoli aziendali, partendo dal più basso fino alla carica di amministratore delegato
- B riclassificare il bilancio al fine di effettuare analisi finanziarie
- C acquistare sul mercato un numero sufficiente di azioni tale da ottenere il controllo della società
- D dare un giudizio di merito numerico basato su dati quali-quantitativi
- E classificare una società rispetto ai concorrenti

2011 Boccaccio scrisse il:

- A *Convivio*
- B *Canzoniere*
- C *Ninfale fiesolano*
- D *Novellino*

2012 Abbina i seguenti pittori ai movimenti di cui hanno fatto parte e che hanno maggiormente caratterizzato la loro produzione artistica:

a. Boccioni	**1. cubismo**
b. Mirò	**2. espressionismo**
c. Monet	**3. futurismo**
d. Munch	**4. impressionismo**
e. Picasso	**5. surrealismo**

A a-1; b-4; c-2; d-3; e-5
B a-2; b-1; c-3; d-4; e-5
C a-2; b-1; c-5; d-4; e-3
D a-4; b-2; c-1; d-5; e-3
E a-3; b-5; c-4; d-2; e-1

2013 Quali Paesi erano presenti, a partire dal gennaio 1919, alla Conferenza generale per la pace di Versailles?

A Russia, Gran Bretagna, Francia, Italia
B Gran Bretagna, Stati Uniti, Francia, Italia
C Svizzera, Gran Bretagna, Bulgaria, Stati Uniti
D Spagna, Germania, Austria, Giappone
E Belgio, Francia, Stati Uniti, Stato del Vaticano

2014 "La metamorfosi" di Franz Kafka narra la storia di un uomo che viene trasformato in:

A pesce
B donna
C topo
D scarafaggio
E fungo

2015 Il protagonista del romanzo epistolare "Le ultime lettere di Jacopo Ortis" indirizza le sue missive a un amico che si chiama:

A Carlino Altoviti
B Lorenzo Alderani
C Gustavo Spada
D Giovanni Crisostomo
E Didimo Chierico

2016 In base alla Costituzione italiana, perché siano valide le deliberazioni di ciascuna Camera, è necessaria la presenza:

A del Presidente del Consiglio
B di tutti i loro componenti
C della maggioranza dei loro componenti
D di un membro del Governo
E della maggioranza dei loro componenti e le deliberazioni devono essere sempre adottate a maggioranza dei loro componenti

2017 *Il Galateo* è stato scritto da:

A Giovanni Della Casa
B Francesco Petrarca
C Pietro Bembo
D Giambattista Della Porta

2018 Individua l'abbinamento ERRATO.

A Michelangelo – *I prigioni*
B Bernini – *Apollo e Dafne*
C Renoir – *Déjeuner sur l'herbe*
D Brunelleschi – *Cupola di Santa Maria del Fiore*
E Picasso – *Guernica*

2019 In quale delle seguenti frasi il termine "interdetto" può essere utilizzato al posto dei puntini?

A Nel corso dell'animata discussione il signor Rossi urlò un ...
B Il pubblico ministero fece un ... di arringa
C Quell'... fu così memorabile che venne scritto nel libro dei detti
D Ronaldo durante la conferenza stampa pronunciò un memorabile ...
E Al giovane paggio venne ... di rivedere la principessa

2020 Il suffisso ".jpg" identifica:

A file grafici *
B pagine internet
C file di testo
D messaggi di posta elettronica
E server web

"Montagne che varcai! dopo varcate, / sì grande spazio su di voi non pare, / che maggior prima non lo invidïate". (Giovanni Pascoli, da *Alexandros*)

2021 Qual è il significato di "invidïate"?

A Suscitiate
B Alludiate
C Evochiate
D Nascondiate
E Invochiate

2022 Quando un assegno è *fuori piazza*?

A Quando non può circolare
B Quando è emesso in una valuta diversa da quella nazionale
C Quando la banca di chi lo emette e quella di chi lo incassa risiedono in due comuni diversi
D Quando non vi è copertura sul conto corrente di chi l'ha emesso
E Quando può essere pagato esclusivamente a favore di un istituto bancario

2023 Cosa si intende con ipercolesterolemia?

A Un livello di colesterolo nel sangue inferiore alla norma
B Un livello di colesterolo nell'urina superiore alla norma
C Un livello di colesterolo nella dieta superiore alla norma
D Un livello di colesterolo nel fegato superiore alla norma
E Un livello di colesterolo nel sangue superiore alla norma

2024 Il primo Segretario generale delle Nazioni Unite è stato un:

A russo
B britannico
C cinese
D italiano
E libico

2025 Il barone Lamberto, vecchissimo e ricchissimo signore novantenne tenuto in vita da un maggiordomo e da alcuni servitori che continuano a ripetere il suo nome, è un personaggio inventato da:

A Vamba
B Italo Calvino
C Bruno Munari
D Gianni Rodari
E Emilio Salgari

2026 In ambito informatico, l'espressione "plug & play" identifica:

A i videogames
B le memorie di massa di ampie dimensioni
C i monitor a tecnologia LCD e LED
D le periferiche che non necessitano di una specifica procedura di installazione
E i personal computer sui quali deve ancora essere installato il sistema operativo

2027 Quale tra i seguenti Trattati ha istituito la Corte di Giustizia Europea?

A L'Atto Unico Europeo
B Il Trattato di Maastricht
C Il Trattato di Roma
D Il Trattato che istituì la CECA
E Il Trattato di Nizza

2028 Quanti sono i giudici del Tribunale di primo grado dell'Unione Europea?

A Dieci
B Due per ogni Paese membro
C Un numero invariato di giudici (12) indipendentemente dai Paesi membri
D Uno per Paese membro
E Tre per Stato membro

2029 Quale dei seguenti NON è un famoso stilista?

A Bruno Munari
B Calvin Klein
C Alberta Ferretti
D Gai Mattiolo
E Vivienne Westwood

2030 Quale delle seguenti definizioni non è corretta?

A Xilofago: detto di animale che si nutre solo di legno
B Verro: piccolo argano per innalzare pesi
C Ustorio: che brucia
D Sinossi: compendio, visione d'insieme di una disciplina
E Talassocrazia: supremazia sui mari

2031 Uno dei testi culto del Sessantotto italiano fu "L'uomo a una dimensione". Da chi fu scritto?

A Marcuse
B Foucault
C Foa
D Mabuse
E Marx

2032 Nella periodizzazione convenzionale della storia delle istituzioni e della civiltà del mondo greco per Ellenismo s'intende solitamente il periodo:

A compreso tra le Guerre Persiane e il III secolo a.C.
B che va dalla morte di Alessandro Magno sino alla caduta del regno di Egitto sotto il dominio romano
C relativo alla cultura elladica sviluppata dalla fine del neolitico all'età micenea
D in cui si celebravano ad Olimpia i Giochi panellenici
E caratterizzato dall'influenza politica greca su tutto il Mediterraneo

2033 Quale delle seguenti alternative riporta la corretta successione cronologica delle opere?

A *Il Conte di Carmagnola*; *La Mandragola*; *Il sistema periodico*; *Il fu Mattia Pascal*; *Il cavaliere inesistente*
B *La Mandragola*; *Il Conte di Carmagnola*; *Il cavaliere inesistente*; *Il sistema periodico*; *Il fu Mattia Pascal*
C *Il Conte di Carmagnola*; *La Mandragola*; *Il sistema periodico*; *Il cavaliere inesistente*; *Il fu Mattia Pascal*
D *La Mandragola*; *Il Conte di Carmagnola*; *Il fu Mattia Pascal*; *Il cavaliere inesistente*; *Il sistema periodico*
E *Il sistema periodico*; *Il cavaliere inesistente*; *Il fu Mattia Pascal*; *Il Conte di Carmagnola*; *La Mandragola*

2034 In quale delle seguenti proposizioni il verbo *essere* o *avere* è usato in forma propria?

A Ho visto la luce!
B Io sono la più abile
C Ne sono convinto
D Siamo stati avvertiti su come avremmo dovuto comportarci
E Ho imparato a sperare

2035 Quali di questi Stati si affacciano sul Rio de la Plata?

A Argentina e Cile
B Argentina e Uruguay
C Brasile e Uruguay
D Brasile e Argentina
E Argentina, Cile e Brasile

2036 L'Austria NON confina con la:

A Ungheria
B Polonia
C Svizzera
D Repubblica Ceca
E Germania

2037 L'Algarve è:

A il nome latino del Portogallo
B una regione meridionale della Spagna
C una regione lusitana che si affaccia sull'Atlantico
D una regione costiera dell'Africa mediterranea
E un lago tra Spagna e Francia

2038 Bernardino Telesio può essere considerato un esponente del:

A razionalismo secentesco
B convenzionalismo secentesco
C naturalismo rinascimentale
D pensiero teologico medievale
E panteismo tardo antico

2039 Indicare l'alternativa in cui compaiono i corretti abbinamenti Stato-capitale.

- A Bolivia-Montevideo; Portogallo-Lisbona; Marocco-Algeri; Albania-Tirana; Uruguay-La Paz
- B Bolivia-La Paz; Portogallo-Madrid; Marocco-Casablanca; Albania-Skopije; Uruguay-Quito
- C Bolivia-Caracas; Portogallo-Oporto; Marocco-Tetouan; Albania-Belgrado; Uruguay-Buenos Aires
- D Bolivia-La Paz; Portogallo-Lisbona; Marocco-Rabat; Albania-Tirana; Uruguay-Montevideo
- E Bolivia-Lima; Portogallo-Cadice; Marocco-La Mecca; Albania-Kyoto; Uruguay-La Paz

2040 Individuare, nelle seguenti alternative, l'unica che presenta una coppia di artisti che vissero nella stessa epoca ed ebbero la possibilità di conoscersi.

- A Picasso e Corot
- B Fidia e Apollodoro di Damasco
- C Raffaello e Michelangelo
- D Bernini e Michelangelo
- E Le Corbusier e Viollet Le Duc

2041 L'imperatore Costantino in che anno convocò il concilio a Nicea, col quale dichiarò come "vera" la dottrina del cristianesimo rifiutando tutte le altre?

- A 325 d.C.
- B 603 d.C.
- C 98 a.C.
- D 1200 d.C.
- E 766 d.C.

2042 Il cosiddetto "lavoro nero" è un classico esempio di:

- A economia reale
- B fallimento del mercato
- C economia sommersa
- D mercato OTC (*over the counter*)
- E elusione fiscale

2043 Non fa parte delle Isole della Sonda:

- A Haiti
- B Sumatra
- C Giava
- D Bali
- E Borneo

2044 La Repubblica di San Marino si trova tra:

- A Marche e Emilia-Romagna
- B Marche e Abruzzo
- C Emilia-Romagna e Veneto
- D Toscana e Umbria
- E Abruzzo e Molise

2045 La gastroscopia permette di esaminare:

- A il colon
- B lo stomaco
- C le vie aeree
- D il fegato
- E l'apparato genitale

2046 Nel "Saggio sul principio di popolazione" (1798) l'autore traeva fosche previsioni circa il destino dell'umanità dalla constatazione che, mentre la popolazione aumenta in progressione geometrica (2, 4, 8, 16...) i prodotti agricoli si incrementano in progressione aritmetica (1, 2, 3, 4...). L'autore di cui si tratta è:

- A Marie Jean Antoine Nicolas de Caritat, marchese di Condorcet
- B Richard Cobden
- C William Godwin
- D Thomas Robert Malthus
- E Robert Owen

2047 Il *Cenacolo* di Leonardo da Vinci si trova a:

- A Firenze, nella Chiesa di Santa Maria Novella
- B Pisa, nel Duomo
- C Parigi, al Louvre
- D Roma, nei Musei Vaticani
- E Milano, nel Refettorio di Santa Maria delle Grazie

2048 Quale dei seguenti fiumi non scorre in Africa?

- A Senegal
- B Congo
- C Gange
- D Zambesi
- E Nilo

2049 La Repubblica Italiana è nata con il referendum popolare del:
- A 1948
- B 1947
- C 1949
- D 1945
- E 1946

2050 Otto Eduard Leopold von Bismarck era:
- A un politico tedesco del '900
- B un politico austriaco dell'800
- C l'ideatore della nave cannoniera
- D il propugnatore dell'alleanza tra Prussia, Russia e Inghilterra
- E un politico tedesco dell'800

2051 L'UNICEF è:
- A un'area di libero scambio
- B un'organizzazione per la cooperazione e lo sviluppo economico
- C una Banca europea per la ricostruzione e lo sviluppo
- D un fondo per l'infanzia
- E una comunità di Stati indipendenti con scopi economici

2052 La vegetazione caratteristica della taiga è la:
- A foresta a latifoglie
- B foresta a sclerofille
- C steppa
- D macchia russa
- E foresta di conifere

2053 Quale delle seguenti Regioni italiane è attraversata dal fiume Adige?
- A Piemonte
- B Friuli-Venezia Giulia
- C Lombardia
- D Emilia-Romagna
- E Veneto

2054 Tra le emissioni italiane di francobolli degli anni Duemila, una del valore di 0,45 euro, è dedicata a Guido Gonella, che era:
- A uno scienziato
- B un imprenditore
- C uno scrittore
- D un politico
- E uno stilista

2055 Il metro caratteristico dei cantari quattrocenteschi e di gran parte della poesia epica e cavalleresca italiana è:
- A la canzone
- B la sestina
- C l'endecasillabo sciolto
- D l'ottava rima
- E il sonetto

2056 Per USB (*Universal Serial Bus*) si intende:
- A un particolare tipo di mouse
- B un protocollo per il trasferimento dei file
- C uno standard di comunicazione seriale
- D una specifica industriale per l'utilizzo di reti senza fili
- E un modello di PDA

2057 La diossina:
- A è una sostanza cancerogena
- B è una sostanza radioattiva
- C è una sostanza comunemente presente in atmosfera
- D favorisce il fenomeno delle piogge acide
- E si usa da sempre in siderurgia

2058 *La scuola di Atene* nei Palazzi Vaticani è un affresco di:
- A Michelangelo
- B Giotto
- C Giorgio Vasari
- D Raffaello Sanzio
- E Giambattista Tiepolo

2059 Il codice penale italiano attualmente in vigore è stato emanato nel:
- A 1948
- B 1956
- C 1988
- D 1990
- E 1930

2060 L'insieme delle imprese meccaniche e siderurgiche si definisce:
- A industria leggera
- B industria manifatturiera
- C industria automotive
- D industria primaria
- E industria pesante

2061 In quale alternativa i personaggi storici e gli artisti vengono elencati nel corretto ordine cronologico?

A Maometto, Costantino il Grande, Carlo Martello, Dante Alighieri, Piero della Francesca, Papa Giulio II, Antonio Canova, Antonio Vivaldi, Giuseppe Mazzini, Amedeo Modigliani

B Costantino il Grande, Carlo Martello, Maometto, Dante Alighieri, Papa Giulio II, Piero della Francesca, Antonio Canova, Antonio Vivaldi, Amedeo Modigliani, Giuseppe Mazzini

C Carlo Martello, Costantino il Grande, Maometto, Dante Alighieri, Papa Giulio II, Piero della Francesca, Antonio Canova, Antonio Vivaldi, Amedeo Modigliani, Giuseppe Mazzini

D Maometto, Costantino il Grande, Carlo Martello, Papa Giulio II, Dante Alighieri, Piero della Francesca, Antonio Canova, Antonio Vivaldi, Giuseppe Mazzini, Amedeo Modigliani

E Costantino il Grande, Maometto, Carlo Martello, Dante Alighieri, Piero della Francesca, Papa Giulio II, Antonio Vivaldi, Antonio Canova, Giuseppe Mazzini, Amedeo Modigliani

2062 Il rischio che si verifichi una delle seguenti patologie aumenta in caso di ipertensione. Di quale patologia si tratta?

A Raffreddore

B AIDS

C Tetano

D Infarto

E Cancro al colon

2063 Quale delle seguenti è una malattia genetica ereditaria?

A Emofilia

B Diabete

C Morbillo

D Epatite

E Tetano

2064 Quale delle seguenti definizioni non è corretta?

A Morphing: tecnica di elaborazione grafica grazie alla quale un'immagine viene trasformata in un'altra mediante modifiche graduali

B Poltergeist: presenza misteriosa di un qualche spirito rumoroso

C Jack: leva di comando dei videogiochi

D Jingle: sigla musicale della pubblicità radiotelevisiva

E Portfolio: cartellina con documenti

2065 Uno dei film interpretati da Marcello Mastroianni ha come sfondo la visita di Hitler a Roma nel maggio del 1938. Quale?

A *La dolce vita*

B *Una giornata particolare*

C *Otto e mezzo*

D *Ieri, oggi, domani*

E *Sostiene Pereira*

2066 La battaglia di Vittorio Veneto fu combattuta alla fine della:

A prima guerra d'indipendenza

B seconda guerra d'indipendenza

C prima guerra mondiale

D seconda guerra mondiale

E prima guerra punica

2067 Con quale strumento archiviato nel disco fisso di un utente è possibile ottenere informazioni sulle abitudini di quell'utente quali, per esempio, il numero di volte che ha visitato un sito Web?

A Black list

B RSS

C Preferiti

D User ID

E Cookie

2068 Scartare una delle seguenti serie.

A *La vita nuova, De vulgari eloquentia, De monarchia, Il convivio*

B *Il principe, La mandragola, Istorie fiorentine, L'arte della guerra*

C *Inni sacri, Adelchi, Il conte di Carmagnola*

D *Francesca da Rimini, La Divina Commedia, Fede e bellezza*

E *Iuvenilia, Odi barbare, Rime nuove, Giambi ed epodi*

2069 Il filosofo Thomas Hobbes visse nello stesso periodo di:

A Casanova

B Filippo IV di Spagna

C Cagliostro

D Carlo V di Spagna

E Filippo Egalitè

2070 Quale delle seguenti è una malattia genetica ereditaria?

A Daltonismo

B Varicella

C Cancro

D Epatite

E Difterite

2071 Che cos'è Venere?

A Un satellite della terra

B Un satellite di Giove

C Una stella

D Un pianetino

E Un pianeta

2072 Un sistema di salvaguardia dei dati per garantirne il recupero in caso di guasto al computer prende il nome di:

A feed back

B palmare

C restore

D file sharing

E backup

2073 Il capitalismo è un sistema economico basato su:

A proprietà dello Stato dei mezzi di produzione e libero mercato delle risorse e delle forze produttive

B proprietà privata dei mezzi di produzione e libero mercato delle risorse e delle forze produttive

C proprietà privata dei mezzi di produzione e controllo statale su mercato delle risorse e delle forze produttive

D mezzi di produzione, mercato delle risorse e forze produttive sotto il diretto controllo dello Stato

E proprietà privata dei mezzi di produzione, libero mercato delle risorse e delle forze produttive e interventi dello Stato per il controllo dei prezzi

2074 Quale di queste sostanze ha origine artificiale?

A Zucchero (saccarosio)

B Sale da cucina

C Pirite

D Teflon

E Calcite

2075 Quale isola o gruppo di isole si trova nel Mare Adriatico?

A Isola d'Elba

B Lipari

C Ponziane

D Tremiti

E Canarie

2076 Cos'è la legge finanziaria?

A La legge che definisce il bilancio preventivo dello Stato

B La legge che definisce il bilancio consuntivo dello Stato

C La legge che determina i principi e i limiti della finanza delle autonomie locali

D La legge che determina il contributo italiano alle finanze dell'Unione Europea

E La legge dell'Unione Europea che fissa gli obiettivi e i limiti di spesa del Governo italiano

 © Alpha Test

2077 Quale di queste sostanze ha origine naturale?

A Teflon
B Nylon
C Bauxite
D PVC
E Polistirolo

2078 Quale dei seguenti film è stato diretto da Pier Paolo Pasolini?

A *Roma città aperta*
B *Germania anno zero*
C *La ricotta*
D *Il muro di gomma*
E *Il ladro di bambini*

2079 Non esiste come unità di misura del Sistema Internazionale il:

A petametro
B melametro
C terametro
D gigametro
E megametro

2080 Tra le seguenti fonti quale non rientra nel diritto internazionale pubblico?

A La consuetudine
B La Costituzione italiana
C I Trattati
D I pareri
E Le raccomandazioni

2081 "Voi semplici amanti / che a donne credete, / son tutte incostanti: / l'esempio vedete, / specchiatevi in me." Giambattista Casti, *Il re Teodoro in Venezia*, Atto II, scena VII. Di che versi si tratta?

A Senari
B Settenari
C Endecasillabi
D Esametri
E Alessandrini

2082 Un'associazione può essere costituita:

A per testamento
B per legge
C solo per determinazione dei pubblici poteri
D di fatto
E per contratto

2083 Quale tra le seguenti aziende informatiche produce software ma non hardware?

A Hp
B Apple
C Dell
D Epson
E Adobe

2084 La ghisa è:

A un minerale diffuso in natura
B un elemento chimico
C una lega di ferro e rame
D un metallo prezioso
E una lega di ferro e carbonio

Delle segrete silenziose lacrime.
Quei vasi di lacrime
dove li ha versati
il tempo
in quali acque
o arie li ha svuotati
o asciugati del loro
temporale ingombro?
Sì - rode le sue opere
si nutre
delle sue macerie
sbriciola
ogni moto del cuore
che fa nascere
il tempo
dove sono quelle pene
e quelle gioie
oltre che nella loro perdita?
nel nulla no
nel più profondo essere.

2085 Nella precedente poesia il poeta fiorentino Mario Luzi vuole significare che:

A il dolore e la gioia lasciano segni indelebili
B il tempo nasce da ogni moto del cuore
C l'aria ha asciugato i vasi di lacrime
D l'aria ha vuotato i vasi di lacrime
E il tempo cancella ogni pena e ogni gioia

2086 L'ideatore della *Encyclopédie* è:

- A Hugo Grotius
- B il cardinale Giulio Mazzarino
- C Charles-Luis de Secondat, barone di Montesquieu
- D Denis Diderot
- E François-Marie Arouet detto Voltaire

2087 Sono eleggibili a deputati tutti gli elettori che, nel giorno delle elezioni, hanno compiuto:

- A diciotto anni
- B venticinque anni
- C trenta anni
- D trentacinque anni
- E cinquanta anni

2088 Quale tra questi personaggi non è stato insignito del premio Nobel per la pace?

- A Dalai Lama, Tibet, 1989
- B Madre Teresa di Calcutta, India, 1979
- C Lech Walesa, Polonia, 1983
- D Martin Luther King, Usa, 1964
- E Dario Fo, Italia, 1997

2089 Ethernet è:

- A il nome di un protocollo utilizzato nella fisica nucleare
- B il nome di un protocollo utilizzato in medicina
- C il nome di un protocollo utilizzato per la costituzione di reti locali (LAN)
- D sinonimo di Internet
- E il nome di un processore di recente introduzione

2090 Uno sciopero che comporti la sospensione del lavoro non nell'intera fabbrica o nell'intero complesso produttivo ma a rotazione prima in un reparto poi in un altro e così via, è definito:

- A a scacchiera
- B generale
- C bianco
- D a singhiozzo
- E giallo

2091 Paolo Savona ha pubblicato il libro divulgativo "Gli enigmi dell'economia", che spiega ai non addetti come fondere i principi del liberalismo con la protezione degli interessi elementari, cioè come stabilire un equilibrio tra:

- A "laisser faire" e "Welfare State"
- B capitalismo di Stato e liberalismo
- C comunismo e socialismo
- D piccola e media industria
- E agricoltura e industria

2092 Quale delle seguenti sostanze, a temperatura ambiente, si trova allo stato gassoso?

- A Petrolio
- B Acqua
- C Idrogeno
- D Zolfo
- E Mercurio

2093 Quale delle seguenti fonti energetiche è considerata *rinnovabile*?

- A Petrolio
- B Energia eolica
- C Carbone
- D Uranio per le centrali nucleari
- E Propano

2094 Cosa si intende con "profilassi"?

- A L'insieme delle tecniche che permettono di diagnosticare una certa malattia
- B L'insieme delle tecniche che permettono di prevenire una certa malattia
- C L'insieme delle tecniche di fecondazione assistita
- D L'insieme delle tecniche per prevenire la gravidanza
- E Una particolare analisi del sangue

2095 Cosa si intende con "prognosi"?

- A Il riconoscimento di una precisa malattia
- B Un sinonimo di diagnosi
- C L'insieme delle cure prescritte all'insorgere di una malattia
- D Il giudizio clinico sull'evoluzione futura di una malattia
- E L'insieme delle tecniche che permettono di prevenire una certa malattia

 © Alpha Test

2096 La nefrite è una patologia che colpisce:

A il sistema nervoso
B il fegato
C i reni
D il cuore
E i muscoli

2097 Scartare l'intruso.

A Rame
B Piombo
C Bronzo
D Ferro
E Argento

2098 L'epilessia è una malattia che interessa:

A l'apparato digerente
B gli occhi
C il sistema nervoso
D la tiroide
E l'apparato riproduttore

2099 Nell'indirizzo internet: http://www.economia.unimi.it il dominio di secondo livello è:

A economia
B www
C it
D unimi
E http

2100 Cos'è il tasso di cambio?

A Qualunque rapporto tra due grandezze
B La percentuale di remunerazione concessa a prestiti e mutui
C Il prezzo al quale viene scambiata la moneta di un Paese con quella di un altro Paese
D La percentuale di remunerazione che la Banca centrale richiede per le operazioni di rifinanziamento concesso alle altre banche
E Il saggio di interesse richiesto dalle banche per le operazioni di sconto di crediti

2101 *La superbia greca, il fascino francese, fare l'inglese*. Sono, in sé, dei «miti negativi» con la loro refrattarietà all'ordine storico, il loro tendere a dimenticare i radicamenti precisi, a sottrarsi ai vincoli delle coordinate spazio-temporali, trasferendo quanto si evoca in dimensioni atemporali. Per Lévi-Strauss 1964, «i miti non hanno autori». Ma forse si può integrare: pure essi hanno degli autori e sono le varie comunità che li evocano e che, poi, anche per secoli, li «abitano». (Ottavio Lurati, *La pulce nell'orecchio*, Lugano, Pressagona-Lugano, 2021, p. 91-92)

Perché l'autore definisce «miti» le frasi fatte citate all'inizio del brano?

A Perché, come tutti i miti, sottolineano i difetti prototipici delle persone
B Perché evocano comportamenti tipici appartenenti a società specifiche e circoscritti nel tempo
C Perché il loro uso trascende qualsiasi confine spazio-temporali
D Perché non hanno un'origine ascrivibile a un autore particolare
E Perché evocano caratteri etnici appartenenti a culture distinte e radicate nello spazio

2102 «Il complesso monumentale fu eretto sul fianco del Campidoglio per celebrare l'unità d'Italia e l'immagine del sovrano a cavallo costituisce il fulcro visivo e spaziale dell'intera struttura. La statua equestre, fusa con il bronzo di alcuni cannoni del Regio esercito, ha dimensioni eccezionali: con i suoi 10 metri di lunghezza e 12 di altezza, è talmente grande che prima di essere posta in opera (nel 1911) ospitò nel ventre del cavallo un pranzo per ventuno persone.»

Sulla base degli elementi forniti, da quale re d'Italia prende il nome il complesso monumentale?

A Umberto I
B Vittorio Emanuele II
C Emanuele Filiberto
D Umberto II
E Vittorio Emanuele I

2103 «In economia corrisponde alla riduzione del valore della moneta di un paese in relazione a una prefissata parità, che può essere espressa in termini di valuta di altri paesi o di oro. Essa esprime quindi una variazione del tasso di cambio della moneta di un paese, cioè del suo prezzo nei confronti di altre monete».
(Enciclopedia Treccani)

A che cosa si riferisce la voce dell'enciclopedia?

- A Inflazione
- B Contrazione
- C Deflazione
- D Svalutazione
- E Stagnazione

2104 «Le vertigini provocano la sensazione che la persona, o l'ambiente circostante, si stia muovendo o stia ruotando. Questa percezione può essere lieve, oppure così forte da non consentire di mantenere l'equilibrio e di svolgere le attività quotidiane. A seconda della causa scatenante delle vertigini, possono comparire altri disturbi (sintomi), come, ad esempio, temperatura elevata, ronzio nelle orecchie (tinnito o acufene), perdita dell'udito.»

(dal sito web dell'Istituto Superiore di Sanità: www.issalute.it)

Quale delle seguenti descrizioni dell'acufene corrisponde alle informazioni fornite dal testo?

- A Un fastidio sonoro alle orecchie sempre accompagnato da forti vertigini
- B Una sorta di vertigini episodiche che provoca febbre alta e sordità
- C Una forma di sordità legata ad una temporanea perdita dell'equilibrio
- D La percezione distorta dei rumori ambientali che suscita vertigini circolari
- E Un disturbo percepito come rumore interno al condotto uditivo

2105 In quale giorno viene celebrata la Giornata della Legalità, ricorrenza per commemorare le stragi di Capaci e via D'Amelio?

- A 27 gennaio
- B 25 marzo
- C 22 aprile
- D 23 maggio
- E 04 novembre

2106 «L'insulino-resistenza non è di per sé una malattia, ma si accoppia a una serie di fattori di rischio cardiovascolare inclusi nella definizione generale di "sindrome metabolica". Essi comprendono obesità viscerale, diabete, aumento di trigliceridi e colesterolo, ipertensione arteriosa. Nelle condizioni di insulino-resistenza viene alterata la flessibilità metabolica: la capacità del muscolo di utilizzare alternativamente carboidrati o grassi a seconda della disponibilità dei substrati energetici risulta insufficiente.

I soggetti affetti da insulino-resistenza hanno una ridotta capacità di utilizzazione dei grassi nelle condizioni di digiuno e l'aumentata produzione di insulina non è comunque in grado di stimolare la metabolizzazione degli zuccheri.»

(dal sito web del Ministero italiano della Salute: www.salute.gov.it)

Secondo il testo, che cosa si intende per "flessibilità metabolica"?

- A La scioltezza muscolare garantita da un giusto apporto nutritivo di grassi e carboidrati
- B L'insieme di fattori metabolici che possono provocare un'insufficienza muscolare generalizzata
- C L'abilità del tessuto muscolare ad utilizzare energia, a seconda delle disponibilità dell'organismo, da grassi o da zuccheri
- D L'incapacità dell'apparato muscolare di trarre energia dai carboidrati ingeriti con l'alimentazione
- E La flessione patologica del consumo di grassi e zuccheri accompagnata da produzione eccessiva di insulina

© Alpha Test

2107 «Destinare le risorse pubbliche a contenere gli aumenti di energia [...] è uno degli impegni che la maggioranza chiede al governo, nell'ambito della risoluzione sul Def che è stata approvata dalla Camera e dal Senato.»

(«la Repubblica» 20/04/2022)

A transizione ecologica

B Il Decreto di Equilibrio Finanziario, che definisce gli strumenti per ottenere il pareggio nel Bilancio dello Stato

C sostengono il governo

D Il Documento di Economia e Finanza, che è il principale strumento di programmazione del governo

E programmazione economico-finanziaria dello Stato

2108 I Patti Lateranensi regolano:

A i rapporti tra lo Stato italiano e la Chiesa cattolica e le modifiche accettate dalle due parti non importano revisione costituzionale

B l'esercizio del culto in Italia e non hanno rilevanza costituzionale

C i rapporti tra lo Stato italiano e diverse confessioni religiose e hanno rilevanza costituzionale

D i rapporti tra lo Stato italiano e diverse confessioni religiose e le modifiche accettate dalle parti non importano revisione costituzionale

E il credo della Chiesa cattolica

2109 Che cos'è esattamente "l'embargo"?

A L'adozione di misure restrittive nei confronti dei cittadini di un Paese in risposta alle continue violazioni dei diritti umani attuate dal governo dello stesso Paese

B Una serie di sanzioni economiche nei confronti di un Paese, al fine di impedire qualsiasi rapporto commerciale con esso e provocarne l'isolamento

C L'aggresione militare a un Paese straniero in risposta a ripetute violazioni dei confini territoriali

D Un movimento indipendentista basco

E L'imposizione di forti dazi sulle sole importazioni di prodotti da un certo Paese nel tentativo di scoraggiarle

2110 «La *Constitutio de feudis (o Edictum de beneficiis)* dall'imperatore Corrado II il Salico. [...] Con questo editto veniva riconosciuta ai vassalli minori (i valvassori) l'irrevocabilità ed ereditarietà dei loro feudi, estendendo così i diritti stabilito, inoltre, che, in mancanza di eredi diretti, il feudo potesse essere trasmesso anche ai parenti prossimi fino al terzo grado, e che nessun feudatario o conte o vescovo potesse privare del feudo un valvassore senza una grave e giustificata motivazione, che doveva essere sottoposta per l'approvazione a un consiglio di valvassori. Venne proibito anche ai grandi feudatari di permutare, alienare e affittare i benefici dei loro valvassori senza il consenso di questi ultimi.»

(*La storia. Dall'impero di Carlomagno al Trecento*, serie coordinata da Massimo Salvadori per Grandi Opere di UTET Cultura, vol. 5, 2004, p. 156)

Quale sembra che fosse l'obiettivo dell'editto descritto in questo testo?

A Privare i grandi feudatari delle loro terre e delle loro fonti di reddito

B Diminuire il potere dei grandi feudatari rafforzando la posizione dei piccoli feudatari

C Rafforzare i rapporti di subordinazione dei piccoli feudatari rispetto ai grandi feudatari

D Conservare il diritto ereditario di tutta la società feudale stabilito dal capitolare di Quierzy

E Estendere il sistema feudale in modo da garantire una gestione delegata che alleggerisse le incombenze dell'imperatore

2111 Che cos'è la "maieutica"?

A Un metodo "pedagogico" praticato da Socrate

B Una tecnica usata in ostetricia da I.F. Semmelweis

C Un metodo di analisi dei testi proposto da H.G. Gadamer e P. Ricoeur

D Un procedimento logico praticato dai formalisti russi

E Una cura della salute fisica e psichica messa a punto dal premio Nobel R. Levi Montalcini

QUESITI

2112 «Roma 18 novembre.
È ritornato il bel tempo; giornata limpida, d'un tepore piacevole. Nella Farnesina ho visto la storia di Psiche, le cui riproduzioni a colori allietano da tanto tempo le mie stanze; poi la trasfigurazione di Raffaello a San Pietro in Montorio. Tutte vecchie conoscenze, direi quasi amicizie, che ci siamo procurati da lontano per corrispondenza, ma che ora vediamo di persona.»

A Cronaca giornalistica
B Sonetto
C Diario di viaggio
D Poema epico
E Romanzo storico

2113 "Questo contributo traccia una prima geografia della memoria e dell'impegno antimafia in Italia attraverso il censimento e l'analisi dei nomi delle strade dedicati ad una o più vittime innocenti della violenza mafiosa. A partire dall'inventario "Vivi!" redatto dall'associazione Libera, l'articolo illustra i risultati iniziali di un più ampio lavoro di ricerca che, in assenza di un archivio odonomastico nazionale ufficiale e liberamente consultabile, si basa sulle principali fonti disponibili in internet integrando con tecniche di geocoding: l'Archivio Nazionale degli Stradari Comunali, Open Street Map (completato da funzioni di Geofabrik), Api Bing Maps e, marginalmente, i dati di Googlemaps e di altre fonti."

(Giuseppe Muti, Gianluigi Salvucci, Odonomastica e vittime innocenti: geografia della memoria antimafia, "Cross" Vol. 6 N.1 (2020) - DOI: http://dx.doi.org/10.13130/cross-13615)

Qual e` l'obiettivo principale della ricerca di cui parla il testo?

A Confrontare con l'inventario "Vivi!" i dati odonomastici forniti da fonti del Web
B Ricavare dalla toponomastica tracce della lotta antimafia
C Completare l'inventario dei nomi di strada per arricchire l'archivio nazionale
D Ricostruire la storia della lotta antimafia nelle regioni italiane
E Disegnare la mappa della presenza mafiosa nelle città italiane

2114 "Poco tempo dopo la sua fondazione, avvenuta a Roma nel 1977, l'associazione inizia a raccogliere adesioni in tutta Italia, ad avere sedi locali, a denunciare gli esperimenti sugli animali e varie forme di sfruttamento degli animali attraverso manifestazioni di protesta contro gli zoo, i circhi con animali, l'utilizzo di abiti di pelliccia, la caccia. Attualmente è riconosciuta dal Ministero italiano della Salute come associazione che persegue finalità di tutela degli interessi lesi da reati contro gli animali, ha 56 sedi locali sul territorio nazionale e conta migliaia di soci."

(dal sito web dell'associazione)

Di quale organizzazione nazionale parla il testo?

A Federazione Italiana Associazioni Diritti Animali e Ambiente
B Ente Nazionale Protezione Animali
C Federazione Nazionale Pro Natura
D Lega Anti Vivisezione
E Lega Italiana Difesa Ambiente e Animali

2115 Quella in figura è la carta di quale Paese?

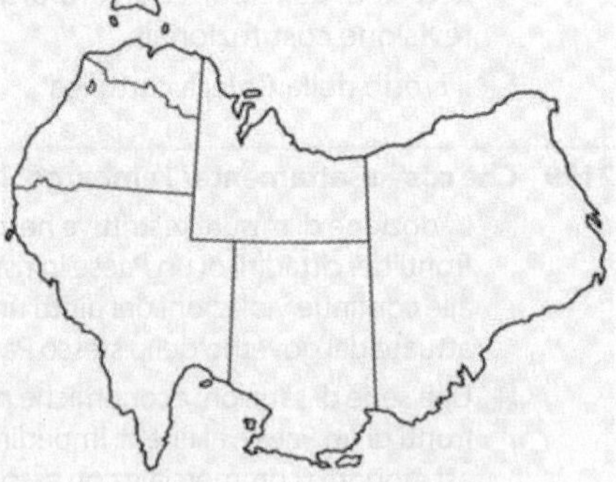

A Brasile
B Canada
C Russia
D Australia
E Stati Uniti

 © Alpha Test

2116 "Tracce di pesticidi e insetticidi nell'acqua del fiume. Potrebbe essere questa la causa della moria di pesci nel Tevere. Nello specifico sono state rilevate tracce di due differenti tipi di sostanze tossiche: Cipermetrina — utilizzata per zecche e zanzare — in quantità sufficiente per avvelenare i pesci. Il secondo valore fuori norma, su cui sono state richieste ulteriori analisi, è quello rilevato sulle tracce di Clotianidina. L'ipotesi è che il pesticida fosse nel terreno già da tempo e che l'acqua piovana abbia fatto il resto. Resta ancora da chiarire un ultimo aspetto scientifico: lo stato delle branchie dei pesci recuperati. L'ipotesi, ancora da scartare, è che gli esemplari siano morti "soffocati" per l'improvvisa concentrazione di detriti affluiti dai fossi."

(da "la Repubblica" 10/06/2020)

Qual è lo scopo del testo?

A Sostenere che l'alta mortalità dei pesci sia stata causata dai pesticidi presenti nei terreni e riversati nel Tevere dalle piogge

B Suggerire che i pesci siano morti più probabilmente perché le loro branchie sono state contaminate dai detriti

C Alludere alla possibilità che nei detriti scaricati dai fossi nel Tevere ci fosse una percentuale di pesticidi fuori norma

D Riferire due possibili ipotesi, che al momento hanno diversi gradi di attendibilità, sulla causa della moria di pesci

E Riferire sullo stato delle branchie dei pesci morti nel Tevere

2117 Che cosa si identifica comunemente con la sigla PM10?

A I 10 metalli più pesanti

B Il Praseodimio

C Il peso molecolare dell'acqua

D Il Pubblico Ministero

E Le polveri atmosferiche

2118 "Le Previsioni macroeconomiche di primavera presentate lunedì dalla Commissione Ue certificano la frenata. La crescita del Pil nell'Ue e nell'area dell'euro è prevista al 2,7% nel 2022 e al 2,3% nel 2023 in calo rispetto al 4% e al 2,8% (2,7% nell'area dell'euro), rispettivamente, delle previsioni del febbraio scorso. Per l'Italia la crescita sarà del 2,4% quest'anno e dell'1,9% il prossimo, in calo rispetto al 4,1% e al 2,3% delle previsioni dello scorso febbraio."

("Corriere della sera" 6/05/2022)

Che cosa è il Pil?

A Il valore del prodotto industriale di un Paese in un certo periodo

B Il valore integrato del costo del lavoro in un Paese in un certo periodo

C Il valore dell'incremento della produzione industriale di un Paese in un certo periodo

D Il valore di beni e servizi prodotti in un Paese in un certo periodo

E Il valore dell'incremento atteso del benessere di un Paese in un certo periodo

In base alle informazioni contenute nel brano seguente, rispondere alle successive domande

La frase "Mercurio è in fase retrograda" descrive un fenomeno reale, spiegato [...] dai planetologi, ma non significa che ci sia qualcosa di strano nell'orbita del pianeta. Il fenomeno riguarda il modo in cui Mercurio ci appare nel cielo, come piccolo punto bianco nelle ore immediatamente successive al tramonto e immediatamente precedenti all'alba. Per la maggior parte del tempo Mercurio si muove da ovest verso est rispetto alle stelle del cielo notturno, ma diverse volte all'anno la progressione cambia, e il movimento appare da est a ovest.
[...] Il motivo di questa inversione è legato alle posizioni relative di Mercurio e della Terra attorno al Sole. Mercurio orbita più vicino al Sole rispetto alla Terra, dunque il piccolo pianeta viaggia molto più velocemente attorno alla stella, compiendo un'orbita completa in appena 88 giorni, contro i 365 della Terra. A causa di questa diversa traiettoria capita che Mercurio "doppi" la Terra durante la rivoluzione del nostro pianeta, "superandoci sulla corsia interna". Quando questo accade, quel piccolo punto bianco nel nostro cielo sembra invertire la rotta e muoversi, poco a poco ogni notte, nella

direzione opposta. Alla fine la Terra recupera terreno e Mercurio sembra cambiare nuovamente direzione. Questo fenomeno si verifica tre o quattro volte all'anno e dura circa tre settimane.

(Marina Koren, *The Atlantic*, da *Internazionale*)

2119 In base al brano, con quale termine tra i seguenti potresti sostituire la parola "rivoluzione"?

A Rotazione
B Movimento
C Velocità
D Sconquasso
E Direzione

2120 A metà del secondo capoverso, nella frase "Quando questo accade", *questo* si riferisce:

A all'inversione di rotta di Mercurio
B al fatto che Mercurio ci appare come un puntino bianco
C alla diversità di traiettoria di Mercurio
D al fatto che Mercurio doppia la Terra
E al fatto che la Terra è più lenta di Mercurio

In base alle informazioni contenute nel brano seguente, rispondere alle successive domande

Svegliarsi intontiti non piace a nessuno. E il modo in cui ci svegliamo può influenzare non solo il nostro umore e l'andamento della giornata, ma anche le nostre prestazioni cognitive e mentali. In alcuni casi, l'intorpidimento dopo il risveglio può essere potenzialmente pericoloso fino a diverse ore dopo, riducendo le nostre capacità decisionali in contesti delicati (per esempio, sanitari, di emergenza, di sicurezza, o alla guida). Questo stato cognitivo di ridotta vigilanza è indicato come "inerzia del sonno", una condizione che desta crescenti preoccupazioni, in quanto può avere gravi conseguenze durante l'esecuzione di attività ad alto rischio, inclusa la guida.

La transizione dal sonno alla vigilanza non segue un sistema sul modello dell'interruttore spento/acceso, come hanno rivelato le tecniche di risonanza magnetica funzionale del cervello. Il risveglio si basa su processi biologici complessi, tra cui una maggiore distribuzione del flusso sanguigno al cervello. Gli studi mostrano che le regioni del cervello importanti per le prestazioni che richiedono attenzione (le regioni corticali prefrontali) richiedono più tempo per "avviarsi" rispetto ad altre aree (come i gangli basali), che sono importanti per il risveglio. Questo significa che si può essere svegli, ma non del tutto.

(Stuart McFarlane, Adrian Dyer, *The Conversation*, da *Internazionale*)

2121 Quale tra le seguenti espressioni usate nel brano NON equivale al concetto di "inerzia da sonno" presentato nel primo capoverso?

A Intorpidimento dopo il risveglio
B Ridotta vigilanza
C Transizione dal sonno alla vigilanza
D Essere svegli ma non del tutto
E Svegliarsi intontiti

2122 In base al testo, cosa si può dire riguardo al "flusso sanguigno"?

A È un processo biologico
B Riguarda i gangli basali
C Riguarda uno stato cognitivo
D È una prestazione cognitiva
E È altamente rischioso

In base alle informazioni contenute nel brano seguente, rispondere alle successive domande

Se viene intesa come scopritrice di verità assolute, la scienza rimane disoccupata per mancanza di verità assolute. Ma ciò non porta a distruggere la scienza, porta soltanto a una diversa concezione di scienza, nonché una diversa concezione della natura: se cade infranto il freddo idolo marmoreo di una scienza perfetta, eterna e universale, ecco in sua vece al nostro fianco una creatura viva, la scienza che il nostro pensiero liberamente crea.

La natura non le apparirà più come una macchina mostruosa, un congegno di precisione incorreggibilmente esatto dove accade tutto quello che deve accadere, perché non potrebbe non accadere, e dove tutto si può prevedere, purché si sappia come funzionano gli ingranaggi che entrano in gioco. Nessuna scienza ci permetterà di dire: tale fatto accadrà, andrà così e così, perché ciò è conseguenza di tale legge, e tale legge è una verità assoluta, ma tanto meno ci condurrà a concludere scetticamente: la verità assoluta non esiste, e quindi tale fatto può accadere e può non accadere, nulla io ne so.

Quel che si potrà dire è questo: io prevedo che tale fatto avverrà, e avverrà nel tal modo, perché l'esperienza del passato e l'elaborazione scientifica cui il pensiero dell'uomo l'ha sottoposta mi fanno sembrare ragionevole questa previsione.

(Bruno de Finetti, *Probabilismo*)

© Alpha Test

2123 Sulla base del brano, quale affermazione è corretta?

A La scienza è un idolo che deve essere infranto
B Una volta note le leggi coinvolte, è sempre possibile fare previsioni certe
C La verità assoluta non esiste, dunque la scienza è impossibile
D La scienza può solo ammettere di non sapere
E La scienza è una creazione del pensiero

2124 Nel brano, quale aggettivo NON è riferibile alla scienza?

A Perfetta
B Mostruosa
C Eterna
D Viva
E Disoccupata

In base alle informazioni contenute nel brano seguente, rispondere alle successive domande

Le preferenze alimentari non sono dettate dal caso, ma dipendono da processi che hanno assicurato la sopravvivenza della nostra specie. Si potrebbe anzi dire che questi processi sono stati altrettanto importanti nella nostra evoluzione quanto la fabbricazione di utensili, la postura eretta o il pollice opponibile. Ho accennato in precedenza al paradosso insito nelle nostre comuni inclinazioni alimentari: fin qui hanno contribuito a preservarci come specie, ma oggi sembrano piuttosto concorrere alla nostra scomparsa come individui. Secondo le più autorevoli opinioni in campo medico, infatti, le società del benessere occidentali soffrono di un'epidemia di obesità; epidemia che ormai sembra coinvolgere anche le nuove classi benestanti di Paesi, come India e Cina, dove fino a ieri gli unici problemi ______ noti riguardavano la denutrizione.

Significa forse che le preferenze alimentari dell'uomo oggi sono disadattive? In un certo senso, sì. Nell'ambiente originario dell'essere umano, non c'era vantaggio nel limitare l'apporto di energia riducendo il piacere del cibo. I meccanismi che ci permettono di farlo – l'alliestesia e la sazietà specifico sensoriale – agiscono solo entro un brevissimo arco temporale e al solo scopo di promuovere la varietà della dieta. Come più volte sottolineato in questo libro, l'evoluzione ci spinge a desiderare fonti alimentari ad alto contenuto calorico, che in passato erano per noi di rado accessibili.
(John Prescott, *Questione di gusto*)

2125 Nella frase "le preferenze alimentari dell'uomo oggi sono disadattive?", la parola *disadattive* significa:

A disordinate
B sfavorevoli
C difficili
D insolite
E antiquate

2126 Quale parola tra le seguenti può riempire la lacuna nel testo?

A evoluzionistici
B politici
C umani
D alimentari
E vitali

In base alle informazioni contenute nel brano seguente, rispondere alle successive domande

Verso la fine del XVIII secolo era sempre più evidente che la Terra aveva una sua storia. Il ritrovamento di fossili su montagne come le Alpi suggeriva che in passato tali aree erano immerse nel mare. Inoltre suggeriva che fossero esistite in passato specie successivamente estinte.

Tuttavia, la prima di idea di evoluzione biologica viene espressa da un grande naturalista francese agli inizi del nuovo secolo. Lamarck aveva capito che le diverse funzioni e caratteristiche biologiche che noi osserviamo negli odierni organismi erano evolute e che quindi le stesse specie biologiche dovevano avere subito significative trasformazioni nel tempo e perfino nascere ed estinguersi.

Lamarck aveva anche capito che l'ambiente era in qualche misura responsabile di tali processi. Per spiegarli, elaborò un modello secondo il quale l'ambiente influisce sugli organismi spingendoli ad acquisire o perdere determinate funzioni o caratteristiche. Uno degli esempi diventati più noti è quello del collo delle giraffe. Questi animali dovevano avere allungato il collo a seguito di precedenti mutamenti del loro ambiente, dove gli alberi di cui si cibavano erano cresciuti in altezza. Per potersi nutrire le giraffe avevano conseguentemente e progressivamente allungato il collo diventando una specie distinta a partire da un antenato più simile all'attuale zebra.

Sebbene l'idea generale di evoluzione fosse abbastanza chiara in Lamarck e sebbene egli abbia anche definito abbastanza bene la nozione di specie biologica sessuata nei termini di una comunità di individui capaci di relazioni riproduttive e quindi di generare una discendenza, la sua visione del meccanismo dell'evoluzione era essenzialmente scorretta e bisognerà attendere Darwin per la soluzione del problema.

2127 Stando al brano, in che momento Lamarck enunciò la sua idea di evoluzione biologica?

A Alla fine del XVIII secolo
B Dopo Darwin
C Ai primi dell'Ottocento
D Alla fine del XIX secolo
E Ai primi del Settecento

2128 L'ultimo capoverso è introdotto dalla congiunzione "sebbene" che esprime:

A una conclusione
B una concessione
C una conseguenza
D una opposizione
E una conferma

In base alle informazioni contenute nel brano seguente, rispondere alle successive domande

Il termine "statistica" è impiegato per esprimere concetti aventi significati diversi. Il più usuale è quello con cui si indica un insieme di dati riguardanti la rilevazione di un particolare fenomeno. Si può pertanto avere una "statistica" dei prezzi, una "statistica" delle immatricolazioni di auto, della popolazione, ecc. Con il termine "statistica" si intende anche un insieme concettuale che costituisce, per sua natura, una branca del sapere. Si tratta di una scienza che è costituita da un insieme di metodi, o metodologie, che costituisce uno strumento della ricerca empirica. Con il termine "statistica" si può infine intendere un particolare parametro caratterizzante una determinata distribuzione.

Tra le "statistiche" intese come insieme di dati riguardanti un certo fenomeno, particolare interesse presentano le "statistiche economiche". Si pone, al riguardo, il problema di cosa si debba intendere per "statistica economica" (nel senso di raccolta sistematica di dati). Occorre stabilire, di conseguenza, quando una statistica può essere considerata nel novero delle statistiche economiche. Deve avere innanzi tutto la finalità di fornire elementi utili per l'analisi economica di un sistema o, in ogni caso, quantificare fenomeni che per loro natura rientrano nella sfera dell'economico.

2129 Stando al brano, il termine "statistica" NON indica:

A un insieme di dati riguardanti un fenomeno
B una scienza
C uno strumento della ricerca empirica
D l'analisi economica di un sistema
E un insieme concettuale

2130 Nella frase "entrare nel novero delle statistiche economiche", la parola *novero* significa:

A procedimento
B numero
C gerarchia
D ricordo
E concetto

In base alle informazioni contenute nel brano seguente, rispondere alle successive domande

I batteri e i cianobatteri producono l'energia loro necessaria in vari modi. Uno di questi è la fotosintesi, un processo che rilascia ossigeno. L'ossigeno prodotto da questi organismi nel Precambriano fu in un primo tempo assorbito dal ferro disciolto negli oceani. Il ferro ossidato, nella forma dei minerali ematite e magnetite, precipitò sui fondali marini, dando luogo a vaste formazioni a bande di ferro stratificato. Molti di questi depositi, economicamente importanti, si formarono nel corso del cosiddetto Grande evento ossidativo verificatosi 2,4 miliardi di anni fa. A un certo punto, comunque, il ferro in grado di legarsi all'ossigeno si esaurì in massima parte, permettendo a quest'ultimo di accumularsi negli oceani e nell'atmosfera. Le crescenti concentrazioni di ossigeno spianarono la strada all'evoluzione di organismi più complessi, quali funghi, piante e animali con grandi corpi multicellulari.

2131 Stando al brano è falso che:

A nel Precambriano si trovava ferro disciolto nelle acque oceaniche

B l'ematite è un minerale di ferro ossidato

C la fotosintesi ha causato le stratificazioni ferrose sui fondali marini

D la fotosintesi ha causato un accumulo di ossigeno nelle acque oceaniche

E il Grande evento ossidativo ha causato la presenza di ferro disciolto nelle acque oceaniche

2132 Tra le parole seguenti quale, con riferimento al brano, NON è riferibile al ferro?

A Esaurito

B Disciolto

C Ossidato

D Rilasciato

E Precipitato

Leggi il brano seguente, tratto dal romanzo "Cecità" (1995) di José Saramago, e rispondi alla relativa domanda.

Finalmente si accese il verde, le macchine partirono bruscamente, ma si notò subito che non erano partite tutte quante. La prima della fila di mezzo è ferma, dev'esserci un problema meccanico, l'acceleratore rotto, la leva del cambio che si è bloccata, o un'avaria nell'impianto idraulico, blocco dei freni, interruzione del circuito elettrico, a meno che non le sia semplicemente finita la benzina, non sarebbe la prima volta. Il nuovo raggruppamento di pedoni che si sta formando sui marciapiedi vede il conducente dell'automobile immobilizzata sbracciarsi dietro il parabrezza, mentre le macchine appresso a lui suonano il clacson freneticamente. Alcuni conducenti sono già balzati fuori, disposti a spingere l'automobile in panne fin là dove non blocchi il traffico, picchiano XXX sui finestrini chiusi, l'uomo che sta dentro volta la testa verso di loro, da un lato, dall'altro, si vede che urla qualche cosa, dai movimenti della bocca si capisce che ripete una parola, non una, due, infatti è così, come si viene a sapere quando qualcuno, finalmente, riesce ad aprire uno sportello, Sono cieco.

2133 In "Il nuovo raggruppamento di pedoni che si sta formando sui marciapiedi vede il conducente dell'automobile immobilizzata sbracciarsi dietro il parabrezza", perché il raggruppamento è definito *nuovo*?

A Perché si sta formando per l'afflusso degli automobilisti bloccati che scendono dalle auto

B Perché è un nuovo capannello di automobilisti bloccati che si somma al precedente dovuto all'auto che aveva finito la benzina

C Per contrasto con le automobili, evidentemente vecchie, delle quali l'autore ha elencato i molti guasti

D Perché è il raggruppamento di pedoni che si sta formando mentre le automobili passano l'incrocio con il verde, dopo che il gruppo precedente aveva attraversato la strada quando le auto erano ferme al rosso

E Perché è il raggruppamento di curiosi che si fermano ad osservare la scena aggiungendosi al gruppo dei pedoni rimasti bloccati nel traffico

Leggi il seguente testo, tratto da ilsole24ore.com, e rispondi alla domanda.

«Affinché la lotta al nichilismo abbia successo, occorre che si compia nel cuore del singolo. Tutti ne sono coinvolti e nessuno può fare a meno della cura che è stata preparata dal mondo del dolore». Così si esprimeva ne *La pace* (1945) Ernst Jünger, contemplatore solitario di quel Secolo breve che pure è stato così duraturo con quel pesante fardello di ideologie e narrazioni che la nostra contemporaneità fatica a scrollarsi di dosso, e piuttosto rielabora nelle forme postmoderne del pastiche e del collage.

Oggi, a 127 anni dalla nascita di questo dandy multiforme, capace di affrontare le temperie delle tempeste d'acciaio e della mobilitazione totale con lo stesso sguardo profondo e distaccato esercitato nella contemplazione delle forme del sacro e nella disamina del nichilismo, la sua opera non cessa di offrire spunti di straordinaria attualità.

In particolare, ci pare fruttuoso evocare, nel contesto geopolitico attuale, alcuni spunti offerti da "La pace", saggio ormai fuori catalogo in Italia, erroneamente considerato minore, che invece compendia molte delle grandi intuizioni dell'opera jüngeriana. Scritta fra le macerie di un'Europa dilaniata da uno scontro

fratricida, "La pace" è un cantiere immaginifico d'intuizioni utopiche – ma non utopiste – per una "ristrutturazione" della civiltà europea. La base di partenza per tale impresa, secondo Jünger, non è riposta negli equilibri fra potenze, bensì nella stoffa del singolo: è nell'uomo differenziato, capace di vincere il nichilismo in-formandolo e assoggettandolo alla propria disposizione interiore, che si rivela la possibilità di fondare un'Europa che sia frutto del «matrimonio dei suoi popoli», indirizzata alla «libertà superiore» mediante un «atto spirituale».
Questo progetto è possibile «soltanto se gli uomini si rafforzano dal punto di vista metafisico»: ecco perché l'impietosa critica jüngeriana ai totalitarismi "rossi" e "neri" non lascia indenne la prospettiva liberale – «nella polemica contro i nichilisti, i liberali assomigliano ai padri che si lamentano dei figli mal riusciti, senza rendersi conto che la colpa è dell'educazione sbagliata»: del nichilismo, insomma, non è esente alcuna forma politica della modernità. Lo scacco all'"ospite inquietante" dell'Europa avverrà tramite la sintonia della decisione sovrana del singolo con il manifestarsi di una «Nuova Teologia», idonea ad una risimbolizzazione organica della realtà: solo qui, negli «spiriti che vivono nella totalità della creazione», vi può essere pace. La pace imposta con il diritto, la coercizione, le minacce, è soltanto esteriore, la pace autentica è un esercizio "interno", più coraggioso di quello della guerra. Verrà conseguita, profetizza Jünger, soltanto se «sapremo affrancarci dall'odio e dalle sue scissioni. Il singolo è simile alla luce che, divampando, costringe le tenebre ad arretrare». A centoventisette anni, Jünger è più vivo di molti morti-in-vita.

2134 Stando al testo, le ideologie totalitarie che hanno segnato la storia del Novecento:

- **A** possono oggi dirsi archiviate e non hanno più alcuna influenza nella vita culturale e politica dell'Occidente
- **B** hanno una comune radice nel nichilismo, che il liberalismo condanna e supera
- **C** hanno, malgrado tutto, assicurato un periodo di pace autentica grazie alla loro contrapposizione
- **D** sono ancora presenti nella cultura e nella società dell'Occidente avendo sedimentato in esse alcuni elementi che vengono recuperati e rimescolati in forme e ideologie nuove
- **E** sono state il maggior ostacolo alla realizzazione di una vera pace

2135 Considerata la proposizione: *"Le reclute della Guardia Svizzera Pontificia devono essere necessariamente cittadini svizzeri dalla nascita, cattolici, maschi fra i 19 e 30 anni e devono aver fatto un periodo di formazione presso l'esercito svizzero"*, quale delle seguenti affermazioni è certamente FALSA in merito agli arruolamenti dello scorso giugno?

- **A** Giorgio, svizzero dalla nascita, nato nel 2000 di fede cattolica, con periodo di formazione nell'esercito svizzero, non è stato arruolato
- **B** Tommaso, svizzero dalla nascita, nato nel 1992 di fede cattolica, senza periodo di formazione nell'esercito svizzero, non è stato arruolato
- **C** Enea, svizzero dalla nascita, nato nel 1989 di fede cattolica, con periodo di formazione nell'esercito svizzero, è stato arruolato
- **D** Michele, svizzero dalla nascita, nato nel 1998 di fede cattolica, con periodo di formazione nell'esercito svizzero, è stato arruolato
- **E** Nicolò, nato a Parigi nel 1996, cittadino svizzero dal 2008, di fede cattolica, con periodo di formazione nell'esercito svizzero, non è stato arruolato

2136 La lingua ufficiale in ..., in quanto ex colonia ..., è ...

Completare la frase con le alternative corrette.

- **A** Brasile / portoghese / il portoghese
- **B** Brasile / olandese / l'olandese
- **C** Mozambico / olandese / l'olandese
- **D** Cile / portoghese / il portoghese
- **E** Cile / inglese / l'inglese

2137 Con il nome ... si definisce il solido costituito dal pianeta Terra, che ha una forma propria e pertanto unica.

Di quale solido si parla?

- **A** Ellissoide
- **B** Sfera
- **C** Geoide
- **D** Sferoide
- **E** Conoide

2138 In alcuni edifici si registrano molti furti a causa della presenza di piante sul retro dell'immobile; i ladri riescono infatti ad arrampicarsi agevolmente sugli alberi fino a raggiungere l'appartamento scelto come obiettivo. Molto spesso il problema viene risolto grazie all'installazione di telecamere a circuito chiuso opportunamente posizionate. Pertanto, per ridurre il numero di furti è necessario che in tutti gli edifici venga installato un sistema di video sorveglianza.

Quale delle seguenti risposte evidenzia il passaggio logico errato nel brano precedente?

A L'installazione di telecamere in tutti gli edifici risulterebbe estremamente costosa

B Le piante in prossimità degli edifici dovrebbero essere abbattute

C Alcuni edifici possono risultare sicuri anche senza un sistema di video sorveglianza

D È irragionevole pensare che i furti negli edifici possano essere ridotti

E Tutti gli edifici dovrebbero essere sicuri e quindi dotati di un sistema di video sorveglianza

2139 I musulmani rappresentano nel mondo il secondo gruppo religioso più numeroso e ammontano a circa 1,9 miliardi. Il loro credo, ..., è una religione ..., così come il cristianesimo e l'ebraismo. Questo significa che le radici delle tre confessioni sono profondamente intrecciate, tanto che tra loro presentano punti in comune e che i credenti riconoscono un unico vero Dio che si sarebbe rivelato ad Abramo.

Completare il testo con la coppia di termini corretta.

A il buddhismo / monoteista

B l'Islam / abramitica

C l'induismo / politeista

D lo shivaismo / intimista

E confucianesimo / animista

2140 Con quali termini inglesi viene indicata la tecnica narrativa consistente nella libera rappresentazione dei pensieri di una persona cosi come compaiono nella mente?

A Flashback

B Stream of consciousness

C Cinematic techniques

D Flashforward

E Serialism

2141 Che cosa si intende con il termine *legislatura*?

A L'insieme delle leggi [e] norme che regolano il funzionamento dello Stato

B La durata del mandato del Presidente della Repubblica Italiana

C La durata del mandato del Presidente della Consiglio

D Il periodo in cui un dato organo legislativo è in carica e svolge il proprio mandato elettorale

E L'insieme delle norme che regolano il diritto commerciale e il diritto del lavoro

Leggere la seguente filastrocca e rispondere alla relativa domanda.

Là sopra gli spalti
il principe triste
aveva di notte
incontri funesti.
Di giorno fingeva
feroce follia;
la dolce sua amata
morì tuttavia.
Infine ogni dubbio
fugò sullo zio;
vendetta decise,
morì, ma l'uccise.

2142 A quale celebre personaggio letterario allude la filastrocca?

A Orlando

B Faust

C Achille

D Amleto

E Don Chisciotte

2143 Chi è l'autore del romanzo fantasy *Il Signore degli Anelli*?

A Joanne K. Rowling
B Clive S. Lewis
C Vladimir D. Nabokov
D John R. R. Tolkien
E Isaac Asimov

2144 Quale fra le seguenti non è un'opera di Sigmund Freud?

A *L'interpretazione dei sogni*
B *Al di là del bene e del male*
C *Totem e tabù*
D *L'Io e L'es*
E *Introduzione al narcisismo*

2145 A quale termine corrisponde la seguente definizione: "Soldato che esercita volontariamente il mestiere delle armi mettendosi al soldo di chi lo arruola temporaneamente"

A Mercenario
B Sicario
C Giannizzero
D Cospiratore
E Congiurato

2146 L'art. 76 della Costituzione della Repubblica Italiana recita: «L'esercizio della funzione legislativa non può essere delegato al ...... se non con determinazione di principi e criteri direttivi e soltanto per un tempo limitato e per oggetti definiti».
Quale fra le seguenti proposte completa correttamente l'articolo?

A Presidente della Repubblica
B Consiglio superiore della Magistratura
C Il presidente del Consiglio dei ministri
D Ministro di Grazia e Giustizia
E Governo

2147 Quale fra le seguenti coppie non è formata da termini sinonimi?

A Miraggio – Fata Morgana
B Limpido – Argentino
C Scabro – Liscio
D Stretto – Canale
E Forte – Bastione

2148 Chi è ritenuto il fondatore della medicina scientifica in Grecia?

A Epicuro
B Ippocrate
C Esculapio
D Leucippo
E Pericle

2149 Se a Roma sono le 19 del 04 settembre 2020 in quale delle seguenti città è già 05 settembre 2020?

A Baku
B Bombay
C Lima
D Cape Town
E Seul

2150 Nel nostro emisfero l'estate è iniziata il 20 giugno. In quel giorno, dove il sole si trovava allo zenit?

A Tropico del cancro
B Polo sud
C Equatore
D Tropico del capricorno
E Polo nord

2151 Chi progettò e guidò la costruzione del primo reattore nucleare a fissione, che produsse la prima reazione nucleare a catena controllata?

A Julius Robert Oppenheimer
B Enrico Fermi
C Marie Curie
D Albert Einstein
E Niels Bohr

2152 Quale delle seguenti sequenze ripropone il corretto ordine cronologico degli ultimi quattro Presidenti della Repubblica Italiana?

A Mattarella – Scalfaro – Ciampi – Napolitano
B Mattarella – Ciampi – Napolitano – Scalfaro
C Mattarella – Napolitano – Scalfaro – Ciampi
D Mattarella – Napolitano – Ciampi – Scalfaro
E Mattarella – Ciampi – Scalfaro – Napolitano

2153 Quale autore, nelle opere sui robot, enunciò le sue tre leggi della robotica:

- **Prima Legge: Un robot non può recare danno a un essere umano, né può permettere che, a causa del suo mancato intervento, un essere umano riceva danno.**
- **Seconda Legge: Un robot deve obbedire agli ordini impartiti dagli esseri umani, a meno che questi ordini non contrastino con la Prima Legge.**
- **Terza Legge: Un robot deve salvaguardare la propria esistenza, a meno che questa autodifesa non contrasti con la Prima o la Seconda Legge.**

A John R. R. Tolkien
B Isaac Asimov
C Joanne K. Rowling
D Clive S. Lewis
E Vladimir D. Nabokov

2154 La sindrome respiratoria acuta grave dovuta a corona virus è stata registrata per la prima volta in Cina nel 2002. Come viene comunemente chiamata l'infezione provocata da questo corona virus?

A SARS
B HIV
C MERS
D EBOLA
E SPAGNOLA

2155 Quale grande poeta italiano fu brutalmente assassinato il 2 novembre del 1975?

A Eugenio Montale
B Umberto Saba
C Giuseppe Ungaretti
D Pier Paolo Pasolini
E Cesare Pavese

2156 Il termine *spread* nella frase «Alcune delle iniziative finanziarie italiane nell'ultimo anno miravano alla riduzione dello *spread*», indica:

A il differenziale di rendimento tra i titoli di Stato italiani e quelli tedeschi
B la differenza di andamento tra la Borsa italiana e la media delle Borse europee
C il tasso di rendimento dei BOT italiani a 6 mesi
D il calo dei titoli in Borsa in un dato periodo
E la differenza di rendimento tra investimenti obbligazionari e investimenti azionari

2157 Gaetano Salvemini ne parlò come della conquista di uno "scatolone di sabbia"; Giovanni Pascoli le consacrò il discorso celebrativo *La grande proletaria s'è mossa*; fu promossa da Giolitti, nel tentativo di guadagnare consensi per la propria politica, sull'onda dell'opinione pubblica nazionalista.
Si tratta della conquista:

A d'Etiopia
B della Libia
C dell'Algeria
D della Tunisia
E della Somalia

2158 Quale serie elenca in ordine corretto i nomi degli autori delle opere: *Il contratto sociale*; *Per la pace perpetua*; *Il principe*; *La peste*; *Fahrenheit 451*?

A J. Jacques Rousseau - Emmanuel Kant - Niccolò Machiavelli - Albert Camus - Ray Bradbury
B J. Jacques Rousseau - Albert Camus - Niccolò Machiavelli - Emmanuel Kant - Ray Bradbury
C Emmanuel Kant - Ray Bradbury - Niccolò Machiavelli - Albert Camus - J. Jacques Rousseau
D Albert Camus - Emmanuel Kant - Ray Bradbury - Niccolò Machiavelli - J. Jacques Rousseau
E Emmanuel Kant - J. Jacques Rousseau - Niccolò Machiavelli - Albert Camus - Ray Bradbury

2159 Il crollo del ponte Morandi, in cui il 14 agosto 2018 hanno perso la vita 43 persone, è avvenuto:

A in Sicilia, nei pressi di Agrigento
B a Genova
C a Roma
D a Venezia
E sull'Isola d'Elba

2160 Chi era il presidente degli USA nel 1962, anno della crisi dei missili di Cuba?

A Richard F. M. Nixon
B John F. Kennedy
C Robert Kennedy
D Lyndon B. Johnson
E Dwight D. Eisenhower

2161 L'espressione *Blitzkrieg* (guerra lampo) viene prevalentemente utilizzata per definire la tattica di rapido sfondamento usata da:

A Otto von Bismarck
B Federico II di Prussia
C Josef von Radetzky
D Adolf Hitler
E Klemens von Metternich

2162 Il provvedimento di clemenza individuale, che condona la pena principale in tutto o in parte o la commuta in altra, si chiama:

A grazia, ed è concessa dal ministro della Giustizia
B grazia, ed è adottata dal Capo dello Stato
C indulto, ed è concesso con legge votata dalle Camere
D indulto, ed è adottato dal presidente della Repubblica
E amnistia, ed è adottata con legge votata dalle Camere

2163 Quale di questi scienziati è fuori serie per l'ambito dei propri studi?

A Copernico
B Lavoisier
C Galileo
D Tolomeo
E Newton

2164 Quale dei seguenti Paesi NON è una monarchia?

A Marocco
B Finlandia
C Thailandia
D Spagna
E Giappone

2165 Lo Stato di Israele fu proclamato il:

A 14 maggio 1948
B 5 giugno 1967
C 20 gennaio 1933
D 27 gennaio 1945
E 6 ottobre 1973

2166 In quale Stato nel 1979 l'ayatollah Khomeini instaurò una Repubblica Islamica?

A Yemen
B Iraq
C Iran
D Qatar
E Kuwait

2167 Un *head hunter* è un professionista che viene incaricato da un vertice aziendale di individuare:

A chi sta violando il sistema informatico interno
B il personale in esubero
C chi distrae fondi aziendali
D chi fa *inside trading* in Borsa
E un buon candidato per un posto di rilievo

2168 In quale Stato *Intifada* è divenuto il termine che caratterizza una forma di rivolta popolare organizzata?

A Sudan
B Ciad
C Palestina
D Armenia
E Afghanistan

2169 La pensione, forma di remunerazione post lavorativa delle società contemporanee, NON presenta una delle seguenti tipologie: quale?

A Pensione di invalidità
B Pensione di reversibilità
C Pensione di anzianità
D Pensione sociale
E Pensione di validità

2170 In quanto può essere modificata, ma non da una legge ordinaria, la Costituzione Italiana rientra nel novero delle costituzioni definite:

A rigide
B flessibili
C materiali
D ottriate
E formali

2171 Il termine "mercantilismo", coniato alla fine del XVI secolo, viene messo in relazione:

A a tutte quelle pratiche di politica economica volte al nazionalismo protezionistico
B a tutte quelle pratiche di politica economica volte a favorire le importazioni
C a tutte quelle pratiche di politica economica volte a favorire gli scambi attraverso l'eliminazione dei dazi
D a tutte quelle misure volte a favorire la libera circolazione dei lavoratori
E a quelle società la cui economia è basata prevalentemente sul commercio

2172 La Grande Depressione ebbe inizio nel 1929 con:

A l'assunzione del dollaro come moneta unica degli scambi internazionali
B l'inizio della riforma del sistema della banche federali statunitensi e l'istituzione della Federal Reserve
C il crollo della borsa di Wall Street
D l'istituzione del gold standard
E l'istituzione del GATT

2173 All'epoca della sua pubblicazione nel 1936, il libro la "Teoria generale dell'occupazione, dell'interesse e della moneta" di Keynes contestava la teoria economica dominante, che era detta:

A monetarista
B comunista
C marginalista
D *laissez-faire*
E neoclassica

2174 Nella "Repubblica" di Platone la responsabilità di governo è attribuita:

A ai sacerdoti
B a un re
C a un'assemblea popolare
D ai filosofi
E all'oligarchia del censo

2175 Il "fordismo" indica un periodo storico in cui furono introdotti processi produttivi che facevano largo uso:

A della catena di montaggio
B di una limitata divisione del lavoro
C di nuove tecnologie
D di un'ampia specializzazione del lavoro
E di nuovi strumenti della produzione

2176 Il protezionismo consiste:

A nel limitare in parte o totalmente le importazioni dall'estero
B nell'adottare politiche pubbliche che aiutino a prevenire il diffondersi di gravi malattie nella popolazione
C nel vietare il commercio di un dato bene che si ritiene dannoso per la salute pubblica (ad esempio sostanze alcoliche)
D nell'istituire, nei regimi dittatoriali, corpi speciali di polizia allo scopo di proteggere le principali cariche politiche
E nel limitare, in parte o totalmente, sia le importazioni sia le esportazioni da e per l'estero

2177 Attualmente il termine "bioetica" indica:

A la disciplina che si propone di coniugare ricerca scientifica e valori umani
B la proposta di legge sulla sperimentazione avanzata dal movimento animalista europeo
C il codice deontologico delle professioni sanitarie
D il nuovo corso di laurea istituito dalla recente riforma universitaria

2178 Secondo l'art. 139 della Costituzione italiana, la forma repubblicana:

- A può essere oggetto di revisione costituzionale
- B non può essere oggetto di revisione costituzionale
- C può essere oggetto di revisione costituzionale solamente per decisione delle Camere riunite in seduta comune
- D può essere oggetto di revisione costituzionale tramite referendum popolare
- E non può essere oggetto di revisione costituzionale per 50 anni, a decorrere dalla data di entrata in vigore della Costituzione

2179 Indicare la giusta successione cronologica dei seguenti avvenimenti:

- A marcia su Roma, "Leggi speciali", elezioni politiche del 1924, assassinio Matteotti
- B marcia su Roma, elezioni politiche del 1924, assassinio Matteotti, "Leggi speciali"
- C elezioni politiche del 1924, "Leggi speciali", marcia su Roma, assassinio Matteotti
- D marcia su Roma, elezioni politiche del 1924, "Leggi speciali", assassinio Matteotti
- E "Leggi speciali", marcia su Roma, elezioni politiche del 1924, assassinio Matteotti

2180 In quale anno è stato firmato a Roma il trattato istitutivo della Comunità Economica Europea (CEE)?

- A 1964
- B 1956
- C 1969
- D 1957
- E 1933

2181 Il termine "demanio pubblico" indica:

- A il complesso di beni di proprietà pubblica
- B ciò che è di pubblico dominio
- C il patrimonio affidato alla tutela delle forze armate
- D il catasto
- E il Tesoro

2182 In quale dei seguenti Paesi c'è stata la Rivoluzione dei Garofani?

- A Cecoslovacchia
- B Portogallo
- C Polonia
- D Spagna
- E Grecia

2183 Indica quale tra i seguenti corrisponde al logo dell'Organizzazione delle Nazioni Unite.

Logo 1

Logo 3

Logo 2

Logo 4

Logo 5

- A Logo 5
- B Logo 2
- C Logo 4
- D Logo 1
- E Logo 3

2184 A norma dei Trattati comunitari, l'Unione Europea è aperta a tutti gli Stati:

- A che ne facciano richiesta
- B europei
- C che rispettano i "parametri di Maastricht" e ripudiano la guerra
- D europei che rispettano i suoi valori e si impegnano a promuoverli congiuntamente
- E che siano invitati a entrarvi da parte di almeno due Stati membri

2185 Completa il seguente testo con la serie di termini o espressioni corrette:

Lo Stato è un ... indipendente e originario, relativo a una comunità di persone e a un ...; è un ente autorganizzato, che esercita un'autorità superiore a qualunque ... al suo interno. Come tale si assume il compito e il potere di risolvere i conflitti tra i propri membri, di garantire a ciascuno protezione e garanzia e di guidare la cooperazione per raggiungere determinati scopi di utilità comune. Lo Stato si caratterizza per la presenza di tre elementi fondamentali e imprescindibili: il ..., il territorio, la sovranità.

A soggetto, territorio, popolo, confine
B territorio, ordinamento, Stato, popolo
C territorio, confine, Stato, popolo
D ordinamento, territorio, autorità, confine
E ordinamento, territorio, soggetto, popolo

2186 Il decreto legislativo è un atto adottato, su delega del Parlamento, dal:

A Consiglio Superiore della Magistratura
B Presidente della Repubblica
C Consiglio di Stato
D Governo
E Consiglio Nazionale dell'Economia e del Lavoro

2187 "John Maynard Keynes era, da tutti i punti di vista, un beniamino della fortuna. Come Schumpeter osservò, confluivano in lui due correnti che contribuiscono a modellare un dotto aristocratico e una mente ben educata".

Chi era John Maynard Keynes?

A Un economista
B Un magnate dell'acciaio
C Un cardiochirurgo
D Un noto playboy
E Un finanziere

2188 Il riconoscimento britannico dell'indipendenza degli Stati Uniti d'America avvenne nel:

A 1776
B 1783
C 1781
D 1774
E 1789

2189 Con "fordismo" si intende:

A una teoria politica elaborata dal presidente degli USA Gerald Ford
B una corrente cinematografica americana
C un sistema di produzione industriale
D una corrente religiosa
E una teoria economica tipica della fase più aggressiva dell'Ottocento

2190 Il termine "totalitarismo" allude:

A ad un sistema politico dispotico, teso a controllare ogni aspetto di una società di massa
B al progetto di imporre ad un intero popolo una medesima fede religiosa
C all'intenzione di unificare, in una compagine salda e unitaria, un'etnia divisa e sparsa
D al tentativo di uno Stato di espandersi fino a comprendere la totalità di una data area geografica
E alla volontà di imporre a tutti i cittadini di uno Stato l'uso di una medesima lingua

2191 La prima tratta ferroviaria fu realizzata:

A in Inghilterra
B in Italia
C in Argentina
D in India
E in Baviera

2192 La definizione del XX secolo come "secolo breve" è di:

A Ernesto Galli della Loggia
B Giovanni Sabbatucci
C Max Weber
D Eric J. Hobsbawn
E Michel Foucault

2193 La "Repubblica di Salò" è:

- A stata fondata, nel 1943, con un governo presieduto da Benito Mussolini
- B lo Stato fascista istituito dopo la Marcia su Roma del 1922
- C il nome dell'Impero fascista
- D il nome dello Stato italiano durante l'intera seconda guerra mondiale
- E il nome di una delle Repubbliche partigiane

2194 Completa il testo seguente con la corretta serie di termini o espressioni

La **[1]** rappresenta il mercato regolamentato in cui venditori e acquirenti **[2]** titoli, derivati, materie prime, valute e altri strumenti **[3].** Essa garantisce, dunque, la **[4]** degli strumenti finanziari, grazie alla trasparenza nelle modalità di **[5]** dei prezzi, e la liquidità del mercato, attraverso la presenza di operatori disposti a concludere in ogni momento transazioni di compravendita sui singoli strumenti finanziari.

- A **[1]**: banca; **[2]**: negoziano; **[3]**: monetari; **[4]**: borsa valori; **[5]**: negoziabilità
- B **[1]**: borsa valori; **[2]**: formano; **[3]**: finanziari; **[4]**: formazione; **[5]**: negoziabilità
- C **[1]**: borsa valori; **[2]**: negoziano; **[3]**: finanziari; **[4]**: negoziabilità; **[5]**: formazione
- D **[1]**: negoziabilità; **[2]**: formano; **[3]**: finanziari; **[4]**: borsa valori; **[5]**: formazione
- E **[1]**: banca; **[2]**: formano; **[3]**: monetari; **[4]**: negoziabilità; **[5]**: formazione

2195 Cosa si intende con il termine "perestrojka"?

- A Un cibo tipico della Russia meridionale
- B Una famosa battaglia della "Rivoluzione d'ottobre"
- C Un processo di rinnovamento politico-economico che ha caratterizzato la politica di Michail Gorbačëv
- D Uno strumento musicale uzbeko con 7 corde
- E La nuova organizzazione politica dell'Europa orientale decisa dal Congresso di Vienna

2196 Quale tra le seguenti è la corretta descrizione dell'immagine proposta?

- A Manifesto di propaganda per il referendum sull'adesione dell'Italia al Piano Marshall (1948)
- B Manifesto di propaganda elettorale della Democrazia Cristiana (1963)
- C Volantino di propaganda statunitense lanciato sulle città italiane (1939)
- D Manifesto di propaganda a favore del Piano Marshall (1948-1950)
- E Volantino di propaganda della politica autarchica del regime fascista (1934-1935)

2197 Aldo Moro fu ucciso nel:

- A 1970
- B 1981
- C 1983
- D 1978
- E 1968

2198 Il premio Campiello è un riconoscimento assegnato a:

- A studi statistici
- B un elaborato scientifico
- C una gara ciclistica
- D un'opera letteraria
- E un'opera cinematografica

 © Alpha Test

2199 Le curve rappresentate nella cartografia ufficiale, come nell'immagine, sono denominate:

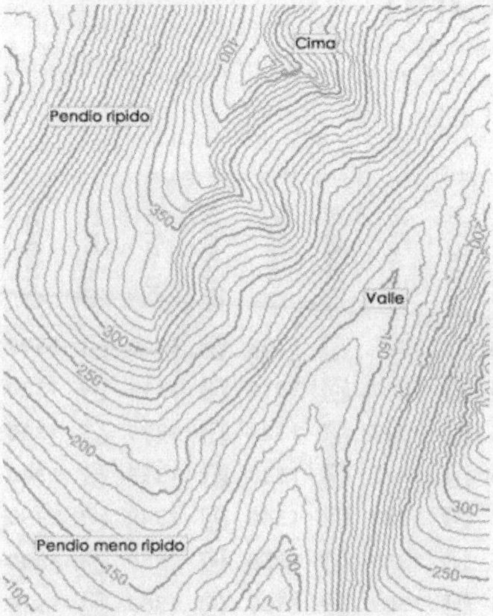

A isobare

B isoipse

C isogone

D isocrone

E isoglosse

2200 Cos'è il luddismo?

A Un movimento clandestino antizarista che sfociò nei moti del 1825 a Pietroburgo

B Un movimento di protesta operaia inglese che prese il nome da un operaio che distrusse un telaio meccanico nel 1779

C Una religione orientale fondata sul culto del Male, contrapposta al Buddhismo, fondato sul culto del Bene

D Un movimento religioso integralista che, all'inizio del XVI secolo, sosteneva che il papato istituito a Roma fosse opera del Diavolo

E Un movimento politico antagonista al sistema sovietico, represso nel sangue da Stalin nel 1938

SOLUZIONI

Quesito	Risposta	Quesito	Risposta	Quesito	Risposta	Quesito	Risposta	Quesito	Risposta	Quesito	Risposta	Quesito	Risposta	Quesito	Risposta	Quesito	Risposta	Quesito	Risposta
1301	A	1302	C	1303	C	1304	C	1305	C	1306	B	1307	D	1308	A	1309	B	1310	B
1311	E	1312	A	1313	B	1314	B	1315	A	1316	A	1317	E	1318	C	1319	C	1320	B
1321	A	1322	A	1323	C	1324	C	1325	D	1326	E	1327	D	1328	A	1329	A	1330	B
1331	E	1332	D	1333	A	1334	E	1335	B	1336	E	1337	C	1338	A	1339	A	1340	A
1341	D	1342	B	1343	A	1344	E	1345	A	1346	C	1347	B	1348	C	1349	D	1350	D
1351	C	1352	A	1353	A	1354	D	1355	B	1356	C	1357	D	1358	D	1359	A	1360	C
1361	E	1362	A	1363	C	1364	D	1365	E	1366	B	1367	B	1368	C	1369	D	1370	E
1371	B	1372	A	1373	B	1374	C	1375	E	1376	D	1377	B	1378	A	1379	D	1380	A
1381	A	1382	D	1383	A	1384	A	1385	D	1386	D	1387	A	1388	A	1389	D	1390	C
1391	A	1392	E	1393	C	1394	B	1395	C	1396	B	1397	E	1398	A	1399	D	1400	C
1401	B	1402	B	1403	C	1404	C	1405	A	1406	A	1407	A	1408	C	1409	A	1410	D
1411	B	1412	A	1413	A	1414	B	1415	E	1416	B	1417	C	1418	C	1419	B	1420	A
1421	B	1422	A	1423	E	1424	B	1425	A	1426	E	1427	C	1428	B	1429	C	1430	A
1431	B	1432	C	1433	D	1434	B	1435	E	1436	E	1437	A	1438	C	1439	D	1440	C
1441	B	1442	D	1443	A	1444	D	1445	C	1446	C	1447	C	1448	E	1449	E	1450	C
1451	C	1452	A	1453	D	1454	E	1455	B	1456	A	1457	B	1458	D	1459	B	1460	D
1461	D	1462	B	1463	C	1464	A	1465	D	1466	E	1467	E	1468	D	1469	E	1470	C
1471	E	1472	A	1473	A	1474	B	1475	E	1476	B	1477	E	1478	C	1479	B	1480	C
1481	A	1482	E	1483	C	1484	B	1485	A	1486	A	1487	B	1488	A	1489	C	1490	C
1491	C	1492	D	1493	C	1494	A	1495	C	1496	C	1497	E	1498	E	1499	C	1500	C
1501	B	1502	D	1503	D	1504	D	1505	A	1506	C	1507	D	1508	D	1509	B	1510	B
1511	D	1512	E	1513	C	1514	C	1515	D	1516	A	1517	A	1518	D	1519	D	1520	C
1521	D	1522	C	1523	A	1524	C	1525	E	1526	D	1527	C	1528	D	1529	E	1530	A
1531	E	1532	E	1533	C	1534	B	1535	C	1536	B	1537	B	1538	A	1539	B	1540	B
1541	B	1542	A	1543	B	1544	B	1545	D	1546	B	1547	A	1548	B	1549	D	1550	C
1551	D	1552	B	1553	A	1554	A	1555	A	1556	A	1557	D	1558	D	1559	C	1560	B
1561	A	1562	D	1563	B	1564	A	1565	E	1566	C	1567	D	1568	B	1569	C	1570	A
1571	E	1572	E	1573	A	1574	B	1575	B	1576	A	1577	D	1578	B	1579	D	1580	A
1581	B	1582	D	1583	E	1584	D	1585	D	1586	E	1587	C	1588	D	1589	C	1590	A
1591	C	1592	A	1593	C	1594	D	1595	C	1596	C	1597	E	1598	C	1599	B	1600	C
1601	C	1602	A	1603	A	1604	A	1605	A	1606	E	1607	D	1608	C	1609	B	1610	D

© Alpha Test

Quesito	Risposta	Quesito	Risposta	Quesito	Risposta	Quesito	Risposta	Quesito	Risposta	Quesito	Risposta	Quesito	Risposta	Quesito	Risposta	Quesito	Risposta	Quesito	Risposta
1611	B	1612	C	1613	C	1614	C	1615	D	1616	C	1617	A	1618	D	1619	C	1620	B
1621	E	1622	A	1623	D	1624	C	1625	B	1626	B	1627	D	1628	D	1629	A	1630	D
1631	B	1632	C	1633	C	1634	A	1635	E	1636	D	1637	E	1638	B	1639	B	1640	C
1641	B	1642	D	1643	D	1644	C	1645	A	1646	B	1647	A	1648	A	1649	B	1650	A
1651	C	1652	D	1653	A	1654	E	1655	D	1656	E	1657	C	1658	A	1659	C	1660	B
1661	B	1662	C	1663	D	1664	D	1665	B	1666	C	1667	D	1668	A	1669	D	1670	C
1671	D	1672	A	1673	B	1674	E	1675	A	1676	B	1677	B	1678	E	1679	D	1680	B
1681	A	1682	C	1683	A	1684	D	1685	A	1686	C	1687	E	1688	D	1689	A	1690	C
1691	A	1692	E	1693	C	1694	C	1695	B	1696	B	1697	D	1698	C	1699	A	1700	E
1701	C	1702	A	1703	D	1704	B	1705	C	1706	E	1707	B	1708	D	1709	D	1710	D
1711	A	1712	B	1713	A	1714	C	1715	A	1716	C	1717	E	1718	D	1719	C	1720	D
1721	C	1722	A	1723	C	1724	E	1725	A	1726	A	1727	A	1728	A	1729	C	1730	B
1731	D	1732	B	1733	D	1734	A	1735	C	1736	A	1737	B	1738	A	1739	E	1740	E
1741	B	1742	B	1743	B	1744	D	1745	D	1746	A	1747	C	1748	E	1749	A	1750	C
1751	D	1752	D	1753	D	1754	A	1755	C	1756	D	1757	D	1758	C	1759	E	1760	D
1761	B	1762	B	1763	A	1764	D	1765	B	1766	A	1767	D	1768	A	1769	C	1770	A
1771	A	1772	D	1773	B	1774	C	1775	C	1776	D	1777	B	1778	B	1779	B	1780	D
1781	A	1782	B	1783	A	1784	C	1785	D	1786	D	1787	A	1788	E	1789	A	1790	A
1791	A	1792	A	1793	E	1794	B	1795	D	1796	B	1797	E	1798	A	1799	C	1800	B
1801	B	1802	D	1803	E	1804	A	1805	A	1806	D	1807	E	1808	B	1809	C	1810	E
1811	D	1812	E	1813	A	1814	E	1815	C	1816	C	1817	B	1818	A	1819	D	1820	C
1821	A	1822	E	1823	C	1824	D	1825	D	1826	D	1827	D	1828	C	1829	D	1830	A
1831	E	1832	B	1833	D	1834	A	1835	D	1836	B	1837	E	1838	E	1839	A	1840	A
1841	D	1842	A	1843	B	1844	D	1845	E	1846	C	1847	E	1848	B	1849	E	1850	D
1851	C	1852	C	1853	E	1854	C	1855	C	1856	B	1857	C	1858	D	1859	B	1860	A
1861	D	1862	E	1863	D	1864	C	1865	D	1866	B	1867	A	1868	C	1869	B	1870	B
1871	E	1872	C	1873	C	1874	D	1875	A	1876	A	1877	B	1878	A	1879	C	1880	B
1881	A	1882	A	1883	D	1884	E	1885	E	1886	C	1887	B	1888	B	1889	D	1890	E
1891	A	1892	A	1893	E	1894	E	1895	B	1896	B	1897	B	1898	C	1899	B	1900	C
1901	E	1902	B	1903	A	1904	A	1905	B	1906	A	1907	E	1908	B	1909	E	1910	A
1911	C	1912	A	1913	B	1914	A	1915	D	1916	A	1917	E	1918	A	1919	D	1920	C
1921	C	1922	B	1923	B	1924	E	1925	A	1926	C	1927	A	1928	C	1929	A	1930	B
1931	C	1932	C	1933	B	1934	E	1935	A	1936	C	1937	D	1938	D	1939	E	1940	B
1941	B	1942	A	1943	C	1944	A	1945	D	1946	D	1947	C	1948	C	1949	C	1950	C
1951	B	1952	C	1953	C	1954	C	1955	A	1956	B	1957	E	1958	B	1959	A	1960	A
1961	D	1962	C	1963	B	1964	B	1965	A	1966	D	1967	C	1968	B	1969	A	1970	E
1971	C	1972	C	1973	D	1974	A	1975	E	1976	B	1977	A	1978	E	1979	C	1980	A
1981	C	1982	A	1983	C	1984	A	1985	D	1986	A	1987	C	1988	C	1989	C	1990	D

Quesito	Risposta	Quesito	Risposta	Quesito	Risposta	Quesito	Risposta	Quesito	Risposta	Quesito	Risposta	Quesito	Risposta	Quesito	Risposta	Quesito	Risposta	Quesito	Risposta
1991	C	1992	A	1993	E	1994	E	1995	A	1996	A	1997	C	1998	C	1999	C	2000	A
2001	D	2002	D	2003	E	2004	A	2005	E	2006	B	2007	B	2008	E	2009	B	2010	C
2011	C	2012	E	2013	B	2014	D	2015	B	2016	C	2017	A	2018	C	2019	E	2020	A
2021	C	2022	C	2023	E	2024	B	2025	D	2026	D	2027	D	2028	D	2029	A	2030	B
2031	A	2032	B	2033	D	2034	B	2035	B	2036	B	2037	C	2038	C	2039	D	2040	C
2041	A	2042	C	2043	A	2044	A	2045	B	2046	D	2047	E	2048	C	2049	E	2050	E
2051	D	2052	E	2053	E	2054	D	2055	D	2056	C	2057	A	2058	D	2059	E	2060	E
2061	E	2062	D	2063	A	2064	C	2065	B	2066	C	2067	E	2068	D	2069	B	2070	A
2071	E	2072	E	2073	B	2074	D	2075	D	2076	A	2077	C	2078	C	2079	B	2080	B
2081	A	2082	E	2083	E	2084	E	2085	A	2086	D	2087	B	2088	E	2089	C	2090	A
2091	A	2092	C	2093	B	2094	B	2095	D	2096	C	2097	C	2098	C	2099	D	2100	C
2101	C	2102	B	2103	D	2104	E	2105	D	2106	C	2107	D	2108	A	2109	B	2110	B
2111	A	2112	C	2113	B	2114	D	2115	D	2116	D	2117	E	2118	D	2119	B	2120	D
2121	C	2122	A	2123	E	2124	B	2125	B	2126	D	2127	C	2128	B	2129	D	2130	B
2131	E	2132	D	2133	D	2134	D	2135	C	2136	A	2137	C	2138	C	2139	B	2140	B
2141	D	2142	D	2143	D	2144	B	2145	A	2146	E	2147	C	2148	B	2149	E	2150	A
2151	B	2152	D	2153	B	2154	A	2155	D	2156	A	2157	B	2158	A	2159	B	2160	B
2161	D	2162	B	2163	B	2164	B	2165	A	2166	C	2167	E	2168	C	2169	E	2170	A
2171	A	2172	C	2173	A	2174	D	2175	A	2176	A	2177	A	2178	B	2179	B	2180	D
2181	A	2182	B	2183	B	2184	D	2185	E	2186	D	2187	A	2188	B	2189	C	2190	A
2191	A	2192	D	2193	A	2194	C	2195	C	2196	D	2197	D	2198	D	2199	B	2200	B

parte quinta

INGLESE

In alcuni atenei i test di ammissione di Economia e Giurisprudenza comprendono quesiti in lingua inglese. Generalmente la difficoltà media non è elevata e le domande possono testare l'ampiezza del lessico, la conoscenza delle fondamentali regole grammaticali, la comprensione di brani in lingua o, più raramente, le capacità di tipo logico-attitudinale. Nel test **TOLC-E** e **Test CISIA SPS** questa parte può non essere presente. Anche quando lo è non è "selettiva", ma serve per definire il livello di conoscenza della lingua e quindi il corso da seguire durante il periodo di studi.

Quesiti

Fill in the blanks with the right word(s).

2201 Some millions of _____ visit Europe every year.
- A foregners
- B foreigners
- C foreingers
- D forengers

2202 Tulips and roses are beautiful _____.
- A plant
- B flower
- C flowers
- D trees
- E grass

2203 Easter is always on _____.
- A Sunday
- B Monday
- C Tuesday
- D Wednesday
- E Friday

2204 Antoine is _____, Hans is _____. They are _____.
- A French, German, European
- B French, German, europeans
- C french, german, Europeans
- D France, Germany, europeans

2205 The _____ is due to arrive on 31st March.
- A consingement
- B consignement
- C consignment
- D consingement

2206 The ground _____ the building was subject to landslides and it crashed down after the earthquake.
- A beneath
- B benith
- C beneeth
- D benith

2207 What's _____ with you now?
- A right
- B on
- C good
- D left
- E wrong

Find the synonym of the word given.

2208 Aware
- A Conscious
- B Fashionable
- C Distant
- D Ready

2209 Prime Minister (in the UK)
- A Head of Government
- B Head of the House of Lords
- C Head of State
- D Leader of any political party

2210 Department store
- A A section in a business
- B A section in a large shop
- C A large shop divided into sections
- D The police station
- E A section in a hospital

2211 Currently
- A At present
- B Recently
- C As a matter of fact
- D Instead
- E In the past

2212 Dependent
- A Someone who works in a company
- B Something that depends on something
- C Someone who employs people
- D Someone who depends financially on someone else
- E Someone who needs a nurse

2213 To give the nod
- (A) To hit someone violently
- (B) To give permission for something to be done
- (C) To prevent someone from doing something
- (D) To forbid something
- (E) To state one's opinion

Find the word that is not a synonym of the word given.

2214 To state
- (A) To claim
- (B) To affirm
- (C) To assert
- (D) To establish
- (E) To say

2215 Firm
- (A) Concern
- (B) Company
- (C) Organization
- (D) Business
- (E) Industry

2216 To shine
- (A) To dazzle
- (B) To twinkle
- (C) To sparkle
- (D) To light
- (E) To bright

Find the synonym of the word given.

2217 Illusion
- (A) Delusion
- (B) Disappointment
- (C) Disillusion
- (D) Dream
- (E) Impression

2218 Reappraisal
- (A) Re-examination
- (B) Reprimand
- (C) Reproach
- (D) Reprisal
- (E) Rejection

2219 Seedy
- (A) Runny
- (B) Swollen
- (C) Tired
- (D) Queasy
- (E) Dizzy

Find the opposite of the word given.

2220 To rise
- (A) To arise
- (B) To increase
- (C) To depend
- (D) To fall
- (E) To reduce

2221 To yield
- (A) To give up
- (B) To give in
- (C) To resist
- (D) To surrender
- (E) To hold

2222 Convict
- (A) Accused
- (B) Invited
- (C) Sentenced
- (D) Tried
- (E) Acquitted

Find the word that completes the proportion.

2223 Open-minded : x = patient : intolerant
- (A) prejudiced
- (B) wrong
- (C) unfair
- (D) religious
- (E) influenced

2224 3 : 6 = x : even
- (A) half
- (B) prime
- (C) odd
- (D) perfect
- (E) low

Fill in the blanks with the right word(s).

2225 A tabloid is a kind of _____.

- A newspaper
- B wallpaper
- C news
- D biography

2226 People usually cook in the _____.

- A bathroom
- B bedroom
- C living-room
- D kitchen

2227 "Leave me _____!"

- A lonely
- B alone
- C by myself
- D myself

2228 "I like neither numbers nor _____."

- A mathematics
- B mathematic
- C mate
- D mates
- E scientifics

2229 We are sure that you won't miss this _____.

- A possibility
- B opportunity
- C helpful
- D occasions
- E situation

2230 In August I'll be on _____.

- A vacations
- B out
- C holiday
- D holidays

2231 At the airport, the first thing that passengers are to do is the _____.

- A check-up
- B check-out
- C check-in
- D check-into

2232 "What a bad day today!" "It is _____".

- A indeed
- B sure
- C no doubt
- D so

2233 As soon as I poured this powder in the water it _____ green.

- A went
- B got
- C turned into
- D came

2234 If you heat a metal bar it _____.

- A shortens
- B expands
- C curls
- D meets
- E spirals

2235 A bus is a _____ of transport.

- A means
- B half
- C mean
- D way
- E view

2236 Too many people in the world suffer from _____.

- A hunger
- B starvation
- C hungry
- D ill
- E food

2237 You're right. I _____ about needing a better quality of life.

- A take your point
- B accept
- C understand
- D come to the point

2238 You'd better not talk to her. She's _____.

- A purple with rage
- B blue with thirst
- C black with anger
- D white with envy

2239 The Government will adopt measures to _____ inflation _____ rising and _____ consumption.

A prevent, from, encourage
B avoid, to, arise
C avoid, from, spoil
D prevent, /, ruin
E let, not, help

2240 On such a rainy day I feel terribly _____.

A low-spirited
B mood
C downstairs
D under
E below

Find the right meaning of the word or expression.

2241 To look out (for)

A To examine something to have an idea of what it is like
B To watch through the window what happens outside
C To examine every single thing in a group of things to choose the one that you want
D To try to avoid a danger or a problem that you're aware of

2242 Factory

A Industry
B A building where goods are produced
C Any firm
D A place where you rear chickens, sheeps etc.

2243 Outbreak

A A couple's split
B A gap between two or more things
C A sudden occurrence of something such as a war or disease
D A sudden and violent explosion caused by bombs
E To do something that disobeys a law, a rule, a promise

2244 Write-off

A A vehicle that after an accident is so badly damaged that it isn't worth repairing
B To record a loss
C Not to pay further attention to anyone that you decide that they are unimportant
D To send a letter to an organization to enquire about their production

2245 Headway

A A wind that progresses the opposite direction to the one in which you're moving
B The result of progressing towards achieving something
C A word followed by a phrase which explains the word's meaning
D The title of a newspaper
E The place where an organization is or works

2246 To apprehend

A To understand
B To be sympathetic to someone
C To catch
D To learn
E To teach

2247 To realize

A To make an idea, a hope, an ambition happen in reality
B To become aware of a fact
C To discover new information about a fact
D To produce something
E To fetch something

Find the wrong meaning of the word.

2248 To work out

A To find a solution to a problem
B To cause a feeling to become more intense
C To think about something and manage to understand it
D To happen or progress in a particular way
E To reach a conclusion, an end (a process)

Find the opposite of the word.

2249 Awkward
A Clumsy
B Graceful
C Difficult
D Uncomfortable
E Embarrassed

2250 Conversely
A Really
B However
C Actually
D Quite the reverse
E Rightly

Find the synonym of the word.

2251 Hereabouts
A Here
B About
C Surroundings
D Far
E Outskirts

2252 Consistent
A Important
B Remarkable
C Big
D Coherent
E Firm

Fill in the blanks with the right word(s).

2253 That big stadium can contain up to _____ people.
A 60.000
B 60,000
C 60;000
D 60:000

2254 I was _____ Biology when you came to see me.
A studying
B studyng
C studing
D studiyng

2255 My brother had health problems _____ the journey.
A through
B through out
C out
D throughout

2256 That woman is so _____.
A mischievous
B mischievious
C mischevious
D mischevous

2257 It is dangerous to _____ in that point of the lake.
A bathe
B bath
C bhat
D baht

2258 What an _____ weather today!
A howful
B awfull
C awhful
D awful

2259 Which of the following words can be correctly spelled in both ways?
A Enquire, Inquire
B Going to, Gonnat
C Realize, Rialize
D Increase, Encrease

Fill in the blanks with the right word(s).

2260 The baby was _____ asleep when his parents came home.
A sound
B wide
C hard
D stable

2261 My sister is so tired. She has to work _____.
A time out
B overtime
C long time
D over and over

QUESITI

2262 Jenny was forced to leave the house because her rent was two months ____.

A over
B out of time
C out of date
D time out

2263 After the rebuke the children wept great ____.

A drops
B teardrops
C tear's drop
D rains

2264 Trade is presently _____ because of the crisis.

A still
B at a standstill
C at
D at a stake

2265 You need a _____ to screw in a screw.

A drill
B hammer
C saw
D plug

Find the right synonym of the following word(s).

2266 To deserve

A To preserve
B To merit
C To admit
D To acquit

2267 To go sightseeing

A To see natural landscapes
B To go by the sea
C To have a rest
D To see the sights

Fill in the blanks with the right word(s).

2268 Please, phone the campsite and ask if they have a _____ free.

A park
B pitch
C restroom
D playground

2269 You cannot find a better offer. _____!

A Think it over
B Get it through
C Find it out
D Let it up

2270 "Are you enjoying your reading?" "No. The lights are so low that I can't _____ a single word of this book".

A make for
B make up
C make over
D make out

2271 I don't like well-done steaks but _____ steaks.

A rare
B cut
C washed
D roast

2272 A tsunami _____ an earthquake under the sea.

A is owned to
B is given to
C is due to
D is given by

2273 This book gives you some _____ for studying and learning in a short time.

A tips
B advices
C advise
D council

2274 Over the XX century _____ has sensibly increased.

A life expectancy
B life long
C life lenght
D life expectation

2275 Plenty of _____ shows that the Earth's climate is changing.

A proof
B index
C clue
D evidence

INGLESE

2276 **_____ a recent survey, people are spending more on holiday.**
A According to
B Owing to
C Since
D As

2277 **English is the second _____ language in the world, after Chinese.**
A more-spoken
B most-spoken
C highly-spoken
D well-spoken

2278 **That firm has recently _____ new employees.**
A taken after
B taken in
C taken over
D taken on

2279 **The new edition of the Oxford Dictionary is _____ around 2020.**
A due out
B owed
C coming
D going out

2280 **The special holes in the mask _____ oxygen to pass in.**
A roam
B enable
C prevent
D shelter

2281 **When you come to town you will be _____ at Majestic Hotel.**
A housed
B sent
C offered
D accommodated

2282 **He couldn't help losing the tennis match. His _____ movements made everyone laugh!**
A awkward
B great
C toady
D disquiet

2283 **Her _____ eyes made me understand her pray.**
A thin
B cheap
C beseeching
D colourful

2284 **Eat a piece of this cake and taste how _____ it is!**
A lazy
B funny
C delicious
D bright

2285 **Before serving the cake, _____ some cacao powder over it.**
A sparkle
B sprinkle
C shed
D drop

2286 **He pressed the accelerator and the wheels _____ rapidly.**
A spinned
B turned
C broke
D speeded up

2287 **What a beautiful _____ flowers!**
A round of
B slice of
C bunch of
D burst of

2288 **After a long _____ the accused was finally found guilty of the murder.**
A judgement
B process
C trial
D assessment

2289 **If you want to talk to one of the operators please _____ 8.**
A make
B pull
C push
D dial

2290 **"What about a pint?" "No, thanks. I'm not ______".**
- A angry
- B full
- C hungry
- D thirsty

Find the right synonym of the word.

2291 **Issued**
- A Written
- B Published
- C Revised
- D Checked out

2292 **Plane**
- A Flight
- B Aircraft
- C Fly
- D Cockpit

2293 **Cab**
- A Taxi
- B Tube
- C Train
- D Car

2294 **Almighty**
- A Powerful
- B Sweet
- C Highly possible
- D Weak

2295 **Chairman**
- A Secretary
- B Publisher
- C President
- D Judge

2296 **Alas**
- A Since
- B Unfortunately
- C Like
- D Unhappy

2297 **To clutch**
- A To grip
- B To gather
- C To jump
- D To despise

2298 **Cosy**
- A Alike
- B Worth
- C Icy
- D Comfortable

2299 **To squander**
- A To pour
- B To waste
- C To buy
- D To spy

2300 **To spur**
- A To spit
- B To clean
- C To throw out
- D To encourage

Find the word that completes the proportion.

2301 **White : black = x : South**
- A Nord
- B North
- C Nort
- D Northern
- E West

2302 **Tall : short = fat : x**
- A slimmer
- B overweight
- C thin
- D poor
- E scarce

2303 **Manufacture : supply = x : demand**
- A food
- B enquiry
- C goods
- D needs
- E gap

2304 **Saw : tool = waistcoat : x**
- A clothes
- B garment
- C rubbish
- D insect
- E fish

Fill in the blanks with the right word(s).

2305 Do you think you _____ join me in London next weekend?
- A could
- B do
- C used to
- D did

2306 If you don't need my help I'll offer it to someone _____.
- A another
- B other
- C else
- D more

2307 Don't worry, he'll get there _____.
- A on time
- B at time
- C some time
- D by time

2308 Is this _____ suitcase, Mrs Jackson? No, _____ is white.
- A your, mine
- B your, my
- C her, mine
- D his, its

2309 Look at _____ boys there!
- A that
- B these
- C those
- D this

2310 I would like to buy _____ big house.
- A those
- B anyone
- C mine
- D a
- E an

2311 He is _____ cousin, Peter.
- A mine
- B you
- C an
- D my

2312 This book _____ interesting at all: it's so boring!
- A is
- B is not
- C has
- D not

2313 _____ I have some water, please?
- A Must
- B Would
- C Cannot
- D Am
- E May

2314 My parents _____ pets.
- A like
- B likes
- C doesn't like
- D don't

2315 Mark is a good student as he _____ a lot.
- A doesn't study
- B study
- C studies
- D didn't study

2316 Jack has _____ talent to become a good actor.
- A fair
- B enough
- C quite
- D well

2317 We succeeded _____ the car.
- A in fixing
- B to fix
- C in fix
- D fixing

2318 I listened to the cats _____ all night long.
- A miaowing
- B miaow
- C to miaow
- D to be miaowing

2319 When I _____ a child, I _____ take nobody's advice.
- A were, could
- B was, can
- C was, would
- D am, can
- E was, will

2320 _____ Sharon _____ Liz wants to tell them the truth. They prefer lying.

- A Either, or
- B Neither, nor
- C Both, both
- D Nor, nor
- E None, nor

2321 Why _____ supported me? I could have won the elections!

- A anybody
- B somebody
- C nobody
- D did anybody
- E did nobody

2322 Now I can't go out but tomorrow I _____ to come and see you.

- A will be able
- B will can
- C will
- D will able
- E will succeed in

2323 Jack doesn't play sport. I would like _____ so lazy!

- A her, not to be
- B him, not to be
- C him, not being
- D him, to be
- E his, not being

2324 _____ my books aren't updated on the subject.

- A Any of
- B No one
- C Not
- D Not any of

2325 _____ confess her fault?

- A Dare she
- B Dare she to
- C Will she to
- D She may

2326 "What beautiful pictures you've painted!" "Thank you. Take _____ you like".

- A that
- B whichever
- C whatever
- D one

2327 What _____ you _____ for me if I _____ by that thief?

- A would, do, had robbed
- B will, do, had been robbed
- C would, have done, had been robbing
- D would, have done, had been robbed
- E had, done, would have robbed

2328 "Your bike looks brand-new!" "Last week my father _____ it _____"

- A has, repaired
- B had, repaired
- C had, repair
- D let, repaired
- E got, to be repaired

2329 "Our boss is complaining _____ Jean _____ her unreliability". "Well, the chairman doesn't agree _____ him _____ the decision to give her the sack".

- A to, about, with, for
- B with, for, with, with
- C to, about, with, about
- D to, about, to, about
- E on, at, on, for

2330 Excuse-me, I need _____ about the products you sell.

- A some information
- B some informations
- C a few informations
- D some news
- E an information

2331 Clark and John are two _____.

- A of a kind
- B of kind
- C of the same
- D of together

2332 "How long does it take to go to New York?" "It's a _____."

- A six-hour flight
- B six-hour tour
- C trip
- D six-hour cruise
- E travel

© Alpha Test

2333 **She is a ____ and ____ girl.**
- A blond-haired, brown-eye
- B blond-hair, brown-eye
- C blond-haired, brown-eyed
- D hair-blond, eye-brown
- E hair-blonded, eye-browned

2334 **Short after the explosion, all the people ____ to evacuate the area.**
- A asking
- B has asked
- C was asked
- D were asked

2335 **I remember putting the letter on this table. ____ it is not here!**
- A No
- B Still
- C Worse
- D Yet

2336 **That's all. I don't think I've anything ____ to say.**
- A most
- B again
- C further
- D next

Find the synonym.

2337 **Not at all**
- A Absolutely not
- B Maybe not
- C Not really
- D Of course
- E Not everybody

Fill in the blanks with the right word(s).

2338 **I'm sorry ____ your absence ____ the inauguration of Brenda's exhibition.**
- A about, from
- B for, from
- C about, at
- D that, at

2339 **As the children played in the garden together they grew ____.**
- A happier and happier
- B more happy
- C more and happy
- D the happier

2340 **He got the wrong number ____ times before making the right phone call!**
- A four
- B fourth
- C fourthy
- D fours

2341 **The ____ you are, the ____ you live.**
- A healthy, better
- B healthy, best
- C healthier, best
- D healthier, better

2342 **The film *Jurassik Park* ____ Chrichton's novel.**
- A is based on
- B is based upon
- C bases on
- D based on

2343 **The Nile is one of ____ rivers in the world.**
- A the longer
- B the longest
- C longest
- D longer

2344 **She hasn't got ____ in the city yet.**
- A used to live
- B used to living
- C lived
- D use to live

2345 **____ you please stop talking when I speak?**
- A Mind
- B Shall
- C Will
- D Care

2346 **____ Paris in your life?**
- A Did you ever visit
- B Have you ever visited
- C Have you ever visit
- D Do you ever visit

2347 **I ____ ask for his help if I ____ you.**
- A hand't, were
- B didn't, was
- C wouldn't, were
- D wouldn't, am

QUESITI

2348 We _____ very much on holiday.
- A enjoy us
- B enjoyed oneself
- C enjoyed ourselves
- D have enjoyed

2349 _____ for a weekend together, Sam?
- A Do you leave
- B What about leaving
- C Should you leave
- D You leave

2350 Mary _____ receive a wage rise soon.
- A expects to
- B is expected be
- C is expected
- D is expecting to be

2351 People _____ smoke in this area.
- A is not allowed to
- B are not allowed to
- C allows to
- D are not permitted

2352 I usually eat every kind of food _____ eggs.
- A and
- B but
- C some
- D each

2353 News from the Stock Exchange today _____ good.
- A is
- B are
- C are being
- D was

2354 Lisbon is _____ European city.
- A any
- B the
- C an
- D a

2355 *War and Peace* is the best book I _____ as a present.
- A were given
- B are given
- C have been given
- D ever given

2356 Laura, would you mind _____ the TV off, please?
- A switching
- B switched
- C switch
- D to switch

2357 He speaks _____ than her.
- A more slowly
- B slowlyer
- C slow
- D slower

2358 I would like _____ interfere in my life.
- A not that my parents
- B my parents don't
- C my parents do not
- D my parents not to

2359 We spent a nice evening together then _____.
- A tell goodbye
- B said goodbye
- C say goodbye
- D greeted goodbye

2360 You look really tired. You _____ a rest.
- A ought to have
- B ought to having
- C should
- D should be

2361 If you are leaving for Africa you _____ have some dollars on you.
- A had better
- B would better
- C have better
- D better

2362 I don't _____ agree with you.
- A enough
- B fair
- C quite
- D very

2363 _____ get disheartened! There'll be other chances to show our value.
- A Let's not
- B Let's
- C Let us don't
- D Do let's

2364 We sent _____ invitations to the party.

- A rather too many
- B too rather many
- C by far many
- D too many as

2365 At the time my friends lived in London, I _____ go and visit them quite often.

- A would
- B was used to
- C did
- D should

2366 As soon as my father saw my car he thought I _____ an accident.

- A had
- B have just had
- C was having
- D had just had

2367 The editor promised he _____ the following day.

- A would correct the proofs
- B wrote
- C will correct the proofs
- D would have written

2368 John is a very thrifty man: _____ he earns, _____ he spends.

- A more, less
- B the more, the less
- C the most, the least
- D most, least

2369 Ennio Morricone _____ music and film scores for half a century.

- A has been writing
- B is writing
- C writes
- D was writing

2370 Their cat is totally lazy. _____ is always sleeping.

- A So
- B As
- C It
- D But

2371 _____ you know, I usually eat late in the evening.

- A Then
- B Because
- C Since
- D As

2372 I _____ can explain it to you.

- A also
- B too
- C well
- D as too

2373 Everything has happened yesterday, _____?

- A doesn't it
- B hasn't it
- C hasn't they
- D isn't it

2374 With _____ money did he buy that big house?

- A which
- B who
- C whom
- D whose

2375 They're having difficulty _____ having a baby.

- A on
- B with
- C for
- D by

2376 If you don't feel better you _____ a doctor.

- A will have visited
- B will have to be visited by
- C must visit
- D would have be visited by

2377 I was born on the _____ of September.

- A thirtieth
- B thirty
- C thirtiest
- D thirthief

2378 Women should always be independent _____ their husbands.

A on
B of
C upon
D at

2379 "Is this John's?" "Yes, it's _____".

A this
B is
C him
D his

2380 _____ of the time, problems are not so big as we consider them.

A Most
B More
C Much
D Many

2381 The convoys _____ to stock up on food, water and fuel for the perilous passage through the desert but didn't.

A Hadn't
B Would have had
C Did
D Would have

2382 Would you _____ an effort to get on with her?

A make
B do
C take
D have

2383 It's so late. I can _____ wait, I'll go.

A any long
B any longer
C no longer
D no long

2384 I've looked for my umbrella everywhere. It isn't in the wardrobe _____!

A too
B either
C neither
D also

2385 The temperature of this season is some degrees _____ the average.

A up
B upon
C above
D over

2386 Land's End is the _____ place in Cornwall.

A westernmost
B western
C west
D far west

2387 Tomorrow I _____ French in that school for ten years.

A have taught
B will teach
C will be teaching
D will have taught

2388 Did they enjoy _____ at the party?

A yourself
B yourselves
C oneself
D themselves

2389 I avoid eating peanuts _____ possible, as I am allergic to them.

A whenever
B any time
C ever
D wherever

2390 It's not worth _____ a motorbike if you are afraid of _____ it!

A to buy - to ride
B buying - ride
C buying - riding
D to buy - ride

2391 He went to the stadium to see the football match _____ the heavy rain.

A but
B although
C though
D in spite of

2392 "We are late! Are you ready?" "_____!"

A Not yet
B Not
C Not again
D Not just

2393 The number of new cancer cases has increased _____ 20% in a decade.

A at
B over
C to
D by

2394 _____, over the years, he became more self-confident.

A For a while
B Little by little
C Every now and then
D Seldom

2395 "Can I see your passport, please?" "Yes, sir. _____."

A Here is
B It is
C Here you are
D Here are

2396 The president is elected _____ five years.

A every
B each
C any
D at

Find the underlined part of the sentence that contains a mistake.

2397 "Is Martha <u>at home</u>?" "Yes, she is <u>in her bedroom</u> and <u>doesn't can</u> go out. She <u>has to study a lot</u>"

A at home
B in her bedroom
C doesn't can
D has to study a lot

2398 "What <u>are we going to do now</u>?" "<u>Let's we go</u> <u>to the swimming-pool</u>! <u>It's so warm today</u>!"

A are we going to do now
B Let's we go
C to the swimming-pool
D It's so warm today

2399 "<u>Is Jenny there</u>?" "No, <u>she isn't</u>" "But <u>isn't that her</u> car?" "No, <u>her</u> is white".

A Is Jenny there
B she isn't
C isn't that her
D her

2400 My uncle is <u>so rich that</u> he <u>has get</u> two <u>luxurious boats</u> and three <u>nice cosy</u> cottages.

A so rich that
B has get
C luxurious boats
D nice cosy

2401 When <u>she lived</u> in the country she <u>used to</u> <u>having long walks</u> <u>in the woods</u>.

A she lived
B used to
C having long walks
D in the woods

2402 He's <u>the most honest</u> person <u>that</u> <u>I ever met</u> in my life, <u>isn't he</u>?

A the most honest
B that
C I ever met
D isn't he

2403 "<u>What about doing</u> plans for <u>next summer</u>?" "Sorry, but <u>I have to</u> <u>do the washing</u> now. <u>Let's make them</u> later."

A What about doing
B next summer
C I have to
D do the washing
E Let's make them

2404 <u>Don't blame him</u>! <u>I'm sure</u> <u>he won't do</u> it again: he will <u>take your advise</u>.

A Don't blame him
B I'm sure
C he won't do
D take your advise

2405 **<u>The deal concluded</u> today <u>covers the commitments</u> that the company <u>will undertake</u> <u>in sell</u> goods to foreign markets.**

A The deal concluded

B covers the commitments

C will undertake

D in sell

2406 **"Laura <u>told me</u> <u>she has no more time</u> to read a book." "Hasn't she? <u>How long is it</u> since <u>she reads</u> a book?"**

A told me

B she has no more time

C How long is it

D she reads

2407 **The new manager of the company, who <u>had recently taken</u> <u>over</u> the firm, assured that he <u>would take up</u> the problem of unemployment. Now he intends <u>to take up</u> more employees.**

A had recently taken

B over

C would take up

D to take up

2408 **"<u>By this time</u> in two years <u>I will have got</u> my diploma and <u>will be probably working</u> with my father". "Do you really think <u>you will be able to</u> <u>cope such a situation</u>?"**

A By this time

B I will have got

C will be probably working

D you will be able to

E cope such a situation

2409 **The party was <u>so boring</u> last night. <u>If only</u> I <u>had left</u> earlier but I <u>hadn't</u>.**

A so boring

B If only

C had left

D hadn't

Correct the underlined part of sentence with one of the following solutions.

2410 **Let's decide <u>to which</u> we will go for our picnic.**

A in which

B where

C place

D in where

E how

2411 **If she hadn't spoken so quickly we <u>understood</u> her speech.**

A would have understood

B would understand

C had understood

D would be understanding

E had been understood

2412 **How long <u>has she restored</u> frescos?**

A she has restored

B she has restoring

C is she restoring

D has she been restoring

E did she restore

2413 **My parents have recently bought an old house in the country and are planning to <u>do it in</u>.**

A do it up

B do it over

C do it out

D be done for

E do away with it

2414 **Someone's taken my dictionary. <u>Who is</u>, could they please give it back to me?**

A Who was

B Whoever it was

C Whoever was

D Whom it is

E Who has taken it

2415 **A big armed robbery was foiled yesterday by the police. The gang had collected more than £500,000 from shops, but they <u>hadn't the time</u> to begin putting their new plan into operation.**

A didn't have any time

B hadn't time

C hadn't any time

D didn't have time

 © Alpha Test

2416 Annie always acts as though she was the only one who did any work!
- A she were the only one who do
- B she is the only one who do
- C she were the only one who does
- D she was the only one who hadn't
- E she were the only one to done

Fill in the blanks with the right word(s).

2417 You will be wondering _____ I rejected your offer.
- A why
- B because
- C how
- D the reason

2418 If she insists on leaving, _____. I won't make her stay.
- A let's her go
- B she rather goes
- C she goes
- D let her go

2419 Sandra speaks _____ French, _____ German.
- A neither, nor
- B not only, but
- C –, also
- D both, –

2420 She shouted to him: "Never again _____ trust you!"
- A will I
- B I will
- C I shall
- D do I

2421 I _____ he really meant what he'd just said.
- A was wondering
- B wondered what
- C wondered that
- D wondered whether

2422 After _____ to Rome, my father _____ a job.
- A he moved, found
- B moving, found
- C he had moved, had found
- D moved, had found

2423 There's nothing to _____ a football match.
- A prevent from watching my husband
- B prevent my husband from watching
- C my husband to prevent from watching
- D prevent my husand from watch

2424 _____ when the phone rang.
- A Hardly had they left home
- B They hardly had left home
- C No sooner do they leave home
- D They no sooner had left home

Find the right meaning of the underlined part of the sentence

2425 Today he doesn't feel like talking.
- A Not to be in the right mood for something
- B Not to stop doing something
- C Not to begin doing something
- D To feel as one who likes talking

2426 When I went to Scotland, I was amazed at the beauty of the landscapes.
- A To be disappointed
- B To be upset
- C To be astonished
- D To be incredulous
- E To stand before

2427 What's wrong with you now?
- A Why do you feel so sad?
- B Why are you so low tempered?
- C What's the matter?
- D What caused you to be so unhappy?

2428 They decided, out of the blue, to sing old songs in the street.
- A Predictably
- B Unexpectedly
- C Hopelessly
- D Foreseeably
- E Distinctly

2429 Every now and then he comes and sees us.
- A Always
- B Seldom
- C Once in a while
- D In two weeks
- E Once every two weeks

2430 Don't worry! <u>Pull yourself together!</u>"
- A Wear a sweater
- B Come on
- C Don't worry
- D Control yourself
- E Stand up

Find the right meaning of the sentence

2431 Ross is twenty-five years old. Muriel is twenty-four years old.
- A Ross is younger than Muriel
- B Ross is older than Muriel
- C Muriel is less young than Ross
- D Muriel is older than Ross

2432 I didn't want to, but I was made to do so.
- A Someone forced me to do it
- B I was finally persuaded to do it
- C I arranged for it to be done
- D I realized I'd better do it

2433 My suggestions were like water off a duck's back.
- A My suggestions produced some effects
- B I should have made no suggestions as they were totally ineffective
- C They told me I'd better do my business
- D They followed my advice successfully

Find the right meaning of the underlined part of the sentence

2434 My father is a <u>good-natured kind-hearted</u> man.
- A Friendly and kind
- B Natural and kind
- C Spontaneous and happy
- D Gentle and sympathetic

2435 "Mum, may I play football with Tim in the garden?" "<u>Please yourself</u>."
- A I don't care of you
- B Leave me alone
- C Do what you like
- D You won't do that
- E Don't worry

2436 Today they feel <u>low-spirited</u>.
- A Drunk
- B Depressed
- C Possessed
- D Vigorous

2437 She offered some food to that poor abandoned dog and now she <u>can't get rid of it</u>!
- A Cannot make it leave
- B Do without it
- C Can't help adopting it
- D Give it enough food
- E Let it stay at home

Find the mistake in one of the underlined parts of the sentence.

2438 <u>His passion</u> for <u>gambling</u> <u>made him</u> <u>run debt</u>.
- A His passion
- B gambling
- C made him
- D run debt

2439 Last year <u>those old sheds</u> <u>were being make</u> <u>over into</u> <u>nice little houses</u>.
- A those old sheds
- B were being make
- C over into
- D nice little houses

2440 <u>My mother</u> is <u>very good</u> <u>at</u> <u>knit</u>.
- A My mother
- B very good
- C at
- D knit

Fill in the blanks with the right word(s).

2441 The new agent _____ the job.
- A seems to be up not to
- B don't seem to be up
- C does not seem to be up
- D doesn't seem to be up to

2442 She _____ without him.
- A still hasn't resigned herself to living
- B has still resigned herself to live
- C hasn't resigned herself yet to living
- D hasn't resigned to living yet

 © Alpha Test

2443 Yoga _____ counteracts stress _____ helps relaxing.

A does, and
B also, only
C not only, but
D not only, but also

2444 _____ that on sunny days you're on a better mood.

A Doubt not
B Undoubtedly
C There's no doubt
D Doubtless

2445 Richard invited me to the party but I _____ very much.

A don't like to feel going
B don't like feeling
C don't feel like going
D don't feel like to go

Find the meaning of the following sentence.

2446 Have a nice day!

A Enjoy the day
B Have a beautiful life
C Don't blame yourself
D What a funny day

2447 After the car accident that occured to my family I did realize how much I love them.

A I've never really understood how much I love my family
B At the time my family had the car accident I loved them less than I do now
C I love my family more because of the car accident I had
D It's such a surprise to me that my family are well and alive

2448 Why should Hugh join the party without Mary's invitation?

A Hugh doesn't want to join the party
B Hugh ought to join the party
C Mary did not invite Hugh
D Hugh did not invite Mary

2449 We're not late at all!

A We should have arrived before
B We need to hurry
C We are absolutely right
D We have arrived on time

Fill in the blanks with the right word(s).

2450 Many things have happened _____ you went away.

A since
B for
C as
D over

2451 Deserts are _____ the largest source of oil.

A long
B by far
C as long
D far much

2452 Happiness _____ mainly _____ the personal outlook on things.

A depends, on
B focuses, on
C makes, by having
D should, depend

2453 I prefer _____ to the music.

A reading books to listening
B to read books to listen
C to read books to to listen
D reading books rather listening

2454 I think he took _____.

A a wrong decision quite
B a quite wrong decision
C a wrong quite decision
D quite a wrong decision

2455 A few _____ are taking perilous journey into the Amazon forest.

A his colleagues
B some colleagues of his
C Robert's colleagues
D colleagues of his

2456 Lucy told me that nobody called when I was out, _____?
A didn't they
B did it
C did they
D didn't it

2457 Wonderful! You're going to marry, _____?
A do you
B aren't you
C are you
D are you going to

2458 Yesterday I heard my neighbour _____, but as soon as he realized I was _____ to him, he _____.
A singing, listening, stopped
B sing, listening, stopped
C singing, listened, stopped
D sing, listening, had stopped

2459 As you were the only witness of the aggression, you _____ the victim's com-plain! That's a duty!
A may support
B aren't supporting
C did have to support
D almost had to support

2460 Last week Julian told me that _____.
A last week he studied to take the exam
B the week before he had been studying to take the exam
C the week before he had been studying to exam
D the previous week he was being studied to take the exam

2461 Please, _____ your conversation.
A excuse my interrupting
B excuse my interrupt of
C excuse me for interrupt
D excuse me to interrupt

2462 After reading the newspaper, the old man closed his eyes and rocked _____ in his orange armchair.
A On and on
B back and forth
C Back and on
D above and below

2463 This time tomorrow we _____.
A will be taking the exam and will have finished by 7pm
B take the exam and are finishing at 7pm
C will take the exam and finishing by 7pm
D will be taking the exam and finish by 7pm

2464 Here are _____.
A some their articles
B their some articles
C some articles of theirs
D some of their's articles

2465 What a nice party at _____.
A Jane and Robert's
B Jane's and Robert's
C Jane's and Robert
D Janes and Roberts

2466 You're always late! Why dont' you _____?
A get your watch repaired
B make your watch repair
C have your watch to repair
D make repair your watch

2467 Take your umbrella, _____.
A should it to rain
B it should rain
C in case it should rain
D in case of raining

2468 The managers _____ last Monday but the sudden crash on the Stock Exchange made them change their plans.
A should meet
B needed to meet
C were to meeting
D were to meet

2469 The killer _____ fingerprints on the place of the murder.
A was not carefully to leave
B was careful not to leave
C was careful leaving
D was being careful to have left

2470 According to the _____, new investments seem to be necessary.

A committee's report
B committee report
C committees report
D report's committee

2471 I _____ late tomorrow.

A am likely to coming
B am likely to come
C likely am coming
D am like to come

2472 _____ he never played cards before.

A I dare say
B Have I dare say
C I did dare
D Dare I say

2473 From television advertising to the pricing of food, our society works _____ discourages people from adopting healthy habits.

A In a way that
B As to that
C By the way
D So that

2474 _____ a slice of cake?

A Wouldn't
B You will have
C Won't you have
D Won't you want

2475 _____ to the cinema tonight?

A Why not go
B Why not to go
C What if we go
D What about go

2476 You _____ when you are drunk.

A ought to drive
B are not supposed to drive
C are supposed to drive
D should be driving

2477 After the run we needed _____.

A a five-minutes rest
B a rest of five minute
C a five-minute rest
D five-minute rest

2478 They decided _____.

A to talk to them rather than to telephone
B to talk to them rather than to telephoning
C talking to them rather than telephoning
D to talk to them instead of telephone

2479 _____ I've seen you really happy.

A This is the first time
B This time that
C It's the time
D The last time

2480 I thought _____ that I don't want to see you anymore.

A I had made it clear
B I made it clear
C it had made clear
D had it made clear

2481 He wished _____ so rudely.

A he spoke to him
B he could speak to him
C he would speak to him
D he hadn't spoken to him

2482 "Come here!", _____.

A did Mary
B Mary invited
C invited Mary
D Mary did invite

2483 He usually pays cash _____ on his account.

A but debiting expenses
B instead of debit expenses
C instead of making expenses debited
D instead of having expenses debited

2484 Mr Thomson answered the student's question _____.

A by underlining that it might be challenging and rewarding for a university-leaver to start to working in a foreign country

B underlining that it might be challenging and rewarding for a university-leaver to start working in a foreign country

C underlining that it can challenge and rewarding to start working in a foreign country for a university-leaver

D to underline that to start working in a foreign country may challenge and rewarding for a university-leaver

2485 I was so disappointed with that course in novel writing. _____.

A In the end of the lessons I could only tell the difference between fiction and poetry

B At the end of the lessons I was only able to tell the difference from fiction and poetry

C At the end of the lessons I was only able to tell the difference between fiction and poetry

D At last, I was only able to tell the difference between fiction and poetry

2486 _____ bad working conditions?

A Will you be ready accepting

B Will you be willing accepting

C Would you be willing to accept

D Would you be willing to accepting

Read the following passage and answer the following questions.

Warning over cannabis lung harm

Heavy cannabis users may be at greater risk of chronic lung disease – including cancer – compared to tobacco smokers, two studies suggest.

One study found a higher risk of lung cancer for those who smoked one joint a day compared to those who had smoked 20 cigarettes a day over the same period.

Another found bullous disease – a form of emphysema – occurs 20 years earlier in cannabis smokers.

The studies appear in Respirology and the European Respiratory Journal.

The lung cancer study was conducted on 79 patients in New Zealand. The risk of the disease rose 8% for each year of smoking one joint a day, and 7% for each year of smoking a packet of cigarettes a day.

Researchers at the Medical Research Institute of New Zealand admitted it was a small study, but said nonetheless "it shows clearly that long-term cannabis smoking increases lung cancer risk".

They speculated the heightened risk may be connected to the fact that the cannabis smoker inhales more deeply and for longer, increasing the amount of carbon monoxide.

This was also thought to be the issue in a second, smaller study of 10 patients who were treated for chronic respiratory problems at the Alfred Hospital in Melbourne. All admitted intense cannabis use for at least a year. They had developed bullous lung disease, a condition where air becomes trapped in the lungs, at an average age of 41, compared to 65 for tobacco smoking patients.

The campaign group Transform Drug Policy Foundation said it was very difficult to separate cannabis from tobacco use as the two were so often smoked together. "Variations on the 'cannabis is more dangerous than tobacco' have been emerging sporadically for several decades. Different research using different methodologies has suggested very different conclusions, making such comparisons problematic," said spokesman Steve Rolles.

He added that inhaling smoke from any burning object was intrinsically harmful, and that policy should focus more on educating people about the risks of taking the drug – which can be taken using other methods – in this way.

The British Lung Foundation said the debate about cannabis's effect on the lungs had tended to focus on the mental affects, overlooking the impact on the lungs.

2487 According to the study described in the passage, the risk of lung cancer:

A is higher for those smoking cigarettes

B is higher for those smoking pipes and tobacco

C is higher for those smoking cannabis

D can't be estimated, as cannabis and tobacco are often smoked together

2488 What may this risk be due to?

A To the deeper and longer inhalation
B To the stronger effects of smoking a joint
C To the less carbon monoxide inhaled
D The quality of a joint is worse than the quality of a cigarette

2489 On average, how many years earlier does bullous disease occur in cannabis smokers?

A 10 years
B 20 years
C 30 years
D 40 years

2490 According to Steve Rolles, the spokesman of Transform Drug Policy Foundation:

A there have been many variations on the quality of cannabis
B the conclusions of the study are very reliable
C as there are many possible methods of taking drugs it is important to ban them
D it doesn't matter what is inhaled but the inhalation of burning objects itself

2491 The lung cancer study was conducted:

A in New Zealand
B by the British Lung Foundation
C on 10 people only
D on 79 patients affected by chronic respiratory problems

Read the following passage and answer the following questions.

Less than a dollar a day is a phrase we are all familiar with, but what does it really mean?

Almost half the world's population lives on less than a dollar a day, but the statistic fails to capture the humiliation, powerlessness and brutal hardship that is the daily lot of the world's poor.

In this series, Mike Wooldridge looks at what it's really like to have to live on a dollar a day and how it can mean different things in different countries, and asks whether the global target of halving world poverty by 2015 can really be achieved.

It isn't all about desperation and gloom, though: Mike meets people of incredible energy and determination, living in vibrant communities and having a diversity of experiences.

In Western Kenya poverty was a key issue in the recent elections in Kenya and the unrest that followed.

It is here that Mike meets Isaiah, his disabled wife and six grandchildren, who live on the little they can grow on their small plot of land and the paltry seven to ten dollars a month he makes from growing tea. He has debts to pay to the tea company for the fertiliser he needs, and they can only live a day at a time. The corrugated iron roof on their two roomed tin shack is so full of holes, the rain pours in, and one of their grandchildren recently died from malaria because there's no way they can afford to buy a mosquito net on their hand to mouth existence.

By contrast, their neighbours Francis and Christine are both able to work, growing and selling maize, mending bicycles and making bricks. Between them they make about two dollars a day, and own one mosquito net. Francis dreams of one day building another house he can rent out to get more income, and has plans for his future. But he complains that the pressure on the land due to the growing population and poor governance means that things are much harder today than they were twenty years ago.

2492 According to the author, the statistic:

A shows figures, but not the emotional involvment
B shows figures as well as the emotional involvment
C shows only partial figures
D shows only the emotional involvment
E perfectly captures the emotional involvment

2493 What are Mike Wooldridge's intentions or feelings?

A He asks to halve world poverty by 2015
B He hopes that world poverty will be halved by 2015
C He doubts whether world poverty can be halved by 2015
D He wants to know whether world poverty can be halved by 2015
E He would like the global target (halving world poverty by 2015) to be corrected

2494 Find the right opposite of the word "gloom":

A anxiety
B anguish
C happiness
D health

2495 Why can Kenyan children die from malaria?

A Because mosquitos are very aggressive
B Because families can't usually manage to buy a mosquito net
C Because families can't usually afford to pay for vaccination
D Because families are not educated about malaria
E Because children cannot be looked after by parents

2496 What does Francis hold responsible for the worsening of today's living conditions?

A The growing population and the general inability to rule properly
B Corrupted governments
C Epidemics
D The globalization
E The growing population and poor economy

Fill in the blanks with the right word(s).

2497 Where _____ you _____ now?

A did, go
B are, going
C is, going
D does, going
E do, going

2498 I have got two sisters but _____ brothers.

A no
B none
C any
D a little
E a

2499 Are there _____ for me?

A some letter
B any letters
C a letters
D the letter
E letters

2500 Mary and Jane are the only friends _____ helped me.

A whom
B whose
C who
D some

2501 _____ are you trying to say?

A What
B How
C Why
D Do
E Whom

2502 "_____ he like skating?" "No, he _____".

A Has, hasn't
B Does, doesn't
C Would, doesn't
D Do, don't
E Is, isn't

2503 I _____ any photos of my latest holiday.

A haven't got
B got no
C don't
D have got no
E has

2504 The cinema is empty. There is _____ in it.

A anybody
B somebody
C nobody
D people
E no

2505 I don't feel very well. I think I _____ some rice for dinner.

A will have
B am going to eat
C am eating
D won't eat
E am going to eating

2506 If I _____ rich, I _____ travel around the world.

A will be, will
B be, would
C were, would
D am, would
E had, would

2507 Don't worry. He _____ late: he knows this city perfectly!

A can't be
B may be
C must be
D might be
E may be

2508 The floor is so dirty! _____ the baby sit on it!

A Let
B Do let
C Don't
D Don't let
E Let not

2509 That house _____ in 1970.

A were built
B was builded
C builded
D was built
E has been built

2510 The sky is so cloudy. It _____ rain.

A is
B is going to
C will be going to
D will be
E does

2511 That's the _____ interesting film that I _____ ever seen.

A more, have
B less, did
C most, has
D much, have
E most, have

2512 There are _____ cases to load left.

A fewer
B less
C least
D the less
E a fewer

2513 _____ you already _____ your bed?

A Have, made
B Haven't, make
C Did, make
D Do, make
E Didn't, make

2514 We _____ Mary to the station. Sean had just gone and picked her up.

A not drive
B didn't need to drive
C don't need to drive
D need have driven
E needn't drive

2515 "Have they _____ accepted your invitation?" "Yes, it seems that _____ is coming. We are spending the _____ night together."

A everybody, all, full
B each, all, whole
C all, everybody, every
D all, each, full
E all, everybody, whole

2516 Last night Linda intended _____ but cut _____.

A cooking, herself
B to cook, –
C to cook, herself
D cooking, oneself
E to cook, each other

2517 By this time next year I _____ my job in Italy and _____ in Canada.

A will leave, will work
B leave, will work
C will have left, will work
D will have left, will be working
E had left, will be working

2518 **They looked _____ the matter and finally commented favourably _____ my decision. They could neither rely _____ their supplier – who provided them _____ such low quality products – nor spend other money _____ further investments. We were all very disappointed _____ the present chairman.**

- A into, on, on, with, with, for
- B into, –, on, –, for, for
- C at, on, with, with, for, for
- D into, on, on, with, on, with
- E into, about, on, for, on, on

2519 **"You _____ take back what you told Mary. You hurt her". "I know. I _____ not have said those words".**

- A had better, would rather
- B would better, had rather
- C would better to, would rather
- D had better, would have rather
- E should, would have rather

2520 **The lawyer suggested _____ those papers and kept on _____ that we couldn't avoid _____ those conditions. We admitted _____ right.**

- A us to sign, repeating, to accept, to be
- B that we should sign, repeating, accepting, be
- C that we should sign, repeating, accepting, that he was
- D that we should sign, repeat, accept, to be
- E to sign, to repeat, to accept, being

2521 **"What's wrong with Ann? Can you hear her _____ the milkman?" "Well, he _____ all the bottles in her garden!"**

- A shout at, let drop
- B shouting at, dropped
- C shouting to, dropped
- D shout to, dropped
- E shouting at, let drop

2522 **If John and Margaret _____ married, now they _____ quarrelling.**

- A hadn't got, wouldn't
- B didn't, wouldn't be
- C didn't, aren't
- D hadn't, wouldn't have
- E hadn't got, wouldn't be

2523 **Two weeks ago I saw Brandon driving the car his parents _____ him. He promised he _____ call me the following day.**

- A gave, would
- B had given, would
- C had been giving, will
- D give, did
- E were giving, should

Find the part of the sentence that contains a mistake.

2524 **"How old is your mother?" "She is 45 year old and will be 46 in two days".**

- A How old is
- B She is
- C 45 year old
- D will be
- E in two days

Correct the underlined part of sentence with one of the following solutions.

2525 **Let we not insist on the matter.**

- A Don't let us
- B Let us not
- C Let not us
- D Don't we insist

2526 **My parents always go on holiday on summer, on July.**

- A at summer, at July
- B in summer, on July
- C on summer, in July
- D by summer, by July
- E in summer, in July

2527 **"Would you like some tea?" "No, thanks. I have usually any tea in the afternoon."**

- A I have usually no
- B I usually have some
- C I have usually none
- D I usually have any
- E I usually have no

2528 **There are very things to do.**

- A lots
- B much
- C many of
- D a lot of
- E most

2529 "Will he come with us?" "No, he won't. He is little tired".

A some tired
B a few tired
C a little tired
D few tired
E any tired

2530 I wouldn't trust him if I were you. He's many unreliable.

A enough
B quite
C fair
D any
E lot

2531 "I'm going to spend two years in London". "After spending such a long time in England you will learn perfectly English!"

A will perfectly learn English
B will have perfectly learnt English
C will have English learnt perfectly
D will have learnt English perfectly
E will have learn English perfectly

2532 "I don't feel like going and see them, tonight!" "Suppose we rang them and said that we have broken down on the way there!"

A we had been down
B we have been breaking down
C we were breaking down
D we had been breaking down
E we had broken down

Fill in the blanks with the right word(s).

2533 He drives very _____.

A fast
B fastly
C hard
D quick

2534 It's a long time since we _____ last time.

A met
B have met
C meet
D are meeting

2535 She is a _____ pianist.

A goodly
B well
C good
D best

2536 This modern medicine _____ many lives in the past.

A might have saved
B can save
C could have been saved
D may be saving

2537 My father gave me _____ before my interview with the chairman.

A many advices
B much advise
C a great deal of advice
D some advices

2538 He is not so good at French but _____ write a letter to Claudine.

A couldn't
B was managed to
C was able
D managed to

2539 Any swimming pool in this town usually _____ at 8 am.

A opens
B is going to open
C will open
D is opening

2540 "For the first time in my life I have eaten Japanese food". "Where _____ it?"

A have you eaten
B did you eat
C do you eat
D will you eat

2541 I was wrong with thinking they were all there waiting for me. I met _____ Jennifer _____ her friends.

A either, or
B both, and
C neither, neither
D neither, nor

INGLESE

2542 _____ saw the thief stealing in last night.

A No
B None of
C No one
D No of us

2543 It's late and she hasn't turned up _____.

A again
B yet
C still
D already

2544 "The door is open!" "How strange! I remember _____ it".

A locking
B lock
C to have locked
D having locked

2545 Policitians should wonder _____ the war against terrorism should be.

A how wide
B how often
C how far
D how away

2546 The garden needs _____.

A to cut
B cutting
C to cutting
D to be cutting

2547 I usually _____ parties, but I _____ this one very much.

A am enjoying, am not enjoying
B enjoy, don't enjoy
C enjoy, am not enjoying
D am enjoying, don't enjoy
E enjoyed, don't enjoy

2548 We _____ to the theatre this evening. _____ at 8.30 or at 9.30?

A are going, Does it begin
B are going, It begins
C go, Does it begin
D are going, Is it beginning
E go, Is it beginning

2549 "Has George decided on what to do when he leaves the school?" "Oh, yes. Everything is planned: he _____ a holiday for a few weeks and then he _____ a computer programming course".

A will have, starts
B is going to have, starts
C has, is going to start
D will have, will be starting
E is going to have, is going to start

2550 Tom isn't here _____ the moment. He'll be back _____ about five minutes. He never comes home after 8.00 p.m. _____ Fridays.

A in, in, at
B at, in, on
C on, in, at
D for, in, in

2551 The company has rejected the workers' demand _____ an increase _____ pay. _____ my opinion, they will go _____ strike soon.

A to, for, On, on
B to, in, On, on
C for, in, In, on
D to, in, In, on
E for, of, On, on

2552 Our neighbours complained _____ us _____ the noise we made last night. We apologised immediately _____ them _____ our behaviour.

A to, about, to, for
B with, for, with, for
C with, about, with, for
D to, about, with, about

2553 The doorbell rings. "I wonder who that is. It _____ Jim. He said he would come after 7.00 and it's only 6.30 now. He _____ still at work now."

A can't be, must be
B mustn't be, must be
C can't be, can be
D mustn't be, can be
E couldn't be, must be

2554 "What sort of house do you want to buy? Something big?" "Well, it _____ be big, that's not important; but it _____ have a nice garden, that's essential".

- A mustn't, must
- B needn't, needs to
- C needn't, must
- D mustn't, should
- E can't, must

2555 "I have _____ I want you to read today; read it carefully and then, if you have _____ questions, I'll be pleased to answer them".

- A thing, some
- B someone, any
- C some, some
- D something, every
- E something, any

2556 "Who is the girl _____ car you borrowed last Sunday?" "Her name is Beth; she's the girl _____ I met in London last summer. Beth, _____ is a friend of Tom, lives in Aberdeen".

(Il pronome fra parentesi sta a indicare che può anche essere omesso e non deve necessariamente comparire nella frase).

- A whose, (who), who
- B which, (that), that
- C whose, which, (who)
- D whom, who, who
- E nessuna delle precedenti

2557 Mr. Smith was in the boss's office. In that very moment he _____ reprimanded for his negligence. He wished he _____ by that firm.

- A is being, was not employed
- B was being, had never been employed
- C was, had never been employed
- D was, wouldn't be employed
- E was being, could never be employed

Correct the underlined part of the sentence with the right words.

2558 "Will he come with us?" "No, he won't. He is <u>little tired</u>".

- A some tired
- B a few tired
- C a little tired
- D few tired
- E any tired

2559 How long <u>have you played</u> the guitar?

- A have played
- B you have played
- C are you playing
- D have you been playing
- E did you play

2560 Don't believe her when she says she's got stomachache. She is <u>putting it off</u>.

- A putting off it
- B put it off
- C putting it on
- D putting it up
- E putting it down

Fill in the blanks with the right word(s).

2561 Mr Johnson impressed everyone _____ his performance.

- A by
- B on
- C with
- D at

2562 The meeting was _____.

- A put up
- B put off
- C called for
- D turned up

2563 _____ Shakespeare's sonnets?

- A Did you ever read
- B Have you ever read
- C Have you to read
- D Do you read

2564 Italy is _____ Norway.

- A more sunny than
- B sunnier than
- C sunny than
- D sunnyer than

2565 They _____ since this early morning.

A have been trekking
B are trekking
C trekked
D are doing trekking

2566 My grandfather has recently _____ the illness but still suffers from heart and circulatory _____.

A recovered from, disturb
B treated, disturb
C got over, disorder
D cured, disorder
E been treated, disorder

2567 _____ any cousins?

A Do you have
B Haven't you
C Have you to
D Are you
E You have

2568 Before the use of computers _____, people _____ write with typewriters.

A spread, had
B spreading, could
C spread, used to
D were spread, are used to
E are spread, used to

2569 Can _____ help me, please?

A some
B a person
C anyone
D no
E I

2570 Our friends insist on _____ give up university studies.

A we must
B us not to
C us for
D we to
E not we

2571 They wish they _____ move to another town, but they haven't saved enough money yet.

A could
B do
C had
D can
E will

2572 The burglar _____ the police.

A arrested
B will be arrested
C is arrested from
D was arrested by
E arrested by

2573 Volleyball is the sport I like _____.

A the most
B the better
C better
D fewer
E the latter

2574 My father won't _____ his car.

A make me drive
B let me drive
C has me to drive
D want me drive
E tell me drive

2575 «Is there anybody _____ joining us?». «No, we are _____ here. The _____ will arrive later».

A else, each, others
B more, all, another
C again, all, other
D else, all, others
E else, both, else

2576 The _____ book by J.K. Rowling is quite disappointing.

A latest
B late
C last
D latter
E least

2577 Before ________ your money you ________ ask for advice!

- **A** invest, better
- **B** to invest, would
- **C** investing, should
- **D** investing, rather
- **E** to invest, should

2578 Cautions ________ "smoking makes you look older" did ________ to curtail the habit.

- **A** such, little
- **B** like, small
- **C** such as, a little
- **D** such as, little
- **E** such a, little

2579 «Can you lend me some money, please?». «Sorry, I've got only a few ________ on me».

- **A** notes
- **B** coins
- **C** cheques
- **D** money
- **E** tips

2580 This newspaper gives you a revealing ________ on the ________ that matter.

- **A** point of view, question
- **B** page, problems
- **C** opinion, matter
- **D** thought, issue
- **E** perspective, issues

2581 If you don't know the meaning of this word ________ in a dictionary!

- **A** look out
- **B** look at
- **C** look into
- **D** look through
- **E** look up

2582 The delay ________ to the general strike.

- **A** is due
- **B** is caused
- **C** is provocked
- **D** occurs
- **E** belongs

2583 WWF annual report ________ species extinction.

- **A** complains
- **B** concentrates
- **C** focuses on
- **D** fixes to
- **E** sets

2584 The teacher suggested ________ more.

- **A** to study
- **B** us study
- **C** we study
- **D** we to study
- **E** we studying

§§§1

2585 John listened to me ________ in English then congratulated.

- **A** talked
- **B** talk
- **C** to talk
- **D** talking to
- **E** in talking

§§§2

2586 "<u>I've just been</u> assigned <u>a new task</u>". "<u>Do you really think</u> <u>you can</u> <u>cope it</u>?"

- **A** I've just been
- **B** a new task
- **C** Do you really think
- **D** you can
- **E** cope it

Find the right meaning of the sentence or the underlined part of the sentence.

§§§3

2587 They needn't bother! I'll go and see them!

- **A** It is necessary that they come and see me
- **B** I am obliged to come and see them
- **C** It is not necessary that they come and see me
- **D** They don't need any brother
- **E** They don't need any help

2588 No sooner did the police arrive than the crowd gathered together.

A The crowd gathered together before the police arrived

B As soon as the police arrived the crowd gathered together

C If only the police arrived the crowd gathered together

D If the police arrived the crowd would gather together

E Should the police arrive the crowd could gather together

2589 I've never been so happy before! <u>I want for nothing</u>!

A I wish for everything

B I am happy and don't wish for anything else

C I make a lot of wishes

D I want to be left alone

E I desire anything

Find the right meaning of the sentence or its logic implication.

2590 "Will you play volley-ball with us?" "<u>I'm quite tired today</u>".

A I would like to play

B I'll play

C I feel like playing

D I feel that I need a rest

E I look forward to playing

2591 Could he really be as untrustworthy as Lucy claimed in court?

A He surely was untrustworthy

B He will be untrustworthy

C Lucy stated she could trust him

D Lucy stated he was untrustworthy but we don't know the truth

E He lied before the court

2592 If it's sunny we will have a picnic.

A It may be sunny

B It could have been sunny

C We won't have a picnic

D We will possibly have a picnic

E We wouldn't possibly have a picnic

2593 That's by far the most exciting story I've ever listened to in my life.

A The story excited me very little

B The story didn't excite me very much

C I've listened to better stories before

D I've never listened to such an exciting story before

E I hope I will soon listen to a better story

2594 I can't remember sending the message.

A The message was sent

B I am forgetful

C I am sure of what I did

D I couldn't send the message

E I am reliable

Find the right meaning of the following word(s).

2595 Narrow-minded

A Someone whose head is narrow

B Someone who's willing to discuss

C Someone who's willing to believe in others' ideas

D Someone who tolerates people

E Someone who won't accept any idea but theirs

2596 Vacuum cleaner

A A soap used to clear away grease stains

B Someone who has been appointed to fill a role that nobody fits adequately in an organization

C An electric machine which removes dirt by sucking it

D A machine that does the washing-up

E A machine that does the washing

Find the word that completes the proportion.

2597 Beautiful : ugly = clever : x

A outgoing

B overweight

C stupid

D bad

E shy

Find the right meaning of the underlined part of the sentence.

2598 «Here you are, at last!». «<u>Better late than never!</u>».

A It's better to be on time than ever

B It's better to be late than not to arrive at all

C The later you are, the better it is

D The later you are, the worse it is

E Never to arrive is worse than to be on time

2599 <u>I'm so fond of</u> chips!

A I'm eager

B I like very much

C I rarely eat

D I don't like at all

E I have had enough of

2600 <u>Not until this century has</u> massive deforestation <u>taken place</u>.

A The phenomenon has taken place before this century

B The phenomenon has taken place at the beginning of the century

C The phenomenon has taken place the previous century

D The phenomenon will take place

E The phenomenon has never taken place before this century

2601 Stop telling lies!

A You don't like telling lies

B You usually tell lies

C You never tell lies

D You would like to tell lies

E I want you to tell lies

2602 Our group outnumbers yours.

A We are more than you are

B We are not more than you are

C You are more than us

D You are a little more than us

E Our group and yours are evenly matched

Find the right meaning of the sentence.

2603 Would you mind if I opened the window?

A You are asking for information

B You are asking for a permission

C You need some help

D You are investigating other people's tastes

E You are making an offer

2604 You are tired. Why don't you take a couple of days off?

A You must be ill

B You must have looked exhausted

C You'd better go to work

D You should devote some time to your health

E You are lazy

2605 What's the point of his saying that?

A I do understand what he says

B The sense in his saying is clear

C What he says is unclear and obscure to me

D What does he want to add?

E Why is he shouting at me?

2606 «Take this medicine twice a day for a week!».

A The nurse states:

B The doctor orders:

C Mum suggests:

D The doctor thinks:

E Mum asks:

2607 I'm afraid we'll have to go up the stairs as the lift won't work.

A The lift works

B The stairs are preferable

C The lift is out of order

D The lift makes you save time

E We would rather go up the stairs

Fill in the blanks with the right word(s).

2608 Given the current difficult political situation, tensions _____.
- A rose
- B rises
- C is rising
- D are rising
- E were rising

2609 Stocks fall sharply, _____ to news that the Prime Minister plans to resign.
- A reacting
- B reacted
- C by react
- D is reacting
- E were reacting

2610 The researchers _____ collect the Nobel Prize in Medicine in Oslo.
- A can
- B ought to
- C should
- D must
- E are to

2611 Mary _____ very good at cooking.
- A is said to be
- B says
- C was said
- D said be

2612 My friends _____ faithful to me.
- A were recently
- B never are
- C have always been
- D have yesterday

2613 Open your book on page 7. Look at the pictures _____ and describe them.
- A below
- B under
- C over
- D down

2614 Not _____ can write in perfect English.
- A someone
- B nobody
- C anyone
- D all

2615 If you need any further information please ask _____.
- A they
- B you
- C we
- D us

2616 The three criminal suspects were stopped _____ driving in the motorway.
- A while
- B at
- C until
- D for

2617 Don't switch the TV on _____ I tell you.
- A to
- B as far
- C however
- D until

2618 No details _____ so far about the military operation.
- A were released
- B have been released
- C have released
- D are released

2619 I _____ studying if I were you.
- A wouldn't neglect
- B wouldn't neglect to
- C hadn't neglected
- D won't neglect

2620 Lions are in danger of _____ by poachers.
- A having killed
- B kill
- C killing
- D being killed

2621 The deceased had not worn a safety belt while he was doing cabling work _____ the building.
- A on the top of
- B at the top of
- C on top of
- D at the top

2622 How come _____ earlier?
- A they didn't leave
- B didn't they leave
- C did they leave
- D haven't they

2623 Michael is responding to treatment for a lung infection three days after _____ hospital.
- A is rushing to the
- B rushed to
- C to be rushed to
- D he was rushed to

2624 Researchers have unlocked the genetic secrets _____ honey bees are so sensitive to environmental change.
- A related why
- B concerning the reason
- C as to why
- D the reason for which

2625 The chairman defended _____.
- A investing more money in producing new products
- B investing many money to produce new products
- C to invest money in new products
- D to investing in new products

2626 Those studying engineering are said _____.
- A to lose their hair young than average
- B to lose their hair at a younger age than average
- C they lose their hair at a younger age than average
- D they lose at a younger age their hair than average

2627 _____ Mary Quant invented the mini-skirt.
- A Back in the Sixties
- B Rewinding the Sixties
- C Back to the Sixty
- D Back in the Sixty years

2628 Charlotte is getting anxious. She can find _____.
- A either her wallet or her bag
- B both her wallet and her bag
- C neither her wallet nor her bag
- D neither her wallet or her bag

2629 Iran has been investing in nuclear energy, _____ international warnings.
- A by defying
- B defying
- C as defying
- D to defying

2630 The rocket _____ its planned trajectory.
- A appears to have followed
- B appears follows
- C appears to following
- D is thought to being followed

2631 The recent scientific discovery _____.
- A is coming suprising
- B came a surprise
- C has come as a surprise
- D surprisingly to come

2632 _____ they have gone to theatre.
- A This is the first time
- B Last weekend
- C Never before
- D That is

2633 The little boy you are looking for _____ blue trousers and a green shirt.
- A to wear
- B wears
- C is wearing
- D wearing

2634 Two days ago the secretary said the meeting _____.
- A could delay
- B could be delayed
- C would delay
- D is being delayed

2635 _____ he got there, the shop was closed.
- A If
- B By the time
- C As soon
- D Meanwhile

2636 The student _____ the examination.
A could pass to
B managed passing
C succeded to pass
D succeeded in passing

2637 The woman watches the children playing _____ a glass of wine.
A while having
B and having
C and to have
D for having

2638 I feel better, so _____ the doctor.
A I could need
B I should need
C I don't need going
D I needn't go to

2639 They enjoy _____.
A to take off people
B to take people off
C taking people off
D taking off people

2640 Mark _____ telling jokes.
A likes always
B always likes
C is always liking
D always likes to

2641 You can either give _____.
A the book me or her
B to me or to her the book
C me or her the book
D the book to me or her

2642 I would never trust _____ lies to people.
A someone who usually
B in someone who usually
C usually someone who
D someone usually who

2643 It wasn't clear _____.
A how had he escaped
B the way he escapes
C how he had managed to escape
D how he managed to escaping

2644 Sometimes _____ extra work.
A I can't avoid doing
B can I avoid to do
C I cannot avoid to doing
D avoiding doing

2645 _____ him without his bag.
A Never I saw
B In no circumstances have I seen
C Never I am seeing
D Under no circumstances I have seen

2646 _____ for her she is never happy.
A He doesn't buy anything
B Did he buy anything
C He always buys
D Whenever he buys something

2647 Would you mind _____?
A if I open the window
B to open the window, please
C opening the window, please
D if the window opened?

2648 _____ the bus!
A Is there
B Here comes
C Here
D Here it's coming

2649 The conference was called off _____ of a sudden fire.
A because
B due
C owing
D in spite

2650 Experts were _____ of the new fiscal law.
A highly critics
B sharply critical
C strong criticism
D deep critical

2651 The royal family received a _____ when visiting our country.
A depth welcome
B warmly welcomed
C warm welcome
D favourite welcome

2652 Mr Black gave no names when he made his _____ of interference.

A accuse
B accusation
C accusing
D accuses

2653 Yesterday's agreement was a _____ towards a banking union.

A equal step
B key step
C huge
D basic

2654 The people in the square moved like a _____.

A herd
B box
C cow
D hamster

2655 The teacher was fooled by a _____.

A wax
B hoax
C throat
D thumb

2656 She likes wearing _____ shoes.

A far high
B sky
C heels
D high-heels

2657 My brother is very sociable. Everyone says he's so _____.

A stubborn
B outgoing
C selfish
D mean

2658 My job is so boring. I think I'll look for a more _____ one.

A annoying
B uspetting
C extrovert
D challenging

2659 Greece has received some _____ funds from the EU to get over the financial crisis.

A banking
B economic
C bailout
D sustainable

2660 They decided to sell their valuable pictures _____.

A by heart
B an estimate
C in a tender
D at auction

2661 At the exam I was asked a short analysis of the current _____ in the financial markets.

A start up
B habit
C rash
D turmoil

2662 Big companies tend to _____ smaller ones.

A take from
B take on
C take off
D take over

2663 My parents wish they could make their house _____.

A over
B off
C best
D to

2664 It's an awful day. Winter is _____.

A drawing in
B coming in
C looking forward
D approach

2665 Refugees _____ returning to their homeland.

A look forward
B struggle
C dream of
D try to

2666 If she _____ all that money on jewels, she _____ bankrupt.

A hadn't spent, wouldn't have gone
B hadn't spent, didn't go
C didn't spend, would have gone
D didn't spend, will go

2667 As soon as we receive your confirmation we _____ the meeting.

A will arrange
B were arranging
C to arrange
D arranged

2668 I would never go on a diet _____.

A just in case
B but if forced
C unless I had health problems
D any time I need it

2669 If I _____ your invitation, I _____ a walk in the park now.

A hadn't accepted, could make
B hadn't accepted, would be having
C hadn't accepted, would have had
D accept, will be having

2670 If the cake _____, we _____ make another one.

A hadn't got burnt, wouldn't have to
B didn't get burnt, would have to
C didn't get burnt, didn't have to
D doesn't get burnt, will have to

2671 Liz is so shy that _____.

A I find it difficult to get to know her
B difficult to know her
C I find difficult to get to know her
D I find it difficult to get knowing her

2672 I _____ her a box of chocolates.

A think it nice to bring
B think nice to bring
C think nice it to bring
D bring it nicely to

2673 It's raining hard! _____ now?

A Are we worth going out
B Is worthwile it to go out
C Is it to go out
D Is it worthwile going out

2674 The plumber has not repaired the radiators yet and _____.

A we would be cold
B we're beginning to feel cold
C we had begun to be cold
D we are to be cold

2675 He admitted _____ the old picture.

A that he had stolen
B to be stolen
C to stealing
D that he will have stolen

2676 The doctor recommended _____ at home.

A the patient to staying
B it to stay
C the patient's staying
D that it to stay

2677 The teacher _____ because of a sudden headache.

A didn't stand the children crying
B didn't stand anymore the children to cry
C couldn't stand crying the children anymore
D couldn't stand the children's crying anymore

2678 Your proposals deserve _____.

A discussed
B to discuss
C to be discussing
D being discussed

2679 He usually _____ to wear formal suits.

A neglected
B loves
C is allowed
D caring

2680 We could do nothing to _____ his mind.

A getting him to change
B make him change
C let him change
D making he change

2681 Those people were so impolite that they _____ on the grass though they were not allowed to.

A will keep on walking
B would keep on to walk
C would keep on walking
D could keep on walking

2682 _____ his first book.

A It took him a time to writing
B It took him a long time to write
C He took a long time to write
D It has taken a long time to writing

2683 He should stay in bed. The doctor _____.

A diagnosed bronchitis recently
B has diagnosed bronchitis last week
C has diagnosed it bronchitis
D has just diagnosed bronchitis

2684 _____ that the door is duly locked.

A Before leaving we'd better make sure
B Before to leave we'd better be sure
C Before we leave we'll insure
D Before leaving we would have better made sure

2685 The selectioners said that the job they offered was quite attractive and _____.

A there might be lots of applicants besides me
B there may have been be lots of applicants but me
C there may have been a lot of applicants over me
D there have been many applicants besides me

2686 I wouldn't trust _____.

A on your colleague
B with that colleague
C that your colleague
D that colleague of yours

Find the right meaning of the following sentence.

2687 He got out of the wrong side of the bed this morning.

A He is in a bad mood today
B He's got headache this morning
C He didn't sleep very well in the night
D He is angry today

2688 Mrs Tompson got her own back for her husband's infidelities.

A Mrs Tompson took revenge for her husband's infidelties
B Mrs Tompson left her husband for his infidelities
C Mrs Tompson left home
D Mrs Tompson decided not to care anymore about her husband's infidelities

2689 She hasn't got any pets.

A She has got some pets
B She has got no pets
C She has got a quantity of pets
D She would like a pet

Fill in the blanks with the right word(s).

2690 I couldn't sleep _____.

A as long as I was tired
B but for being tired
C although you were tired
D despite being tired

2691 The effects of the economic measures taken _____ to the public.

A will be known
B are not being made known
C should have known
D are not to be known

2692 Doctor Brown's important claim was discredited after parts of his research _____.

A were found to be faked
B were found to have been faked
C came out to be faked
D were being faked

2693 Oh Bob! You ______ bothered! You ______ all these chocolates!

A should have, needn't have brought
B shouldn't have, didn't need to bring
C wouldn't have, didn't need to bring
D couldn't have, can't have brought
E shouldn't have, needn't have brought

2694 What an awful day! We saw a dog ______ by its owner; then we heard a man and a woman ______ and saw a house ______.

A being beaten, quarrelling, burning
B beat, quarrel, burning
C beating, quarrelling, burning
D beaten, quarrelled, burnt
E being beaten, quarrelling, burnt

Find the part of the sentence that contains a mistake.

2695 "Have you <u>made up your mind</u>, <u>at last</u>?" "Yes, I have. <u>I'm going to buy</u> the blue shirt" "Didn't <u>you mean buying</u> <u>the red one</u>?"

A made up your mind
B at last
C I'm going to buy
D you mean buying
E the red one

Find the right meaning of the word or expression.

2696 To wait for

A To spend time with friends
B To spend time before something happens
C To attend
D To put weight on
E To take a commitment

2697 Light-hearted

A Someone who takes things for granted
B Someone whose heart doesn't weigh very much
C Someone who doesn't think enough before making up his or her mind
D Someone who is amusing
E Someone who is cheerful and happy

2698 Estate agency

A An agency founded by the government
B An agency that sells and rents houses and buildings
C An agency that works in summer
D An agency organizing summer holidays
E An agency offering temporary job

2699 Hostel

A A place where ill people are looked after
B A place where babies are looked after
C A place where people can rent beds or rooms cheaply
D A place where people can eat at night

2700 Stamp

A The press
B All kind of printed paper
C A printer
D A small piece of paper you stick onto an envelope to post it
E A small piece of paper you stick wherever you like

SOLUZIONI

Quesito	Risposta	Quesito	Risposta	Quesito	Risposta	Quesito	Risposta	Quesito	Risposta	Quesito	Risposta	Quesito	Risposta	Quesito	Risposta	Quesito	Risposta	Quesito	Risposta
2201	B	2202	C	2203	A	2204	A	2205	C	2206	A	2207	E	2208	A	2209	A	2210	C
2211	A	2212	D	2213	B	2214	D	2215	E	2216	D	2217	A	2218	A	2219	C	2220	D
2221	C	2222	E	2223	A	2224	C	2225	A	2226	D	2227	B	2228	A	2229	B	2230	C
2231	C	2232	A	2233	A	2234	B	2235	A	2236	B	2237	A	2238	A	2239	A	2240	A
2241	D	2242	B	2243	C	2244	A	2245	B	2246	C	2247	D	2248	B	2249	B	2250	C
2251	A	2252	D	2253	B	2254	A	2255	D	2256	A	2257	A	2258	D	2259	A	2260	A
2261	B	2262	C	2263	B	2264	B	2265	A	2266	B	2267	D	2268	B	2269	A	2270	D
2271	A	2272	C	2273	A	2274	A	2275	D	2276	A	2277	B	2278	D	2279	A	2280	B
2281	D	2282	A	2283	C	2284	C	2285	B	2286	A	2287	C	2288	C	2289	D	2290	D
2291	B	2292	B	2293	A	2294	A	2295	C	2296	B	2297	A	2298	D	2299	B	2300	D
2301	B	2302	C	2303	D	2304	B	2305	A	2306	C	2307	A	2308	A	2309	C	2310	D
2311	D	2312	B	2313	E	2314	A	2315	C	2316	B	2317	A	2318	A	2319	C	2320	B
2321	C	2322	A	2323	B	2324	A	2325	A	2326	B	2327	D	2328	B	2329	C	2330	A
2331	A	2332	A	2333	C	2334	D	2335	D	2336	C	2337	A	2338	A	2339	A	2340	A
2341	D	2342	A	2343	B	2344	B	2345	C	2346	B	2347	C	2348	C	2349	B	2350	A
2351	B	2352	B	2353	A	2354	D	2355	C	2356	A	2357	A	2358	D	2359	B	2360	A
2361	A	2362	C	2363	A	2364	A	2365	A	2366	D	2367	A	2368	B	2369	A	2370	C
2371	D	2372	B	2373	B	2374	D	2375	B	2376	B	2377	A	2378	B	2379	D	2380	A
2381	B	2382	A	2383	C	2384	B	2385	C	2386	A	2387	D	2388	B	2389	A	2390	C
2391	D	2392	A	2393	D	2394	B	2395	C	2396	A	2397	C	2398	B	2399	D	2400	B
2401	C	2402	C	2403	A	2404	D	2405	D	2406	D	2407	D	2408	E	2409	D	2410	B
2411	A	2412	D	2413	A	2414	B	2415	D	2416	C	2417	A	2418	D	2419	A	2420	A
2421	C	2422	B	2423	B	2424	A	2425	A	2426	C	2427	C	2428	B	2429	C	2430	D
2431	B	2432	A	2433	B	2434	A	2435	C	2436	B	2437	A	2438	D	2439	B	2440	D
2441	D	2442	A	2443	D	2444	C	2445	C	2446	A	2447	A	2448	C	2449	D	2450	A
2451	B	2452	A	2453	A	2454	D	2455	D	2456	A	2457	C	2458	A	2459	C	2460	B
2461	A	2462	B	2463	A	2464	C	2465	A	2466	A	2467	C	2468	D	2469	B	2470	A
2471	B	2472	A	2473	A	2474	C	2475	A	2476	B	2477	C	2478	A	2479	A	2480	A
2481	C	2482	C	2483	D	2484	B	2485	C	2486	C	2487	C	2488	A	2489	B	2490	D
2491	A	2492	A	2493	D	2494	C	2495	B	2496	A	2497	B	2498	A	2499	B	2500	C
2501	A	2502	B	2503	A	2504	C	2505	A	2506	C	2507	A	2508	D	2509	D	2510	B
2511	E	2512	A	2513	A	2514	B	2515	E	2516	C	2517	D	2518	D	2519	A	2520	C

Quesito	Risposta	Quesito	Risposta	Quesito	Risposta	Quesito	Risposta	Quesito	Risposta	Quesito	Risposta	Quesito	Risposta	Quesito	Risposta	Quesito	Risposta	Quesito	Risposta
2521	B	2522	E	2523	B	2524	C	2525	B	2526	E	2527	E	2528	D	2529	C	2530	B
2531	D	2532	E	2533	A	2534	A	2535	C	2536	A	2537	C	2538	D	2539	A	2540	B
2541	D	2542	C	2543	B	2544	A	2545	A	2546	B	2547	C	2548	A	2549	E	2550	B
2551	C	2552	A	2553	A	2554	C	2555	E	2556	A	2557	B	2558	C	2559	D	2560	C
2561	C	2562	B	2563	B	2564	B	2565	A	2566	C	2567	A	2568	C	2569	C	2570	B
2571	A	2572	D	2573	A	2574	B	2575	D	2576	A	2577	C	2578	D	2579	B	2580	E
2581	E	2582	A	2583	C	2584	C	2585	B	2586	E	2587	C	2588	B	2589	B	2590	D
2591	D	2592	D	2593	D	2594	B	2595	E	2596	C	2597	C	2598	B	2599	B	2600	E
2601	B	2602	A	2603	B	2604	D	2605	C	2606	B	2607	C	2608	D	2609	A	2610	E
2611	A	2612	C	2613	A	2614	C	2615	D	2616	A	2617	D	2618	B	2619	A	2620	D
2621	C	2622	A	2623	D	2624	C	2625	A	2626	B	2627	A	2628	C	2629	B	2630	A
2631	C	2632	A	2633	C	2634	B	2635	B	2636	D	2637	A	2638	D	2639	C	2640	B
2641	D	2642	A	2643	C	2644	A	2645	B	2646	D	2647	C	2648	B	2649	A	2650	B
2651	C	2652	B	2653	B	2654	A	2655	B	2656	D	2657	B	2658	D	2659	C	2660	D
2661	D	2662	D	2663	A	2664	A	2665	C	2666	A	2667	A	2668	C	2669	B	2670	A
2671	A	2672	A	2673	D	2674	B	2675	A	2676	C	2677	D	2678	D	2679	A	2680	B
2681	C	2682	B	2683	D	2684	A	2685	A	2686	D	2687	A	2688	A	2689	B	2690	D
2691	B	2692	B	2693	E	2694	A	2695	D	2696	B	2697	E	2698	B	2699	C	2700	D

parte sesta

RAGIONAMENTO LOGICO

Questa sezione comprende domande molto diffuse in numerosi test di ammissione a cui si rivolge questo libro (ma **NON** ai test **TOLC-E** e **Test Cisia SPS**) per l'accesso a Economia, Giurisprudenza e Scienze Politiche.

Quesiti

2701 Trovare l'alternativa che completa correttamente la seguente proporzione tra parole:

quatto : appariscente = x : y

A x = attesa; y = treno
B x = errato; y = giusto
C x = lento; y = velocemente
D x = disguido; y = equivoco
E x = ovvio; y = evidente

2702 Quale delle seguenti coppie NON contiene sinonimi?

A Rivangare – rimestare
B Insinuare – inscenare
C Scorticare – spellare
D Svellere – sradicare
E Rabboccare – colmare

2703 Antonio, Bianca, Carlo e Danilo possiedono complessivamente 166 quadri. Danilo ne ha il quadruplo di Carlo e Antonio ha 6 quadri in più rispetto a Carlo, che a sua volta ne ha la metà di Bianca. Quanti quadri possiede Antonio?

A 20 B 26 C 40 D 44 E 60

2704 Quale delle seguenti parole, scritta su un vetro e letta da dietro, è una parola italiana?

A AMOR
B OSSA
C ESSA
D OTIT
E ELOS

2705 Completare la serie seguente con il numero mancante:

8, 13, 14, 15, 20, 17, 26, ...?

A 32
B 21
C 36
D 18
E 19

Negli esercizi seguenti, indicare la rappresentazione che soddisfa la relazione insiemistica esistente tra i tre termini dati.

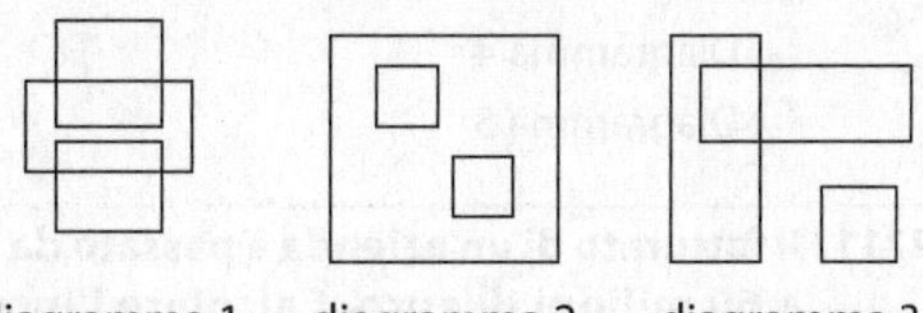

diagramma 1 diagramma 2 diagramma 3

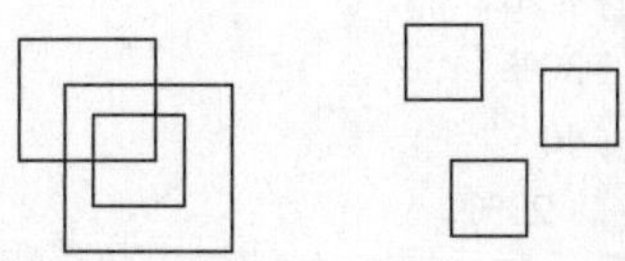

diagramma 4 diagramma 5

2706 Scuole, ospedali, lavoratori

A Diagramma 1
B Diagramma 2
C Diagramma 3
D Diagramma 4
E Diagramma 5

2707 Fiori, rose, tulipani

- A Diagramma 1
- B Diagramma 2
- C Diagramma 3
- D Diagramma 4
- E Diagramma 5

2708 Batteristi, strumenti musicali, persone con i capelli rossi

- A Diagramma 1
- B Diagramma 2
- C Diagramma 3
- D Diagramma 4
- E Diagramma 5

2709 Italiani, brasiliani, attori

- A Diagramma 1
- B Diagramma 2
- C Diagramma 3
- D Diagramma 4
- E Diagramma 5

2710 Cani, quadrupedi, animali sani

- A Diagramma 1
- B Diagramma 2
- C Diagramma 3
- D Diagramma 4
- E Diagramma 5

2711 Il fatturato di un'azienda è passato da 40 a 60 milioni di euro. Calcolare l'incremento percentuale del fatturato.

- A + 20
- B 30%
- C 40
- D – 20%
- E 50%

2712 Se 3 uomini bevono 3 litri di vino in 3 giorni, quanti litri berranno 9 uomini in 9 giorni?

- A 18
- B 27
- C 36
- D 63
- E 72

2713 Raffaella, Tiziano, Luisa e Noemi sono quattro cuginetti in vacanza dalla nonna. Un pomeriggio decidono di andare a caccia di quadrifogli nel prato dietro casa. I quadrifogli verranno fatti essiccare e conservati nelle pagine dei diari scolastici di ciascuno di loro a ricordo della vacanza trascorsa insieme. Per questo motivo i cuginetti decidono di dividere equamente tra di loro tutti i quadrifogli che troveranno.

- **Raffaella ha trovato 8 quadrifogli.**
- **Tiziano ha trovato 3 quadrifogli.**
- **Luisa, la più piccola del gruppo, non ha trovato nemmeno un quadrifoglio.**
- **Noemi, fortunatissima, ha trovato ben 25 quadrifogli.**

Quanti quadrifogli darà Noemi alla piccola Luisa?

- A 6
- B 3
- C 9
- D Non si può stabilire da quale cuginetto Luisa riceverà i quadrifogli per il proprio diario
- E Meno di quelli che riceverà da Raffaella e Tiziano insieme

2714 Completare la seguente frase che si potrebbe leggere nel foglio illustrativo di un farmaco: *La __________ di acido acetilsalicilico, soprattutto in caso di terapia protratta, può potenziare l'attività dei farmaci anticoagulanti.*

- A variazione
- B somministrazione
- C conservazione
- D regolazione
- E ripercussione

2715 Scartare l'alternativa anomala:

- A arancie
- B camicie
- C ciliegie
- D compagnie
- E strisce

© Alpha Test

2716 In un ipotetico linguaggio in codice, alla parola SPECIFICA corrisponde il codice SPEFECIFIFIFICAFA e alla parola IGNORATO corrisponde il codice IFIGNOFORAFATOFO. Come si scriverà, nel medesimo codice, la parola MAIL?

A MAFIFIL
B MAFAIFIL
C MAFAFIIL
D MFAAIFIL
E MAIL

2717 Completare la seguente sequenza di numeri:

?, ?, 48, 8, 24, 12, 12, 16

A 4, 98
B 0, 96
C 96,4
D 98, 0
E 4, 92

2718 In un sacchetto ci sono biglie di colori diversi: rosso, marrone, verde e giallo. Tu devi estrarne una a caso. Se quelle rosse sono 20, quelle marroni sono la metà di quelle rosse, quelle verdi sono pari al numero di quelle marroni più quelle gialle, e se la probabilità di estrarne una verde è del 40%, quante probabilità hai di estrarne una gialla?

A 15% B 7,5% C 20% D 11% E 30%

2719 Per passare un esame Paola deve rispondere correttamente ad almeno il 60% dei quesiti della prova e non sbagliarne più del 10%. La prova è composta da 120 quesiti. In quale dei seguenti casi Paola non passa l'esame?

A Paola risponde correttamente a 80 quesiti e ne sbaglia 10
B Paola risponde correttamente a 75 quesiti e ne sbaglia 9
C Paola risponde correttamente a 105 quesiti e ne sbaglia 13
D Paola risponde correttamente a 72 quesiti e ne sbaglia 5
E Paola risponde correttamente a 90 quesiti e ne sbaglia 12

2720 Due treni, che si muovono l'uno verso l'altro, distano inizialmente 300 km. Il primo viaggia a 100 km/h e il secondo alla metà della velocità del primo. Dopo quanto tempo i due treni si incontreranno?

A 300 minuti
B 3 ore
C 120 minuti
D 150 minuti
E 4 ore

2721 Quale dei seguenti gruppi di termini è disomogeneo rispetto agli altri?

A Pleonastico – ridondante – abbondante – ingente – irrisorio
B Esiguo – copioso – scarso – superfluo – modesto
C Incolto – selvatico – trasandato – disordinato – fine
D Grave – docile – austero – severo – duro
E Minuto – esile – gracile – delicato – vigoroso

Negli esercizi seguenti, indicare la rappresentazione che soddisfa la relazione insiemistica esistente tra i tre termini dati.

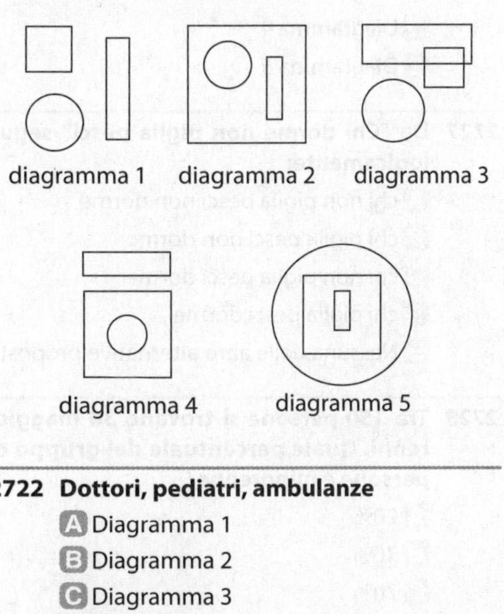

2722 Dottori, pediatri, ambulanze

A Diagramma 1
B Diagramma 2
C Diagramma 3
D Diagramma 4
E Diagramma 5

2723 Monitor, stampanti, tastiere

A Diagramma 1
B Diagramma 2
C Diagramma 3
D Diagramma 4
E Diagramma 5

2724 Giardini, persone alte, giardinieri

A Diagramma 1
B Diagramma 2
C Diagramma 3
D Diagramma 4
E Diagramma 5

2725 Romanzi, saggi, libri

A Diagramma 1
B Diagramma 2
C Diagramma 3
D Diagramma 4
E Diagramma 5

2726 Alimenti, frutti, mele

A Diagramma 1
B Diagramma 2
C Diagramma 3
D Diagramma 4
E Diagramma 5

2727 Da "Chi dorme non piglia pesci" segue logicamente:

A chi non piglia pesci non dorme
B chi piglia pesci non dorme
C chi non piglia pesci dorme
D chi piglia pesci dorme
E Nessuna delle altre alternative proposte

2728 Tra 150 persone si trovano 30 maggiorenni. Quale percentuale del gruppo di persone è minorenne?

A 20%
B 30%
C 70%
D 150%
E 80%

2729 Completare la frase seguente con l'unico aggettivo pertinente: "nonostante il suo proverbiale coraggio, lo spavento fu tale che rimase a lungo ...".

A imperterrito
B apatico
C atterrito
D impavido
E inaudito

2730 Qual è la differenza fra i due risultati?

$$1132 \div 4 =$$
$$1124 \div 4 =$$

A 1
B 2
C 8
D 1108
E 0,5

2731 Se su un biliardo ci sono due biglie davanti a due biglie e due biglie dietro a due biglie, qual è il numero minimo di biglie presenti?

A 2 B 6 C 8 D 5 E 4

2732 In una pasticceria, due pasticceri farciscono 12 bignè in un minuto. Raddoppiando il personale, quanti minuti occorreranno per farcire 48 bignè?

A 1
B 2
C 4
D 6
E Non abbiamo sufficienti dati per stabilirlo

2733 Negli ultimi vent'anni la popolazione della città A è aumentata di circa il 5%, arrivando a 340.000 abitanti; la città B ha visto invece una leggera riduzione, scendendo sotto i 700.000, mentre la città C ha triplicato i suoi abitanti, arrivando a 42.000. Sulla base di questi dati qual era la popolazione delle tre città vent'anni prima?

A A 323.000; B 702.000; C 14.000
B A 300.000; B 702.000; C 22.000
C A 323.000; B 695.000; C 44.000
D A 255.000; B 695.000; C 22.000
E A 357.000; B 715.000; C 14.000

2734 **Completare correttamente la frase seguente.**

Tra gli studenti con cui ho lavorato ho ... differenti ... di sviluppo.

A coibentato; attitudini

B apprezzato; scarsi

C constatato; livelli

D criticato; voti

E isolato; paragoni

2735 **Completare correttamente la seguente successione numerica:**

87; 94; 105; 119; 126; 137; ?

A 144 B 154 C 149 D 153 E 151

2736 **Delle risposte date a un questionario, 8 sono sbagliate e l'80% sono esatte. Quante risposte sono state date?**

A 88

B 72

C 48

D 80

E 40

2737 **Individuare il numero che completa correttamente la seguente successione:**

125 - 133 - 142 - 152 - ?

A 161

B 162

C 163

D 172

E 173

2738 **Data la sequenza**

8TG96S3JYK90ASCX4

individuare l'alternativa che la riproduce fedelmente se aggiunta di seguito alla seguente: 8TG96S3.

A YJK90ASCX4

B 3JYK90ASCX4

C JYK90ASX4

D JYK90ASCX4

E JKY98ASOX4

2739 **Individuare, tra le alternative proposte, la versione in negativo della seguente figura.**

A 

B 

C 

D 

E 

2740 **In un gruppo di 33 turisti, 15 hanno passaporto britannico, 20 hanno passaporto italiano e 3 non hanno passaporto né italiano né britannico. Quanti turisti hanno sia passaporto britannico che italiano?**

A 2

B 3

C 4

D 5

E 8

2741 **Completare la seguente proporzione.**

Ardente : infiammabile = X : Y

A X = spento, Y = incombustibile

B X = freddo, Y = arso

C X = caldo, Y = incombustibile

D X = arso, Y = refrattario

E X = freddo, Y = spento

RAGIONAMENTO LOGICO

2742 Antonio ha due cugini. Uno è nato l'anno prima di lui, il 3 giugno. L'altro è nato l'anno successivo, il 28 aprile. Il compleanno di Antonio è il 15 maggio. Per quanti giorni dell'anno Antonio ha la stessa età di uno dei suoi cugini?

A 39
B 35
C 37
D 36
E 38

2743 Per il suo acquario Michele ha acquistato 50 pesci fra neon, guppy, black angel e clown loach. 46 non sono guppy, 33 non sono clown loach e i neon sono uno in più dei black angel. Quanti sono i neon?

A 11
B 12
C 13
D 14
E 15

2744 Completare la seguente proporzione:

Gatto : X = Pecora : Y

A X = Miagolare, Y = Muggire
B X = Brutto, Y = Piccolo
C X = Peloso, Y = Lanoso
D X = Randagio, Y = Soriano
E X = Felino, Y = Ovino

2745 Indicare il verbo che completa in maniera corretta la seguente frase: "A partire da questa raccolta il romanziere manifesta un deciso impegno politico, il che .... l'adozione di un linguaggio più realistico":

A commette
B comporta
C compila
D compete
E compiace

2746 Un ladro scippa quella che da dietro sembra essere una ragazza e fugge a piedi alla velocità di 18 km/h. In realtà la "ragazza" è il campione mondiale di pugilato, noto per i suoi lunghi capelli biondi, che, dopo i primi trenta secondi di sbigottimento, comincia a rincorrere il malfattore alla propria velocità massima cronometrata durante gli allenamenti: 25,2 km/h. Quanto tempo impiegherà l'atleta a raggiungere lo sventurato scippatore?

A 1 minuto e 15 secondi
B 1 minuto
C 2 minuti
D 1 minuto e 30 secondi
E Il ladro non sarà mai raggiunto

2747 Un gioielliere acquista da un fornitore una collana di oro e diamanti al prezzo di 2.400 euro. Successivamente mette in vendita la collana a 3.000 euro. Quale è la percentuale di ricarico che il gioielliere applica sulla vendita della collana?

A 20%
B 25%
C 15%
D 10%
E 30%

2748 Quale dei seguenti gruppi di termini è disomogeneo rispetto agli altri?

A Compassato – severo – austero – fermo – affabile
B Controverso – conteso – indubbio – discusso – contrastato
C Dispensato – esentato – immune – preservato – soggetto
D Sconcertato – attonito – freddo – sbigottito – impassibile
E Inesperto – sapiente – erudito – istruito – colto

2749 Completare correttamente la frase seguente.
"Dopo aver terminato dieci giri di pista, si buttò a terra e vi rimase ... per mezz'ora".

A solidale
B inerme
C inerte
D glauco
E caduco

2750 Indicare la parola da scartare.

A Compatto
B Attonito
C Astratto
D Scambiato
E Intatto

2751 Per scavare una vasca nel terreno Sandro, Pino e Tino lavorando insieme impiegano 6 giorni. Sapendo che Sandro da solo ci metterebbe 12 giorni e Pino il doppio del tempo di Sandro, quanto tempo ci metterebbe Tino, da solo, a scavare la vasca?

A 48 giorni
B 20 giorni
C Come Pino
D Come Sandro
E 8 giorni

2752 Quale dei seguenti termini NON appartiene allo stesso campo semantico degli altri quattro?

A Ignavia
B Livore
C Accidia
D Indolenza
E Abulia

2753 Una mondina raccoglie 2 chili di riso ogni 30 minuti. Quante mondine ci vogliono per raccogliere 12 chili di riso in un'ora?

A 2
B 3
C 6
D 20
E 5

2754 Se un bambino mangia dapprima 1/3 di un barattolo di marmellata e poi i 3/4 della parte rimanente, che parte del contenuto iniziale rimane alla fine?

A 1/4
B 5/12
C 1/6
D 1/12
E 2/3

2755 Individuare la lettera mancante:

B, C, E, F, H, I, M, ...?

A N
B P
C O
D T
E L

2756 La linea estiva femminile della catena di abbigliamento M&H è pronta per essere spedita ai magazzini per la distribuzione nei negozi. Il famoso stilista newyorchese che l'ha curata ha scelto di puntare sul minimal sia nella definizione dei prodotti sia nell'offerta. La linea infatti comprende: una maglietta, un vestito, un paio di pantaloni e una gonna. Tutti i capi hanno taglie XS, S, M, L, con l'eccezione del vestito che viene fornito anche in versione premaman con taglie XL e XXL.

Magliette e gonne sono disponibili in azzurro, verde e rosa, mentre vestiti e pantaloni solo in nero e beige.

Da quanti capi diversi è composta la linea estiva femminile di M&H?

A 36 B 12 C 32 D 44 E 40

2757 Pino e Franco si sfidano a duello. Riccardo conterà fino a dieci e poi si volteranno l'un l'altro per sparare. Sapendo che Pino cammina a 5 km/h e Franco invece a 7 km/h, che Pino è più veloce a sparare di Franco ma che oltre i 50 metri di distanza sbaglia sempre; chi verrà colpito sapendo che Riccardo impiega 18 secondi per contare fino a dieci?

A Franco
B Pino
C Sparano nello stesso momento
D Non è possibile calcolarlo con gli elementi dati
E Riccardo

2758 Il 5% delle spedizioni delle Poste Congolesi non viene consegnato al destinatario. Il 10% delle spedizioni non consegnate viene rispedito al mittente. Nel 2010 le spedizioni delle Poste Congolesi sono state in tutto 250.000. Quante di queste sono state rispedite al mittente?

A 25.000
B 1.250
C 12.500
D 2.500
E Meno di 1.000

2759 Individuare il numero che completa correttamente la seguente successione:

17 – 19 – 23 – 31 – 47 – ?

A 78 B 70 C 79 D 80 E 64

2760 Una rotatrice viene avviata alle 21.00 e dopo 8 ore di lavoro ha stampato 4/5 dei manifesti programmati dal piano di stampa. Per rispettare i tempi previsti il tipografo decide di stampare l'ultima parte del lavoro rimasto a velocità doppia. A che ora la rotatrice avrà stampato tutti i manifesti previsti?

A Alle 7 del mattino
B Alle 6 del mattino
C Alle 8 del mattino
D A mezzanotte
E Alle 9 del mattino

2761 Il fatturato dell'azienda Tomax passa da 16 a 17,6 milioni di euro dal 2012 al 2013. Quale è stato l'incremento percentuale del fatturato nell'anno?

A 5%
B 10%
C 16%
D 20%
E 25%

2762 Completare correttamente il passo seguente.
"Lo sguardo risentito di Rita tradiva il suo ... per la cugina".

A livido
B lividore
C livore
D littore
E nitore

2763 Marco ha tre figurine più di Giorgio e la metà di Andrea; Giorgio ne ha 10 meno di Guido mentre i quattro amici insieme ne 169 figurine. Quante figurine possiede Guido?

A 66 B 45 C 55 D 40 E 27

2764 Individuare l'alternativa che completa correttamente la seguente successione di numeri:

10; 15; 13; 12; 16; 9; 19; 6; ?

A 5 B 21 C 18 D 13 E 22

2765 Giacomo dice a Filippo: "Se mi dai 6 euro, avremo in tasca gli stessi soldi!" Filippo risponde: "Se tu dai a me 6 euro, io avrò il doppio dei tuoi soldi!". Quanti soldi hanno inizialmente in tasca, rispettivamente, Giacomo e Filippo?

A 36 e 30 euro
B 30 e 42 euro
C 22 e 30 euro
D 24 e 36 euro
E 22 e 42 euro

2766 Trovare l'alternativa che completa correttamente la seguente proporzione tra parole:

Adesso: X = vicino : Y

A X = ora; Y = lontano
B X = dopo; Y = presso
C X = avverbio; Y =aggettivo
D X = aggettivo; Y = avverbio
E X = avverbio; Y = verbo

2767 Cosa studia chi si dedica all'eziologia?

A Invasioni
B Allagamenti
C Cause
D Sensazioni
E Comportamenti

2768 Quale è la differenza fra i due risultati?

443 – 165 =

442 – 164 =

A 64
B 1
C 0
D 1,5
E 2

2769 Quattro delle seguenti parole hanno una radice etimologica comune. Individuate quella anomala:

A antiemetico
B antipatia
C antifonario
D antiquario
E antibiotico

 © Alpha Test

2770 Alberto si ricorda che il suo codice bancomat è composto da 5 cifre, è senza lo 0 e il 3 e che contiene sicuramente un 9, un 7 e un 1. Quanti tentativi dovrà fare per riuscire a ritirare i soldi?

A Circa 300

B Meno di 100

C Più di 1.000

D 5

E Non è possibile calcolarlo

2771 Completare la serie seguente con il numero mancante:

3, 8, 14, 21, ...?

A 28 B 29 C 42 D 22 E 33

2772 Una banda musicale marcia formando un quadrato di 6 x 6 elementi. Arrivata in piazza, si dispone su 3 file, formando un rettangolo, per suonare. Da quanti elementi è composta ciascuna fila?

A 6 B 9 C 12 D 16 E 24

2773 La dose giornaliera efficace di un certo antibiotico è di 50 mg/kg di peso corporeo per gli adulti; di 75 mg/kg per i ragazzi dai 7 ai 15 anni; di 100 mg/kg per i bambini fino ai 6 anni. Il misurino dosatore (mis) inserito nella confezione dello sciroppo contiene 150 mg dell'antibiotico. Quanti misurini è necessario somministrare ogni 8 ore a un bambino di 5 anni che pesa 18 kg, per raggiungere il dosaggio giornaliero efficace?

A 1 mis B 2 mis C 3 mis D 4 mis E 6 mis

2774 Uno sciatore percorre una pista da sci in 12 minuti. Il suo maestro di sci ci impiega la metà del tempo. Quante volte riesce a percorrere la pista in un'ora il maestro di sci (si trascurino i tempi di risalita)?

A 5 B 6 C 8 D 9 E 10

2775 Individuare la figura da scartare.

A 

B 

C 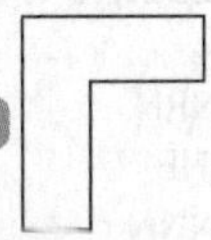

D 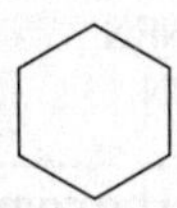

E 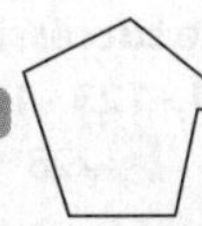

2776 Individuare la figura mancante.

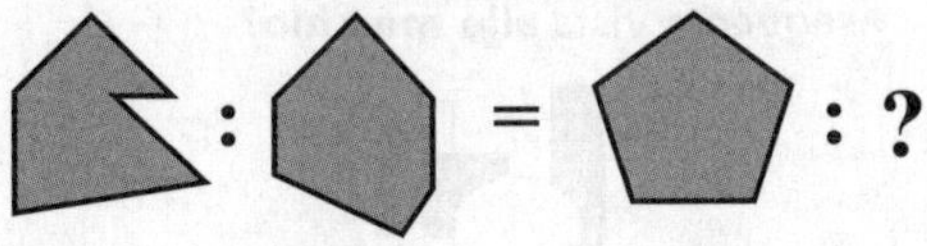

A 

B 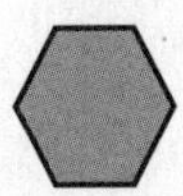

C 

D 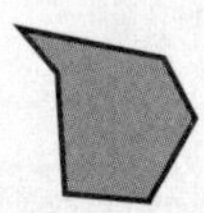

E 

2777 Paola cerca un paio di stivali dentro alla sua cabina armadio ma la luce interna è rotta e quindi lei è al buio. Se nella cabina armadio ci sono 10 stivali neri, 12 marroni e 2 bianchi, quanti ne deve prendere per essere sicura di averne pescati almeno due di uno stesso colore?

A 12 B 6 C 22 D 4 E 3

2778 Indicare in quale delle seguenti alternative la lettera N è presente il maggior numero di volte.

A NFRNNQNFNNNNNNRN
B NFFNFNNFNNNFNNNF
C NRNFQNNQNNFNNNNN
D NFNNNQNFNNNNNNRN
E NNFRNNNNQNNFNRN

2779 Individuare il numero che completa correttamente la seguente successione:

16 - 14 - 42 - 43 - 41 - 123 - 124 - ?

A 122 B 372 C 125 D 228 E 258

2780 Quale delle cinque figure (A, B, C, D ed E) corrisponde alla composizione seguente vista allo specchio?

A

B
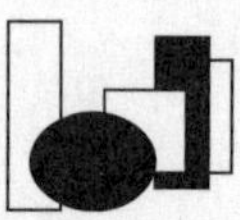

C

D
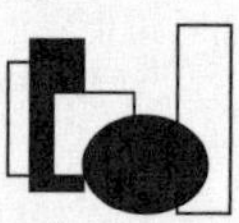

E
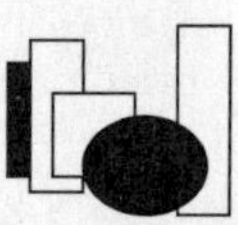

2781 Il valore di un'azione è cresciuto da 8 euro a 13,60 euro. Qual è stata la variazione percentuale?

A 70% B 136% C 65% D 75% E 41%

2782 7 imbianchini iniziano a pitturare un gruppo di appartamenti e prevedono di completare il lavoro in 16 giorni. Due giorni dopo l'inizio del lavoro, altri 7 imbianchini vengono ad aggiungersi agli altri. In quanti giorni sarà finito il lavoro?

A 4 B 9 C 6 D 7 E 8

2783 In un ateneo, degli studenti iscritti, il 62% è di sesso maschile, il 36% è fuori corso ed il 9% è lavoratore. Quale delle seguenti affermazioni è necessariamente vera?

A C'è almeno una studentessa lavoratrice
B C'è almeno uno studente di sesso maschile fuori corso
C Non ci sono studenti lavoratori che non siano fuori corso
D C'è almeno una studentessa in corso e non lavoratrice
E C'è almeno uno studente di sesso maschile che non è né lavoratore né fuori corso

2784 Se quattro panettieri, lavorando allo stesso ritmo, impiegano 2 ore per preparare 10 kg di pane, quanto impiegherebbe uno solo di essi per preparare 5 kg di pane?

A 2 ore B 4 ore C 8 ore D 9 ore E 5 ore

2785 Pescando da un vaso che contiene 100 palline di cui 60 nere e 40 bianche, qual è la probabilità di pescare due volte di fila una pallina nera, nel caso in cui la pallina della prima estrazione venga reinserita nel vaso?

A 1/2
B 3/5
C 3/25
D 9/25
E 60/125

2786 Individuare il numero che completa correttamente la seguente successione:

13 - 26 - 78 - 312 - ?

A 365 B 584 C 1168 D 1560 E 473

2787 Individuare la figura da scartare.

A 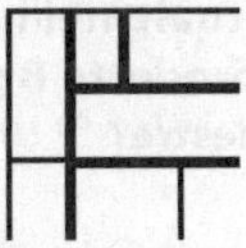

B 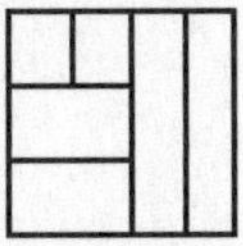

C 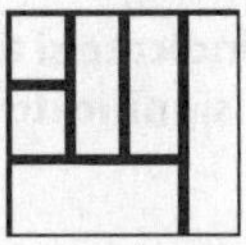

D 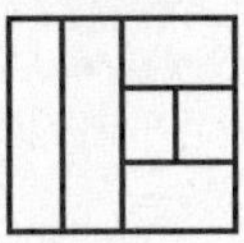

E 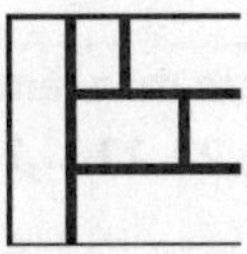

2788 Indicare la parola da scartare.

A Piano
B Wright
C Gaudì
D Miró
E Le Corbusier

2789 Quale dei seguenti termini può sostituire la parola "imprudenza" senza modificare il significato della frase ove essa è inserita?

A Sventatezza
B Avvertenza
C Oblazione
D Escoriazione
E Intolleranza

2790 Dal brano seguente, abbiamo espunto qualcosa. Lo si reintegri con UNA delle alternative sottostanti logicamente coerenti con il senso del brano.
«Quando ________ si muove in modo uguale, in apparenza non si muove niente, come su una nave. Quando tutti vanno verso la dissolutezza, sembra che nessuno ci vada. Colui che si ferma mette in evidenza l'esagerazione degli altri, come se fosse un punto fisso» (dal *Pensiero 592* di B. Pascal, trad. it., La spiga, Milano, 2002)

A qualcuno
B qualcosa
C lo sfondo
D uno
E tutto

2791 Quale delle tre chiavi inglesi è più efficace per svitare un bullone particolarmente stretto?

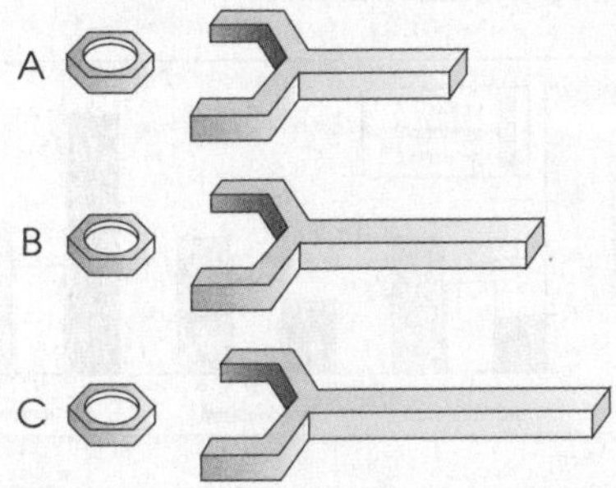

A La A
B La B
C La C
D È indifferente perché il bullone è sempre lo stesso
E Indifferentemente la A o la B

2792 Completare la serie seguente con il numero mancante:
183, 176, 178, 171, 173, ...?

A 166
B 170
C 167
D 164
E 156

2793 Indicare il termine contrario della parola "stressante".

A Corroborante
B Attraente
C Rilassante
D Insignificante
E Faticoso

2794 Qual è il complemento oggetto della seguente proposizione?
«Ronaldo, il Fenomeno, ha realizzato molti gol alle squadre avversarie».

A Fenomeno
B Molti
C Gol
D Squadre avversarie
E Ronaldo

2795 Un esperimento consiste nel lanciare due dadi. Quante sono le combinazioni possibili la cui somma è 10?

A 1
B 2
C 3
D 4
E 5

QUESITI

Nel grafico è riportato il quantitativo di pezzi venduti dell'azienda Grossi durante lo scorso anno. I dati vengono distinti per prodotto (A, B e C) e per quadrimestre.

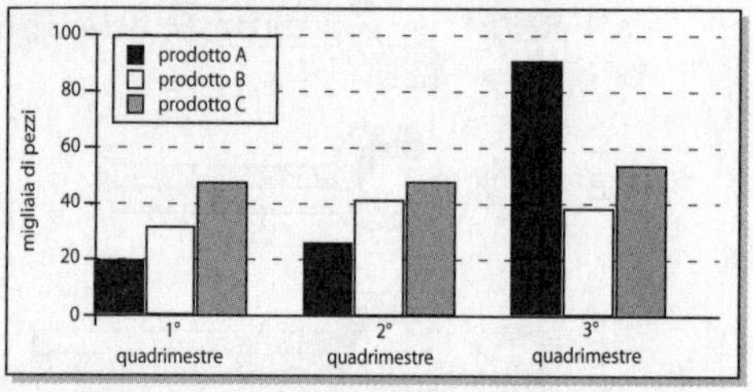

2796 Con riferimento al grafico, quale delle seguenti affermazioni è vera?

A) Lo scorso anno l'azienda Grossi ha venduto più pezzi del prodotto A rispetto al prodotto B
B) Nel primo quadrimestre le vendite del prodotto C sono state inferiori rispetto a quelle del prodotto A
C) Il quadrimestre durante il quale l'azienda Grossi ha venduto meno pezzi è il secondo
D) Lo scorso anno l'azienda Grossi ha venduto complessivamente più pezzi dell'anno precedente
E) Nel terzo quadrimestre l'azienda Grossi ha venduto più di 40 mila pezzi del prodotto B

2797 Con riferimento al grafico, quale prodotto e in quale periodo dell'anno ha venduto il maggior numero di pezzi tra i seguenti?

A) Il prodotto B nel 2° quadrimestre
B) Il prodotto A nel 2° quadrimestre
C) Il prodotto C nel 3° quadrimestre
D) Il prodotto C nel 1° quadrimestre
E) Il prodotto B nel 3° quadrimestre

2798 Con riferimento al grafico, quale prodotto ha aumentato maggiormente le vendite tra il 1° e il 3° quadrimestre?

A) Il prodotto B
B) Il prodotto C
C) I prodotti B e C hanno avuto la medesima crescita
D) Il prodotto A
E) Non è possibile rispondere

2799 Con riferimento al grafico, qual è stata la variazione percentuale nel numero di pezzi venduti del prodotto B passando dal 1° al 2° quadrimestre?

A) Circa il 35%
B) 0
C) Circa il 10%
D) Circa il 90%
E) Circa il 65%

2800 Quale delle parole indicate si avvicina di più all'opposto del significato di "Oscurare"?

A) Spiegare
B) Rivelare
C) Amplificare
D) Occultare
E) Relegare

2801 Individuare il numero mancante:

4, 7, 5, 20, 23, 21, ...?

A) 27
B) 146
C) 84
D) 81
E) 35

2802 Completare la frase seguente scegliendo la migliore alternativa tra quelle proposte.
"In Messico si sono ... dell'ONU che chiede alle nazioni più ricche di raddoppiare i finanziamenti".

A) aperte le locazioni
B) aperte le investiture
C) aperti gli epigoni
D) aperte le assise
E) aperti i portali

2803 In un acquario ci sono 4 pesci rossi grossi, 2 pesci gialli piccoli, 3 pesci blu piccoli, 4 pesci grigi grossi e 5 pesci bianchi piccoli. Pescando a caso un pesce qual è la probabilità che questo sia bianco oppure grosso?

A) 1/3
B) 1/2
C) 13/18
D) 9/24
E) 17/18

© Alpha Test

2804 Abbinare correttamente le seguenti espressioni con la definizione delle figure retoriche in esse contenute.
1.Le nostre frecce oscureranno il Sole.
2.Meglio, combatteremo all'ombra!
3."Posso fare qualcosa per te?" chiese Alessandro.
4."Toglierti dalla mia luce!", rispose Diogene.
a)sarcasmo
b)iperbole
c)esclamazione
d)interrogazione

A 1-a, 2-c, 3-b, 4-d
B 1-d, 2-b, 3-c, 4-a
C 1-d, 2-a, 3-b, 4-c
D 1-b, 2-a, 3-d, 4-c
E 1-b, 2-c, 3-d, 4-a

2805 Nella proposizione seguente si sostituisca la congiunzione sottolineata con una delle alternative proposte, mantenendone invariato il significato.
"Il suo sogno era fare sindacato, <u>ovvero</u>, difendere l'occupazione e gli stipendi".

A Ma non
B Oppure
C Eppure
D Sicché
E Ossia

2806 Trova l'intruso.

A Prosodia
B Ode
C Ballata
D Canzone
E Sonetto

2807 Completare la seguente sequenza di numeri:

16, 29, 42, 55, ?

A 74
B 77
C 72
D 68
E 66

2808 Quale valore si ottiene dal rapporto fra i due risultati?
$32 \div 2 =$
$32 \div 8 =$

A 16 B 4 C 8 D 1/4 E 4/2

2809 Completare correttamente la frase seguente.
La campagna Fai per i "I luoghi del cuore" ... di anno in anno un successo ... e lo stesso si può dire dei "Luoghi di valore" promossi dalla Fondazione Benetton.

A ebbe; bello
B va; migliore
C raggiunge; mediocre
D conosce; crescente
E ottiene; bipolare

2810 Individuare il numero mancante.

2	**4**	**12**
3	**5**	**?**
1	**1**	**4**

A 16 B 22 C 5 D 17 E 14

2811 Indicare la parola da scartare.

A Giraffa
B Squalo
C Delfino
D Gatto
E Cane

2812 Completare la seguente sequenza di numeri:

9, 9, 11, 12, 13, 15, ?

A 10 B 15 C 13 D 16 E 12

2813 Un istruttore di karate ha sei allievi e, in vista delle prossime gare, vuole che ognuno di essi combatta una sola volta con ognuno degli altri 5. Quanti combattimenti è possibile combinare in tutto fra i sei allievi?

A 15 B 21 C 14 D 12 E 20

2814 Completare la serie seguente con il numero mancante:

41, 33, 25, 17, ...?

A 11
B 9
C 16
D 25
E 10

Nel grafico è riportato il numero di confezioni di antibiotici vendute lo scorso anno da una multinazionale farmaceutica nel mondo.

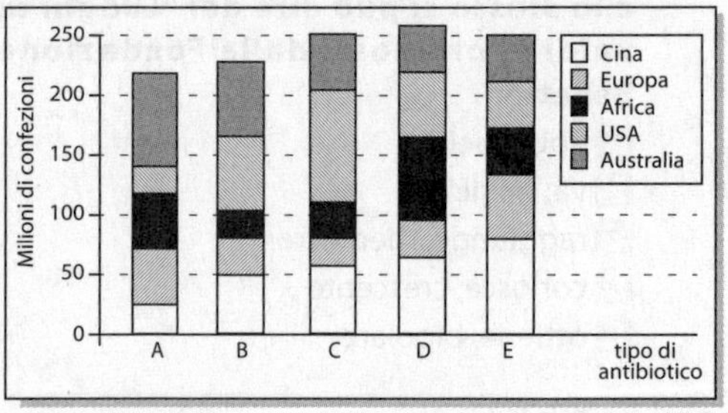

2815 Con riferimento al grafico, quale antibiotico ha venduto il maggior numero di confezioni in Africa?

A Antibiotico A

B Antibiotico B

C Antibiotico C

D Antibiotico D

E Antibiotico E

2816 Con riferimento al grafico, in quale area geografica la multinazionale farmaceutica ha venduto il maggior numero di confezioni dell'antibiotico A?

A Africa

B Australia

C Cina

D USA

E Europa

2817 Con riferimento al grafico, quante confezioni di antibiotico C sono state vendute negli USA?

A Circa 100 mila

B Circa 1 milione

C Circa 1.000 migliaia

D Circa 10 milioni

E Circa 100 milioni

2818 Con riferimento al grafico, quale delle seguenti affermazioni è falsa?

A Il maggior numero di confezioni vendute nel mondo è quello relativo all'antibiotico D

B In Europa sono state vendute più confezioni dell'antibiotico A rispetto all'antibiotico C

C Il numero totale di confezioni vendute in USA e Africa dell'antibiotico A è superiore a quelle dell'antibiotico B vendute nelle medesime aree geografiche

D Sono state vendute più confezioni dell'antibiotico E in Cina che negli USA

E La multinazionale farmaceutica in Cina ha venduto più di 200 milioni di confezioni di antibiotici

2819 Se A > B e B = C, quale delle seguenti relazioni è vera?

A $A < C$

B $A \leq C$

C $A \geq C$

D $A = C$

E $A > C$

2820 Qual è il numero mancante nella serie seguente?

864, 842, 820, 798, 776, ?

A 754

B 726

C 764

D 748

E 746

2821 Completare la seguente proporzione tra parole.

Lione : Parigi = Anversa : x

A x = Amsterdam

B x = L'Aja

C x = Bruxelles

D x = Berlino

E x = Belgio

2822 Quale delle parole sotto elencate è etimologicamente anomala?

A Pediatra

B Pedicello

C Podologo

D Peduncolo

E Pedografia

2823 Cosa significa "contumelia"?

A Assenza dell'imputato al processo

B Condanna all'esilio

C Riunione segreta

D Insulto

E Pochezza di carattere

2824 Indicare la parola da scartare.

A L'Espresso

B La Nazione

C Il Mattino

D La Stampa

E L'Unità

2825 Maurizio va dal tabaccaio ed acquista 2 sigari cubani, spendendo in tutto 1 euro e 10 centesimi. Un sigaro costa un euro in più dell'altro. Qual è il prezzo di ogni sigaro?

A Un sigaro costa 1 Euro e l'altro 10 centesimi

B Un sigaro costa 75 centesimi e l'altro 35 centesimi

C Un sigaro costa 1 Euro e 5 centesimi e l'altro 5 centesimi

D Un sigaro costa 1 Euro e 25 centesimi e l'altro 75 centesimi

E Un sigaro costa 1 Euro e 75 centesimi e l'altro 25 centesimi

2826 Quale delle seguenti alternative contiene una lettera ripetuta esattamente cinque volte?

A NMTTTMNMMNNT

B ODLILIDODLIOO

C TTYVTYVTVVYT

D WWLRRLWLWRLR

E MTQQQTMTTMMQ

2827 Individuare il numero mancante:

5, 10, 15, 25, 40, 65, ...?

A 105 B 75 C 100 D 145 E 95

2828 Secondo un dossier pubblicato dall'ISTAT sui conti regionali delle famiglie, la pressione fiscale (rapporto tra imposte pagate e reddito) è pari al 9,6% per le Regioni del Sud e al 13,7% per quelle del Nord. Su base nazionale tale dato è pari al 12,4%.

Quale delle seguenti conclusioni può essere dedotta dalle sole informazioni riportate sopra?

A Le famiglie contribuenti del Nord sono più numerose di quelle del Sud

B Il reddito disponibile (cioè al netto delle imposte) delle famiglie del Sud è superiore a quello delle famiglie del Nord

C Le famiglie del Sud riescono a evadere le tasse

D Le famiglie del Nord sono più ricche di quelle del Sud

2829 Completare la seguente serie:

14, 11, 17, 8, 20, ...?

A 5

B 25

C 16

D 22

E 12

2830 Scegliere il termine che abbia lo stesso significato delle due parole proposte: cronologia - disposizione

A sequenza

B ordine

C animo

D tempo

E orologio

2831 Tra le seguenti definizioni della parola "aforisma" scegliete QUELLA PIÙ CORRETTA:

A motto, sentenza che compendia esperienze significative

B ragionamento che contiene una contraddizione

C precetto morale frutto di esperienza

D deduzione priva di rigore, logicamente non rigorosa

E concetto privo di fondamento ma brillantemente formulato

2832 Se 4 dattilografe scrivono 24 pagine in 10 minuti, quante dattilografe sarebbero teoricamente necessarie per scrivere 240 pagine in 6000 secondi?

A 24
B 12
C 8
D 6
E 4

2833 Se lo spazio di tempo tra adesso e le 20 è il triplo dello spazio di tempo tra adesso e il momento nel quale mancherà esattamente un'ora e mezzo all'ora che è esattamente a metà strada tra adesso e le 20, che ora è adesso?

A le 9
B le 10
C le 11
D le 12
E le 13

2834 Di quanto aumenta il numero 39175 inserendo uno zero tra la cifra delle decine e la cifra delle centinaia?

A 351900
B 351000
C 351800
D 351300
E 359100

2835 Quale valore si ottiene dalla somma fra i due risultati?

$$1 \times 1/2 =$$

$$2 \times 3/6 =$$

A 1
B 2/3
C 1,5
D 0,5
E 2

2836 Immagina su un tavolo una carta da gioco coperta e la seguente serie di 5 carte scoperte: 1 di picche; 3 di fiori; 4 di cuori; 6 di cuori; 7 di fiori. Scegli tra le seguenti quale possa essere, su basi logiche, l'unica carta coperta:

A 9 di fiori
B 9 di picche
C 5 di cuori
D 8 di quadri
E 8 di picche

2837 Una somma di denaro deve essere divisa tra tre persone; alla prima spettano i 2/3 della somma, alla seconda spetta 1/5 di quanto spetta alla terza. Se alla seconda spettano 100 euro, a quanti euro ammonta la somma?

A 9000
B 1800
C 1500
D 4500
E 4000

2838 Completare la seguente serie:

1, 2, 2, 4, 8, 32, ...?

A 40
B 64
C 128
D 256
E 1544

2839 Completare la serie seguente con il numero mancante:

48, 24, 36, 18, 30, 15, ...?

A 8
B 37
C 36
D 27
E 42

2840 Qual è il contrario di *sdegno*?

A Disprezzo
B Indulgenza
C Irritazione
D Spregio
E Bello

2841 Individuare il numero mancante.

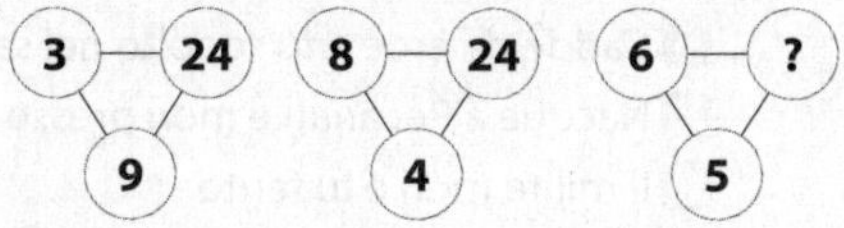

A 10

B 18

C 22

D 8

E 24

2842 Individuare la figura da scartare.

A 

B 

C 

D 

E 

2843 Completare la seguente proporzione.

Giusto : Y = X : avventato

A X = avvocato, Y = giudice

B X = oligarchia, Y = repubblica

C X = inesatto, Y = cauto

D X = guerra, Y = pace

2844 Individuare quale diagramma soddisfa la relazione insiemistica esistente fra i tre termini seguenti: medicinali, polmoniti, antibiotici.

A 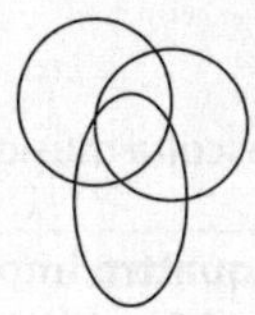

B 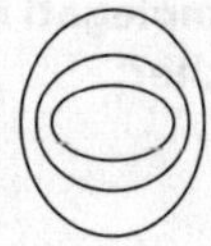

C 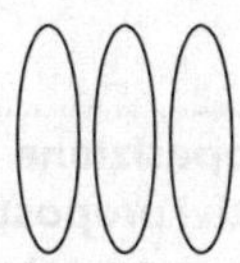

D 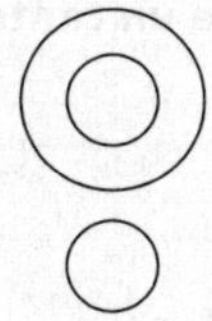

E 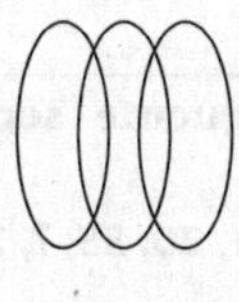

2845 Qual è la differenza fra i due risultati?

273 ÷ 3 =

264 ÷ 3 =

A 261 B 9 C 3 D 88 E 1

2846 Una grande scatola contiene 3 scatole, ognuna delle quali contiene a sua volta 2 scatole più piccole e ognuna di queste scatole più piccole contiene altre 3 minuscole scatole. Quante scatole ci sono in tutto?

A 9 B 18 C 27 D 28 E 21

2847 Indicare la parola da scartare.

A Ecuador
B Perù
C Cile
D Canada
E Brasile
F Giosuè è ricco e ascolta musica

2848 In una lavanderia, quattro impiegati stirano 8 giacche in 16 minuti. Se due impiegati vanno in ferie, quanti minuti occorreranno agli impiegati rimasti per stirare quattro giacche?

A 16
B 13
C 32
D 36
E 64

2849 Completare la proposizione seguente con uno dei sostantivi proposti: "Nel mezzo della sua appassionata ... contro l'inquinamento acustico, Martino propose di intonare un canto di protesta".

A messe
B maestranza
C requisizione
D concione
E locuzione

2850 Completare la seguente sequenza di numeri:

11, ?, 55, 11, 20, 55, ?, 20

A 20, 20
B 55, 11
C 20, 55
D 11, 20
E 20, 11

2851 L'espressione *a doppio taglio* riferita a una cosa, la designa come:

A falsa
B apparentemente economica, ma dotata di grande valore
C che riserva una sorpresa
D avente effetti sia positivi che negativi
E chiara e scura

2852 Quale espressione NON descrive gli eventi in modo sequenziale?

A Cadde da eroe e fu sepolto nel sacrario
B Nacque a Recanati e morì presso Napoli
C Il milite morì e fu ferito
D La spia fu scoperta e condannata
E Il cielo si annuvolò e venne a piovere

2853 Individuare la figura mancante.

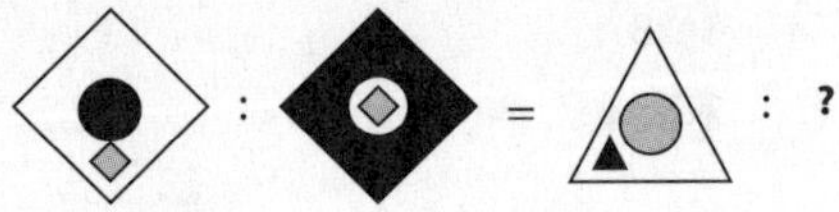

A 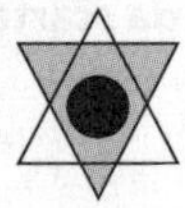

B 

C 

D 

E 

2854 Completare correttamente la seguente successione numerica:

27; 81; 69; 207; 195; 585; ?; ?

A 1.719; 572
B 573; 1.721
C 572; 1.724
D 573; 1.719
E 572; 572

2855 Indicare la parola da scartare.

A Kant
B Cartesio
C Picasso
D Anassimene
E Platone

2856 Quattro operai impiegano 60 giorni per asfaltare una strada. Se il lavoro fosse svolto solo da tre operai, in quanto tempo sarebbe portato a termine?

A 80 giorni
B 50 giorni
C 40 giorni
D 1 mese
E 3 mesi

2857 Quale tra queste è un sinonimo di *assurgere*?

A Abbassarsi
B Calare
C Levarsi
D Scemare
E Scendere

2858 Completare la seguente sequenza di numeri:

14, 19, 17, 16, 20, 13, 23, 10, ?

A 28 B 17 C 23 D 7 E 26

2859 Ciascuno di noi è coscente di sè stesso e dell'ambiente che lo circonda: pertanto, la conoscienza è una funzione complessa costituita dall'interazione di numerose attività cerebrali in grado di ricevere dall'ambiente esterno parecchi stimoli visivi, tattili, uditivi ecc. e di fornire, di conseguenza, risposte adeguate.
In questo brano:

A ci sono 3 errori
B ci sono 2 errori
C c'è 1 solo errore
D ci sono 4 errori
E non ci sono errori

2860 Indicare quale dei seguenti termini può essere considerato parte della serie ELOGIO, COMPLIMENTO, ENCOMIO, ...

A CRITICA
B DENIGRAZIONE
C LODE
D FORMALISMO
E STUDIO

2861 Indica quale delle seguenti frazioni è quella con valore maggiore:

A 10/15
B 14/15
C 9/10
D 19/20
E 10/11

2862 Ho a disposizione tanti cubi quanti ne voglio e dipingo ogni loro faccia con i colori rosso o verde. Quanti cubi diversi posso ottenere?

A 10 B 6 C 64 D 36 E 24

2863 Indicare la parola da scartare.

A Vecchio
B Libro
C Pigro
D Goffo
E Labile

2864 Quale dei termini proposti, inserito tra le parentesi, assume un significato associabile sia al termine che precede che a quello che segue: Automobile ( ) Denaro.

A Manubrio
B Giornale
C Cambio
D Contante
E Ruota

2865 Indicare la parola da scartare.

A Sempre
B Bello
C Stanco
D Demolito
E Brutto

2866 Quale dei seguenti termini può sostituire la parola "ingiustizia" senza modificare il significato della frase ove essa è inserita?

A Stratagemma
B Iniquità
C Marasma
D Legalità
E Correttezza

2867 Qual è un contrario di *lugubre*?

A Noioso
B Vivido
C Allegro
D Pulito
E Sano

2868 Indica quale delle seguenti parole, se inserita al posto dei puntini, è coerente con l'idea espressa dal resto del testo.
«Oggi ogni ramo della scienza sembra ci voglia mostrare che il mondo si regge su entità sottilissime: come i messaggi del DNA, gli impulsi dei neuroni, i quarks, i ... vaganti nello spazio dall'inizio dei tempi.»
I. Calvino, *Lezioni americane*.

A pianeti
B neutrini
C mondi
D sistemi solari
E satelliti

2869 Qual è l'opposto di "patologico"?

A Sano
B Selettivo
C Testardo
D Prevedibile
E Instabile

2870 Trovare l'alternativa che completa correttamente la seguente proporzione tra parole:
Pediatra : bambini = X : Y

A X = gerarca; Y = anziani
B X = casa di riposo; Y = nonni
C X = ortopedico; Y = bambini
D X = geriatra; Y = anziani
E X = donne; Y = ginecologo

2871 Il significato del termine "aerobico" è:

A fame di aria
B addestrare al volo
C che richiede la presenza di azoto
D che richiede la presenza di ossigeno
E abilità all'apnea subacquea

2872 In 12 giorni di lavoro cinque muratori costruiscono il muro perimetrale di una casa. Quanti giorni impiegherebbe un solo muratore a svolgere lo stesso lavoro?

A 80
B 120
C 30
D 60
E 90

2873 Qual è la differenza fra i due risultati?

$$736{,}5 \div 2 =$$
$$737{,}5 \div 2 =$$

A 0
B 0,5
C 1
D 1,5
E 2

2874 Individuare il diagramma che soddisfa la relazione insiemistica esistente tra i termini dati: Porti, Capitani, Barche a vela

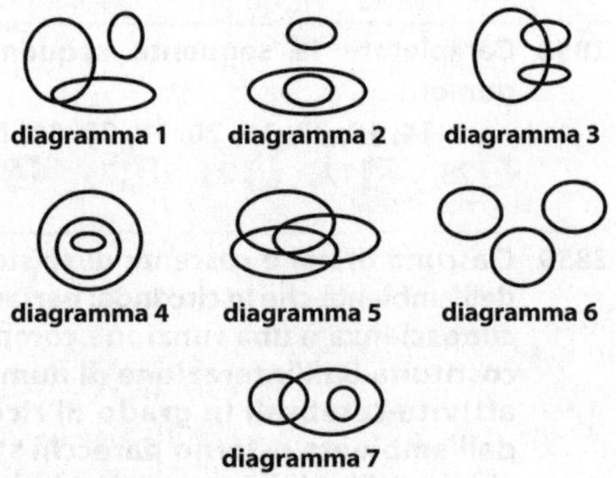

A Diagramma 2
B Diagramma 6
C Diagramma 3
D Diagramma 1
E Diagramma 5

2875 Ad un corso universitario partecipano 80 studenti. Di questi, 45 parlano inglese e 60 sono ragazze. Determinare, sulla base di questa sola informazione, quale delle seguenti situazioni è impossibile.

A Nessuno dei ragazzi parla inglese
B Il numero delle ragazze che parlano inglese è maggiore del numero dei ragazzi che parlano inglese
C I ragazzi che parlano inglese sono esattamente 13
D Le ragazze che parlano inglese sono esattamente 23
E Tutti i ragazzi parlano inglese

2876 Completare la serie seguente con il numero mancante:

2, 8, 32, 128, 512, ...?

A 4096

B 1024

C 2048

D 1624

E 3208

2877 Uno scultore vuole creare un enorme cubo composto da tanti piccoli cubetti di legno. Ha a disposizione 359 piccoli cubetti, tutti uguali. Quanti cubetti utilizzerà lo scultore per creare l'opera più grande possibile?

A 359

B 256

C 216

D 343

E 316

2878 In una classe di 24 studenti 10 seguono un corso di giapponese, 12 un corso di spagnolo e 5 non seguono alcun corso. Quale delle seguenti deduzioni è corretta?

A Nessuno studente segue due corsi

B Almeno nove studenti seguono due corsi

C Tre studenti seguono due corsi

D Al massimo due studenti seguono due corsi

E Un solo studente segue due corsi

2879 Quale delle seguenti coppie di termini presenta elementi di disomogeneità rispetto alle altre?

A Lacunoso / manchevole

B Dissipato / morigerato

C Greve / leggero

D Glabro / villoso

E Nascosto / esibito

2880 Un mallevadore è chi:

A si fa garante dell'adempimento di un obbligo assunto da un'altra persona

B accusa qualcun altro con false affermazioni

C istiga a compiere azioni disoneste o atti di ribellione

D affascina i suoi interlocutori grazie alla sua eloquenza

E contribuisce a raggiungere un accordo tra due parti in contesa

2881 Individuare la lettera mancante:

S, Z, E, M, ...?

A U B S C T D R E V

2882 Se:

& + & = § - ¿

& = @ + ¿

¿ = §

@ = -8

allora ¿ è uguale a:

A 8

B 4

C -8

D 16

E 6

2883 Nella città Beta vi sono due discoteche. Sapendo che la probabilità che una discoteca sia aperta è uguale a 1/2, calcolare la probabilità che:

a) entrambe siano aperte;

b) una sia chiusa e una sia aperta;

c) siano entrambe chiuse.

Dire inoltre qual è la somma di tali probabilità.

A $\frac{1}{4}; \frac{1}{4}; \frac{1}{4}; \frac{3}{4}$

B $\frac{1}{4}; \frac{1}{4}; \frac{1}{2}; 1$

C $\frac{1}{4}; \frac{1}{2}; \frac{1}{4}; 1$

D $\frac{1}{2}; \frac{1}{4}; \frac{1}{4}; 1$

E $\frac{1}{4}; \frac{1}{2}; \frac{1}{4}; \frac{3}{4}$

2884 Antonio, Fabio e Giuseppe sono autotrasportatori di un'azienda di distribuzione merci. Antonio trasporta vini e compie il suo giro in 9 giorni mentre Fabio e Giuseppe distribuiscono l'uno pasta e l'altro olio e compiono i loro giri in 8 e 6 giorni rispettivamente. Se oggi partono contemporaneamente, fra quanti giorni si ritroveranno ancora insieme in azienda la prossima volta?

A 144 B 36 C 432 D 72 E 23

2885 Individuare il numero che completa correttamente la seguente successione:

96 - 48 - 56 - 28 - 36 - 18 - ?

A 36
B 26
C 24
D 9
E 32

2886 Una giacca acquistata con il 20% di sconto è stata pagata 128 euro. Qual era il prezzo di listino della giacca?

A 169 B 148 C 160 D 153 E 108

Indicare la rappresentazione (A, B, C, D, E) che soddisfa la relazione insiemistica esistente tra i tre termini dati.

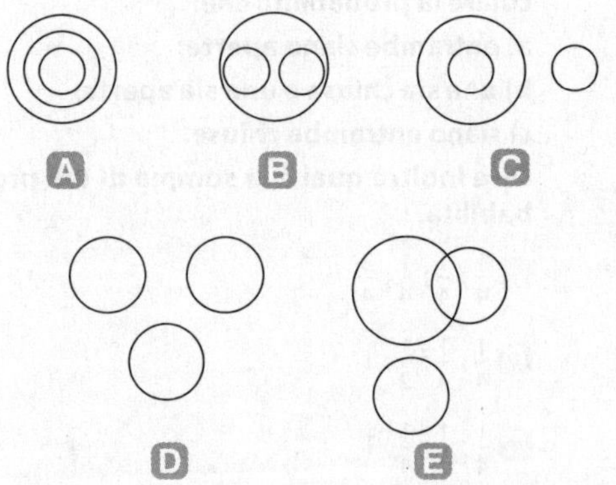

2887 Italia, San Marino, Europa

A A B B C C D D E E

2888 Quanti secondi si impiegano per percorrere 4 chilometri e mezzo se si viaggia alla velocità di 120 chilometri all'ora?

A 9 secondi
B 135 secondi
C 90 secondi
D 35 secondi
E 250 secondi

2889 Ognuna delle parole che seguono, tranne una, è legata alle altre da un legame logico. Individuare la parola da scartare.

A Carrozza
B Automobile
C Slitta
D Vagone
E Autobus

2890 L'azienda ALPHA ha fatto registrare un fatturato (in migliaia di euro) pari rispettivamente a 400 nell'anno 2010 ed a 440 nell'anno 2011. L'incremento percentuale del fatturato registrato nel passaggio dall'esercizio 2010 a quello 2011 è stato pari al:

A 24% B 10% C 12% D 4% E 14%

2891 Individuare la coppia di termini che completa la proporzione data.
Affiggere : attaccare = staccare : X

A X = distaccare
B X = aprire
C X = incollare
D X = appendere
E X = defalcare

2892 Quale dei seguenti abbinamenti, in senso figurato, è errato?

A Toccare il cuore: riuscire a commuovere
B Starsene nel proprio brodo: condividere euforicamente un risultato conseguito
C Mettere molta carne al fuoco: voler fare molte cose in una volta
D Puntare i piedi: impuntarsi in un proposito
E Ammainare le vele: desistere da un'impresa

2893 Continuare in modo appropriato la seguente serie «sollecito, attento, rapido, scattante, ...».

- A Solerte
- B Disinteressato
- C Impassibile
- D Restio
- E Lasco

2894 Qual è un sinonimo di *raccapricciante*?

- A Onorifico
- B Impudico
- C Fifone
- D Prevenuto
- E Nessuna delle alternative è corretta

2895 Qual è il significato di *messe*?

- A Portatore di notizie
- B Avviso
- C Raccolto
- D Periodo di tempo
- E Attrezzo per raccogliere l'acqua

2896 Quale dei termini proposti, inserito tra le parentesi, assume un significato associabile sia al termine che precede che a quello che segue: Scuola ( ) Gioco.

- A Diletto
- B Lezione
- C Alunno
- D Penna
- E Banco

2897 Quale tra i seguenti è un sinonimo di "esecrare"?

- A Aberrare
- B Aborrire
- C Abortire
- D Abilitare
- E Santificare

2898 Completa correttamente la seguente frase: «Quando ... il libro, esprimerò il mio parere».

- A leggerai
- B leggo
- C avrò letto
- D ho letto
- E avevo letto

2899 Dividendo 30 per 1/2 e aggiungendo 10 si ottiene:

- A 30
- B 45
- C 50
- D 70
- E 60

2900 Un vestito costava 84 euro e con i saldi il suo prezzo è diminuito di 1/3. A quanto ammonta lo sconto applicato?

- A 21 euro
- B 33 euro
- C 56 euro
- D 30 euro
- E 28 euro

2901 Individuare il numero che completa correttamente la seguente successione:

7 - 11 - 19 - 35 - ?

- A 69
- B 99
- C 55
- D 67
- E 105

2902 Scartare una delle cinque rappresentazioni grafiche.

A 

B 

C 

D 

E 

2903 Individuare l'elemento mancante.

14	18	22
A	Z	?
8	6	4

A S B T C V D U E 6

2904 Se in una città ci fosse un insegnante ogni 500 abitanti, quale sarebbe la percentuale di insegnanti?

A 5%
B 2%
C 0,2%
D 0,5%
E 0,02%

2905 Completare correttamente la frase seguente scegliendo le forme verbali adeguate.

Il capitano _____ al posto di guardia e vide i soldati dormire.

A va
B si recò
C andato
D fosse
E dice

2906 Una segretaria è di cattivo umore a causa della maleducazione del suo capo reparto. Di prima mattina lui le chiede di scrivere urgentemente tre lettere indirizzate a tre persone diverse. Per fare un dispetto al capo reparto, la segretaria vuole inviare tutte e tre le lettere ai destinatari sbagliati.

In quante diverse combinazioni potrà inviare le tre lettere per ottenere il suo scopo?

A 3
B 6
C 5
D 1
E 2

2907 Tiziano è un tipo strano. Si affida sempre al caso. Quando deve sposarsi sceglie a caso anche la data della cerimonia. In quale mese è meno probabile che si celebri il matrimonio?

A Gennaio
B Febbraio
C Marzo
D Agosto
E Novembre

2908 Quale tra le figure in basso è uguale a quella in alto ruotata di 350°?

A 

B 

C 

D 

E Nessuna delle precedenti

§§§4

2909 Un falegname deve fissare con chiodi una lastra a forma di ettagono regolare con lato di 25 cm. Per fissarla bene il carpentiere mette 26 chiodi per lato. Quanti chiodi sono necessari in tutto?

A 189
B 180
C 170
D 175
E 182

2910 Indicare la parola da scartare.

A Balena
B Vipera
C Pipistrello
D Gnu
E Coniglio

2911 Quale dei seguenti termini non è omogeneo con gli altri?

A Cubo
B Quadrato
C Sfera
D Cilindro
E Tetraedro

2912 Indicare la parola da scartare.

A Bicchiere
B Parabrezza
C Ruota
D Bottiglia
E Provetta

2913 Quale dei seguenti termini può sostituire la parola "interessamento" senza modificare il significato della frase ove essa è inserita?

A Intolleranza
B Utilità
C Sollecitudine
D Intento
E Dimenticanza

2914 Che cosa significa *laconico*?

A Che è in rapporto con i laghi
B Che ha forma di lacono
C Difettoso per la mancanza di parti rilevanti
D Atteggiato a un senso di solenne sacralità
E Di poche parole, conciso

2915 Qual è un sinonimo di *nemesi*?

A Cirrocumulo
B Cantilena
C Rovesciamento
D Vendetta
E Tumore

2916 Scartare la serie intrusa tra le seguenti.

A Canna, amo, bilanciere, lenza
B Bisturi, forcipe, stetoscopio, sfigmomanometro
C Pialla, sega, lima, martello
D Cazzuola, livella, crivello, pala
E Vanga, zappa, forcone, rastrello

La tabella che segue mostra la vendita di pezzi nell'ultimo anno della Andrea S.p.A. nelle quattro aree dei quattro settori più importanti. Facendovi riferimento, rispondete alle seguenti domande.

Settore di produzione	Nord	Centro	Sud	Isole	Totale
Zaini	5	6	2	1	14
Tende da campeggio	3	3	1	1	8
Abbigliamento	7	8	4	2	21
Sacchi a pelo	4	6	1	2	13
Totale	19	23	8	6	56

Le quantità sono espresse in migliaia di unità

2917 In quale area sono stati venduti più pezzi di abbigliamento dalla Andrea S.p.A.?

A Nord
B Isole
C Sud
D Centro
E Non è possibile rispondere in base a questi dati

2918 I pezzi totali venduti al Sud che percentuale sono dei pezzi totali venduti dalla Andrea S.p.A.?

A Più del 20%
B Poco meno del 15%
C Poco più del 15%
D Poco più del 18%
E Poco meno del 13%

2919 I pezzi totali venduti al Nord e al Centro che percentuale sono dei pezzi totali venduti dalla Andrea S.p.A.?

A 66%
B 50%
C 80%
D 75%
E 70%

2920 Quale tra i seguenti è un sinonimo di *glabro*?

A Insufficiente
B Estremo
C Sottile
D Villoso
E Liscio

2921 Completetare correttamente la frase seguente.
Oggigiorno la carta ____ non riporta altro che pettegolezzi.
- A platinata
- B pettinata
- C pattinata
- D patinata
- E da parati

2922 Completare la seguente frase.
La poesia di Edgar Allan Poe, per quanto lodata per la sua musicalità e originalità metrica, è spesso criticata per la propria ... tematica; è infatti, secondo numerosi critici, troppo spesso una collezione di impressioni ...
- A banalità - ritmiche
- B dolcezza - poco chiare
- C leggerezza - noiose
- D confusione - parziali
- E trascendenza - ineffabili

2923 Quali, tra i termini proposti, completano correttamente la seguente proporzione verbale?
Esteriore : estremo = X : Y
- A X = effimero Y = caduco
- B X = alto Y = supremo
- C X = ottimo Y = buono
- D X = finale Y = terminale
- E X = superiore Y = sommo

2924 Quale delle parole sotto elencate è etimologicamente anomala?
- A Interdentale
- B Dentellato
- C Incidentale
- D Addentato
- E Tridente

2925 Date le sequenze-chiave:
PTM BVO
individuare il gruppo che le contiene entrambe.
- A XXPXVXBXXTXOXXVX
- B XXPXVXBXXMXOXXVX
- C XXPXVXBXXTXOXXVX
- D XXBXVXPXXTXOXXMX
- E XXPXTXBXXMXOXXVX

2926 Individuare, tra le alternative proposte, la versione in negativo della seguente figura.

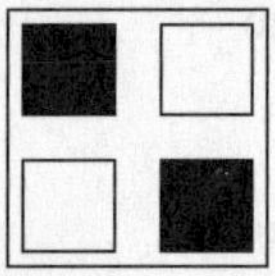

A

B
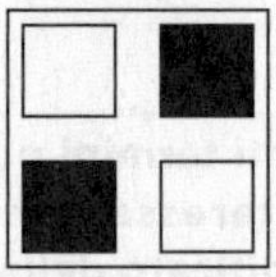

C

D

E

2927 Completare la seguente proporzione.
Reato : pena = X : Y
- A X = uso, Y = abuso
- B X = investimento, Y = guadagno
- C X = chiesa, Y = capitello
- D X = libertà, Y = popolo

2928 Completare la seguente proporzione.
Delfino : X = Y : avverbio
- A X = mammifero, Y = sempre
- B X = pesce, Y = anche
- C X = squalo, Y = nome
- D X = balena, Y = domani
- E X = oviparo, Y = mai

2929 Individuare il numero che completa correttamente la seguente successione di numeri:

2, 4, 7, 6, 12, 15, 14, 28, 31, ...?

A 29
B 30
C 27
D 62
E 34

La società di consulenza Grandi&Rossi ha compiuto uno studio su alcune associazioni professionali e ha prodotto la seguente tabella:

Associazione	N. iscritti	Quota di iscrizione annua (euro)
Medici	14.563	360
Commercialisti	17.621	120
Notai	6.325	1300
Giornalisti	11.221	125
Avvocati	13.425	320

2930 In base ai dati contenuti in tabella qual è l'associazione che ha raccolto la somma più elevata dalle quote di iscrizione?

A Medici
B Commercialisti
C Notai
D Giornalisti
E Avvocati

2931 L'espressione *alla garibaldina* riferita a un'azione, la designa come:

A improvvisata
B coraggiosa
C di buon esito
D allegra
E maleducata

2932 Durante un brindisi fra sei amici, ognuno incrocia il proprio calice una sola volta con tutti gli altri. Quanti tintinnii si ascoltano:

A 30 B 36 C 15 D 18 E 100

2933 Il compito in classe assegnato a 20 studenti è difficile: 12 studenti non riescono a fare nulla; la prima metà degli esercizi è risolta da 6 studenti. Quanti studenti risolvono il compito in modo esatto?

A 2 su 20
B Non più di 6
C Non più di 8
D 8 su 20
E Nessuna delle risposte precedenti è corretta

2934 Completare la seguente serie numerica:

11, 7, 22, 21, 44, ?, ?, 189, 176

A 42; 88
B 63; 88
C 35; 77
D 63; 66
E 28; 55

2935 Le piastrelle (quadrate) del pavimento (rettangolare) di un locale di dimensioni 4 × 6 = 24 metri quadrati sono costate complessivamente 600 euro. Sapendo che il costo unitario delle piastrelle è di 4 euro, quanto misura il lato della piastrella?

A 4 cm
B 20 cm
C 30 cm
D 40 cm
E 50 cm

2936 Posto che, secondo una regola nascosta, a PIPA corrisponde 16 e ad ARANCIA corrisponde 28, che numero corrisponde a LANCIA?

A 40
B 36
C 22
D 24
E 18

2937 Il bando di un concorso richiede ai candidati la conoscenza almeno di francese e/o tedesco; per superarlo occorre aver conseguito nella prima delle due prove il punteggio di almeno 60/100 ed è necessario raggiungere comunque, tra prima e seconda prova, il punteggio di almeno 150/200. In base a questi criteri, qual è l'unico candidato che ha superato il concorso?

A Lingue conosciute: francese e spagnolo; 1ª prova: 60; 2ª prova 75
B Lingue conosciute: spagnolo e tedesco; 1ª prova: 80; 2ª prova 70
C Lingue conosciute: francese e inglese; 1ª prova: 50; 2ª prova 100
D Lingue conosciute: francese e tedesco; 1ª prova: 70; 2ª prova 75
E Lingue conosciute: francese e russo; 1ª prova: 90; 2ª prova 55

2938 Da un'urna contenente 15 palline numerate da 1 a 15 viene estratta, a occhi bendati, una pallina. Supponendo che tutte le palline abbiano le stesse probabilità di essere estratte, qual è la probabilità che esca un numero maggiore di 7?

A 7/15
B 1/3
C 9/14
D 1/4
E 8/15

2939 In un museo sono presenti soltanto quadri, sculture e mosaici. Sapendo che il numero di quadri sta a quello delle sculture come 3 sta a 4, che il numero di mosaici sta a quello dei quadri come 5 sta a 3 e che nel museo ci sono 36 sculture, qual è il numero totale di opere d'arte presente nel museo?

A 117
B 99
C 123
D 90
E 108

2940 È andata via la luce, e Carletto deve vestirsi. Al buio apre il cassetto per estrarre dei calzini. Sa che nel cassetto vi sono 20 calzini blu, 8 calzini marroni, 14 calzini beige e 22 calzini neri. Qual è il numero minimo di calzini che deve prendere per essere sicuro di averne almeno due dello stesso colore?

A 9 B 23 C 3 D 22 E 5

2941 Un'auto con un prezzo di listino pari a 40.000 euro viene venduta con uno sconto del 60%. A quanto è ammontato lo sconto?

A 16.000 euro
B 24.000 euro
C 20.000 euro
D 6.000 euro
E 18.000 euro

2942 Quale tra le serie ABCDE è coerente con tutte le serie 1, 2 e 3?

1 primavera, estate, autunno, inverno

2 mattino, mezzogiorno, pomeriggio, sera, notte

3 lunedì, martedì, mercoledì, giovedì, venerdì, sabato, domenica

A Gennaio, febbraio, marzo, aprile, maggio, giugno, luglio, agosto, settembre, ottobre, novembre, dicembre
B Pollice, indice, medio, anulare, mignolo
C 1, 2, 3, 4, 5, 6
D George H.W. Bush, William J. Clinton, George W. Bush, Barack H. Obama, Donald J. Trump
E Alisso, begonia, crisantemo, dalia, elicriso

2943 In una di queste coppie i due termini NON si possono unire come nelle altre:

A scritto, mano
B filo, acido
C mente, triste
D fucile, mano
E piede, marcia

2944 Quale dei seguenti gruppi di termini è disomogeneo rispetto agli altri?

A Aitante – robusto – gagliardo – forte

B Carente – limitato – ristretto – dovizioso

C Aggraziato – leggiadro – grazioso – goffo

D Consistente – cospicuo – rilevante – irrisorio

E Motteggiatore – mordace – maldicente – adulatore

2945 Un negozio, durante i saldi, pratica uno sconto del 15% su tutti i prezzi di listino. Sul prodotto X pratica un ulteriore sconto del 20%. Qual è lo sconto complessivo praticato sul prodotto X?

A 5%

B 17,5%

C 30%

D 32%

E 35%

2946 Fausto ha una strana abitudine che ne rallenta parecchio il passo: cammina muovendo sempre due passi in avanti e uno indietro. Dovendo raggiungere l'abitazione dell'amico Giovanni, che dista solo 20 passi, quanti ne compierà effettivamente per giungervi?

A 28

B 44

C 66

D 58

E 34

2947 Un assicuratore riesce a stipulare 12 nuove polizze vita alla settimana; quanto tempo impiega per stipularne 84?

A 5 settimane

B 8 settimane

C 7 settimane

D 1 mese

E 32 giorni

2948 Se l'autostrada che collega le città A e B è lunga 80 chilometri e tutte le altre autostrade indicate sono lunghe 125 chilometri, allora per spostarsi dalla città A alla città E occorrerà percorrere almeno:

A 330 chilometri

B 375 chilometri

C 455 chilometri

D 355 chilometri

E 275 chilometri

2949 Date le sequenze-chiave:

UNP QIR

individuare il gruppo che le contiene entrambe.

A XXUXQXXIXXNXPXXX

B XXUXQXXIXXNXPXRX

C XXUXQXXIXXNXRXXX

D XXUXQXXIXXPXRXNX

E XXUXQXXPXXNXRXXX

2950 Una scatola contiene 6 palline blu,12 palline verdi e 24 palline gialle. Si supponga di essere bendati in modo da non poter sbirciare nella scatola, quante palline dovreste prendere per essere sicuri di averne almeno una coppia dello stesso colore?

A 6 B 4 C 3 D 2 E 5

2951 In un armadio ci sono tre tipi di magliette: rosse, nere e blu. Quante occorre prenderne al buio affinché si sia certi di averne almeno due dello stesso colore?

A 4 B 5 C 6 D 7 E 2

2952 Indicare tra le alternative proposte quella che contiene una sequenza di lettere identica a:

5S5SSS5S555SS5S5S

A 5S5SSS5S555SS5S5S

B 5S5SSS5S55S5S5S5S

C 5S5SS5S555SS5SS5S

D 5SSSS55S555SS5S5S

E 5S5SS5S5S55SS5S5S

2953 In una scuola di musica, 2/5 degli allievi studia pianoforte, 1/3 studia violino e i rimanenti 8 allievi studiano composizione musicale. Quanti sono gli allievi che studiano pianoforte?

A 6 B 8 C 10 D 12 E 15

2954 In un piccolo villaggio vivono 33 famiglie, ognuna delle quali possiede 1 o 2 o 3 biciclette. Sapendo che il numero delle famiglie che possiede 1 bici è uguale al numero delle famiglie che ne possiedono 3, sai dire quante biciclette ci sono in totale nel villaggio?

A 20
B 51
C 33
D 15
E 66

2955 Un'obbligazione nella giornata di martedì perde il 20% del proprio valore, ma nella giornata di mercoledì guadagna il 25%. All'inizio delle contrattazioni, giovedì mattina, l'obbligazione vale di più o di meno rispetto a martedì mattina?

A Di più
B Vale come martedì all'inizio contrattazioni
C Di meno
D Dipende dal prezzo dell'obbligazione martedì mattina
E I dati non permettono di rispondere al quesito

2956 Marco vuole far giocare il fratellino Roberto su un'altalena le cui estremità sono equidistanti dal fulcro centrale. Sapendo che Roberto pesa la metà di Marco, in quali punti si devono sedere i due per essere pressoché in equilibrio?

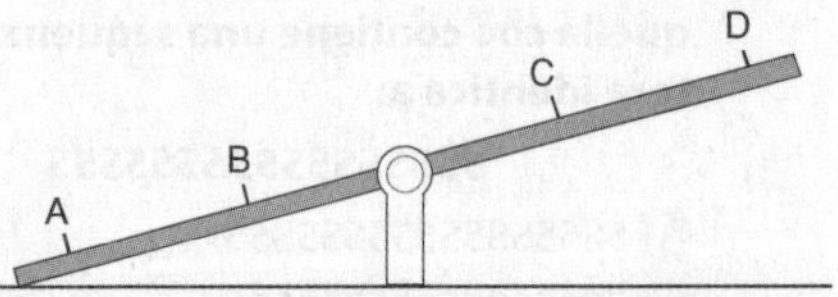

A Marco deve sedersi in B e Roberto in D
B Marco deve sedersi in B e Roberto in C
C Marco deve sedersi in A e Roberto in C
D Marco deve sedersi in A e Roberto in D

2957 Indicare tra le alternative proposte quella che contiene una sequenza di lettere identica a:

WVVWVWWV

A WVVWVWVVV
B WVVWVWWV
C WVVWVWVW
D WVWVVWWV
E WVVWWVWV

2958 Qual è la differenza fra i due risultati?

555 x 2/5 =

555 x 1/5 =

A 0,2 B 555 C 2/5 D 111 E 222

2959 Individuare il numero che completa correttamente la seguente successione di numeri:

5, 6, 8, 8, 11, 10, 14, ...?

A 24 B 11 C 14 D 12 E 16

2960 Una clessidra in un'ora lascia cadere 1 hg di sabbia. Quanto tempo è passato se sono caduti 45 gr. di sabbia?

A Un giorno e 21 h
B 2 h e 13 min
C 3 min
D 4 h e 30 min
E 27 min

2961 A quanto ammonta l'incremento percentuale del prezzo di un deodorante da uomo che passa da 5 Euro al flacone a 72 Euro la dozzina di flaconi?

A 10%
B 20%
C 5%
D 15%
E 25%

2962 Il pasto servito a mensa a 30 studenti era abbondante. Dodici studenti non riuscirono a terminare il primo piatto mentre i tre quarti del pasto furono consumati solo da 8 studenti. Quanti studenti riuscirono a terminare il pasto?

A 18
B 3/4
C Non più di 8
D 8 su 30
E Nessuna delle precedenti alternative è corretta

 © Alpha Test

Leggere il testo del seguente esercizio e rispondere alle domande

Il seguente grafico rappresenta le matricole iscritte, in quattro diversi anni, alle facoltà di Medicina, Veterinaria, Giurisprudenza, Architettura e Ingegneria nell'università della città Beta.

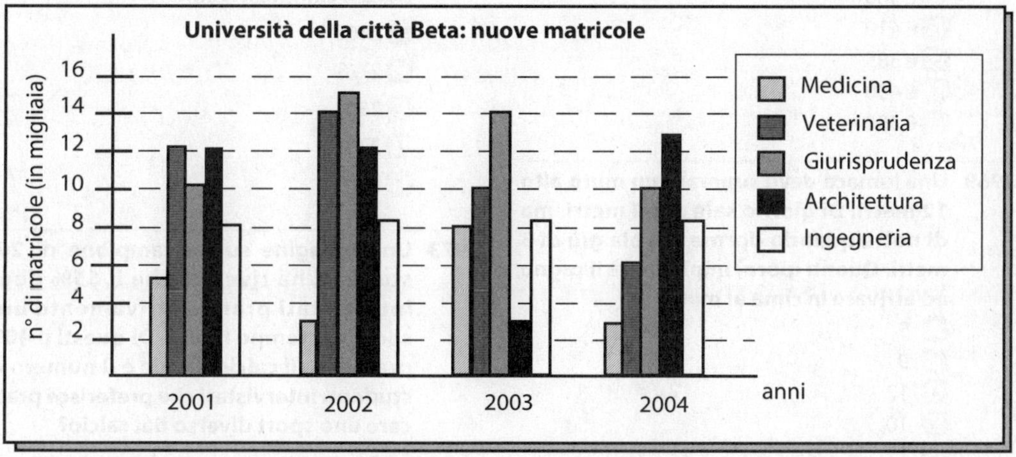

2963 Qual è la facoltà che nel quadriennio esaminato ha registrato un numero di matricole pressoché costante?

A Medicina
B Veterinaria
C Giurisprudenza
D Architettura
E Ingegneria

2964 Quali facoltà hanno registrato rispettivamente il maggior numero di matricole nel 2002 e il minor numero di matricole nel 2003?

A Medicina; Giurisprudenza
B Giurisprudenza; Medicina
C Giurisprudenza; Architettura
D Architettura; Medicina
E Ingegneria; Architettura

2965 Quale variazione percentuale ha subito, passando dal 2003 al 2004, il numero degli iscritti alla facoltà di Veterinaria?

A – 62,5%
B – 40%
C 333,3%
D – 42,9%
E – 28,6%

2966 Dal grafico si possono trarre tutte le seguenti conclusioni tranne una. Quale?

A Nell'ultimo anno esaminato la facoltà che ha registrato il maggior numero di nuove matricole è quella di Architettura
B Tra il 2001 e il 2002 il numero di matricole della facoltà di Medicina è aumentato
C Nel 2004 la facoltà di Ingegneria ha registrato più di 8.000 nuove matricole
D La facoltà che ha registrato il minor numero di matricole nel 2002 è quella di Medicina
E Nel quadriennio esaminato la facoltà di Ingegneria ha registrato più di 32.000 matricole

2967 Si completi correttamente il seguente ragionamento ipotetico:
Se non avessi avuto talento, non saresti diventato artista; ma sei diventato artista, dunque

A hai talento
B non hai talento
C sei artista
D sarai artista
E non avrai talento

2968 Un orologio viene venduto con il 18% di sconto sul prezzo di listino, che equivale a un risparmio di € 72. Qual è il prezzo di listino dell'orologio?

A € 380
B € 410
C € 385
D € 400
E € 350

2969 Una lumaca deve superare un muro alto 12 metri. Di giorno sale per 4 metri, ma di notte quando dorme scivola giù di 3 metri. Quanti giorni impiegherà il ragno ad arrivare in cima al muro?

A 5
B 9
C 12
D 10
E 7

2970 Un partito politico ha una percentuale di votanti, omogenea su scala nazionale, pari al 25%. Quanti elettori di quel partito vi sono in una città di 1.500.000 abitanti?

A 375.000
B 37.000
C 381.250
D 250.000
E 300.000

2971 Quattro amici, Stefano, Alessandro, Mauro e Diego, decidono di correre un percorso di 32 km dividendolo tra loro in quattro frazioni della medesima lunghezza. Stefano, primo frazionista, corre la sua porzione di strada a una velocità costante di 4 km/h, la stessa fatta registrare dall'ultimo dei quattro, Diego. Alessandro e Mauro, dal canto loro, riescono a mantenere una velocità costante che è pari al doppio di quella mantenuta da Stefano e Diego. Quanto tempo impiegano complessivamente i quattro amici a coprire l'intera distanza?

A 420 minuti
B 240 minuti
C 360 minuti
D 300 minuti
E 480 minuti

2972 Claudio costruisce un puzzle riuscendo a posizionare ogni giorno 1/3 dei pezzi rimasti e, dopo tre giorni, gli rimangono 80 tasselli. Da quanti pezzi è composto il puzzle complessivamente?

A 2160
B 27/8
C 250
D 270
E 800

2973 Una indagine su un campione di 200 studenti ha rivelato che il 65% degli intervistati pratica attivamente uno sport nel tempo libero. Di questi il 40% preferisce il calcio. Quale è il numero di studenti intervistati che preferisce praticare uno sport diverso dal calcio?

A 84
B 56
C 78
D 52
E 64

2974 Se:

∇ + © + š + ¾ = 20

© + © = 8

© + š = 6

∇ = 1

allora ¾ x 3 è pari a:

A 39
B 26
C 33
D 27
E 36

2975 Completare la seguente sequenza di numeri:

1, 20, 21, 41, 62, ?

A 103
B 93
C 99
D 86
E 113

2976 Individuare la figura mancante.

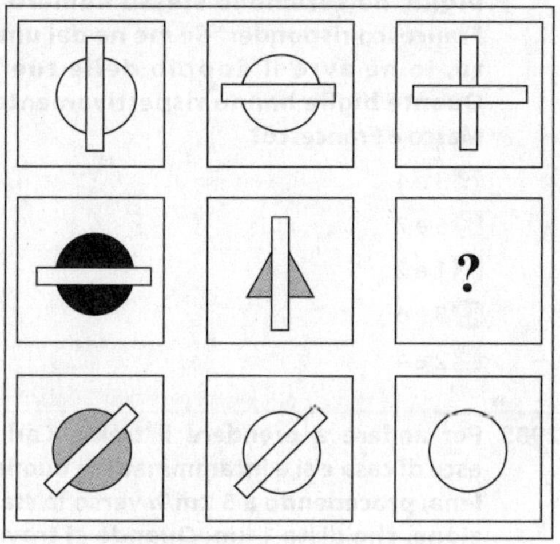

A 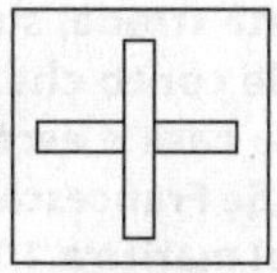

B 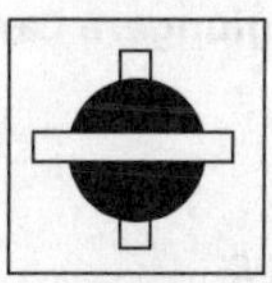

C 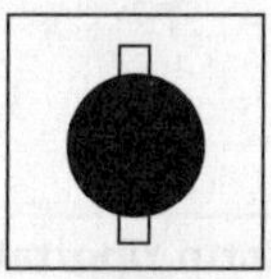

D 

E 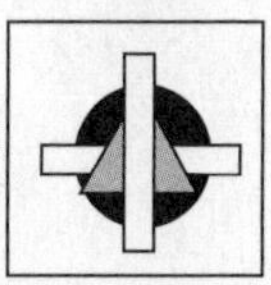

2977 Individuare il numero che completa correttamente la seguente successione:

18 - 21 - 27 - 39 - ?

- **A** 59
- **B** 63
- **C** 51
- **D** 73
- **E** 54

2978 Due colleghi sono stati assunti nello stesso giorno: uno aveva il doppio dell'età dell'altro. Anni dopo la Ditta fallisce: in quel momento il maggiore ha 20 anni più del minore.

A quale età è stato assunto il minore?

- **A** 35 anni
- **B** 20 anni
- **C** 30 anni
- **D** 25 anni
- **E** 15 anni

2979 Quale dei seguenti gruppi di termini è disomogeneo rispetto agli altri?

- **A** Insigne – distinto – oscuro – preclaro – anonimo
- **B** Inerte – abulico – esanime – anodino – operoso
- **C** Impavido – ardito – vile – intrepido – gagliardo
- **D** Fertile – prospero – fecondo – ubertoso – infruttifero
- **E** Fantomatico – chimerico – fondato – fantastico – irreperibile

2980 C'è una botte piena di vino. Tutto il vino della botte viene versato, in quantità identiche, in tre damigiane di diverse dimensioni. Alla fine si può osservare che la prima damigiana è piena per metà, la seconda per due terzi e la terza per tre quarti. Se la capacità della botte e quella di ciascuna damigiana è, in litri o in altra unità, un numero intero, quale è la capacità minima della botte?

- **A** 18
- **B** 38
- **C** 40
- **D** 22
- **E** 100

2981 Una persona che ha o che mostra grande forza di volontà si può definire:

- **A** apatico
- **B** abulico
- **C** volitivo
- **D** costante
- **E** indolente

2982 Un automobilista per raggiungere il proprio luogo di lavoro può percorrere una delle seguenti tre strade:

- **Prima strada: 10 km di strada statale con 3 semafori ciascuno con un tempo di attesa di 2 minuti in media + 50 km di autostrada – Per controllo 41 min**
- **Seconda strada: 15 km di strada statale + 40 km di autostrada – Per controllo 35 min**
- **Terza strada: percorso urbano di 3 km con 5 semafori con un tempo di attesa di 1 minuto in media + 10 km di strada statale + 30 km di autostrada – Per controllo 36 minuti**

Sapendo che la velocità media nei percorsi urbani è di 30 km/h, su strada statale è di 60 km/h e in autostrada è di 120 km/h, quale delle seguenti affermazioni NON è vera?

A La strada con la maggiore distanza percorsa in autostrada è la più lenta

B La strada con il minore numero di semafori è la più veloce

C La strada con la maggiore distanza percorsa su strada statale è la più veloce

D Se la strada con il maggior numero di semafori avesse due semafori in meno sarebbe la più veloce

E La strada con il percorso urbano è la più lenta

2983 In un viale lungo 600 metri c'è una panchina ogni 120 metri da un lato e una panchina ogni 100 metri dall'altro lato. Quante panchine ci sono in totale su entrambi i lati?

A 12

B 11

C 13

D 14

E 15

2984 Marco dice a Francesco: "Se mi dai una biglia, ne avremo lo stesso numero". Francesco risponde: "Se me ne dai una tu, io ne avrò il doppio delle tue". Quante biglie hanno rispettivamente Marco e Francesco?

A 3 e 4

B 5 e 7

C 1 e 2

D 5 e 6

E 2 e 4

2985 Per andare a prendere il treno, Carlo esce di casa e si è incamminato di buona lena, procedendo a 5 km/h verso la stazione, che dista 1 km. Quando si trova esattamente a metà strada, sua moglie Francesca si rende conto che Carlo ha lasciato le chiavi a casa e esce di corsa per raggiungerlo. Se Francesca percorre la stessa strada del marito a 10 km/h, in quanto tempo raggiungerà Carlo?

A 6 minuti

B 5 minuti

C Non farà in tempo

D 10 minuti

E 30 minuti

2986 Date le relazioni sotto riportate, individuare il valore di ❍.

❑³ = 27

❑³ + ✱ – ❤ + ❍ = 90

✱ – ❤ = 28

A ❍ = 5

B ❍ = 15

C ❍ = 35

D ❍ = 20

E Nessuna delle precedenti

2987 Lavorando allo stesso ritmo, 3 magazzinieri processano lo scarico del materiale ricevuto in 4 ore. Quante ore impiegherebbe un magazziniere se venisse lasciato solo dai suoi colleghi?

A 9 B 10 C 4 D 12 E 8

2988 Un pescatore va a una fiera di settore con 100 euro. Per acquistare delle esche si reca presso tre stand dove spende, rispettivamente, i 3/10, i 2/5 e 1/20 di tale somma. Con quanti euro rimarrà dopo tali acquisti?

A 75
B 35
C 25
D 45
E 5

2989 Tre fratelli hanno un'età complessiva pari a 150 anni. Il maggiore ha un'età pari a 3/2 dell'età del minore. Tenendo conto che Il fratello di mezzo ha dieci anni in meno del maggiore, quanti anni ha quest'ultimo?

A 50
B 60
C 45
D 65
E 72

2990 Luigi aveva 8 anni quando è nato suo fratellino. Quanti anni ha ora che la sua età è doppia di quella del fratello?

A 21
B 20
C 12
D 16
E 18

2991 In un cassetto ci sono alcune magliette. Andrea afferma: "Le magliette nel cassetto sono 2 gialle e 2 blu". Claudio afferma: "ci sono tre magliette nel cassetto". Dario afferma: "ci sono solo magliette gialle". Quante magliette ci sono nel cassetto sapendo che una e una sola delle precedenti affermazioni è falsa?

A 3
B 4
C 5
D 6
E non si può determinare

2992 Se tavolo = 12; sedia = 10; lampada = 14; libreria = ?

A 12
B 13
C 14
D 15
E 16

2993 Il numero di motociclette prodotte dall'azienda SuperMotor nel 2008 ha subito un incremento percentuale del 12% rispetto a quello delle motociclette prodotte dalla stessa azienda nel 2007. Sapendo che nel 2008 sono state prodotte 50.120 motociclette, quante ne sono state prodotte nel 2007?

A 45.000
B 44.106
C 50.108
D 44.750
E 50.000

2994 Completare la seguente sequenza di numeri:

42, 21, 24, 26, 13, 16, 18, ?

A 36
B 20
C 21
D 9
E 6

2995 Completare correttamente la frase seguente.
Non ho mai avuto il ... che mi spettava per il ... fatto.

A denaro; lavoro
B talento; trasporto
C riconoscimento; pagato
D lavoro; studio
E piacere; caso

2996 Una colonia batterica raddoppia ogni giorno la superficie occupata e in 30 giorni occupa tutto lo spazio a disposizione. Quanti giorni ha impiegato per occuparne il 25%?

A 28
B 8
C 15
D 21
E 25

2997 Completare correttamente la seguente serie di numeri:

0, 1, 3, 6, 10, 15, ...

A 18
B 20
C 21
D 22
E 25

2998 In una boccia di vetro ci sono tre tipi di gomme da masticare: rosse, gialle e blu. Quante occorre prenderne al buio affinché se ne abbiano almeno tre dello stesso colore?

A 5
B 6
C 7
D 8
E 4

2999 Completare la serie seguente con il numero mancante:

11, 17, 23, 29, 35, ...?

A 45
B 41
C 48
D 49
E 52

3000 Un paio di scarpe è stato pagato 128 euro grazie a uno sconto del 20%. Qual era il prezzo di listino delle scarpe?

A 169 euro
B 148 euro
C 160 euro
D 153 euro
E 108 euro

3001 Indicate quale dei seguenti termini è sinonimo di "Inagibile".

A Impervio
B Impraticabile
C Implausibile
D Inautentico
E Inammissibile

3002 Quale numero completa la seguente serie?

131, 114, 97, 80, 63, ...

A 47 B 46 C 41 D 39 E 57

3003 Il direttore di un progetto edilizio sa che, per realizzare il lavoro di cui è responsabile, se impiegherà tutti i muratori che ha attualmente a disposizione saranno necessari 8 mesi. Inoltre, se potesse avere altri due muratori, il lavoro verrebbe compiuto in 7 mesi. Nel frattempo la cooperativa vince l'appalto per un progetto edilizio più importante, lasciando al direttore del progetto un solo muratore. Quanti mesi impiegherà il muratore rimasto a realizzare il progetto, nell'ipotesi che tutti avessero lo stesso ritmo di lavoro?

A 72
B 112
C 56
D 87
E 135

3004 Una scatola cubica di dimensione $4 \times 4 \times 4$ contiene 64 cubetti identici che la riempiono completamente. Quanti cubetti complessivamente toccano i lati e il fondo della scatola?

A 33
B 77
C 52
D 64
E 80

3005 Indicate quale dei seguenti termini è sinonimo di "Inumare".

A Seppellire
B Uccidere
C Cremare
D Imbalsamare
E Benedire

3006 Quale dei seguenti termini non è un anagramma del nome di un colore?

A Dreve
B Oren
C Dulcio
D Uscifa
E Orsa

3007 Un'automobile che viaggia alla velocità di 100 km/h percorre circa:

A 300 metri in un secondo
B 100 metri in un secondo
C 30 metri in un secondo
D 10 metri in un secondo
E 90 metri in un secondo

3008 Un muratore costruisce 5/7 di un muro utilizzando 350 mattoni. Quanti mattoni verranno utilizzati per completare allo stesso modo la restante parte di muro?

A 50
B 490
C 25
D 70
E 140

3009 Individuare, tra le seguenti alternative, un contrario del termine "fanatico".

A Entusiasta
B Esagerato
C Corretto
D Fedele
E Apatico

3010 Completare la seguente proporzione:

Pungente : X = graffiante : Y

A X = dormiente, Y = montante
B X = acuto, Y = ottuso
C X = arguto, Y = ordinario
D X = irritante, Y = spinoso
E X = aculeo, Y = unghia

3011 "Divertita consapevolezza di ciò che vi può essere di audace in una situazione" significa:

A vergogna
B mestizia
C caparbietà
D ingenuità
E malizia

3012 Individuare il numero mancante:

5, 9, 27, 25, 25, 29, …, 85, 85, 89?

A 87
B 32
C 58
D 33
E 47

3013 Un contrario di *privilegio* è:

A vantaggio
B dispensa
C monopolio
D docilità
E svantaggio

3014 Un sinonimo di *ragguardevole* è:

A rispettoso
B considerevole
C conveniente
D ossequioso
E impertinente

3015 Date le relazioni sotto riportate, individuare il valore di ✖.

✖ + ✖ = ✙
☆ + ❒ = ✙
☆ + ❒ = 6

A 6 B 3 C 9 D 12 E 4

3016 *Maestranza* significa:

A dominio
B insieme di operai
C insegnamento
D abilità
E lamentela

3017 Indicare l'unico sinonimo di *riluttante* tra:

A retrivo
B polemico
C docile
D deciso
E recalcitrante

3018 Due bambine, Sara e Romina, hanno in totale 24 caramelle e decidono di sfidarsi in una gara di indovinelli: per ogni risposta sbagliata il pegno sarà una caramella. Dopo 4 risposte errate date da Romina, Sara ha il doppio delle caramelle rispetto all'amichetta. All'inizio della gara quante caramelle aveva ogni bambina?

A 10 e 14
B 11 e 13
C 12 e 12
D 8 e 16
E 18 e 6

QUESITI

3019 Si anagrammino le seguenti parole e si individui quella da scartare:

A DAMEINOC
B IDULEN
C SBATOA
D AONDIM
E DIGOEVI

3020 Individuare la lettera mancante:

M, O, Q, S, ...?

A U
B V
C S
D T
E Z

3021 Individuare il numero mancante:

1, 2, 3, 3, 7, 6, 13, ..., 21, 18?

A 10
B 9
C 13
D 8
E 11

3022 Un camion, andando in salita, copre una distanza di 55 km a 35 km/h. Nel ritornare, in discesa, copre la stessa distanza a 63 km/h. Qual è la velocità media complessiva in km/h (andata e ritorno)?

A 41
B 43
C 45
D 47
E 49

3023 In quale senso deve ruotare la ruota dentata A affinché la pallina P cada nel contenitore C?

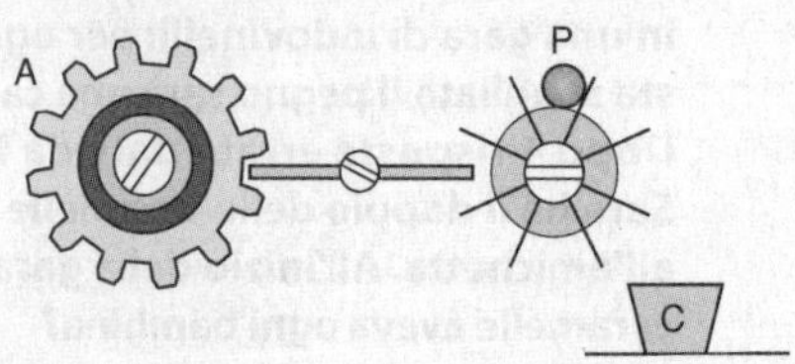

A Orario
B Antiorario
C È indifferente
D È impossibile che la pallina cada in C

3024 Quanti lunedì possono esserci, al massimo, in 45 giorni consecutivi?

A 8
B Dipende dai mesi
C 5
D 7
E 6

3025 In un giorno di traffico intenso, una coda di automobili aumenta del 50% ogni ora. Dopo quante ore la lunghezza della coda è raddoppiata rispetto alla lunghezza iniziale?

A 2
B 1,5
C 1
D 3
E Non è possibile determinarlo con i dati a disposizione

3026 Paola non ha sorelle. Chi è la sorella del figlio del nonno materno della figlia di Paola?

A La mamma di Paola
B Una zia di Paola
C Non esiste tale persona
D Una cugina di Paola
E Paola stessa

3027 In una piscina di 25 metri, Alessandra è impegnata in tre serie di 10 vasche a stile libero. A causa dello scarso allenamento, il tempo impiegato nella seconda serie risulta superiore del 25%. Sapendo che la differenza tra la prima e la seconda serie è di 50 secondi, a quale velocità media Alessandra affronta l'ultima serie che, rispetto alla precedente, registra un'ulteriore diminuzione della velocità pari al 50%?

A 2,4 km/h
B 6'40"
C 1,25 m/sec
D 50 cm/sec
E 3,6 km/h

© Alpha Test

3028 Individuare la figura mancante.

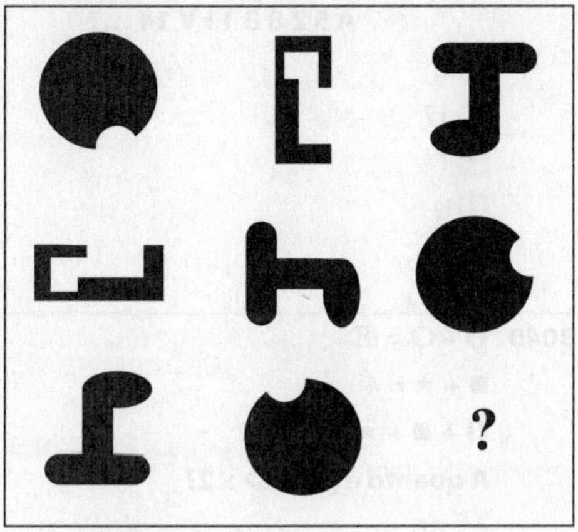

A 

B 

C 

D 

E 

3029 Nella biblioteca scolastica ci sono varie pubblicazioni: il 45% sono libri di poesia, il 20% sono di storia, il 15% di letteratura, il 10% di avventura e, dei restanti, 5 sono di favole ed il 75% sono di arte. Quanti sono in totale i libri presenti nella biblioteca?

- A 80
- B 280
- C 200
- D 180
- E 100

3030 Individuare la parola da scartare.

- A Tremiti
- B Borneo
- C Cuba
- D Danimarca
- E Ebridi

3031 Completare correttamente la frase seguente scegliendo le forme verbali adeguate.

Il capitano ______ al posto di guardia e vide i soldati dormire.

- A va
- B si recò
- C andato
- D fosse
- E dice

3032 Individuare la coppia di termini che completa la proporzione data.

Neurone : x = y : molecola

- A x = cellula, y = DNA
- B x = proteina, y = vitamina
- C x = sinapsi, y = nervi
- D x = RNA, y = acido
- E x = meiosi, y = mitosi

3033 Individuare la coppia di termini che completa la proporzione data.

x : aggressivo = docile : y

- A x = malevolo, y = bonario
- B x = remissivo, y = battagliero
- C x = forte, y = debole
- D x = ostilità, y = mitezza
- E x = severo, y = indulgente

3034 Individuare la coppia di termini che completa la proporzione data.

x : temperatura = barometro : y

- A x = colore, y = tempo
- B x = umidità, y = termometro
- C x = stagione, y = clima
- D x = grado, y = millimetro
- E x = termometro, y = pressione

QUESITI

3035 Individuare la coppia di termini che completa la proporzione data.
Afflizione : tormento = letizia : X

A X = gaiezza
B X = pena
C X = prostrazione
D X = malinconia
E X = tranquillità

3036 In una fattoria vi sono galline e mucche: in totale le teste sono 39 e le zampe 100. Quante sono le galline e quante le mucche?

A 11 galline e 28 mucche
B 14 galline e 25 mucche
C 15 galline e 24 mucche
D 19 galline e 20 mucche
E 28 galline e 11 mucche

3037 Quale dei seguenti termini può sostituire la parola "intransigenza" senza modificare il significato della frase ove essa è inserita?

A Limitatezza
B Intolleranza
C Indeterminazione
D Premura
E Predilezione

3038 La composizione del parlamento di uno Stato, che conta complessivamente 420 parlamentari, è rappresentata dall'areogramma seguente (i numeri segnati in corrispondenza di ciascun settore si riferiscono all'ampiezza in gradi del rispettivo angolo al centro).

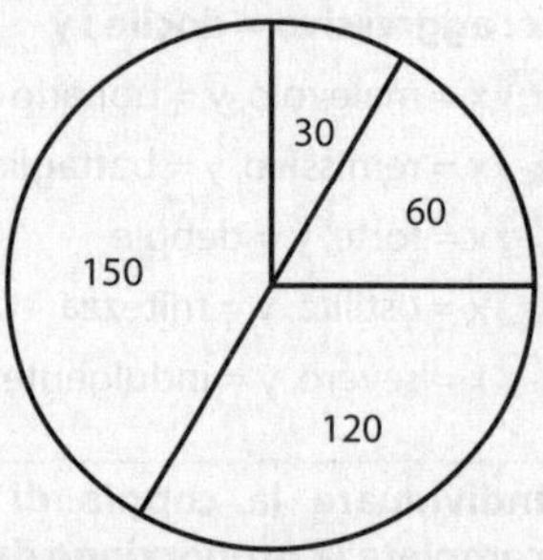

Quali delle seguenti quaterne di numeri indica la composizione esatta del parlamento in questione?

A 36; 72; 144; 168
B 36; 72; 144; 180
C 35; 70; 135; 180
D 35; 70; 140; 175
E 32; 64; 144; 180

3039 Come continua la serie:

A 5 Z 8 B 11 V 14 ...?

A C
B 17
C T
D U
E 20

3040 **⬆ – ○ = ⌧**

■ + ★ = 4

⬆ + ■ + ★ – ○ = 12

A quanto è pari ⌧ x 2?

A 16
B 12
C 4
D 8
E 24

3041 Individuare la coppia di termini che appartengono allo stesso insieme.

1: Manet
2: impressionismo
3: quadro
4: pittura
5: espressionismo
6: Cézanne

A 1; 2
B 1; 6
C 4; 6
D 5; 1
E 3; 6

3042 Se in una classe composta da 30 ragazzi sono 10 i ragazzi interessati a un seminario sull'orientamento, quanti sono in media gli studenti interessati in un liceo composto da 15 classi, ciascuna formata da 25 ragazzi?

A 375
B 300
C 250
D 125
E 180

3043 Individuare la figura mancante.

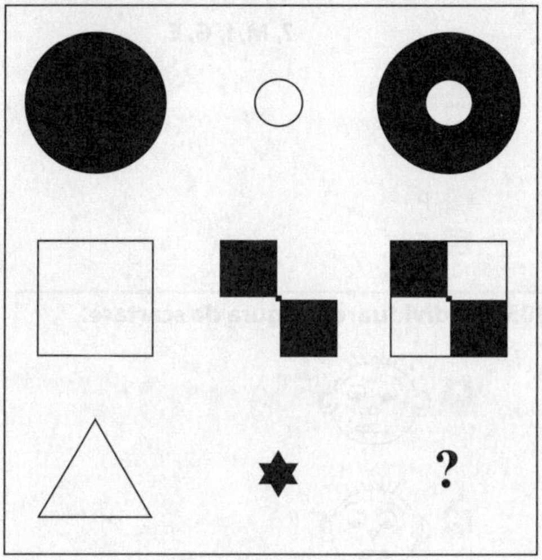

A 

B 

C 

D 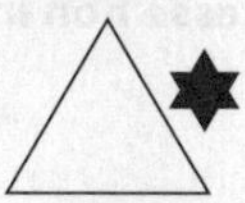

E 

3044 Individuare il termine che risponde alla definizione: *chi tende a mantenere un cauto riserbo intorno a determinati temi.*

- A Renitente
- B Accolito
- C Misogino
- D Inclito
- E Reticente

3045 Se:

$ + ® + § = 6

$ + 2§ = 7

® = 2

allora 4 x § è pari a:

- A 16
- B 4
- C 12
- D 3
- E 20

3046 Individuare la coppia di termini che appartengono allo stesso insieme.

1: ulna

2: trapezio

3: falange

4: deltoide

5: midollo

6: narice

- A 2; 4
- B 1; 5
- C 3; 2
- D 4; 6
- E 5; 3

3047 Un sinonimo di "florido" è:

- A flemmatico
- B simpatico
- C freddo
- D prosperoso

3048 Un sinonimo di "dissuadere" è:

- A distogliere
- B eliminare
- C dire
- D comprendere

3049 Si dice che «fa i salamelecchi» una persona che....

- A Non si accontenta mai dei risultati raggiunti, ma aspira sempre ad ottenere di più
- B Imita gli atteggiamenti di altre persone.
- C È spesso vittima degli scherzi e delle beffe altrui
- D Ha l'abitudine di rivolgersi agli altri con modi eccessivamente cerimoniosi e adulatori

3050 Indicare la parola da scartare.

A Madre
B Cognato
C Figlia
D Nipote
E Padre

3051 Indicare la parola da scartare.

A Venezuela
B Bolivia
C Guatemala
D Perù
E Cile

3052 Indicare la parola da scartare.

A Hermitage
B Prado
C Bolshoy
D Louvre
E Brera

3053 Individuare la coppia di termini che completa la proporzione data.

Agreste : rurale = raffinato : X

A X = villano
B X = estroverso
C X = bucolico
D X = campestre
E X = distinto

3054 Trovare l'alternativa che completa correttamente la seguente proporzione tra parole:

Sonno sta a sogno come:

A memoria a ricordo
B logica a intelletto
C destino a volontà
D notte a giorno
E cane a gatto

3055 Completare la successione seguente in base all'alfabeto italiano:

?, M, I, G, E

A M
B O
C N
D P
E C

3056 Individuare la figura da scartare.

A 

B 

C 

D 

E 

3057 Si anagrammino le seguenti parole e si individui quale di esse non indica una professione:

A HITARCTEOT
B DIMCEO
C EREFEMIRNI
D EPSRSOERCO
E OTAINO

3058 Individuare il numero che completa correttamente la seguente successione:

18 - 36 - 54 - 72 - ?

A 90
B 86
C 96
D 102
E 88

3059 Nell'abbinamento tra alcuni classici del cinema, più o meno recenti, e i loro registi, c'è un errore. Individuatelo:

A *Caro diario* – Nanni Moretti
B *Gli uccelli* – Alfred Hitchcock
C *ET* – Steven Spielberg
D *Underground* – Emir Kusturica
E *Ladri di biciclette* – Federico Fellini

3060 Giuseppe dipinge una parete in 6 ore; Francesco lavora con un ritmo doppio di Giuseppe; Dario dipinge la stessa parete in 12 ore. Lavorando insieme, quanti minuti impiegano a dipingere la parete?

A 91
B 103
C 108
D 112
E 117

3061 Trovare l'alternativa che completa correttamente la seguente proporzione tra parole:

Vino : X = Y : latte

A X = rosso; Y = bianco
B X = uva; Y = formaggio
C X = bianco; Y = bianco
D X = aceto; Y = olio
E X = etichetta; Y = mucca

3062 Una maglia acquistata con il 30% di sconto è stata pagata 63 euro. Quale era il prezzo di listino della maglia?

A 89,50 euro
B 90,00 euro
C 87,50 euro
D 83,00 euro
E 92,50 euro

3063 Individuare il numero mancante:

67, 39, 13, ? , 39, 13, 67

A 13
B 67
C 37
D 39
E 17

3064 Individuare la figura da scartare.

A 

B 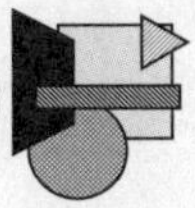

C 

D 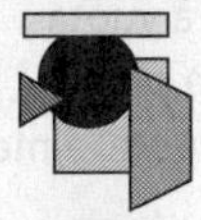

E 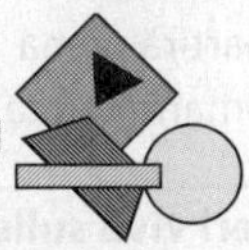

3065 Se tre uomini possono mangiare tre polli in tre giorni, quanti polli mangiano 6 uomini in 6 giorni?

A 6
B 12
C 9
D 18
E 24

3066 Individuare, tra le alternative proposte, il sinonimo del termine *ponderato*.

A Pontificato
B Improvvisato
C Meditato
D Affondato
E Poderoso

3067 Una imbarcazione con un prezzo di listino pari a 40.000 euro viene venduta con uno sconto del 30%.
A quanto è ammontato lo sconto?

A 13.333 euro
B 1.200 euro
C 12.000 euro
D 3.000 euro
E 28.000 euro

3068 **□ + ✪ = ⌘**

□ + □ = 6

✪ + ✪ + □ + □ = 14

A quanto è pari ⌘ x 5?

- A 7
- B 49
- C 35
- D 21
- E 28

3069 **Dieci amici, per fare una scampagnata, hanno a disposizione tre auto da cinque posti. Quale delle seguenti affermazioni possiamo ritenere certamente vera?**

- A Nessuna auto rimarrà vuota
- B Nessuna auto partirà piena
- C Se un'auto rimarrà vuota, almeno un'auto sarà piena
- D Almeno un'auto partirà piena
- E Almeno un'auto rimarrà vuota

3070 **Una colonia di batteri vive sulla superficie di uno stagno, dove una volta al giorno ogni batterio si riproduce per scissione, cioè ogni giorno ogni batterio si divide in due dando origine a due batteri uguali. Se un biologo inizia la sua osservazione all'alba del 1° aprile 2010 e conta un solo batterio, mentre all'alba del 30 aprile 2010 osserva che un ottavo della superficie dello stagno è ricoperta dai batteri, in quale data la superficie dello stesso stagno sarà per la prima volta completamente ricoperta dai batteri?**

- A Dopo il 1° dicembre 2010
- B All'alba del 3 maggio 2010
- C Dipende dalla superficie dello stagno
- D All'alba del 29 luglio 2010
- E All'alba del 7 maggio 2010

3071 **Se 3 kg di pomodori, del peso di 600 grammi ciascuno, costano 4 euro, quanto costa una dozzina degli stessi pomodori?**

- A € 9,00
- B € 8,60
- C € 8,20
- D € 9,60
- E € 12,00

3072 **Fausto è in moto ed è fermo a un incrocio. Se svolta a sinistra o a destra non raggiungerà il prossimo distributore e rimarrà senza benzina. Stessa cosa gli accadrebbe tornando indietro. Guardando dritto davanti a sé non vede alcun distributore. Data questa situazione, quale delle seguenti deduzioni è valida?**

- A Deve svoltare a destra per non rimanere senza benzina
- B Deve svoltare a sinistra per non rimanere senza benzina
- C Potrebbe rimanere senza benzina
- D Rimarrà certamente senza benzina
- E Raggiungerà certamente il distributore di benzina

3073 **"*Circostanza o complesso di circostanze da cui si teme possa derivare un grave danno*" è la definizione associata a quale fra queste parole?**

- A Incognita
- B Allarme
- C Frangente
- D Incidenza
- E Pericolo

3074 **All'interno di un parco di forma rettangolare che ha un lato pari alla metà dell'altro, una superficie di forma triangolare è stata attrezzata come parco giochi per bambini. Sulla base delle informazioni contenute nella figura seguente determinare l'area della zona giochi.**

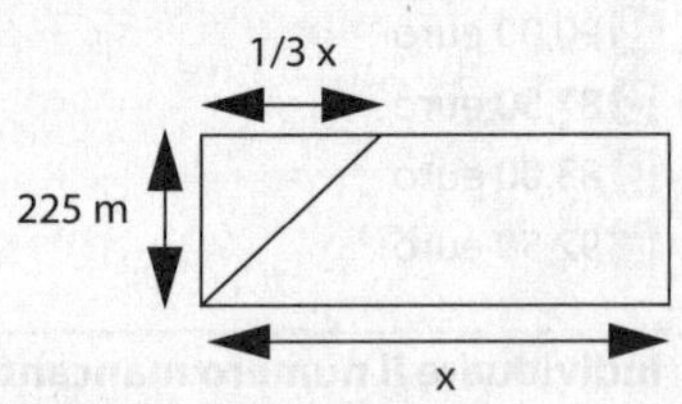

- A 16.875 m^2
- B 18.000 m^2
- C 13.275 m^2
- D 16.250 m^2
- E 16.750 m^2

3075 Carlo ha deciso di rivestire il pavimento della propria camera con piastrelle adesive di forma quadrata, aventi lato pari a 25 cm. Per prima cosa dispone le piastrelle lungo il perimetro della stanza e successivamente posiziona le piastrelle all'interno del perimetro. Sapendo che la stanza ha dimensioni pari a 4 x 6 metri, quante piastrelle occorrono a Carlo per completarne il perimetro?

A 84 B 162 C 80 D 76 E 384

3076 Scartare una delle otto coppie di simboli.

A Coppia 1
B Coppia 3
C Coppia 4
D Coppia 5
E Coppia 8

3077 Individuare il numero mancante:

27, 48, 18, 27, 48, ...?

A 24 B 28 C 18 D 44 E 48

3078 Tre bambini mangiano 3 torte in 3 ore. Quante torte mangiano 6 bambini in 6 ore?

A 6 B 9 C 12 D 18 E 24

3079 Tre mercoledì di un dato mese cadono in un giorno pari. Quale giorno della settimana cade nel 18° giorno di quel mese?

A Lunedì
B Martedì
C Giovedì
D Venerdì
E Sabato

3080 Completare la serie seguente con il numero mancante:

4, 5, 10, 7, 16, 9, 22, ...?

A 35
B 3
C 42
D 12
E 11

3081 Una lepre ed una tartaruga si trovano distanti fra loro 55 km e decidono di incontrarsi. La lepre corre ad 8 km/h verso la tartaruga; la tartaruga corre a 3 km/h verso la lepre. Se partono allo stesso momento, quanti km percorrerà la lepre prima di incontrare la tartaruga?

A 32
B 34
C 36
D 38
E 40

3082 Due colleghi di lavoro intendono acquistare una barca e decidono di ripartire in parti uguali l'investimento. Scoprono che se si aggiungesse nell'acquisto un altro collega, in regime di equa ripartizione, per ciascuno di loro la quota si ridurrebbe di 35.000 euro. A quanto ammonta il costo totale della barca?

A 210.000 euro
B 150.000 euro
C 600.000 euro
D 240.000 euro
E 315.000 euro

3083 In una scuola milanese gli studenti studiano l'inglese e/o il francese. Il 70% studia l'inglese e il 60% studia il francese. Quale percentuale di studenti studia entrambe le lingue?

A 65%
B 10%
C 30%
D 40%
E I dati del problema sono insufficienti per rispondere

3084 Completare la frase seguente con la coppia di vocaboli più adatta.

Quando la malattia è in uno stato ... è quasi impossibile determinare la sua esistenza mediante ...

A frenetico-osservazione
B latente-applicazione
C latente-osservazione
D critico-esame
E avanzato-osservazione

3085 La recinzione di un vigneto prevede che si piantino alberi di vite a distanza di 6 metri l'uno dall'altro. Quanti alberi di vite in più sono necessari per recintare un vigneto quadrato di area quadrupla rispetto a un altro vigneto quadrato che ha il perimetro pari a 120 metri?

A 20 B 120 C 80 D 60 E 40

3086 Qual è un sinonimo di *tedio*?

A Gioia
B Noia
C Serenità
D Divertimento
E Allegria

3087 Individuare il numero mancante.

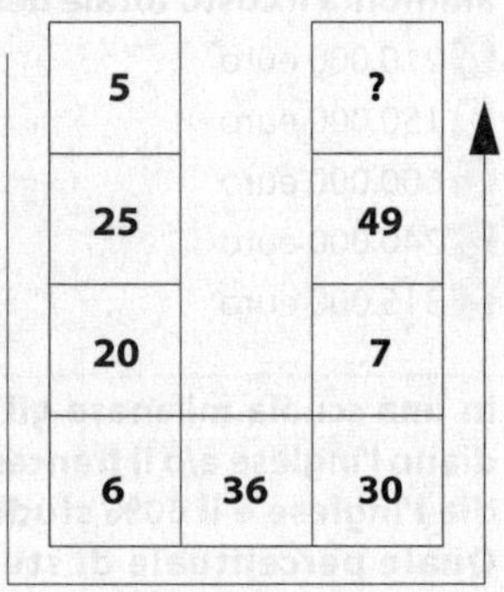

A 46
B 42
C 12
D 8
E 54

3088 Un aeroplano parte da Parigi diretto a Milano viaggiando alla velocità di 690 km/h. Dopo mezz'ora dalla partenza del primo aereo, da Milano decolla un aeroplano diretto a Parigi alla velocità di 810 km/h. Ipotizzando che gli aerei seguano la medesima rotta e che Milano disti da Parigi 1.000 km, a quale distanza da Parigi si incontreranno i due aerei?

A 345 km
B 301,3 km
C 646,3 km
D 698,7 km
E 460 km

3089 Se la ruota dentata A gira in senso orario, in quale senso gira la ruota D?

A Nello stesso senso di A
B Nello stesso senso di B
C Nello stesso senso di C
D Il sistema di ingranaggi non può funzionare poiché le ruote hanno un numero differente di denti

3090 In un gruppo di 12 persone, ognuna può studiare, lavorare o fare entrambe le cose. Se 9 persone studiano e 7 lavorano, quante sono le persone che contemporaneamente svolgono entrambe le attività?

A 12
B 7
C 3
D 2
E 4

3091 Una figura a forma di T è stata ritagliata da un foglio di carta quadrato che misura 20 cm x 20 cm. I due restanti rettangoli misurano 10 cm x 5 cm. Qual è il perimetro della figura a forma di T?

A 80 cm
B 75 cm
C 85 cm
D 90 cm
E 95 cm

3092 Un bastone è piantato in uno stagno. Il bastone è per metà conficcato sotto terra, un terzo è sott'acqua e quello che sporge dall'acqua è lungo 9 centimetri. Quanto è lungo in tutto il bastone?

A 48 cm
B 50 cm
C 52 cm
D 54 cm
E 56 cm

3093 In un esame, 16 studenti sono stati respinti e il 90% è stato promosso. Quanti studenti si sono presentati all'esame?

A 160 B 116 C 84 D 120 E 190

3094 Quando in un sistema economico registriamo un processo di costante e generalizzato rialzo dei prezzi, che determina una diminuzione del potere d'acquisto della moneta siamo di fronte a un fenomeno chiamato:

A deflusso
B deflazione
C riflusso
D inflazione
E detassazione

3095 Un terzo delle specie animali che vivono in Africa è a rischio estinzione. Di questi, due terzi rischiano l'estinzione a causa dell'Uomo. Quale parte del totale delle specie animali che vivono in Africa rischia l'estinzione, ma non a causa dell'uomo?

A 1/27 B 2/3 C 2/9 D 1/3 E 1/9

3096 Completare la seguente sequenza di numeri:

89, 95, 102, 110, ?

A 121 B 119 C 115 D 151 E 117

3097 Se quattro pizzaioli sfornano 9 pizze in 20 minuti, quanti pizzaioli servirebbero per fare 90 pizze in 12000 secondi?

A 4 B 40 C 14 D 20 E 9

3098 Luca ha acquistato una partita di 15 orologi apparentemente identici, uno dei quali però pesa di meno per la mancanza di un ingranaggio. Avendo a disposizione una bilancia a due piatti, qual è il numero minimo di pesate sufficienti a Luca per individuare quello difettato?

A 15 B 20 C 8 D 3 E 1

3099 Si individui il numero che completa correttamente la serie:

16, 13, 39, 35, 140, 135, ?

A 130 B 650 C 675 D 625 E 345

3100 Un sarto, in ritardo nella consegna di una giacca fantasia per un cliente, ha bisogno di una serie di quattro bottoni uguali. Dà incarico al figlio di recarsi in solaio e portargli quattro bottoni dello stesso colore scelti in un cassetto contenente 84 bottoni blu, 32 turchesi, 28 celesti e 4 verdi, tutti della stessa forma e grandezza. Poiché il figlio del sarto nella penombra non riesce a distinguere i colori, quanti bottoni dovrà prendere come minimo per averne sicuramente quattro dello stesso colore?

A 8 B 4 C 13 D 16 E 12

3101 A un concorso 8 candidati furono ammessi alle prove orali, l'80% fu eliminato allo scritto. Quanti erano i candidati?

A 20 B 130 C 40 D 50 E 80

3102 Gigi ha nove volte gli anni di Carlo. Fra cinque anni ne avrà quattro volte. Quanti anni ha attualmente Gigi?

A 36
B 24
C 27
D 18
E 30

3103 Un insetto è rimasto intrappolato in una vasca da bagno profonda 40 cm. Di giorno risale pian piano di 10 cm, ma di notte quando prende sonno scivola giù di 8 cm. In quanti giorni riuscirà a risalire la vasca?

A 9
B 21
C 13
D 16
E 18

3104 Indicare in quale delle seguenti alternative la lettera M è presente un numero maggiore di volte rispetto alla lettera N

A MNMNMNMNN
B MMNNNMNMN
C MNMMNNMNM
D NMMNMNNMN
E NNMMMNMNN

3105 Non essendosi potuto fare in modo che quel che è giusto fosse forte, si è fatto in modo che quel che è forte fosse giusto" – "Non essendosi potuto render forte la giustizia, si è giustificata la forza" Pascal, *Pensieri*
I pensieri citati di Pascal possono essere definiti:

A affermazioni di principi etici
B riflessioni sulla storia dell'umanità
C aforismi filosofici
D valutazioni comportamentali individuali
E ammonizioni morali

3106 "L'uomo è in fondo un animale ____________. Noi lo conosciamo solo in quello stato di ammansimento e di domesticità che è detto civiltà: perciò ci spaventano le rare esplosioni della sua vera natura. Ma fate che vengano tolte le catene dell'ordine legale, e nell'anarchia l'uomo si mostrerà quale esso è." In base al senso generale di questa affermazione di A. Schopenhauer, reintegra nello spazio vuoto l'unica coppia di aggettivi corretta:

A buono e altruista
B coerente e prevedibile
C incauto e sprovveduto
D selvaggio e feroce
E prevedibile e abitudinario

3107 Le seguenti parole presentano il proprio ordine sconvolto: in quattro di esse si cela il nome di una pianta, una fa eccezione: quale?

A Opni
B Ooml
C Ooltoran
D Oovil
E Oitlig

3108 Individuare la figura da scartare.

A 

B 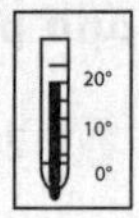

C 

D 

E 

3109 Anagrammate le seguenti parole e individuate quale di esse non indica un mammifero:

A EFETANLE
B TATOMARM
C CELOTULAR
D VLALOCA
E TRUTFEO

3110 Scegliere fra le alternative proposte quella che completa correttamente la frase seguente.
"Le indagini sono state ... dalla Procura generale".

- A Avocate
- B Preconcette
- C Lesinate
- D Prerogate
- E Disapprovate

3111 In una gara di moto, la moto che è in testa viaggia a una velocità media di 120 km/h, mentre l'ultima viaggia alla velocità media di 60 km/h. La moto che è in testa si ferma ai box per un rifornimento e quando riparte è affiancata all'ultima. Dopo 1 minuto quale distanza separa le due moto qualora le due moto continuino a viaggiare alle rispettive velocità medie?

- A 10 km
- B 100 metri
- C 1 km
- D 500 metri
- E 750 metri

3112 Laura ha un abbonamento telefonico che prevede un massimale di 100 minuti di chiamate a settimana. Giovedì sa già che avrà una chiamata con i genitori, ai quali vuole raccontare le ultime novità dopo che rientrano da un lungo viaggio. Lunedì resta al telefono per soli 2 minuti mentre martedì, per risolvere una questione lavorativa, passa 50 minuti al telefono con un collega. Sapendo che mercoledì utilizza altri 6 minuti, il giovedì quanto potrà stare al massimo al telefono con i genitori per mantenersi aperta la possibilità di chiamare per almeno 5 minuti ciascuno dei tre giorni della settimana rimanenti?

- A 31
- B 30
- C 27
- D 26
- E 24

3113 Qual è la differenza fra i due risultati?

846 x 2/3 =

846 x 1/3 =

- A 282
- B 1/3
- C 546
- D 256
- E 242

3114 Quale, tra le cinque figure seguenti, corrisponde alla composizione seguente vista allo specchio?

A 

B 

C 

D 

E 

3115 Per riempire d'acqua un serbatoio ci sono tre rubinetti. Ogni rubinetto se aperto da solo impiegherebbe 2 ore a riempire il serbatoio. Se vengono aperti tutti e 3 contemporaneamente, quanto tempo impiegano a riempire il serbatoio?

- A 33 minuti
- B 80 minuti
- C 40 minuti
- D 60 minuti
- E 120 minuti

3116 Individuare la tessera mancante.

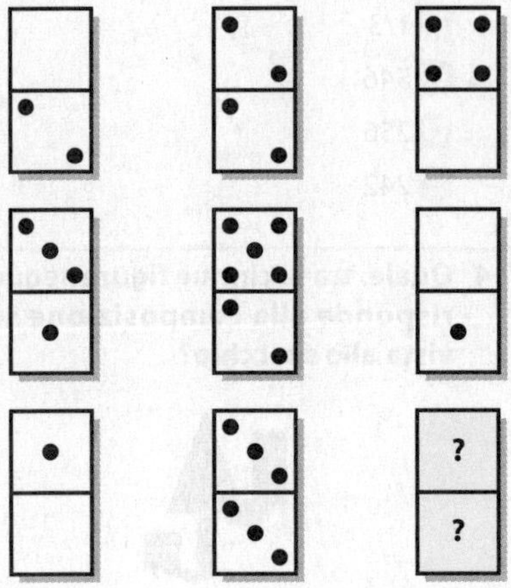

A 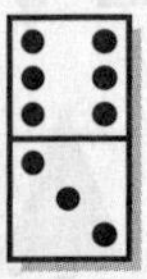

B 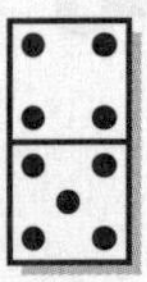

C 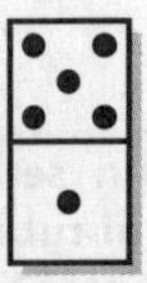

D 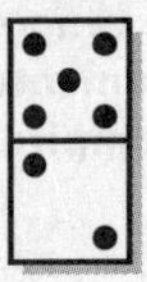

E 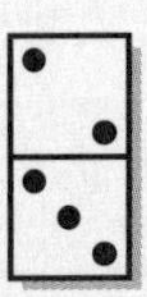

3117 L'azienda Beta produce 1/6 del prodotto chimico Lexor nello stabilimento di Vomero, 1/3 nello stabilimento di Calcinate e il rimanente nello stabilimento di Lentate. Sapendo che la produzione annuale di Lexor da parte dell'azienda Beta è pari a 240 tonnellate, determinare la produzione media mensile di Lexor nello stabilimento di Lentate.

A 12 tonnellate
B 10 tonnellate
C 6 tonnellate
D 3 tonnellate
E 15 tonnellate

3118 Uno studente, per andare dalla propria abitazione all'università, percorre 1/5 del tragitto a piedi, 2/3 in autobus e i rimanenti 8 chilometri in bicicletta. Qual è la distanza, espressa in chilometri, tra l'abitazione dello studente e l'università?

A 90
B 120
C 60
D 30
E 45

Dall'osservazione dei dati riguardanti il costo di pacchetti vacanza in Australia di alcuni tour operator si ricavano i seguenti dati:

Costo in euro dei pacchetti vacanze in Australia

	2005	2006	2007	2008	2009
Appentour	1.450	1.380	1.530	1.530	1.690
Turisabbia	1.480	1.400	1.500	1.600	1.590
Viaggirosa	1.250	1.330	1.300	1.280	1.400
Abanico	1.420	1.450	1.480	1.510	1.510
Giorgioblu	1.650	1.780	1.670	1.670	1.700

3119 Quanti tour operator hanno ridotto le tariffe dei pacchetti vacanza in Australia tra il 2006 e il 2007?

A 1 B 2 C 3 D 4 E 5

3120 La variazione di prezzo per il pacchetto vacanze in Australia applicata da Appentour tra il 2007 e il 2006 è stata:

A di poco inferiore all11%
B di poco inferiore al 5%
C pari al 15%
D circa il 13,8%
E nessuna delle altre alternative è corretta

3121 Se nel 2010 Viaggirosa aumenta del 20% rispetto al 2009 le tariffe e incassa per i pacchetti in Australia 33.600 euro, quanti viaggi avrà venduto?

A 5 B 10 C 15 D 20 E 25

3122 Data la sequenza VVBBGGHHCVVHHffjjkpoioiu individuare l'alternativa che la riproduce fedelmente se inserita al posto dei puntini nella seguente: VVBBGGHH...poioiu

A jjHHCffkVV
B CVVHHffjjk
C CVVHHfjjk
D HHVVCjjffk D
E HHCjjffkVV

3123 Data la sequenza

8TG96S3JYK90ASCX4

individuare l'alternativa che la riproduce fedelmente se aggiunta di seguito alla seguente: 8TG96S3

A JYK90ASCX4
B 3JYK90ASCX4
C JYK90ASX4
D YJK90ASCX4
E JKY98ASOX4

3124 Completare la seguente sequenza di numeri:

82, 79, 75, 70, ?

A 63 B 58 C 69 D 64 E 66

3125 Se:

✶ + ◆ = ⍓
◆ + ○ = ✶
◆ + ○ + ◆ = **14**

allora ⍓ / 2 è pari a:

A 12
B 4
C 28
D 14
E 7

3126 Individuare la figura mancante.

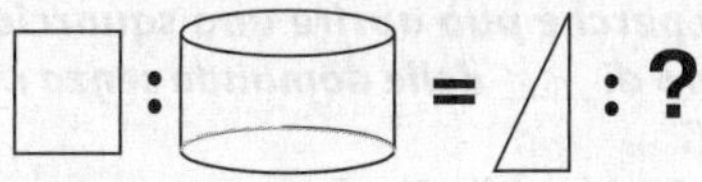

A 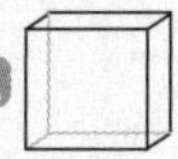

B 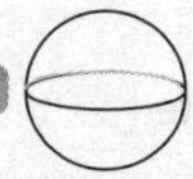

C 

D 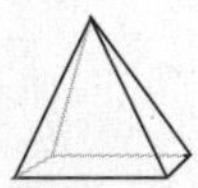

E 

3127 Completare la seguente sequenza di numeri:

291, 274, 257, 240, ?

A 219
B 223
C 232
D 221
E 225

3128 Il giardino di Villa Bella è decorato da tre tipi di fiori: gelsomini, gardenie e viole. Sapendo che il numero di gelsomini sta a quello delle gardenie come 3 sta a 4, che il numero di viole sta a quello dei gelsomini come 5 sta a 3 e che nel giardino ci sono in tutto 36 gardenie, qual è il numero totale di fiori a Villa Bella?

A 100
B 123
C 117
D 82
E 108

3129 Quale accoppiata di termini completa la seguente frase: *"È un______ che rende papà euforico non solo per l'immediato ma perché può aprire uno squarcio nel muro di____ delle domande senza risposte".*
(U. Ambrosoli, *Qualunque cosa succeda*, Sironi 2009)

- A regresso / fango
- B successo / gomma
- C spettacolo / mattoni
- D tremore / cinta
- E avvenimento / risposte

3130 Qual è il numero che completa la seguente serie?

3, 9, 15, 21, 27, ...

- A 41
- B 33
- C 35
- D 36
- E 44

3131 Vincenzo e Giovanni vogliono spedire le 24 cartoline che hanno acquistato in Grecia in tempo utile per prendere il traghetto che li ricondurrà in Italia. Entrambi sanno che insieme sono in grado di applicare 24 francobolli in 40 secondi. Vincenzo ne applica il triplo di Giovanni che, a sua volta, ne applica la metà di Massimo, il terzo compagno di viaggio. Quanti francobolli riuscirebbero ad applicare i tre lavorando insieme per 1 minuto?

- A 15
- B 36
- C 54
- D 45
- E 24

3132 Completare la seguente serie:

15, 45, 33, 21, 27, ...

- A 47
- B 35
- C 23
- D 17
- E 36

3133 Gli spettatori della finale di coppa dei campioni 2059 Lecce – Manchester United sono 100.000 Ciascun spettatore tifa per il Lecce o per il Manchester United, nessuno tifa per entrambe. Abbiamo le seguenti ulteriori informazioni: (1) almeno uno degli spettatori presenti alla partita tifa per il Lecce; (2) presi a caso due spettatori, uno almeno tifa per il Manchester United. Date queste informazioni, puoi dire quanti sono i tifosi del Lecce?

- A 50.000
- B 99.000
- C 33.000
- D 1
- E Non ho dati sufficienti per poterlo calcolare

3134 Individuare la figura che completa correttamente la seguente serie.

- A 
- B 
- C 
- D 
- E 

3135 Scartare una delle seguenti alternative.

A Frequente
B Alterno
C Raro
D Mensile
E Mai

3136 Lorella è alta 1,20 m. Sua sorellina Eva è alta la metà e ha quattro anni in meno. Di quanti centimetri all'anno mediamente deve crescere Eva se vuole essere alta come Lorella quando avrà la sua età?

A 60 cm
B 10 cm
C 20 cm
D 15 cm
E 4 cm

3137 Quale delle seguenti definizioni è la più appropriata per il termine "autocertificazione":

A Dichiarare il proprio nome e cognome
B Sottoscrivere una dichiarazione che sostituisce a tutti gli effetti il certificato corrispondente
C Dichiarare nome, cognome e data di nascita
D Presentare personalmente agli uffici i certificati rilasciati dagli organi competenti
E Dichiarare nome, cognome, domicilio e residenza

3138 In un tamponamento a catena in autostrada sono coinvolte 11 automobili. I paraurti danneggiati sono in tutto:

A 18 B 21 C 20 D 11 E 9

3139 Completare la sequenza con il numero che manca:

3, 7, 16, 35, ?

A 70
B 54
C 74
D 51
E 84

3140 Si individui il numero che completa correttamente la serie:

15, 10, 20, 15, 45, 40, 160, 155, ?

A 150
B 775
C 665
D 770
E 666

3141 Una palla è talmente elastica che, dopo ogni rimbalzo sul terreno, raggiunge i 2/5 dell'altezza precedente. Da quale altezza è stata fatta cadere se dopo 4 rimbalzi raggiunge ancora i 32 centimetri?

A 5 metri
B 10 metri
C 12,5 metri
D 25 metri
E 60 metri

3142 Individuare quale diagramma soddisfa la relazione insiemistica esistente fra i tre termini seguenti: abitazioni in Roma, monolocali, bilocali.

A
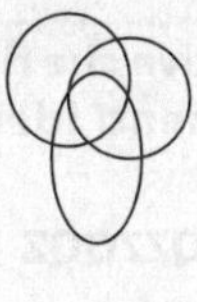

B
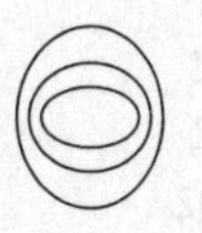

C
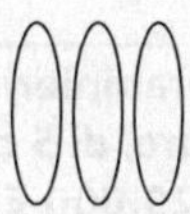

D
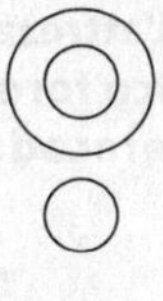

E
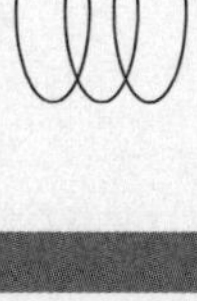

3143 Individuare il numero che completa correttamente la seguente successione di numeri:

2, 3, 10, 12, 18, 48, 26, 192, ...

A 52 B 38 C 34 D 200 E 40

3144 In un gruppo di adulti composto da 75 persone vi sono 15 donne. Qual è la percentuale di uomini all'interno del gruppo?

A 30%
B 150%
C 20%
D 70%
E 80%

3145 Quale delle seguenti alternative contiene una lettera ripetuta esattamente cinque volte?

A ZZMMWWZMWWMZ
B IVIJIVIJJVVJ
C KHHHKKHK
D NIIVVINVNNIV
E YYLGGLYYLGYL

3146 Individuare l'alternativa che riporta una successione di elementi identica alla sequenza

QZQZZQZQZZQQZ

A QZQZZQZQZZQQZ
B QZQQZQZQZZQQZ
C QZQZZQZQZQQQZ
D QZQZZQZZQZZQQZ
E QZQZZQZQQZQQZ

3147 L'attrezzatura di 3 carabinieri sommozzatori costa 21.000 Euro, di 5 carabinieri paracadutisti costa 25.000 Euro e di 6 carabinieri scelti costa 18.000 Euro. Quanto costa fornire l'attrezzatura a un Gruppo antiterroristico formato da 10 sommozzatori, 25 paracadutisti e 50 carabinieri scelti?

A 345.000 Euro
B 450.000 Euro
C 255.000 Euro
D 155.000 Euro
E 500.000 Euro

3148 In una gara ciclistica è presente un tratto di strada in discesa. Un ciclista raddoppia il tratto di strada percorso ogni secondo; in 20 secondi arriva a percorrere tutto il tratto. Quanti secondi impiega per percorrere la metà?

A 10
B 19
C 2
D 11
E Dipende dalla lunghezza del tratto in discesa

3149 Un'urna contiene in totale 300 palline di colore giallo, blu, rosso e verde. Le palline gialle sono un terzo del totale, le blu sono metà delle gialle e le rosse sono i due terzi delle verdi. Quante sono le palline verdi?

A 90
B 60
C 150
D 100
E 18

3150 Un padre ha 50 anni e il figlio 26. Quando l'età del padre sarà/è stata tripla di quella del figlio?

A Mai
B 14 anni fa
C Fra 14 anni
D Non è possibile stabilirlo
E 21 anni fa

3151 Trova l'elemento che non è coerente con gli altri:

A cavallo
B gatto
C medusa
D cane
E elefante

3152 Marco ha tre dischi più di Flavio e la metà di Andrea; Flavio ne ha 10 meno di Guido, mentre i quattro amici insieme hanno 169 dischi. Quanti dischi possiede Guido?

A 65 B 33 C 66 D 40 E 30

3153 **In una comunità di 5000 persone il 5% dei membri viene colpito da una malattia infettiva, che richiede il ricovero nel 50% dei casi; quanti ricoveri sono avvenuti?**

A 50
B 100
C 125
D 150
E 200

3154 **Completare correttamente il passo seguente.**
"Salvo patto contrario, la banca non può ... dal contratto".

A procedere
B risolvere
C recedere
D sciogliere
E secedere

3155 **Completare la seguente sequenza di numeri:**

1423, 1401, 1407, 1385, 1391, ?

A 1377
B 1383
C 1367
D 1373
E 1369

3156 **Inserire l'unica congiunzione pertinente nella seguente frase: "Andrò ugualmente all'appuntamento ... non stia bene".**

A purché
B affinché
C giacché
D qualora
E benché

3157 **Indicare la parola da scartare.**

A Lindo
B Terso
C Netto
D Puro
E Brillante

3158 **Completare la seguente serie alfanumerica:**

A, 5, Z, 8, B, 11, V, 14, ...

A C B 17 C T D U E 20

3159 **Ricorrere a ragionamenti volti ad alterare la verità a proprio vantaggio vuol dire:**

A cavillare
B sproloquiare
C discettare
D dirimere
E blaterare

3160 **Completare correttamente il passo seguente.**
"La desertificazione può essere definita come ... dell'ambiente desertico in aree che precedentemente erano semidesertiche".

A il ritrarsi
B la compressione
C l'eliminazione
D il ripresentarsi
E l'espansione

3161 **Dalla fusione di sei mozziconi di candela si ottiene una candela nuova. Quante candele complessivamente si ottengono dalla fusione di 1001 mozziconi?**

A 177
B 333
C 191
D 199
E 200

3162 **Individuare il numero che completa correttamente la seguente successione:**

8 - 13 - 21 - 34 - 55 - ?

A 71 B 75 C 110 D 78 E 89

3163 **Individuare il numero mancante:**

2, 14, 98, 686, ...?

A 2212
B 3617
C 4802
D 3142
E 3332

3164 **Quale parola ha un nesso compiuto con "Cravatta" e "Bottiglia"?**

A Olio di girasole
B Soldato
C Collo
D Grancassa
E Carta mano

3165 Qual è il numero mancante nella serie seguente?

24, 35, 47, 60, 74, 89, ?

A 102
B 105
C 99
D 115
E 123

3166 Indicare, tra i seguenti, il sinonimo di "Propedeutico".

A Prossimo
B Propenso
C Preparatorio
D Propizio
E Avanzato

3167 Nel grafico sono riportate tre curve di sopravvivenza a quattro anni di tre gruppi di pazienti affetti dalla malattia K, che si riferiscono a tre periodi consecutivi, ciascuno di circa cinque anni, indicati in ordine cronologico come 1, 2, 3. Tutti i pazienti sono stati trattati con lo schema terapeutico D, l'unico al momento disponibile e sostanzialmente invariato nei tre periodi. una sola considerazione è corretta:

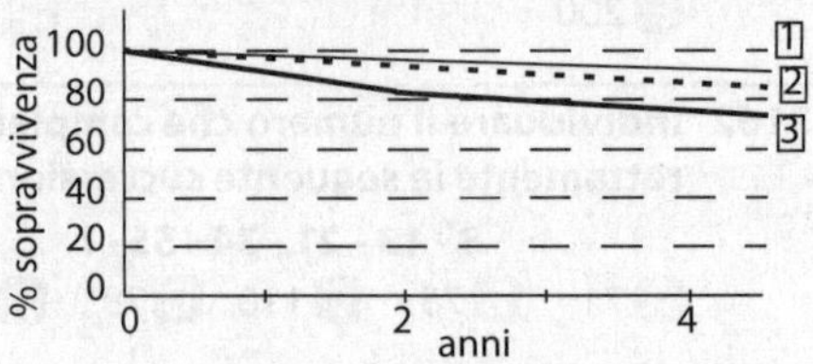

A bisogna utilizzare subito un altro tipo di terapia
B i dati suggeriscono che le caratteristiche dei pazienti trattati nei tre periodi sono cambiate
C i dati riportati non sono attendibili, in quanto è impossibile che i risultati a un certo intervallo di tempo di uno schema terapeutico tendano a peggiorare con il passare degli anni
D la malattia K non può essere efficacemente controllata
E lo schema terapeutico utilizzato nel periodo più recente è peggiore di quello dei periodi precedenti

3168 Il sinonimo del vocabolo "discreto" è:

A esagerato
B moderato
C smodato
D irragionevole
E maleducato

3169 Quale delle cinque figure (A, B, C, D ed E) corrisponde alla figura seguente vista allo specchio?

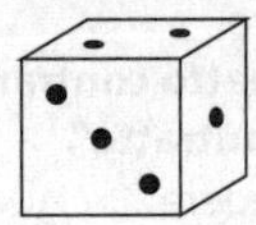

A 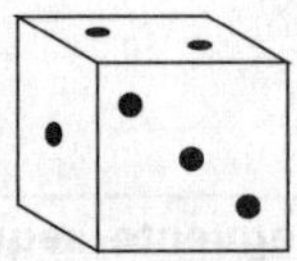

B 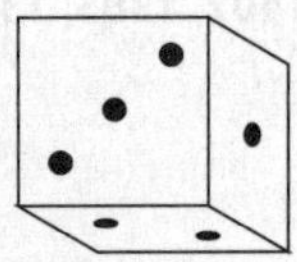

C 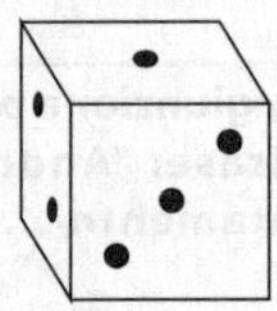

D 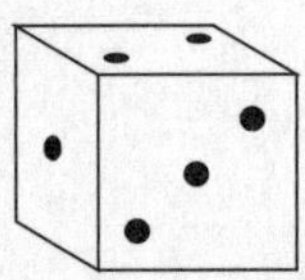

E 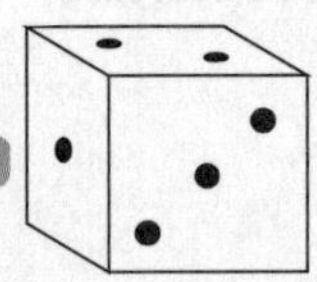

3170 Completare la seguente sequenza di numeri:

405, 400, 80, 75, 15, ?

A 10 B 5 C 3 D 15 E 12

3171 Sei operaie confezionano centoventi paia di guanti in venti giorni. Quanti giorni occorrono a tre operaie per confezionare trenta paia di guanti dello stesso tipo?

A Dodici
B Venti
C Diciotto
D Trenta
E Dieci

3172 Individuare l'alternativa che riporta una successione di elementi in ordine inverso rispetto alla sequenza LPLPLLPL

A LPLLPPPL
B LPLLPLPL
C LPLLLPPL
D LLPLPLPL
E LPLPLLPL

3173 Completare la seguente proporzione. Grafomane : X = Y : canto

A X = scrittura, Y = lirica
B = scrittura, Y = melomane
C X = scrittore, Y = musicista
D X = libro, Y = opera
E X = melomane, Y = scrittore

3174 Se maglia = 6; pantalone = 9; calzino = ?

A 8
B 9
C 7
D 6
E 5

3175 Un sacchetto contiene due monete, una ha testa su entrambi i lati, l'altra ha testa e croce. Viene estratta una moneta e sul lato che si vede c'è una testa. Quale è la probabilità che anche l'altro lato sia testa?

A 2 su 3
B 1 su 3
C 2 su 2
D 3 su 4
E 1 su 2

3176 Individuare il numero che completa correttamente la seguente successione:

17 - 26 - 35 - 44 - ?

A 33
B 53
C 55
D 56
E 83

3177 Lungo la fascia di frontiera tra due nazioni si sente parlare in due sole lingue. C'è un paese nel quale il 60% degli abitanti parla la lingua A e l'80% parla la lingua B. Quale percentuale parla entrambe le lingue?

A 60%
B 40%
C 70%
D 20%
E I dati non sono sufficienti per rispondere

3178 L'affermazione: "Tutti gli svedesi sono biondi" è falsa. Questo significa che:

A nessuno svedese è biondo
B nessuno svedese è scuro
C esiste almeno uno svedese che non è biondo
D almeno uno svedese è biondo
E tutti i biondi sono svedesi

3179 Le seguenti parole presentano il proprio ordine sconvolto: in quattro di esse si cela il nome di un animale, una fa eccezione: quale?

A Enac
B Epesc
C Erofi
D Efatenle
E Entolecama

3180 Un telefonino acquistato con il 20% di sconto è stato pagato 144 euro. Qual era il prezzo di listino del telefonino?

A 170 B 180 C 124 D 190 E 108

3181 Individuare il numero mancante nella serie:

13, 23, 32, 40, ..., 53, 58, 62, 65, 67, 68, 68

A 50 B 47 C 44 D 51 E 52

3182 In tre anni 1.500 operai producono 450.000 pezzi. Quale sarebbe la produzione annua se gli operai fossero 600?

A 180.000
B 125.000
C 150.000
D 60.000
E 50.000

3183 Un contadino alleva polli e conigli. Se possiede 55 capi che hanno complessivamente 160 zampe quanti sono i conigli?

A 30
B 25
C 20
D 15
E Quesito senza soluzione univoca o corretta

3184 Andrea, Barbara e Carlo organizzano un torneo di tennis tra loro. Ciascuno dei tre gioca sei partite con ciascuno degli altri due. Andrea vince quattro volte contro Barbara, ma perde cinque volte contro Carlo, il quale vince tre volte contro Barbara. Sapendo che per ogni partita vinta vengono assegnati due punti e per ogni partita persa ne viene sottratto uno, chi ha vinto il torneo e con quanti punti?

A Andrea con 14 punti
B Barbara con 9 punti
C Andrea con 10 punti
D Barbara con 13 punti
E Carlo con 12 punti

3185 Un collezionista aveva raccolto molte monete d'oro, ma non voleva far sapere a nessuno quante erano. Così il giorno in cui un amico gli chiese: "So che hai molte monete d'oro, ma quante ne hai?", il collezionista gli rispose: "Se divido le monete in due mucchi di numero non uguale, allora moltiplicando per cinquantacinque volte la differenza fra i due numeri ottengo un numero uguale alla differenza fra i quadrati dei due numeri". L'amico non riuscì a risolvere il problema. Sei più bravo tu a scoprire quante erano le monete?

A 42 B 48 C 52 D 55 E 65

3186 Quale lettera completa correttamente la seguente serie?

C, E, I, P, ...

A Z
B Q
C U
D V
E W

3187 Quale accoppiata di termini completa la seguente frase: "*La bionda che aveva popolato l'immaginario ____ del dottor De Donatis uscì sotto braccio al suo ____ accompagnatore. L'uomo aveva una faccia quadrata, da mastino, senza espressione*".
(M. Cassani, *Pioggia battente*, Sironi 2009)

A esotico / strano
B eretico / bavoso
C enigmatico / intelligente
D medico / elegante
E erotico / mascelluto

3188 "Io son molte volte andato meco medesimo considerando... quanto sia grande sia l'acutezza dell'ingegno umano, e mentre io discorro per tante e tante meravigliose invenzioni trovate da gli uomini... e poi fo riflessione sopra il saper mio, ... mi sento poco meno che infelice" (Galileo Galilei)

Galileo:

A va spesso in giro riflettendo fra sé e sé
B cerca di capire i motivi della sua infelicità
C riconosce i suoi limiti nei confronti delle infinite possibilità di conoscenza
D misura la grandezza dell'ingegno umano
E si meraviglia per le invenzioni fatte dall'uomo

3189 Un ragno deve superare un muro alto 30 metri. Di giorno sale per 3 metri, ma di notte quando dorme scivola giù di 2 metri. Quanti giorni impiegherà il ragno ad arrivare in cima al muro?

- A 30
- B 27
- C 24
- D 31
- E 33

3190 Indicate quale dei seguenti termini è sinonimo di "inumare".

- A Seppellire
- B Uccidere
- C Cremare
- D Imbalsamare
- E Benedire

3191 Aggiungendo al numero *S* la sua metà si ottiene il numero *T*. Quale percentuale di *S* è *T*?

- A 50%
- B 66,6%
- C 100%
- D 120%
- E 150%

3192 Scartare una delle otto terne di simboli.

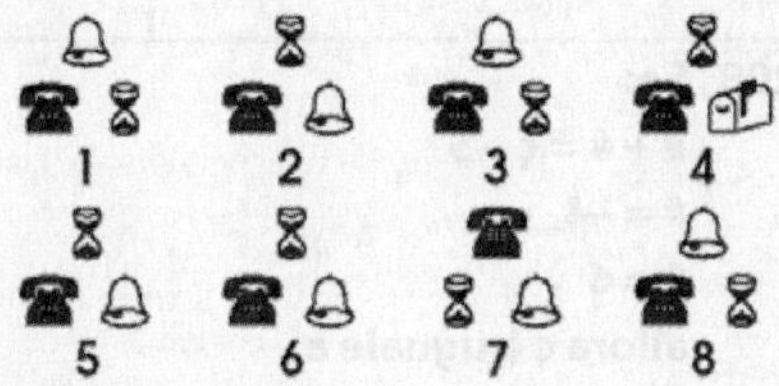

- A Terna 1
- B Terna 3
- C Terna 4
- D Terna 5
- E Terna 8

3193 Con quali delle seguenti figure geometriche NON è possibile pavimentare una superficie piana?

- A Esagoni regolari
- B Rettangoli
- C Quadrati
- D Pentagoni regolari
- E Triangoli equilateri

3194 Tre campane suonano ad intervalli di 5 minuti, 6 minuti e 10 minuti, rispettivamente. Se suonano insieme alle 8 di mattina, dopo quanto tempo suoneranno di nuovo insieme?

- A 10 minuti
- B 19 minuti
- C 30 minuti
- D 65 minuti
- E Non è possibile calcolarlo

3195 Completare la seguente sequenza di numeri:

15, 18, 27, 54, ?

A 135 B 158 C 81 D 64 E 122

3196 Uno stadio con capienza 25000 posti viene diviso in tre settori. La curva A ha 10000 posti, mentre nella curva B ci sono 2500 posti in più che nella tribuna centrale che è il terzo settore. Quanti posti ha la curva B?

- A 8750
- B 6700
- C 9150
- D 7750
- E 8300

3197 Nicola e Tommaso pelano 27 patate in dieci minuti. Sapendo che Tommaso pela un quinto in meno di patate rispetto a Nicola e che quest'ultimo ne pela 12 in più di Simona in un'ora, quante patate riuscirebbero a sbucciare i tre lavorando insieme per due ore?

A 40 B 240 C 480 D 520 E 460

3198 Completare la seguente sequenza di numeri: 2, 4, 7, 11, ?, 22

A 16 B 20 C 18 D 14 E 12

3199 Nella classe di Asdrubale ci sono 37 allievi. Tutti si sono iscritti ad almeno una delle due attività extracurriculari (musica e pallavolo). Alla fine 15 fanno musica e 28 fanno pallavolo.
Quanti allievi, frequentando entrambe le attività, hanno la necessità di programmare gli orari per evitare sovrapposizioni?

A 13 B 9 C 16 D 22 E 6

3200 Individuare il numero che completa correttamente la seguente successione:

15 - 26 - 19 - 31 - 23 - 36 - ?

A 27 B 41 C 32 D 31 E 47

3201 Completare la seguente proporzione. Corda : X = Y : spira

A X = spago, Y = spirale
B X = molla, Y = gomena
C X = muore, Y = filo
D X = cappio, Y = serpente
E X = cordame, Y = spirare

3202 I cioccolatini contenuti in una confezione sono di due tipi: fondenti e al latte. Il 70% è di cioccolato fondente e 15 cioccolatini sono invece al latte. Quanti cioccolatini ci sono nella scatola?

A 50 B 120 C 43 D 25 E 85

3203 Sofia ha 14 anni, Chiara ha un anno meno di Davide e tre anni più di Simone il quale ha quattro anni più di Giacomo e un anno in più di Sofia, Francesco è il più piccolo e ha un anno meno di Giacomo. Quanti anni ha Davide?

A 17
B 19
C 29
D 18
E 16

3204 Individua il termine etimologicamente incongruente:

A telegenico
B telefonico
C telecomandato
D teleologico
E telepatico

3205 Il prezzo di listino di un elettrodomestico è di 680,00 euro. Viene venduto per 595,00 euro. Quale percentuale di sconto è stata praticata?

A 14,5%
B 12%
C 12,5%
D 13,5%
E 13%

3206 Individuare la tessera mancante.

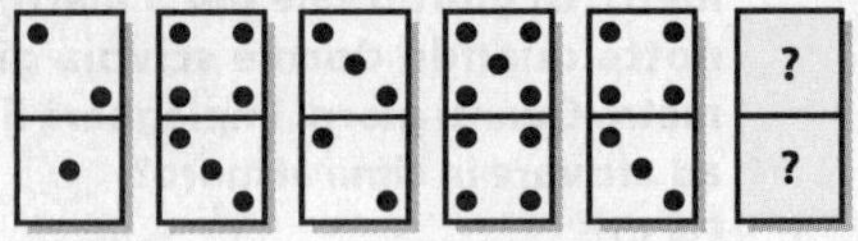

A 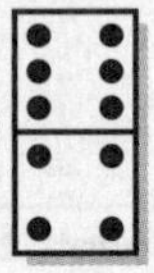

B 

C 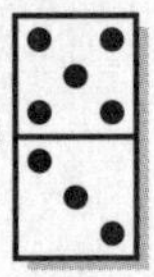

D 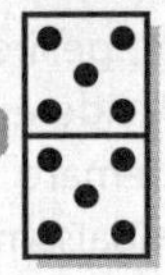

E 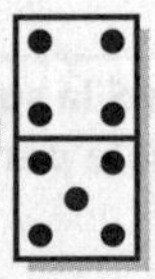

3207 Individuare il numero che completa correttamente la seguente successione di numeri:

4, 5, 10, 8, 9, 18, 16, 17, 34, ...

A 29 B 68 C 28 D 44 E 32

3208 Se:
 # + # = ç – $
 # = –4
$ = 6
allora ç è uguale a:

A –2
B 2
C 6
D –4
E 4

3209 Completare la frase con l'unico aggettivo pertinente: restare ____ per la sorpresa.

A indifferente
B sollecito
C inaudito
D emerito
E attonito

 © Alpha Test

3210 Per costruire un armadio Antonio impiega dodici giorni, Luca ne impiega quattro e Gianni sei. Quanto tempo impiegano i tre insieme a costruire l'armadio?

A 2 giorni
B 3 giorni
C 36 ore
D 4 giorni
E 5 giorni

3211 L'auto del sig. Rossi, viaggiando ai tre quinti della sua velocità massima, raggiunge la velocità dl novanta chilometri all'ora. Qual è la velocità massima dell'auto?

A 1 km/h
B 54 km/h
C 120 km/h
D 150 km/h
E 15 km/h

3212 Completare correttamente la seguente successione numerica:

10; 19; 17; ?; 24; 11; ?; 7

A 15; 31
B 15; 7
C 31; 7
D 26; 31
E 7;15

3213 Un tram ha percorso 1/3 del suo tragitto. Se ha percorso 1.200 metri, quanti Km deve ancora percorrere per completare il tragitto?

A 3,8
B 3,6
C 1,2
D 2,4
E 1.800

3214 Un operaio specializzato nella posa di mosaici dispone di 702 tessere quadrate, tutte delle stesse dimensioni. Ha costruito con esse, affiancandole, il quadrato più grande possibile. Quante sono le tessere non utilizzate?

A 26
B 77
C 27
D 25
E 20

3215 Completare correttamente la seguente successione di lettere, utilizzando l'alfabeto italiano:

B; U; D; T; F; S; H; ?

A P
B R
C T
D Q
E Z

3216 Individuare il diagramma che soddisfa la relazione insiemistica esistente tra i termini dati: Editori, Giornali, Quotidiani locali

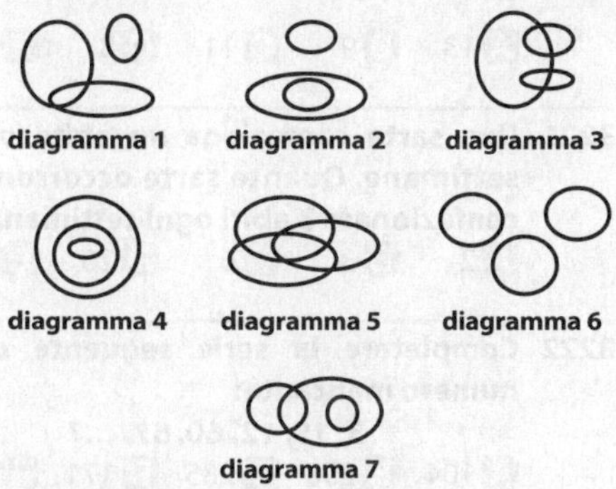

A Diagramma 6
B Diagramma 7
C Diagramma 3
D Diagramma 2
E Diagramma 1

3217 Cecilia, Dario ed Eleonora partecipano a una corsa campestre lunga un chilometro. In tre minuti Cecilia completa la sua fatica, Dario vi impiega un terzo di Cecilia, mentre a Eleonora occorre un tempo pari alla differenza tra quello di Cecilia e quello di Dario. Quanti secondi impiegano a tagliare il traguardo tutti e tre?

A 360 B 100 C 180 D 6 E 300

3218 Quali tra i termini proposti completano correttamente la seguente proporzione?

Millantatore : fanfarone = X : Y

A X = spaventare; Y = intimidire
B X = digiuno; Y = dieta
C X = sbagliare; Y = azzeccare
D X = sorriso; Y = pianto
E X = vantare; Y = schernire

3219 Indicate quale dei seguenti termini è sinonimo di "dissenteria".

A Enuresi B Poliuria C Stipsi
D Diarrea E Colite

3220 Individuare il numero mancante identificato dal punto interrogativo.

15	–	6	:	3	3
–		x		+	
9	x	+	+	3	30
+		:		:	
1	x	2	+	...	8
7		?		1	

A 13 B 9 C 11 D 8 E 19

3221 Una sarta confeziona un abito ogni 2 settimane. Quante sarte occorrono per confezionare 3 abiti ogni settimana?

A 2 B 3 C 6 D 20 E 8

3222 Completare la serie seguente con il numero mancante:

3, 15, 12, 60, 57, ...?

A 104 B 258 C 285 D 171 E 54

3223 Se si aumentano la lunghezza della base di un rettangolo del 50% e quella dell'altezza del 20%, l'area aumenta del:

A 100%
B 50%
C 80%
D 70%
E 20%

3224 Se il 20% di *N* è 200, quanto vale *N* ?

A 10
B 20
C 200
D 400
E 1.000

3225 Completare correttamente la seguente successione numerica:

?; ?; 44; 41; 36; 33; 28; 25; 20

A 52; 49
B 52; 52
C 49; 51
D 52; 47
E 50; 52

3226 Inserire l'unica congiunzione pertinente nella seguente frase: "... piova, andremo a giocare in giardino".

A siccome
B seppure
C benché
D qualora
E purché

3227 Il prezzo di listino di un televisore è 750 euro. Un commerciante lo vende a 600 euro. Lo sconto praticato sul prezzo di listino è:

A 15%
B 20%
C 25%
D 12,5%
E 80%

3228 Un completo da uomo costava 816 euro e con i saldi il suo prezzo attuale è pari ai 9/17 del prezzo iniziale. A quanto ammonta lo sconto applicato?

A 225 euro
B 459 euro
C 336 euro
D 384 euro
E 432 euro

3229 Se la seguente figura venisse ruotata di 180° in senso orario e poi riflessa su uno specchio, quale sarebbe il suo riflesso?

A 
B 

C 
D 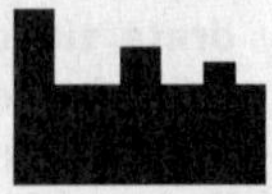

E 

3230 Se quattro operaie confezionano 9 manufatti in 20 minuti, quante operaie sarebbero teoricamente necessarie per confezionarne 90 in 12000 secondi?

A 20

B 9

C 8

D 4

E 12

3231 Un leone è all'inseguimento di una gazzella. Se la gazzella, che viaggia a 40 km/h, ha un vantaggio di 75 metri sul leone. Tenendo conto che quest'ultimo ha una velocità di 70 km/h, dopo quanto tempo la gazzella verrà raggiunta?

A 3 minuti

B 6 secondi

C 9 secondi

D 2 minuti

E 18 secondi

3232 Un paio di pantaloni costava 64 euro e con i saldi il suo prezzo attuale è pari ai 3/4 del prezzo iniziale. A quanto ammonta lo sconto applicato?

A 16 euro

B 48 euro

C 12 euro

D 20 euro

E 22 euro

3233 Se:

ç - 4 + § = # - 6

5 = -10 : #

allora § è uguale a:

A 1

B 0

C 9

D 2

E non ci sono elementi sufficienti per rispondere

3234 Un chimico mescola l'argento con l'oro così che per 10 grammi di lega vi sono 90% d'oro puro e 10% di argento. Un giorno aggiunge altro argento fino ad ottenere una lega ancora meno pura. Se l'orefice era partito con 10 grammi di lega fatta per il 90% di oro puro e il 10% di argento, quanto argento ha dovuto aggiungere per arrivare ad una lega con il 50% di argento?

A 8 grammi

B 6 grammi

C 22 grammi

D 50 grammi

E 10 grammi

3235 Guido possiede sei anelli di una catena. Se tagliare e aprire un anello costa 10 centesimi di Euro e richiuderlo costa 25 centesimi, quanto costerà riunire i sei pezzi per formare una sola catena (ogni anello deve essere incastrato con un altro), calcolando che Guido vuole spendere il meno possibile?

A 1 Euro

B 1 Euro e 25 centesimi

C 1 Euro e 5 centesimi

D 1 Euro e 50 centesimi

E 1 Euro e 60 centesimi

3236 Una grandezza *X* aumenta in un'ora del 20% del valore iniziale, e nell'ora successiva diminuisce del 20% del valore raggiunto nella prima ora. Una grandezza *Y* invece diminuisce in un'ora del 20% del valore iniziale, e nell'ora successiva aumenta del 20% del valore raggiunto nella prima ora. Al termine delle due ore:

A *X* e *Y* sono entrambe diminuite rispetto ai valori iniziali

B *X* e *Y* sono entrambe ritornate ai valori iniziali

C *X* e *Y* sono entrambe aumentate rispetto ai valori iniziali

D rispetto ai valori iniziali *X* è aumentata e *Y* è diminuita

E rispetto ai valori iniziali *X* è diminuita e *Y* è aumentata

QUESITI

3237 Se la lancetta dei minuti ha passato da un minuto quella delle ore, dopo quanto la raggiungerà ancora?

A Dopo 60 minuti
B Dopo 59 minuti
C Dopo 60 minuti e un secondo
D Dopo 64 minuti
E Dopo 66 minuti

3238 Nella tundra di Katin piove in media 60 giorni all'anno. Quando piove, una volta su tre il ponte ferroviario che collega Ghiosch a Tridsch, le due principali città della tundra, si allaga e non è percorribile. Giovedì prossimo il professore Tamburri atterrerà all'aeroporto di Ghiosch e dovrà raggiungere in treno Tridsch. Qual è la probabilità che a causa della pioggia il professore non riesca a raggiungere la meta?

A Circa 1/2
B Circa 1/100
C Circa 1/80
D Circa 1/18
E Circa 1/1.000

3239 Uno studente impiega solitamente 20 minuti per recarsi a scuola procedendo a una velocità media di 15 km/h. Una mattina, non avendo sentito la sveglia, parte da casa con 5 minuti di ritardo rispetto al solito. A che velocità deve andare per recuperare il ritardo e arrivare a scuola alla solita ora?

A 10 km/h
B 25 km/h
C 30 km/h
D 20 km/h
E 12 km/h

3240 L'aggettivo "scipito" significa:

A sciupato
B insulso
C impacciato
D inebetito
E scivoloso

3241 Quale tra i seguenti è un contrario di *stizzoso*?

A Rabbioso
B Iracondo
C Indispettito
D Sveglio
E Tollerante

3242 Indicate quale dei seguenti termini ha significato opposto a *sicumera*.

A Alterigia
B Disprezzo
C Modestia
D Povertà
E Tristezza

3243 Individuare la parola da scartare.

A Petalo
B Crisantemo
C Rosa
D Giacinto
E Gladiolo

3244 Trovare l'alternativa che completa correttamente la seguente proporzione tra parole:

Ottundere : acuire X = : Y

A X = omettere; Y = effettuare
B X = arrotondare; Y = smussare
C X = adempiere; Y = eseguire
D X = correre; Y = giocare
E X = saltare; Y = lasciare

3245 Leonardo e Tommaso si trovano distanti fra loro 55 km e decidono di incontrarsi. Leonardo corre ad 8 km/h verso Tommaso; Tommaso cammina a 3 km/h verso Leonardo. Se partono allo stesso momento, quanti km percorrerà Leonardo prima di incontrare Tommaso?

A 38
B 37
C 35
D 42
E 40

 © Alpha Test

3246 Individuare la figura mancante.

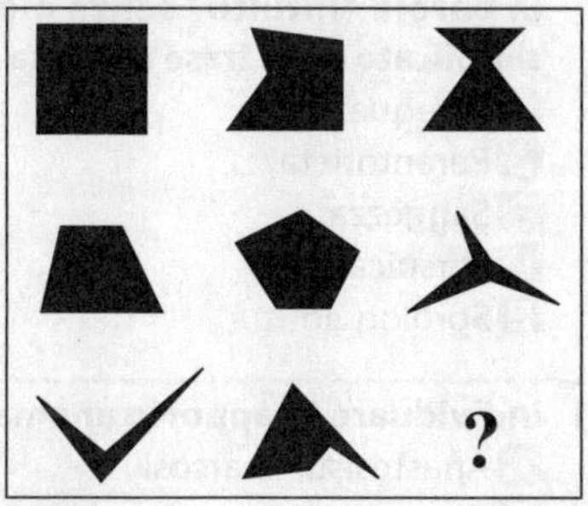

A 

B 

C 

D 

E 

3247 7 muratori iniziano a ristrutturare un gruppo di appartamenti e prevedono di completare il lavoro in 16 giorni. Due giorni dopo l'inizio del lavoro, altri 7 muratori vengono ad aggiungersi agli altri. In quanti giorni sarà finito il lavoro?

A 3 B 10 C 5 D 7 E 9

3248 Quale delle tre ruote gira più velocemente?

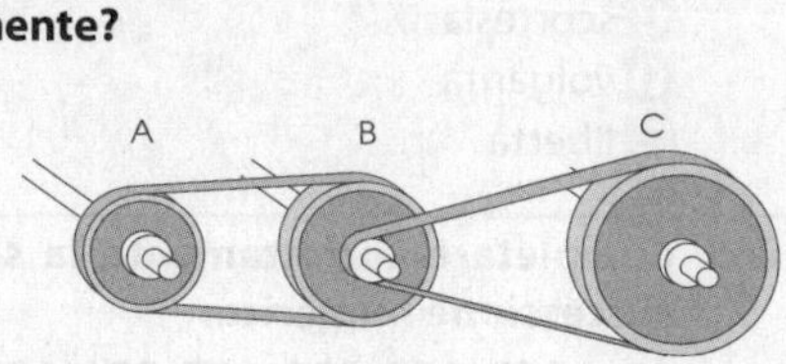

A La A
B La B
C La C
D Girano tutte con la stessa velocità
E Dalla figura non è possibile individuarla

3249 Un sinonimo di *demandare* è:

A assumersi
B delegare
C insistere
D tracciare
E pubblicare

3250 Indicate quale dei seguenti termini è sinonimo di "plausibile".

A Verosimile
B Irrazionale
C Da acclamare
D Assurdo
E Lodabile

3251 Individuare il termine estraneo.

A Allegria
B Tristezza
C Serenità
D Beatitudine
E Felicità

3252 Completa la serie con il numero che manca:

4 9 ,19, ?, 79, 159.

A 41
B 39
C 40
D 38
E 3

3253 Individuare il numero mancante.

10	18	22
20	40	?
6	10	13

A 72
B 22
C 24
D 32
E 45

3254 Qual è la somma fra i due risultati?

$432 \div 432 =$

$438 \div 438 =$

A 1 B 3/2 C 4/2 D 6/6 E 0,5

3255 Scegliere tra le alternative proposte quella che completa correttamente la seguente frase "Ti direi che le fragole sono ottime...".

A Se non saprei che sei allergico
B Se non sapessi che fossi allergico
C Se non sapessi che sei allergico
D Se non saprei che fossi allergico
E Nessuna delle precedenti

3256 Individuare il numero mancante:

7, 9, 12, 16, ...?

A 1
B 18
C 21
D 38
E 25

3257 In una stanza buia ci sono 4 calzini bianchi e 4 calzini neri. Per essere sicuri di averne due dello stesso colore qual è il numero minimo di calzini che devo prendere?

A tre
B due
C cinque
D quattro
E uno

3258 Individuare il numero mancante:

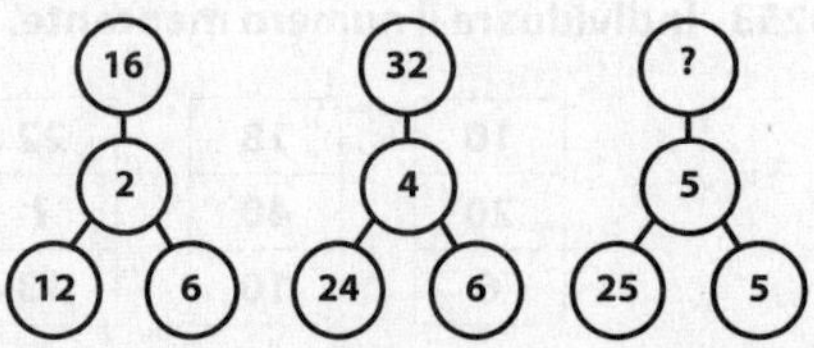

A 20 B 34 C 40 D 5 E 12

3259 Indicare quale parola ha un significato associabile ad entrambi i termini proposti. Minerale - ..?.. - Esagerare.

A Calcare
B Trascurare
C Calcio
D Pietra
E Acqua

3260 Quale dei seguenti termini può sostituire la parola "intuito" senza modificare il significato della frase ove essa è inserita?

A Perequazione
B Perentorietà
C Saggezza
D Perspicacia
E Sproloquio

3261 Individuare il rapporto anomalo.

A Anestesista - narcosi
B Giornalista - articolo
C Enigmatico - indovinello
D Medico - diagnosi
E Scultore - statua

3262 Quale dei termini che seguono può essere considerato parte della serie «difettoso, imperfetto, carente»?

A Vivace
B Lacunoso
C Copioso
D Coraggioso
E Virile

3263 Trovare l'alternativa che completa correttamente la seguente proporzione tra parole:
Tiepido sta a caldo come X sta a Y

A X = estasi, Y = gioia
B X = bollente, Y = freddo
C X = estate, Y = sole
D X = gelido, Y = freddo
E X = bello, Y = stupendo

3264 Individuare, tra le alternative proposte, un sinonimo di *cattività*:

A prigionia
B cattiveria
C scortesia
D volgarità
E libertà

3265 Completare correttamente la seguente successione numerica:

117; 154; 130; 167; 204; 180; ?

A 207
B 227
C 156
D 217
E 114

3266 Se:
VJ + VJ = AX - JK
VJ = BY + MK
JK = AX
BY = 2
allora MK è uguale a:

A -2
B -1
C 1
D 2
E 4

3267 All'ingresso dello stadio si contano 10 file di persone in attesa. Ogni fila è composta di 3 persone in più della precedente. Nella prima fila vi sono 12 persone. Quante ce ne sono nell'ultima?

A 42
B 18
C 30
D 39
E 23

3268 Individuare il termine che risponde alla definizione «arrogante e insolente in modo sfrontato».

A Impenitente
B Triviale
C Protervo
D Pavido
E Insulso

3269 Se è vero che «chi fa da sé, fa per tre», allora è necessariamente vera anche una delle affermazioni seguenti. Quale?

A Il "fai da te" è un hobby educativo e utile
B Chi lavora in compagnia o è un ladro o è una spia
C Chi fa sempre da sé, non concluderà mai nulla nella vita
D Tutti coloro che lavorano da soli lavorano quanto tre persone messe assieme
E La solitudine rende presuntuosi

3270 Un contrario di "livore" è:

A allegrezza
B facezia
C accidia
D remissività
E benevolenza

3271 Un'infermiera deve numerare 238 provette in serie progressiva (1, 2, ..., 9, 10, 11, ..., 99, 100, 101, ..., 238); le sono state messe a disposizione solo etichette numerate da 0 a 9. Quante etichette dovrà utilizzare per portare a termine il lavoro affidatole?

A 714
B 238
C 476
D 606
E 999

3272 Un'amaca costa 100 Euro se acquistata a prezzo intero e viene scontata del 10% se acquistata insieme a una tenda che costa tre volte il prezzo dell'amaca (non scontato). Quanto spende chi, approfittando dell'offerta, acquista sia la tenda sia l'amaca?

A 390 Euro
B 400 Euro
C 360 Euro
D 440 Euro
E 500 Euro

3273 Completare la seguente proporzione tra parole:
vocabolario sta a traduttore come X sta a Y.

A X = elefanti, Y = Annibale
B X = appetito, Y = ristorante
C X = francobollo, Y = lettera
D X = cartina, Y = guida
E X = giornali, Y = edicolante

3274 Sei pasticcieri sfornano centoventi torte in venti giorni. Quanti giorni occorrono a tre pasticcieri per sfornare sessanta torte dello stesso tipo:

A dodici
B venti
C diciotto
D trenta
E dieci

3275 In questo momento tre treni stanno attraversando la stazione di Belpaese. Sapendo che, nella stessa stazione, il primo treno passa ogni 12 ore, il secondo ogni 20 ore e il terzo ogni 15 ore, dopo quante ore i tre treni passeranno nuovamente insieme nella stazione di Belpaese?

A 60
B 72
C 47
D 74
E 50

3276 A un corso di laurea sono iscritti 235 studenti, di cui 183 maschi, 190 miopi, 204 castani e 214 in corso. Qual è il numero minimo di uomini miopi?

A 138 B 1 C 152 D 162 E 52

3277 Qual è la differenza fra i due risultati?

888 x 2/4 =

888 x 1/8 =

A 444
B 111
C 222
D 333
E 555

3278 Pierpaolo, dopo tre interrogazioni in matematica, latino e fisica ha la media del 7. Nell'interrogazione successiva prende però un sonoro 2. Qual è la sua media dopo la quarta interrogazione?

A Tra il 5 e il 6
B Poco più di 4
C Poco più di 6
D Appena sotto il 4
E Tra il 4 e il 5

3279 Completare la seguente proporzione tra parole:

X : statua = architetto : Y

A X = marmo; Y = mattoni
B X = modello; Y = progetto
C X = museo; Y = arredamento
D X = scultore; Y = edificio
E X = monumento; Y = designer

3280 Quale, tra i seguenti, è un sinonimo di "scapitare"?

A Camminare a passo veloce
B Rimetterci
C Ricavare
D Mostrare pazienza
E Fremere

3281 Trovare l'alternativa che completa correttamente la seguente proporzione tra parole:

Subordinato : indipendente = X : Y

A X = Semplice; Y = facile
B X = Bagnato; Y = asciutto
C X = Caldo; Y = estate
D X = Dipendente; Y = impiegato
E X = Sposato; Y = coniugato

3282 Completare la seguente proporzione tra parole:

cartuccia : X = gasolio : Y

A X = motore; Y = fucile
B X = diesel; Y = iniettore
C X = fucile; Y = stampante
D X = autocarro; Y = iniettore
E X = stampante; Y = autocarro

3283 Si dice che «fa il bastian contrario» una persona che....

A È incapace di affrontare qualunque tipo di problema, anche quelli di facile risoluzione.
B È opportunista e sa approfittare delle occasioni favorevoli per ottenere ciò che desidera.
C Ha l'abitudine di dissentire sempre da tutto ciò che dicono gli altri.
D È sempre priva di proprie opinioni.

3284 Individuare il sinonimo o la corretta definizione di "pedissequo".

A Che copia passivamente qualcuno o qualcosa senza apporto personale
B Si dice di voce forte, potente e chiara
C Che è isolato o staccato da qualcosa
D Che trae in inganno, che tende a sorprendere la buona fede
E Chi rifiuta di fare ciò che si ordina

3285 Quale delle parole indicate si avvicina di più all'opposto del significato di *oscurare*?

A Spiegare
B Rivelare
C Amplificare
D Occultare
E Relegare

3286 Unire : X = costruire : Y

A X = pezzi, Y = mattone
B X = separare, Y = demolire
C X = incollare, Y = rammendare
D X = tagliare, Y = edificio
E X = sposare, Y = abbattere

3287 Una sarta confeziona un abito ogni 2 settimane. Quante sarte occorrono per confezionare 3 abiti ogni settimana?

A 2
B 3
C 6
D 20
E 8

3288 Se a ogni generazione la popolazione mondiale quadruplicasse, partendo da Adamo ed Eva, dopo quante generazioni si arriverebbe a 2048 persone?

A 3
B 4
C 5
D 6
E 7

3289 Individuare il numero mancante:

1280, 320, 80, 20, ...?

A 6
B 4
C 8
D 2
E 5

3290 Individuare quale diagramma soddisfa la relazione insiemistica esistente fra i tre termini seguenti: medici, ingegneri, autori di articoli scientifici.

A 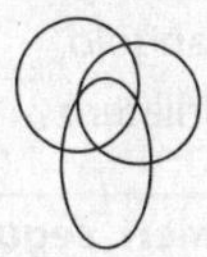

B 

C 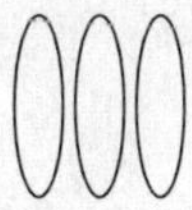

D 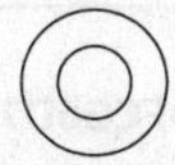

E 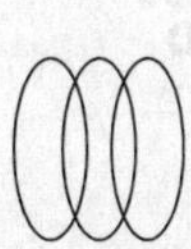

3291 Scegliere tra le cinque coppie di parole quella che esprime la relazione più simile a quella esistente tra le parole "ascetico" e "carnale".

A Acidulo - carnoso
B Umano - bestiale
C Nobile - volgare
D Spirituale - fisico
E Austero - suntuario

3292 Dubito che tu abbia capito. Una sola delle cinque formulazioni traduce il concetto:

A di certo non hai capito
B di certo hai capito
C probabilmente hai capito
D non sono certo che tu abbia capito
E spero che tu abbia capito

3293 Qual è la somma fra i due risultati?

$$848 \div 424 =$$
$$284 \div 142 =$$

A 0 B 8/4 C 3 D 16/4 E 5

3294 Circonferenza : X = Y : cubo

A X = cilindro, Y = rombo
B X = cono, Y = prisma
C X = sfera, Y = quadrato
D X = cerchio, Y = rettangolo
E X = ellisse, Y = quadrilatero

3295 Quale coppia di numeri segue logicamente alla seguente sequenza?

30, 20, 29, 21, 28, 22, 27, 23, 26, 24, ..., ...

A 30, 20
B 28, 22
C 25, 24
D 25, 25
E 24, 25

3296 Data la sequenza

SXDC89DSXDFCG6D7S

individuare l'alternativa che la riproduce fedelmente se aggiunta di seguito alla seguente: SDC89D

A SXDFCGD7S
B SXFFCG6D7S
C SXDFCG6D7S
D SXEFCG6D7S
E 4SXDFCG6D7S

3297 Quale numero va inserito nella casella vuota?

5	7	6	10
3	7	4	5
2	0	2	5
1	7	2	

A 0 B 1 C 2 D 3 E 4

3298 Una pizza piccola del diametro di 8 cm costa 3,99 euro. Una pizza grande del diametro di 14 cm viene venduta in offerta a 10,39 euro. Di quanto è scontata in percentuale la pizza grande (arrotondare)?

A 10%
B 12%
C 15%
D 18%
E 20%

3299 Indicare in quale delle seguenti alternative è presente una sola volta il gruppo di lettere "urdf" (esattamente come riportato tra virgolette).

A weghujwestkoiygrdw
B urdhfjudfokrdf
C ifurdftfgurdfegthftg
D urdfwesturdfkoiygrdw
E weghujurdfkoiygrdw

3300 Individuare la coppia di termini che completa correttamente la proporzione seguente.

Petalo : fiore = x : y

A x = equipaggio, y = marinaio
B x = radice, y = terra
C x = pagina, y = libro
D x = tram, y = tramviere
E x = mammifero; y = cane

Nel grafico seguente è riportato il numero di pazienti visitati privatamente dai dottori Rossi, Bianchi e Green nell'ultimo anno.

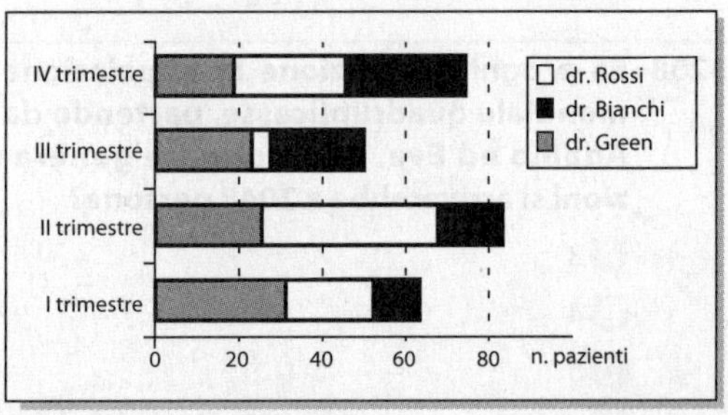

3301 Con riferimento al grafico, a quanto ammonta il numero complessivo di pazienti visitati dai tre medici nell'anno?

A Circa 400
B Circa 200
C Circa 270
D Circa 150
E Circa 340

3302 Con riferimento al grafico, in quale trimestre il dr. Green ha visitato il minor numero di pazienti?

A Nel I trimestre
B Nel II trimestre
C Nel III trimestre
D Nel IV trimestre
E I dati forniti sono insufficienti per rispondere

3303 Con riferimento al grafico, in quale trimestre il dr. Rossi ha visitato il maggior numero di pazienti?

A Nel I trimestre
B Nel II trimestre
C Nel III trimestre
D Nel IV trimestre
E I dati forniti sono insufficienti per rispondere

3304 Con riferimento al grafico, quale delle seguenti affermazioni è falsa?

A Nell'ultimo anno il dr. Bianchi ha aumentato ogni trimestre il numero di pazienti visitati
B Il dr. Rossi ha visitato più pazienti nel primo trimestre rispetto al terzo trimestre
C I pazienti visitati da Bianchi nel quarto trimestre sono stati meno di 40
D Nell'ultimo anno il numero di pazienti visitati dal dr. Green è diminuito ogni trimestre
E Il numero di pazienti visitati dal dr. Green nel secondo trimestre è minore del numero di pazienti visitati dal dr. Rossi nel terzo trimestre

3305 Se:

⌫ + ⌦ = 🖂
🖂 + 🖂 = **16**
⌫ – ⌦ = **2**

allora 3 x ⌦ è pari a:

A 15
B 9
C 5
D 3
E 18

3306 Indicare la parola da scartare.

A Traghetto
B Automobile
C Motocicletta
D Bicicletta
E Aeroplano

3307 Quale dei seguenti termini può sostituire la parola "longanime" senza modificare il significato della frase ove essa è inserita?

A Squallido
B Proficuo
C Tollerante
D Pusillanime
E Lungo

3308 Completare la seguente proporzione.

Spiga : grano = : Y

A = albero, Y = bosco
B = farina, Y = pane
C = chicco, Y = cereale
D = bacca, Y = frumento
E = pannocchia, Y = mais

3309 Scegliere fra le alternative proposte quella che completa correttamente la frase seguente.

«La decisione è stata presa dopo che alcuni investitori hanno ... che questo tipo di operazioni serve esclusivamente a creare confusione».

A Concitato
B Efferato
C Eccepito
D Tergiversato
E Decurtato

3310 Un sinonimo di "viluppo" è:

A ludibrio
B incremento
C diniego
D ordine
E groppo

3311 Il piccolo Mattia sta giocando con 150 tessere quadrate di legno colorato, tutte delle stesse dimensioni. Costruisce con esse alcuni quadrati. Si osserva che i quadrati costruiti non sono singole tessere, ciascuno ha misure differenti da tutti gli altri e non c'è possibilità di costruire altri quadrati che non siano tessere singole o che non siano quadrati già costruiti. Quante tessere avanzano al minimo a Mattia?

A Nessuna
B Due
C Una
D Tre
E Quattro

3312 Completare correttamente la seguente successione numerica:

46; 90; 78; 36; ?; ?; 26; 70

A 80; 72
B 24; 68
C 76; 64
D 80; 68
E 78; 72

3313 Indicare in quale delle seguenti alternative viene rispettata la regola di alternanza "vocale-consonante".

A opapekatapekatppekat
B opapekatuqpekat
C poapekatapekatupekat
D opapekataupekat
E opapekatapekatupekat

3314 Si consideri un numero di tre cifre dove la cifra delle centinaia è uguale alla somma di quella delle decine con quella delle unità. Se si somma questo numero con quello ottenuto scambiando la cifra delle decine con quella delle unità e si divide il risultato per la somma delle cifre del numero dato, si ottiene un numero:

A 105,5
B 110,5
C 100,5
D 155,0
E che dipende dal numero di partenza

3315 Qual è la probabilità di NON estrarre una pallina gialla da un'urna che contiene 40 palline rosse, 20 gialle e 40 nere?

A 65%
B 40%
C 20%
D 80%
E 60%

3316 Quante strette di mano si scambiano quattro persone?

A 9
B 4
C 6
D 7
E 10

3317 Un numero aumentato dei suoi 2/5 dà 140. Questo numero è:

A 60
B 90
C 70
D 80
E 100

3318 Completare correttamente la seguente successione numerica:

171; 168; 177; ?; ?; 178; 173; 170

A 175; 171
B 168; 173
C 172; 169
D 174; 183
E 111; 222

3319 Vanni, Gennaro e Mauro hanno acquistato 24 libri da regalare agli amici. Vanni e Gennaro sono in grado di impacchettare 24 libri in 40 minuti. Vanni ne impacchetta il triplo di Gennaro che, a sua volta, ne impacchetta la metà di Mauro. Quanti regali riuscirebbero a impacchettare i tre lavorando insieme per 1 ora?

A 15
B 36
C 54
D 45
E 24

3320 Un'asta di metallo lunga 1 metro è sospesa per il suo centro. A 40 cm dall'estremità sinistra è agganciato un peso di 30 kg, mentre all'estremità opposta è agganciato un peso di 6 kg. Cosa è necessario fare per equilibrare l'asta e mantenerla in posizione orizzontale?

- A Aggiungere, al peso agganciato a destra, un ulteriore peso di 2 kg
- B Aggiungere, al peso agganciato a sinistra, un ulteriore peso di 6 kg
- C Aggiungere, al peso agganciato a sinistra, un ulteriore peso di 30 kg
- D Nulla, l'asta è già in equilibrio
- E Aggiungere, al peso agganciato a destra, un ulteriore peso di 24 kg

3321 Individuare l'alternativa che riporta una successione di elementi in ordine inverso rispetto alla sequenza OIOIOOIO.

- A OIOOIOIO
- B OIOOOIOI
- C OIOIOOIO
- D OOIOIOIO
- E OIOIIOIO

3322 Completare correttamente la seguente successione numerica:

18; 54; 42; ?; 114; 342; 330; ?

- A 126; 992
- B 126; 860
- C 124; 995
- D 990; 130
- E 126; 990

3323 Un concessionario di auto usate ha in vendita 265 autovetture. Di queste, i 2/5 sono state prodotte all'estero; quante sono le autovetture di produzione nazionale?

A 3/5 B 159 C 106 D 124 E 100

3324 Cinque Stati sono tra loro confinanti. A confina solo con B, B confina con C e con D, inoltre D confina anche con E. Qual è il numero minimo di stati da attraversare per una persona che voglia recarsi da A ad E?

A 4 B 2 C 3 D 1 E 5

3325 Alla festa di compleanno di Marika sono stati invitati tutti gli amici di infanzia, tutti i compagni di scuola e tutti i colleghi del conservatorio. Gli amici di infanzia sono la metà più uno dei compagni di scuola e il numero di colleghi del conservatorio è uguale a quello degli amici di infanzia meno tre. Sapendo che Marika ha fatto stampare 47 inviti e che non vi sono elementi comuni ai tre gruppi di persone, quanti sono i suoi compagni di scuola?

- A 13
- B 24
- C 20
- D 26
- E 10

3326 Se 5 infermieri preparano 15 sacche per terapia parenterale in 30 minuti, quanti infermieri sarebbero teoricamente necessari per prepararne 150 in 9000 secondi?

- A 30
- B 15
- C 5
- D 10
- E 20

3327 Per un viaggio un'agenzia turistica chiede 40 euro pro capite, se si raggiunge almeno il numero di 35 passeggeri. Inoltre, a ogni passeggero eccedente i 35, concede uno sconto del 25%. Quanto costa in totale il viaggio se i passeggeri sono 50?

- A 1850,00 euro
- B 1880,00 euro
- C 1500,00 euro
- D 1737,50 euro
- E 2000,00 euro

3328 Individuare il numero che completa logicamente la seguente sequenza:

100, 95, 85, 70, 50, ...

- A 15
- B 20
- C 25
- D 35
- E 30
- F

Nel grafico è riportata la sopravvivenza ottenuta con due diversi tipi di terapia in una malattia sempre mortale in pochi mesi se non trattata, in due gruppi di pazienti confrontabili come numerosità e caratteristiche cliniche. La terapia A è meno costosa e di più facile attuazione; le due terapie possono essere utilizzate in successione senza influenzarsi reciprocamente in senso negativo.

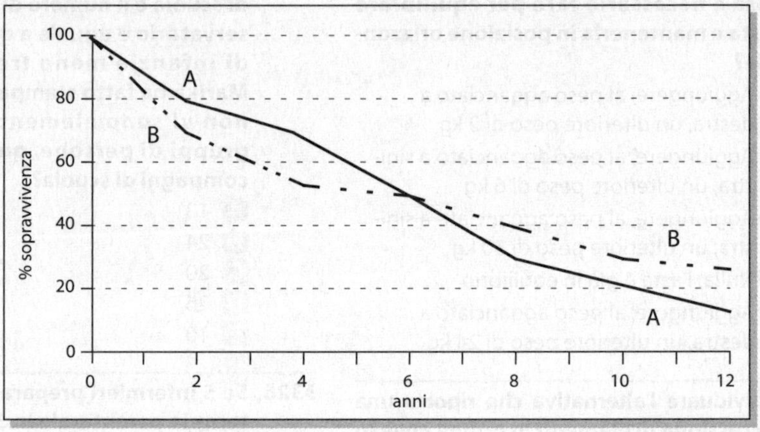

3329 Si può dedurre che (una sola risposta è corretta):

A il costo maggiore della terapia B è ampiamente compensato dai risultati superiori a lungo termine

B la terapia A è comunque di grande importanza nel trattamento della malattia X, se non la si considera come rigidamente alternativa a quella B

C la terapia B deve essere sempre di prima scelta

D la terapia A consente risultati illusori

E bisogna correggere le indicazioni dei due tipi di trattamento

3330 Una latta di vernice da 14 litri consente di verniciare, secondo quanto dichiarato dal produttore, un'area di 154 metri quadrati. Quante latte saranno necessarie per essere sicuri di riuscire a verniciare le pareti laterali e il soffitto di 5 stanze rettangolari con i lati di 4 e 2 metri e un'altezza pari a 3 metri?

A 1

B 2

C 3

D 4

E 5

3331 Un fiorista ha a disposizione 672 rose, 816 margherite e 624 garofani. Vuole confezionare mazzi tutti uguali in modo da esaurire tutti i fiori a disposizione e in modo che ciascun mazzo contenga Il massimo numero di fiori della stessa tipologia. Quanti fiori conterrà ciascun mazzo?

A 48

B 17

C 96

D 44

E 13

3332 Se TAP significa cifra (singola) divisibile per 5, TUP significa cifra (singola) divisibile per 3 e TOP significa cifra (singola) divisibile per 2, allora con quale scrittura può essere espresso il numero 92?

A TOP TOP

B TOP TAP

C TUP TOP

D TUP TAP

E TUP TUP

© Alpha Test

3333 Individuare il diagramma che soddisfa la relazione insiemistica esistente tra i termini dati: Sorelle, Parenti, Appartamenti

diagramma 1

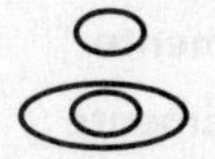

diagramma 2

diagramma 3

diagramma 4

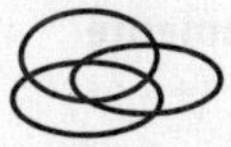

diagramma 5

diagramma 6

diagramma 7

A Diagramma 1
B Diagramma 6
C Diagramma 2
D Diagramma 3
E Diagramma 5

3334 Indicare la parola da scartare.

A Grillo
B Cimice
C Colibrì
D Libellula
E Zanzara

3335 Individuare la coppia di termini che appartiene allo stesso insieme.

1: commercialista
2: partita doppia
3: studente
4: revisore contabile
5: bilancio
6: ragioneria

A 1; 2
B 2; 6
C 3; 6
D 2; 5
E 1; 4

3336 Indicare la parola da scartare.

A Tennis
B Baseball
C Hockey
D Ping Pong
E Calcio

3337 Una sola delle seguenti affermazioni è rigorosamente dedotta dal testo citato: quale?

A La scarsa dedizione alla lettura è una questione di pigrizia e di disimpegno
B È la scuola che allontana i giovani dalla lettura
C La comunicazione visiva non approda mai a una vera e propria acquisizione culturale
D La durata della lettura dipende dal lettore; sulla durata di uno spettacolo lo spettatore non ha potere
E In fondo da uno spettacolo si può apprendere nello stesso modo che da un'opera scritta

3338 Il contrario di "algido" è:

A giocoso
B diaccio
C offuscato
D modesto
E ardente

3339 Individuare il termine che risponde alla definizione «chi si attribuisce, si arroga un titolo, una qualità che non possiede».

A Sciovinista
B Serafico
C Sedizioso
D Seducente
E Sedicente

3340 Completare la seguente proporzione.

Ragno : X = gatto : Y

A X = insetto, Y = vertebrato
B X = quadrupede, Y = invertebrato
C X = bagno, Y = patto
D X= aracnide, Y = mammifero

3341 Completare la seguente proporzione.

Minuto → enorme

X → Y

A X = polmone, Y = respirazione
B X = vero, Y = falso
C X = grande, Y = enorme
D X = giusto, Y = giustizia
E X = sicuro, Y = polizia

QUESITI

3342 Individuare la parola da scartare.
- A Panchina
- B Trono
- C Bracciolo
- D Scranno
- E Sgabello

3343 Individuare la parola da scartare.
- A Secolo
- B Larda
- C Decennio
- D Biennio
- E Lustro

3344 Indicare quale parola ha un significato associabile ad entrambi i termini proposti. Pistola - ..?.. - Sport.
- A Arma
- B Calcio
- C Coltello
- D Capsula
- E Grilletto

3345 Si dice che «è una mezza cartuccia» una persona ...
- A Di estrema cattiveria e malvagità.
- B Di piccola statura o che vale molto poco.
- C Capace di imporre le proprie idee.
- D Che dilapida le proprie ricchezze.

3346 Completare la seguente proporzione. X : musica = Joyce : Y
- A X = Dodecafonia, Y = *Ulysses*
- B X = Partitura, Y = avanguardia
- C X = Schoenberg, Y = letteratura
- D X = Controfagotto, Y = narrativa
- E X = Scrittura, Y = ascolto

3347 Indicare la parola da scartare.
- A Svevo
- B Pirandello
- C De Chirico
- D Vittorini
- E Pavese

3348 Indicare la parola da scartare.
- A Complementare
- B Sostanziale
- C Accessorio
- D Superfluo
- E Opzionale

3349 Individuare la coppia di termini che appartengono allo stesso insieme.

1: lento

2: veloce

3: sicuramente

4: attentamente

5: sicuro

6: sinceramente
- A 1; 3
- B 3; 5
- C 2; 6
- D 3; 4
- E 1; 6

3350 Scegliere il termine che abbia lo stesso significato delle due parole proposte:

stanza - inutile
- A locale
- B sterile
- C sala
- D nullo
- E vano

3351 Completare la seguente proporzione tra parole:

goniometro : angolo = X : Y
- A X = tempo, Y = cronometro
- B X = termometro, Y = gradi
- C X = pantografo, Y = colore
- D X = barometro, Y = pressione
- E X = odometro, Y = velocità

3352 Il costo della pizza è determinato dalla somma dei costi di 5 elementi. Se ogni elemento aumenta del 10% di quanto aumenta il costo della pizza?
- A Del 50%
- B Del 5%
- C Del 10%
- D Del 2%
- E I dati forniti non sono sufficienti per rispondere

3353 Un'urna contiene 50 gettoni, bianchi e neri. Sapendo che la probabilità di estrarre un gettone bianco è il 40%, il numero di gettoni neri contenuti nell'urna è:

A 10

B 30

C 20

D 15

E 25

3354 Vengono lanciati due dadi a sei facce numerate da 1 a 6. Qual è la probabilità che escano due numeri tali che l'uno NON sia multiplo dell'altro?

A 1/4 B 4/9 C 1/3 D 1/6 E 7/18

3355 La spiegazione di uno dei seguenti modi di dire NON è corretta:

A *piove sul bagnato*: le disgrazie non vengono mai sole

B *spada di Damocle*: indica un pericolo incombente

C *rendere pan per focaccia*: chi ricambia con eguale o maggiore asprezza una offesa

D *salvare capra e cavoli*: salvaguardare con una decisione gli interessi di due soggetti

E *vittoria di Pirro*: pace raggiunta con condizioni umilianti da parte dei vincitori

3356 Individuare il numero che completa correttamente la seguente successione:

16 - 72 - 32 - 36 - 64 - ?

A 18 B 128 C 14 D 68 E 44

3357 Qual è la differenza tra i 2 risultati delle operazioni seguenti? 5514 / 2 e 5512 / 2

A 0,5 B 2 C 3 D 1 E 4

3358 Individuare il numero mancante:

3, 6, 9, 15, 24, 39, ...?

A 57 B 49 C 81 D 127 E 63

3359 Nel pollaio di Antonio ci sono il doppio di galline rispetto ai galli. Il numero totale degli animali è 51. Quando alcune galline vengono fatte uscire nel prato, il numero dei galli diventa appena poco più del doppio delle galline. Quante galline sono uscite?

A 32

B 28

C 30

D 23

E 26

3360 Qual è la velocità di un camion che percorre un tragitto di 60 Km in 1 h e 40 min?

A 25 Km/h

B 36 Km/h

C 50 Km/h

D 41 Km/h

E 48 Km/h

3361 Un tablet viene venduto in tutto il mondo al prezzo di 100 dollari. Acquistandolo online da un sito cinese è tuttavia possibile ottenere uno sconto pari all'8% su ogni singolo pezzo ordinato. Questa soluzione sarebbe conveniente, se non fosse che bisogna tenere conto di una spesa fissa alla dogana pari a 40 dollari, indipendentemente dal numero di dispositivi comprati. Per rendere vantaggioso l'acquisto dalla Cina, qual è il numero minimo di tablet che vanno acquistati?

A 6

B 11

C 5

D 4

E 8

3362 Completare la seguente sequenza di numeri:

142, 119, 96, 73, ?

A 48

B 50

C 38

D 46

E 54

QUESITI

3363 La distanza tra la città A e la città B è di 200 km. Alle nove di mattina un treno parte da A diretto a B e, viceversa, un treno parte da B diretto ad A. Un'ora dopo, il primo treno ha percorso metà del tragitto. Sapendo che il secondo viaggia a 2/5 della velocità del primo, quanto sono distanti i due treni alle 10 del mattino?

A Non è possibile determinarlo univocamente con i dati a disposizione
B Alle 10 del mattino i due treni si sono già incontrati
C 60 km
D 100 km
E 40 km

3364 Lungo i lati di una piazzetta di forma rettangolare con lati pari a 45 metri e 75 metri si devono disporre dei platani, a intervalli regolari e tali da assicurare tra un albero e l'altro la massima distanza possibile, cosicché in ogni vertice della piazzetta vi sia un platano. A quale distanza l'uno dall'altro bisogna porre i platani?

A 7,5 metri
B 12 metri
C 15 metri
D 20 metri
E 30 metri

3365 Venezia e Milano sono collegate da un servizio ferroviario così organizzato:

- **Primo treno in partenza da Venezia per Milano: ore 6.00 del mattino.**
- **Primo treno in partenza da Milano per Venezia: ore 6.30 del mattino.**
- **Un treno ogni ora da Venezia a Milano e viceversa.**
- **Tempo di percorrenza della tratta Milano – Venezia: 2 ore.**
- **Quando il treno da Venezia arriva a Milano sosta mezz'ora e poi riparte alla volta di Venezia e viceversa.**

Il treno che è partito da Venezia alle ore 6.00 è di colore blu, tutti gli altri sono bianchi.

Quando il treno blu che parte da Milano alle 13.30 arriva a Venezia, quanti treni bianchi ha incrociato nel verso opposto nel corso della giornata?

A 6 B 4 C 10 D 8 E 9

3366 La .... è la circolazione attraverso la quale il sangue si libera di anidride carbonica.

A grande circolazione
B circolazione corporea
C circolazione polmonare
D circolazione aortica
E circolazione venosa

3367 Utilizzando l'alfabeto italiano, completare correttamente la seguente successione di lettere:

V; A; R; B; D; U; ?; ?;?

A D; E; Q
B E; G; A
C P; R; E
D G; O; F
E P; N; A

3368 Un fiorista olandese deve piantare in una serra bulbi di tulipani contenuti in un sacchetto. Il numero dei bulbi è compreso tra 300 e 400. Il fiorista scava fossetti nel terreno e in ognuno di essi mette 6 bulbi. Gli restano 5 bulbi per l'ultimo fossetto. Prova a metterne 7 e poi 8. in entrambi i casi gli avanzano sempre 5 bulbi per l'ultimo fosso. Quanti sono esattamente i bulbi?

A 320
B 336
C 341
D 350
E 360

3369 Stai partecipando ad una gara di go-kart, all'ultima curva superi la macchina che si trovava al quarto posto. In quale posizione ti trovi sotto la bandiera a scacchi?

A Terzo
B Secondo
C Ultimo
D Quarto
E Primo

3370 Un'asta di metallo lunga 1 metro è sospesa per il suo centro. A 40 cm dall'estremità sinistra è agganciato un peso di 15 kg, mentre all'estremità opposta è agganciato un peso di 3 kg. Cosa è necessario fare per equilibrare l'asta e mantenerla in posizione orizzontale?

A Aggiungere, al peso agganciato a sinistra, un ulteriore peso di 15 kg

B Aggiungere, al peso agganciato a destra, un ulteriore peso di 3 kg

C Nulla, l'asta è già in equilibrio

D Aggiungere, al peso agganciato a destra, un ulteriore peso di 12 kg

E Aggiungere, al peso agganciato a sinistra, un ulteriore peso di 3 kg

3371 Completare la seguente sequenza di numeri:

998, 1015, 1032, 1049, 1066, ?

A 1087

B 1093

C 1079

D 1083

E 1069

3372 Nell'harem del sultano Alì Babà i 4/5 delle odalische hanno i capelli neri ed i 3/4 hanno gli occhi neri. Si può concludere che:

A almeno 11/20 delle odalische hanno sia capelli che occhi neri

B 3/5 delle odalische hanno sia capelli che occhi neri

C al più 11/20 delle odalische hanno sia capelli che occhi neri

D 4/5 delle odalische hanno sia capelli che occhi neri

E 3/4 delle odalische hanno sia capelli che occhi neri

3373 Tre sorelle hanno un'età complessiva pari a 75 anni. La maggiore delle tre ha un'età pari ai tre mezzi dell'età della minore delle tre. La sorella di mezzo ha cinque anni in meno della sorella maggiore. Quanti anni ha la sorella maggiore?

A 28

B 35

C 32

D 30

E 25

3374 Indicare il contrario di *disadorno*.

A Decorato

B Deciso

C Dinamico

D Dedito

E Spartano

3375 Completare la seguente proporzione:
Diamanti : X = Y : Metalli

A X = Lucenti, Y = Opachi

B X = Resistente, Y = Malleabile

C X = Pietre preziose, Y = Oro

D X = Gioielliere, Y = Orafo

E X = Eterno, Y = Transitorio

3376 Completare la seguente sequenza di numeri:

10, 20, 16, 32, 28, 56, ?, ?

A 104, 50

B 52, 104

C 54, 102

D 50, 106

E 52, 112

3377 Nel Paese Alpha i 22 ragazzi che vanno a scuola possiedono almeno un mezzo di locomozione (bicicletta, motorino o pattini). Di questi 22 ragazzi, 8 possiedono la bicicletta, 12 il motorino e 9 i pattini. Sapendo che 3 ragazzi hanno sia la bicicletta sia il motorino e che in nessun caso c'è chi ha sia i pattini sia il motorino, in quanti hanno solo la bicicletta?

A 1 B 6 C 8 D 0 E 3

3378 Qual è la probabilità di estrarre da un mazzo di 52 carte da gioco, una carta che NON sia di picche?

A 75%

B 50%

C 25%

D 90%

E 60%

3379 Completare correttamente la seguente successione numerica:

72; 30; 36; 26; 18; 22; 9; ?

A 17

B 18

C 14

D 16

E 11

3380 Se:

¿ + 5 + # = $ + ç + #

¿ = $

allora ç è uguale a:

A -5

B 20

C 5

D -10

E 4

3381 Se LUC significa cifra (singola) divisibile per 6, LOC significa cifra (singola) divisibile per 4 e LAC significa cifra (singola) divisibile per 3, allora con quale scrittura può essere espresso il numero 98?

A LAC LOC

B LUC LOC

C LAC LAC

D LOC LUC

E LOC LOC

3382 Scartare una delle otto coppie di simboli.

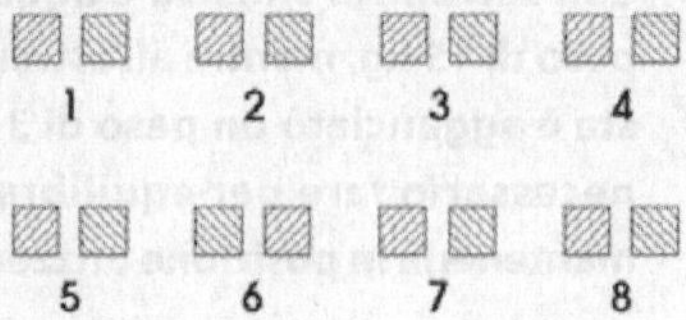

A Coppia 1

B Coppia 3

C Coppia 7

D Coppia 5

E Coppia 6

3383 Individuare la parola da scartare.

A Re

B Torre

C Alfiere

D Pedina

E Cavallo

3384 Quale delle quattro figure (A, B, C e D) corrisponde alla composizione seguente vista allo specchio?

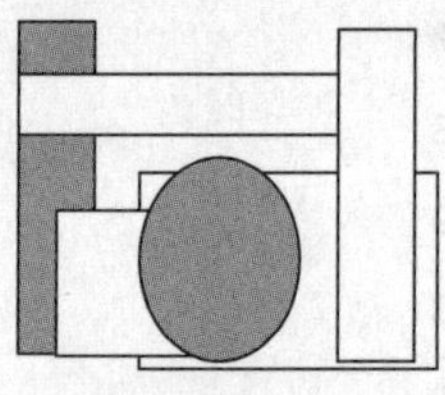

A 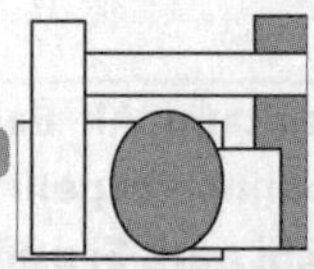

B 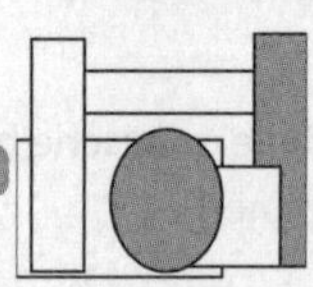

C 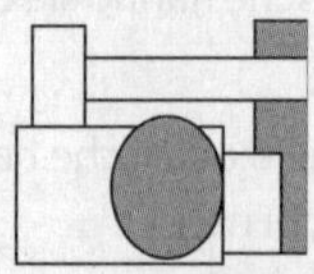

D 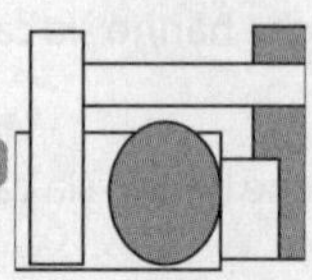

3385 A una conferenza 10 persone prendono appunti, 8 portano gli occhiali. Con questi dati si può concludere con certezza che il numero totale N degli ascoltatori a quella conferenza è:

- A N = 18
- B N > 10
- C N < 10
- D N Š 10
- E N > 18

3386 Delle seguenti locuzioni, quale esprime il significato del termine *apoteosi*?

- A Ripudio della propria religione
- B Deificazione di un mortale
- C Avversione nei confronti della divinità
- D Affermazione di scetticismo
- E Pratica rituale volta ad allontanare gli influssi malefici

3387 Il termine *apocrifo* significa:

- A autentico
- B originale
- C falso
- D antico
- E spostato

3388 Completare la seguente proporzione tra parole:
virus : epidemia = X : Y

- A X = vento; Y = mulino
- B X = scintilla; Y = incendio
- C X = fiammifero; Y = accendino
- D X = maremoto; Y = terremoto
- E X = contagio; Y = guarigione

3389 Una delle seguenti parole ha un solo significato. Quale?

- A Zattera
- B Credenza
- C Lama
- D Calcio
- E Radio

3390 Qual è il significato dell'espressione "Prendere il toro per le corna"?

- A Affrontare una situazione con decisione
- B Farsi male
- C Assumersi le proprie responsabilità
- D Mettersi in gioco
- E Andare avanti per la propria strada

3391 Completare correttamente il passo seguente.
«Lo sguardo risentito di Rita tradiva il suo ... per la cugina».

- A livido
- B lividore
- C livore
- D littore
- E nitore

3392 Completare correttamente il passo seguente.
«La desertificazione può essere definita come ... dell'ambiente desertico in aree che precedentemente erano semidesertiche».

- A Il ritrarsi
- B La compressione
- C L'eliminazione
- D Il ripresentarsi
- E L'espansione

3393 Completare la seguente proporzione tra parole:
tavolo : X = Y: studio

- A X = aula; Y = cucina
- B X = ristorante; Y = divano
- C X = cucina; Y = scrivania
- D X = piatto; Y = pietanza
- E X = aula; Y = acquaio

3394 Indicare la parola da scartare.

- A Entropia
- B Sociologia
- C Psicologia
- D Ecologia
- E Semiologia

3395 Completare la serie seguente con il numero mancante:

1, 1, 2, 3, 5, 8, 13, 21, ...?

- A 34
- B 41
- C 43
- D 29
- E 37

Nel grafico seguente è riportato l'andamento delle nuove assunzioni di personale presso l'ospedale S. Gaudenzio negli ultimi sei mesi.

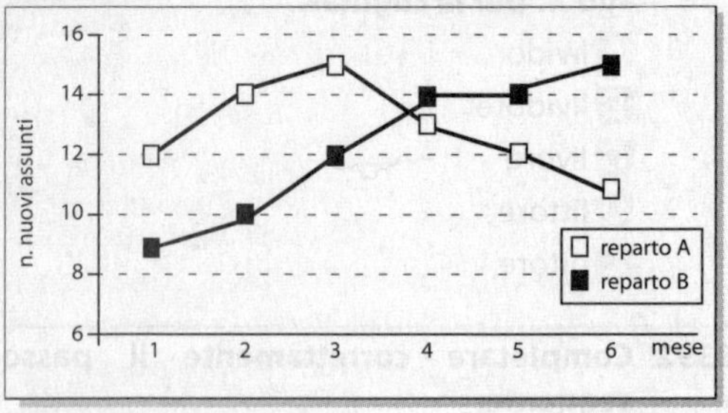

3396 Con riferimento al grafico, quanti sono stati i nuovi assunti nel reparto B nell'ultimo semestre?

A 75 B 74 C 67 D 71 E 72

3397 Con riferimento al grafico, quali sono i mesi nei quali vi è stato il maggior numero di assunti?

A mesi 2 e 6
B mesi 1 e 2
C mesi 2 e 5
D mesi 5 e 6
E mesi 3 e 4

3398 Con riferimento al grafico, in quale tra i seguenti mesi vi è stato il maggior numero di nuovi assunti nel reparto A?

A mese 4
B mese 6
C mese 2
D mese 1
E mese 5

3399 Con riferimento al grafico, quale delle seguenti affermazioni è vera?

A In ogni mese dell'ultimo semestre vi sono state più assunzioni nel reparto A rispetto al reparto B
B Nell'ultimo semestre le assunzioni all'ospedale S. Gaudenzio sono aumentate rispetto al passato
C Nel mese 4 vi sono state complessivamente più assunzioni rispetto al mese 3
D Il mese in cui vi sono state più assunzioni nel reparto B è il mese 6
E Nel mese 2 vi sono state 22 nuove assunzioni

3400 Quando si parla di "esecutivo" si fa riferimento:

A al presidente della Repubblica
B al Governo
C al Parlamento
D all'insieme di Regioni, Province, Comuni
E ai prefetti

3401 Individuare la coppia di termini che completa la proporzione data.
Sbadiglio : sonnolenza = X : Y

A X = sogno; Y = dormire
B X = risata; Y = buonumore
C X = viso; Y = espressione
D X = impazienza; Y = ribellione
E X = raffreddore; Y = starnuto

3402 Individuare quale numero completa la seguente serie:

7, 70, 14, 35, ?

A 10
B 350
C 40
D 100
E 28

3403 A cosa corrisponde la media aritmetica dei numeri 3, 4, 5, 6, 7?

A 0 B 5 C 2 D 3 E 8

3404 Individuare la figura da scartare.

A 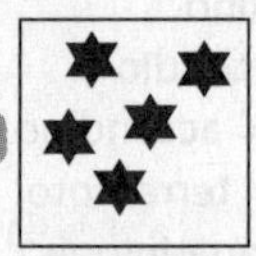

B 

C 

D 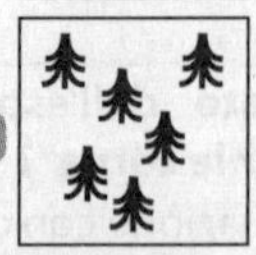

E 

3405 Se il costo medio di produzione di un serramento passa da 1250 euro a 1075 euro, qual è il decremento percentuale?

A 10%
B 11,5%
C 15%
D 14%
E 18%

3406 Completare la frase con l'unico verbo pertinente: La legge non può ______ nelle decisioni personali di un adulto tranne che queste non arrechino danno ad altri.

A intercalare
B interferire
C interdire
D interporre
E intromettere

3407 Completare la seguente sequenza: 10, 4, 3, 11, 15, ..

A 11 B 12 C 13 D 16 E 18

3408 Una bottiglia piena di vino costa 10 euro. Il vino costa 9 euro più della bottiglia vuota. Il vuoto della bottiglia costa:

A quanto il vino
B 9 euro
C solo 1 euro
D 50 centesimi
E nulla

3409 Un pittore dispone di sei colori e vuole colorare un suo disegno in tanti modi quanti sono possibili combinando due colori, senza mai ripetere le combinazioni: quanti disegni colorerà?

A 15 B 21 C 14 D 12 E 20

3410 A sei anni, Gertrude fu collocata, per educazione e ancor più per istradamento alla <u>vocazione impostale</u>, nel monastero dove l'abbiamo veduta (A. Manzoni, I Promessi Sposi, cap. IX). Le parole sottolineate danno luogo ad una delle seguenti figure retoriche:

A ossimoro
B climax
C metafora
D metonimia
E sinestesia

3411 Trova l'intruso.

A Commedia
B Tragedia
C Melodramma
D Sacra rappresentazione
E Novella

3412 In una scuola gli studenti sono stati divisi in tre gruppi di studio rispettivamente composti di 11, 14 e 25 studenti. 15 studenti fanno parte di uno solo dei tre gruppi, 10 studenti fanno parte contemporaneamente di due gruppi. Quanti studenti fanno parte di tutti e tre i gruppi?

A 3
B 5
C 4
D 6
E 8

3413 Individuare, tra le alternative proposte, la versione in negativo della seguente figura.

A 

B 

C 

D 

E 

3414 Date le sequenze-chiave:
TFH RHE
individuare il gruppo che le contiene entrambe.

A XTXXRXHXFXXXEXX
B XXXTXFXHXXXEXXX
C XXTXFXXRXHXXXEX
D XXTXXFXXEXXXRXX
E XXTXXTXFXXRXXHX

3415 Completare la seguente successione di numeri:
5, 12, 19, 26, 33, ...?

A 43 B 47 C 40 D 45 E 39

Nel rispondere alle domande successive si considerino i dati riportati nella tabella che segue.

Quantità di grano (in tonnellate) prodotta in alcuni Paesi durante 4 anni

	Anno			
Paese	**2007**	**2008**	**2009**	**2010**
A	**9,8**	**7,5**	**6,7**	**6,9**
B	**7,3**	**6,6**	**7,2**	**8,9**
C	**8,7**	**5,0**	**5,4**	**5,7**
D	**6,7**	**6,3**	**5,7**	**7,2**
E	**7,2**	**6,6**	**6,6**	**7,5**

3416 In quale anno si è verificata la massima differenza in valore assoluto di produzione tra i Paesi considerati?

A 2007
B 2008
C 2009
D 2010
E nessuna delle altre alternative è corretta

3417 Quale Paese è stato più produttivo sia nel 2007 sia nel 2008?

A B B A C C D E E D

3418 In quale anno si è prodotta la quantità maggiore di grano nei cinque Paesi considerati?

A 2007
B 2008
C 2009
D 2010
E nessuna delle altre alternative è corretta

3419 Considerando solo il 2007 e il 2010, quale dei seguenti Paesi ha ottenuto il maggior incremento in valore assoluto di produzione di grano?

A E
B D
C A
D B
E C

3420 In base alla tabella si può affermare con certezza che:

A Il Paese D nei quattro anni considerati ha sempre ridotto la produzione di grano
B Il Paese C nei quattro anni considerati ha sempre ridotto la produzione di grano
C Il Paese A nei quattro anni considerati ha incrementato la produzione di grano solo dal 2009 al 2010
D Il Paese B nei quattro anni considerati ha incrementato la produzione di grano solo dal 2009 al 2010
E nessuna delle altre alternative è corretta

3421 Individuare la figura da scartare.

A 

B 

C 

D 

E 

3422 Completare la serie seguente con il numero mancante:
5, 8, 12, 17, 23, ...?

A 30
B 28
C 26
D 32
E 33

3423 Individuare il numero che segue logicamente:
9, 10, 8, 11, 7, 12, ...

A 14
B 5
C 13
D 6
E 15

3424 Indicare in quale delle seguenti alternative la lettera H è presente il maggior numero di volte.

A HHHHTYUERHHHESDHHHE
B HHDRHTRHHHHSRHHSDHH
C THHHLPOPHHHHHPIUTRFH
D THHHHHHDRTERDERHHERH
E SHHHERHHHERHHHERFGHN

3425 Qual è la differenza fra i due risultati?

$$661 \div 2 =$$
$$660 \div 2 =$$

A 1
B 2
C 660,5
D 0,5
E 3

3426 Lungo il perimetro di una palestra si prevede di disporre degli attrezzi a distanza di 3 metri l'uno dall'altro. Data una palestra quadrata, di perimetro pari a 90 m, quanti attrezzi in più saranno necessari per una palestra quadrata di area quadrupla?

A 90
B 60
C 30
D 120
E Il quadruplo

3427 32 operaie attaccano le etichette a 256 capi di vestiario in 20 minuti. Lavorando allo stesso ritmo, quante ore saranno necessarie affinché 4 operaie attacchino 128 etichette?

A 5 ore e 20 minuti
B 1 ora e 40 minuti
C 1 ora e mezza
D 1 ora e 20 minuti
E 1 ora e 10 minuti

3428 Indicare il numero mancante nella seguente successione:

254, 126, ..., 30, 14

A 56
B 44
C 62
D 98
E 53

3429 In un sistema elettorale maggioritario puro (cosiddetto "all'inglese"), basato su collegi uninominali aventi tutti lo stesso numero di elettori, è teoricamente possibile conquistare il 51% dei seggi con circa il 26% dei voti popolari. In pratica però è impossibile che tutti i collegi abbiano lo stesso numero di elettori; di conseguenza la percentuale minima di voti popolari che può garantire il 51% dei seggi:

A resterà sempre del 26%
B l'assunto è errato: per avere il 51% dei seggi occorre comunque avere più del 51% dei voti
C sarà maggiore del 26%
D dipende dai cosiddetti collegi marginali
E sarà minore del 26%

3430 Indicate quale dei seguenti termini ha significato opposto a "Iniquo".

A Giusto
B Propizio
C Scorretto
D Ingiusto
E Disonesto

3431 Quale termine è l'opposto di probità?

A Animosità
B Fedeltà
C Dignità
D Falsità
E Integrità

Nel grafico seguente è riportata la ripartizione percentuale del fatturato generato da 5 prodotti dell'azienda Beta nell'ultimo anno.

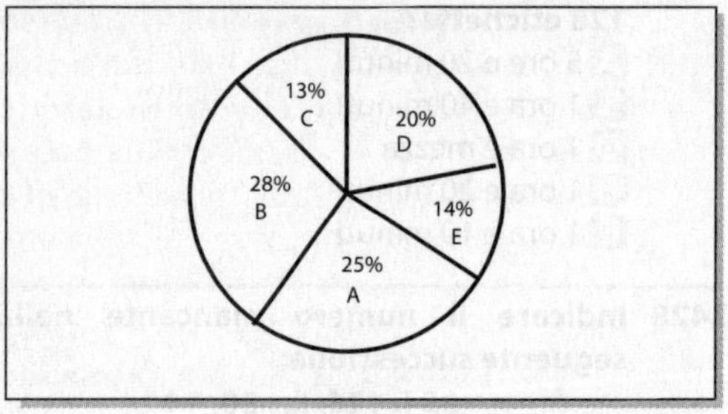

3432 Con riferimento al grafico, qual è il prodotto che ha generato il fatturato maggiore nell'ultimo anno?

A Prodotto A
B Prodotto B
C Prodotto C
D Prodotto D
E Prodotto E

3433 Con riferimento al grafico, se nell'ultimo anno il prodotto A ha fatturato 10 milioni di euro, a quanto ammonta il fatturato del prodotto C?

A 5,6 milioni di euro
B circa 6 milioni di euro
C 5,2 milioni di euro
D meno di 5 milioni di euro
E 6,2 milioni di euro

3434 Con riferimento al grafico, quale delle seguenti affermazioni è vera?

A Il fatturato derivante dalle vendite dei prodotti C ed E è complessivamente superiore rispetto al fatturato generato dal prodotto A
B Il numero di pezzi venduti del prodotto B è superiore al numero di pezzi venduti del prodotto D
C Il fatturato dell'azienda Beta è in crescita
D Il prodotto maggiormente venduto dall'azienda Beta è il prodotto A
E Il prodotto che ha aumentato maggiormente le vendite rispetto all'anno precedente è il prodotto B

3435 Tre architetti devono completare insieme un progetto. Sapendo che, lavorando singolarmente, ciascuno di loro impiegherebbe rispettivamente 10, 8 e 9 giorni per terminare il progetto, in quanto tempo lo porteranno a termine lavorando insieme?

A Circa 4 giorni
B Circa 2 giorni
C Circa 1 giorno
D Circa 3 giorni
E Circa 8 giorni

3436 La somma di tre numeri è 1.000. Il primo è due terzi del secondo e il secondo è tre quinti del terzo. I tre numeri sono:

A 200; 300; 500
B 200; 200; 600
C 200; 400; 400
D 500; 200; 300
E 150; 350; 500

3437 Tre cani e due gatti pesano 33 kg. Quattro cani e tre gatti pesano 45 kg. Ciascun cane pesa uguale e ciascun gatto pesa uguale. Quanti kg pesano 4 gatti e due cani?

A 32
B 34
C 30
D 35
E 38

3438 Molte donne oggi più che mai __________ a funzioni direttive intermedie, ma esse stanno constatando che l'atteggiamento tradizionale sta ancora __________ le loro ambizioni di ottenere cariche di responsabilità ai massimi livelli.

SOLO UNA delle coppie di parole qui elencate completa correttamente la frase: quale?

A sono all'altezza; vanificando
B accedono; negando
C emergono; frustrando
D sono attratte; limitando
E accedono; ostacolando

3439 Un treno che corre a 30 km/h precede un treno che corre a 50 km/h. Di quanti km distano l'uno dall'altro i due treni se occorreranno 15 minuti al treno più rapido per raggiungere il più lento?

A 7
B 8
C 2,5
D 5
E 3,5

3440 Un sinonimo di "deleterio" è:

A maleducato
B nocivo
C malsicuro
D delatore
E adultero

3441 Indicate quale delle seguenti coppie di termini è anomala.

A Plebaglia - Aristocrazia
B Sensibile - Distaccato
C Incontrovertibile - Dubbioso
D Convulso - Concitato
E Esuberante - Calmo

3442 Trovare l'intruso tra le seguenti figure geometriche.

A Parallelogramma
B Pentagono
C Triangolo
D Rombo
E Parallelepipedo

3443 Qual è il numero mancante nella serie seguente?

24, 35, 47, 60, 74, 89, ?

A 102 B 105 C 99 D 115 E 123

3444 Due biciclette si muovono una verso l'altra con velocità media rispettivamente pari a 9 km/h e 11 km/h. Se la distanza iniziale è di 2 km, dopo quanti secondi i due mezzi si incontrano?

A 6
B 30
C 25
D 360
E 200

3445 Con la dizione "tempo di dimezzamento plasmatico" si indica il tempo in cui la quantità di un farmaco che si trova nel plasma si riduce della metà; questa diminuzione può avvenire attraverso l'escrezione o attraverso il decadimento biologico. Al tempo zero viene iniettato in un paziente un farmaco che ha un tempo di dimezzamento plasmatico di 8 ore. Dopo 24 ore si trovano nel plasma del paziente ancora 10 milligrammi del farmaco.

Quanti milligrammi del farmaco sono stati iniettati nel paziente?

A 40 milligrammi
B 80 milligrammi
C 160 milligrammi
D 200 milligrammi
E 400 milligrammi

3446 Quale dei seguenti termini può sostituire la parola "insigne" senza modificare il significato della frase ove essa è inserita?

A Subitaneo
B Ragguardevole
C Estemporaneo
D Celere
E Casto

3447 Individuare la coppia di termini che completa la proporzione data.

Alacre : operoso = inerte : X

A X = infaticabile
B X = reattivo
C X = attivo
D X = indolente
E X = vivace

3448 Completare correttamente la frase seguente.

A un certo punto mentre ... ... su come affrontare alcune composizioni mi chiese che progetti di vita avevo.

A avevamo litigato
B correvamo insieme
C in guerra ridevamo
D stavamo discutendo
E bevevamo forte

3449 Per raccogliere tutta l'uva della vigna, Grazia da sola impiega 4 giorni, Maria da sola impiega 6 giorni e Anna da sola 12 giorni. Quanto tempo impiegherebbero se lavorassero tutte e tre insieme?

A 2 giorni
B 12 ore
C 3 giorni
D 36 ore
E 4 giorni

3450 Per trasportare la propria bicicletta sul treno bisogna pagare 3,50 euro. I tesserati della FIAB hanno diritto ad una tessera che permette di portare la bici sul treno per 12 mesi ad un prezzo di 42 euro. La tessera costa 18 euro. Facendo 100 viaggi l'anno sul treno, un tesserato della FIAB quanto può risparmiare?

A 200 euro
B 290 euro
C 302 euro
D 180 euro
E 280 euro

3451 Stefania afferma che tutti i vini in vendita nei supermercati provengono da produttori italiani. Quale delle seguenti affermazioni è equivalente alla precedente?

A Tutti i vini provenienti da produttori italiani sono venduti nei supermercati
B Tutti i vini che non provengono da produttori italiani non vengono venduti nei supermercati
C Tutti i vini che sono venduti al di fuori dei supermercati non provengono da produttori italiani
D Esistono vini provenienti da produttori italiani che sono venduti fuori dai supermercati
E Esistono vini provenienti da produttori non italiani che vengono venduti in qualche supermercato

3452 Scegliere fra le alternative proposte quella che completa correttamente la frase seguente.
«Le indagini sono state ... dalla Procura generale».

A avocate
B preconcette
C lesinate
D prerogate
E disapprovate

3453 Indicare quale tra i seguenti termini è da scartare.

A Telefono
B Fotocopiatrice
C Walkie-talkie
D Fax
E Telegrafo

3454 Individuare il diagramma che soddisfa la relazione insiemistica esistente tra i termini dati: Anni luce, Watt, Volt

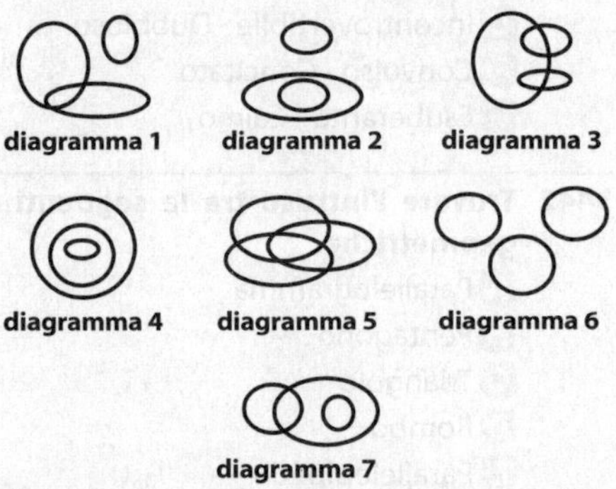

A Diagramma 3
B Diagramma 6
C Diagramma 1
D Diagramma 2
E Diagramma 4

3455 Quale accoppiata di termini completa la seguente frase: *"Non abbiamo una ____ possibilità per fare una ____ impressione".* (R. Frank)

A grande / bella
B vera / buona
C seconda / prima
D ultima / finale
E corposa / entusiastica

3456 Individuare il numero mancante.

9	6	3
9	24	12
2	5	?

A 6 B 2 C 5 D 9 E 12

3457 Una scatola contiene 12 cioccolatini: 4 sono al fondente e 8 al latte. Tre cioccolatini vengono estratti a caso dalla scatola, uno dopo l'altro. Qual è la probabilità *P* che tutti i tre cioccolatini estratti siano al latte?

A 13/12
B 12/55
C 7/11
D 14/55
E 3/5

3458 Completare correttamente la seguente successione numerica:

28; 84; 72; 216; 204; 612; ?; ?

A 600; 1.802
B 1.800; 599
C 599; 1.805
D 600; 1.800
E 423; 1214

3459 Individuare, tra le alternative proposte, la versione in negativo della seguente figura.

A 

B 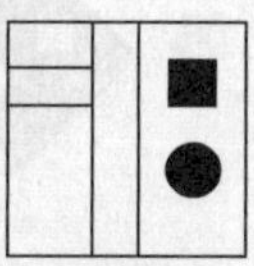

C 

D 

E 

3460 Se: ç - 6 + $ = £ - 1
ç = 18 + £
allora $ è uguale a:

A 13
B -12
C 25
D -25
E -13

3461 Tra le alternative proposte, scegliere quella che completa correttamente la frase «non appena ... la nonna che urlava a squarciagola, Diego corse immediatamente in suo aiuto».

A Avrà sentito
B Sentisse
C Avrebbe sentito
D Sentiva
E Ebbe sentito

3462 Individuare, tra le alternative proposte, la versione in negativo della seguente figura.

A 

B 

C 

D 

E 

3463 **In un numero di quattro cifre, la somma delle prime due cifre è uguale alla quarta, la differenza fra la quarta e la prima è uguale alla terza e il triplo della seconda è uguale alla terza. Quale di questi numeri soddisfa tutte le condizioni date?**

1 – 9119

2 – 1267

3 – 1001

4 – 1112

- A 2
- B 1
- C 3
- D 4
- E Nessuna delle altre alternative è corretta

3464 **In una classe di 30 alunni, ogni due maschi ci sono tre femmine. Detto *M* il numero dei maschi e *F* il numero delle femmine, stabilire quali tra le seguenti relazioni è CORRETTA:**

- A $2M = 3F$
- B $3M = 2F$
- C $2M + 3F = 30$
- D $12M + 18F = 30$
- E $18M + 12F = 30$

3465 **Trovare l'alternativa che completa correttamente la seguente proporzione tra parole:**
Sfumato : nitido = X : Y

- A X = completo; Y = carente
- B X = bianco; Y = nero
- C X = miope; Y = presbite
- D X = valido; Y = capace
- E X = rigido; Y = eretto

3466 **Il contrario di SCISMA è:**

- A maggioranza
- B unione
- C uniformità
- D costruzione

3467 **Due auto ripartono dallo stesso casello autostradale in direzioni opposte nello stesso momento. Se una viaggia a 90 km/h e l'altra a 110 km/h quanto tempo deve trascorrere prima che le due auto si trovino distanti 150 km l'una dall'altra?**

- A 35 minuti
- B 55 minuti
- C 1 ora e 15 minuti
- D 1 ora
- E 45 minuti
- F

3468 **Individuare la versione in negativo della figura data.**

A 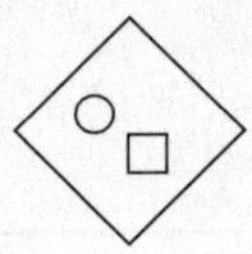

B 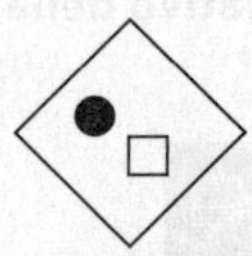

C 

D 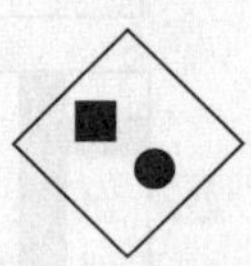

E 

3469 Quali tra le seguenti parole hanno un significato analogo tra loro?

1 Negligere
2 Trascurare
3 Scegliere
4 Perdonare

A 2-3
B 1-2
C 1-3
D 1-4

3470 Qual lettera completa la seguente serie (alfabeto inglese):

A .. D .. I .. L .. Q .. ?

A Y
B U
C T
D V
E W

3471 Quale delle cinque figure (A, B, C, D ed E) corrisponde alla composizione seguente vista allo specchio?

A
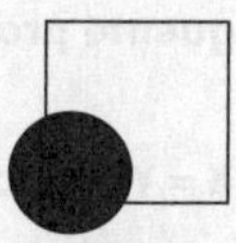

B

C

D

E
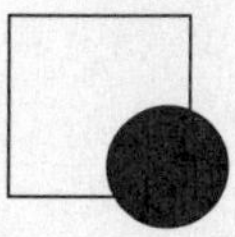

3472 In una scuola elementare, composta da 215 alunni, sono stati attivati due corsi pomeridiani. Si sa che 134 alunni frequentano il corso di spagnolo, 121 il corso di nuoto, 22 nessuno dei due corsi.

Quanti alunni frequentano entrambi i corsi?

A 59
B 72
C Non si può stabilire perché i dati sono insufficienti
D 62
E 193

3473 Se grotta = 12, fauna = 10, terreno = 14, alluvione = ?

A 22
B 16
C 18
D 20
E 12

3474 Individuare il diagramma che soddisfa la relazione insiemistica esistente tra i termini dati: Piante, Querce, Vegetali

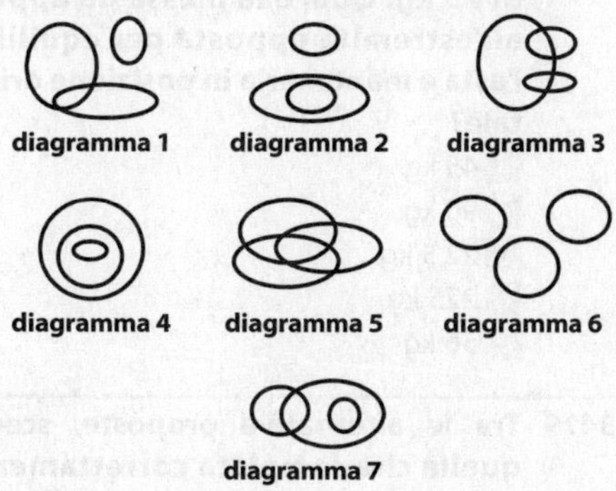

A Diagramma 6
B Diagramma 3
C Diagramma 2
D Diagramma 4
E Diagramma 7

3475 Quale delle seguenti alternative contiene una lettera ripetuta esattamente cinque volte?

A JVCCVVJJVCJC
B PMNDDNMPNMPDPD
C XXGAAXGAAXAAXG
D JHZZHSZSSHHZ
E Nessuna delle altre alternative è corretta

3476 Se animale = 14, anima = 10, ghiaia = 12, ghiaccio = ?

A 16 B 8 C 14 D 18 E 12

3477 Una bandierina di segnalazione emerge da un tratto di mare. L'asta rigida della bandierina è incernierata al fondale e, quando è verticale, la bandiera svetta 10 cm sopra il pelo dell'acqua. Quando il vento fa inclinare l'asta, la bandierina tocca l'acqua a 40 cm di distanza dalla verticale. A quale profondità è incernierata l'asta?

A 30
B 50 cm
C 80 cm
D 40 cm
E 75 cm

3478 Un'asta di metallo lunga 1 metro è sospesa per il suo centro. A 20 cm da una delle estremità è agganciata una massa di 75 kg. Qual è la massa da applicare all'estremità opposta per equilibrare l'asta e mantenerla in posizione orizzontale?

A 45 kg
B 90 kg
C 22,5 kg
D 225 kg
E 56 kg

3479 Tra le alternative proposte, scegliere quella che completa correttamente la frase «nonostante fosse davvero stanchissimo, Giovanni non ... d'animo e arrivò in fondo alla maratona».

A Si perderebbe
B Si perse
C Si perdesse
D Si ebbe perso
E Si perde

3480 Se ALLEGARE sta a ACCLUDERE allora è corretto che ESCLUDERE stia a....

A AMMETTERE
B APPORTARE
C ADDURRE
D PROTRARRE
E TOGLIERE

3481 Si dispone di una bilancia a due piatti con il braccio sinistro che misura il triplo del braccio destro. Se nel piatto destro vengono posti 9 pesi tutti uguali fra loro, quanti pesi dello stesso tipo devono essere posizionati nel piatto sinistro affinché la bilancia risulti in equilibrio?

A 6
B 9
C 3
D 27
E 4

3482 Quali, tra i termini proposti, completano correttamente la seguente proporzione verbale?

triangolo : X = Y : cubo

A X = tre; Y = rettangolo
B X = solido; Y = piano
C X = angoli; Y = lati
D X = piramide; Y = quadrato
E X = geometria; Y = algebra

3483 La mia città dista 600 km dalla città di Teresa e 1400 km da quella di Barbara. Di quanti km almeno distano le città di Teresa e Barbara?

A 600
B 800
C 1200
D 1400
E 2000

3484 Il piccolo Giorgio sta giocando con 256 tessere di legno colorato, tutte a forma di triangolo equilatero e aventi le stesse dimensioni. Ha costruito con tutte le tessere, affiancandole, un grande triangolo equilatero; qual è il rapporto tra il lato del triangolo ottenuto e quello di ciascuna tessera?

A 10:1
B 20:1
C 16:1
D 15:1
E 14:1

3485 Se dalla seguente sequenza "GAAPAVERFREPEAPEPPSI" si escludessero le lettere dei termini "PAPERE" e "PAPAVERI" si otterrebbero le lettere:

A PEPSFE
B GAVFAE
C FAGPAE
D GPSFAE
E PTAEFG

3486 Daniela possiede 9 timbri apparentemente identici, uno dei quali è però più pesante degli altri. Avendo a disposizione una bilancia a due piatti, quante pesate saranno sufficienti per essere certi di individuarlo?

A 4
B 2
C 3
D 5
E 6

3487 Se:

£ + £ + © = # - ©

 # = 20

£ = 29

allora © è uguale a:

A 19
B 18
C -19
D -18
E 17

3488 Per ognuno dei dieci laboratori dell'ospedale Gamma ci sono due responsabili e almeno tre ricercatori. Ogni operatore svolge un solo incarico in un solo laboratorio. Si può quindi dedurre con certezza che nell'ospedale Gamma:

A i responsabili di laboratorio sono al massimo i due terzi dei ricercatori di laboratorio
B i responsabili di laboratorio sono al massimo trenta
C i responsabili di laboratorio sono esattamente trenta
D i responsabili di laboratorio sono esattamente i due terzi dei ricercatori di laboratorio
E i responsabili di laboratorio sono almeno i due terzi dei ricercatori di laboratorio

3489 Individuare tra le alternative quella che contiene un'inesattezza rispetto a:
Runggaldier Silvia, Via Nives 26, Selva Val Gardena (BZ)
Santoboni Danilo, Via Delle Orfane 2, Trento (TN)
Serano Luca, Via G. Verdi 4, Chieti (CH)

A Runggaldier Silvia, Via Nives 26, Selva Val Gardena (BZ)
B Santoboni Danilo, Via Delle Orfane 2, Trento (TN)
C Serano Luca, Via G. Verdi 4, Chieti (CH)
D Runggalldier Silvia, Via Nives 26, Selva Val Gardena (BZ)
E Serano Luca, Via G. Verdi 4, Chieti (CH)

3490 «E questo uomo ha una somma pazzia, cioè che sempre stenta per non istentare, e la vita gli sfugge nella speranza di godere i beni con somma fatica acquistati».
Leonardo da Vinci
In questo pensiero, qui riportato con alcune lievi modifiche linguistiche, Leonardo allude a uno dei più diffusi vizi. Quale?

A Ambizione
B Viltà
C Avarizia
D Adulazione
E Invidia

3491 Se la lettera N identifica una qualunque cifra (singola), la lettera P identifica una qualunque cifra (singola) pari e la lettera D identifica una qualunque cifra (singola) dispari, allora il prodotto tra i numeri NP e PD sarà certamente un numero:

A pari
B divisibile per tre
C composto da cinque cifre
D dispari di tre cifre
E dispari di cinque cifre

3492 Nel 1980 l'URSS produsse 600 milioni di tonnellate di petrolio e nel 1986 lo stesso Paese produsse 615 milioni di tonnellate. Quale fu l'incremento percentuale tra le due quantità prodotte?

A 3%
B 2,5%
C 1,5%
D 15%
E 25%

3493 Individuare il diagramma che soddisfa la relazione insiemistica esistente tra i termini dati: Numeri maggiori di quattro, Numeri maggiori di due, Numeri

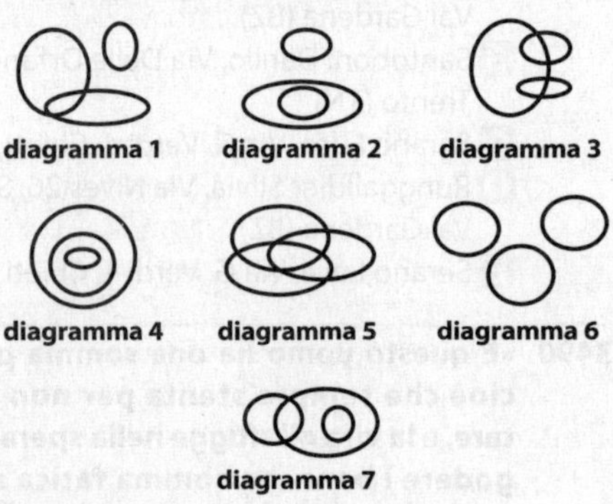

A Diagramma 3
B Diagramma 5
C Diagramma 1
D Diagramma 6
E Diagramma 4

3494 Claudia ha letto i 5/8 di un libro. Sapendo che ha letto 360 pagine, di quante pagine è composto il libro?

A 546 B 623 C 541 D 576 E 596

3495 Cinque treni, A, B, C, D ed E, partono dalla stessa stazione diretti in cinque città differenti. Si sa che: I) C è più veloce di B ma arriva dopo di questo che è, invece, il primo ad arrivare; II) A è l'ultimo ad arrivare anche se è più veloce di D e meno veloce di B; III) E, il secondo treno ad arrivare a destinazione, è più veloce di D, ma meno veloce di A. In base alle precedenti informazioni il quarto treno più veloce è:

A E
B C
C D
D B
E A

3496 Quale termine non appartiene allo stesso insieme?

A Giornalaio
B Redattore
C Inviato
D Giornalista
E Corrispondente

3497 Quali tra le seguenti parole hanno un significato analogo tra loro?

1 Perseguitare
2 Inseguire
3 Perseguire
4 Attentare

A 1-3
B 1-2
C 2-3
D 1-4

3498 Completare la proposizione seguente con uno degli aggettivi proposti.
La natura _____ di quelle isole attira molti turisti.

A lussuosa
B lussuriosa
C lussureggiante
D lussata

3499 Indicare la parola da scartare.

A Celermente
B Mediante
C Facilmente
D Infine
E Lentamente

3500 Il sinonimo del vocabolo "discreto" è:

A esagerato
B moderato
C smodato
D irragionevole
E maleducato

3501 Individuare il termine che risponde alla definizione «chi tende a mantenere un cauto riserbo intorno a determinati temi».

A Renitente
B Accolito
C Misogino
D Inclito
E Reticente

3502 Indicare la parola da scartare.

A Falco
B Ala
C Osso
D Radar
E Otto

3503 Quale delle seguenti coppie di termini presenta elementi di disomogeneità rispetto alle altre?

A Loquace - conciso
B Ostinato - arrendevole
C Palese - nascosto
D Lugubre - funereo
E Ardimentoso - codardo

3504 Completare la seguente frase:

Nonostante fosse una persona solitamente ..., il suo intervento al convegno era stato molto ...

A intelligente - critico
B erudita - attento
C leale - scorretto
D timido - sommesso
E brillante - ascoltato

3505 Completare correttamente la seguente successione numerica:

17; 51; 39; 117; 105; 315; ?; ?

A 302; 914
B 303; 911
C 303; 909
D 402; 804
E 909; 302

3506 Una strada lunga 104 metri ha in totale 28 platani posti su entrambi i lati. Sapendo che i platani sono tra loro equidistanti, a quale distanza è posto un platano dall'altro?

A 5 metri
B Circa 7,4 metri
C Circa 3,7 metri
D 8 metri
E 4 metri

3507 Tenendo conto che a numero uguale corrisponde lettera uguale, nella frase:

«57 52b43tà è p43s1n754 4 2n82157b254»

l'ultima parola è:

A inviolabile
B antidiabete
C enucleabile
D intestabile
E detestabile

3508 Il piccolo Federico gioca con 550 tessere quadrate di legno colorato, tutte delle stesse dimensioni. Ha costruito con esse il quadrato più grande possibile; quante tessere ha avanzato Federico?

A 21 B 19 C 25 D 23 E 22

3509 Scegliere tra le alternative proposte quella che completa correttamente la seguente frase: «Ti avrei accompagnato volentieri...».

A Se solo avrei saputo guidare
B Se solo avevo la patente
C Se solo sapessi guidare
D Se avrei la patente
E Se solo saprei guidare

3510 Davide ha 6 candele apparentemente identiche, una delle quali è però più pesante delle altre. Avendo a disposizione una bilancia a due piatti, quante pesate saranno sufficienti per essere certi di individuarla?

A 4
B 5
C 3
D 2
E 1

3511 Se:

¿ - ¥ + 5 = O - O + ¿

allora ¥ è uguale a:

A 2
B 5
C 0
D -5
E non ci sono elementi sufficienti per rispondere

3512 Completare correttamente la seguente successione numerica:

25; 75; 63; 189; 177; 531; ?; ?

A 1.557; 518
B 518; 1.562
C 519; 1.557
D 519; 1.559
E 514; 1028

3513 Individuare il diagramma che soddisfa la relazione insiemistica esistente tra i termini dati: Inglesi, Persone alte, Laureati

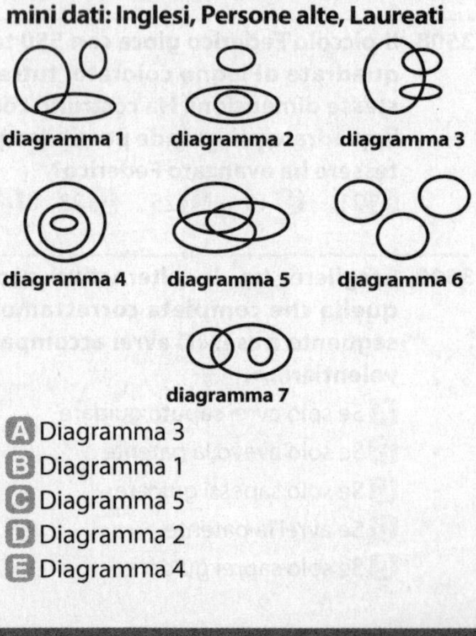

A Diagramma 3
B Diagramma 1
C Diagramma 5
D Diagramma 2
E Diagramma 4

3514 Completare la seguente proporzione.

Interdetto : X = Y : proibito

A X = sbigottito, Y = interdetto
B X = concesso, Y = accesso
C X = scomunica, Y = permesso
D X = reprimere, Y = concedere
E X = Chiesa, Y = Stato

3515 Quale dei seguenti è un significato di "avventizio"?

A Provvisorio
B Ecumenico
C Appetente
D Propizio
E Avventuroso

3516 Individuare la coppia di termini che completa la proporzione data.

Alienare : cedere = acquistare : X

A X = peggiorare
B X = allontanare
C X = comprare
D X = vendere
E X = ricercare

3517 Individuare la coppia di termini che soddisfa la stessa logica dei termini seguenti:

Moltiplicazione – divisione

A zero – infinito
B calcolare – stimare
C parabola – ellisse
D numeri – lettere
E sottrazione – addizione

3518 Completare la seguente proporzione.

X : semiotica = animale : Y

A X = Sociologo, Y = stalla
B X = Segno, Y = zoologia
C X = Semiologia, Y = vegetale
D X = Linguistica, Y = letteratura
E X = Zoo, Y = simbolo

3519 «Un farmaco ha un'azione ____________ quando allevia la sofferenza o limita il disagio connesso con uno stato morboso; ha invece un'azione ____________ quando agisce modificando e correggendo le condizioni da cui deriva la malattia.»
Inserite nella frase la coppia di parole opportune.

- A Palliativa; sintomatica
- B Sintomatica; positiva
- C Negativa; curativa
- D Positiva; risolutiva
- E Sintomatica; terapeutica

3520 Trovare l'alternativa che completa correttamente la seguente proporzione tra parole:
Secondo : tempo = X : Y

- A X = cronometro, Y = minuti
- B X = ora, Y = lunghezza
- C X = spazio, Y = chilometro
- D X = metro, Y = spazio
- E X = minuto, Y = ora

3521 Individuare il rapporto anomalo.

- A Grande - superbo
- B Bello - stupendo
- C Tiepido - caldo
- D Ultimo - estremo
- E Freddo - gelido

3522 ECLETTICO significa:

- A chi, nella vita pratica, ha sempre successo
- B chi, nella vita pratica, non sa prendere delle decisioni
- C chi, nella vita pratica, si dedica in genere con successo a un'unica attività o professione
- D chi, nella vita pratica, si dedica in genere con successo ad attività e professioni diverse

3523 Individuare il rapporto anomalo.

- A Entomologo - insetti
- B Psicologo - intuizione
- C Botanico - piante
- D Compositore - musica
- E Paleontologo - fossili

3524 Indicare la parola da scartare.

- A Feroce
- B Labile
- C Divertito
- D Assorto
- E Incastro

3525 Quale delle seguenti è una definizione corretta del verbo "coartare"?

- A Presentare le cose in modo non corrispondente al vero
- B Diffidare di qualcuno o qualcosa
- C Negare la validità o l'autenticità di qualcosa
- D Costringere qualcuno a dire o a fare qualcosa contro la propria volontà
- E Conformare o moderare qualcosa

3526 Completare la seguente successione tra parole:
X : nave = decollare : Y

- A X = navigare; Y = aeroplano
- B X = capitano; Y = pilota
- C X = aeroplano; Y = approdare
- D X = ormeggiare; Y = aeroplano
- E X = salpare; Y = aeroplano

3527 Un contrario di "grullo" è:

- A sveglio
- B prezzato
- C laconico
- D titubante
- E gioviale

3528 Un contrario di "ninnolare" è:

- A trattare male
- B gingillarsi
- C svegliare
- D stare svegli
- E applicarsi

3529 Completare la seguente proporzione.
Antico : moderno = X : Y

- A X = povero, Y = indigente
- B X = africano, Y = esquimese
- C X = giallo, Y = blu
- D X = coraggioso, Y = pavido

3530 Completare la seguente proporzione.
Infermiere : ospedale = X : Y

A X = artista, Y = quadro
B X = medico, Y = ricoverato
C X = ceramista, Y = tornio
D X = giornalaio, Y = edicola
E X = laboratorio, Y = ricercatore

3531 Completare la seguente proporzione.
Infetto : X = Y : torbido

A X = settico, Y = opaco
B X = sano, Y = brillante
C X = malattia, Y = acqua
D X = sterile, Y = limpido
E X = puro, Y = pulito

3532 Individuare la coppia di termini che soddisfa la stessa logica dei termini seguenti:
Sovente – spesso

A raramente – sempre
B allegro – infelice
C pioggia – sole
D forzatamente – liberamente
E manifestamente – palesemente

3533 Quale dei termini proposti, inserito tra le parentesi, assume un significato associabile sia al termine che precede che a quello che segue: Proprietà ( ) Affetto.

A Bene
B Calore
C Uso
D Smanceria
E Immobile

3534 Una persona abietta è...

A Calma, paziente
B Ammirevole, lodevole
C Smilza, macilenta
D Spregevole, meschina
E Alta, corpulenta

3535 Qual è un contrario di *irrequieto*?

A Agitato
B Tranquillo
C Requieto
D Grullo
E Combattuto

3536 Completare la seguente proporzione.
X : Argentina = portoghese : Y

A X = Spagnolo, Y = Uruguay
B X = Sudamericano, Y = europeo
C X = Spagnolo, Y = Brasile
D X = Cile, Y = spagnolo
E X = Patagonia, Y = Azzorre

3537 Individuare il sinonimo o la corretta definizione di *perentoreo*.

A Che non ammette repliche o discussioni
B Edule
C Affidato al caso
D Cosa non certa, discutibile
E Che non ha bisogno di dimostrazioni

3538 Se per terminare un trasloco Aldo, Giovanni e Giacomo impiegano 2 ore, quanto tempo impiegherebbero con l'aiuto di Marina, ammettendo che lavorino tutti egualmente sodo?

A 1 ora e 30 minuti
B 30 minuti
C 2 ore
D 1 ora
E 40 minuti

3539 Completare la serie:
N, 4, P, 16, R, 256, ___, ___.

A O, 276
B T, 65536
C Q, 1024
D 276, O
E T, 16384

3540 Completare la seguente proporzione.
Fugace : duraturo = X : Y

A X = consumato, Y = logoro
B X = sterile, Y = produttivo
C X = fertile, Y = fecondo
D X = ludico, Y = giocoso
E X = sterile, Y = giocoso

 © Alpha Test

3541 Individuare, tra le alternative proposte, la versione in negativo della seguente figura.

A 

B 

C 

D 

E 

3542 Individuare il numero che completa correttamente la seguente successione di numeri:

5, 11, 17, 23, 29, ...?

A 31 B 35 C 39 D 40 E 23

3543 L'espressione "a ufo" significa letteralmente:

A facendo i debiti scongiuri, e viene da "ad unam facturam obliviendam"

B se piace al cielo, e viene da "unidentified flying object"

C senza pagare dazio, e viene da "ad usum fabricae"

D per l'ultima volta, e viene da "alors, une fois!"

E camminando carponi, e viene da "rufolare", espressione dialettale per "frugare"

3544 Volare sta a precipitare come nuotare sta a:

A annegare

B andare alla deriva

C affondare

D soffocare

E tuffarsi

3545 L'affermazione "per ogni persona c'è una persona che è più capace della prima" è equivalente a:

A per ogni persona ogni altra persona è più capace di lei

B esiste una persona tale che ogni altra persona è più capace di lei

C non per ogni persona ogni altra persona è più capace di lei

D non esiste alcuna persona tale che nessuno è più capace di lei

E esiste una persona che è più capace di tutte le altre persone

3546 Un libro che costa 30 euro è scontato del 12%. A quanto ammonta lo sconto?

A 31,5 euro

B 2,5 euro

C 31,8 euro

D 3,6 euro

E 6,4 euro

3547 Inserire nel settore il numero mancante.

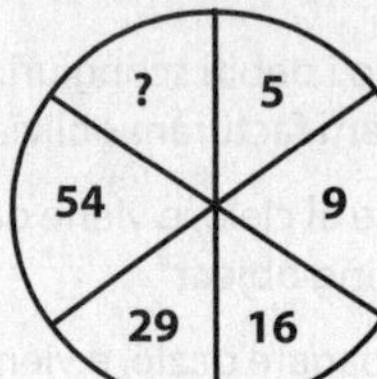

A 103
B 110
C 105
D 108
E 106

3548 Qual è l'opposto di "patologico"?

A Sano
B Selettivo
C Testardo
D Prevedibile
E Instabile

3549 Individuare quale tra le seguenti affermazioni NON è necessariamente derivata dall'esperienza:

A il calore dilata i corpi
B il tutto è maggiore della parte
C gli esseri viventi sono mortali
D giorno e notte hanno durata variabile
E i cavalli hanno quattro zampe

3550 Delle seguenti locuzioni, quale esprime il significato del termine "astenia"?

A Scomposta iperattività
B Mancanza di forza
C Eccitazione generale
D Sensibilità ridotta
E Mancanza d'appetito

3551 Completare la seguente sequenza di numeri:

8, 521, 53, 44, ?

A 25 B 116 C 112 D 232 E 19

3552 Quale è la differenza fra i due risultati?

788 – 352 =

789 – 354 =

A 2 B 1 C 0 D 1,5 E – 4

3553 Se ora è sabato e sono le 15.15, quale giorno e ora saranno tra 198 ore e 55 minuti?

A Mercoledì 19.30
B Domenica 22.10
C Lunedì 17.15
D Sabato 13.40

3554 Quale tra le sillabe indicate nelle alternative, preposta alla prima e aggiunta alla seconda sillaba di seguito proposta, dà due parole di senso compiuto?

ti – ar

A te
B mi
C re
D mu

3555 Quale tra le figure a destra è uguale a quella di sinistra ruotata di 160°?

A

B

C

D

E
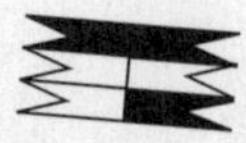

3556 Individuare la parola da scartare.

A Panchina
B Trono
C Bracciolo
D Scranno
E Seggio

3557 Individuare quale tra le sillabe proposte nelle alternative dà un senso compiuto alla seguente parola: _____ ferta.

A Prof

B So

C Bif

D Con

3558 Completare la proposizione seguente con uno degli aggettivi proposti.

Nonostante avesse a disposizione tutti i dati sufficienti per prendere qualche decisione, Ruggero era ancora _____.

A risoluto

B rilassato

C titubante

D deciso

3559 Quale tra le figure a destra è uguale a quella di sinistra ruotata di 45°?

A 

B 

C 

D 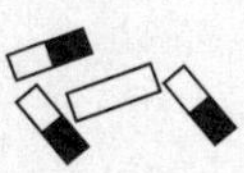

E 

3560 Quale tra le figure a destra è uguale a quella di sinistra ruotata di 285°?

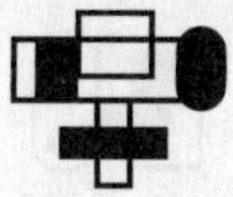

A 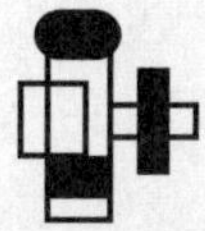

B 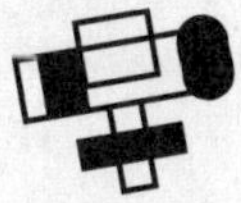

C 

D 

E 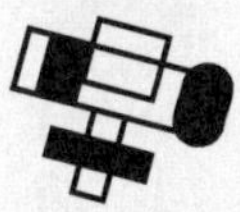

3561 Quale dei seguenti termini può sostituire la parola "influsso" senza modificare il significato della frase ove essa è inserita?

A Influenza

B Sbadataggine

C Insidia

D Armeggio

E Fluido

3562 Un contrario di *geloso* è:

A fiducioso

B peptico

C parco

D gioviale

3563 Quale tra le figure a destra è uguale a quella di sinistra ruotata di 115°?

A 

B 

C 

D 

E 

3564 Qual è un sinonimo di *residuato*?

A Insufficiente
B Scarso
C Sottile
D Ristretto
E Rimasto

3565 Qual è un sinonimo di *ragguardevole*?

A Rispettoso
B Considerevole
C Conveniente
D Ossequioso
E Impertinente

3566 Quale tra le figure a destra è uguale a quella di sinistra ruotata di 60°?

A 

B 

C 

D 

E 

3567 Un sinonimo di *differire* è:

A distinguere
B sottrarre
C anticipare
D procrastinare
E demandare

3568 Un sinonimo di *fomentare* è:

A incentivare
B incendiare
C costituire
D rifocillare
E sobillare

 © Alpha Test

3569 Quale tra le figure a destra è uguale a quella di sinistra ruotata di 45°?

A 

B 

C 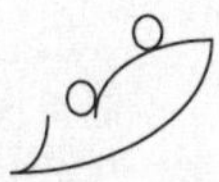

D 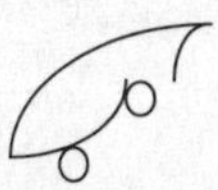

E 

3570 Individuare la coppia di termini che soddisfa la stessa logica dei termini seguenti:
rane – tane

- A rospi – nidi
- B girino – case
- C razza – tazza
- D covi – anfibi

3571 Individuare la coppia di termini che soddisfa la stessa logica dei termini seguenti:
donna – bambino

- A veloce – rapido
- B bambina – fata
- C piume – peli
- D gallina – pulcino
- E uomo – galli

3572 Quale tra le figure a destra è uguale a quella di sinistra?

A 

B 

C 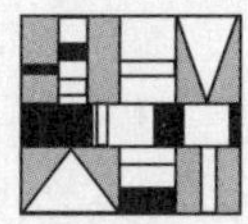

D 

E 

3573 Quale tra le alternative proposte si può logicamente inserire nella serie seguente?
Scatolina, automobilina, telefonino,

- A cattivello
- B eroina
- C carretto
- D lavello

3574 Un sinonimo di "convincere" è:

- A persuadere
- B coinvolgere
- C soccombere
- D ardere
- E mangiare

3575 Quale tra le figure a destra è uguale a quella di sinistra?

A 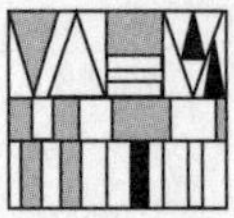

B 

C 

D 

E 

3576 Il contrario di "prossimo" è:

A vicino
B lontano
C adiacente
D opposto
E subito

3577 Un sinonimo di "pratico" è:

A patetico
B conoscente
C funzionale
D poetico
E astratto

3578 Quale tra le figure a destra è uguale a quella di sinistra?

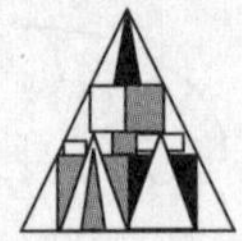

A 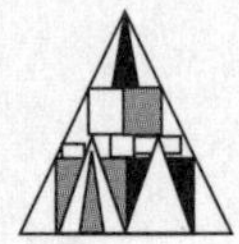

B 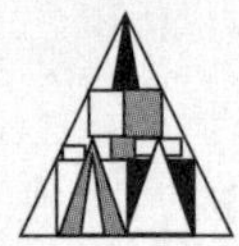

C 

D 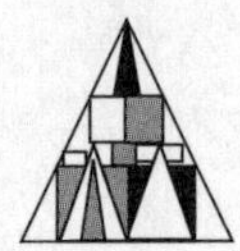

E 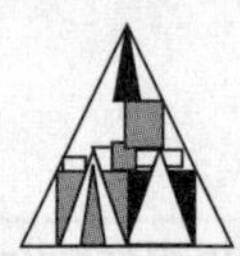

3579 Quale tra le sillabe indicate nelle alternative, aggiunta alla prima e preposta alla seconda sillaba di seguito proposte, dà due parole di senso compiuto?
nu – nu

A sco
B me
C do
D be
E co

3580 Il contrario di "facoltoso" è:

A brillante
B povero
C possente
D regale
E impudente

3581 Quale tra le figure a destra è uguale a quella di sinistra, ma riflessa e in negativo?

A 

B 

C 

D 

E 

3582 Quale tra le alternative proposte si può logicamente inserire nella serie seguente?

Sciabola, pugnale, baionetta, ______

A lancia
B cavallo
C pistola
D bandiera

3583 Indicare la parola da scartare.

A Mosso
B Rossore
C Addosso
D Cipresso
E Fosso

3584 Quale tra le figure a destra è uguale a quella di sinistra, ma riflessa e in negativo?

A 

B 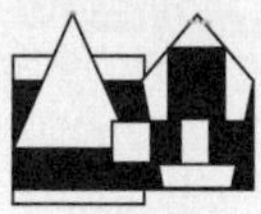

C 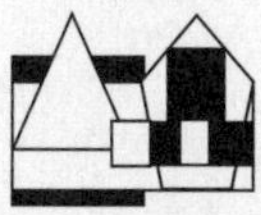

D 

E 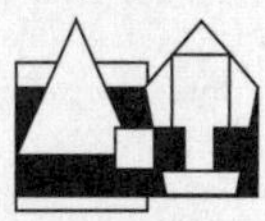

3585 Scartare la serie intrusa tra le seguenti.

A Infamia, ignominia, onta, vergogna
B Inerzia, ignavia, abulia, indolenza
C Motto, sentenza, massima, aforisma
D Compito, incarico, ufficio, incombenza
E Complesso, band, insieme, mania

3586 Un sinonimo di "avvenente" è:

A bello
B simpatico
C avverso
D visto
E vicino

3587 Quale tra le figure a destra è uguale a quella di sinistra, ma riflessa e in negativo?

A 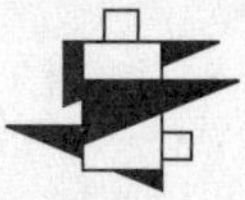

B 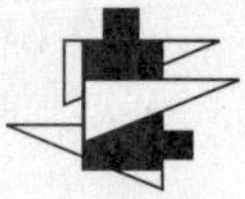

C 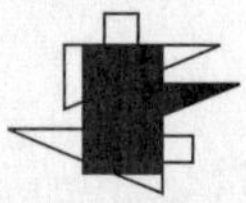

D 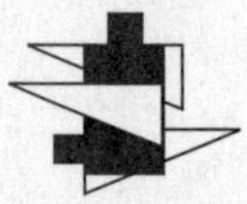

E 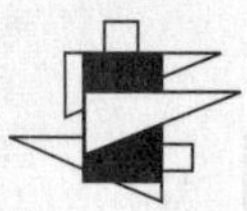

3588 Un sinonimo di *postremo* è:

A infimo
B ultimo
C lento
D immondo
E stremato

3589 Completare la seguente proporzione.

Orrido : X = Y : abbiente

A X = bello, Y = brutto
B X = burrone, Y = ricco
C X = ricco, Y = povero
D X = ambiente, Y = ossido
E X = torrone, Y = brutto

3590 Quale tra le figure a destra è uguale a quella di sinistra, ma riflessa e in negativo?

A 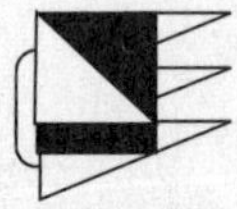

B 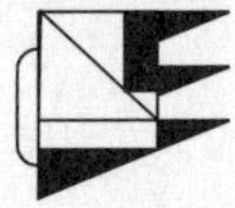

C 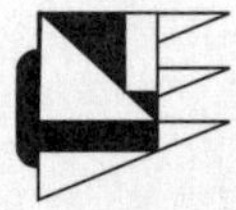

D 

E 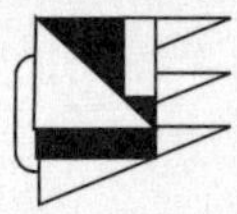

3591 Quale dei seguenti termini può sostituire la parola "insuccesso" senza modificare il significato della frase ove essa è inserita?

A Raggiro
B Frode
C Trionfo
D Intento
E Fiasco

3592 L'espressione «non stare nella pelle» è ricollegabile all'idea di....

A Essere particolarmente stanco.
B Avere una particolare malattia cutanea.
C Mutare frequentemente aspetto.
D Mostrare contentezza ed impazienza.

3593 Osservando le figure sotto riportate, quale delle seguenti affermazioni è falsa?

X

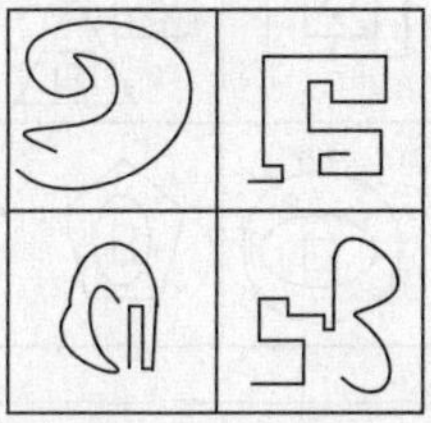

Y

1)

2)

3)

4)

5)

- A La figura 2) appartiene all'insieme X
- B La figura 4) non appartiene all'insieme X
- C La figura 3) non appartiene all'insieme X
- D La figura 1) appartiene all'insieme Y
- E Una sola delle precedenti alternative è falsa

3594 Osservando le figure sotto riportate, quale delle seguenti affermazioni è vera?

X

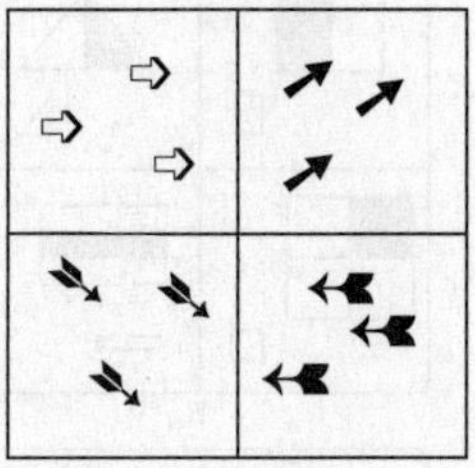

Y

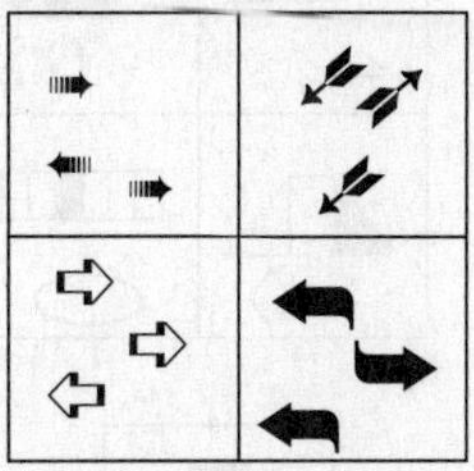

1)

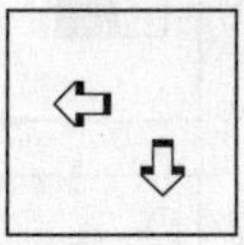

2)

3)

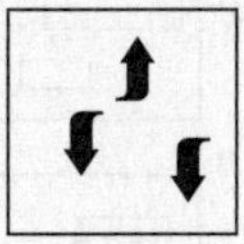

4)

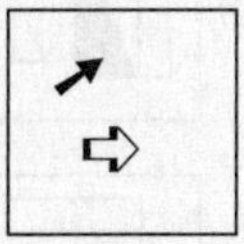

5)

- A La figura 2) appartiene all'insieme Y
- B La figura 3) non appartiene all'insieme Y
- C La figura 4) appartiene all'insieme X
- D Le figura 5) non appartiene all'insieme X
- E La figura 1) appartiene all'insieme X

3595 Osservando le figure sotto riportate, quale delle seguenti affermazioni è falsa?

X

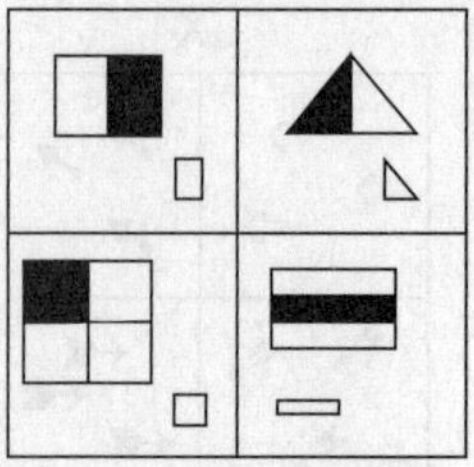

Y

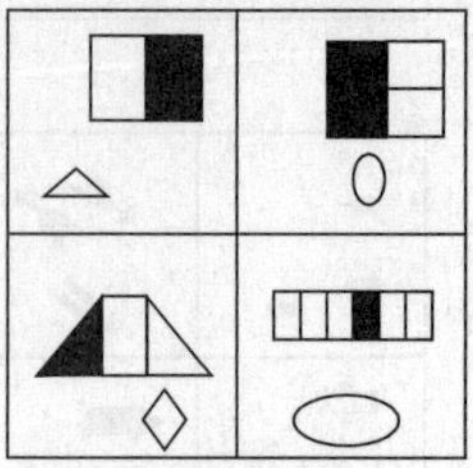

1)

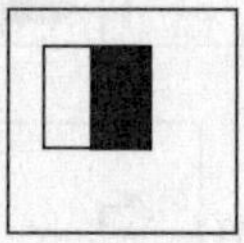

2)

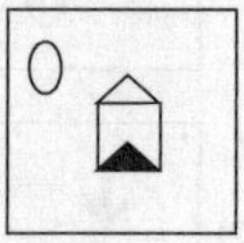

3)

4)

5)

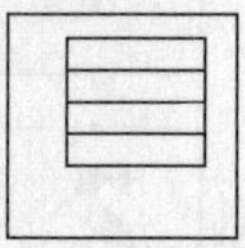

- **A** La figura 2) appartiene a Y
- **B** Le figure 3) e 4) appartengono allo stesso insieme
- **C** La figura 1) appartiene a X
- **D** La figura 5) non appartiene né a X né a Y
- **E** Una sola delle precedenti alternative è falsa

3596 In base alle figure sotto riportate, quale delle affermazioni seguenti è esatta?

X

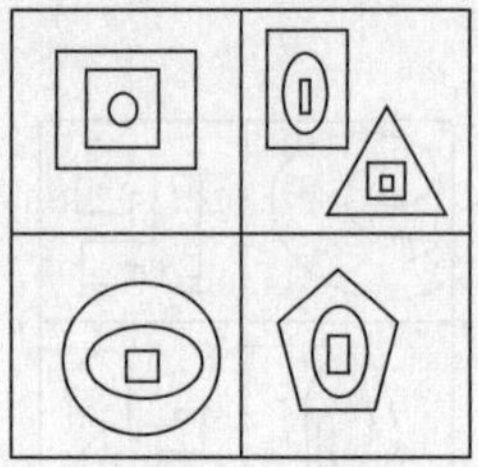

Y

1)

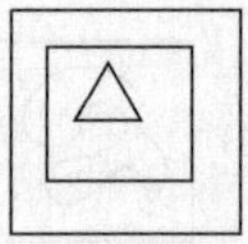

2)

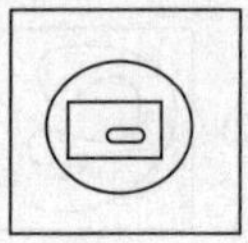

3)

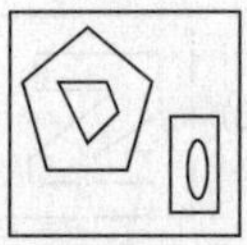

4)

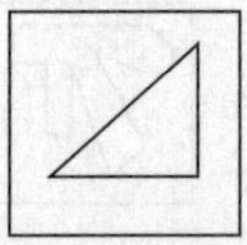

5)

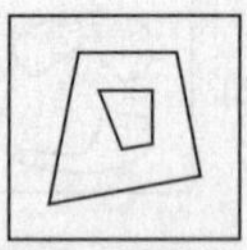

- **A** La figura 1) appartiene a X
- **B** Le figure 2) e 4) appartengono allo stesso insieme
- **C** La figura 3) appartiene a X
- **D** La figura 5) appartiene a Y
- **E** Nessuna delle precedenti alternative è vera

3597 Osservando le figure sotto riportate, quale delle seguenti affermazioni è vera?

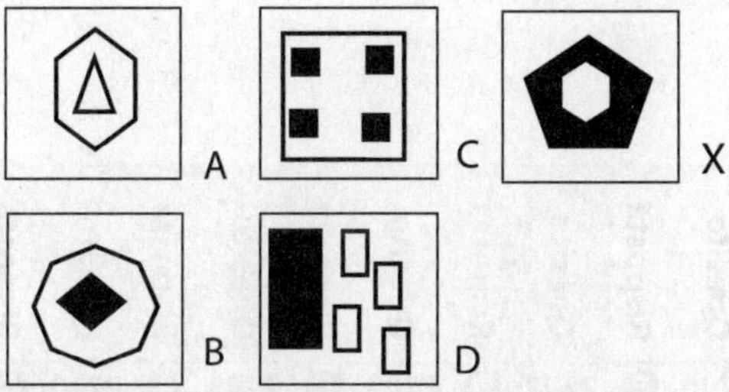

A La figura X appartiene allo stesso insieme della figura A

B La figura X appartiene allo stesso insieme della figura C

C La figura X appartiene allo stesso insieme della figura B

D La figura X appartiene allo stesso insieme della figura D

E Nessuna delle altre alternative è vera

3598 Osservando le figure sotto riportate, quale delle seguenti affermazioni è vera?

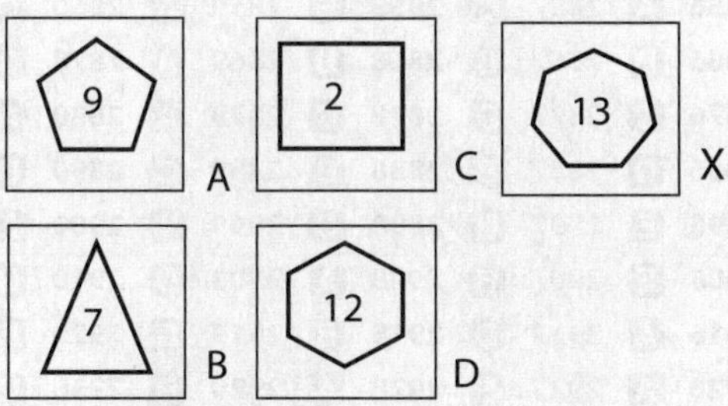

A La figura X appartiene allo stesso insieme della figura D

B La figura X appartiene allo stesso insieme della figura C

C La figura X appartiene allo stesso insieme della figura B

D La figura X appartiene allo stesso insieme della figura A

E Nessuna delle altre alternative è vera

3599 L'espressione «stare all'erta» è ricollegabile all'idea di....

A Circuire, raggirare, ingannare.

B Essere vigile, guardingo, diffidente.

C Divertirsi, distrarsi, svagarsi.

D Partecipare ad imprese collettive.

3600 Completare la seguente proporzione tra parole.
Barrire : nitrire = X : Y

A X = elefante, Y = cavallo

B X = asino, Y = passero

C X = puledro, Y = elefante

D X = topo, Y = guaire

E X = barriera, Y = nitrito

SOLUZIONI

Quesito	Risposta	Quesito	Risposta	Quesito	Risposta	Quesito	Risposta	Quesito	Risposta	Quesito	Risposta	Quesito	Risposta	Quesito	Risposta	Quesito	Risposta	Quesito	Risposta
2701	B	2702	B	2703	B	2704	D	2705	E	2706	E	2707	B	2708	C	2709	A	2710	D
2711	E	2712	B	2713	C	2714	B	2715	A	2716	B	2717	C	2718	E	2719	C	2720	C
2721	B	2722	D	2723	A	2724	C	2725	B	2726	E	2727	B	2728	E	2729	C	2730	B
2731	E	2732	B	2733	A	2734	C	2735	E	2736	E	2737	C	2738	D	2739	B	2740	D
2741	A	2742	D	2743	E	2744	E	2745	B	2746	A	2747	B	2748	D	2749	C	2750	D
2751	C	2752	B	2753	B	2754	C	2755	A	2756	D	2757	A	2758	B	2759	C	2760	B
2761	B	2762	C	2763	D	2764	E	2765	B	2766	C	2767	C	2768	C	2769	D	2770	C
2771	B	2772	C	2773	D	2774	E	2775	A	2776	E	2777	D	2778	D	2779	A	2780	A
2781	A	2782	D	2783	E	2784	B	2785	D	2786	D	2787	A	2788	D	2789	A	2790	E
2791	C	2792	A	2793	C	2794	C	2795	C	2796	A	2797	C	2798	D	2799	A	2800	B
2801	C	2802	D	2803	C	2804	D	2805	E	2806	A	2807	D	2808	B	2809	D	2810	A
2811	B	2812	B	2813	A	2814	B	2815	D	2816	B	2817	E	2818	C	2819	E	2820	A
2821	C	2822	A	2823	D	2824	A	2825	C	2826	C	2827	A	2828	A	2829	A	2830	B
2831	A	2832	E	2833	C	2834	A	2835	C	2836	B	2837	B	2838	D	2839	D	2840	B
2841	C	2842	B	2843	C	2844	D	2845	C	2846	D	2847	D	2848	A	2849	D	2850	E
2851	D	2852	C	2853	B	2854	D	2855	C	2856	A	2857	C	2858	E	2859	A	2860	C
2861	D	2862	A	2863	B	2864	C	2865	A	2866	B	2867	C	2868	B	2869	A	2870	D
2871	D	2872	D	2873	B	2874	B	2875	D	2876	C	2877	D	2878	C	2879	A	2880	A
2881	C	2882	A	2883	C	2884	D	2885	B	2886	C	2887	B	2888	B	2889	C	2890	B
2891	A	2892	B	2893	A	2894	E	2895	C	2896	E	2897	B	2898	C	2899	D	2900	E
2901	D	2902	D	2903	C	2904	C	2905	B	2906	E	2907	B	2908	A	2909	D	2910	B
2911	B	2912	C	2913	C	2914	E	2915	D	2916	A	2917	D	2918	B	2919	D	2920	E
2921	D	2922	E	2923	E	2924	C	2925	D	2926	A	2927	B	2928	A	2929	B	2930	C
2931	A	2932	C	2933	A	2934	B	2935	D	2936	D	2937	B	2938	E	2939	E	2940	E
2941	B	2942	A	2943	D	2944	A	2945	D	2946	D	2947	C	2948	A	2949	B	2950	B
2951	A	2952	A	2953	D	2954	E	2955	B	2956	A	2957	B	2958	D	2959	D	2960	E
2961	B	2962	E	2963	E	2964	C	2965	B	2966	B	2967	A	2968	D	2969	B	2970	A
2971	C	2972	D	2973	C	2974	A	2975	A	2976	E	2977	B	2978	B	2979	A	2980	A
2981	C	2982	E	2983	C	2984	B	2985	A	2986	C	2987	D	2988	C	2989	B	2990	D
2991	A	2992	E	2993	D	2994	D	2995	A	2996	A	2997	C	2998	C	2999	B	3000	C
3001	B	3002	B	3003	B	3004	C	3005	A	3006	C	3007	C	3008	E	3009	E	3010	E
3011	E	3012	A	3013	E	3014	B	3015	B	3016	B	3017	E	3018	C	3019	D	3020	A

© Alpha Test

Quesito	Risposta	Quesito	Risposta	Quesito	Risposta	Quesito	Risposta	Quesito	Risposta	Quesito	Risposta	Quesito	Risposta	Quesito	Risposta	Quesito	Risposta	Quesito	Risposta
3021	E	3022	C	3023	A	3024	D	3025	A	3026	E	3027	D	3028	C	3029	C	3030	D
3031	B	3032	A	3033	B	3034	E	3035	A	3036	E	3037	B	3038	D	3039	A	3040	A
3041	B	3042	D	3043	A	3044	E	3045	C	3046	A	3047	D	3048	A	3049	D	3050	B
3051	C	3052	C	3053	E	3054	A	3055	B	3056	B	3057	D	3058	A	3059	E	3060	B
3061	B	3062	B	3063	B	3064	C	3065	B	3066	C	3067	C	3068	C	3069	C	3070	B
3071	D	3072	C	3073	E	3074	A	3075	D	3076	E	3077	C	3078	C	3079	D	3080	E
3081	E	3082	A	3083	C	3084	C	3085	A	3086	B	3087	B	3088	C	3089	B	3090	E
3091	A	3092	D	3093	A	3094	D	3095	E	3096	B	3097	A	3098	D	3099	C	3100	C
3101	C	3102	C	3103	D	3104	C	3105	B	3106	D	3107	C	3108	C	3109	C	3110	A
3111	C	3112	C	3113	A	3114	D	3115	C	3116	C	3117	B	3118	C	3119	B	3120	A
3121	D	3122	B	3123	A	3124	D	3125	E	3126	E	3127	B	3128	E	3129	B	3130	B
3131	C	3132	E	3133	D	3134	A	3135	E	3136	D	3137	B	3138	C	3139	C	3140	B
3141	C	3142	E	3143	C	3144	E	3145	E	3146	A	3147	A	3148	B	3149	A	3150	B
3151	C	3152	D	3153	C	3154	C	3155	E	3156	E	3157	E	3158	A	3159	A	3160	E
3161	E	3162	E	3163	C	3164	C	3165	B	3166	C	3167	B	3168	B	3169	E	3170	A
3171	E	3172	B	3173	B	3174	C	3175	A	3176	B	3177	B	3178	C	3179	C	3180	B
3181	B	3182	D	3183	B	3184	E	3185	D	3186	D	3187	E	3188	C	3189	B	3190	A
3191	E	3192	C	3193	D	3194	C	3195	A	3196	A	3197	C	3198	A	3199	E	3200	A
3201	D	3202	A	3203	B	3204	D	3205	C	3206	B	3207	E	3208	A	3209	E	3210	A
3211	D	3212	A	3213	D	3214	A	3215	B	3216	D	3217	C	3218	A	3219	D	3220	B
3221	C	3222	C	3223	C	3224	E	3225	A	3226	C	3227	B	3228	D	3229	B	3230	D
3231	C	3232	A	3233	E	3234	A	3235	C	3236	A	3237	D	3238	D	3239	D	3240	B
3241	E	3242	C	3243	A	3244	A	3245	E	3246	C	3247	D	3248	A	3249	B	3250	A
3251	B	3252	B	3253	E	3254	C	3255	C	3256	C	3257	C	3258	C	3259	A	3260	D
3261	C	3262	B	3263	E	3264	A	3265	D	3266	A	3267	D	3268	C	3269	D	3270	E
3271	D	3272	A	3273	D	3274	B	3275	A	3276	A	3277	D	3278	A	3279	D	3280	B
3281	B	3282	E	3283	C	3284	A	3285	B	3286	B	3287	C	3288	C	3289	E	3290	E
3291	D	3292	D	3293	D	3294	C	3295	D	3296	C	3297	A	3298	C	3299	E	3300	C
3301	C	3302	D	3303	B	3304	E	3305	B	3306	D	3307	C	3308	E	3309	C	3310	E
3311	A	3312	D	3313	E	3314	A	3315	D	3316	C	3317	E	3318	C	3319	C	3320	D
3321	A	3322	E	3323	B	3324	B	3325	B	3326	D	3327	A	3328	C	3329	B	3330	B
3331	D	3332	C	3333	C	3334	C	3335	E	3336	E	3337	D	3338	E	3339	E	3340	D
3341	B	3342	C	3343	B	3344	B	3345	B	3346	C	3347	C	3348	B	3349	D	3350	E
3351	D	3352	C	3353	B	3354	E	3355	E	3356	A	3357	D	3358	E	3359	E	3360	B
3361	A	3362	B	3363	C	3364	C	3365	D	3366	C	3367	B	3368	C	3369	D	3370	C
3371	D	3372	A	3373	D	3374	A	3375	C	3376	B	3377	A	3378	A	3379	B	3380	C
3381	A	3382	E	3383	D	3384	A	3385	D	3386	B	3387	C	3388	B	3389	A	3390	A
3391	C	3392	E	3393	C	3394	A	3395	A	3396	B	3397	E	3398	C	3399	D	3400	B
3401	B	3402	E	3403	B	3404	D	3405	D	3406	B	3407	D	3408	D	3409	A	3410	A
3411	E	3412	B	3413	D	3414	C	3415	C	3416	D	3417	B	3418	A	3419	D	3420	C

Quesito	Risposta	Quesito	Risposta	Quesito	Risposta	Quesito	Risposta	Quesito	Risposta	Quesito	Risposta	Quesito	Risposta	Quesito	Risposta	Quesito	Risposta	Quesito	Risposta
3421	B	3422	A	3423	D	3424	B	3425	D	3426	C	3427	D	3428	C	3429	E	3430	A
3431	D	3432	B	3433	C	3434	A	3435	D	3436	A	3437	C	3438	E	3439	D	3440	B
3441	D	3442	E	3443	B	3444	D	3445	B	3446	B	3447	D	3448	D	3449	A	3450	B
3451	B	3452	A	3453	B	3454	B	3455	C	3456	C	3457	D	3458	D	3459	A	3460	E
3461	E	3462	D	3463	C	3464	B	3465	A	3466	B	3467	E	3468	E	3469	B	3470	C
3471	B	3472	D	3473	C	3474	D	3475	C	3476	A	3477	E	3478	A	3479	B	3480	E
3481	C	3482	D	3483	B	3484	C	3485	D	3486	B	3487	C	3488	A	3489	D	3490	C
3491	A	3492	B	3493	E	3494	D	3495	A	3496	A	3497	C	3498	C	3499	B	3500	B
3501	E	3502	A	3503	D	3504	C	3505	C	3506	D	3507	A	3508	A	3509	C	3510	D
3511	B	3512	C	3513	C	3514	A	3515	A	3516	C	3517	E	3518	B	3519	E	3520	D
3521	A	3522	D	3523	B	3524	E	3525	D	3526	E	3527	A	3528	E	3529	D	3530	D
3531	D	3532	E	3533	A	3534	D	3535	B	3536	C	3537	A	3538	A	3539	B	3540	B
3541	C	3542	B	3543	C	3544	C	3545	D	3546	D	3547	A	3548	A	3549	B	3550	B
3551	B	3552	B	3553	B	3554	B	3555	C	3556	C	3557	A	3558	C	3559	C	3560	D
3561	A	3562	A	3563	A	3564	E	3565	B	3566	B	3567	D	3568	E	3569	B	3570	C
3571	D	3572	A	3573	C	3574	A	3575	B	3576	B	3577	C	3578	D	3579	B	3580	B
3581	D	3582	C	3583	D	3584	B	3585	E	3586	A	3587	E	3588	B	3589	B	3590	E
3591	E	3592	D	3593	C	3594	D	3595	C	3596	D	3597	E	3598	D	3599	B	3600	A